헤지펀드
열전

헤지펀드
열전

신보다 돈이 많은 금융시장의 제왕들

세바스찬 말라비 지음 | 김규진·김지욱 옮김 | 오인석 감수

에프엔미디어

"돈의 이동을 관찰하라." 어떻게 투자해야 하느냐는 질문에 즐겨 하는 답변이다. 헤지펀드는 자본시장에서 돈의 이동 그 자체를 의미한다.《헤지펀드 열전》을 통해 헤지펀드가 어떤 배경에서 생겨났고 글로벌 금융위기 등과 같은 주요 경제사에서 어떤 영향을 받았는지 이해한다면 투자 시야가 넓어지고 인사이트를 얻게 될 것이다.

김광석(한국경제산업연구원 경제연구실장, 유튜브 '경제 읽어주는 남자' 운영자,《스태그플레이션 2024년 경제 전망》저자)

영웅담을 읽으면 언제나 신난다. 나도 그 영웅을 따라 나만의 신화를 만들고 싶어진다. 이 책에 실린 헤지펀드계의 영웅담을 읽다 보면 나 역시 나의 작은 투자 영역에서 나만의 영웅 신화를 만들고 싶은 욕구가 생겨난다. 요즘 시장 약세로 마음이 안 좋다면 이 책으로 부스터 샷을 놓아, 잃었던 의욕을 다시 불러오기 바란다.

김철광(유튜브 '김철광TV' 운영자)

세상의 오류에 베팅하는 사람들이 있다. 대다수가 의심 없이 사는 일상에서 빈틈을 발견하고 천문학적인 돈을 거는 승부사, 바로 헤지펀드다. 세계 최초로 '롱숏펀드'를 발명한 사람이 자본주의를 의심한 공산주의자라는 역설은 헤지펀드의 타고난 속성을 드러낸다. 이 책은 시장을 의심하고 허점을 노리며 거액을 베팅한 끝에 자본주의의 정상에 올라선 시장의 문제아들 역사다. 그들의 이야기는 흑과 백으로 나뉜 지루한 시각을 벗어나 그 사이로 난 회색의 길로 당신을 데리고 갈 것이다.

남궁민(북칼럼니스트,《오독의 즐거움》저자)

사람들이 잘 모르지만 사실 가치투자의 아버지 벤저민 그레이엄이야말로 헤지펀드를 개척한 인물이다. 그레이엄은 헤지(싼 주식을 매수하고 비싼 주식을 공매도)와 레버리지를 활용해 적극적으로 수익을 추구했다. 평소 헤지펀드의 역사와 운용 방식에 관심이 많았는데 이 책으로 모든 궁금증이 해소되었다.

박성진(이언투자자문 대표,《마이클 모부신 운과 실력의 성공 방정식》공역자)

헤지펀드 매니저로 살아남기는 쉽지 않다. 미지의 위험을 이겨내고 자신만의 시선으로 새로운 세상을 열어낸 이들에게만 허용된다. 다수는 잃고 소수가 더 많이 가져가는 세상은 앞으로도 변하지 않을 테니 돈을 많이 번 생존자들이 궁금해진다. 이 책에는 영화가 아닌 현실 그대로의 승자들이 담겨 있다. 투자자에게 '돈을 많이 번 이들의 삶'처럼 매혹적인 서사는 없다. 부를 갈망한다면 이 책에서 미래의 자신을 꿈꾸기 바란다.

윤지호(이베스트투자증권 리테일사업부 대표, 《한국형 탑다운 투자 전략》 공저자)

헤지펀드를 주제로 한 대하 역사 드라마이자 대서사시이다. 헤지펀드라는 투자 장르의 출현과 성장 그리고 논란까지, 인물들의 행적과 투자 사례를 통해 숨 가쁘게 담아내고 있다. 헤지펀드 산업과 운용 과정을 이해할 뿐만 아니라 일류 헤지펀드 투자자들의 사상과 철학, 동물적 본능까지도 느낄 수 있는 매우 드물고 귀한 책이다. 일독을 권한다.

이상건(미래에셋투자와연금센터 센터장)

어떤 일을 잘하려면 뛰어난 사람의 가르침을 반복 연습하는 것만큼 좋은 것이 없다. 다른 모든 분야처럼 투자에서도 모방은 창조의 어머니다. 한 시대를 주름잡았던 헤지펀드 대가들의 성공과 실패 이야기를 통해 중요한 교훈들을 얻을 수 있었고 나의 투자를 돌아보는 계기가 되었다. 이 책에 소개된 대가들의 경험을 간접 체험한다면 앞으로의 의사결정에 큰 도움이 되리라 믿는다.

정채진(전문 투자자, 《마이클 모부신 운과 실력의 성공 방정식》 공역자)

월스트리트 타이탄들이 만들어간 위대한 금융 서사시. 헤지펀드와 금융시장 모두를 아우르는 심도 있는 역사서. 교훈과 재미를 갖추고 금융시장의 변화를 보여주는 최고의 개론서. 읽기 시작하면 도저히 내려놓을 생각이 들지 않는 짜릿한 금융 무협지. 이 모든 책을 단 한 권에 담은 것이 바로 이 책이다.

홍영표(변호사, 《워런 버핏 바이블 2021》 공저자)

* 추천자명 가나다순

이 책에 쏟아진 찬사들

모든 이에게 권하는, 생각거리 많은 역사책

나는 공부가 잘되거나 좋은 책을 읽고 난 직후에는 바둑이 유연해지고 잘 두어지는 경향이 있다. 아마 시야의 확장, 생각의 정리, 유연한 거래를 가능하게 하는 정신적 상태 덕분이 아닐까 한다. 《헤지펀드 열전》을 읽은 직후 한동안 그런 상태가 되었다고 말하면서 추천사를 시작하려 한다.

헤지펀드라는 용어는 원래 위험을 헤지(회피 또는 완충)하는 전략을 사용하는 펀드라는 의미로 시작되었다. 헤지펀드의 역사는 1949년 투자와 전혀 관계없이 살아오던 사회학 박사이자 미국 외교관이면서 레닌주의자 이력을 가진 앨프리드 존스가 고안한 전략에서 시작된다. 저평가 주식 매입, 고평가 주식 공매도로 포트폴리오를 구성하고 레버리지를 이용해 규모를 키워 수익을 극대화하는 전략이었다. 지금은 상식이 되었지만 당시로서는 획기적이고 창의적인 발상이었다.

재미있게도 헤지펀드의 대부 앨프리드 존스, 세계 최초의 퀸트라 불리는 에드워드 소프, 역사상 가장 성공적인 퀸트로 불리는 제임스 사이먼스는 모두 투자업계에서 경력을 쌓은 사람이 아니고 월스트리트 바깥에서 진입한 사람들이다. 오래 했다고 해서 유리한 것은 아닌, 재미있는 속성을 가진 동네다.

흔히 헤지펀드는 시장을 과열시키는 주범으로 오해받는다. 정부의 규제도 많이 받는다. 물의를 일으킨 일부 헤지펀드들의 책임도 있지만 일반적인 금융기관들에 비하면 억울한 면이 있다. 서브프라임 모기지 사태 때 거지에게도 대출을 남발한 금융기관들의 행위와 견줄 만한 도덕적 '해방'은 드물다.

헤지펀드에 대한 규제는 추세 추종 헤지펀드에 집중해서, 가격을 비논리적인 극단까지 몰아가고 경제를 불안하게 만든다는 혐의를 씌운다. 그러나 이런 일반의 인식과 달리 초창기부터 많은 헤지펀드는 저평가된 투자 대상을 매수하고 고평가된 대상을 공매도하는 전략을 취하고, 헤지펀드 대부분이 가격을 극단값에서 밀어내 합리적 수준으로 보냄으로써 돈을 번다. 그래서 시장이 건강한 모습을 회복하도록 돕는다. 책 전반에서 이러한 헤지펀드의 건강한 측면에 대한 이야기가 자주 등장한다.

이 책은 집필 시점 기준 60여 년의 헤지펀드 역사를 담았다. 중앙은행에 맞서서 트레이딩하기, 억울한 가격에 매도를 강제당한 매물 매수하기, 대형 기관이 유동성을 필요로 할 때 거래 상대방 되기, 모든 종류의 비대칭적 수익 기회 감지하기 등 헤지펀드가 돈을 버는 다양한 방법을 소개한다. '어둠의 거래'에 관한 이야기들도 있다.

이 과정에서 헤지펀드의 문을 연 앨프리드 존스, AQR의 클리퍼드 애스니스, 타이거펀드의 줄리언 로버트슨, 퀀텀펀드의 조지 소로스 등의 투자철학과 펀드의 내부 이야기를 들을 수 있다. 노벨경제학상 수상자 두 명이 관여한 펀드로 4년 만에 망한 LTCM의 황당한 이야기도 있다. 또한 1989년의 폭락, 2007년의 서브프라임 위기에 얽힌 뒷이야기도 비중 있게 다룬다.

이 책에 '소마가사(小馬可死)'라는 재미있는 표현이 나온다. 대마불사(大馬不死, 말이 커서 쉽게 죽지 않는 현상)에 빗대어 헤지펀드를 '말이 작아서, 죽어도 문제가 되지 않는' 그룹에 넣었다. 대마불사 그룹에는 씨티그룹 같은 상업은행, 골드만삭스와 모건스탠리 같은 투자은행, AIG 같은 보험회사, 머니마켓펀드(MMF) 등이 속한다. 이들은 위기가 닥치면 그 파급 효과 때문에 정부가 나서서 구제하지 않을 수 없다. 암묵적인 정부 보증을 받고 있는 셈이다.

만일 이런 암묵적 보증이 없으면 예금주들은 돈을 맡기기 전에 은행의 재무 안정성을 볼 것이고, 은행은 고객의 예금에 좀 더 높은 이자를 주어야 할 것이다. 우리나라 은행들도 마찬가지다. 이런 암묵적 보증으로 획득한 신용 덕분에 금융 활동에서 실력 이상의 이익을 내는 부분이 분명히 있다.

반면 헤지펀드는 이런 암묵적 보증이 전혀 없다. 개별 펀드가 국가경제에 큰 영향을 미치지 않아서, 망해도 느긋하다. LTCM이라는 예외 말고는 많은 헤지펀드가 느긋한 관찰 분위기 속에서 망했다. 금융위기 이전 골드만삭스나 리먼브러더스 같은 투자은행들은 레버리지가 무려 30배에 이르렀다 한다. 30배에 가까운 레버리지를 쓰다 설립 4년 만에 망한 LTCM 같은 헤지펀드도 있었지만, 일반의 인식과 달리 헤지펀드 대부분은 1~10배 정도의 레버리지를 쓴다.

이 책은 헤지펀드를 변호하는 입장에서 쓰이긴 했지만 일방적이지는 않다. 헤지펀드 관계자들의 부정행위도 빠뜨리지 않고 언급한다. 책에는 그리 우호적이지 않은 환경 속에서 빛나는 성공을 이룬 펀드들과, 그 대척점에 있는 망한 펀드들의 이야기가 있다. 저자는 헤지펀드가 기존 금융 슈퍼마켓의 부분적 대안일 뿐 아니라 금융의 미래는 헤지펀드에 있을 거라는 말로 마무리한다. 이 책에서 보여주는 헤지펀드의 건강한 측면을 인정한다면 그런 결론에 동의하게 될 것이다.

트랜스포머(Transformer)라는 최신 AI 기술이 등장해 2017년 이후 거의 모든 역사적 AI 산출물이 이 기술에 기반하고 있다. 트랜스포머는 챗GPT(ChatGPT), 달리(DALL·E) 등으로 대표되는 생성형 AI와, 알파폴드(AlphaFold)2로 대표되는 최적화 AI의 두 트랙으로 분화하고 있다.

투자 분야는 이 중 최적화 AI에 가까워, 챗GPT와 같은 생성형 AI들과는 비교할 수 없는 수준으로 어렵다. 논문이 쏟아져 나오고 있지만 지금은 의욕이 실력보다 앞서 있는 초보적 상태다. 조만간 한 차례 폭발이 일어날 것이다. 이 책이 쓰인 이후에 나온 기술이라서 책에는 언급이 없지만 앞으로 헤지펀드들도 이 흐름의 영향을 받게 될 것이다.

이 책은 투자업계의 전문가 그룹, 자금을 위탁하는 기관과 개인, 투자전략을 개발하는 퀀트에게 헤지펀드에 관한 코어 지식과 상식을 제공하고 영감을 줄 것이다. 아울러 건강한 국가 경제에 관해서도 많은 생각거리를 던진다. 자신 있게 일독을 권한다.

문병로
서울대학교 컴퓨터공학부 교수, (주)옵투스자산운용 대표
《문병로 교수의 메트릭 스튜디오》 저자

대체 누가 초과수익을 가져가는가

시중에서는 간혹 펀드들의 수익률 통계 자료를 근거로 기관투자가 대부분이 주가지수 수익률을 이기지 못한다고 이야기한다. 보통 지수 추종 전략이나 패시브 인덱스펀드의 우월성을 강조하기 위한 이야기이다. 개인 투자자 계좌의 90% 이상이 손실 상태라는 통계 이야기도 들린다. 그다음은 마찬가지로 이 통계를 근거로 개인은 인덱스펀드에 돈을 넣는 것이 최선이라는 패배주의적 조언이 이어진다.

그런데 곰곰이 생각해보면 이는 잘못되어도 한참 잘못된 이야기임을 금방 깨달을 수 있다. 주가지수의 수익률은 주식시장의 평균적인 수익률을 반영한다. 개인 90%가 손실을 보고 기관 대부분이 평균에 미치지 못한다면, 도대체 누가 평균 이상의 수익률을 내는가? 세상 모든 사람이 '평균 이하' 수익률을 내는 것은 평균이라는 정의와 정면으로 모순된다. 누군가는 반드시 주가지수 수익률을 초월하는 수익률을 내야만 하는 것이다.

그게 과연 누구일까? 답은 바로 이 책 《헤지펀드 열전》에 담겨 있다.

일반적으로 주가지수 수익률과 비교 대상이 되는 펀드 수익률 통계는 대부분 뮤추얼펀드들의 성적을 기반으로 작성된다. 지수를 기계적으로 추종하는 패시브 펀드가 아닌, 펀드매니저가 자의적으로 초과수익을 얻기 위한 목적으로 액티브하게 운용하는 펀드는 대체로 뮤추얼펀드와 헤지펀드로 나뉜다. 뮤추얼펀드는 개인 투자자가 자유롭게 가입 및 철회가 가능한 반면, 헤지펀드는 소수의 부자만 투자 가능하다. 뮤추얼펀드는 소액 투자하는 개인이 많이 가입하므로 정부의 규제가 강하고 여러 공시 의무들이 있어 전략이 투명해야 하는 반면, 헤지펀드는 그런 규제에서 자유로워 공매도와 파생상품 등 다양한 전략을 구사할 수 있다.

이런 이야기를 하기는 조심스럽고 또 피터 린치(Peter Lynch)와 같은 극소수의 예외도 존재하기는 하지만, 적어도 미국에서는 대체로 업계에서 시장을 이겨보려는 뛰어난 인재들은 뮤추얼펀드가 아닌 헤지펀드로 몰린다.

그도 그럴 것이 뮤추얼펀드는 운용 자금의 0.5~1.5%만 기본적인 수수료로 가져가는 반면, 헤지펀드는 기본 수수료 1~2%에 성과에 대한 성과보수를 15~35% 가져가는 구조로 운용되기 때문이다. 만약 1조를 운용해서 20% 수익률을 내 2,000억을 벌었다면, 뮤추얼펀드 매니저는 수익과 관계없이 100억 정도를 가져가지만 헤지펀드 매니저는 100억에다 수익의 20%인 400억을 더 가져갈 수 있다.

게다가 뮤추얼펀드는 아무나 언제든 가입과 철회가 자유롭기 때문에, 시장이 좋을 때 자금이 유입되고 시장이 좋지 않을 때 자금이 유출되는 현상에 노출된다. 시장의 고점에서 추가 매수를 하고 시장의 저점에서 현금 유동화를 해야 하니 펀드매니저가 모래 주머니를 달고 운용하는 셈이다. 반면에 헤지펀드는 소수의 부자만 상대하는 데다 상환 유예 기간(lock-up period)을 설정해두기 때문에 이러한 문제에서 자유롭다.

그럼 과연 뮤추얼펀드가 이기지 못하는 주가지수를 헤지펀드는 이길

까? 헤지펀드들은 공시 의무가 없을뿐더러 본인들의 전략이 공개되는 것에 극도로 민감하기 때문에 수익률 자료를 구하기가 쉽지 않다. 본인들이 보유한 리서치나 투자 전략이 노출되면 초과수익이 사라질 수 있기 때문이다.

그러나 영국 데이터회사 프레킨(Preqin)과 AIMA(Alternative Investment Management Association)가 공동으로 2,300개 헤지펀드의 평균 샤프지수를 S&P500지수의 샤프지수와 비교한 2017년 연구가 존재한다. 샤프지수는 업계에서 표준으로 사용하는 리스크 대비 성과 척도로서, 단순 수익률은 더 많은 리스크를 짐으로써 인위적으로 높일 수 있다는 단점을 보완하기 위해 만들어졌다. 연구에 따르면 당시 시점부터 과거 10년 동안 헤지펀드들의 샤프지수는 0.73으로, S&P500의 0.41과 채권 인덱스의 0.13보다 높았고 이는 1년, 3년, 5년, 10년을 봐도 동일한 순서로 나타났다.

그렇다. 개인은 90%가 손실을 입고 뮤추얼펀드도 대부분 시장 평균인 주가지수 수익률에 미치지 못하면 대체 누가 초과수익을 가져가는가에 대한 답은 이 헤지펀드들에 있었던 것이다. 그리고 이름만 들어도 알 만한 기라성 같은 헤지펀드 대부들의 이야기를 담은 귀한 책이 《헤지펀드 열전》이다.

그럼 개인 투자자인 당신은 왜 이 책을 읽어야 할까?

그 전에, 당신은 왜 애초에 주식이나 금융시장에 관련한 책을 읽으려 하는가? 십중팔구 주식 투자에서 수익을 내기 위해서이다. 조금 더 엄밀히 이야기하자면 주식에서 평균을 상회하는 초과수익을 내기 위해서이다. 그게 아니라 시장 평균으로 만족할 것이라면 주가지수에 투자하는 인덱스펀드를 가입하거나 인덱스 ETF를 매수하는 패시브 투자를 하는 게 합리적일 테니까. 그러니 당신이 초과수익을 내기 위해 이러한 책도 읽으면서 지식을 습득한다고 가정하겠다.

그렇다면 다음 질문은, 왜 당신은 스스로가 시장 참여자 평균보다 나은 초과수익을 낼 수 있을 거라 생각하는가?

이 질문은 다름 아닌 투자철학에 관한 질문이기도 하다. 이 질문에 명확히 답을 하지 못했다면 당신에게는 투자철학이 없다고 할 수 있다. 투자철학이 있다 해서 반드시 이익을 내는 건 아니지만, 투자철학이 없는 사람은 장기적으로는 반드시 손실을 낸다.

가치평가의 아버지라 불리는 세계적인 석학 애스워드 다모다란 뉴욕대 교수에 따르면 투자철학의 정의는 '시장의 작동 원리와 투자자의 실수를 바라보는 일관된 사고방식'이다.

왜 투자자의 '실수'일까?

이렇게 생각해보자. 적정 가치가 10만 원인 주식을 7만 원에 사는 것은 모든 투자자가 희망하는 일이다. 그러나 매매는 양방향으로 이루어지기 때문에, 내가 10만 원짜리 주식을 7만 원에 사기 위해서는 이 시장 어딘가에서 누군가가 10만 원짜리 주식을 7만 원에 파는 '실수'를 저질러야만 한다.

다시 말해 초과수익이란 다른 누군가의 실수로 인한 초과손실에서 비롯되며, 시장 평균 수익률을 둘러싸고 우리는 제로섬 게임을 하고 있는 것과도 같다. 물론 증권사 수수료까지 더하게 되면 마이너스섬이라 할 수 있다. 이 게임에서 과연 다른 시장 참여자들은 어떤 실수를 하는지, 그리고 왜 그 실수로부터 내가 초과수익을 낼 수 있는지, 그에 대한 사고 논리가 바로 투자철학이며, 투자 전략은 투자철학에 기반하여 파생되어 나온다.

그러면 개인 투자자의 입장에서 도대체 이러한 투자철학은 어떻게 확립할까? 교과서적인 방법은 시장에서 직접 투자를 하면서 여러 실패도 겪어보고 수익과 손실의 순환 속에서 서서히 정립해나가는 것이다. 그러나 이 방법은 지나치게 오래 걸릴뿐더러 실수와 손실의 고통이 수반된다.

이보다 조금 덜 고통스럽고 더 빠른 방법은 타인의 투자철학과 실수에서 배우는 것이며, 바로 이 책에 일목요연하게 정리된 다양한 기법과 투자철학, 투자 전략들의 이야기가 당신으로 하여금 간접 경험을 통해 스스로의 투자철학을 정립해나가는 데 큰 도움을 주리라 생각한다.

요즘 시절이 하 수상하다. 2000년대 초 중국의 WTO 가입으로 시작된 세계화 흐름은 전례 없는 평화의 시기를 만들어냈고, 그 속에서 우리는 저물가·저금리의 호황을 누릴 수가 있었다. 그러나 최근 우크라이나-러시아 전쟁, 이스라엘-하마스 분쟁이 촉발되어 전 세계는 전화(戰火) 속으로 들어가고 있으며, 미·중 패권 전쟁은 과거 플러스섬 시기에서 트럼프 시절 무역전쟁을 하던 제로섬 시기를 지나 이제는 마이너스섬 시기로 치닫고 있다. 또 미·중 간의 공급망 디커플링(decoupling)과 전쟁의 영향, 전례 없는 부채 파티로 인해 40년 만에 살아난 인플레이션은 고금리 기조를 연장시키고 있다.

한마디로 마음 편하게 우상향하는 주식시장과 제로금리 시장 체제는 당분간은 보기 힘들 가능성이 높다. 이런 시기에는 결국 기업이든 투자자든 옥석이 가려지기 마련이다. 저물가·저금리 시기에는 정말 형편

없는 기업들도 낮은 금리로 정크본드를 대량 발행해서 살아남았다. 파산하지 않고 좀비 기업으로 연명할 수 있었으며, 그런 기업 중에는 밈(meme) 주식이 되어서 주가가 폭등한 기업도 많다. 고금리 기조가 지속되면 이제 그런 기업들은 파산으로 치달으리라 생각한다. 그러면서 자격 있는 우량 기업들은 더 전진할 것이다.

투자자도 투자철학을 정립했느냐, 하지 못했느냐에 따라 옥석이 가려지리라 생각한다. 아무런 노력 없이, 대가 없이 불로소득을 얻길 원하는 사람, 잘 다져진 철학 없이 지수 추종을 하는 사람, 9% 이자로 신용미수를 활용해 빚을 내 투자하는 사람은 퇴출될 것이고 재무제표를 읽을 줄 아는 사람, 사업보고서를 한 번이라도 읽고 투자하는 사람, 경제지표와 시황을 읽으려 노력하며 투자하는 사람에게는 점진적으로 부가 집중되리라 생각한다.

어려운 시기이겠지만 이런 시기일수록 노력하는 사람이 급격하게 계층을 이동할 기회가 생긴다. 옛말에 길할 때는 자중하고 흉할 때는 물러나 실력을 기르라고 했다. 이 책에 담겨 있는 다양한 거장들의 인생사와 투자사가, 당신이 실력을 기르고 올바른 투자철학을 정립하는 데 크게 일조하리라 믿어 의심치 않는다.

최한철
뉴로퓨전 대표, 유튜브 '월가아재의 과학적 투자' 운영자
《월가아재의 제2라운드 투자 수업》 저자

천재적인 비밀 세력들의 속내가 궁금하다면

'헤지펀드'라는 단어를 들으면 무엇이 떠오르는가? 무언가 비밀스럽고, 거액의 성과보수를 탐하며, 과도한 위험을 추구하다가, 결국은 대형 사고를 쳐서 언론을 장식하고, 때로는 국가를 상대로 싸움을 거는 등, '도대체 뭔지는 모르겠지만 하여튼 좋지는 않은 그 무엇' 정도의 느낌이 들 것이다.

이런 느낌이 틀렸다고 할 수는 없다. 외려 상당 부분 사실을 담고 있다. 헤지펀드는 소수의 고액 자산가를 고객으로 하는 경우가 많다. 전략이 노출되는 것을 극도로 꺼려서, 고객에게도 포트폴리오를 공개하지 않기도 한다. 대체로 레버리지도 많이 쓴다. 순자산 대비 작으면 두 배, 크면 수십 배까지 포지션을 구축하곤 한다. 그래서 한번 사고가 터져서 조사해보면 어이없을 정도로 큰 빚을 끌어다 쓴 경우가 많다.

흔히들 '공매도 세력'이라고 불리는 그들, 그들이 대부분 헤지펀드이기도 하다. 각종 금융상품에 대해서 '감히' 가지고 있지도 않으면서 타인에게 빌려서 갖다 파는 전략을 종종 쓴다. 그래서 '주가 하락의 주범'으로 지목되며 온갖 지탄의 대상이 된다.

실제로 크게 사고를 치기도 한다. 노벨경제학상 수상자들이 참여한 'LTCM'이라는 헤지펀드는 1998년 러시아 모라토리엄의 여파로 파산하면서 금융 시스템 전체에 위협을 가하기도 했다. (해당 사고는 이 책에도 나온다.) 2000년대 중반, 헤지펀드는 규제를 덜 받으면서 투자처에 자금을 공급해주는 '그림자은행'으로서 역할을 했고, 이는 2008년 금융위기 사태의 파급력을 키운 원인 중 하나였다.

2019년 9월 미국의 환매조건부채권(repurchase agreement, 레포)시장이 붕괴하면서 연준이 긴급하게 자금을 투입한 일이 있었는데, 당시 레포의 주요 대출자도 헤지펀드였다.

이런 난해한 투자회사가 도대체 왜 존재하며 세력을 불려나가는가? 자기들끼리 모여서 돈을 벌겠다면 그렇게 얌전히 지낼 것이지, 왜 남들에게 '피해'를 주고 다니는가? 의구심이 생길 것이다.

사실 헤지펀드가 태동한 취지는 정반대였다. '헤지'란 위험 자산의 가격 변동을 제거하는 행위를 말한다. 어떤 좋은 주식을 사서 장기적으로 주가가 상승할 것이라 확신하지만, 외부 변수로 인하여 시장이 다 같이 하락하는 위험은 회피하고 싶다면 어떻게 할까? 전체 지수에 대해서 '숏 포지션(가격이 하락할 경우 이득을 보는 상태)'을 잡으면 된다. 시장 하락에 따른 위험은 회피하면서 해당 주식의 '시장 대비 초과수익'을 획득할 수 있다.

동종 업계의 A기업이 B기업보다 상대적으로 저평가되어 있음을 발견했다면 어떻게 해야 할까? 그냥 A주식을 샀다가는 앞서와 같이 시장 전체가 하락하면 손실을 볼 수 있고, 업종이 다 같이 하락하는 경우에도 역시나 손실을 본다. 이때 B주식을 공매도하고 A주식을 매수하면, 시장 전체 혹은 업종 전체의 하락에서 포트폴리오를 방어하는 동시에 B주식 대비 A주식의 상대적인 초과수익을 내 성과로 얻을 수 있다.

A기업의 보통주로 전환할 권리가 있는 A기업 우선주가 있는데, 전

환이 임박했고 전환에 들어가는 모든 비용을 고려하더라도 현재의 보통주 가격보다 싸다면 어떻게 할까? 그저 A우선주를 보유하고 있다가 A보통주와 우선주의 주가가 다 같이 하락하면 손실이다. 이때 A보통주를 공매도하고 A우선주를 보유하면서 전환 기간까지 기다리면 '위험을 헤지하면서' 수익을 낼 수 있다.

이렇듯 일반적인 '매수 후 보유' 전략으로는 얻을 수 없는 수익의 기회를, 공매도나 다양한 파생상품을 활용함으로써 도출할 수 있다. 문제는 1) 이런 기회를 발견하기가 어렵고, 2) 거의 대부분의 경우 포지션 구축에 필연적으로 레버리지를 동원하게 된다는 점이다.

온갖 똑똑한 사람들이 모여서 수익 패턴을 연구하고 이제는 '빅데이터' '인공지능'까지 동원하니 수익 창출 기회는 줄어든다. 그렇게 줄어든 기회에서 수익을 극대화하려면 차입을 더 많이 일으켜야 한다. 공매도, 선물 옵션, 스왑 거래 등 다양한 투자 '기법'들은 좋든 싫든 레버리지를 쓰게 되는데, 이익을 극대화하기 위해서 레버리지를 더 쓰다 보면 그 크기는 상식을 넘어서는 수준이 된다.

초창기 아이디어는 위험을 헤지하면서 '안전하게 돈을 버는 것'이었으나, 치열한 경쟁의 결과 헤지펀드는 부유층을 위한 고위험 고수익 투자인 동시에, 잘못되면 대형 사고를 치면서 '이익은 사유화하고 손실은 사회화하는' 금융 시스템 해악의 온상이 되었다는 비난도 받는다. 그러나 개인의 자유로운 금융 거래 활동을 보장하는 국가에서 헤지펀드를 없앨 수는 없다. 또한 헤지펀드가 사용하는 여러 기법들은 사실상 현재의 개인 투자자들도 상당 부분 활용할 수 있다.

'지피지기면 백전불태'라 하지 않았던가. '비밀스러운 세력들'도 알고 보면 그저 돈을 벌기 위해 하루하루 열심히 살아가는 사람들이다. 어떻게 하면 리스크를 덜 짊어지고 더 나은 수익을 낼 수 있을지를 잠들면서도 고민하는 이가 헤지펀드 매니저다.

LTCM의 화려한 파산 사태의 반대편에는 르네상스테크놀로지의 엄청난 연복리 수익률이 있다. 이 책은 헤지펀드의 탄생과 번영, 몰락 스토리를 조명하며 다양한 헤지펀드들의 실제 전략을 들춰낸다.

투자에 왕도는 없다. '만인에게' 권할 수 있는 투자 전략은 전체 시장에 투자하는 인덱스펀드를 장기 보유하는 것이다. 그러나 그렇다고 하여, 지속 가능하게 초과수익을 내는 방법이 존재하지 않는다는 뜻은 아니다.

내로라하는 천재들이 더 나은 수익을 내기 위해 밤새 고민한 결과물이 무엇인지 궁금하다면 이 책을 펼쳐보자.

홍진채
라쿤자산운용 대표
《거인의 어깨 1, 2》 저자

투자자의 피를 끓어오르게 하는 책

헤지펀드는 자본시장의 꽃이라고 불릴 만큼 금융산업의 정점에 서 있는 상품이다. 전 세계 투자 분야 최고의 엘리트들이 더 높은 수익률을 올리기 위해 치열하게 경쟁하는 곳이니만큼 그들이 벌어들이는 돈 역시 상상을 초월한다. 세계 최대 헤지펀드인 시타델은 2022년 한 해에만 무려 25조 원 가까운 수익을 올렸다. 임직원 연봉 역시 상상을 초월한다. 밀레니엄매니지먼트 CEO인 이스라엘 잉글랜더는 2020년 4조 원 가까운 급여를 받았고, 헤지펀드 매니저가 수백억 원을 받는 것은 흔한 일이다. 심지어 시타델의 인턴 연봉이 3억 원에 달한다. 이 책 부제의 '신보다 돈이 많은'이라는 문구가 터무니없는 과장이 아니다.

그러나 헤지펀드 세계가 실제로 어떻게 돌아가는지는 비밀에 싸여 있기에 제대로 알기 힘들다. 그나마 책을 통해 간접적으로 배울 수 있는데 가장 대표적인 책이 내가 번역한 《효율적으로 비효율적인 시장》, 그리고 이 책 《헤지펀드 열전》이다. 이 책만큼 헤지펀드업계의 영웅들을 상세히 기록한, 그리고 독자들의 피를 끓어오르게 하는 책도 드물다. 읽을 때마다 새롭게 감명받아서 주변에도 적극 추천하고 싶었지만 일찌감치 절판되어 그럴 수 없었다. 아쉬워하던 중 이 책이 재출간된다는 소식에 너무나 기뻤고, 많은 이에게 추천해줄 수 있어서 영광이다.

이 책은 헤지펀드업계의 역사 혹은 수많은 영웅의 연대기다. 최초의 헤지펀드를 만든 앨프리드 존스를 시작으로 28년간 연평균 24% 수익률을 기록한 마이클 스타인하트, 잉글랜드은행을 무너뜨린 사나이로도 유명한 금융의 연금술사 조지 소로스, 금융시장의 전설로 남은 타이거펀드 설립자 줄리언 로버트슨 같은 헤지펀드 영웅들이 어떻게 돈을 벌었는지 상세하게 기록했다. 트레이딩과 관련해서 얘기할 때 빠질 수 없는 커머디티코퍼레이션과 폴 튜더 존스의 트레이딩 장면도 엿볼 수 있다. 르네상스테크놀로지와 DE쇼 같은 퀀트 헤지펀드의 알고리즘도 다루며, 헤지펀드 역사상 최고의 베팅으로 불렸고 존 폴슨에게 20조 원이라는 막대한 수익을 안겨준 서브프라임 공매도도 담았다. 국내에서는 찾아보기 힘든 이벤트드리븐 헤지펀드의 이야기도 들어 있다.

물론 성공 스토리만 다루고 있지는 않다. 어떻게 잘못 판단해서 실패했는지, 노벨상 수상자와 월가의 슈퍼스타들로 이루어진 LTCM이 어떻게 붕괴했는지, 리먼브러더스가 파산하는 과정에서 어떻게 대응했는지를 통해 실패 대응과 위험 관리도 배울 수 있다.

헤지펀드가 돈을 버는 방법은 수없이 많지만 구조적으로 주식 종목 선정, 퀀트 투자, 매크로 투자, 추세 추종, 차익거래, 이벤트드리븐으로 요약되며 헤지펀드뿐만 아니라 모든 투자가 이를 벗어나지 않는다. 이 책에는 각 투자 방법에서 역사상 최고인 헤지펀드 사례가 담겨 있으니, 투자에 관심 있는 이들에게 값진 교과서가 될 것이라 생각한다.

이현열
두물머리 퀀트, 유튜브 '헨리의 퀀트 대학' 운영자
《효율적으로 비효율적인 시장》 역자

그동안 겪어보지 못한 투자의 신세계

투자의 세계에 오래 종사하더라도 항상 오르내리는 경제와 시장 사이클에 시달리니, 쉽게 수익을 낼 환경을 만나기가 참 어렵다. 2022년 주식과 채권에서 두 자릿수 이상의 손실을 경험한 글로벌 투자자들은 2023년에 안도의 회복 장세가 펼쳐지기를 바랐고, 실제로 글로벌 주식은 연초 이후 몇 달간 그렇게 움직였다. 하지만 예상과 다른 물가와 경제 성장 지표, 정책당국과 중앙은행의 대응에 2023년도 수익을 맛보지 못하며 아쉬움 속에 마감할 듯하다.

금리가 정점을 지나 하락하고 완화적인 중앙은행의 정책 기조가 시장을 떠받쳐줄 거라는 기대는 부도수표가 되어 폐기되고 말았다. 여름에서 가을로 넘어가는 계절 변화 속에 국내외 주식과 장기 국채에 미리 투자했던 이들은 다양한 불확실성에 시달리며 다시 늘어나는 평가상 손실을 지켜보아야 했다.

시장을 분석해서 전망을 설명하고 가장 유리해 보이는 투자 대안을 고객에게 제안하며 영업해온 나도 2023년이 쉽지 않았다. 지식과 학문이 발달하고 최근에는 인공지능까지 인간의 지적 능력을 한층 떠받쳐주지만 인간은 절대로 미래를 맞힐 수 없다는 진리에 다시 고개를 끄덕이게 된다.

"인간은 진리를 알 수 없다"라는 진리는 조지 소로스가 1950년대 런던정경대에 다니던 시절 스승 칼 포퍼에게 배운 지혜이다. 이 지혜에 일찍 눈뜬 소로스는 시행착오를 통해 진리를 더듬는 새로운 투자 방식을 만들어냈고 이를 통해 전 세계적으로 유명한 헤지펀드의 대가로 역사에 이름을 남긴다.

이 책은 조지 소로스뿐 아니라 우리가 들어본 적이 있는 헤지펀드업계의 거장, 또는 투자의 본고장 미국과 유럽에서는 이미 유명한 거장들의 이야기를 아주 쉽고 흥미진진하게 들려준다. 헤지펀드는 투자업계에 종사하는 사람도 이해하기 쉬운 상품은 아니지만, 이 책은 다양한 시장 상승과 하락 사이클에 구애받지 않고 사실상 절대 수익을 추구하는 다양한 헤지펀드 전략과, 그 전략을 통해 천문학적인 부를 성취한 달인들의 이야기를, 경제와 재테크에 관심 있는 사람이라면 누구나 쉽게 이해할 수 있게 전달한다. 헤지펀드 관련 전문 용어 일부는 설명을 찾아보는 수고가 필요하다. 하지만 헤지펀드업계에 종사하지 않는 사람에게도 무협지나 소설처럼 흥미진진하게 전달되는 면이 이 책을 추천하는 가장 자신 있는 이유이다.

특히 경제와 주식, 채권 시장이 예상대로 움직이지 않는 현실에 계속 좌절해온 사람에게는 다음과 같이 더 적극적으로 추천한다. 주가 하락, 채권 금리 상승, 환율 급등, 기업 부도 증가 등 우리가 알던 온갖 자산의 가치가 떨어지는데도 돈을 벌 수 있는, 당신이 그동안 겪어보지 못했던 투자의 신세계가 헤지펀드에 있다고.

사공창한
슈로더투자신탁운용 리테일영업본부장

이론과 활용을 겸비한 금융 교과서

오래전 기획재정부에서 일할 때 헤지펀드에 대해 공부한 적이 있었다. 어려웠다. 아무리 문헌을 찾아 읽어봐도 잘 이해되지 않았다. 당시 우리나라에 헤지펀드가 없어서 와닿지 않았고 설명 자체가 쉽지 않았다. 지금도 헤지펀드가 무엇인지 친절하게 설명하는 책이 별로 없다.

헤지펀드는 쉽게 말해 일종의 투자클럽이다. 예를 들어 친구 열 명이 돈을 갹출해 투자금을 만든다. 투자 실력이 가장 좋은 친구에게 투자 책임을 맡긴다. 이익이 나면 투자 담당 친구에게 성과보수를 주고, 남는 이익은 나누어 갖는다. 손해가 나면 나누어 부담하고, 투자 담당 친구에게 책임을 묻지 않는다. 이런 투자클럽이 헤지펀드의 원형이다.

투자의 귀재들이 헤지펀드를 만든다. 그 능력을 신뢰하는 기관투자가들이 돈을 맡긴다. 개인의 돈은 받지 않는다. 이익이 나면 헤지펀드가 성과보수를 받고, 남는 이익은 투자자들이 나누어 갖는다. 손해가 나면 투자자들이 부담한다. 대중에게 돈을 받지 않기 때문에 당국도 규제하지 않는다. 이익이 나든 손해가 나든 헤지펀드와 투자자들이 알아서 할 일이다. 당연히 기관투자가들은 능력 있는 헤지펀드에 돈을 맡기려고 하고 헤지펀드도 모든 능력을 발휘해 수익을 내려고 한다.

세상에는 수많은 헤지펀드가 존재한다. 잘하는 헤지펀드는 엄청난 수익을 내고 굴리는 돈의 규모도 엄청나다. 최고 금융사라는 골드만삭스와 JP모간도 수익률을 올리기 위해 헤지펀드에 투자한다. 직원 보너스도 크다. 소위 천재들이 몰릴 수밖에 없다. 헤지펀드는 금융 분야 최고의 선수들이 최고의 수익률이라는 목표를 두고 싸우는 전쟁터이다.

이 책 《헤지펀드 열전》은 금융 분야에서 고수를 목표로 하는 사람에게 선물과도 같은 책이다. 전 세계의 금융 천재들이 어떻게 일하고 있는지를 적나라하게 보여주기 때문이다. 동시에 최고의 금융 교과서이다. 이론을 배우는 것도 중요하지만 금융 천재들이 그 이론을 어떻게 활용하고 있는지를 보여주기 때문이다. 그리고 읽는 재미가 있다.

안타깝게도 우리나라의 헤지펀드 산업은 꽃피우지도 못하고 시들고 있다. 제도적으로는 2011년 시작되어 2017년까지는 나름 성장했지만 2018년 라임과 옵티머스 사태가 모두 망쳐버렸다. 금융의 최고 천재들이 운용하지 않았고 투자자도 선수가 아니었다. 더욱이 이 상품을 개인에게 추천하고 판 곳은 대형 금융사들이었다. 최고 선수들이 활동해야 하는 곳에서 유수의 금융사들도 아마추어처럼 놀았던 것이다.

앞으로 우리나라에서 헤지펀드가 성공할 수 있을까? 지금은 부정적이다. 신뢰가 땅에 떨어졌고 공매도 규제 등이 있어서 헤지펀드가 실력을 마음껏 발휘하기 힘들기 때문이다. 그렇다고 공부를 게을리해서는 안 된다. 글로벌 스탠더드에 맞는 규제 환경이 갖춰질 때 금융 천재들이 활약할 날을 상상하면서 공부해야 한다. 금융을 공부하려는 후학들이 두고두고 참조할 책을 재출간한 역자와 출판사에 감사를 표한다.

변양호
VIG파트너스 고문

'변화하는 세계 질서'로 과거의 인과관계를 복습하라

헤지펀드란 무엇인가? 교과서에는 주식의 매수와 공매도를 병행해 시장 위험을 헤지하는 투자회사라고 나와 있으나, 조지 소로스는 글로벌 매크로 전략에서 헤지를 하지 않아서 투자 대중을 혼란에 빠트렸다.

이 질문의 답변으로 '2와 20을 받는 모든 것'이라는 농담이 있다. 여기서 2는 헤지펀드의 운용보수인 2%, 20은 성과보수인 20%를 가리킨다. 뮤추얼펀드와 인덱스펀드에 비하면 엄청나게 높은 수수료다.

《헤지펀드 열전》의 부제에 들어 있는 '신보다 돈이 많다'라는 표현은 2008년 금융위기가 어느 정도 진정된 후 워싱턴 의회에서 개최된 청문회에서 나왔다. 20세기 초에 막대한 부를 쌓아 로마의 신 '주피터'로 불렸던 사람을 능가한다는 뜻으로, 헤지펀드 관계자들의 부를 경외하는 분위기를 반영했다.

헤지펀드는 주식 종목 선정가와 원자재 트레이더를 양축으로 해서 탄생했다. 이 책은 초기 빅3(퀀텀, 타이거, 스타인하트)와 주니어3(튜더, 무어, 캑스턴)의 족보를 기록했을 뿐만 아니라 추세 추종, 모멘텀 반전을 노리는 역발상 투자와 트레이딩 심리전, 신흥시장 투자, 대학 재단의 자산배분을 소개했다. 이후 멀티운용전략이 등장하는 과정, 2008년 금융위기에서 주식 공매도가 금지되고 퀀트 모형이 작동하지 않아 곤경을 치른 상황, LTCM을 제외하고는 헤지펀드가 파산해도 구제금융을 받지 않았던 점을 서술했다.

책의 초판은 2011년 출간되어 한국 독자들에게 헤지펀드의 역사와 트레이딩을 가르치는 교재로서의 역할을 훌륭히 수행했다.

이후 초저금리 시대를 누리면서 헤지펀드업계는 2022년 초 운용자산이 2009년의 4배 이상으로 성장했지만 2022년에 금리가 상승하기 시작하자 2018년 이래 최악의 실적을 냈다. 그러나 데이터회사인 헤지펀드리서치(HFR)가 집계한 매크로 헤지펀드의 평균 수익률은 9.31%였다. HFR은 매크로 헤지펀드가 좋은 실적을 거둔 것은 원자재, 퀀트 투자와 추세 추종 전략이 주효했기 때문이라고 분석했다. 매크로 헤지펀드는 오랫동안 투자 역량을 축적했기에 과거의 투기 성향을 벗어나 데이터에 기반한 과학적 투자로 자리매김했고 여론의 리더로 부상했다. 기술주에 주력하는 타이거글로벌은 중국 기술주에 깊이 진입했고, 블룸버그는 조 단위 신규 헤지펀드 출범이 부활할 것이라고 전망했다.

한편 헤지펀드업계는 구제금융을 받은 적이 없지만 그 위험성을 계속 지적받고 있다. 베스트셀러 《블랙스완》의 저자 나심 탈렙이 참여한 유니버사인베스트먼트는 2023년 1월 "레버리지가 대공황에 필적하는 시장 혼란을 불러올 준비가 되어 있다"라고 말했다.

레이 달리오가 책 《변화하는 세계 질서》에서 강조한 것처럼 한국 투자자도 과거의 인과관계를 복습할 필요가 있다. 이에 역자들은 《헤지펀드 열전》을 '변화하는 세계 질서'의 관점에서 재해석하게 되었다. 과감하게 재출간해준 에프엔미디어에 감사드린다.

김규진, 김지욱

차례

일러두기

1. 지은이 주석은 책 뒷부분에 미주로, 옮긴이 주석은 본문에 각주로 처리한다.
2. 단행본은 《 》, 잡지(일·월간지, 비정기간행물)와 영화는 〈 〉, 기사와 논문은 ' '로 표기한다.
3. 해외 단행본 중 국내 번역서가 있는 경우는 《열린 사회와 그 적들(Open Society and Its Enemies)》, 번역서가 없는 경우는 《Life, Liberty and Property(인생, 자유 및 번영)》식으로 표기한다.
4. 고유명사 중 인명, 기업명, 단체명의 원문은 처음 나올 때만 병기하는 것을 원칙으로 한다.

알파의 게임

최초의 헤지펀드 매니저인 앨프리드 윈즐로 존스(Alfred Winslow Jones)는 경영대학원을 나오지 않았다. 계량재무학(quantitative finance) 박사학위 소지자도 아니었다. 모건스탠리(Morgan Stanley)나 골드만삭스(Goldman Sachs) 등 헤지펀드의 인큐베이터 역할을 수행하는 조직에서 성장기를 보내지도 않았다.

대신에 그는 부정기 화물선에서 일했고, 베를린의 마르크스주의 노동자학교에서 공부했으며, '레닌주의(Leninist)' 조직이라고 불리는 은밀한 반나치 단체에서 비밀 임무를 수행했다. 그는 스페인 내전의 전선으로 신혼여행을 가서 작가 도로시 파커, 어니스트 헤밍웨이와 술을 마시면서 보냈다.

48세라는 늦은 나이가 되어서야 10만 달러를 모아서, 1950년대와 1960년대에 걸쳐 대단한 수익률을 달성할 헤지펀드를 설립했다. 그는 현재까지도 계속 이어지는 투자 구조를 거의 우연히 고안했다. 이 구조는 비판자들의 비난에도 불구하고 다년간 번창했고 지금까지 내려오고 있다.

존스가 최초의 헤지펀드를 창설하고 반세기가 지났을 때, 클리퍼드 애스니스(Clifford Asness)라는 청년이 그의 발자취를 뒤따랐다. 애스니스는 경영대학원 출신으로 계량재무학 박사학위를 취득했다. 그는 골드만삭스에서 일했고 시장을 지배했다. 존스가 성숙한 중년의 나이에 펀드 사업을 개시했던 반면, 애스니스는 31세에 사업에 뛰어들어 신생 펀드가 10억 달러라는 놀라운 금액을 조성하는 기록을 세웠다. 존스는 자신의 투자 방식과 수익에 대해 은밀성을 유지했던 반면, 애스니스는 매우 참신하고 개방적이어서 자기 스케줄을 쪼개 TV 인터뷰를 하고 〈뉴욕타임스(New York Times)〉 기자에게 수백만 달러를 소유하는 것이 그다지 나쁘지 않다고 털어놓았다.[1]

애스니스가 설립한 AQR캐피털(AQR Capital Management)은 2007년 서브프라임 모기지 사태 직전에 380억 달러라는 놀라운 자산을 운용하고 있었고 애스니스는 세계를 새롭게 바꾸는 금융의 상징적인 인물이 되었다. 그는 불손하고 참을성이 없었으며, 어른인 체하는 것조차 성가셔했다. 그는 사무실에 슈퍼 영웅들의 피규어를 수집해놓았다.[2]

그는 자신이 앨프리드 존스의 즉흥작 덕을 보았다고 기꺼이 인정했다. 다른 모든 헤지펀드처럼 그의 펀드도 존스가 결합해서 독특한 효과를 발생시킨 네 가지 속성을 가지고 있었다. 먼저 성과보수를 지급하는 것이다. 존스는 펀드 투자 수익의 20%를 자신과 팀에 귀속함으로써 참모들의 동기 부여를 강화했다. 다음으로 존스는 규제의 형식주의를 의도적으로 회피함으로써, 시장 기회가 변화하면 투자 방식도 신속하게 바꿀 수 있는 융통성을 유지했다.

그러나 애스니스의 관점에서 가장 중요한 것은 존스가 투자 포트폴리오를 구성한 아이디어 두 가지였다. 존스는 전망이 좋은 주식을 매수하고 전망이 나쁜 주식을 빌려서 공매도하는 것 사이에서 균형을 유지했다. 어떤 주식들은 매수하고 다른 주식들은 공매도함으로써 자신의 펀드를 시장 전반의 등락에서 최소한 부분적으로는 분리했다. 그리고 이런 방식으로 시장 위험을 헤지하고 나면 차입금을 가지고 투자를 증폭해서 실행하는 데 거리낌이 없었다. 이렇게 헤지(hedge)와 레버리지(leverage)를 결합하자 1장에서 설명하는 것처럼 존스의 주식 포트폴리오에 마술과 같은 효과가 발생했다.

그러나 진정한 천재성은 애스니스가 훗날 강조하듯이 같은 결합을 채권, 선물, 옵션 및 이들 간의 어떤 조합에도 적용할 수 있다는 사실이다. 존스는 의도했다기보다는 운이 좋아서, 자신이 꿈꾸던 것보다 더 복잡한 전략의 기초를 창안해놓았다.

헤지펀드의 정의는 완벽하지 않고, 이 책에서 소개하는 헤지펀드 모두가 헤지와 레버리지를 구사하는 것도 아니다. 뒤에서 소개하겠지만 조지 소로스(George Soros)와 스탠리 드러켄밀러(Stanley Druckenmiller)가 영국의 파운드화를 무너뜨렸을 때나, 존 폴슨(John Paulson)이 미국에서 서브프라임 모기지 버블을 공매도했을 때는 헤지를 할 필요성이 존재하지 않았다. 용감한 원자재 헤지펀드가 러시아 정부가 보유한 팔라듐 보유량 전체를 구매하려고 협상하던 당시, 레버리지는 시베리아로부터 화물을 운송할 열차 주변의 무장 경비만큼도 중요하지 않았다.

그러나 헤지펀드가 레버리지를 사용하지 않고 실제로 헤지를 하지 않는 경우라도, 앨프리드 존스가 만든 플랫폼은 매우 적합했다. 헤지펀드는 어떤 나라의 어떤 금융상품도 자유롭게 매수하고 공매도할 여건이 마련되어, 기회가 어디 존재하든 간에 포착할 수 있다. 레버리지 활용 능력은 투자 효과를 극대화하도록 규모를 조정하게 해준다. 성과보수는 돈을 벌 동기를 강하게 부여한다.

바로 돈이다! 존 피어폰트 모건(John Pierpont Morgan)은 월스트리트에서 신과 같은 영향력을 발휘해, 1913년 사망할 당시에는 2010년 가치로 14억 달러 규모의 재산을 축적했고, 월스트리트를 넘어서는 자금력 때문에 '주피터(Jupiter)'라는 별명이 붙었다. 그러나 21세기 초의 버블이 낀 몇 년 동안, 최고의 헤지펀드 매니저들은 단 몇 년간의 트레이딩을 통해 신보다 더 많은 돈을 벌었다. 그들은 월스트리트의 강력한 투자은행 수장들보다 훨씬 더 많이 벌었고 사모펀드(private-equity fund)의 거물들까지도 능가했다.

2006년 골드만삭스는 CEO 로이드 블랭크파인(Lloyd C. Blankfein)에게 기록적인 5,400만 달러를 지급했지만, 〈알파(Alpha)〉 잡지에서 선정한 고소득 헤지펀드 매니저 25위 명단의 꼴찌조차도 2억 4,000만 달러를 가져갔다. 같은 해 사모펀드의 선두 주자 블랙스톤그룹(Blackstone Group)은 CEO 스티븐 슈워츠먼(Stephen Schwarzman)에게 4억 달러가량을 지급했다. 하지만 최고 헤지펀드 3곳의 대가들은 각자가 10억 달러를 초과하는 금액을 벌었다고 알려진다.[3]

앨프리드 존스가 고안한 보수 체계를 통해서 부호 수백 명이 일거에 탄생했고 코네티컷주 교외에는 스포츠카 수백 대가 다니게 되었다. 이런 골드러시의 중심에서 코네티컷주 스탬퍼드 지역 신문은 지역 내 헤지펀드 매니저 6명이 2006년에 21억 5,000만 달러를 벌었다고 보도했다. 당시 코네티컷주 전체 주민의 총소득이 1,500억 달러였다.

1990년대 기자들은 닷컴 졸부들의 사치를 보도했지만 이제는 헤지펀드를 집중 조명하고 있다. 시타델인베스트먼트그룹(Citadel Investment Group) 창립자 켄 그리핀(Ken Griffin)은 봄바디어(Bombardier Express) 자가용 제트기를 5,000만 달러에 구매했고 두 살짜리 아들을 위해서 기내에 아기 침대를 설치했다. 무어캐피털(Moore Capital) 창립자 루이스 베이컨(Louis Bacon)은 그레이트페코닉만의 섬을 매입해 진흙거북들의 짝

짓기 과정을 모니터할 수 있도록 추적 장치를 설치했고 전통적인 영국식 꿩 사냥대회를 주최했다.

SAC캐피털(SAC Capital) 대표 스티븐 코헨(Steven Cohen)은 집에 농구장, 실내 수영장, 스케이트 링크, 2홀 골프장, 유기농 채소밭을 만들었고, 반 고흐(Vincent van Gogh)와 폴록(Jackson Pollock)의 그림, 키스 해링(Keith Haring)의 조각품을 전시했으며, 16년 전 결혼하던 날 밤의 별자리 문양을 새긴 영화관을 설치했다. 이제 헤지펀드의 대가들이 새로운 록펠러, 카네기, 밴더빌트가 되었다. 이들은 미국 사회의 새로운 엘리트였고 나라를 창조와 탐욕의 축제로 이끌 새로운 주역이었다.

이들은 또 어떤 엘리트였나! 헤지펀드는 외톨이, 역발상가(contrarian), 기존 금융기관에 머물기에는 야망이 너무 큰 개인을 위한 수단이었다. 클리프 애스니스가 대표적 사례다. 그는 골드만삭스에서 떠오르는 스타였지만 자기 사업을 운영하는 자유와 보상을 선택했다. 슈퍼 영웅들의 피규어를 수집하던 그는 피할 수만 있다면 월급쟁이 조역으로 오래 머물지 않을 사람이었다. 2000년대 업계 최대 소득자로 출현한 르네상스테크놀로지(Renaissance Technologies)의 수학자 짐 사이먼스(Jim Simons)는 주류 은행에 소속될 수 없는 성향이었다. 그는 누구의 명령도 듣지 않았고, 양말도 거의 신지 않았으며, 미 국방부 암호해독센터에서 수장의 베트남 정책을 비판한 후 해고당했다.

2006년 소득 랭킹 2위에 오른 시타델의 켄 그리핀은 하버드대학 기숙사에서 전환사채 트레이딩을 시작했다. 천재 소년의 성공 사례인 그는 구글(Google) 같은 IT회사를 설립한 벤처 사업가의 금융판 버전이었다. 줄리언 로버트슨(Julian Robertson)은 자기 헤지펀드에 자기 나이의 절반인 젊은 대학 운동선수들을 직원으로 뽑고는 로키산 여러 휴양지로 데려가서 등산 경주를 시켰다. 마이클 스타인하트(Michael Steinhardt)는 직원들을 울리는 재주가 있었다. 한 직원이 "자살하고 싶어요"라고 말하자 스타인하트는 "내가 지켜봐도 될까?"라고 물었다.[4]

과거의 록펠러와 카네기처럼 새로운 대가들은 사업과 금융 너머의 세계에도 공적을 남겼다. 조지 소로스가 가장 야심 차게 영역을 넓혔다. 그의 자선재단은 구공산권 신흥국들 내에 독립적인 여론이 형성되도록 지원했고, 약물 합법화를 주장했으며, 자유방임주의 경제학의 재평가를 위해 자금을 댔다. 튜더인베스트먼트(Tudor Investment Corporation) 창립자 폴 튜더 존스(Paul Tudor Jones)는 뉴욕시 빈곤 대책 프로그램의 하나이자 최초의 '자선 벤처'인 로빈후드재단을 결성해서, 혁신적인 자선 단체에 야심 찬 성과 지표를 부여한 후 성과가 좋으면 인센티브로 지원했다.

브루스 코브너(Bruce Kovner)는 신보수주의의 대부로서 워싱턴의 미국기업연구소(American Enterprise Institute) 회장이 되었다. 마이클 스타인하트는 새로운 비종교적 유대주의 창설 운동에 자금을 댔다. 하지만 이들이 가장 영향력을 미친 분야는 금융이다. 헤지펀드의 역사는 금융의 최전선 이야기다. 혁신과 더 많아진 레버리지, 투기적인 승리와 치욕적인 실패, 그런 드라마에서 탄생한 논란의 이야기다.

헤지펀드는 대부분의 역사에서 시장의 재무 이론과 충돌해왔다. 물론 학계는 열성적인 회의론자들로 대표되는 방대한 집단이다. 1960년대부터 1980년대까지 학계를 지배한 것은 시장이 효율적이고 가격은 랜덤워크(random walk)를 따르며, 헤지펀드의 성공은 주로 운이 좋기 때문이라는 견해였다.

이런 설명을 뒷받침하는 강력한 논리가 있었다. 만일 특정 채권 또는 주식의 가격 상승 가능성을 확신할 수 있다면 현명한 투자자들이 이미 움직여서 가격을 높여놓았을 것이라는 논리다. 모든 관련 정보가 이미 가격에 반영되었기 때문에 주가의 다음 움직임은 투자자가 예측하지 못한 무언가에 의해 결정될 것이다. 그런 경우 펀드매니저들이 가격 움직임을 예측하려는 시도는 일반적으로 실패한다는 결론에 다다른다.

이런 효율적 시장에 대한 비판은 때로 정확하다. 많은 헤지펀드에는 진정한 '우위(edge)'가 없다. 마케팅과 행운으로 잠깐 반짝하는 경우를 제외하면 계속해서 시장을 이길 통찰력도 없다. 그러나 업계를 주도하는 성공적인 헤지펀드들에는 효율적 시장 가설이 그릇된 이론이다. 헤지펀드(hedge fund)는 'h'를 떼어내고 '에지펀드(edge fund)'라고 부를 수 있다. 이때 에지는 단순히 최고의 주식 종목 선정으로 이루어지기도 한다. 온갖 금융 문헌의 주장에도 불구하고 앨프리드 존스와 줄리언 로버트슨, 로버트슨의 제자 다수가 이런 방식으로 가치를 창출했고 이에 대해 책에서 상술할 것이다. 하지만 헤지펀드의 우위는 효율적 시장 가설파들이 비록 강조하지는 않았지만 처음부터 인정한 결함을 활용해 구성되는 경우가 많다.

예를 들면 효율적 시장 가설파들은 가격의 효율성은 유동성이 완벽한 경우에만 달성된다고 주장했다. 즉 효율적인 가격에 주식 매물을 내놓은 사람은 항상 매수자를 찾을 수 있어야 하고, 찾지 못한다면 할인을 제공해서 효율적 가격보다 낮추어야만 한다는 주장이었다. 1970년대와 1980년대에 대규모 주식 블록을 매도하려는 기관투자가는 할인을 제공하지 않으면 실제로 매수자를 찾을 수가 없었다. 스타인하트는 이런 할인에 시스템적 방식을 적용해 자신의 수익으로 실현했다. 효율적 시장 가설파들이 겸허하게 주석으로 기재했던 사항을 기반으로 해서 스타인하트는 전설적인 실적을 달성했다.

헤지펀드의 진정한 우위는 헤지펀드 대가들의 설명을 들어보아도 모호한 경우가 많다. 그들은 때로는 신비스러운 천재처럼 보인다. 그들은 대단한 성과를 올리지만 어떻게 달성했는지 잘 설명하지 못한다.[5] 젊은 시절의 폴 튜더 존스가 이 문제의 가장 극단적인 경우일 것이다. 존스는 자신이 1987년 블랙먼데이 대폭락을 예측했다고 주장하며, 이는 빨간 멜빵을 한 20대 팀원 피터 보리시(Peter Borish)가 1980년대 차트를 1929년 직전 차트와 비교해 보여주었기 때문이라고 말한다. 두 선이 동일한 것을 보고 폭락이 임박했음을 인식했다는 것이다.

그러나 존스가 족집게같이 폭락 시점을 예측했다는 설명은 아무리 봐도 부적절하다. 첫째, 보리시 자신이 두 차트가 맞아떨어지도록 데이터를 손보았다고 시인했다.[6] 둘째, 보리시는 폭락이 1988년 봄에 올 것으로 예언했는데, 만일 존스가 보리시의 자문을 진정으로 따랐다면 1987년 10월 폭락이 발생했을 때 이미 무너졌을 것이다. 요약하면 존스가 성공한 것은 그가 주장하는 이유가 아니라 이 책에서 후술할 다른 이유에 기인했다.

천재들이 스스로를 정확히 이해하는 것은 아니라는 점이 교훈인데, 이는 금융업에만 국한되지 않는다. 전설적인 테니스 코치 빅 브레이든(Vic Braden)도 "우리가 최상급 선수들을 조사해본 결과, 자신이 정확히 무엇을 하는지 알고 일관성 있게 설명하는 선수는 단 한 명도 없었다. 그들은 그때그때 다른 대답을 하든가, 아니면 의미 없는 대답을 한다"라고 불평한 바 있다.[7]

결국 재무학계는 시장이 별로 효율적이지 못하다는 견해를 1980년대부터 갖게 되었다. 학자들은 때로는 참신하게 완벽히 전향했다. 스콧 어윈(Scott Irwin)이라는 젊은 경제학자는 미니애폴리스의 작은 기업에서 원자재시장에 대해 매우 상세한 일련의 가격을 입수하고 힘들게 분석한 다음, 가격은 추세를 따라 움직이며 그 변동이 랜덤하지 않다고 주장했다.

그는 커머디티코퍼레이션(Commodities Corporation)이라는 이름의 선구자적인 헤지펀드가 약 20년 전에 동일한 데이터를 분석했고 동일한 결론을 도출해 컴퓨터 트레이딩을 하기 위한 프로그램을 개발했다는 사실은 알지 못했다. 그사이 다른 학자들도 스타인하트가 오래전에 발견한 것처럼 시장이 완전히 유동적이지는 않고 투자자가 완전히 합리적이지는 않다는, 헤지펀드 트레이더에게는 자명한 이치를 인정했다.

1987년 대폭락으로 인해 효율적 시장에 대한 의구심이 증폭되었다. '미국주식회사'의 시가총액이 하루 만에 20% 증발하자 그런 가치 형성이 효율적이라고 인정하기가 힘들었다. 1990년 하버드대학 경제학자 안드레이 슐라이퍼(Andrei Shleifer)와 로런스 서머스(Lawrence Summers)는 "만일 효율적 시장 가설이 상장주식이라면 주가 변동성이 매우 높을 것이다. 그러나 전통적으로 형성된 의미의 효율적 시장 가설이라는 가상주식은 1987년 10월 19일에 시장의 다른 종목들과 함께 폭락했다"라는 조롱조의 기고문을 썼다.[8]

시장의 효율성에 한계가 있다는 인식은 헤지펀드에 큰 영향을 미쳤다. 이전까지 주류 학자들이 헤지펀드가 실패할 것이라는 입장을 취했다면, 이후에는 헤지펀드에 참여하기 위해 줄을 섰다. 시장이 비효율적이라면 돈을 벌 여지가 있고, 금융 전공 교수들이 수익을 내는 집단에 끼지 않을 이유가 없었다.

클리프 애스니스는 새로운 물결의 전형적인 인물이었다. 애스니스의 시카고대 경영대학원 학위 논문을 심사한 교수는 효율적 시장 가설의 대부인 유진 파마(Eugene Fama)였다. 파마는 애스니스가 시카고대에 입학하던 1988년에는 수정파를 이끌고 있었다. 젊은 동료 케네스 프렌치(Kenneth French)와 함께 시장의 랜덤하지 않은 패턴을 발견했는데, 이것이 트레이더에게 수익 기회가 될 것이었다. 애스니스는 이 논문 작성에 기여한 후 월스트리트로 떠났고 곧 자신의 헤지펀드를 설립했다.

이와 유사하게 효율적 시장 가설에 기반해서 옵션 가격 결정 모형을 개발하고 노벨상을 받은 마이런 숄스(Myron Scholes)와 로버트 머튼(Robert Merton)도 헤지펀드인 롱텀캐피털매니지먼트(Long-Term Capital Management, LTCM)에 참여했다. 효율적 시장 가설을 폭락한 주식에 비유했던 하버드 경제학자 슐라이퍼는 동료 재무학 교수 두 명과 함께 LSV(LSV Asset Management)라는 투자회사를 설립하는 데 참여했다. 그의 논문 공동 저자였던 로런스 서머스는 하버드대 총장과 오바마(Barack Obama) 대통령 경제 자문관을 지낸 후 퀀트 헤지펀드인 DE쇼(D.E. Shaw)에 들어가 가장 큰 반전을 보였다.[9]

그러나 시장이 비효율적이라는 새로운 여론이 가져온 최대의 효과는 학자들이 헤지펀드로 몰려든 것이 아니다. 기관투자가들이 헤지펀드에 거액을 위탁할 논리가 정립된 것이다. 또다시 1987년 대폭락 이후 몇 년이 전환점이 되었다. 그전까지 헤지펀드에는 부유한 개인 투자자들의 자금이 모였는데, 이들은 아마 시장을 초과하는 수익을 낼 수 없다는 학계 이론을 듣지 못했을 것이다. 이후 헤지펀드 자금 대부분은 재단에서 나왔고, 이 재단들은 유식한 컨설턴트에게서 시장을 초과하는 수익을 낼 수 있다고 들었고 그대로 실행하기를 원했다.

새로운 파도를 주도한 예일대 재단의 운용 책임자 데이비드 스웬슨(David Swensen)은 두 가지에 초점을 맞추었다. 시장에 파마, 프렌치, 애스니스가 포착했던 종류의 시스템적 패턴이 존재한다면 헤지펀드는 시스템적 방식으로 수익을 낼 수 있다. 우수한 성과가 기대되는 헤지펀드 전략들이 존재하며 이들을 사전에 파악할 수 있을 것이다. 더구나 이들 전략에서 얻을 수익은 그 자체가 우수한 조건일 뿐만 아니라, 분산투자의 마법을 통해 재단 포트폴리오 전반의 위험을 줄여줄 수 있다.

예일대 재단의 데이비드 스웬슨이 투자했던 펀드들은 확실히 분산투자를 제공했다. 2002년 캘리포니아의 과감한 헤지펀드 파랄론(Farallon)은 서방인들이 외환위기, 정치적 혁명, 이슬람 극단주의 때문에 인도네시아를 기피하는 것을 무릅쓰고 현지 최대 은행을 인수했다. 스웬슨의 사례를 따라 재단들은 기존 자산의 수익률과 상관관계가 없는 소위 '알파(초과수익)'를 얻기 위해 1990년대부터 헤지펀드에 돈을 넣었다.

또한 시장이 비효율적이라는 새로운 견해로 인해서, 헤지펀드는 돈을 번다는 유일한 목적을 위해 '알파' 게임에 몰입했다가 전혀 원치 않던 사회적 기능을 떠안게 되었다. 시장이 비효율적이라서 알파가 존재한다면 기존에 저축한 자본이 비합리적으로 배분되고 있다는 이야기였다. 예를 들어 파마와 프렌치의 연구는 인기 없는 '가치주'가 과대 선전된 '성장주'보다 저평가되었음을 보여주었다. 이는 가치주 종목에는 자본이 너무 비싸게, 성장주 종목에는 자본이 너무 저렴하게 제공된다는 의미여서 성장 기회를 허비하고 있었다. 그와 유사하게 블록트레이딩의 가격 할인 현상은 주가가 미묘하게 변덕스러워서 투자자의 위험을 높일 수 있다는 것을 보여주었고, 따라서 투자자들은 자본을 제공하는 대가로 높은 프리미엄을 요구하게 되었다.

이 같은 비효율성을 교정하는 것이 헤지펀드의 역할이었다. 애스니스의 펀드는 가치주를 매수하고 성장주를 공매도함으로써, 튼튼한 가치주 종목에 불리하게 작용하던 불건전한 편향(bias)을 감축하는 역할을 했다. 마이클 스타인하트는 포드자동차(Ford) 주가가 대규모 블록트레이딩 이후 비합리적으로 하락한 시점에 포드 주식을 매수함으로써, 이를 보유한 대중 주주들이 공정한 가격을 받을 수 있게 하는 역할을 수행했다. 짐 사이먼스와 데이비드 쇼(David Shaw) 같은 통계적 차익거래자(statistical arbitrageur)들은 스타인하트의 기술을 전산화해서 그 역할을 한 단계 더 끌어올렸다.

시장을 더 효율적으로 만들수록 더 많은 자본이 좀 더 생산적인 기업들에 흘러갈 것이었다. 가격이 본래 궤도에서 덜 벗어날수록 금융 버블과 급격하고 파괴적인 가격 조정의 위험이 줄어들 것이다. 헤지펀드들은 시장의 왜곡된 행동을 정상화하면서 경제학자들이 말하는 '대완화(Great Moderation)'에 기여하고 있었다.

그러나 헤지펀드들은 또한 풀리지 않는 의문을 제기했다. 시장이 거친 버블과 폭락에 취약하다면, 가장 거친 시장 참가자인 헤지펀드는 시장의 혼란을 더욱 증폭하지 않겠는가? 1994년 연방준비은행(연준)이 단기 금리를 0.25%포인트 소폭 인상한다고 공표하자 채권시장이 미친 듯이 소용돌이쳤다. 레버리지를 사용한 헤지펀드들은 금리 인상에 급습당하자 포지션을 맹렬히 매도하기 시작했다. 이 혼란은 미국에서 일본, 유럽, 신흥시장으로 퍼져나갔고 장래 금융위기의 예고편이 되었다. 몇몇 헤지펀드가 쓰러졌고, 몇 시간 동안은 유서 깊은 뱅커스트러스트(Bankers Trust)도 쓰러질 것처럼 보였다(8장 참조).

1994년 상황만으로는 경고가 충분하지 못했는지, 4년 후 시장은 또 다른 헤지펀드인 LTCM과 노벨상 수상자들이 무너지는 것을 보아야 했다. LTCM 때문에 리먼브러더스(Lehman Brothers)가 위태로워지자, 다른 도미노 현상이 일어날까 봐 당황한 규제당국이 발 벗고 나서서 LTCM 구제금융을 주선해야 했다.

그사이 헤지펀드들은 유럽과 아시아의 환율 정책에 대혼란을 일으켰다. 동아시아 외환위기 이후, 말레이시아의 마하티르 모하맛(Mahathir Mohamad) 총리는 "모든 국가가 수십 년간 경제를 건설하려고 노력해왔지만 소로스 같은 자들이 거액의 투기 자금을 가지고 와서 망쳐놓았다"라고 한탄했다.[10]

21세기 초에는 헤지펀드에 대한 두 가지 견해가 대립했다. 헤지펀드는 때로는 비효율적인 가격을 정상화하는 '안정화의 영웅'으로 환영받지만, 때로는 내재한 불안정성 또는 방종한 적극성으로 인해 글로벌 경제를 위협하는 '취약한 연결고리'로 비판받는다.

그 핵심에는 앨프리드 존스가 채택했던, 또는 그보다 훨씬 확장된 버전의 레버리지가 있었다. 레버리지는 헤지펀드가 트레이딩을 더 크게 수행해서 가격을 좀 더 효율화하고 안정시키는 무기를 제공한다. 그러나 헤지펀드가 충격에 취약하게 만들기도 한다. 트레이딩이 헤지펀드에 불리하게 움직이면 빈약한 완충자본이 빠르게 소진됨에 따라 포지션을 급매하게 되고 결국 가격을 '불안정'하게 만든다.[11]

1994년 채권시장 붕괴와 1998년 LTCM 파산 이후, 헤지펀드에 대한 상반된 견해는 교착 상태에 빠졌다. 미국과 영국은 헤지펀드의 안정화 역할을 가장 강조한 반면, 다른 국가들은 불안정하게 만드는 패닉의 위험에 가장 주목했다. 재미있게도 헤지펀드를 가장 좋아하는 국가들에 헤지펀드의 본거지가 있었다.

그러고 나서 2007~2009년 위기가 도래했고 금융에 대한 모든 판단에 의문이 제기되었다. 1990년대의 시장 혼란은 세련되고 레버리지를 사용한 금융의 혜택에 지불하는 견딜 만한 대가로 간주할 수 있었지만, 2007~2009년의 격동은 1930년대 이후 가장 극심한 불황을 불러왔다. 헤지펀드들도 불가피하게 공황에 빠졌다. 2007년 7월 헤지펀드 소우드(Sowood)가 쓰러졌고, 8월에는 퀀트 헤지펀드 12곳 정도가 포지션 일거청산에 나서면서 주식시장이 급락해 수십억 달러 손실을 초래했다.

다음 해인 2008년은 더 잔인했다. 리먼브러더스 파산 이후 일부 헤지펀드의 자금이 리먼 파산재단에 묶였고, 그에 따른 혼란으로 다른 헤지펀드 다수에도 손실이 전염되었다. 헤지펀드는 레버리지를 조달해야 했지만, 리먼 쇼크 이후 몇 주일 동안 누구도 돈을 빌려주지 않았다. 헤지펀드는 공매도로 투자 전략을 수립했지만, 정부들은 리먼 파산 이후의 공황에 까다로운 공매도 규제를 도입했다.

헤지펀드들은 갑작스럽게 통지하고 자금을 회수할 수 있는 투자자들이 인내해주기를 바랄 뿐이었다. 그러나 시장이 급강하하자 인내가 끝났다. 투자자들은 환매를 요구했고, 일부 헤지펀드는 '게이트(gate) 조항*'을 부과해 이를 유보시켰다.

이제 헤지펀드가 제기하는 위험이 혜택을 초과한다는 것이 분명해졌는가? 헤지펀드는 '대완화'를 가져오기는커녕 '대격변'이 시작되는 것을 도왔다.

이 결론은 솔깃하게 들릴지 몰라도 거의 확실히 잘못되었다. 격변을 통해 금융 시스템이 붕괴한 것은 사실이지만, 그렇다고 해서 헤지펀드가 문제라고 드러난 것은 아니었다. 글로벌 금융위기 이후, 무엇보다 중앙은행이 경제를 새로운 방식으로 이끌어야 한다는 것이 드러났다. 중앙은행은 소비자물가지수 관리만을 목표로 삼고 있었는데, 그보다는 자산 가격 인플레이션을 간과하지 말고 버블에서 바람을 빼는 시도를 해야 했다. 1994년 헤지펀드 레버리지 붕괴 당시 우연히 얻은 첫 번째 교훈이었다.

만일 미 연준이 2000년대 중반에 레버리지를 규제하고 금리를 인상했더라면 사건이 그렇게 미친 듯이 연쇄적으로 발생하지는 않았을 것이다. 그랬다면 미국 가계들도 1997년 국내총생산(GDP)의 66%이던 대출을 2007년 100%까지 높이진 않았을 것이다. 주택금융회사들이 대출

---

* 환매 일정에 따라 환매되는 펀드의 자본액에 상한 비율을 설정하는 것을 말한다. 일반적으로 연간 환매는 20%, 더 빈번한 환매는 10%로 제한한다.

자의 상환 능력을 무시하고 모기지대출을 그렇게까지 늘리는 일도 없었을 것이다. 미국 정부가 설립한 주택대출회사인 패니메이(Fannie Mae)와 프레디맥(Freddie Mac)이 쓰러져서 정부의 품에 안기는 일도 없었을 것이다. 씨티은행(Citigroup) 같은 은행과 메릴린치(Merrill Lynch) 같은 투자은행이 모기지담보부증권(mortgage-backed securities)을 탐욕스럽게 인수했다가 결국 부실화되어 자본을 탕진하는 일 또한 없었을 것이다.

연준이 이런 차입 붐을 허용한 것은 소비자물가지수에만 집중했기 때문이고, 버블을 무시하고도 안전할 수 있다고 믿었기 때문이다. 따라서 2007~2009년 대학살은 그 믿음이 어떻게 잘못되었는지 보여주었다. 제로에 가까운 금리로 차입할 기회가 부여되자 미국인들은 지속 불가능하게 차입했다.

금융위기는 또한 금융회사들이 역기능적인 인센티브 제도를 운영하는 것을 밝혀냈다. 가장 명백한 문제는 '대마불사(大馬不死, too big to fail)'였다. 즉 월스트리트의 거대 기업들은 납세자의 돈으로 구제받기를 기대했기에 위험을 누적했고, 다른 시장 참가자들 또한 정부의 지원을 믿고 그런 무모함을 부추겼다. 이 대마불사 문제는 씨티그룹 같은 상업은행, 골드만삭스와 모건스탠리 같은 과거의 투자은행, AIG 같은 보험회사, 금융위기의 정점에서 정부의 긴급 보증을 받았던 머니마켓펀드(MMF)** 등 정부가 실제로 구제한 기관들에 주로 존재했다.

반면 헤지펀드들은 납세자 지원 없이 혼란을 빠져나왔다. 정부가 헤지펀드를 지원한 선례는 없다. 1998년 LTCM 파산 당시 연준이 구제금융을 주선하기는 했지만 손실 충당에 지출한 금액은 없었다. 미래의 언

** 미국 정부는 리먼브러더스의 채권을 편입했던 리저브(Reserve)의 MMF가 액면가를 하회하자 MMF에 대한 한시 보증을 지원했다.

젠가 초대형 헤지펀드가 '대마불사'로 판명될 수 있으니, 규모가 크고 레버리지를 많이 쓰는 헤지펀드는 규제 대상이 되어야 한다. 하지만 대다수 헤지펀드는 금융 시스템에 폭넓은 위협을 주기에는 너무 작다. 이런 소규모 헤지펀드는 파산해도, 심지어 안전장치가 없이 파산해도 안전하다.[12]

금융의 또 다른 인센티브 왜곡은 트레이더의 급여와 관련된다. 트레이더는 거대한 위험을 감수하고 베팅해서 성공하면 거액을 번다. 그러나 베팅에 실패했을 때 대칭되는 불이익은 없다. 성과보수와 보너스는 없어지지만 개인이 물어내는 일은 없다. '동전의 앞면이 나오면 내가 이기고 뒷면이 나오면 네가 지는(heads-I-win-tails-you-lose)' 이 문제는 헤지펀드에도 있지만 은행에서는 더 심각하다.

헤지펀드들은 일반적으로 '과거 고점 기준(high-water mark)' 계약 조항을 둔다. 이 조항은 헤지펀드가 1년 동안 손실을 보면 손실을 만회할 때까지 성과보수를 감액 또는 유보한다는 내용이다. 헤지펀드 운용자는 자신의 자금도 투자하므로, 최소한 부분적으로는 손실을 피해야 할 강력한 동기가 있다. 이에 반해 은행의 트레이더들은 그런 제약을 거의 받지 않으며, 단순히 남의 돈을 가져다가 위험을 무릅쓸 뿐이다.

전형적으로 헤지펀드가 은행보다 레버리지 사용에 훨씬 더 신중하다는 점은 놀랍지 않을 것이다. 평균적으로 헤지펀드는 투자자 자본의 1~2배만 차입하며 레버리지가 높은 곳도 일반적으로 10배 미만이다. 반면 금융위기 이전의 골드만삭스와 리먼브러더스 같은 투자은행은 레버리지가 30배였고, 씨티은행 같은 상업은행은 조건에 따라 한층 더 높은 배수를 사용했다.[13]

헤지펀드의 구조 자체도 편집증적인 규제를 촉진한다. 은행은 제도권 금융기관이어서 편안한 경영진이 있는 구조이지만, 헤지펀드는 자리를 잡지 못한 창업 조직이어서 운용자가 거래를 성사시키기 위해 밤을 새우는 것 외에는 다른 생각을 하지 못하는 구조일 때가 많다. 은행은 정부의 예금보험 지원하에 가계로부터 자금을 조달한다. 헤지펀드는 고객에게 자금을 유치하기 전에 위험을 관리할 능력을 증명해야 한다. 은행은 유동성 위기가 발생하면 중앙은행의 긴급 대출에 의존할 수 있음을 알기에 기꺼이 단기 차입금 의존도를 높인다. 반면 헤지펀드는 그런 안전망이 없고 따라서 단기 차입금 의존을 더욱 꺼린다.

은행은 대출을 받은 고객들이 대출금을 잘 상환하는 한은 모든 영업이 순조롭게 진행된다고 생각한다. 반면 헤지펀드는 포트폴리오를 시가로 평가하기 때문에, 차입자가 미래에 문제를 일으킬 위험이 조금만 높아져도 수익에 즉각 영향받을 수 있다.[14] 은행은 투자 판단에서 증권 인수나 자문 수수료를 추구하다가 왜곡되는 경우가 많지만, 헤지펀드는 투자 성과에 사활을 걸기 때문에 비교적 투자에 집중하고 딴생각을 하지 않는다.

이 모든 이유로 헤지펀드를 올바르게 정의하려면 독립성을 강조해야 한다. 이른바 대형 은행의 자회사인 헤지펀드는 진정한 헤지펀드의 특징인 편집증과 집중력이 부족하다.

이 책을 퇴고하는 2010년 초, 미국 규제당국이 금융산업을 단속할 준비가 된 것처럼 보였다. 큰 틀에서는 이 직감이 옳았다. 절정기에 금융회사들은 인재들을 필요 이상 끌어들였고 사회에 비싼 비용을 치르는 위험을 떠안겼다. 그러나 월스트리트의 비평가들은 헤지펀드를 그물에 가두기 전에 멈춰야 한다.

결국 누가 더 위험을 잘 관리할 것인가? 쓰러졌거나 정부 구제를 받은 상업은행과 투자은행인가, MMF를 팔다가 정부 지원을 받게 된 뮤추얼펀드인가? 그리고 비평가들이 원하는 미래는 무엇인가? 납세자들을 위태롭게 할 수 있는 거대 은행에 위험을 집중하는 미래인가, 아니면 정부의 생명줄을 기대하지 않는 소형 헤지펀드들에 위험을 분산하는 미래인가?

금융위기로 금융의 핵심에서 도덕적 해이가 심화되었다. 구제받은 은행은 다음번에도 구제받기를 기대할 수 있다. 이런 기대감은 과두한 위험을 피할 동기는 줄이고 다시 쓰러질 가능성은 높인다. 자본주의는 기업이 자초한 위험의 결과를 흡수하도록 강제해야만 제대로 작동한다. 은행이 잠재 수익은 취하면서 실패 비용은 사회에 떠넘긴다면 실패가 거의 확실해진다.

정책 결정자들이 2007~2009년에 진지한 교훈을 얻었다면, 목적이 혼란스럽고 중복되는 금융 슈퍼마켓은 제한하고, 위험 관리의 건전성에 생사를 거는 부티크(boutique, 소규모 투자 전문 회사)를 육성할 필요가 있다. 자본은 납세자들이 담보하는 금융기관에서 독자적으로 생존하는 금융회사들로 이전할 필요가 있다. 대마불사의 금융기관들은 축소하고, 작아서 파산해도 문제없는 '소마가사(小馬可死, small enough to fail)' 금융회사들을 선호할 필요가 있다.

앨프리드 존스와 후계자들의 이야기는 기존 금융 슈퍼마켓의 부분적인 대안을 보여준다. 인정하지 않을지 모르지만 금융의 미래는 놀랍게도 헤지펀드의 역사에 있다.

1장

HEDGE FUND

헤지펀드의 대부
앨프리드 윈즐로 존스

하버드 출신 외교관, 헤지펀드를 발명하다

미국의 두 번째 대호황 시대(gilded age)*이자 80년 만의 금융 대폭락을 앞두고, 수십 개 헤지펀드의 매니저들이 자본주의의 비공식적 제왕으로 부상했다. 세계화는 유례없는 번영과 그를 통한 부를 창출했다. 헤지펀드들은 소리 없이 부를 축적했고 펀드매니저들은 대단한 수익을 얻었다. 2003~2006년의 3년 동안 100대 헤지펀드가 운용하는 자산은 1조 달러로 배증해서,[1] 상하이증권거래소 상장주식 전체를 매수하는 금액 또는 캐나다의 연간 GDP에 상당했다.

헤지펀드는 전례가 없는 새로운 현상이며 이 시대를 상징한다는 데 의문을 제기하는 사람은 없다. 한 잡지 기자는 "헤지펀드에서 수억 달러를 운용해 수수료 수천만 달러를 받는 것이 월스트리트의 꿈이 되었다"라고 선언했다.[2] 또 다른 기자는 "헤지펀드는 현재 주식시장의 최종

---

* 석유 재벌 록펠러, 철강 재벌 카네기 같은 전설적 대부호가 탄생한 시대를 칭함.

목표이며, 현행 총잡이식의 공격적인 성공 지향 문화가 전개됨에 따른 논리적인 결과물"이라고 보도했다.[3]

그러나 헤지펀드는 새롭지도, 전례가 없지도 않았다. 첫 번째 기사는 2004년 〈뉴욕(New York)〉지에서 인용한 반면, 두 번째 기사는 같은 잡지에서 40년 전에 펴낸, 매우 유사한 논설에서 인용했다. 2004년 기사는 헤지펀드 매니저가 "22일 연속으로 시장의 방향을 정확하게 예측"할 수 있는 유형이라고 표현했다. 1968년 기사는 "7주 연속으로 매주 20%씩 수익을 올린 헤지펀드 매니저"를 언급했다. 2004년 논설은 헤지펀드가 거만하고 고립적이며 은밀하기까지 하다고 불평했다. 1968년 기사에서도 이 업계 종사자들이 자신의 성공을 언급하기를 꺼린다고 불만스럽게 보도했다.

헤지펀드 매니저는 1980년대의 차입매수(leveraged-buyout, LBO) 펀드와 1990년대의 닷컴 벤처기업가를 대체해 뉴밀레니엄의 매력적인 스타로 출현했다. 하지만 그들은 이전에도 각광받는 스타였음을 기억할 필요가 있다. 1960년대 헤지펀드 붐에 관해서는 다음과 같은 유명한 이야기가 있다. "(헤지펀드 매니저는) 시장에서 떨어져 있으면서도 시장의 리듬과 자신의 리듬이 어디서 만나는지를 안다. '정말로 무슨 일이 일어나는지 안다면, 무슨 일이 일어나는지 알기 위해 무슨 일이 일어나는지 알 필요가 없다.' (…) 신문 헤드라인을 무시해도 되는데 이미 몇 달 전에 예측한 일이기 때문이다."[4]

최초 헤지펀드 시대의 가장 큰 전설은 앞에서 만나본 앨프리드 윈즐로 존스다. 1968년 〈뉴욕〉지는 그를 헤지펀드업계의 대부로 묘사했지만 그는 월가의 대부로는 어울리지 않았다. 후세대 헤지펀드 대가들처럼 금융의 본질을 변화시켰지만, 그 일을 금융에서 거리를 둔 위치에서 했다. 1949년 존스가 '헤지한(hedged) 펀드'를 발명하던 당시의 자산운용업은 수탁자(trustee)라고 알려진, 격식 있고 보수적인 형태가 주도했고, 자산운용의 역할은 자본 증식이 아니라 보전이었다. 선도 자산운용사들은 피델리티(Fidelity, 충실한)와 푸르덴셜(Prudential, 신중한) 같은 이름을 달고 이름과 같은 방식으로 행동했다.

작가 존 브룩스(John Brooks)는 "좋은 수탁자는 난공불락의 결백성과 절제성을 상징하도록, 흰머리를 과도하지 않게 깔끔히 빗고 푸른 양키 눈동자는 반짝거리지 않아야 했다"라고 묘사했다.[5] 그러나 존스는 달랐다. 그는 금융업에 진출하기 전에 여러 경력을 끊임없이 쌓아왔다. 절제성이라고는 찾기 힘든 작가와 예술가들과 같이 지냈다. 초자본주의적인 헤지펀드의 대부가 될 그는 젊은 시절 상당 기간을 마르크스주의라는 불장난으로 보냈다.

앨프리드 존스는 1900년 9월 9일 9시에 태어났고, 이 사실은 훗날까지 가족들의 입에 지겹도록 오르내렸다.[6] 존스는 제너럴일렉트릭(General Electric, GE) 호주 지점을 경영한 주재원의 아들이었다. 집안 이야기에 의하면 그들은 호주에서 최초로 자동차를 소유했다. 당시 공식 사진에서 세 살배기 앨프리드 존스는 흰색 재킷을 입고 흰색 선원 모자를 썼다. 그 옆에는 칼라가 넓고 빳빳한 셔츠를 입은 아버지가, 다른 쪽에는 우아한 깃털 모자를 쓴 어머니가 있었다.

가족이 GE 본사가 있는 뉴욕 스케넥터디로 돌아온 후 존스는 학교에 다녔고 가문의 전통에 따라 하버드에 진학했다. 그러나 1923년 하버드를 졸업한 그는 아이비리그 출신의 재능 있는 명문가 자제들을 위해 마련된 코스 중 어떤 것도 마음에 들지 않아 무엇을 할지 정하지 못했다. 재즈 시대가 향기를 풍기기 시작했고, 스콧 피츠제럴드(F. Scott Fitzgerald)가 《위대한 개츠비(The Great Gatsby)》의 방탕한 반(反)영웅을 그려내던 시대였다. 키가 크고 마르고 이목구비가 부드러운 존스는 피츠제럴드의 세계에 쉽게 적응할 수 있었다.

그러나 자기 삶에 대해 다른 생각이 있었다. 아버지의 방랑벽을 물려
받은 그는 부정기 화물선에 사무장으로 취직하고는 세계를 돌아다니
면서 1년을 보냈다. 무역 바이어와 투자 상담사 소속 통계학자라는 두
가지 직업을 가졌다. 그리고 목적 없이 더 돌아다니다가 외교관 시험에
합격해 국무부에 들어갔다.[7]

1930년 12월, 존스는 베를린 주재 부영사로 발령받았다. 독일 경제는
자유낙하해서 그해 생산은 8% 감소했고 실업자는 450만 명에 달했다.
3개월 전 선거에서는 거의 알려지지 않은 국가사회당이 대중의 분노를
이용해 의회 107석을 차지했다.[8] 존스는 직무상 독일의 문제에 직면했
고, 독일 노동자들의 상황을 연구한 논문 두 편을 썼는데 각각 식량 조
달과 주거 문제를 담았다.

그런 가운데 사회주의자이고 좌파 반나치 행동주의자인 안나 블록
(Anna Block)을 만나면서 독일에 더 깊이 관여하게 되었다. 안나는 유대
인 은행가의 딸로, 명랑하고 재주가 많고 매력 있었다. 한때 베를린 병
원의 산부인과에서 활동하며 나치 수사망을 피했다. 수년 후 파리 지하
조직에서 활동할 때는 판지 상자를 짐으로 위장해서 투숙객 모습으로
런던 고급 호텔에 잠입하기도 했다. 1931년 존스를 만났을 때 안나는
레닌주의 조직을 위해 일하고 있었고 세 번째 남편을 구하고 있었다.
존스는 안나의 사회주의 활동과 부르주아적 매력에 빠져서 정치적·개
인적 목적의 하인이 되었다.[9]

존스는 비밀리에 결혼했으나 곧 대사관 동료에게 발각되었다. 규정
을 위반한 행동이었기 때문에 그는 입사 후 1년 반 만인 1932년 5월 국
무부를 사임했다.

그러나 독일에 대한 관여는 여기서 끝나지 않았다. 그는 1932년 가을

리처드 프로스트(Richard Frost)라는 가명으로 베를린에 돌아왔고 레닌주의 조직을 위해 비밀리에 일했다.[10] 그다음 해에는 H.B. 우드(Wood)라는 가명으로 런던의 조직을 대변해 히틀러(Adolf Hitler)에 대해 군사 조치를 할 필요성을 영국 노동당에 역설했다.

영국 당국은 존스가 베를린에서 독일 공산당이 운영하는 마르크스 노동자학교에 다닌 사실을 발견하고는 존스의 역할에 의구심을 갖게 되었다. 영국이 신원조회를 요청하자 미국 국무부 관료는 "존스 씨는 국무부 재직 당시 공산주의에 관심을 보였다"라고 회신했다.[11]

히틀러에 대한 독일인의 저항은 실질적이기보다는 로맨틱한 것으로 나타났다. 존스와 안나의 관계도 그랬다. 이들은 몇 달 만에 이혼했고 존스는 1934년 런던을 떠나 뉴욕으로 건너가 컬럼비아대 사회학대학원에 등록했다. 이어 버지니아 중류층 플랜테이션 집안의 메리 엘리자베스 카터(Mary Elizabeth Carter)와 결혼했다.[12]

존스의 인생이 정상적인 경로를 찾아가고는 있었지만 그 변화는 아직 미완성이었다. 그는 1930년대부터 1940년대 초까지 독일 좌파와의 관계를 유지했고 미국 정보부의 활동에 개입했을 수도 있다.[13] 존스와 메리는 1937년 내전 중인 스페인으로 신혼여행을 떠났다.[14] 신혼부부는 작가 도로시 파커(Dorothy Parker)와 함께 히치하이킹으로 최전방까지 이동했다. 어니스트 헤밍웨이(Ernest Hemingway)를 만났고 스카치위스키를 대접받았다.

투자 심리가 주가 추세를 만든다

존스가 독일과 스페인에서 목격한 유럽의 붕괴 못지않게 미국 내 혼란도 심각했다. 《위대한 개츠비》의 미국은 존 스타인벡(John Steinbeck)

의 《분노의 포도(Grapes of Wrath)》*에 자리를 내주었고, 재즈 세대는 경제 대공황으로 대체되었다. 월스트리트에서는 1929년 10월의 대폭락이 1930년대 초의 잇따른 폭락으로 이어졌다. 투자자가 대거 시장을 떠났고 부산하던 증권사들은 조용해졌다. 당시 증권거래소 주변의 유명한 대로를 따라 걸으면 주사위 놀이를 하는 소리만이 열린 창문을 통해서 들렸다고 한다.15

그러나 존스는 놀랍게도, 좌파로 활동했던 젊은 시절의 모험적인 행보와 다르게 대공황에서는 전보다 분별 있는 모습으로 나타났다. 당대 이데올로기에 야심 차게 맞섰지만 그의 결론은 대체로 온건했다.

그의 정치관은 사회학자이자 언론인으로서 쓴 글에 나타났다. 1930년대 말 나치의 위협이 유럽으로 퍼져나가자, 그는 같은 재난이 미국에도 발생할지 알고 싶어서 박사 논문을 위한 연구를 시작했다.16 논문 주제는 계급 구조에 대한 정치적 좌파의 관심이 반영되어, 미국인의 경제 상황과 재산에 대한 태도의 연관성을 밝히는 데 열중했다. 목적은 '미국인은 기본적인 생각에서 어느 정도까지 단결된 민족이고 어느 정도까지 분열된 공동체인가를 파악하는 것'이었다.17

존스는 메리와 함께 1938년 말부터 1939년 초까지 산업 분쟁의 온상이던 오하이오주 애크런에 머물면서 현장 인터뷰를 1,700건 수행했다. 인터뷰 결과에 일련의 통계 테스트를 적용한 후, 경제적 분열이 첨예하지만 세계관까지 분열시키지는 않았다는 결론을 냈다. 이것으로 존스는 청년기에 품었던 사회주의와 절교하고 미국 민주주의의 생명력을 믿게 되었다.

---

* 〈뉴욕타임스〉 기자이자 소설가였던 존 스타인벡의 대표작이다. 미국의 대공황 당시 은행에 땅을 빼앗겨서 오클라호마주에서 캘리포니아주로 이주해야 했던 조드 일가의 삶을 담았다.

그 논문은 《Life, Liberty and Property(인생, 자유 및 번영)》라는 책으로 1941년 출간되었고 사회학 교과서의 표준이 되었다. 그사이 존스는 언론인이라는 또 다른 경력을 마련했다. 〈포천(Fortune)〉지는 존스의 논문을 축약 발간하고는 그에게 기자 자리를 제공했다. 존스는 글쓰기가 어려운 일임을 알았지만 수락했다.

그는 1942년 논설에서, 전쟁이 끝나면 루스벨트(Franklin Roosevelt) 대통령의 경제적 국가통제주의(economic statism)를 기각해야 한다고 경고했다.[18] 그는 시장을 존중함으로써 사회주의를 버렸음을 입증했고 재분배 정책에 꾸준히 관심을 가졌다. 〈포천〉지에 기고한 '이상(The Ideal)'이라는 논고는 "자유시장 보호는 가능한 한 보수적으로, 대중 복지 확보는 가능한 한 급진적으로"를 주장하는 일종의 좌우 혼합 글이었다.

1948년 〈포천〉이 금융 관련 기사를 의뢰하자, 존스는 20년 전 투자 자문 일을 중단한 이래 무시해온 금융에 마음을 돌리기 시작했다. 그때 쓴 1949년 3월 자 기사 '예측의 유행(Fashions in Forecasting)'은 그가 이후 월스트리트에서 거두는 성공과 연계되지는 않지만, 놀랍게도 그의 뒤를 따를 헤지펀드들을 예측했다.

기사는 '주식시장의 경로를 예측하는 구식 표준 공식', 즉 적정 주가 산출을 위해 화물차 적재량, 원자재 가격, 기타 경제 데이터를 분석하는 방식을 공격하면서 시작된다. 이 방식으로 시장을 평가하면 현재 일어나는 일의 많은 부분을 놓치게 된다. 존스는 경제적 데이터 변화 없이 주식이 빠르게 변동하는 순간을 언급했다. 그는 펀더멘털 분석을 무시하고 좀 더 수익성 있다고 믿는 것으로 관점을 돌렸다. 바로 주가가 투자자의 예측 가능한 심리 패턴에 의해 움직인다는 관점이었다. 돈은 추상적 개념으로서 일련의 숫자 상징이지만, 탐욕과 공포와 질투가 본색을 드러내는 경로이기도 하다. 즉 돈은 대중 심리의 척도다.[19]

존스는 투자자들의 감정이 주가 추세를 만든다고 믿었다. 주식시장이 상승하면 투자자들이 낙관주의를 형성해서 주가가 더욱 상승하고 낙관주의가 더 커진다는 식이다. 이런 피드백 고리(feedback loop)가 주가 상승 추세를 형성하며 이를 따라가면 수익성이 있다. 단, 진정한 기술은 피드백 고리가 주가를 지속 불가능한 수준까지 끌어올려서 탐욕이 공포로 바뀌고 시계추가 반대로 움직이기 직전, 즉 투자 심리가 반전되기 전에 빠져나오는 데 있다.

그가 〈포천〉 기사에서 인터뷰한 예측가들은 이런 전환점의 징조를 포착하는 새로운 기법을 제시했다. 어떤 이들은 다우존스지수(Dow Jones index)가 상승해도 개별 종목들이 하락하면 상승세가 곧 꺾인다고 믿었다. 다른 이들은 주가가 상승하더라도 거래량이 감소하고 있으면 강세장의 매수세가 소진되고 대세가 반전된다고 주장했다. 모든 예측가는 주가 차트의 패턴이 반복되기 때문에 이를 관찰하면 성공할 수 있다는 견해를 공유했다.

존스는 차트 예측가들은 존중하면서도 경제학에는 이상하리만치 무지해 보였다. 1933년과 1944년, 수리경제학의 대부인 앨프리드 카울스(Alfred Cowles)는 금융 실무자들이 발표한 투자 권유 실적 수천 건을 분석해 논문 2편을 발표했다.

첫 번째 논문에는 '주식시장 예측가들은 예측할 수 있는가?'라는 제목을 달고는 '회의적이다'라는 한마디로 대답했다. 카울스의 논문을 〈포천〉 기사에서 선택적으로 인용하면서, 석학이 월별 주가 추세의 증거를 발견했다고만 지나가듯이 언급했다. 그러나 카울스가 3주 간격으로 주가를 분석한 결과 추세를 발견하지 못했고, 시장의 패턴이 너무 희미하고 신뢰성이 낮아 패턴에 의존한 매매로는 수익을 얻을 수 없다는 결론에 이르렀다는 사실은 언급하지 않았다.[20]

그러나 존스가 카울스의 논문을 피상적으로만 읽었다 하더라도 최소한 한 가지에는 의견이 일치했는데, 바로 성공적인 시장 예측가도 성과를 유지할 수 없다는 것이었다. 추세를 관찰하는 행동 자체가 추세를 파괴할 가능성이 컸다. 예를 들어 시장 예측가가 시장이 특정 수준에 도달할 때까지 수일간 상승 추세를 보일 것이라고 발표했다고 가정하자. 이 예측에 돈이 따라올 것이고, 즉시 가격을 예측 수준으로 끌어올려서 추세는 초기에 끝날 것이다.

이런 방식으로 예측가들은 시장의 작동을 가속화하는 동시에 자신의 직업을 잃을 것이다. 존스가 〈포천〉 기사에서 단언했듯이 가격 추세는 중단될 것이다. 시장은 "경제의 펀더멘털 변화에만 반응하면서 비교적 완만하고 질서 있는 방식으로 등락할 것"이다.

존스는 스스로 예상한 범위 너머 헤지펀드의 미래까지 예측하고 있었다. 이후 수십 년 동안 금융 혁신가들이 연속으로 나타나서 시장에서 수익을 얻을 기회를 포착했고, 그들 대다수는 자신의 통찰을 알아차리는 투자자가 충분히 늘어나면 시장이 더 효율화되어서 수익 기회가 사라진다는 사실을 발견했다. 존스 자신도 1950년대와 1960년대에 시장에 새로운 효율성을 제공할 운명이었다. 그러나 그 변화의 속성은 그가 기대한 것이 아니었다.

레버리지와 공매도의 결합

앨프리드 존스는 1949년 3월 〈포천〉에 기사를 썼을 때 이미 세계 최초의 헤지펀드를 출범한 상태였다. 금융에 갑자기 열정이 생긴 것은 아니었다. 오히려 자유주의에서 사회주의로, 다시 자유주의로 돌아가는 정치적 이동에 몰두했고, 코네티컷주의 새 전원주택에서 정원을 가꾸는 즐거움에 심취해 있었다.[21] 그러나 이제 40대 후반에 두 아이의 아버지가 된 그가 뉴욕의 값비싼 생활을 유지하려면 돈이 필요했다.[22]

언론인으로서 돈을 벌려는 노력은 실패로 돌아갔다. 새로운 잡지를 창간하려고 〈포천〉을 나왔지만 자금 지원을 받는 데 실패했다. 출판 사업에서 곤경을 겪은 그는 다른 방법을 추진했다. 친구 4명에게서 모은 6만 달러와 자신의 4만 달러를 가지고 투자에 나선 것이다.

이후 20년 동안 존스가 달성한 투자 성과는 역사상 가장 놀라운 기록에 속한다. 1968년까지 5,000% 가까운 누적 수익률을 달성해, 1949년에 1만 달러를 투입했다면 1968년에 48만 달러를 얻게 된 것이다.[23] 존스는 경쟁자들을 먼지에 불과하게 만들었다. 예를 들어 그는 1965년까지의 5년 동안 325% 수익을 내서, 같은 기간 최고 뮤추얼펀드의 수익률 225%를 무색하게 했다. 1965년 이전의 10년 동안에는 2위 경쟁자보다 거의 두 배 많이 벌었다.[24] 어떤 면에서 이 기간의 투자 성과는 워런 버핏(Warren Buffett)의 성과와 맞먹는다.[25]

존스는 브로드가의 남루한 1.5룸 사무실에서 투자 사업을 시작했다. 그는 투자자인 윈즐로 칼튼(Winslow Carlton)이 소유한 보험회사에서 사무실을 임차했다. 투자 사업 초기에는 칼튼이 종종 자신의 패커드 컨버터블 승용차로 존스의 아파트에 들러 함께 출근하면서 시장의 매매 전망을 논의했다. 존스의 책상 위에는 로열 타자기와 사전이 놓였고 증권거래소의 호가 전송 장치(ticker)가 유리 덮개로 덮여 있었다. 손으로 돌리는 기계식 계산기와, 존스가 점심 식사 후 낮잠을 즐기던 긴 의자가 있었다.[26]

존스는 차트 분석가들의 자문을 투자 수익으로 변환할 방법을 모색했다. 그러나 진정 혁신적인 것은 그의 펀드 구조였다. 당시 전문 투자자들은 주가 상승을 예상하면 주식을 매수하고 시장 조정이 예상되면 현금을 보유하는 것이 표준 행태였다. 그러나 존스는 이 선택지들을 개선했다. 차트가 강세장이라는 신호를 보내면 펀드의 100%를 주식에 투입할 뿐만 아니라 돈을 빌려서 주식 투입액을 가령 150%까지 높였다. 자본의 1.5배에 달하는 주식을 매수했다는 뜻이다.

반면에 차트가 문제 신호를 보내면 그는 현금을 보유하는 단순한 방식을 떠나 수익을 취했다. 즉 주가 하락을 예상하고 다른 투자자에게서 주식을 빌려 매도하는 '공매도' 방식으로 익스포저(exposure, 위험에 노출된 현금)를 줄였고, 예상한 주가 하락 시점에 재매수해 수익을 냈다.

레버리지와 공매도 모두 1920년대부터 사용되었고, 대부분 자기 돈으로 투기하는 이들의 방법이었다.[27] 그러나 1929년 대공황 트라우마로 두 기법 모두 오명을 뒤집어썼고, 고객 자금을 수탁받은 전문 투자자들은 도발적인 기법으로 취급했다.

존스의 혁신은 "보수적인 목적을 위한 투기적 수단"이라는 자신의 표현처럼 이 기법을 전혀 도발적이지 않게 결합한 것이었다. 그는 차트에 하락 신호가 나타나지 않은 경우에도 펀드 일부를 상시 대비책으로 공매도에 배정함으로써 포트폴리오를 시장 위험에서 보호했다. 따라서 다우지수 폭락을 염려하지 않고 유망한 주식을 쌓아놓았다.

그는 "매수만 하는 투자자처럼 위험을 많이 지지 않고서도 좋은 주식을 많이 매수할 수 있다"라고 말했다.[28] 시장이 불안정해 보이면 전통적인 투자자들은 제록스(Xerox)나 폴라로이드(Polaroid) 같은 인기주를 매도해야 했지만, 헤지한(hedged) 펀드는 시장이 고평가되어 보이는 시기에도 종목 선정을 잘해서 수익을 얻을 수 있었다.

1961년 외부 투자자들에게만 배포한 펀드 발행 설명서에서 존스는 '헤지의 마술'을 예를 들어 설명했다.[29] 투자자 두 명이 각자 10만 달러를 투자한다고 가정하자. 각 투자자는 주식 종목 선정 능력이 탁월하고 시장을 낙관한다. 첫 번째 투자자는 전통적인 펀드 운용 원칙에 따라 투자해서 8만 달러를 최선의 주식 종목들에 투입하고 2만 달러는 안전한 채권으로 운용한다. 두 번째 투자자는 존스의 원칙에 따라 투자해서 10만 달러를 차입해 자금력을 20만 달러로 늘린 다음, 13만 달러로 최선의 주식 종목들을 매수하고 7만 달러로 최악의 주식 종목들을 공매도한다.

그 결과 두 번째 투자자는 주식 포지션에서 우월한 분산투자 효과를 누린다. 13만 달러를 운용하니 더 다양한 종목을 매수할 수 있다. 7만 달러 공매도가 보유 주식 7만 달러의 익스포저를 상쇄해서 시장 순위험 익스포저가 6만 달러로 감소하지만, 첫 번째 투자자의 순위험 익스포저는 8만 달러 전액이다. 이 방식으로 헤지펀드 투자자는 (분산투자를 통해) 종목 선정 위험을 줄이고 (헤지를 이용해) 시장 위험도 줄인다.

더 좋은 일이 있다. 존스의 수익에 미치는 영향을 살펴보자. 주가지수가 20% 상승하고, 두 투자자가 종목 선정을 잘한 덕분에 주식 보유 포트폴리오가 시장을 10%포인트 이겨서 수익률이 30%라고 가정하자. 두 번째 투자자의 공매도 포트폴리오도 잘 해냈다. 지수는 20% 상승했고, 그의 공매도 포트폴리오는 평균보다 덜 상승하는 종목을 선정하는 데 성공해서 10%만 상승했다. 두 투자자의 수익률은 [표 1-1] (64쪽)에 나타냈다.

이 결과는 위험이 높아야 수익률이 높다는 투자의 기본 원칙을 거역하는 것으로 보인다. 헤지한 투자자는 전통적 투자자보다 시장 위험과 종목 선정 위험을 적게 부담했는데도 30%를 더 얻었다.

이제 하락장을 고려해보자. 마술은 더욱더 잘 작동한다. 만일 시장이 20% 하락하고 두 투자자가 선택한 포트폴리오는 10%포인트 우수한 10% 손실을 낸다면 수익률은 [표 1-2] (64쪽)와 같다.

[표 1-1] 전통적 투자자 대 헤지한 투자자(강세장)

전통적 투자자	헤지한 투자자
주식 8만 달러의 30% 이익	주식 13만 달러의 30% 이익
	주식 7만 달러의 10% 손실
수익: 24,000달러	수익: 39,000달러 - 7,000달러 = 32,000달러

[표 1-2] 전통적 투자자 대 헤지한 투자자(약세장)

전통적 투자자	헤지한 투자자
주식 8만 달러의 10% 손실	주식 13만 달러의 10% 손실
	주식 7만 달러의 30% 이익
수익: -8,000달러	수익: -13,000달러 + 21,000 달러 = 8,000달러

요약하면 헤지펀드는 강세장에서는 위험을 덜 취하면서도 더 우월한 성과를 낸다. 그리고 약세장에서는 위험을 덜 안기 때문에 더 우월한 성과를 낸다. 물론 이 계산은 좋은 종목들을 선정해야만 작동하며, 종목 선정 능력이 떨어지는 투자자는 존스의 방식을 따르면 무능함만 커질 수 있다. 그런데 헤지를 이용한 투자 구조의 장점을 감안하면 왜 다른 펀드매니저들이 따라 하지 못했느냐는 질문이 제기된다.

답변은 존스가 투자자 보고서에서 언급했듯이 공매도가 '충분한 이유 없이 기피당하는, 잘 알려지지 않은 절차'라는 데서 시작한다.[30] 공매도에는 대공황 당시 오명이 붙었고 이후에도 계속되었다. 2008년 패닉에는 규제당국이 공매도를 제한했다.

그러나 존스가 꾸준히 언급했듯이 성공적인 공매도는 사회적으로 유익한 역발상 투자의 기능을 수행한다. 공매도는 적정 가격보다 상승한 주식을 매도함으로써 버블이 발생할 때 이를 걷어내고, 같은 주식을 재매수함으로써 연착륙을 가능하게 한다. 공매도는 무모한 투기를 부채질하지 않고 오히려 시장의 변동성을 완화할 수 있다. 훗날의 헤지펀드 매니저들도 이 점을 반복해서 주장했다. 그럼에도 불구하고 오명은 지속되었다.

경쟁 투자자들이 존스의 방식을 구사하지 않은 데는 다른 이유도 있다. 나쁜 종목 공매도는 좋은 종목 매수 절차를 반대로 하는 것일 뿐이니 어떤 면에서 그다지 어렵지 않다. 수익이 빠르게 성장하는 종목 대신 수익이 느리게 성장하는 종목을 찾고, 강한 경영진이 지키는 기업 대신 사기꾼들이 경영하는 기업을 찾아내면 된다.

그러나 다른 측면에서는 공매도가 더 어렵다. 공매도에 대한 불합리한 편견 때문에 세무와 규제가 더 까다롭다. 그리고 일반적인 주식 투자자는 이론적으로 수익을 무한히 낼 수 있지만 공매도자는 수익이 100%로 제한되고 그것도 주가가 0으로 떨어져야만 가능하다.[31] 더구나 공매도는 더 정교해야만 헤지 전략으로 작동한다. 존스가 동시대 경쟁자들을 앞선 것이 이 부분이다.

정교한 공매도는 일부 종목이 다른 종목보다 변동성이 크다는 사실에서 시작한다. 변동성이 작은 종목 1,000달러를 매수하고 변동성이 큰 주식 1,000달러를 공매도해서는 진정한 헤지가 이루어지지 않는다. 시장이 평균 20% 상승한다면, 변동성이 작은 종목은 단 10%만 상승하는 반면 변동성이 큰 주식은 30% 상승해버릴 수 있기 때문이다. 따라서 존스는 모든 종목의 변동성을 조사해 '속도(velocity)'라고 명명하고는 S&P500지수의 속도와 비교했다.[32]

[표 1-3] 매수 대 공매도

매수	공매도
시어스로벅 245주 × 50달러 = 12,250달러	제너럴다이내믹스 100주 × 50달러 = 5,000달러
12,250달러 × 시어스로벅 속도 0.80 = 9,800달러	5,000달러 × 제너럴다이내믹스 속도 1.96 = 9,800달러

예를 들어 1948년 이래 시어스로벅(Sears Roebuck)의 주가 등락을 관찰해 이 주식의 변동성은 시장 평균의 80%라고 판단했다. 따라서 이 종목에 '상대 속도' 80을 부여했다. 일부 종목은 시장 평균보다 전반적으로 변동성이 높았다. 제너럴다이내믹스(General Dynamics)는 상대 속도가 196이었다.

시어스로벅과 제너럴다이내믹스 주식을 동일 수량 매수하고 공매도해서는 헤지를 달성하지 못함이 분명했다. 예를 들어 변동성 큰 제너럴다이내믹스 100주를 50달러에 공매도한다고 가정할 경우, 펀드의 시장 익스포저를 중립으로 유지하려면 변동성 작은 시어스로벅 245주를 50달러에 매수할 필요가 있었다. 존스는 투자자들에게 제시한 보고서에서 이 점을 [표 1-3]과 같이 설명했다.

존스는 주식의 속도가 좋은 투자 여부를 결정하는 것은 아니라고 지적했다. 느리게 움직이는 종목도 좋은 성과를 낼 수 있고, 변덕스러운 종목도 수익률이 나쁠 수 있다. 다만 특정 종목이 포트폴리오에 미칠 영향을 감안하면 변동성에 맞추어 보유 규모를 조절해야 했다.

그가 이룬 또 하나의 혁신은 자신의 펀드가 종목 선정으로 얻은 수익과, 시장 익스포저로 얻은 수익을 구분한 것이다. 이런 구분은 이후에야 일반화되었다. 투자자들은 종목 선정 기량에 의한 수익률을 '알파

(alpha)'라고 부르고, 수동적인 시장 익스포저에 의한 수익을 '베타(beta)'라고 부른다.[33] 그러나 존스는 애크론의 긴장된 산업 현장에서 설문조사로 연마한 통계 솜씨를 발휘해, 수익률의 여러 원천을 처음부터 구분해 추적했다. 매일 저녁, 때로는 아이들의 도움을 받아 〈월드텔레그래프(World Telegraph)〉 또는 〈선(Sun)〉 신문의 주식란에서 종가를 뽑아 낡은 가죽 장정 노트에 연필로 옮겨 적었다.[34] 그러고 나서는 다음과 같이 논리를 풀어나갔다.[35]

주식 보유 포지션 13만 달러 상당은 시장이 1% 상승함에 따라 1,300달러 상승해야 하지만 실제로 2,500달러 상승했다. 종목 선정에서 나온 수익이 1,200달러이니 우리 펀드 자본 10만 달러의 1.2%에 해당한다.

주식 공매도 포지션 7만 달러 상당은 시장이 1% 상승함에 따라 700달러 손실을 내야 하지만 실제로 400달러 하락했다. 종목 선정에 따른 수익이 300달러이니 우리 자본의 0.3%에 해당한다.

순보유 주식이 6만 달러 상당이므로 시장 1% 상승은 6만 달러의 1%인 600달러, 즉 자본의 0.6%를 가져다준다.

우리 총수익은 2,100달러로 자본의 2.1%다. 이 중 1.5%포인트는 종목 선정 역량에서 나왔고 나머지 0.6%포인트는 시장 익스포저에서 나왔다.

존스의 계산은 두 가지 면에서 인상적이다. 첫째, 컴퓨터가 없던 시대에 주식 변동성을 계산하는 작업은 매우 손이 많이 가는 일이었는데 존스와 소수 인원이 약 2,000종목을 2년 간격으로 계산했다는 점이다. 둘째, 그의 인내심보다 더 대단한 것은 개념적으로 높은 수준을 달성했다는 점이다. 그의 기법은 대략적인 방식이지만 1950년대와 1960년대의 금융학자들이 이룩할 혁신의 신호탄이었다.

현대 포트폴리오 이론의 선구자

존스가 펀드를 설립하고 3년 후인 1952년, '포트폴리오 선정(Portfolio Selection)'이라는 짧은 논문이 발표되면서 현대 포트폴리오 이론이 탄생했다. 논문 저자는 25세 대학원생인 해리 마코위츠(Harry Markowitz)로, 주된 통찰은 두 가지였다. 투자의 기술은 단순한 수익률 극대화가 아니라 위험조정수익률 극대화이며, 투자자가 떠안는 위험의 양은 보유하는 주식 종목이 아니라 주식들 간의 상관관계에 달렸다는 것이다.

존스의 투자 방식은 이 요소들을 대략 반영하고 있었다. 존스는 마코위츠가 주장한 대로 보유 종목들의 속도를 관찰함으로써 실질적으로 위험을 통제했다. 더구나 매수와 공매도 포지션의 변동성 간에 균형을 잡음으로써, 포트폴리오 위험은 구성 요소들 간의 상관관계에 좌우된다는 마코위츠의 통찰력을 예측했다.[36]

존스의 방식은 마코위츠의 것보다 더 실무적이었다. 월스트리트는 마코위츠의 1952년 논문을 수년간 무시했는데 실행이 불가능했기 때문이다. 수천 종목 간의 상관관계를 도출하려면 계산 50만 건이 필요했고, 컴퓨터 성능은 아직 이를 수행할 만큼 발전하지 못했다. 1950년대 중반 마코위츠는 25개 종목 간의 상관관계를 추정하려고 했으나 이마저도 예일대 경제학부가 제공하는 컴퓨터의 메모리 용량을 넘어섰다.

마코위츠의 작업을 유용하게 만드는 모형을 개발하는 일은 노벨경제학상 수상자인 윌리엄 샤프(William Sharpe)에게 돌아갔다. 샤프는 '포트폴리오 분석을 위한 단순화 모형(A Simplified Model for Portfolio Analysis)'이라는 논문에서 다수 종목 간의 관계를 계산한다는 대책 없는 방법을, 각 종목과 시장지수 간의 상관관계만 계산한다는 단순한 아이디어로 대체했다. 존스의 속도 계산이 의도한 바로 그것이었다. 샤프가 1963년 논문을 발표했을 때, 존스는 속도 계산에서 얻은 결과를 이미 10년 이 상 활용하고 있었다.

존스는 현대 포트폴리오 이론의 대부이자 노벨상 수상자인 제임 스 토빈(James Tobin)의 논문 또한 앞섰다. 1958년 토빈은 '분리의 정리 (separation theorem)'라고 알려진 이론을 제안했는데, 투자자의 주식 종목 선정과 위험 선호도 문제를 분리해야 한다는 내용이었다. 1950년대 자 산운용사 대다수는 특정 형태의 주식이 특정 투자자 층에게 적합하다 고 가정했다. 고객이 과부라면 제록스처럼 변동성이 큰 주식을 소유하 지 말아야 하고, 성공한 사업가라면 AT&T처럼 따분한 주식에는 관심 을 두지 말아야 한다는 것이었다. 토빈은 이런 관점이 왜 그릇되었는지 를 통찰했다.

투자자의 종목 선정은 투자자가 원하는 위험 수준과는 구분해야 한 다고 토빈은 주장했다. 투자자가 위험 회피적이라면 가용한 최선의 종 목을 매수하되 저축액 일부만 투입하고, 투자자가 위험 수용적이라면 가용한 최선의 종목을 매수하되 차입해서 더 많이 매수하라는 것이다. 그러나 토빈이 이렇게 획기적인 논문을 발표하기 9년 전에 이미 존스 는 동일한 맥을 짚고 있었다. 존스의 펀드는 우선 어떤 주식을 소유할 지 판단하고, 이어서 레버리지라는 장치를 사용해서 위험 규모를 조정 했다.[37]

철저한 비밀 유지 원칙

1950년대부터 1960년대 초까지는 누구도 존스의 투자 방식을 이해 하지 못했다. 존스는 헤지펀드업계의 미래도 비밀스럽게 예측했다. 유 럽에서 은밀하게 조직 활동을 한 경험에서 레이더에 포착되지 않는 방식을 배운 그는 금융에서도 비밀을 유지할 이유가 많았다.[38] 존스는 먼저 투자 방식을 경쟁자로부터 보호하고자 했다. 브로커들은 브로드가에 있는 앨프리드 존스의 운용사(AW존스) 사무실을 방문해서 어떤 주식을 고려하는지 탐색하려 했지만 아무런 소득 없이 떠났다.

또한 존스는 수어드&키셀(Seward & Kissel) 법무법인의 리처드 밸런타인(Richard Valentine)이 발견해준 세세상 허점을 세무당국이 인지하기를 원하지 않았다.

밸런타인은 창조적인 천재였지만 개인 생활에는 무심했다. 한번은 동료의 집에 전화해서, 전화 받은 사람이 다섯 살짜리 아이인 것을 잊고는 최신 절세 아이디어를 장황하게 설명했다.[39] 그는 헤지펀드 매니저가 고정된 운용보수가 아니라 투자 수익을 배분받으면 자본이득세율을 적용받을 수 있음을 최초로 인식했다. 그러면 당시 개인소득세율* 91% 대신 25%를 납부하게 된다.[40]

존스는 펀드 가치 상승액의 20%를 성과보수로 수령하면서, 미국 세법이 아니라 중세 역사에서 배운 지혜라고 주장했다. 자신의 수익 배분 체계는 페니키아 상인들이 성공적인 항해의 수익 5분의 1을 징구하고 나머지를 투자자들에게 배분했던 모형을 따른 것이라고 투자자들에게 설명했다. 이같이 인상적인 역사적 근거에 의존한 존스의 성과보수[일반 소득세율로 과세될 보너스와 구분하기 위해 '성과 재배분(performance reallocation)'이라고 부름]는 차세대 헤지펀드들이 기꺼이 계속 채택했다.

존스가 비밀을 유지한 것은 경쟁사 배제와 절세만을 위해서가 아니었다. 규제 회피를 위해서이기도 했다. 그는 1933년 증권법, 1940년 투

---

* 미국 소득세율이 가장 높았던 것은 1951~1964년의 91%이고 이후 차차 낮아져 1965년 70%를 지나 2018년부터 37%를 유지하고 있다.

자회사법, 1940년 투자자문업법에 대해 주로 사모펀드라는 사유로 적용을 배제받아 등록을 피했다. 등록 면제가 필수였다. 등록하면 두 가지 핵심 전략인 레버리지와 공매도에 제한이 생기고 수수료 제한도 가해질 것이다.

사모펀드 자격을 유지하기 위해서 공개 광고를 일절 하지 않았고 입소문만으로 판매했는데, 이는 대면 마케팅을 했다는 의미다. 펀드 자금 대부분은 지성적인 지인 네트워크에서 모았고 레닌(Vladimir Lenin)의 자서전을 집필한 작가 루이스 피셔(Louis Fischer)와 브리지 카드 게임을 발명한 샘 스테이먼(Sam Stayman)이 대표적이었다.[41] 존스는 또한 펀드에 투자자를 너무 많이 참여시키지 않도록 조심했다. 1961년 1호 펀드가 허용 투자자 100명을 채우자 2호 투자조합을 결성했다.[42]

이런 은밀성 덕분에 존스와 그를 모방한 이후 펀드들은 규제 감독을 피할 수 있었다. 그러나 대가를 치러야 했다. 은밀성만큼 대중의 호기심을 돋우는 것이 없기 때문이다. 1960년대 중반 작가 존 브룩스는 "헤지펀드는 월스트리트 최후의 은밀하고 배타적인 특권 수호자이며 새로운 노다지판의 특등 객차다"라고 비판했고 이 비판이 일상화되었다.[43] 존스도 이런 규제 요인들을 우려해 은밀한 스타일을 취할 수밖에 없었을 것이다. 그러나 그가 초기에 수립한 패턴 덕에 헤지펀드는 영원히 신비스럽고 그림자 같고 원망을 받게 되었다.

종목 선정을 아웃소싱하다

앨프리드 존스는 현대 포트폴리오 이론의 통찰을 예측했지만 앨프리드 카울스의 논문을 무시한 대가는 치러야 했다. 시장의 추세가 너무 희미해서 수익을 내기 어렵다는 이 논문의 결론은 최소한 존스에게는 너무나 잘 들어맞았다.

존스는 시장의 전반적 방향을 예측하려던 노력에서 성공한 만큼이나 실패도 했다. 1953년, 1956년, 1957년 그는 약세장에 레버리지를 걸고 강세장에 매도해서 손실을 보았다. 1960년 카울스는 기존 논문의 개정판을 발간했다. 희미하게나마 월별 추세를 발견했다던 과거의 입장을 바꾸어 추세는 전혀 존재하지 않는다는 결론을 냈다.[44] 존스는 이를 염두에 두지 않고 시장의 타이밍을 잡으려는 시도를 계속했지만 성과를 개선하지 못했다.

1962년 초 존스는 자기자본 140%의 주식을 보유했는데 시장이 하락했다. 그래서 비관적인 관점으로 전환했더니 시장이 상승해버렸다. 1965년 8월 특히 심한 시점에 존스의 시장 순위험 익스포저는 -18%였는데, 이는 공매도가 펀드 원금의 18%를 초과했다는 의미다. 바로 그때 시장이 뜨거운 상승세를 탔다. 차세대 헤지펀드 매니저들이 '추세 올라타기'의 수익성을 증명하고 미래의 학자들이 카울스의 논문을 뒤집겠지만, 존스는 자신의 헤지펀드가 차트 매매 기반인데도 차트 방식으로는 수익을 내지 못했다.[45]

그의 통계적 방식은 시장 타이밍을 잘못 잡으면 손실이 얼마나 커지는지를 정확히 보여주었다.[46] 그래도 그의 펀드들은 놀라운 성과를 냈다. 이유는 그가 거의 우연히 발견한 한 가지에 있었다. 그는 투자자들의 심리와 주가 패턴에 대한 이론으로 시작해서 막다른 길을 만났다. 그가 발명한 헤지 투자 전략은 개념적으로 매우 뛰어났지만 그 자체만으로는 수익 원천이 되지 않았다. 헤지한 포트폴리오를 설계한 후에는 편입 종목을 선정할 필요가 있었다. 존스는 실력에 기질을 더해 월스트리트 최고의 종목 선정가들을 규합하는 방식을 개발해냈다.

존스는 스스로 종목 선정가가 될 수 없음을 알았다. 초보 투자자였고 기업 재무상태표의 세부 항목은 상상력을 불러일으키지 않았다. 대신에 그는 타인의 재능을 최대로 활용하는 시스템을 창조했다. 1950년대 초부터 브로커들을 불러서 자기 펀드의 모형 포트폴리오를 운용하게 했다. 각 브로커는 실제로 펀드를 운용하는 것처럼 자신이 원하는 공매도와 매수 종목을 선정한 다음 변경 사항을 전화로 알렸다.

존스는 가상 포트폴리오를 종목 선정 아이디어의 원천으로 삼았다. 종목 선정의 성과를 시장 움직임의 영향과 분리하는 통계 방식을 통해서 각 브로커의 성과를 정확히 짚어낼 수 있었다. 그리고 나서는 브로커의 제안이 얼마나 잘 작동했는가에 근거해 보상을 제공했다. 브로커들이 아이디어를 가지고서 다른 투자자보다 존스에게 먼저 전화하게 만드는 놀라운 기법이었다.[47]

이 시스템을 통해 존스는 경쟁사 대비 우위를 확보했다. 1950년대의 월스트리트는 따분하고 수준 낮은 시장이었다. 대학교와 경영대학원에서 재무학을 전공한 사람은 사실상 없었다. 하버드대학교 투자 강의는 인기 과목에 밀려 점심시간을 배정받는 바람에 '정오의 어둠'이라고 불렸다. 기존 자산운용사 수탁자들은 성과보수가 아니라 운용자산 규모에 근거해 수수료를 받았고 위원회가 의사결정을 했다. 존스의 방식은 그 틀을 깼다. 종목 선정가가 자신을 위해 일하게 했고 집단주의를 개인주의로, 현실 안주를 도전으로 바꾸었다.

존스는 1960년대에는 종목 선정가를 6명 고용할 만큼 성장했지만 다윈(Charles Darwin)의 적자생존 시스템을 계속 사용했다. 그는 위원회가 참을 수 없을 만큼 지루하다며 투자 회의를 거의 소집하지 않았다.[48] 대신에 내부 펀드매니저에게 파트너들의 자본 일부를 배정하고 원하는 시장 익스포저를 설정해서 투자를 맡겼다. 매년 말 가장 좋은 성과를 낸 펀드매니저에게 가장 크게 보상했다.

성과는 팀원들의 활동 방식에서 나타났다. 1950년대와 1960년대의 월스트리트에서는 정보가 다수에게 즉시 전파되지 않았다. 브로커 이메일이나 케이블TV의 분석이 존재하지 않는 환경에서는 가장 활기차게 활동하는 투자팀이 따분한 경쟁 팀을 누를 수밖에 없었고 존스의 팀이 가장 강했다. 모형 포트폴리오 운용자들은 참신한 아이디어를 전화로 전달했고, 분야별 내부 펀드매니저들은 소문과 통찰을 부지런히 수집해 경쟁사보다 우위에 서고자 했다.

1960년대의 월스트리트에서는 놀랍게도 부지런하기만 하면 쉽게 걸출해질 수 있었다. 종목 선정가 앨런 드레셔(Alan Dresher)는 기업 공시가 제출되는 즉시 읽도록 미국 증권거래위원회(SEC)를 방문하자는 아이디어를 제안했다. 놀랍게도 SEC 방문객은 그 혼자였다. 월스트리트의 나머지 사람들은 서류가 우편으로 배달되기를 기다리고 있었다.

성과에 연동한 보상은 존스가 만든 헤지펀드 구조의 핵심 요소였다. 당시에는 브로커가 뮤추얼펀드에 종목 선정 아이디어를 제공했더라도 제공한 정보와 브로커의 수입 간에 확실한 관련성이 없었다. 무엇보다도 뮤추얼펀드에는 존스처럼 종목 추천이 어떤 결과를 냈는지 추적하는 시스템이 없었다. 또한 뮤추얼펀드회사들은 투자자를 유치한 영업사원에게 수천 달러를 지급했지만, 우수한 아이디어를 제공한 사람에게는 거의 보상하지 않았다.

반면에 존스는 우수한 아이디어를 제공한 사람에게 세심하게 보상했고 충분히 지급했다.[49] 젊은 브로커도 모형 포트폴리오 내의 추천 종목이 수익을 창출한다면 월급을 두 배로 받을 수 있었다.[50]

한편 펀드의 성과보수는 내부 펀드매니저들의 성과에 따라 부문별로 배분했는데, 존스는 인센티브를 강화하기 위해 두 가지 방식을 추가 도입했다. 첫째, 매년 우수 부문의 펀드매니저에게 운용자본을 추가로 배정했다. 이는 그다음 해에 더 많은 수익 창출 기회와 보너스 기회를 얻게 된다는 뜻이었다. 둘째, 부진한 부문의 펀드매니저에게는 운용자본을 줄였다. 그리고 차세대 헤지펀드들을 예상한 또 하나의 혁신으로서 존스는 파트너들에게, 자신의 자본을 펀드에 넣음으로써 소득뿐 아니라 자산도 성과에 연동하라고 요구했다.[51]

존스는 차세대 헤지펀드들이 대거 활용할 운용자들 간의 경쟁 구조를 창조하면서도 이것이 얼마나 중요한지는 인식하지 못했다. 3장에서 보겠지만 같은 구조가 1970년대에 뉴저지주 프린스턴의 회사에서 재창조되고 이후 수십 개 헤지펀드에서 사용된다. 그러나 1950년대와 1960년대에는 다윈의 적자생존적 개인주의와 탑다운(top-down) 위험 통제 체계는 존스에게만 존재했고 그의 강력한 이점이 되었다.

시장의 효율성은 기존 제도 체계에서 정보가 가격에 반영되는 만큼만 달성될 수 있었다. 그런데 존스는 지루한 투자위원회를 없애고 성과에 따라 보상함으로써 기존 제도 체계를 날려버렸다. 따라서 거액을 끌어들이는 우위를 창조해냈다.

존스의 시대가 저물다

1964년 초, 앨프리드 존스는 젊은 애널리스트를 점심 식사에 초대했다. 60대가 된 존스는 15년 전에 추구한 물질적 안위를 달성하고는 자가용도 닷지에서 시트로엥으로, 다시 벤츠로 업그레이드했다.

그가 젊은 애널리스트에게 물었다. "식당 화장실에 가면 용변 전과 후 중에서 언제 손을 씻나?"

애널리스트는 약간 놀랐지만 "후에 씻습니다"라고 대답했다.

존스는 "틀렸어. 자네는 관습에 따라 생각하고 합리적이지 않군"이라

고 받았다.[52]

존스는 농담한 것이었다. 당시 유행하던 농담을 써먹었지만 대책 없이 잘못 적용해버렸다. 젊은 애널리스트는 훗날 월스트리트 거장이 될 바턴 빅스(Barton Biggs)로서 즉시 존스에게 반감을 가졌고, 존스의 펀드를 위해 모형 포트폴리오를 운용할 기회를 받아들였지만 결코 존스를 좋아하지 않았다. 존스가 냉혹하고 거만하고 주식에 무지하면서 사무실에 이따금 출근해서, 젊은 애널리스트들이 고되게 작업한 결과물만 거두어 가는 사람이라고 보았기 때문이다.

젊은 시절을 반나치 운동가로 보낸 터라 존스가 투자에 열정을 쏟아붓지 않은 것이 놀랍지 않을지 모른다. 그는 금융 외에는 관심이 없는 편집증적인 사람들을 경멸했다. 한 기자에게 "돈을 번 후에 다른 무언가를 하기 싫어하는 사람이 너무 많다. 그들은 계속 돈 버는 일만 한다"라고 불평했다.[53]

존스는 문학에 취미를 붙였고, 17대 옥스퍼드 백작 에드워드 드 비어(Edward de Vere)가 셰익스피어 희곡의 진짜 작가라는 주장에 심취해서 자기 반려견의 이름을 에드워드라고 지었다. 별장의 수양버들 숲을 관통하는 터널을 뚫었고 잔디 테니스장을 아픈 아기 돌보듯이 관리했다. '굴욕적인 빈곤'이라고 부른 것에 대응하는 자선단체를 세웠고, 마이클 해링턴(Michael Harrington)의 저명한 빈곤 연구서 《The Other America(또 다른 미국)》의 속편을 낼 생각으로 집필에 착수했다.

작가이자 친구인 도로시 파커는 알코올중독이 있어서 초청에 응하기 어려웠지만 존스 부부는 지식인과 유엔(UN) 외교관들을 환대했고, 만찬의 화제는 금융이 아니라 러시아의 유고슬라비아 지배권이었다.[54] 월스트리트에 몰입한 사람들이 그를 배척한 것은 의외가 아니었다.

존스와 빅스가 함께 점심을 먹은 후 오래되지 않아 갈등이 표출되었다. AW존스 펀드매니저 한 사람이 사직하고 시티어소시에이츠(City Associates)라는 경쟁 헤지펀드를 출범한 것이다.[55] 헤지펀드의 개념은 모방하기 쉽고 펀드 운용 외의 일에 한눈파는 상사와 성과를 공유할 필요가 없으니 이탈자로서는 합리적인 선택이었다. 존스는 변호사를 고용해서 떠나간 파트너를 불편하게 만들었지만 당사자는 대수롭지 않게 생각했다.

1964년 말 크리스마스 휴가 때 존스는 UN에서 일하는 인도인 친구 초대로 히말라야 호랑이 사냥에 참석했다. 코끼리 등에 올라타 돌아다니고, 모닥불을 크게 피워놓고 푸짐한 음식을 먹으며, 주최자인 힌두교도가 크리스마스 캐럴을 부르는 이색적인 시간을 보냈다.

그런데 존스가 자리를 비운 사이 큰 문제가 생겼다. 존스의 화장실 농담을 들었던 빅스가 최고참 펀드매니저를 설득해서 헤지펀드 경쟁사를 설립하게 만든 것이다. 이탈자는 존스의 고객 일부도 데려갔다.[56]

모든 위대한 투자자의 우위는 오래지 않아 세상에 드러나게 마련이다. 존스의 기법을 이해하고 모방하는 경쟁자가 속출하자, 존스는 자신이 시장보다 더 효율적이라고 주장할 수 없게 되었다. 거대한 수익을 배분하는 방식을 두고 파트너들이 분열했고, 첫 두 사람 이후에도 이탈하는 사람이 속출했다.

1968년 초 AW존스를 모방한 회사가 40개쯤 세워졌고 1969년에는 200~500개가 되었다. 그중 선두 주자 다수가 존스를 위해 일했거나 존스의 브로커로 활동한 인물이었다.[57] 〈이코노미스트(Economist)〉지는 이 새로운 투자업계가 운용하는 금액이 2년 전보다 5배 증가한 110억 달러라고 보도했다.[58] 존스의 '헤지한 펀드(hedged fund)'의 왜곡된 표현인 '헤지펀드(hedge fund)'라는 단어가 월스트리트 용어집에 처음 등장했다.[59] 총잡이 펀드매니저 모두가 헤지펀드로 입성하려고 마음먹었다.

이 독점 해체의 결과는 역설적이었다. 초기 모방 펀드들이 출현하면서 소문이 퍼지자 존스는 핫한 새 영역을 창설한 인물로 인식되었다. 1966년 〈포천〉은 "요즘 고객을 위한 최고의 펀드매니저는 말이 없고 사진도 없는 앨프리드 윈즐로 존스라는 인물이다"라고 기사를 시작하면서, 흰머리가 풍성하고 짙은 뿔테안경을 쓴 존스의 대형 사진을 입수해 실었다.[60] 존스의 펀드에 자금을 맡기려는 투자자가 하나둘 모여들었고, 야심 찬 젊은 애널리스트가 일자리를 구하려고 줄을 섰다. 이 파티는 당분간 계속되었다.[61]

존스는 '수백만 달러 상당'을 번다고 알려졌고 이탈자들 역시 돈을 긁어모으고 있었다. 시티어소시에이츠의 파트너 한 사람은 펜트하우스에 헬기와 와인셀러와 보디가드까지 얻었고 사무실에는 매력적인 여성들을 비서로 배치했다.[62] 이 모든 것이 가십거리였고 부러움과 재미를 더했다. 헤지펀드는 당대의 정신을 상징했고 1968년 〈뉴욕〉지가 주장했듯이 존스는 그들의 대부였다.

규제당국은 이때부터 헤지펀드 붐에 주목했다. 1968년 뉴욕증권거래소와 아메리칸증권거래소는 회원사들의 헤지펀드 거래를 제한하는 조치를 검토했다. 1969년 1월 SEC는 200개 헤지펀드에 설문지를 보내서 '이들이 누구이고 어떻게 생겨났으며 어떻게 조직되는지, 특히 이들의 트레이딩이 시장에 어떻게 영향을 주는지' 물었다.[63]

SEC 관료들은 헤지펀드를 연방법 산하에 등록하고 싶다는 입장을 공공연하게 밝혔지만, 한편으로 신생 헤지펀드에 대한 불만 일부는 약간 납득하기 힘들다. 특정 종목의 공매도 수익을 헤지펀드가 절반이나 점유하고 있다고 한 것이다. 공매도는 그저 그런 기업이 지속 불가능한 거품을 형성하지 못하게 하는데도 왜 악영향을 미치는 주범이라고 하는지 설명하는 사람은 아무도 없었다.

헤지펀드가 뮤추얼펀드보다 포트폴리오를 더 공격적으로 회전한다고 알려졌지만, 이로 인한 시장의 유동성 증가는 어째서인지 나쁜 것으로 묘사되었다. AW존스 펀드매니저가 잘나가는 기업의 주식을 아침에 대량 매수해서 그날 점심 식사 후 팔았다는, 믿기지 않는 이야기도 있었다. 이 범죄가 누구에게 어떤 해를 끼쳤는지 설명하는 사람도 전혀 없었다. 헤지펀드는 엄청난 부러움과 선망의 대상이자 무분별한 적대감의 대상이었다.

1966년 여름부터 3년간 존스의 투자자들은 수수료 공제 후 연 26%, 22%, 47% 수익을 얻었다.[64] 그러나 이 뜨거운 여름 뒤에 곧 추위가 닥칠 것이었다. 존스의 펀드들은 특유의 우위를 상실하고 있었다. 종목 선정가들이 경쟁사를 설립하기 위해 떠나갔고, 존스의 헤지 원칙은 더는 적절해 보이지 않았다. 헤지할 필요가 없는 상황이 펼쳐졌다. 강세장 속에서 존스의 팀은 공매도를 한탕주의로 간주하게 되었고, S&P500지수 하락에 대비해 펀드를 보호하는 일에 관심을 잃었다. 대신 레버리지의 범위를 넓혀서 부문별 펀드매니저들은 가능한 한 많은 인기주를 사러 나섰다.

주식의 속도를 계산하는 것조차 단념했다. 존스 팀원들은 변동성이 있으니 인기주 매수량을 줄이라는 말을 듣기 싫어했다. 주식시장이 상승하고 있었고 존스도 자리를 더 자주 비웠기에 종목 선정자들은 원하는 대로 행동했다.[65] 1960년대였고 그들은 젊었고 시장은 그들 세대의 것이었다.

존스는 금융가로 활약한 기간 대부분에 운이 좋았다. 그는 대공황의 상처가 아물기 시작한 시점에 헤지펀드를 설립했다. 1950년에는 미국인 성인 25명당 1명이 주식을 보유했지만 1950년대 말에는 8명당 1명이 주식을 보유했다.[66] 중심가마다 증권회사가 생겨나면서 S&P500지

1장 | 헤지펀드의 대부 앨프리드 윈즐로 존스

수는 존스가 펀드를 출범한 시점의 15포인트에서 1968년 말 108포인트까지 상승해 정점을 찍었고, 그사이 금융 문화가 바뀌었다. 수탁 은행원이 대공황을 옛날 일로 간주하는 젊은이들로 교체되면서, 신세대는 금융 혼란이 다시는 고개도 들지 않을 것이라고 믿었다. 연준이 경제를 감시했고, SEC가 시장을 감독했으며, 케인스(John Maynard Keynes)식 예산 정책이 경기 순환의 영향을 제거했다.

이 유쾌한 낙관주의는 금융 작가이자 방송인이며 애덤 스미스(Adam Smith)라는 필명으로 유명한 조지 굿맨(George Goodman)이 쓴 소설[*]의 그레이트 윈필드(Great Winfield)라는 위대한 투자자에서 극명하게 드러난다. 윈필드는 과거를 모르는, 겁 없고 경험 없는 20대가량의 젊은 매니저에게 돈을 맡기면서 말했다. "내게 포트폴리오를 보여주면 세대를 알려주지. 다른 모든 (기성) 세대는 기겁할 테니 스윙 주식[**]을 보여줘도 된다네."[67]

존스는 호시대를 일찍 붙잡았다. 그의 부는 전부는 아니더라도 일부는 장기 강세장의 결과물이다. 그러나 인기주 부문의 펀드매니저에게 권한을 부여하는 다수 운용자 펀드 구조는 시장 급반전에 안전하도록 설계된 것이 아니고, 이 문제는 훗날 다수 운용자 헤지펀드 매니저들이 발견하게 된다. 반대로 존스의 성과 추적 시스템은 시장이 상승할수록 공격적으로 더 많은 위험을 취한 펀드매니저에게 보상했다. 재앙이 오기 전에 벗어날 메커니즘이 존재하지 않았다.

1969년 5월 주식시장에 불황이 닥쳤고 그다음 해까지 시가총액 25%가 감소했다. 1970년 5월 말로 끝나는 연차 보고서에서 존스는 고객들

---

[*]   1968년 출간한 베스트셀러 《머니 게임(The Money Game)》을 가리킨다.
[**]   그네처럼 오르락내리락하며 변동성이 심한 종목을 뜻한다. 스윙 주식을 저점에서 매수하고 고점에서 매도하는 방식을 스윙 매매라 하며 단기 투자의 일종이다.

에게 성과가 시장을 하회했다고 말했다. 그는 35% 손실을 냈다.[68]

그해 9월, 존스는 70회 생일을 맞았다. 존스의 며느리는 첫아이를 낳을 예정이었고 존스의 딸은 약혼을 발표했다. 존스가 사랑하는 별장의 잔디밭에 대형 차양이 쳐졌고 밴드는 댄스곡을 연주했다. 그러나 존스는 마음이 편치 않았다. 그의 펀드매니저들이 이 사치스러운 잔치에 분개할까 봐 조마조마했다. "내가 술 취한 선원처럼 돈을 쓰는 모습을 그 친구들이 보는 게 싫어"라고 계속 말했다.[69]

화려했던 20년이 지나고 존스의 투자 우위는 사라졌다. 마침내 시장이 그를 따라잡았다.

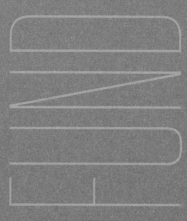

2장

블록트레이더
마이클 스타인하트

1세대 헤지펀드의 붕괴

1969~1973년은 미국 경제의 분수령이 되는 기간이었다. 미국은 지난 20년간 자신감으로 가득 차 있었다. 일자리가 풍부했고, 임금이 상승했으며, 재정은 신비할 정도로 안정적이었다. 달러화는 금본위제 덕분에 변동이 없었고, 금리는 좁은 폭 안에서 움직였고 규제되었다. 그러나 1960년대 말부터 인플레이션이 상황을 바꾸었다. 1960년대 중반까지 2% 미만이던 금리는 1969년 봄 5.5%로 상승했고 연준이 통화를 긴축하자 주식시장은 침체되었다.

뒤따른 시장 침체는 한 번으로 끝날 충격이 아니었다. 1971년 닉슨(Richard Nixon) 행정부는 인플레이션이 달러의 실질 가치를 약화했다고 인정해야 했고, 금본위제를 포기하는 것으로 시장 침체에 대응했다. 갑자기 달러의 가치가 매일 달라졌고 이자율 규제 상한선이 무너졌다. 또 다른 통화 긴축이 시행되었고 주식시장은 1973~1974년에 다시 폭락했다. 활황이 지나가고 1960년대가 끝났다.

두 차례의 약세장으로 첫 번째 헤지펀드 붐 시대도 종말을 고했다. 1968년 말부터 1970년 9월 30일까지 대형 헤지펀드 28개가 자본금의 3분의 2를 상실했다.[1] 헤지했다는 주장은 뻔뻔한 거짓말로 밝혀졌다. 그들은 차입을 늘리고 강세장에 올라탐으로써 좋은 성과를 거두었다. 헤지펀드는 1969년 200~500개에서 1970년 1월 150개로 급감했고 1973~1974년 폭락으로 나머지도 거의 모두 쓸려나갔다.[2] 업계가 신경 쓰기에 너무 작아지자 SEC는 규제 캠페인을 포기했고, 1977년 〈기관투자가(Institutional Investor)〉지는 헤지펀드들이 어디로 갔는지 묻는 기사를 게재했다.[3]

1984년 말, 트레몬트파트너스(Tremont Partners)가 설문조사를 해보니 파악된 헤지펀드는 단 68개였다. AW존스는 1960년대 말에 1억 달러 이상 운용했지만 1973년에는 3,500만 달러, 1983년에는 2,500만 달러로 쪼그라들었다.[4] 어려운 시기에 펀드를 유지하기가 어려웠고, 수익을 내지 못한 기간에는 성과보수도 줄어들었다.

불확실성 시대의 첫 번째 승자

그러나 역경 때문에 성공이 불가능한 것은 아니었다. 새로운 불확실성 시대의 첫 번째 승자는 스타인하트, 파인, 버코위츠 앤 컴퍼니 (Steinhardt, Fine, Berkowitz & Company, 이하 SFBC)였다. 이 회사를 이끈 파트너 마이클 스타인하트(Michael Steinhardt)는 헤지펀드의 역사에서 전설적인 인물이 되었는데 부분적으로는 트레이더로서의 성공뿐 아니라 성격에도 기인했다.

그는 브루클린에서 홀어머니 밑에서 자랐다. 그의 아버지는 공격적이고 성격이 급했으며 도박 중독자였다. 훗날 그는 트레이딩에 아버지의 이 특성을 도입했다. 그는 열여섯 살에 펜실베이니아대학교에 입학해 열아홉 살에 졸업했다. 겨우 스무 살이던 1960년에는 자칭 '월스트리트에서 가장 핫한 애널리스트'가 되었다.[5] 그는 키가 작고 뚱뚱하고 무섭게 화를 내곤 했다. 분노가 극에 달하면 얼굴부터 관자놀이까지 벌겋게 달아올랐고 피를 토하듯 욕설을 퍼부어 동료들을 떨게 만들었다.

스타인하트는 1967년에 증권회사를 떠나서 제럴드 파인(Jerrold Fine)과 하워드 버코위츠(Howard Berkowitz)라는 젊은 동료와 함께 헤지펀드를 출범했다. 강세장은 상당 기간 지속되었고 당초 SFBC는 AW존스를 모방한 전형적인 신생사로 보였다. 창업자 세 명은 사무실에 당구대를 설치했고 젊은이의 지적 우월성을 강조했다. 회사 이름이 너무 유대인 식품점 이름 같다는 변호사의 의견은 무시했다.[6]

그들은 창업 첫해에 당대의 화제 주식들을 매집했다. 석유와 가스의 새 매장지를 발견했다고 주장하는 킹리소시즈(King Resources) 주식, 젊은 세대 시장이 확실해 보이는 내셔널스튜던트마케팅(National Student Marketing) 주식을 보유했다. 이름에 '데이터(Data)'나 '오닉스(-onics)'가 들어가는 기술주들도 보유했다. 당시 투자자들은 성장의 냄새만 나도 매수했고, 1년을 채웠을 때 펀드 수익률은 수수료 공제 후 84%에 달했다. 파인은 '맙소사, 나는 부자야'라고 생각했다.[7] 실제로 세 사람은 백만장자가 되었다.

그다음 해에 강세장이 끝났다. 다른 공격적인 펀드들이 쓰러졌고, 1968년 뮤추얼펀드 최고의 매니저였던 프레드 메이츠(Fred Mates)는 바텐더가 되었다. 그러나 SFBC는 주식시장의 총잡이 중에서 유일하게, 종전 후의 장기 상승장이 끝났고 불확실성의 시대가 오고 있음을 감지했다.

그로부터 15년 전에, 저명한 가치투자자인 벤저민 그레이엄(Benjamin

Graham)은 미래 성장성을 근거로 주식을 매입할 수 없다면서, 복사기 제조사인 핼로이드(Haloid) 주식을 매수하지 않는 운명적인 결정을 내렸다. 핼로이드는 이후 2년간 6배 올랐고 그사이 성장주 숭배는 맹목적이 되었다.

그러나 1969년 SFBC는 성장주 숭배가 과도하다고 결론을 내렸다. 전망이 좋은 주식에 프리미엄을 지급하는 것과, 초고속 성장으로 미래를 추정해 비싸게 매수하는 것은 별개라는 판단이었다. 미래를 할인한 것은 합리적인 시도였으나 삼총사에게는 문제가 있었다.

1969년 초 스타인하트와 동료들은 주식 보유 포지션에 균형을 잡기 위해 성장주를 충분히 공매도했다. 대다수 헤지펀드와 달리 실제로 헤지했다. 그해 S&P500지수가 9% 하락하자 그들은 자본을 약간 손해 보았고, 그다음 해 지수가 9% 더 하락하자 삼총사는 실제로 돈을 벌었다.[8] 1969~1970년을 잘 살아남은 이 회사는 공격적으로 선회해서, 1971년 강세장이 시작되자 약세장 반등에 올라탔다. 그해 〈포천〉이 발표한 정상급 헤지펀드 28개 중에서 어려운 기간 동안 성장한 펀드는 SFBC가 유일했다. SFBC는 1967년 7월 출범 이후 달성한 수익률이 361%여서, 같은 기간 주가지수 수익률의 36배를 기록했다.[9]

1972년, 젊은 삼총사는 비관론으로 회귀했다. 성장주 숭배에 회의감이 든 데다가 미국의 장기 신뢰 체계에 금이 가고 있었기 때문이다. 닉슨 정부는 베트남전 실패라는 진실을 가리고 있었다. 정부는 임금과 가격을 통제해 인플레이션을 덮고 있었다. 그러는 사이 미국 우량 기업들은 회계 놀음으로 자사의 진실을 감추고 있었다.

애널리스트였던 파인과 버코위츠는 연차보고서 주석에 빨간불이 들어온 것을 보았고, 아서앤더슨(Arthur Andersen)의 명예회장이자 당시 존경받는 회계사이던 레너드 스파섹(Leonard Spacek)도 "재무제표가 카지

노의 룰렛 바퀴 같다"라고 언급했다. 버코위츠는 "1970년대 초의 연구
보고서는 너무 단순해서 말이 되지 않는다고 생각했다"라고 술회했다.
파인은 당시 연구가 "이것은 이연하고, 저것은 세율이 다르고, 자본이
득은 영업이익에 넣었다"라고 표현했다.[10] 간단히 말해서 주식시장은
정치와 금융의 환각을 반영한 시세를 형성하고 있었다.

따라서 삼총사는 1969년에는 하락장에서 보호받기 위해 공매도를
했지만, 1972년에는 공매도 비중을 좀 더 높인 다음 폭락이 다가오기를
기다렸다.

폭락은 빨리 오지 않았다. 1972년 내내 시장이 버텼고, 9월에는
S&P500지수가 9% 상승하고 SFBC는 2% 하락한 상태였다. 그러고 나
서 때가 왔다. S&P500지수는 1973년 9월까지 2% 하락했고 그다음 해
41% 폭락했다. SFBC는 수수료 공제 후 12%와 28% 수익을 내서 약세
장으로서는 대단한 성과를 올렸다. 다른 펀드매니저들이 자리를 잃은
반면, 젊은 파트너 삼총사는 돈을 긁어모았다.

스타인하트 팀은 성과가 좋았지만 시장에서 인기가 없었다. 주가가
계속 하락하자 필사적으로 매도하려는 사람들이 SFBC 트레이딩 데스
크로 전화해서, 회사가 공매도하기 위해 주식을 빌렸다는 것을 안다고,
지금이 주식을 재매수해서 공매도를 커버할 때라고 설득했다. 트레이
딩을 주관하던 스타인하트는 애원하는 손님들을 냉대했고, 삼총사는
공매도 포지션이 더 큰 수익을 내는 것을 지켜보았다.

이런 분위기에서 공매도에 대한 해묵은 편견이 복수심으로 돌아왔
다. 삼총사는 오만하고 탐욕스러우며 반미국적이라고 비난받았고, 미
국 기업 주식을 공매도하는 것은 반역에 가까운 행위로 묘사되었다.[11]
스타인하트는 당시의 적대감을 회고하면서 "나에게는 직업적 만족의
정점이었다"라고 술회했다.[12]

역발상 투자로 승승장구하다

SFBC의 성공은 향후 헤지펀드를 부각하는 역발상주의(contrarianism) 능력을 과시했다. 앨프리드 존스는 익스포저를 통제하기 위해 헤지펀드 구조를 발명했다. 모방자들은 이를 바꾸어 익스포저를 공격적으로 극대화하는 방식으로 사용했다. 그러나 삼총사는 이를 또다시 바꾸어 기존 통념에 반하는 베팅 수단으로 사용했다. 실제로 공격적인 역발상 투자는 특히 스타인하트의 신조가 되었다.

역발상주의자 일부는 남들을 건드리지 않으려고 자신의 신념에 균형을 맞추지만, 스타인하트는 사람들의 심기를 일부러 불편하게 했다. 그는 뉴욕주 북부에 희귀 동물 농장을 차려놓고 손님들을 초청하곤 했는데, 포클랜드산 오리는 사람이 가까이 가면 거칠게 쪼는 습성이 있었다. 그는 브로커에게 전화를 걸어서 존재하지 않는 주식에 큰 주문을 냄으로써, 불쌍한 브로커가 커미션을 받기 위해 그 기업의 정체를 밝히려고 허둥지둥하게 만들었다.

스타인하트는 1980년대에 이르러 도움이 필요하다는 것을 인정하고 정신과 의사를 초청해 '조직 치료'를 의뢰했다. 의사는 직원들과 상담하면서 '구타당한 아이들' '무차별적 폭력' '분노 장애' 등의 표현이 난무하는 것을 발견했다. 그러나 스타인하트가 참을성을 잃고 의사를 내쫓는 바람에 치료가 끝나버렸다.

스타인하트는 사람을 공격하는 데 거리낌이 없었고 여론을 공격하는 데 애정을 가졌다. 자유의 1970년대에는 공화당원이었고, 레이건(Ronald Reagan) 대통령의 1980년대에는 민주당으로 기울었다. 1990년대 초에는 중도파인 민주당 지도부 자문위원회를 지원해서 빌 클린턴(Bill Clinton)이 대통령에 당선되는 데 기여했고, 클린턴이 취임하자마자 지원을 끊었다.[13] 유대교와의 관계에서도 자신의 길을 갔다. 그는 신을 믿지 않는다고 선언했으나 유대교에 수백만 달러를 기부했다. 그리고 투자 측면에서 역발상적 본능이 최고조에 달했다. 그는 월스트리트에서 비전통적인 아이디어를 모았고 일반인이라면 겁에 질릴 정도로 강력하게 지원했다.

1970년대 말 스타인하트가 영입한 애널리스트 존 르프레르(John LeFrere)는 입사 초기의 몇 주를 기억한다. 그는 IBM을 방문하고서 이 기업의 이익이 상승할 거라고 믿게 되었다. 월요일 아침 회의에서 그는 금요일 실적 발표를 앞둔 IBM을 매수하자고 추천했지만 스타인하트는 회의적이었다. 스타인하트는 IBM 주가가 방향성 없이 떠도는 것을 보아왔고 이것이 움직이지 않는다고 생각하고 있었다.

"마이크, 당신이 틀렸다고 생각합니다"라고 르프레르는 말했다. 스타인하트와 맞붙으려면 용기가 필요했고 르프레르는 그만한 배짱이 있었다.

"나는 그 돼지가 싫어"라고 스타인하트가 말했다.

"마이크, 그 종목이 어떻게 보이든 신경 안 씁니다. 실적이 좋을 것이고 주가가 오를 겁니다."

스타인하트의 역발상 기질이 발동했다. "그럼 얼마나 사고 싶은가?"

"1만 주 어떻습니까?" 르프레르는 IBM 주식이 365달러에 거래되는 상황에서 350만 달러 상당을 매수하는 것이 최대치라고 계산했다.

스타인하트는 버튼을 누르고 트레이더에게 IBM 2만 5,000주 매수를 주문했다.

"마이크, 나는 1만 주를 권했습니다." 르프레르는 염려스럽게 말했다.

"자네의 망할 의견에 얼마나 자신 있나?" 스타인하트는 반문했다.

"매우 확신합니다."

"자네가 맞아야 할 거야"라고 스타인하트가 엄숙하게 말했다. 그런 다음 다시 버튼을 누르고 2만 5,000주를 추가 주문했다.

이 거래로 스타인하트는 IBM 주식 1,800만 달러어치를 보유하게 되어서 펀드 자본 규모의 4분의 1에 해당했다. 르프레르가 추천한 규모의 5배로, 한 종목에 엄청난 위험을 집중한 것이었다. 그러나 IBM이 금요일에 실적을 발표하자 주가가 20포인트 상승해서 즉시 100만 달러 수익을 냈다. 르프레르는 통과의례를 거쳐 살아남았다.[14]

스타인하트가 다른 사람들에게서 소중히 여긴 성품 한 가지가 있다면 바로 포지션을 취할 용기였다. 당초 SFBC가 과감하게 베팅한 것은 1960년대에 젊음을 무기로 한 지적 자신감에 근거했다. 삼총사는 모두 와튼스쿨에서 공부했고 영리했으며 기업 보고서의 주석을 검토해서 무엇을 숨기고 있는지 쉽게 파악했다.

그런데 곧 고도의 리서치팀에 별난 재주꾼이 섞이게 된다. 1970년, 스타인하트는 프랭크 '토니' 실루포(Frank 'Tony' Cilluffo)라는, 정규 교육을 받지 않고 독학한 수학 천재를 영입했다.

실루포는 월스트리트 변두리 출신이었다. 브루클린에서 성장했고 시립대학을 중퇴한 후 젊은 시절을 경마 결과를 예측하는 수학적 시스템을 개발하면서 보냈다. 이후 버니 콘펠트(Bernie Cornfeld)라는 악명 높은 사기꾼에게 서비스를 제공한 것으로 잘 알려진 브로커회사 아서 리퍼(Arthur Lipper)에 들어갔고, 콘드라티예프 파동 이론(Kondratieff wave theory)을 신봉하게 되었다.

이 이론은 자본주의 경제가 장기 주기로 순환한다는 것으로서 상승은 기술 혁신과 풍부한 투자로, 하락은 투자 고갈과 가치 상실로 특징된다. 이론 창시자인 러시아의 니콜라이 콘드라티예프(Nikolai Kondratiev)는 1789~1814년, 1849~1873년, 1896~1920년에 상승을 발견했고 1920년에 연구소를 세웠다.

실루포는 24년 패턴이 재현되리라고 확신했는데, 이는 세계대전 종전 후 시작된 강세장 24년이 끝나는 1973년에 경제가 암초에 부딪힐 것이라는 의미였다. 세기와 상황이 다른데도 혁신 주기가 동일한 이유는 분명하지 않았고, 콘드라티예프의 이론은 주로 추측에 기반했다. 그러나 실루포는 굳건했고, 주류파들이 비웃을수록 그 이론을 더 좋아했다. 스타인하트는 이 점이 마음에 들었다. 역발상적으로 생각하는 사람을 원했고, 어떻게 해서 그렇게 생각하는지는 신경 쓰지 않았다.[15]

스타인하트는 트레이딩 데스크에서 같이 일할 사람으로 실루포를 영입했다. 두 사람은 트레이딩 데스크에서 끝나지 않는 점심 식사와 줄담배에 찌들었다. 실루포는 던힐 담배 한 개비를 피우는 데 8분 13초가 걸리니 하루에 필요한 줄담배를 계산해서 매일 4갑을 준비했다. 스타인하트는 좀 더 부드러운 브랜드를 피웠지만 시장 상황이 어려울 때는 두 개비를 동시에 물었다. 두 사람 모두 트레이딩에 강한 정신력으로 접근했지만, 스타인하트는 화산 폭발 같은 분노를 보인 반면 실루포는 일종의 식습관 징크스를 보였다.

실루포는 회사가 돈을 벌 때는 매일 같은 점심 메뉴를 주문했고, 시장이 바뀌어야 점심 메뉴를 바꿨다. 잉글리시머핀 토스트 2개 중 하나만 잼을 바른 것을 2년 내내 주문했고, 이어서 크림치즈 올리브 샌드위치를 장기간 주문했다.[16] 또한 끝없이 커피를 마시면서 콘드라티예프 파동에 따라 현재 80달러인 주식이 내년 여름에는 10달러로 갈 것이라고 선언했다. 동료들은 어떻게 대응할지 난감해했다. 한 동료는 이렇게 말한다. "그는 천재 아니면 미치광이였습니다. 하루 던힐 4갑을 피우고 커피 8잔을 마시면 새벽 3시에 깨서 분홍 코끼리가 날아다니는 것을 보아야만 하지요." 그러나 스타인하트는 실루포를 매우 신뢰했다. 나중에

그는 회고록에서 실루포가 "신과의 직통 선이 있었다(신이 존재한다면)"라고 썼다.[17]

운이 좋았든 신비스러운 능력이 있었든, 콘드라티예프의 1973년 예언은 섬뜩할 정도로 정확하게 맞아떨어졌다. 그해 약세장이 시작되면서 제2차 세계대전 종전 후의 호황이 끝났고 시장은 1970년대 내내 침체했으며 경제는 스태그플레이션에 시달렸다. 미국의 주식 투자 인구는 700만 명 감소했고 1979년 여름 〈비즈니스위크(BusinessWeek)〉는 '주식의 사망'을 선언했다.

그러나 이 어려운 시기에 스타인하트의 역발상 스타일은 큰돈이 되었다. 1973~1974년의 약세장에는 공매도 포지션을 통해 12%와 28% 수익을 냈고, 1975년 강세장에는 공격적으로 전환해 수수료 공제 후 54% 수익을 올렸다. 이어진 3년도 수익률이 견조했다.

스타인하트가 안식년으로 쉬던 1978년 가을까지 SFBC의 11년 수익률은 동시대 최고였다. 1967년 SFBC에 투자한 1달러는 1978년에 12달러가 되었지만 시장지수에서는 1.7달러에 불과했다. SFBC는 수수료 공제 후 연 24.3%씩 성장해서 AW존스의 전성기 수익률에 상당하는 실적을 거두었다. 그리고 SFBC의 수익률은 AW존스와 다르게 경제 환경이 나빠진 시기에 올린 실적이었다.

스타인하트가 성공한 이유

스타인하트의 성공은 효율적 시장 신봉자들에게는 수수께끼였다. 그가 투자에 진정한 우위를 가졌는가, 아니면 단순히 운이 좋았는가? 확률의 법칙에 따르면 200명이 동전을 11번 던질 경우 5명은 앞면이 9번 나오는 행운을 누린다. 1960년대의 헤지펀드 200개가 11년 중 9년 동안 운이 좋았다면, 운이 따르지 않은 해는 1969년과 1972년이었다. 하지만 SFBC는 이 두 해에도 손실이 미미했다.

스타인하트가 SFBC의 성공을 설명한 내용은 운이 작용했다는 의혹을 부채질하곤 했다. 그는 "주식시장은 부정확한 현상이다. 일반인의 의견이 전문가의 의견만큼 가치 있게 보일 때도 많고, 구두닦이와 브로커가 재능 경쟁을 하기도 한다"라고 고백했다.[18]

자신의 투자철학을 정확하게 설명하지 못했으므로 막연하게 본능에 대한 이야기에 의존했다. 그는 자신이 매일 투자 결정을 내리면서 익힌 육감으로 '미성숙한 판단'을 구사한다고 믿었다. 열세 살 성인식 때 멀리 있는 아버지에게 주식을 선물받았을 때부터 금융에 매료되었고, 시장에 계속 몰입한다면 '칭찬과 경배를 받을 만한 직관'이 생긴다고 믿었다.[19] 경험이 판단을 형성한다는 생각은 그럴듯하지만 검증 가능한 진리에는 못 미친다. 게다가 이 생각은 스타인하트가 경험의 보호를 받아야 하는 인생 후반기에 가장 큰 실수를 함으로써 힘을 잃었다.

스타인하트는 또 순수한 '치열함'이 자신의 성공에 유리하게 작용했다고 믿는다. 그는 "나는 매일 이겨야만 했다. 이기지 못하면 큰 비극이 발생한 것처럼 고통스러웠다"라고 언급했다. 그가 이기지 못하면 동료들에게도 비극이 되었다. 사장의 짜증이 인터콤을 통해 사무실 전체에 들려서 듣는 이에게 모욕감을 주었기 때문이다.

스타인하트는 이겼을 때도 여전히 치열했다(즉 성질을 부렸다). 언젠가 애널리스트가 선정한 종목에서 큰 수익이 나자, 그는 왜 더 일찍 추천하지 않았느냐고 불쌍한 애널리스트를 다그쳤다.[20] 실패한 팀원을 감정적으로 징계함으로써 팀을 분발시키는 사업 방식이 강점으로 작용했을 수는 있으나 역시 검증된 이론은 못 된다. 반대의 가정, 즉 스타인하트의 불같은 성미 때문에 아이디어가 공유되지 않고 우수한 인재가

떠났다는 말도 설득력이 있기 때문이다.[21]

성공 요인에 대한 스타인하트의 설명이 충분하지 않았다면, 당시 파트너들의 설명 역시 충분하지 않았다. 버코위츠와 파인은 자신들의 주식 분석이 타사보다 우수했기에 돈을 벌었다고 믿는다. 파인은 "우리가 잘한 것은 노력했기 때문이다. 우리는 매우 열심히 일했고 그것이 전부였다"라고 술회했다.[22] 진실은 많은 부분 여기에 있다.

5장과 부록에서 후술하듯이, 종목 선정 기술은 학계가 존재 자체를 불신하지만 헤지펀드 대가들에게 성공을 가져다준 것이 사실이다.[23] 그러나 SFBC가 AW존스처럼 종목 선정 기술을 성공 사유로 들기에는 부족하다. AW존스가 시장을 이길 수 있었던 것은 성과를 보상하는 참신한 시스템을 도입했기 때문이지만, 1960년대 후반 SFBC가 출범할 무렵에는 헤지펀드가 수십 개에 달했다. 게다가 존스 시대에 잠자고 있던 연기금, 재단, 그 외 기관들은 이제 완전히 전문성을 갖추게 되었다.

토니 실루포의 통화량 분석

요컨대 SFBC의 성공은 당사자들로서도 설명하기 힘든 사건이었다. 그러나 단순히 운으로 성공한 것은 아니다. SFBC의 역사를 조사해보면 두 가지 요소가 두드러지게 나타나며, 각 요소는 효율적 시장 가설의 상식적인 가르침과 일치하는 방식으로 성공을 설명하는 데 도움을 준다. 즉 다른 사람들이 아직 구사하지 않은 접근 방식을 찾아내지 못한다면 시장을 능가하기란 일반적으로 불가능하다.

SFBC의 첫 번째 혁신은 토니 실루포와 관련된다. 콘드라티예프에 대한 열정은 기묘했지만 실루포는 또 하나의 분별 있는 열정을 가져왔다. 그는 1960년대부터 주식시장의 변화를 예측하기 위해 통화량 데이터를 추적했다. 10년 후에는 월스트리트에 보편화되는 방식으로, 통화량이 늘어나면 인플레이션이 발생하고 연준은 금리를 인상한다는 인식을 누구나 하게 된다.* 이 국면이 되면 투자자는 주식시장에 남아서 위험을 감수하기보다는 예금이나 채권에 투자해서 이자를 받는 방식을 선호하게 된다. 돈이 주식시장에서 빠져나가면 필연적으로 주가가 하락하고 주택 건설과 설비 공급 등 금리에 민감한 업종이 가장 큰 폭으로 하락할 것이다.

그러나 1960년대 월스트리트 주식 투자자들은 이런 분석에 관심을 두지 않았다. 이들은 인플레이션율이 2%를 넘은 적이 없는 1960년대 초반의 투자에 익숙했다. 통화량과 연준의 반응은 그들 생각에 중요하지 않았다.[24] 주류파에서 벗어난 괴짜 독학자 실루포만이 예외였다.

실루포는 1970년에 SFBC에 합류할 때 이미 조잡한 통화량 모형을 가지고 있었다. 그는 연방준비제도를 구성하는 대형 은행들을 추적했고, 은행들이 대출 여력이 있다고 공시하다가 여신 한도가 소진되었다고 내용을 바꾸면 레이더에 포착했다. 은행 여신 확대가 끝나면 통화량 증가가 둔화되고 따라서 경제 성장이 하향세로 돌아서서 주식이 나빠질 것이다. 실루포는 역사적 패턴을 조사해서 은행 지표가 반전되고 두 달 후 주가가 움직인다는 사실을 발견했다. 이 관계는 반대 방향으로도 작동했다. 은행들이 대출 여력 부족에서 대출 가능으로 공시를 전환하면 주식도 곧 반등할 것이었다.[25]

실루포는 금 태환이 종료된 후 고인플레이션 시기가 완전히 출현하

---

* 1962년 연준 경력자인 헨리 카우프만(Henry Kaufman)이 살로몬 채권 리서치 부문으로 이직했을 당시, 월스트리트에서 재간접펀드를 분석하는 기관은 살로몬, 뱅커스트러스트, 스커더 스티븐스 앤드 클라크(Scudder, Stevens & Clark), 생명보험협회 정도에 불과했다. 트레이딩에 강한 살로몬의 리서치 부문 6명이 중앙은행을 관찰하는 수준이었다.

기 전부터 그에 맞는 투자 기법을 구사했다. 그의 방식으로 SFBC는 주식시장에서 미세한 방향 전환점을 포착하는 데 우위를 가지게 되었다. S&P500지수는 1973~1974년 폭락했다가 1975년 1월부터 9월까지 32% 급등했다. 실루포는 이 두 전환점을 모두 예측했고, 전통적인 주식 분석을 통해 시장관을 수립한 동료들이 도출한 결과를 뒷받침했다.

만일 SFBC가 1973~1975년에 입지를 다지는 데 실루포가 상당히 공헌했다고 인정받을 자격이 있다면, 1970년대 전체에도 상당하게 공헌했다는 결론이 도출된다. SFBC는 1970년대 전체 수익의 대부분을 이 3년 동안 올렸기 때문이다.

실루포가 자신의 통찰을 잘 설명하지 못했기 때문에 동료들은 잘 몰랐다. 예를 들어 동료들은 트레이딩 데스크가 미국 최대 주택 건설사 카우프만&브로드(Kaufman & Broad)가 나쁘다고 판단해서 10만 주 공매도한 것을 알았다. 주택 건설사가 금리 상승에 취약하고 통화량이 금리 상승을 예고했기에 실루포가 공매도했다는 것은 알 필요가 없었다. 그러나 스타인하트는 그것을 알았고 실루포가 자기 관점을 시험할 권한을 부여했다. 실루포의 신념을 존중했고, 다른 직원들이 그의 이유를 황당해해도 상관하지 않았다.

카우프만 주식 공매도로 SFBC는 200만 달러를 벌었다. 따라서 알았든 몰랐든 실루포의 동료들은 통화량 분석을 주식시장에 적용한다는 실루포의 혁신에 혜택을 입었다.[26]

새로운 블록트레이딩 게임

SFBC의 두 번째 혁신은 금융 환경의 또 다른 변화에서 왔다. SFBC는 인플레이션에 주식시장이 어떻게 적응할지 예측했듯이, 투자 자금을 위탁 운용하는 패턴이 달라지면 업계가 어떻게 반응할지 예측했다.

1960년대까지 미국 주식시장은 개인 투자자가 주도했다. 연기금, 보험, 뮤추얼펀드 등 기관투자가는 아직 중요한 위치를 차지하지 못했다. 예를 들어 1950년에는 노동자 1,000만 명만이 기업연금의 혜택을 받았고, 연금 플랜 초기여서 연기금 자산이 비교적 적었으며, 뮤추얼펀드는 겨우 20억 달러를 운용했다.

그러나 1970년이 되자 기업연금 수혜 인구가 3배 이상 증가했고, 연기금 자산은 1,300억 달러에 달했으며 매년 140억 달러씩 증가했다.[27] 반면에 개인들은 직접 투자한 주식을 팔고서 매각 대금을 새로운 자산 운용사에 맡겼다. 뮤추얼펀드가 운용하는 자금은 1960년대 말 500억 달러 이상으로 증가했다. 투자는 아마추어 투자자가 점잖은 브로커의 조언을 받아 수행하던 행태를 벗어나 전문적인 사업이 되었다.[28]

이에 따라 월스트리트가 달라졌다. 투자자가 정보를 입수하더라도 같은 정보를 전문 투자자 여섯 명이 보유하니, 주식을 안다고 해서 시장을 능가하기가 더 어려워졌다. 그러나 투자가 전문화되자 과거의 수익 기회가 사라지는 대신 새로운 기회도 열렸다. 그 기회는 트레이딩 활동에서 나왔고 트레이딩이 헤지펀드의 역사에 중심적인 역할을 하게 되었다.

대형 기관투자가가 출현하기 전에는 뉴욕증권거래소의 스페셜리스트(specialist)*가 주식 트레이딩을 주도했다. 개인 투자자가 포드 주식 50주를 매도하려면, 그의 브로커가 뉴욕증권거래소에서 해당 종목을 담당하는 시장 조성자(market maker)에게 전화했다. 스페셜리스트는 그 종목의 거래 흐름에 대한 감각이 있으니 향후 매도 가능한 가격보다 약

---

* 거래소에 등록된 회원으로서 매수와 매도 주문을 조정해 시장가격을 안정시키고 유동성을 제공한다.

간 낮게 매입했다.

그러나 이 단순한 시스템은 연기금과 뮤추얼펀드가 부상하면서 깨졌다. 갑자기 기관투자가들이 포드 주식 1만 주를 통째로 트레이딩하고 싶어 했고, 스페셜리스트들은 그런 물량을 받아줄 자본을 갖추지 못했다. 그래서 새로운 기회가 생겨났다. 오펜하이머(Oppenheimer)와 골드만삭스로 대표되는 진취적인 브로커 몇몇이 독자적으로 시장을 형성하기 시작한 것이다.

이들은 블록트레이딩(block-trading)을 스페셜리스트에게 가져가지 않고 자사 고객 중에서 매수자를 물색하거나 자기 자금으로 매수함으로써 자체 처리하기 시작했다. 1965년에는 이런 블록트레이딩이 뉴욕증권거래소 거래의 5% 미만이었지만 1970년에는 3배 증가했다.[29]

새로운 블록트레이딩 게임은 대단했다. 대형 기관투자가들은 대규모 주식 블록의 시장을 조성해줄 누군가가 필요했고 그런 서비스에 대가를 기꺼이 지불했다. 대안이 없었기 때문에 후하게 지불할 준비가 되어 있었다. 그들이 포드 주식 10만 주를 조금씩 팔면 매도가 누적되면서 가격이 하락하고, 매도 정보가 중간에 새면 보유 주식 전체의 가치가 급락할 것이었다. 따라서 기관투자가는 시장가보다 상당히 할인하더라도 골드만삭스나 오펜하이머에 10만 주 전부를 넘기는 것이 더 나았다.

반면에 브로커는 가격 할인을 받아서 즉각 수익을 얻을 수 있었다. 할인 매입한 주식은 매수 고객을 찾아내면 거래 주선 수수료를 많이 받을 수 있고, 자기 자금으로 매수했다면 나중에 매도하면서 수익을 남길 기회가 생겼다.

브로커의 기량은 대량으로 매수할 투자자를 아는 데 있었고, 이 시점에 SFBC가 등장했다. SFBC는 트레이딩 기능을 독특한 방식으로 관리했다. 당시 투자회사 대다수는 트레이딩을 따분한 후선 부서의 활동으로 여겼고 우수한 애널리스트가 관여하지 않았다.[30] 그러나 SFBC는 스타인하트 자신이 트레이딩을 담당했고, 골드만삭스나 오펜하이머가 주식 블록을 제시하는 경우 할인이 충분하면 기꺼이 거래했다.

블록트레이더들과 더 많이 거래할수록 연락이 더 많이 왔다. 브로커들은 트레이딩 데스크에 앉아서 거대한 의사결정을 신속하게 내릴 수 있는 상대가 필요했다. 자산운용사 대다수의 하위직 트레이더와 다르게 스타인하트는 고위 경영자여서 수백만 달러를 걸 수 있었다. 아마 아버지에게 도박 유전자를 물려받았기에 그는 이런 위험을 취하면서 전율을 느꼈을 것이다. 그는 "트레이딩은 1950~1960년대에는 기계적이고 사소한 말단 직원의 기능이었지만 1970~1980년대에는 매우 중요한 기능으로 발전했다"라고 나중에 술회했다.[31]

규제의 사각지대에서 얻은 기회

모든 신흥시장은 처음에는 비효율적이고, 그로 인해 얼리 어답터(early adopter)가 수익을 얻는다. 스타인하트가 상대하던 블록트레이딩 브로커들은 체계적이지 못했다. 블록 규모에 적합한 할인을 설정하는 트레이딩 지침이 거의 없었고, 이후 상급자들이 트레이딩 규정과 위험 통제를 도입하려 했지만 미지의 영역이라 더듬거리고 있었다.

이런 상황에서 돈을 버는 것은 스타인하트가 선호한 표현으로 아이 손에서 사탕을 뺏는 것처럼 쉬웠다. 1969년, 스타인하트는 파산한 철도회사 펜센트럴(Penn Central)의 주식 70만 주에 대해 대폭 할인된 오퍼를 받자 매입한 다음 즉각 매도해서 8분 만에 50만 달러 이상을 실현했다.[32] 그즈음 살로몬브러더스(Salomon Brothers)가 골드만삭스, 오펜하이머에 이어 세 번째 주요 블록트레이더로 진입하기로 결정했다. 살로몬은 대형 참가자가 되기 위해서 주식 대량을 매우 적은 마진에 매수할 의향이 있었으므로, 스타인하트는 큰 할인가에 매수한 블록을 살로몬에 넘기면서 큰 수익을 거둘 수 있었다.[33]

규제의 사각지대 또한 수익 기회를 만들어주었다. 1970년대 말에 SEC가 제도를 개선하기 전까지, 블록트레이딩 거래는 일부는 투명했지만 나머지는 그림자 속에 숨어 있었다. 투자자가 뉴욕증권거래소 회원사인 골드만삭스나 살로몬과 매매하면 거래 가격과 수량이 티커 테이프에 보고되어 모두가 볼 수 있었다. 가격 할인을 받으면 모두가 알게 된다. 그러나 뉴욕증권거래소 회원사가 아닌 브로커들 사이에 소위 제3시장에서 거래하면 내용이 보고되지 않았다. 스타인하트는 제3시장에서 거래를 보고하지 않고 저가에 매입한 다음 아무도 상황을 파악하지 못한 사이에 즉각 처분하는 거래를 전문으로 했다.

스타인하트는 더 많이 매매할수록 더 많이 벌 수 있다는 것을 발견했다. 예를 들어 제3시장 거래는 스타인하트가 대형 트레이더(big swinger)라는 평판을 확보한 덕분에 작동했다. 전화 한 통으로 주식 50만 달러어치를 매수할 용기가 있는 펀드매니저는 스타인하트가 유일했으니, 재량껏 신속하게 팔아야 하는 브로커는 스타인하트에게 갈 수밖에 없었다.

또한 스타인하트는 매집한 주식을 재매도할 능력이 있었다. SFBC가 브로커들에게 거대한 수수료 수입을 창출해주었으므로 오펜하이머, 살로몬, 골드만삭스의 트레이더들이 그를 도와줄 거라고 기대할 수 있었다. 스타인하트는 브로커와의 대화를 이렇게 회상했다.

"내가 몇 시간 전에 제3시장에서 이 블록 주식을 1포인트 낮게 매수했는데 나와 같이 일해보겠습니까?" 스타인하트가 묻는다. 1포인트 낮다는 것은 주당 1달러 싸다는 의미다.

"몇 주입니까?" 브로커가 묻는다.

"40만 주입니다."

"어떤 가격을 원합니까?"

"20만 주를 8분의 1 높이면 어때요?"라고 스타인하트가 말한다.

"8분의 1 높여요?" 브로커가 놀란다. 스타인하트는 할인받은 주식을 시세보다 12.5센트 비싸게 팔겠다고 제안한 것이다.

"예, 음, 매수자들을 찾아야겠네요. 12.5센트 붙여도 좋은 가격으로 보이겠어요."[34]

이 트릭은 충분히 통했다. 불투명한 제3시장에서 거대 블록이 할인 가에 매도되었다는 사실을 아는 시장 참가자는 없다. 그러므로 프리미 엄을 더해 매수하도록 투자자들을 설득할 수 있다. 스타인하트는 브로 커에게 수수료를 지급한 후에도 수익을 충분히 남겼을 것이다.

학자들은 주식 종목 선정으로 초과수익을 내는 것을 회의적으로 보 지만, 블록트레이더가 초과수익을 낸다는 사실에는 의문이 전혀 없다. 블록트레이더들은 새로운 접근 방식을 도출해냈다. 기업 정보를 분석 하고 우수 종목을 발굴하는 경쟁적인 비즈니스에는 참여하지 않는다. 대신에 다른 투자자들이 필요로 하는 것, 즉 유동성을 공급함으로써 돈 을 번다. 기관투자가들은 재량권을 가지고 블록 주식을 신속하게 팔려 고 하고, 그런 매매를 가능하게 해주는 쪽에 대가를 지불한다.

스타인하트의 천재성은 유동성을 제공함으로써 충분한 수수료를 받 아내는 것이었다. 제3시장에 유동성을 제공할 때는 대가로 큰 할인을 받았지만, 12.5센트를 붙여서 거래소 시장에서 유동성을 제공받을 때 는 대가를 거의 지불하지 않았다.

이런 방식으로 설명하지는 않았지만 스타인하트는 효율적 시장 가설의 약점을 이용했다. 효율적 시장 가설에서는 주가가 해당 종목의 관련 정보 전체를 반영해야 한다. 그래서 시장을 능가하는 수익을 내기가 거의 불가능하다.

이 가설은 중장기적으로 보면 대략 맞지만, 단기적으로는 정보가 가격을 결정하는 주된 요소가 아닌 경우가 많다. 대신 시시각각 달라지는 투자자의 욕구가 가격을 변화시킨다. 어떤 보험회사는 태풍 피해 보상금을 지급하기 위해서 주식 블록을 매도해야 하고, 매도 압력으로 주가가 하락한다. 어떤 연기금은 노동자에게 받은 현금을 주식 블록에 투입할 필요가 있고, 매수 압력으로 주가가 상승한다. 효율적 시장 모형에서는 이런 일시적 가격 충격을 무시하고 유동성이 완전하다고 가정한다.[35] 실제 세상은 그와 다르다.

이 효율적 시장 모형의 결함은 블록트레이딩 수요가 급증하지만 시장 구조가 아직 적응하지 못한 시기, 미국에서는 1960년대 말부터 1980년대까지 특히 부각되었다. 블록트레이딩이 시작되고 수년간은 대량 매도가 출현하면 주가가 애널리스트들이 알려진 모든 정보에 근거해 평가한 '효율적인' 가격에서 많이 벗어나는 모습이 나타났다. 이런 단기적 일탈 현상 때문에 트레이더가 저가 매수할 기회가 떠올랐고 스타인하트는 공격적으로 낚아챘다.[36]

더구나 스타인하트 방법의 최대 장점은 타인이 모방할 수 없다는 것이었다. 앨프리드 존스의 모형은 월스트리트가 학습하자 모방 펀드 200여 개가 출현했다. 그러나 스타인하트의 블록트레이딩 사업은 '네트워크 효과'로 진입장벽이 형성되어 보호를 받았다. 스타인하트가 블록트레이딩 브로커에게서 큰 건에 대해 전화를 받은 것은 그가 큰 건을 받아준다는 평판을 정립했기 때문이었다. 그는 대형 트레이더라는 지위에 부수되는 브로커들과의 관계 네트워크를 통해서 독보적 위치를 지킬 수 있었다. 잠재 경쟁자들은 스타인하트를 추격하려다가 좌절감을 맛보았다.

스타인하트의 강점에는 아름답지 못한 측면도 존재했다. 법의 경계를 건드린 것이다.

브로커들과 공모하다

어두운 부분을 논의하기 전에 유동성 문제를 다시 짚어보자. 대규모 주식 블록이 시장에 매물로 나오는 경우, 잠재 매수자들은 매도자에게 특별 정보가 있는지 여부를 모른다. 매도자는 발행 기업이 실적을 하향 조정할 것임을 얻어들었을지 모른다. 또는 대형 기관투자가가 같은 종목을 매도하려 한다는 사실을 알았을지도 모른다. 매수자는 자신이 무엇을 모르는지 모르기 때문에, 40만 주 매수 호가를 내기 전에 주저한다. 정보 면에서 불리할 가능성을 두려워하면서 유동성을 제공하는 대가로 할인을 요구한다.

스타인하트는 이런 상황에서 어떻게 돈을 벌 수 있었을까? 다시 한번 그의 스케일이 중요해진다. 그가 블록트레이딩을 워낙 많이 수행하고 브로커들에 많은 수수료를 창출해주었기 때문에 특별히 정보를 입수할 수 있었다.[37]

이론적으로 브로커는 고객의 신원을 공개하지 말아야 한다. 40만 주를 시장에 낼 때 매도자의 신원은 비밀이다. 예를 들어 경영이 어려운 보험회사가 매도자라면 매물은 유동성 확보를 위한 것일 테니 브로커는 그런 사실을 노출하지 않을 것이다. 그러나 스타인하트는 브로커의 소중한 고객이었으므로 규칙을 창조적으로 변형해서 적용받기를 기대할 수 있었다.[38] 만일 매도자가 뛰어난 헤지펀드라면 악재 때문에 매도할 가능성이 있으니, 브로커는 스타인하트에게 매수하라고 초청하지 않을 것이다.

또는 일련의 대형 매도에서 첫 번째로 나온 주문이라면 브로커가 은밀하게 경고해주었다.[39] 골드만삭스의 블록트레이더였던 존 라탄지오(John Lattanzio)가 1970년대는 클럽 같은 분위기였다면서 "누구에게도 피해를 입히려던 것이 아니었다. 그들과 거래하려면"[40]이라고 말하자, 오펜하이머의 헤드 트레이더였던 윌 와인스타인(Will Weinstein)이 말을 이었다. "40만 주가 추가로 나올 예정이니 첫 번째 10만 주를 사지 말라고 말해주어야 했다. 공모는 아니고 서로를 보호하기 위한 솔직한 시도였다."[41] 윌 와인스타인이 이 행태를 공모가 아니라고 보는 이유는 수수께끼다.

때로는 더 의도적으로 공모가 이루어졌다. 어떤 브로커가 스타인하트에게 전화해서, 대형 기관투자가가 특정 종목 50만 주를 매도할 테니 매물이 시장에 닿기 전에 공매도해야 한다고 귀띔한다. 그러고 나서 대량 매도 주문이 시장에 전달되어 주가가 떨어지기 시작하면 스타인하트는 주가의 최저 매도 호가로 공매도를 커버해 쉽게 차익을 얻는 것이다. 브로커는 스타인하트에게 사전 정보를 줌으로써 SFBC가 대규모 매물의 마지막 조각을 매수하는 역할을 수행하게 했다. 이로써 시장 가격 근처에서 거래 전부를 체결하니 매도 고객은 그 브로커가 유능하다고 생각했다.[42]

그러나 블록트레이딩이 시작되기 전에 이미 스타인하트의 공매도가 시장을 움직였다는 사실에 주의해야 한다. 블록 매도가 시장 가격에 가깝게 체결된 것은 시장이 먼저 하락했기 때문이다. 이 조작은 명백한 규정 위반이었다. 매도자는 자기 주식에 최선의 가격을 받기 위해서 브로커를 고용했으나, 브로커는 고객을 스타인하트에게 팔아넘겼다.

30년이 지난 사실이어서 그런지 몰라도 스타인하트는 여기에 대해 놀라울 정도로 솔직했다. 그는 브로커와의 공모가 어떻게 작용했는지 설명했다. "나는 다른 고객들이 듣지 못하는 정보를 들었고 얻지 말아야 하는 정보를 얻었다. 그로 인해서 우리는 많은 기회를 얻었다. 이런 거래가 위험했나? 맞다. 내가 그런 거래를 기꺼이 수행했나? 그렇다. 이 점에 대해 논의했는가? 별로 없었다."[43]

SFBC가 블록트레이딩에 기여한 정도를 측정하기는 어렵다. 스타인하트 자신도 "논란에서는 의미 있는 부분을 차지하지만 수익에서는 그렇지 않다"라고 말하는데, 트레이딩에 대한 말을 들을수록 그가 비중을 축소하는 것이 아닌가 의심하게 된다.[44] SFBC의 가장 두드러진 우위는 트레이딩이다. 그리고 유능한 창업 파트너 세 명 중에서 스타인하트만이 전설적 인물이 되었다. 시장에 참여한 28년 동안 스타인하트가 손실을 낸 것은 4년뿐이다. 이 확률은 1만 1,000분의 1이다.[45] 어느 순간부터 동전 던지기가 무의미해졌다.

그러나 스타인하트의 트레이딩에는 또 다른 의문이 있다. 당시 브로커와 공모한 사실이 알려졌다면 SEC가 헤지펀드 규제에 관심을 되살려서 헤지펀드업계의 역사가 상당히 달라졌을까? 헤지펀드와 브로커의 공모는 때로 의심받았지만 증거가 나온 적은 없었다. 1970년대에 SEC는 스타인하트를 한 번 조사했다. SEC는 1970년 1월 SFBC가 시보드(Seaboard Corporation) 주식 공모를 앞두고 주가를 부양하려는 브로커에 대한 명백한 호의로 주식 블록을 매수했다고 주장했다. SEC는 스타인하트가 모든 손실을 보상받을 것을 알고서 행동했다고 보았다. 그러나 1976년 스타인하트는 잘못을 인정하지 않고 사건을 종결했다.[46] 시장에서 통정매매를 했다는 혐의는 혐의로 끝났다.

그렇다 하더라도 스타인하트가 혐의를 인정하고 규제당국이 조치했다면 헤지펀드 규제 강화 쪽으로 기울었을지, 애초에 규제 대상이었는지 자체가 불확실하다. 스타인하트가 정보 수집 면에서 특권을 누리며 행동한 범위에서는 규제당국이 추적할 권리가 있었고 실제로 시보드 사건에서 그렇게 했다.

게다가 스타인하트의 성공 일부는 그가 만들지 않은 규제 공백에서 나왔다. 규제당국은 1975년과 1978년에 감독 실패를 인정하고 개선에 나섰다. 그들은 스타인하트가 사랑하던 제3시장을 그림자에서 꺼내기 위해서 먼저 모든 거래를 새로운 '통합 테이프'에 공개해야 한다고 주장했고, 그다음에는 주식의 모든 매수와 매도 호가를 유사하게 보고하라고 요구했다.[47] 당국이 의도한 것은 트레이딩 정보를 모든 시장 참여자에게 공평하게 확산해서 월스트리트 내부 특정 집단의 불공정한 우위를 제거하는 것이었다.*

그러나 규제 의지가 수그러든 주된 이유는 더 근본적이었다. 전체적으로 보아서 스타인하트의 활동은 경제에 유익했다. SEC는 1969년 '시장 교란' 행위의 증거를 찾아 나섰지만 어떤 교란도 찾아내지 못해서 실패했다. 마찬가지로 이후 SFBC가 성공한 것도 시장을 교란하지 않았고 도리어 안정시켰다.

젊은 삼총사를 성공시킨 두 가지 개념은 금융 시스템 안정에 명백하게 유익했다. SFBC의 역발상주의는 주가 등락을 완화하는 데 작게 기여했다. 삼총사는 1972년 버블기에 주식을 팔았고, 버블이 터져서 폭락한 후 시장이 매수자를 절실하게 구하던 1974년 말에 매수했다. 또한 통화량 분석을 주식시장에 적용한 선구자로서 SFBC는 자산 가격 결정

---

* 호가를 완전히 동시에 내는 것은 기술적으로 불가능해서 스타인하트의 내부 우위는 지속되었다. 지금도 미공개 블록트레이딩이 소위 '다크 풀(dark pool)' 또는 '다크 유동성(dark liquidity)'으로 존재한다.

2장 | 블록트레이더 마이클 스타인하트

에 새로운 수준 높은 기준을 도입했다. 1968~1970년과 1972~1974년의 버블-붕괴 순환 주기가 인플레이션에 대한 월스트리트의 순진성을 반영했다면, 토니 실루포의 분석 기술은 향후 유사한 버블이 발생할 가능성을 낮추었다.

그러고 나면 블록트레이딩이라는 문제가 남는다. 스타인하트가 대형 브로커들과 공모함으로써, 내부자들이 시장을 손보지 않았더라면 더 유리한 가격에 주식을 매수할 수 있었을 외부 투자자들이 손해를 입었다. 외부 투자자에는 뮤추얼펀드와 연기금이 포함되니 궁극적인 피해자는 일반 미국인이었다. 반면에 수혜자는 SFBC에 투자한 백만장자들이었다.

그러나 이렇게 로빈 후드를 반전한 이야기가 전부가 아니다. 블록트레이딩 영업이 성공한 것은 외부 투자자들이 대규모 물량을 처분하는 데 유동성이 절실히 필요했기 때문이다. 스타인하트는 매매 기회를 제공함으로써 외부 투자자들을 도와주었다. 기관투자가들은 환상적으로 효율적인 시장의 혜택을 보다가 사악한 헤지펀드에 이용당하고 만 것이 아니었다. 도리어 단기적으로는 매우 비효율적이고 엉망인 시장에 직면해 있었다. 스타인하트는 기관들이 유동성을 자유롭게 이용하든 무시하든 선택할 수 있도록 기여했고, 기관들이 이를 이용하기로 선택했다는 사실이 분명해졌다. 모든 경우에서 스타인하트가 제공한 서비스가 잘못된 행동의 효과보다 더 컸다.

스타인하트를 너무 감싸는 것으로 들린다면 1987년으로 가보자. 1987년 10월의 대폭락은 스타인하트와 그의 거래처들이 없으면 시장이 어떻게 될지 교훈을 주었다. 블랙먼데이가 발발하자 블록트레이딩 데스크들은 영업을 중단했고 그 결과 격렬한 불만이 터져 나왔다. 〈뉴욕타임스〉는 12월의 매물 2만 5,000주가 대폭락 이전의 10만 주만큼이나 가격에 영향을 준다고 보도했다.

시장은 무섭게 불안정해졌다.[48] 어떤 기관이 포드나 IBM을 매도한다는 소문만으로도 주가가 하락할 수 있었다. 블록트레이더들이 무책임하게 물러났기 때문에 무고한 기업들이 피해를 입었다. SEC는 1960~1970년대의 논란을 전혀 새로운 관점으로 반전해서 블록트레이딩 부재로 인한 문제를 조사하겠다고 약속했다. 헤지펀드의 빠른 트레이딩보다 나쁜 것은 헤지펀드의 갑작스러운 사망이었다.

스타인하트는 시장에서 전쟁하듯이 트레이딩했고 그런 노력으로 지쳐버렸다. 1978년 가을, 그는 허리둘레를 줄이고 책을 읽고 재산 축적을 뛰어넘는 인생의 의미를 찾겠다며 안식년을 선포했다. 몇몇은 그가 영원히 은퇴하리라고 예측했지만 나머지는 의심했다. 한 친구는 이렇게 주장했다. "마이클이 월스트리트를 1년간 포기할 가능성은 블라디미르 호로비츠(Vladimir Horowitz)가 피아노에서 영원히 손을 뗄 가능성과 같다."[49]

결국 스타인하트는 다음 해 가을까지 트레이딩을 떠나 있었다. 그런 다음 갑자기 돌아와서 파트너들과의 관계를 정리하고 1980년대로 나아갔다.

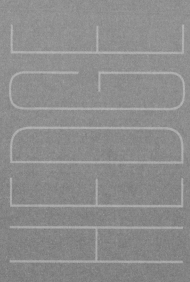

3장

폴 새뮤얼슨의
비밀 투자

원자재 퀀트 펀드를 출범하다

위대한 경제학자 폴 새뮤얼슨(Paul Samuelson)은 1967년 의회에서 한 유명한 증언에서 자산운용업에 대한 판단을 제시했다. 당시 예일대학교 박사 과정 대학원생의 논문을 인용하면서, 주식을 무작위로 선정한 포트폴리오가 전문적으로 운용되는 뮤추얼펀드를 능가하는 성향이 있다고 말한 것이다. 하원 은행위원회 위원장이 의구심을 표명했으나 교수는 강경했고 "내가 '무작위'라고 하면 주사위나 다트의 무작위 숫자를 생각하기 바랍니다"라고 강조했다.[1]

3년 후 새뮤얼슨은 경제학자로서는 세 번째로 노벨경제학상을 받았지만, 저명해졌다고 해서 입장을 완화하지는 않았다. 1974년에 쓴 글에서 "포트폴리오 운용을 결정하는 사람 대다수는 사업을 접고 배관공이 되거나, 그리스어를 가르치거나, 아니면 기업 경영자로서 연간 국민총생산(GNP)에 기여해야 한다. 사업을 접으라는 조언은 좋은 조언이지만 기꺼이 받아들여지지는 않을 것이다"라고 언급했다.[2]

새뮤얼슨의 선언은 헤지펀드를 지지하는 것으로 들리지 않는다. 그러나 그는 전문 투자자를 비판하면서 예외의 여지를 남겨두었다. 펀드매니저 대다수가 배관공으로 일할 때 사회 기여도가 더 높을지라도, 새뮤얼슨은 순수하게 신선한 통찰력을 가진 '거인'이라면 시장을 능가할 수 있을 거라고 믿었다.[3] 그는 "사람마다 키, 몸매, 체액 산성도가 모두 다르다. 성과지수(performance quotient)도 다르지 않겠는가"라고 썼다.[4] 물론 그런 예외적인 투자자는 "포드재단이나 지방 은행의 신탁 부서에 값싸게 서비스를 제공하지는 않을 것이다. 그러기에는 지능지수가 너무나 높다". 그런 거인들은 수익을 내기 위해 작은 투자조합을 선호할 가능성이 높다. 즉 헤지펀드를 결성할 것이다.

새뮤얼슨은 스물다섯 살에 이미 자기 나이보다 많은 수의 논문을 게재하면서 자신의 주장에 자신감을 가졌고, 자신은 예외적인 펀드매니저를 선별할 수 있다고 믿었다. 그는 1970년 커머디티코퍼레이션(Commodities Corporation)이라는 신생 투자회사에 발기인으로 참여했고, 동시에 워런 버핏에게 투자하면서 포트폴리오를 분산했다.[5]

커머디티는 강력한 '퀀트(quants)', 즉 컴퓨터를 다루며 때로 '로켓과학자'라고 불리는 모형 개발자들이 창업한 최초의 부티크 중 하나였다.[6] 이 회사의 발행설명서 첫 장에 쓰인 창업 전제는 '컴퓨터 도입 전에는 불가능했던 대규모 계량경제 분석'을 구사하는 것이었다.[7] 커머디티를 창립한 트레이더에는 폴 쿠트너(Paul Cootner)가 포함되어 있었는데, 새뮤얼슨의 MIT 동료이자 아이로니컬하게도 효율적 시장 가설에 기여해 명망이 높았다.[8]

이 회사는 다른 경제학 박사 몇 명과 함께, 진정한 로켓과학자로서 아폴로 우주선 프로젝트에서 일했던 프로그래머를 채용했다.[9] 법적으로는 투자조합이 아니라 회사라는 형태를 취했지만 다른 면에서는 전형적인 헤지펀드였다.[10] 매수와 공매도를 병행하고 레버리지를 사용했다. 천문학적인 수익은 운용자와 소수 투자자가 공유했다. 새뮤얼슨은 커머디티에 12만 5,000달러를 출자하고 적극적인 이사로 참여했다.

새뮤얼슨이 개입한 것은 주로 몰입적이고 고뇌하며 약간은 과대망상적인 헬무트 웨이마(F. Helmut Weymar) 사장에 대한 베팅이었다.[11] 웨이마는 코코아 가격 예측 방식을 제안하는 박사 논문을 완성한 직후였고, 이 논문에서 과거 통계를 활용해 경제 성장이 초콜릿 소비 증가와 그에 따른 코코아 수요에 미치는 영향, 서부 아프리카의 가뭄이나 습도가 코코아 공급에 미치는 영향의 범위 등을 결정했다.

MIT에서 공부하면서 웨이마는 새뮤얼슨과 쿠트너 교수를 모두 알게 되었다. 그러나 수학과 컴퓨터 기술을 수련하는 데는 교수들의 지원을 받았지만 이들의 효율적 시장 가설에는 동의하지 않았다. 그는 나중에 "나는 랜덤워크 이론은 허튼소리라고 생각했다. 어떤 개인도 진지하게 자산을 운용해서 시장 대비 경쟁적인 우위를 가질 수 없다는 생각 자체가 괴팍하다고 보았다"라고 술회했다.[12]

웨이마는 키가 크고 안경을 썼으며 독일인 부모에게 북유럽 기질을 물려받았다. 어린 시절 여러 도시로 이사 다녔고, 이를 통해 독립적 기질을 키우고 아무에게도 신세 지지 않고 돈을 벌겠다는 결의를 다졌다.

대학원생 시절에는 냉동 오렌지주스 산업에 대한 야심 찬 수학적 모형을 만들었고, 모형이 오렌지주스 원액 가격이 2배 상승한다는 신호를 보내자 2만 달러를 빌려서 창고에 있는 화물을 대량 매입했다. 모형은 정확한 것으로 판명되었고 오렌지주스 가격이 예상대로 상승했다. 그러나 지역 슈퍼마켓들이 대학원생에게서 오렌지주스를 대량 구매하려고 하지 않는다는 점이 문제였다. 웨이마는 수익 20%를 떼어주고 창고 측에 되팔아야 했다.[13]

웨이마는 코코아시장에 대한 박사 논문을 완성한 후 식품회사 나비스코(Nabisco)에 입사해서 자기 모형에 따라 매매하도록 상사를 설득했다. 코코아 가격이 자기 모형의 예측 가격보다 낮아지면 나비스코가 코코아를 구매해 초콜릿 생산 원료를 조달하자는 아이디어였다. 만일 시장이 모형 예측 가격보다 더 오르면 나비스코는 조달을 중단할 것이다.

그가 프로그램에 따라 트레이딩을 시작하자마자 코코아 가격이 모형 예측 가격보다 낮아졌고, 따라서 코코아 선물을 대량 매수했다. 이후 가격이 더욱 낮아져서 웨이마는 손실을 보았지만 모형의 원칙에 따라 매수를 계속했다. 나비스코의 최고재무책임자(CFO)가 걱정하기 시작했고, 웨이마는 난해한 퀀트 용어를 사용해 그를 설득해야만 했다.

그러는 사이 코코아 보유량이 나비스코의 2년 치 생산 원료에 해당할 정도로 증가했다. 상사는 "무슨 짓을 하고 있는지 아나?"라고 여러 차례 따졌고, 웨이마는 속으로는 진땀을 흘렸지만 겉으로는 자신감을 표시해야만 했다. 그러나 그의 신경이 곤두서 있는 사이 아프리카의 코코아 수확량이 감소했고 코코아 가격이 거의 배로 상승했다. 웨이마는 보유량 일부를 팔아서 거대한 수익을 냈고 "내 일생에서 가장 굴욕적이었거나 자신감이 손상된 시기는 아니었다"라고 나중에 술회했다.[14]

이 성공에 고무되어 웨이마는 창업하기로 결심했다. 그는 나비스코의 시장 전망 부서에서 일했던 또 다른 신참 경제학 박사 프랭크 배너슨(Frank Vannerson)과 전략을 짜기 시작했다. 두 박사는 어울리지 않는 파트너였다. 웨이마는 자신감에 찬 반면 배너슨은 수염을 길렀고 차분했다. 한 동료는 배너슨을 가죽 샌들을 신고 두건이 달린 예복을 입은 중세 수도사로 묘사했고, 다른 동료는 친근한 심리치료사 분위기를 풍겼다고 표현했다.[15] 그러나 웨이마와 배너슨은 절친한 사이였고, 밀시장을 다룬 배너슨의 논문은 코코아와 관련된 웨이마의 경험을 보완했다. 웨이마는 뜻이 맞는 사람들을 끌어들여서 같이 계획을 세웠다.

자본금 250만 달러로 창업한 후, 발기인들은 웨이마와 배너슨의 집과 가까운 뉴저지주 프린스턴에 사무실을 열었다. 농가에 차려진 본사는 꽃이 핀 나무와 너른 잔디밭에 둘러싸여 있었다. 개업 당일 웨이마는 양복을 입었고, 배너슨은 폴로 셔츠와 카키 바지를 입고 '피너츠'라는 개를 데리고 나타났다.[16]

웨이마의 사무실은 거대한 호두나무 책상과 거대한 빨간색 가죽 의자로 구성되어 주인에게 완벽하게 들어맞았다. 그러나 곧 배너슨의 비형식적이고 평등주의적인 스타일이 회사를 주도하기 시작했다. 커머디티에서 공식 회의가 개최될 때면 요리사 아그네스(Agnes)도 초대되었다. 낡은 농가의 공동체에는 교통사고로 다리 하나를 잃은, 코코아라는 이름의 셰퍼드도 포함되었다.

직원은 전문가 7명과 지원 직원 6명으로 구성되었는데, 때로는 점심 때 편자 던지기를 하고 시장이 닫힌 후에는 소프트볼을 즐겼다. 이 격식 없는 분위기는 회사가 뉴욕의 혼잡에서 멀다는 것을 나타냈다.

커머디티는 영업 능력, 고객 관계, 시장 참여자로 보이는 것에 목표를 두지 않았다. 컴퓨터 모형, 수학, 정보 우위로 시장을 능가하는 것에 목표를 두었다. 창업자들은 정기 세미나를 통해서 칠판에 공식을 가득 써가면서 트레이딩 이론을 교환했다. AW존스의 주식 매매 기풍이나 마이클 스타인하트의 피자가 널린 트레이딩 룸과 매우 달랐다.

웨이마는 펀더멘털 분석에 매우 강한 팀을 구성했다. 그는 언젠가 현실이 예측을 따라잡으면 수익을 낼 수 있다는 논리하에, 가격이 어디에 있어야 하는지를 예측하는 모형을 만들 계량경제학자를 원했다. 웨이마는 코코아를 트레이딩했고 배너슨은 밀을 맡았다. MIT 쿠트너 교수가 삼겹살시장 모형을 가지고 참여했다. 럿거스대학교 교수였던 계량경제학자 케네스 메인켄(Kenneth Meinken)이 콩과 사료 매매에 참여했다. 서로 다른 상품의 전문가를 채용함으로써 웨이마는 회사의 익스포저를 분산하기를 희망했다. '우리의 70세 구루'라고 부른 베테랑 트레이더 에이머스 호스테터(Amos Hostetter) 또한 영입했다.[17] 이는 웨이마의 예상보다 훨씬 더 중요한 선택으로 밝혀졌다.

웨이마는 자신의 코코아 모형에 방대한 데이터를 입력했다. 서부 아프리카의 코코아 재배국들이 작황 통계를 공식 발표하기 전에 공급량을 추정하기 위해서 가나와 아이보리코스트의 날씨와 수확량 간 상관관계를 조사했다. 강우량과 습도 패턴을 추적하면 코코아 수확량과 그에 따른 공급량, 궁극적으로 가격까지 예측할 수 있었다.

신생 회사의 팀에는 한스 킬리안(Hans Kilian)이라는 독일인도 참여했는데, 그는 랜드로버 지프를 타고 아프리카를 누비면서 코코아나무를 조사해 수량, 키, 꼬투리 상태 등을 기록했다. 코코아나무는 사과나무만큼 크고 꼬투리가 25개 정도 달려서 킬리안은 꼬투리를 세느라 목이 아프다고 호소했다. 랜드로버 차량은 자주 고장 났고, 그는 조사 작업을 도와줄 현지인을 고용하기 위해서 거액의 가나 통화를 들고 다녔다.

이 노력으로 날씨 패턴에 따라 도출한 공급 예측량을 확인하고 수정하는 방법이 만들어졌다. 웨이마는 코코아 가격을 결정하는 고급 모형을 개발했고 이제 그것에 투입할 고급 데이터를 확보했다.

그러나 수준 높은 모형을 갖춘다고 해서 성공이 보장되는 것은 아니다. 커머디티가 본궤도에 오른 직후, 미국 옥수수밭이 옥수수마름병으로 알려진 곰팡이병의 공격을 받았다. 농업 전문가 일부는 병해가 다음 해에 더 크게 발생할 것으로 예측했다. 옥수수 부족량을 감안해 선물 가격이 상승하기 시작했다. 준과학적인 소문들이 복잡하게 얽혀서 시장을 위협하자 웨이마의 팀은 강점을 발휘할 기회를 포착했다. 그들은 뉴저지주를 자문하는 럿거스대학교 식물병리학 교수를 영입해 연구 예산을 늘려주고 과학 세미나 참석을 위한 출장을 지원했다.

몇 주간 조사한 후 병리학자는 옥수수마름병에 대한 공포가 과도하다는 결론을 내렸다. 편향된 언론 보도가 강하게 퍼져서 공포스러운 이야기가 쏟아진 것이다. 웨이마와 동료들은 쾌재를 불렀다. 병리학자의 결론은 옥수수 가격 하락을 의미했고, 트레이더들은 염려할 근거가 없다는 소식이 나올 것으로 보고 방대한 옥수수 공매도 포지션을 쌓았다.

그리고 어느 금요일 밤, CBS 뉴스는 월남전을 정규 보도한 후 옥수수마름병 특집을 보도했다. 방송에는 옥수수 농사를 뉴저지보다 더 많이 짓는 일리노이주의 병리학자가 출연했다. 옥수수를 가장 많이 재배하는 주의 권위 있는 병리학자는 옥수수 농사에 재난을 예고했다.

웨이마와 동료들은 그 주말 내내 잠을 자지 못했다. 병리학자의 자문에 따라 거대한 공매도 포지션을 쌓아놓았는데, 그의 선배급 학자가 상반된 결론을 내놓은 것이다.

월요일 아침에 시장이 열리자 옥수수 선물 가격이 너무나 상승해서 매매가 즉각 정지되었다. 선물거래소들은 극단적인 변동성을 완화하기 위해 가격 제한 폭을 설정했다. 시장을 빠져나올 기회가 없었고, 거래가 소량 체결된 후 가격이 제한 폭에 도달했으며, 웨이마와 동료들의 포지션은 덫에 걸렸다. 화요일이 되어서야 커머디티 트레이더들이 공매도 포지션을 정리했고 손실을 실현했다. 창업 자본금 250만 달러는 90만 달러가 되었다. 웨이마의 신생 회사는 눈앞에서 쓰러지고 있었다.

결국 럿거스대학교 병리학자가 옳았다고 판명되었지만 그다지 위안이 되지 못했다. 옥수수마름병은 없었지만 커머디티는 시장의 정점에서 공매도 포지션을 청산당했기 때문이다.

1971년 옥수수 충격으로 커머디티는 문을 닫을 지경에 이르렀다. 창업자 트레이더들 간의 관계도 손상되었다. 웨이마는 분노한 공동 창업자들이 토끼와 꿩을 쏘기 위해 사무실에 비치한 총이 신경 쓰여서 고민할 정도였다. 창업 멤버 일부는 출자금 회수를 원했다. 웨이마의 팀은 계량적인 우위와 박사학위에도 불구하고 새뮤얼슨이 추구하던 높은 '성과지수'는 결여된 것으로 보였다.

그러나 웨이마는 굳은 심성으로 역경을 이겨냈다. 그는 학생 때 베팅을 잘못해서 돈을 전부 잃고서는 레드삭스 경기의 외야석에서 맥주를 마시면서 회복할 방법을 구상했었다. 이제는 프린스턴에 있었고, 야구와 맥주 치유는 손에 잡히지 않았지만, 더는 포기할 생각이 없었다.

그는 자신을 멋진 소설에서 읽은 로맨틱한 영웅처럼 그렸다. 역경에 따른 고뇌와 자기성찰에 젖어 일종의 매혹적인 마조히즘으로 좌절에 반응했다. 그는 꽃피는 나무와 오후의 소프트볼 게임이 있는 신생 회사를 포기할 뜻이 전혀 없었다. 셰퍼드 코코아가 다리 하나를 잃었지만 회사를 지킬 수 있다면, 코코아 트레이더도 자본을 많이 잃었지만 회사를 지킬 수 있을 것이다.

1971년 7월 커머디티 이사회가 개최되어 웨이마에게 마지막 기회를 주기로 결정했다. 10만 달러를 더 잃는다면 회사는 문을 닫을 것이다.[18] 뒤따른 감원으로 창업 멤버인 전문가 7인 중에서 쿠트너를 포함한 4인이 떠났다. 그러나 곧 회복이 찾아왔고, 당대에 가장 성공한 트레이딩 사업들 중 하나를 위한 기초를 닦게 되었다.

위험 통제 시스템 도입

1971년 사고 이후로 웨이마는 자신의 시장 이론을 재고하게 되었다. 그는 모형 수립과 데이터에 대한 경제학자의 신념을 가지고 시작했다.

가격은 수요와 공급의 근본적인 힘을 반영하므로, 이런 것들을 예측할 수 있다면 부자가 되는 길에 올라선다고 기대했다. 그러나 경험을 통해 겸손도 배웠다. 데이터를 과도하게 신뢰하면 과신이 커져서, 유지 불가능한 과대 트레이딩 포지션으로 이끄는 저주가 될 수 있었다.

민일 커머디티가 옥수수마름병에 보다 온건한 규모로 베팅했다면 지녁 뉴스 보도로 포지션을 위협받아 처분을 강제당하지 않았을 것이다. 그랬다면 죽을 뻔한 경험이 아니라 수익을 얻었을 것이다.

웨이마의 재고는 위험 수용을 새롭게 접근하는 것에서 시작되었다. 그는 세상에서 가장 위험한 사람은 매우 뛰어나지만 한 번도 실패해보지 않은 트레이더라고 자주 언급했다.[19] 자각하는 순간, 그는 회사에서 가장 위험한 트레이더는 바로 자신이라고 인정한 것이다. 과거에 어떤 동료는, 웨이마에게 위험 통제를 맡기는 것은 스턴트 곡예가 에벨 니블 (Evel Knievel)을 도로 교통 안전에 배치하는 것과 같다고 말했다.[20]

커머디티는 창업 첫해에 쿠트너가 설계한 위험 통제 시스템을 운영했다. 이 시스템은 수학적으로 우수하지만 효율적으로 운영하기에는 너무 복잡했다. 쿠트너 시스템은 트레이딩 자본을 단일 계좌에 집중했다. 트레이더들은 자본을 자유롭게 가져다 썼는데, 집중 계좌는 변동성 높은 대형 포지션에는 매우 높은 이자를 매겼고, 반대의 경우에는 관대하게 낮은 이자를 매겨 보상했다.

이론상 트레이더가 변화무쌍한 시장에서 베팅을 늘리려면 확신이 충분해야 했다. 그러나 옥수수마름병 사건을 통해서 트레이더의 자존감만큼이나 확신도 너무 강했음이 드러났고, 업무 지원 직원들은 트레이더의 익스포저와 위험을 효율적으로 통제할 위치가 아니었으므로 사실상 위험 통제가 전혀 없었다. 이제 쿠트너 시스템의 결함이 드러나고 쿠트너도 떠났으니 웨이마는 실용적인 대체 시스템 마련에 나섰다.[21]

그 결과물이 커머디티에 뿌리를 두고 현재의 헤지펀드들에도 어느 정도 남아 있는 위험 통제 시스템이다.[22] 앨프리드 존스가 사용한 부문별 매니저(segment-manager) 시스템과 유사해서, 각 트레이더를 독립적인 수익 부문으로 취급하고 과거 성과를 반영해 가용자본을 배정한다.[23] 그러나 이 시스템은 트레이더가 베팅을 통제하도록 강제했는데, 비교적 안정적인 주식 투자에는 중요하지 않지만 원자재시장에는 중요한 조치였다.

주식시장에 적용하는 원칙은 매수하는 주식 가치의 절반까지만 차입할 수 있다는 것으로, 레버리지를 2배 이상 높이고 싶어도 방법이 없었다. 그러나 원자재 선물시장은 전혀 다른 세상이다. 트레이더가 현금으로 소액의 '증거금'만 투입하면 포지션 대부분을 차입할 수 있었다. 선물의 레버리지가 높기 때문에, 한번 잘못 매매하면 자본금 상당 부분이 사라져버릴 수 있다.

커머디티의 새로운 시스템은 단일 트레이더가 특정 시점에 취할 수 있는 위험의 상한을 설정했고, 손실을 크게 보면 통제를 더욱 강화했다. 가용자본 절반을 잃은 트레이더는 모든 포지션 매도와 1개월 정직(停職) 처분을 받았고, 계산에 실패한 이유를 실명하는 메모를 경영진에게 제출해야 했다.[24]

자동 매매 시스템의 원조

커머디티의 새로운 위험 통제 시스템은 옥수수마름병 사건 이후 나타난 또 다른 생각과 연계되었다. 바로 웨이마와 동료들이 가격 추세를 존중하는 자세를 새롭게 갖춘 것이다. 물론 효율적인 시장 가설에 따르면 그런 추세는 존재하지 않는다. 1970~1980년대에는 랜덤워크에 대

한 공감대가 너무나도 압도적이어서 학술 논문에서 다른 견해는 찾아보기 어려웠다.[25]

그러나 프랭크 배너슨은 인디애나주의 던&하지트(Dunn & Hargitt)로부터 원자재 가격을 수집하고 가공한 역사적 데이터를 입수한 상태였다. 나비스코에 다닐 때는 던&하지트의 데이터를 1년간 작업해서 원자재 15종의 일별 가격을 분석했었다. 커머디티가 창업한 1970년 3월에는 학자들이 어떤 반대 이론을 주장하든 간에 원자재 가격에 진정한 추세가 존재한다고 확신했다.[26] 더구나 배너슨은 발견한 결과에 근거해 트레이딩할 수 있도록 프로그램을 개발했다. 그리고 이 작품에 테크니컬 컴퓨터 시스템(Technical Computer System, TCS)이라는 이름을 붙였다. 헤지펀드들이 낳은 자동 트레이딩 시스템 다수의 원조 격이었다.[27]

웨이마는 당초 배너슨의 프로젝트에 회의적이었다.[28] 이 추세 추종 모형은 방금 상승한 것은 상승을 지속할 테니 매수하고 방금 하락한 것은 하락을 지속할 테니 공매도하라는 것으로, 무력할 만큼 단순해 보였다. 배너슨의 프로그램은 한발 더 나아가 지속 가능한 상승과 의미 없는 상승을 구분하도록 발전했지만, 그래도 웨이마는 명백히 사소해 보이는 시스템으로 누가 진지하게 돈을 벌 수 있을지 의구심을 가졌다.

그러나 1971년 여름에 생각을 바꾸었다. 옥수수 사건의 굴욕이 한 가지 이유였다. 자동화된 트레이딩 시스템의 가장 큰 강점은 처음부터 위험 통제를 컴퓨터에 프로그램화하는 것이어서, 트레이더가 과도한 자신감으로 한도를 초과할 위험을 제거했다.

게다가 TCS는 시장을 보는 것에도 우수하다고 판명되었다. 웨이마의 코코아 모형은 나비스코에서는 매우 잘 작동했지만 커머디티 첫해에는 시장 방향을 잘못 판단했다. 반면에 배너슨의 추세 추종 모형은 초콜릿 소비나 강우량 같은 펀더멘털이 아니라 시장 추세를 관찰해서 가동 첫날부터 꾸준히 수익을 올렸다.

옥수수마름병 사건 이후 웨이마는 TCS에 자본배분을 늘리기 시작했고, 트레이더들도 프로그램의 판단을 존중하는 자세를 새롭게 가지게 되었다. 실제로 새로운 위험 통제 시스템은 트레이더가 선택할 여지를 거의 주지 않았다. 트레이더가 시장 추세에 반하는 베팅에 자본 10% 이상을 걸지 못하게 했고, 이 통제를 실행하는 데 사용하는 시장 추세는 배너슨의 프로그램이 포착했다.

폴 새뮤얼슨까지도 이런 새로운 접근 방식에 포섭되었다. 추세 추종은 학문적 근거가 거의 없고 자신의 연구와 관련이 없음에도 불구하고 그는 TCS로 투자할 자본을 늘렸다. 가장 흥미로운 것은 웨이마가 자신의 '70세 구루'라고 말한 에이머스 호스테터와 관련된다.

30년 연속 흑자를 낸 투자 비법

호스테터는 커머디티에서 전설적인 기록을 세웠다. 그는 30년 연속 흑자를 냈고 차분한 지성으로 사람을 끌어당겼다. 프린스턴의 커머디티 사무실에는 그의 큰 초상화가 걸려 있는데 넥타이에 깔끔한 넥타이핀을 꽂고 손에는 신문을 쥔 모습이다. 일반적으로 생각하는, 불을 뿜는 투기꾼과는 다른 모습이다.

전직 아폴로 프로젝트 물리학자로서 1974년 커머디티에 합류한 모리스 마코비츠(Morris Markovitz)가 특히 멘토인 그와 가까워졌다. 마코비츠는 그에 대해 이렇게 썼다. "나는 훌륭한 트레이더를 만드는 덕목과 좋은 사람을 만드는 덕목은 같다고 주장해왔다. 에이머스는 꾸준히 사실, 사실, 사실에 헌신해서 항상 정직하고 성실한 사람이었다."[29]

호스테터는 자신을 펀더멘털리스트(fundamentalist)라고 불렀다. 그는 뉴스레터를 읽고 수요와 공급의 동인에 대한 데이터를 검색해서 가격 변화 원인을 찾았다. 예를 들어 대두 수요의 12개월 이동평균선을 그려 놓고 이를 농장의 대두 공급량과 비교했다. 이동평균선이 공급량과 가까워지면 농장의 대두가 바닥나고 호스테터에겐 기회가 될 것이었다.

그는 추세를 존중했지만 펀더멘털에 초점과 균형을 맞추었다. 수요 또는 공급 데이터가 밀 또는 코코아의 상승을 예고한다 해도 그는 생각한 자본의 3분의 1만 투자했다. 그런 다음 추세가 생각대로 움직이면 다시 3분의 1을 추가했고, 가격이 예상치의 절반 가까이 상승했을 때 최종 포지션을 취했다. 반대로 추세가 불리하게 움직여 초기 지분의 25%를 잃으면 곧바로 빠져나왔다. 펀더멘털이 대중을 거슬러야 보상이 있다고 아무리 말해도 그에겐 중요하지 않았다. 그는 "치즈는 신경 쓰지 말고 함정에서 벗어나라"라고 말할 것이다.[30]

이렇게 추세를 존중한 것은 자신이 틀릴 가능성이 있다는 예리한 감각에 기반했다. 시장은 조종해야 하지만 복종할 필요 또한 있었다. 이해하지 못하는 이유로 시장이 불리하게 움직이면 자신이 아직 접하지 못한 소식이 있을 것이라고 생각했다. 그리고 대중보다 많이 안다는 데 베팅하지 않고 신중한 겸손을 선호했다. 아프리카 항구에서 파업이 일어나거나, 브라질에서 농작물 질병이 발견되거나, 소련이 수입을 늘리기로 결정하거나 등이 시장 변화의 신호가 될 수 있었다. 투자자 한 명이 모든 상품의 모든 반전을 주도할 수 있다는 가정은 오만했다.

그는 매일 사무실 벽에 시장 차트를 게시하고 가격 변동 패턴을 인식하려고 노력했다. 그는 주가의 바닥이 둥글게 형성되는 경향이 있음을 알아차렸다. 풍작이 들면 가격이 하락할 뿐만 아니라 초과 생산물이 저장고에 보관되기 때문이다. 이 잉여 재고는 오랜 기간 가격을 낮춘다. 반대로 주가의 천장은 보통 뾰족했다. 곡물이 갑자기 부족해지면 소비가 급감하고 가격이 오른다. 그러나 다음 작황이 좋으면 곡물 부족이 해소되고 가격이 급락한다.

이런 패턴이 반복되는 경향이 있지만 상품마다 다르다고 믿었다. 예를 들어 삼겹살과 달걀은 주가 바닥이 '뾰족한' 것으로 악명이 높았다. 저장 기간에 한계가 있어서 재고로 보관하지 않고 시장에서 싸게 팔아 치웠기 때문이다.

그리고 시장이 정보를 즉시 흡수하지 못하는 심리적 이유도 믿었다. 사람들은 자신만의 속도와 방식에 따라 의견을 형성한다. 새로운 정보를 곧장 처리할 수 있다는 개념은 이론일 뿐, 현실과는 거리가 멀었다. 더욱이 투자에서 미래 지향적인 시각으로 시장을 판단하는 사람은 드물었다. 대개는 최근 경험에 따라 반응했다. 손실이 나면 서둘러 매도하고, 수익이 나면 매수 물결이 이어졌다.

이런 인식을 통해 호스테터는 차트에서 주가 흐름이 바뀌기 전 주가가 튀어 오르는 좁은 범위가 있다는 것을 알았다. 어떤 상품이 평소의 주가 범위를 벗어나면 잘못 베팅한 투자자는 큰 손실을 입을 것이다. 공포에 질린 그들은 급히 포지션을 청산하면서 시장이 평소 주가 범위를 벗어나는 것을 가속화한다. 사무실 벽에 붙은 주가 차트를 보던 호스테터는 기차역 출입구 주위에 운집한 여행자들을 연상했다. 병목 현상 때문에 한동안 기다리겠지만, 일단 길이 뚫리면 빠르게 빠져나갔다.

시장의 심리만 연구한 것이 아니라 호스테터 자신도 예리하게 관찰해서 자신의 약점에 대비하는 규칙을 개발했다. 젊었을 때 그는 페리를 타고 맨해튼으로 통근했는데 동료 승객들이 투자 아이디어를 교환하는 것을 엿듣곤 했다. 그중 하나로 효과를 보면 그 아이디어를 제공한 승객에게 다가가 자신이 그의 의견대로 거래했다고 시인했는데, 정작 아이디어 제공 당사자는 그 거래를 하지 않았음을 알게 되었다. 변명은 많았다. 아내가 아팠다, 여행 중이었다, 주문은 넣었지만 매수에 실패했다, 사기 싫었다 등등. 그러나 진실은 투자자들이 자기 아이디어를 좀처럼 믿지 못한다는 것이었고, 호스테터는 자신도 같은 실패에 면역이 없다는 사실을 깨달았다.

따라서 그는 불안을 압도할 매매 규칙을 고안했다. 이기는 포지션에 머무를 수 있도록 '손절(stop loss)', 즉 주가가 지난 5일의 최저점 아래로 내려가면 시장에서 빠져나오는 조건부 매도 주문을 도입한 것이다. 그는 뒷주머니에 이 보험을 넣고서 이기는 베팅에 올라탈 용기를 모았다. "내 발로 나가지는 않을 것이다. 시장이 나를 끌어내게 하겠다"라고 그는 동료들에게 자주 말했다.[31]

배너슨의 TCS 성공을 맛본 커머디티는 호스테터에게도 자동 매매 프로그램을 만들어보라고 권유했다. 배너슨의 시스템과 달리 호스테터 프로그램은 이동평균선에 따라 매매하지 않았다. 대신 호스테터 자신이 했던 방식으로 가격 패턴을 인식했다. 예를 들어 '잘못된 이탈'을 찾도록 프로그래밍되었다. 만약 주가가 갑자기 상승했다가 이전 가격으로 떨어지면, 호스테터는 강세장을 지탱할 구매자가 충분치 않아서 가격이 곧 떨어질 것으로 보았다. 마찬가지로 주가가 지난 30일의 최저점 아래로 떨어지면 강세 추세가 끝나고 있다는 신호로 받아들였다.

프로그램을 완성하는 몇 년 동안, 커머디티 프로그래밍 부서 책임자 스펜서 바버(Spencer Barber)는 호스테터의 자동화 분신(alter ego)을 만들어서 그가 어디서 매매했는지 보여주는 시뮬레이션을 생성했다. 호스테터는 출력물을 보고 피드백을 제공했다. "예, 거기에서 샀을 겁니다. 그런데 여기 뭔가 잘못되었습니다. 여기에 공을 들여야 합니다." 이를 반복하자 호스테터의 지혜가 조금씩 수면 위로 떠올랐다.[32]

호스테터에겐 은밀한 비밀이 하나 있었다. 주가가 지난 5일의 최저점 아래로 떨어지면 포지션에서 빠져나오는 규칙을 세웠는데, 이때 다른 트레이더들도 포지션에서 빠져나오는 것은 원치 않았다. 매도 주문을 동시에 많이 하면 자신이 탈출하기 어려워지기 때문이었다. 결국 그는 동료들과 프로그래밍 부서에 자신이 6일 룩백(look-back) 규칙에 따라 매매한다고 말했다.[33] 그 예외만 빼고 그는 자신의 비결을 프로그래머들에게 최대한 공개했다.

70대인데도 바버와 좀 더 효과적으로 소통하기 위해 프로그래밍 언어 포트란(Fortran)을 공부했다. 1977년 1월 자동차 사고로 사망하기 전까지 여전히 컴퓨터 코드를 만지작거렸다. 하지만 '에이머스 시스템'은 2년 넘게 돈을 벌었고 수익을 냈다.

펀더멘털 분석과 차트 분석을 결합하다

1974년, 호스테터는 커머디티에 신입사원 두 명을 데려오는 데 도움을 주었다. 둘 다 웨이마가 당초 그리던 트레이더와는 거리가 멀었다. 우선 단일 품목에 특화된 계량경제학자가 아니었다. 사실 경제학 학위도 없었다. 대신 호스테터 방식을 자체 버전으로 실행했는데 펀더멘털 분석과 차트 분석을 결합해 광범위하게 매매했다. 커머디티에 도입한 이 방식은 훗날 헤지펀드가 살아남게 될 매매 방식의 승리를 의미했다.

한 명은 앞서 보았던 아폴로 프로젝트 프로그래머 모리스 마코비츠였다. 그러나 스타는 따로 있었으니 바로 마이클 마커스(Michael Marcus)였다. 이력만으로는 가능성이 훨씬 작아 보였다. 마커스는 컴퓨터는 아예 사용하지 않았고 수학도 거의 사용하지 않았다. 심리학 박사 과정을 중단해서, 커머디티 트레이더 최초로 박사학위 없이 채용되었다.[34]

마커스가 입사하자 몇몇이 눈살을 찌푸렸으나 그가 세 자릿수 수익률을 달성하자 의구심은 곧 사라졌다. 그는 커머디티에서 일한 10년 동안 트레이딩 계정의 가치를 2,500% 증가시켰다. 그의 수익이 다른 트레이더 전부의 수익 합계를 초과한 해들도 있었다.

마커스는 소득을 파티와 여행에 쏟아부었다. 1978년에는 프린스턴 사무실을 버리고 말리부의 전용 해안이 내려다보이는 2주택 단지에서 일했고, 한때는 집을 약 10채 소유했다가 일부는 하룻밤도 머물지 않고 팔아버렸다. 제트기를 전세 내고, 이동 숙소로 개조한 버스에 아첨꾼을 가득 채웠다. 킥복싱 미들급 세계 챔피언에게 레슨도 받았다.[35]

그는 열정적이고 조용하고 무서울 정도의 통제력을 가지고 몸을 조절하는 성격이었다. 그는 식품 대부분에 독성이 있다고 믿고 음식을 가렸다. 한번은 생채소와 과일만 먹다가 너무나 수척해지는 바람에, 균형을 되찾는 데 도움을 받으려고 영양사 겸 운전기사를 고용하기도 했다.

건강이 어떻든 그의 열정은 트레이딩에 기적을 일으켰다. 그는 매일 아침 시장 보고서로 꽉 찬 거대한 서류가방을 들고 출근했다. 당시에는 포스트잇 메모지가 없어서 그는 핵심 내용이 나오면 메모를 쓰고 접착 테이프로 붙였다. 보고서를 숙독했고 수요와 공급의 요인인 데이터를 조사해서 가격에 영향을 주는 방향 전환을 추적했다. 그는 포트폴리오를 위협할 수 있는 시나리오를 숙고했다. 옥수수 가격이 오르면 밀이 뒤따를까? 추워지면 어떤 작물의 수확량이 가장 크게 영향받을까?

그리고 호스테터를 모방해서 펀더멘털과 차트 시그널, 특히 둘의 상호작용을 관찰했다. 펀더멘털은 악재를 만났지만 차트가 계속 상승 추세라면 투자자들이 이미 하락 가능성을 소화했다는 뜻이다. 그들의 기분을 망칠 것이 없으니 주가는 상승할 일만 남았다.

마커스는 차트 매매 기술을 완성했다. 그는 초기에 면화거래소 플로어에서 일했고 트레이더들이 동료들의 템포에 반응하는 모습을 관찰했다. 때로는 점점 크게 소리 지르는 데 동참하고 때로는 지쳐서 뒤로 물러난다. 원자재 가격이 전일 고점을 지나 상승하면 흥분의 파도를 타고 계속 상승할 가능성이 상당히 있다. 따라서 마커스는 교차점에서 대규모 포지션을 취하되, 만일 거래가 불리하게 진전되면 시장에서 빠져나올 수 있는 손절매 주문을 걸어서 자신을 보호했다. 결과적으로 시장이 떠오르거나, 마커스가 팔고 나왔다.

트레이딩은 파도에 대비해 서핑보드에 오르는 것과 같았다. 타이밍이 안 맞으면 바다에 빠진다. 마커스는 자신이 파도를 제대로 탄 것은 시도한 횟수의 절반에 못 미쳤다고 술회했다. 하지만 성공한 파도에서는 실패한 파도에서 포지션을 정리하면서 발생한 손실의 20~30배나 되는 수익을 얻었다.

마커스의 트레이딩 스타일이 성공함에 따라 웨이마가 당초 회사에 대해 세웠던 개념은 효력을 잃었다. 훗날 헤지펀드의 역사에서 정통 퀀트들이 빛을 보는 때가 오지만, 추세 추종이 놀라운 수익을 가져다주는 한 펀더멘털 계량경제학적 분석에 집착하는 것은 의미가 없었다. 웨이마가 도입했던 데이터 처리는 상대적으로 생색이 나지 않았다. 가격을 움직이는 변수가 너무나 많아서 그 모두를 제대로 판단하기는 거의 불가능했다. 설령 판단이 옳았더라도 시장이 그대로 따라줄 때까지 기다리다가는 파산할 수도 있었다.[36]

마커스의 성과는 전문 트레이더에 대한 웨이마의 신뢰도 뒤집었다. 만일 금융의 서핑보드에 올라타서 수익을 낼 수 있다면, 강한 파도를 일으키는 원자재를 찾아내는 것으로 게임이 바뀐다. 예를 들어 설탕이나 밀의 시장이 평온한 시기라면 이를 연구하면서 낭비할 시간이 없었다. 면화거래소 플로어에서 일했던 마커스는 전문화가 무엇인지 잘 알았다. 그는 개종한 신자처럼 열정적으로 일반화의 복음을 설교했다.[37]

외환 트레이딩의 선구자

마커스는 특정 시장에 전문화하지 않겠다고 결심함으로써 외환 트레이딩이라는 새로운 분야에서 자연스럽게 선구자가 되었다. 닉슨 대통령이 달러의 금 태환을 포기한 후, 1972년 5월 시카고상업거래소는 7개 통화의 선물 거래를 개시했다. 마커스는 즉각 추세 올라타기 기술을 적용할 기회를 포착했고, 투자자의 심리가 원자재시장에 만들어내던 파도와 같은 것을 외환시장에서도 창출할 것으로 기대했다.

1970년대 중반부터 후반까지 마커스가 실시한 트레이딩 3분의 1가량이 통화였고 1979년에는 3분의 2로 늘어났다.[38] 커머디티 동료들도 통화를 트레이딩했고, 커머디티에서 초기 자본을 출자받은 독립 트레이더 다수도 참여했다. 새로운 부류의 헤지펀드 매니저로서 1980년대부터 중앙은행가들을 괴롭히게 될 '매크로(macro)' 트레이더들이 프린스턴의 농가라는 어울리지 않는 환경에서 활동을 개시한 것이다.

마커스는 자유당* 당원이었고 그의 정치적 견해는 1970년대 환경에서는 유용했다.[39] 정부가 강하면 시장이 불안정해 보이는 시기가 있는 반면, 1970년대의 스태그플레이션 기간에는 정부가 비대하면 시장을 망친다는 자유당의 견해가 자주 입증되었다. 1970년대 초 닉슨 대통령이 시도한 물가 통제는 이후 환율을 통제하겠다는 잘못된 판단과 함께 실패했다. 정부의 공공정책은 지속될 수 없다고 판명된 실패작이었고, 투기자들이 '횡재'할 기회를 만들어주었다.

예를 들어 닉슨 정부는 합판 가격을 1,000제곱피트당 110달러로 고

---

* 미국의 제3정당으로, 개인이 자신의 인생을 책임져야 하고 정부가 사적인 일에 개입하면 안 된다고 주장한다.

정했다. 전차가 들어오는 길에 교통 제어용 원뿔을 설치해 막은 꼴이 되었다. 당시 미국은 건설 붐이 한창이어서 합판 수요도 폭발적이었다. 건설회사들은 규정 가격보다 높아도 기꺼이 합판을 구매하려 했다. 곧 합판 창고들은 합판 공급량을 캐나다로 선적했다가 되돌려서 대통령의 통제를 우회하거나, 합판을 살짝 깎는 등의 '부가가치 서비스'를 실행하고 150달러를 매겼다. 그러는 사이 합판 필요량을 채우지 못한 건설회사들이 합판 선물 매수를 개시했고, 선물 가격은 규제받지 않았다.

마커스는 현물 시장의 인위적인 품귀 현상에 선물 가격이 상승할 것을 꿰뚫어 보고 선물을 대량 매수했다. 선물 가치는 실제로 배증했다.[40]

1973년 초 닉슨 대통령의 가격 통제가 폐지되자 마커스는 더 많은 돈을 벌었다. 자유당원이던 그는 무능한 정부가 통화 공급을 늘려 통화가치를 손상시킨다고 판단했으므로, 레버리지를 걸어서 곡물과 콩, 금속에 거대한 포지션을 쌓음으로써 부자가 되리라고 확신했다. 1974년 한 해에만 커피 가격은 25%, 쌀은 67%, 백설탕은 100% 이상 상승했다. 레버리지를 사용해서 이를 매수한 사람 모두가 돈을 몇 곱절 불렸다.[41]

그러고 나서 곡물 가격이 반전해 하향 추세를 보이자 상승 때와 동일한 트레이딩 기회가 생겼다. 설탕은 고점 대비 67% 하락했고 면과 고무는 40%, 코코아는 25% 이상 하락했다.[42] 카터(Jimmy Carter) 행정부가 경기를 진작하려고 하자 인플레이션이 발생해 달러화 가치가 엔화와 마르크화 대비 3분의 1 하락했고, 통화 선물시장의 새로운 '파도타기' 선수들은 이 거대한 변동에서 많은 기회를 얻었다.[43]

1975년 초, 마커스는 환율 페그제(exchange-rate peg)** 를 공략해 승리할 기회를 포착했는데, 훗날 헤지펀드들이 악명을 얻는 타깃이었다. 그는

** 한 국가의 통화 가치를 미국 달러 같은 기축통화 등에 연동하는 환율 제도.

정부가 시장 감각을 무시하고 도입한 우둔한 정책들을 검색하다가 닉슨의 가격 통제만큼이나 매력적인 정부 개입 상황을 발견했다. 사우디아라비아가 자국 통화를 달러화에 연동해두었던 것이다.

천재가 아니더라도 페그제에 문제가 있음을 파악하기는 어렵지 않았다. 유가 상승으로 수출액이 증가하자 사우디 경제에 돈이 넘쳐났고 인플레이션이 증가해 환율 상승 압력이 생겨났다. 물론 자본 유입으로 인플레이션이 발생해도 사우디가 버티기를 선택할 수 있으므로 리얄(riyal)화가 평가절상될지 여부는 확실하지 않았다.

그러나 마커스는 사우디가 평가절상을 하든 하지 않든 평가절하 가능성은 없다고 판단했고, 이는 이후 영국에서 태국까지 모든 페그제를 공격할 통화 투기자들의 논리가 되었다. 이 상황은 리얄화에 대한 일방성 투기로서 매우 매력적이었다. 투기에서 승리한다는 보장은 없었지만 실패하지 않는다는 보장은 거의 확실했다. 따라서 마커스는 거대한 레버리지를 걸어서 리얄화를 대량 매수했고, 그러고도 편안히 잠을 잘 수 있었다. 사우디아라비아는 1975년 3월 달러 연동을 폐지하고 리얄화를 평가절상했다. 마커스는 또다시 돈을 벌었다.[44]

추세 추종 투자로 성공하다

1970년대 말, 커머디티는 놀라울 정도로 성공했다. 옥수수마름병의 재난은 이미 잊었다. 마커스의 추세 추종 스타일을 통해 트레이더 다수가 수익률 50% 이상을 달성했다. 회사의 자본은 최저 시점의 100만 달러 미만에서 3,000만 달러 이상으로 불어났고, 농가는 별관이 생겼고 신규 건물 건축을 발주했다. 웨이마는 새로운 트레이더들을 고용했고, 각 트레이더는 차트를 추적하기 위해서 애널리스트들을 고용했다. 기존 직원들이 보기에는 새 관리 직원이 터무니없이 늘어나는 바람에 자신의 트레이딩 수익이 잠식된다고 반발할 정도였다.

하지만 수익은 그런 문제를 잠재울 만큼 컸다. 1980년에만 4,200만 달러를 달성했고, 직원 140명에게 보너스 1,300만 달러를 지급하고 나서도 웨이마의 조용한 회사는 〈포천〉 500대 기업 중 58개 사보다 수익이 더 많았다. 웨이마는 직원과 가족들을 항공기 1등석에 태워 버뮤다의 회사 휴양지로 휴가 보냈다. 트레이더들은 웨이마가 멋대로 지출했다고 비판했지만 커머디티가 천재적이라는 점은 모두가 인정했다.[45]

천재적인 성공은 무엇보다도 유연성의 승리였다. 계량경제 분석을 벗어나 추세 추종에 집중하면서 웨이마가 보여준 실용주의는 헤지펀드 역사와 비즈니스 역사에서 거듭 실현되었다. 혁신은 대학과 연구소에서 수립하는 거대 이론으로 묘사되는 경우가 많다. 따라서 스탠퍼드대 공학연구소가 실리콘밸리의 활동 중심에 서고, 미국국립보건원(NIH)이 제약업계 혁신의 버팀목이 된다. 그러나 혁신의 진실은 위대한 학문적 성취보다는, 기저 이론에는 신경 쓰지 않으면서 단순한 시행착오에 따라 어떤 것이 통하는지 시도해보는 데 있는 경우가 더 많다.

연구 결과를 곧바로 사업 계획에 연계할 수 있는 금융 분야에서도 시행착오가 핵심으로 밝혀졌다. 앨프리드 존스는 차트를 따라가면 시장 전반을 볼 수 있기를 기대하며 시작했고 막다른 골목에 부딪혔지만, 주식 종목 선정가에게 보상하는 새로운 시스템을 고안함으로써 성공했다. 스타인하트 삼총사는 주식 애널리스트로 창업했지만 블록트레이딩과 통화정책에 집중한 덕분에 성공했다.

스타인하트 삼총사가 그랬듯이 커머디티도 1970년대에 부합한 접근 방식에서 혜택을 보았다. 금융시장은 위험을 회피하려는 사람들과 위험을 안음으로써 보상을 받으려는 사람들을 연결해주는 메커니즘이다. 예를 들어 보험회사는 고객에게서 위험을 인수한다. 1960년대에는 원자재 가격 등락에 대해 보험을 들려는 고객이 많지 않았다. 정부가 농산물에 최저 가격을 설정했고 잉여 농산물 때문에 가격 상승이 억제되었다. 시카고상품거래소 트레이더들은 콩 거래 창구의 계단에서 신문을 보면서 소일할 수 있었다.

그러나 1970년대 인플레이션 환경에서 곡물 가격의 변동성이 출현하자 갑작스럽게 보험 수요가 생겨났다. 식품회사들은 가격 상승 위험을 헤지하는 데 선물시장을 활용했고, 재배자들은 가격 하락 위험을 헤지하는 데 선물시장을 활용했다.[46] 환율에서도 새로운 변동성이 나타나 환 헤지가 쇄도했다. 다국적기업들은 달러화가 등락하면 성과가 반전될 수 있다는 사실에 눈떴다. 1970년대 상반기에 시카고상품거래소의 거래량이 급증하자 거래소 트레이더들은 신문 볼 시간이 없어졌다.

보험 수요자가 시장에 몰려들면서 보험 매도자, 즉 투기자에게 수익이 돌아갈 수밖에 없었다. 농부와 식품회사는 가격 향방에 대해서 수준 높은 시장관을 가져서가 아니라 위험을 덜기 위해서 선물을 매매했다. 투기자는 그런 시장관을 가졌기에 농부와 식품회사를 상대로 거래하면서 우위를 얻었다. 더구나 경쟁이 거의 없어서 수익이 더 커졌다. 선물거래소는 투기자가 매수할 수 있는 계약 건수를 제한했고, 따라서 보험 공급을 제한함으로써 인위적으로 보험 가격을 높여준 결과가 되었다. 커머디티는 이렇게 인위적인 희소성으로 형성된 보험료 할증액을 챙겼고, 이후 또 다른 성공 방식을 생각해냈다. 거래소 제한을 벗어나 도매업자들과 장외 거래를 시작한 것이다.[47]

커머디티가 크게 성공한 요인 일부는 보험 수요 급증과 기교적인 규칙 변용이다. 그러나 그때까지 가장 중요한 요인은 웨이마가 추세 추종 모형으로 전환한 것이다. 배너슨이 TCS를 개발하고 랜덤워크 이론 신봉자들이 틀렸음을 증명함으로써 커머디티는 마커스 같은 추세 추종자를 고용하고 호스테터의 기술 규칙을 신조로 받아들였다.[48]

금융학자들은 여러 해가 지나서야 배너슨의 발견을 따라잡았다. 1986년 저명한 학술지 〈저널 오브 파이낸스(Journal of Finance)〉에는 외환 시장에서 추세 추종을 하면 상당한 수익을 얻을 수 있다는 논문이 게재되었고, 1988년 다른 논문에서는 추세 추종이 통화 선물뿐만 아니라 원자재에도 적용된다고 보고했다.[49] 이 연구 일부에는 기분 좋은 대칭이 존재했다. 1988년 논문의 저자인 스콧 어윈(Scott Irwin)은 던&하지트를 운영하는 데니스 던(Dennis Dunn)을 만나서 연구를 시작할 계기를 얻었는데, 이 기업이 바로 배너슨에게 TCS 구축을 위한 자료를 제공한 곳이었다. 거의 20년 전에 배너슨이 작업했던 것과 같은 가격 시계열을 사용해서 어윈은 같은 결론을 도출했다.[50]

한편 학계도 호스테터의 직관적인 매매 규칙에 동조했다. 가장 중요한 것은 '손실을 줄여라, 승자에 올라타라'로 요약할 수 있다. 첫 문장은 실패를 인정하지 못하는 트레이더들에 대한 경고였다. 이들은 포지션이 불리해져도 실수를 인정하지 않았다. 두 번째 문장은 성공을 믿지 못하는 트레이더들에 대한 경고였다. 이들은 포지션이 수익으로 전환해도 수익을 묶어두는 데 급급했다.

1970~1980년대에는 이스라엘계 미국인 심리학자인 대니얼 카너먼(Daniel Kahneman)과 에이머스 트버스키(Amos Tversky)가 사람의 의사결정 패턴을 실험해서 호스테터의 주장을 정확히 입증했다.[51] 이들이 행한 유명한 실험은 사람들이 돈을 벌 때 얼마나 비합리적으로 위험을 회피하는지 보여준다. 사람들은 3분의 1 확률로 7,000달러를 받을 기회보다 2,000달러를 확정적으로 받을 기회를 선호했다. 전자의 기대수익이 2,333달러인데도 말이다. 반면에 손실 가능성에 직면하면 적극적으

로 위험을 감수했다. 2,000달러를 확정적으로 잃는 기회보다 3분의 1 확률로 7,000달러를 잃을 기회를 선호했다.

1990년대에는 이 '행동경제학'을 기반으로 펀드가 만들어져 수익을 거두었고 카너먼은 2002년 노벨상을 수상했다. 호스테터는 수십 년간 행동 투자를 예상했다. 그의 규칙을 이용해서 커머디티 트레이더들은 자신의 편향을 수정하고 다른 투기꾼들의 희생에서 수익을 얻었다.

브루스 코브너의 캐리 트레이드 전략

1977년 마이클 마커스는 금융 신문에 트레이딩 조수를 구한다는 광고를 냈다. 지원자 중에 하버드 박사 과정을 중단하고 파트타임 택시 운전을 하는, 어울리지 않는 사람이 있었다. 지원자가 자기소개를 마치자 마커스는 첫눈에 반한 것처럼 웨이마에게 전화를 걸어서 "헬무트, 내 사무실에 커머디티 차기 사장이 와 있어요"라고 말했다.[52]

지원자는 브루스 코브너(Bruce Kovner)였다. 웨이마도 마커스가 왜 그에게 열광하는지 알 수 있었다. 그 젊은이는 키가 크고 인상적이며 머리도 컸다. 믿음이 가고 천성적으로 느긋했으며 지적 범위가 대단했다. 그는 하버드대학교에서 제임스 윌슨(James Wilson)과 패트릭 모이니헌(Daniel Patrick Moynihan) 상원의원을 배출한 정치과학자 동아리에 참여했다. 한때는 음악 연구에 전념했다. 정치 캠페인 다수에서 일했고, 음악에서 경제 성장까지 다양한 주제에 대해서 〈코멘터리(Commentary)〉지에 프리랜서로 기고했다. 트레이딩도 학습한 바 있었다. 친구와 대화하다가 계기를 얻어 선물시장을 연구했고, 마스터카드에서 3,000달러를 빌려서 2만 2,000달러로 불렸다.

마커스와 웨이마는 재무 교재 몇 가지를 언급하며 트레이딩 조수 후

보자를 테스트했는데, 코브너는 질문자들보다 더 많이 읽어서 찰스 맥케이(Charles Mackay)의 고전 《대중의 미망과 광기(Extraordinary Popular Delusions and the Madness of Crowds)》부터 현시대 뉴스레터까지 숙지하고 있었다. 웨이마는 "나는 높은 지성을 진정 높이 평가하는데 코브너는 진짜 지성을 가졌다"라고 술회했다.[53] 코브너는 트레이딩 조수가 아니라 트레이더로 즉각 영입되었다.[54]

코브너가 마커스와 웨이마를 만나게 됨으로써 헤지펀드 역사에 가장 걸출한 인물 하나가 출현했다. 다음 10년간 코브너는 매년 평균 80% 수익률을 거두었다. 그는 자신의 헤지펀드인 캑스턴(Caxton)을 출범했고 예술과 정치에서 다채로운 인물로 부상했다. 미국기업연구소 이사장을 지내고 〈뉴욕 선(New York Sun)〉지를 후원해 보수파 운동의 대부가 되었다. 또한 줄리아드음악대학의 후원회장이 되어 '펜로열 캑스턴(Pennyroyal Caxton)'이라는 작품의 작곡자를 후원했는데, 이 작품은 성경을 예시하면서 코브너를 솔로몬 왕의 이미지로 구현했다. 코브너는 이혼한 후 혼자 살 숙소가 필요해지자 맨해튼의 국제사진센터를 숙소로 개조했다. 이 저택은 그의 희귀 서적 컬렉션을 위한 금고와, 방사능을 차단하는 방공호 겸 서재를 갖추었다.

마커스는 심리학을 연구한 경험이 있어서, 코브너가 다른 동료들과 다른 신체적·심리적 강점을 가졌음을 일찍 파악했다. 코브너는 산만함을 떨치는 방식을 알았다. 자신의 매매에 과하게 몰입하지 않고 잠을 잘 잤다. 다른 트레이더들은 돈을 더 빨리 벌 수는 있어도 잃는 것 역시 빨랐지만 코브너는 꾸준하고 무신경한 성격이었다. 한번은 은 포지션에서 손실을 냈는데, 다른 트레이더라면 화장실에서 구토할 정도의 규모였지만 그는 그날 아무 일도 없는 것처럼 행정 회의에 참석했다.[55]

코브너는 다른 트레이더들과 달리 시장에 대한 감각과 조직 관리 능력을 겸비했다. 수치를 뽑고 차트를 그리도록 조수를 몇 명 고용했는데, 절대적으로 필요한 급여만 지불했다. 그리고 일반인에게서 최고의 성과를 뽑아냈다. 이자율과 금 선물 시세의 관계를 추적하는 일에는 전직 사서를 고용했다. 전직 사서에게는 이 관계가 비정상적으로 하락할 때마다 정상 상태로 복귀하는 방향에 베팅하라고 지시했고, 이 계산식으로 우수한 수익을 냈다.

한편 코브너는 웨이마에게서 재무적인 양보를 받아내는 데도 뛰어나서 동료들의 반발을 자주 샀다. 그는 조수들의 급여를 자신의 수익에서 지불하지 않고 회사 예산에 떠넘기곤 했다. 그리고 조수들이 트레이딩 아이디어를 내면 자신의 자본을 배분하지 않고 웨이마를 설득해서 추가 자본을 얻어내곤 했다.[56] CFO 어윈 로젠블럼(Irwin Rosenblum)은 코브너가 커머디티에서 가장 많은 재산을 쌓았다고 판단했다.[57]

코브너는 펀더멘털 분석과 차트 관찰을 결합함으로써, 웨이마가 시작했던 모형 기반 조사에서 확실하게 이탈했다.[58] 마커스가 그랬듯이 때로는 차트가 최우선이었다. 실제로 코브너는 가장 수익성 높은 기회는 펀더멘털 정보가 전혀 없을 때 떠오른다고 주장하기도 했다.[59] 만일 시장이 정상적으로 행동해서 좁은 박스권에서 등락하다가 인식할 만한 사유 없이 갑자기 이탈한다면 뛰어들 기회다. 이는 어딘가에서 내부자가 시장이 아직 이해하지 못하는 정보를 얻었고, 그 내부자를 따라가면 정보가 공시되기 전에 시장에 들어갈 수 있다는 의미다.

한번은 코브너와 마커스가 달러 매도 포지션을 취한 상태에서 달러화가 뚜렷한 이유 없이 강세를 보였다. 이들은 내부자가 중요한 뉴스를 가졌을 것이라고 추정하고 즉각 빠져나왔는데, 그 주 주말 카터 대통령이 달러화 지지 방안을 발표했다. 만약 공식 발표 때까지 기다렸다면, 즉 웨이마가 당초 시도했던 대로 펀더멘털 데이터에 기반해서 트레이

딩했다면 거덜 났을 것이다.[60]

1981년 코브너와 조수 로이 레녹스(Roy Lennox)는 훗날 헤지펀드의 주된 테마가 되는 '캐리 트레이드(carry trade)' 전략을 고안했다. 이들은 현재보다 미래에 보유 비용이 훨씬 적게 드는 통화를 조사해서 할인된 선도금리에 매집했다. 당시 트레이더 다수는 이런 행동에서 얻을 것이 없다고 보았다. 선도금리가 낮아지면 통화가 절하되기 쉽다는 견해였다.

그러나 코브너와 레녹스는 그 견해가 그릇됨을 꿰뚫어 보았다. 낮은 선도금리는 통상 높은 금리를 반영한다. 만일 스페인 은행들이 예금자에게 7% 이자를 지급한다면, 페세타(peseta)화는 1년 후의 선도 시장보다 현물 시장에서 7%만큼 가치가 높다. 즉 선도 시장의 할인은 매수자가 이자 수령 기회를 상실한 대가다. 그 통화가 절하될 것이라는 신호가 아니라, 그 통화의 고금리가 인플레이션을 낮추고 해당 국가로 자본을 유입시켜서 절상될 것이라는 신호였다.

다음 10년 동안 코브너와 레녹스는 할인이 큰 통화 선물을 매수하고 할인이 작은 통화 선물을 매도했다. 이 '캐리 트레이드'는 경쟁자들이 진입하기 전까지 높은 수익을 가져다주었다.[61]

코브너의 성공은 커머디티 전성기에 일종의 종말을 고했다. 커머디티의 수익성이 높다는 뉴스가 월스트리트의 귀에 들어가자 웨이마는 도전에 직면했다. 뉴욕 브로커들이 고객 자본을 스타들에게 맡기기 위해 웨이마의 최고 트레이더들에게 접근한 것이다.

브로커들은 마커스와 코브너 등에게 접근해서 웨이마의 회사 구조와 같은 헤지펀드를 창업하라고 요구했다. 웨이마는 저항했지만 결정권은 트레이더들에게 있었다. 웨이마가 커머디티에 경비를 많이 발생시켰기에 트레이더들은 이미 독립하고 싶어 했고, 이제 월스트리트가 거대한 대체 자본 원천을 두둑한 수수료율과 함께 제시했기 때문이다.[62]

트레이더들은 내부에서 약간의 논란을 거친 후 자기 길을 갔고 곧 코브너도 월스트리트에서 거액을 운용하게 되었다. 그의 트레이딩을 지원하는 조직이 매우 커져서 조직 내의 조직을 갖게 되었다. 1983년 캑스턴펀드를 창업하기 위해 사직할 때, 그는 이미 명실상부한 헤지펀드의 거물이었다. 그는 은밀했고 레버리지를 사용했으며 시샘당할 만큼 성공했다.

그사이 선물 트레이더 몇몇이 떠올랐다. 뒤에서 설명할 폴 튜더 존스(Paul Tudor Jones)와 루이스 베이컨(Louis Bacon)은 모두 커머디티에서 초기 자본을 받았다. 이들은 1980년대 초 프린스턴에서 열린 만찬에 참석하기 위해 맨해튼에서 헬기를 타고 왔다. 커머디티에서 차트 패턴과 추세에 대해 의견을 나누고 위험 통제 절차를 채택해 훈련을 받았다.

베이컨은 결국 커머디티의 선임 관리자 일레인 크로커(Elaine Crocker)를 사장으로 영입해서 헤지펀드 무어캐피털(Moore Capital)을 세웠다. 베이컨은 웨이마의 회사에 적응하기에는 너무 독립성이 강했다. 그리고 존스는 커머디티에서 초기 자본을 받는 것은 환영했지만 입사 제안은 사절했다.[63]

커머디티는 스타 펀드매니저를 확보하기 어려운 데다가 웨이마의 씀씀이가 커서 위기에 직면했고, 1984년에 내부 반발로 인해 웨이마는 경비를 줄이고 '단순한 생활'로 돌아가기로 약속했다.[64] 그러나 커머디티는 과거의 활력을 끝내 회복하지 못했다.

무게중심의 축이 웨이마에서 젊은이들로, 프린스턴의 전원 풍경에서 뉴욕 헤지펀드의 신세대로 이동한 것이다.

4장

금융의 연금술사
조지 소로스

주말 철학자 겸 헤지펀드 매니저

젊은 헝가리 청년 조지 소로스(George Soros)가 런던정경대학교에 도착한 것은 학교가 활기 넘치던 1949년이었다. 제2차 세계대전의 상처가 생생했고 나치 희생자, 공산국가의 망명자, 분열하는 영국의 젊은 지도자들이 함께 런던에서 은신처를 찾아냈다. 유럽이 어떻게 스스로를 파괴했고 또 어떻게 재건할 수 있을지 이해하려는 거대 이론이 연구되었고, 노동당 정부는 영국을 새로운 복지국가로 개조하고 있었으며, 마셜 플랜(Marshall aid)이 유럽 재건에 속도를 내고 있었다.

런던정경대 강의실에서는 열정적인 마르크스주의자들이 프리드리히 하이에크(Friedrich Hayek) 자유주의자와 어깨를 맞대고 있었으며, 케인스파와 반케인스파가 토론을 벌였다. 학교의 역사가가 표현했듯이 '런던정경대의 신화가 탄생한' 시기였다.[1]

소로스는 입학 당시 이미 많은 경험을 쌓은 상태였다. 부다페스트의 부유한 유대인 가문에서 태어났고, 나치 점령 기간 동안 가족과 떨어져

기독교인인 척하면서 친지들의 도움을 받아 숨어 지냈다. 그는 시가지에서 손이 묶이고 두개골이 훼손된 시신들을 목격했고, 보석을 암시장 딜러에게 팔아서 가족을 부양했다.

1947년, 열일곱 살이던 소로스는 런던에서 더 나은 삶을 살기 위해, 헝가리에 남은 부모님과 작별하면서 다시는 만나지 못할 것으로 예상했다. 그는 런던에서 접시닦이, 페인트공, 버스 차장으로 일했고, 웨이터로 일할 때는 웨이터 팀장이 보조로 써주겠다고 말했다. 런던정경대에 입학하기 전 여름, 그는 좋아하는 일을 마침내 찾아냈다. 수영객이 많지 않은 수영장의 안전요원이었다. 그는 애덤 스미스, 토머스 홉스(Thomas Hobbes), 니콜로 마키아벨리(Niccolò Machiavelli)의 책들을 읽었다.

소로스를 런던정경대로 이끈 멘토는 나치를 피해 조국 오스트리아를 등진 철학자 칼 포퍼(Karl Popper)였다. 포퍼는 훗날 가장 저명한 헤지펀드 매니저가 될 젊은이에게 전혀 의도하지 않았던 방식으로 자신의 생각을 심어주었다. 인간은 진리를 알 수 없고, 할 수 있는 최선은 시행착오를 통해 진리를 더듬는 것뿐이라는 점이 포퍼의 중심 논점이었다.

이 관념은 소로스와 같은 배경을 가진 사람에게는 명백히 설득력이 있었다. 모든 정치적 신조에는 하자가 있다는 주장인데, 나치즘과 공산주의가 헝가리를 지배하면서 지적인 확실성을 주장했지만 실제로는 그 확실성을 갖추지 못했기 때문이다. 포퍼의 대작《열린 사회와 그 적들(Open Society and Its Enemies)》*로 소로스는 철학을 하겠다는 일생의 소망을 품었다. 이 책에서 금융에 대한 사고방식을 얻었고, 훗날 설립한 자선재단 '열린사회연구소(Open Society Institute)'의 이름을 따왔다.

---

* 열린 사회는 자유 경쟁을 통해 구조나 체계를 수시로, 그리고 점진적으로 바꿀 수 있는 사회인 반면, 닫힌 사회는 경쟁이 불가능하고 경쟁할 필요가 없는 사회다.

소로스는 런던정경대를 평범한 성적으로 졸업한 후 한동안 출세할 가망이 없는 일을 하면서 시간을 보냈고 한때는 웨일스 북부에서 핸드백을 팔았다. 그는 이 운명을 극복하기 위해서 런던 시내의 모든 투자은행에 일자리를 구하는 편지를 보냈다. 기득권층에서는 사회적 네트워크가 부족해서 거절당했고 결국 헝가리 이민자가 운영하는 브로커회사에 들어갔다.

금융업의 요령을 파악한 후, 소로스는 철학자가 되는 데 필요한 돈을 모으기 위해 5년간 일하겠다고 계획하고 1956년 뉴욕에 진출했다.[2] 그러나 곧 자신이 투자를 너무나 잘해서 떠날 수가 없다는 사실을 깨달았다. 1967년 그는 유럽 주식 전문인 명문 브로커회사 아널드 앤드 S.블레이크로더(Arnhold and S. Bleichroeder)의 리서치 책임자가 되었다. AW존스 스타일의 부문 매니저들에게 아이디어를 주면서 헤지펀드에 눈뜬 소로스는 1969년에 400만 달러 규모로 자신의 사업을 개시했다. 더블이글펀드(Double Eagle Fund)로 명명하고는 블레이크로더의 우산 아래에서 운용했다.[3]

이 시점에서 소로스는 포퍼의 생각을 자신의 생각과 융합해 '재귀성(reflexivity)'이라는 단어를 만들어냈다. 포퍼가 글에서 제시했듯이, 상장기업의 세부 사항들은 너무나 복잡해서 인간이 이해하기 어려우므로 투자자들은 추정과 지름길에 의존해 현실을 재구성한다. 그러나 소로스는 낙관적인 추정이 이루어지면 주가가 상승함으로써 기업이 자본을 저렴하게 조달해서 실적을 개선할 수 있으므로, 지름길이 현실을 변화시키는 힘을 가진다는 것을 알았다.

이 피드백 고리 때문에 확실성을 찾기가 두 배로 어려워졌다. 먼저 사람은 현실을 명확히 인식할 능력이 없다. 게다가 현실 자체가 이 불명확한 인식들의 영향을 받고, 그 인식들도 끊임없이 변화한다. 소로스는 시장이 효율적이라는 견해와 상반되는 결론에 다다랐다. 재무 이론은 합리적인 투자자라면 주식의 가치를 객관적으로 평가할 수 있고 모든 정보가 가격에 반영될 때 시장이 효율적인 균형을 달성했다고 말할 수 있다고 가정하면서 출발한다. 그러나 포퍼의 제자인 소로스에게는 이 전제가 인식의 근본적 한계를 무시한 것이었다.[4]

소로스는 1960년대에 금융가 경력을 시작했는데도 여전히 주말에는 별장 서재에 묻혀서 자신의 철학을 글로 표현하기 위해 분투했다. 그의 철학은 투자 방식에도 영향을 미쳤지만, 그가 투자에 성공한 후 사후 합리화를 위해 재귀성 이론을 덧붙였다는 반론이 제기되기도 했다.

그는 1970년에 쓴 투자 메모에서 부동산투자신탁(REITs, 리츠)의 주가를 명백한 재귀적 용어로 설명했다. "증권 분석의 전통적 방식은 기업 이익의 잠재 경로를 예측하려는 시도다"라고 시작했다. 그러나 리츠는 장래 수익 자체가 투자자들의 인식에 의존할 것이다. 투자자들이 시장을 좋게 본다면 성공적인 리츠에 자본을 저렴하게 제공함으로써 프리미엄을 지불할 것이다. 저렴한 자본은 수익을 올릴 것이고 그러면 더욱 성공하는 모습을 보여서, 다른 투자자들이 더 높은 프리미엄을 지불하고 리츠를 매수하도록 설득할 것이다.

소로스는 수익 경로와 투자자 취향을 이끄는 심리 중 어느 쪽에도 초점을 맞추지 않는 것이 비결이라고 주장했다. 대신 둘의 피드백 고리에 초점을 맞춰서, 둘이 각각 상대를 몰아감으로써 리츠가 완전히 고평가되어 폭락이 불가피한 수준에 도달할 것이라고 예언했다.

리츠는 분명히 소로스의 예측대로 붐과 폭락의 순서를 따랐다. 소로스의 펀드는 리츠가 상승하면서 떼돈을 벌었고, 리츠가 폭락하면서 또다시 벌었다.[5]

게임 규칙이 바뀌는 순간

1973년 소로스는 회사를 차리기 위해 블레이크로더를 떠났다. 센트럴파크웨스트 아파트에서 한 블록 떨어진 곳에 사무실을 열었고, 성급하고 일에 중독된 블레이크로더 애널리스트 짐 로저스(Jim Rogers)를 파트너로 영입했다. 로저스는 수년 후 맨해튼의 자택에서, 멀티태스킹을 위해 컴퓨터와 전화기를 연결한 헬스자전거 위에서 헐떡거리며 인터뷰에 응했다.[6]

소로스는 로저스와 함께 불안정한 균형이 반전되는 시점을 추구했다. 예를 들어 금융 규제 완화로 은행업의 게임 규칙이 바뀌어서 따분하던 은행주가 매력적으로 바뀔 것을 예측하고 은행주에 투자해서 큰돈을 벌었다. 1973년 아랍-이스라엘 전쟁에서는 이집트가 사용한 소련제 무기의 성능이 우수해 미국이 예상보다 큰 도전에 직면한 것이 드러나자 방위산업의 게임도 달라졌음을 포착했다. 소로스는 국방부가 곧 의회를 설득해 소련을 따라잡는 투자에 나설 것이라고 예측하고 방위산업주에 뛰어들었다.[7]

소로스는 게임 규칙이 바뀌는 순간을 감지하면 베팅을 주저하지 않았다. 국방비 지출이 증가할 것이라고 판단하자 방위산업체 록히드(Lockheed)의 최대 외부 주주가 되었다. 자신이 맞다는 결정적 증거가 나타날 때까지 기다리지 않고 기꺼이 뛰어들었다. 투자 아이디어를 대충 조사해서 매력적이라고 판단하면, 다른 투자자들도 끌릴 것이라고 생각했다. 그리고 완전한 인식은 불가능하다고 믿었기에 세부 사항에 공을 들일 의미가 없었다.

스위스로 스키 휴가를 갔을 때는 리프트 시작점에서 〈파이낸셜타임스(Financial Times)〉 신문을 샀고, 슬로프를 올라가는 동안 영국 정부가 롤스로이스(Rolls-Royce)를 구제하려고 계획한다는 보도를 읽은 다음, 산 꼭대기에서 브로커에게 전화해 영국 국채 매수를 주문했다.[8] 소로스의 모토는 "먼저 투자하고 나중에 조사하라"였다.[9]

1981년 초, 소로스는 상상을 뛰어넘는 성공을 거두었다. 1973년에 이름을 바꾼 소로스펀드(Soros Fund)와 1978년의 퀀텀펀드(Quantum Fund)는 1970년대의 어려운 주식시장에서도 당초 자본의 100배 가까운 3억 8,100만 달러를 축적했다. 런던에서 위태로운 생활을 하고 때로는 자선단체의 지원에 의존했던 청년은 자산 1억 달러를 축적했고 자선사업가가 되었다. 1981년 6월 〈기관투자가〉지는 소로스를 '세계에서 제일 위대한 자산운용자'로 불렀고, 루마니아의 세계적인 테니스 선수 일리에 나스타세(Ilie Nastase)가 비외른 보리(Bjorn Borg)에게 "우리는 테니스를 치고 보리는 다른 무언가를 친다"라고 찬사를 보냈듯이, 소로스의 경쟁자들도 소로스에게 존경심을 표시했다.[10]

소로스는 자신의 성공을 축하하는 데 그치지 않았다. 그는 비꼬는 기색 없이 "나는 물러서서 자신을 경외감을 가지고 보았다. 나는 완벽하게 다듬어진 기계를 보았다"라고 썼다.[11] 또한 "나 자신이 일종의 신 또는 케인스와 같은 경제 개혁가(케인스의 《일반 이론》과 함께), 또는 더 좋게 보아서 아인슈타인과 같은 과학자[재귀성(reflexivity)은 상대성(relativity)과 비슷하게 들린다]라고 자부했다"라고 고백했다.[12]

그러나 비극은 소로스가 행복하지 않았다는 것이다. 투자자로서 성공하려면 지적으로뿐만 아니라 본능적으로 시장에 집중해야 하는데, 그렇게 집중하려면 신체적으로 격무가 뒤따랐다. 포트폴리오에 문제가 있는 경우, 소로스는 허리가 결리는 증상으로 알아차렸다. 시장이 항상 그에게 불리하게 움직일 수 있다고 믿었기에, 이런 물리적 신호에 따라 포지션을 매도했다.

투자라는 사업은 그의 시간과 정열을 소진시켰다. 그는 승리를 위해 개인의 삶을 완전히 희생하는 권투 선수로 간주했다. 체내에 기생하는 펀드가 부풀어 오르는 환자로 비유했다.[13]

소로스는 성공에 성공을 거듭했지만 우선순위를 다시 생각하기 시작했다. 1980년에는 욱하는 성미가 있는 짐 로저스 때문에 젊은 직원들이 계속 그만두는 바람에 소로스가 일을 덜려는 희망이 좌절되자 로저스를 내보냈다. 그러고 나서 소로스는 책임을 덜어줄 수 있는 새 파트너를 찾기 시작했다.[14]

소로스의 신경이 분산되자 투자 성과가 부진해졌다. 1980년에 100%를 초과했던 퀀텀펀드 수익률은 다음 해 -23%가 되어 최초의 손실을 기록했고, 소로스는 대량 환매를 당해 펀드 규모가 4억 달러에서 2억 달러로 감소했다.[15] 굴욕을 당한 소로스는 1981년 9월 잔여 펀드를 다른 펀드매니저에게 맡기고, 3년 전에 스타인하트가 쉬었듯이 시장을 벗어나 휴식기를 가졌다.

1984년 투자에 전면 복귀했을 때, 소로스는 새로운 균형 감각을 갖추고 있었다. 전에는 자신이 신경 쓰지 않으면 성과가 떨어질 것이라며 노심초사했다. 그러나 경력 중반의 위기를 겪는 동안 한 정신분석가가 강박관념에서 벗어나게 도와주었다. 소로스는 자신의 성공을 인정하고, 자신이 편안해지면 황금 알을 낳는 거위를 죽일 수도 있지만 자신이 편안하지 못하면 성공도 의미 없다고 판단해서 편안함을 받아들였다. 자신과 펀드를 일체시하던 본능을 버렸다. 몸에서 어떤 물질을 제거한 것 같았다.

그는 이 변화를 침샘에서 칼슘 결석을 제거하는 고통스러운 수술에 비유했다. 결석은 일단 제거되어 공기와 만나면 부스러진다. 소로스는 "그것이 바로 나의 멍에였지만 밝은 곳으로 가지고 나오자 녹아버렸

다"라고 술회했다.[16]

소로스는 허리가 결리는 신호보다 지적으로 판단하는 절차를 도입했다. 생각을 기록하면 판단을 강화해주리라고 기대하며 1985년 8월부터 투자 일기를 썼다. 그 결과인 '실시간 실험'은 결국 실현되지 않은 시나리오에 대한, 난해하고 반복적이며 복잡한 심사숙고로 가득 차 있었다. 그러나 성공 이후 회고하는 기록에 따라붙는 편향이 없기 때문에 현직 투기자의 진정한 자화상이 되었다.

더구나 이 일기에는 그가 '일생의 쾌거'라고 표현한, 달러 공매도로 가장 큰 승리를 거둔 기록이 포함되어 있다.

플라자합의와 달러 공매도

소로스는 월스트리트의 주식 종목 선정 문화 속에서 성장했지만, 재귀적 피드백 고리에 몰두하면서 기회를 폭넓게 사고하게 되었다. 원자재 전반의 트레이더가 되기 위해 면화거래소 회원권을 포기한 커머디티의 마이클 마커스처럼, 소로스도 작은 변동을 예측하기 위해 몇몇 주식의 모든 것을 파악하는 것은 의미가 없다고 판단했다. 게임 대상은 많은 것을 조금씩 파악함으로써 큰 파도가 다가올 지점을 포착하는 것이었다.

1980년대가 되자 브레튼우즈협정 이후의 변동 환율 체제가 자연스럽게 소로스의 활동 무대로 출현했다. 달러화 가치는 트레이더들의 인식에 좌우되는데, 소로스는 이 인식에 결함이 있다는 것을 당연하게 믿었다. 그리고 이 인식들은 언제든 뒤집힐 수 있기에 달러가 급등락할 수 있었다.

이 생각은 외환시장의 기능에 대한 전통적 견해가 아니었다. 소로스

4장 | 금융의 연금술사 조지 소로스

가 설명한 전통적 견해는 외환시장이 주식시장처럼 효율적인 균형을 지향한다는 것이었다. 달러가 고평가된다면 미국의 수출이 감소하고 수입이 증가할 것이다. 그에 따른 무역적자로 미국인이 외국 제품을 구매하기 위해 다른 통화를 필요로 하는 반면, 외국인은 미국 제품을 구매하기 위해 달러를 필요로 하지 않을 것이다. 달러 수요가 상대적으로 적으면 가치가 하락해서, 통화 체제가 균형을 찾을 때까지 미국 무역적자가 감소할 것이다.

더구나 전통적 견해에서는 투기자가 이 과정을 방해할 수 없었다. 이들이 미래 환율 경로를 정확히 예측한다면 균형점 도달을 가속할 뿐이다. 잘못 판단한다면 균형점 도달을 지연시키겠지만 돈을 잃을 테니 지연 효과가 지속되지 못할 것이다.

이코노미스트 중 소수만이 통화 강세를 인정했지만, 1970년대와 1980년대에 균형적 사고가 통화시장에 대한 논평을 지배했다는 소로스의 말이 옳았다.[17] 게다가 소로스는 그 균형 이론이 실제 외환의 움직임을 설명하지 못한다는 것을 꿰뚫어 보았다. 예를 들어 1982~1985년에 미국 무역적자가 누적되어 달러화 수요 감소가 기대되었지만, 달러화는 이 기간에 도리어 강세였다. 투기 수요가 달러화를 떠받쳤고 이 투기 흐름이 자체 강화하는 성향을 보였기 때문이다. 핫머니(hot money)가 미국으로 유입되자 달러가 상승했고, 상승하는 달러가 더 많은 투기자를 불러 모아서 환율을 균형점에서 멀리 이동시켰다.[18]

만일 투기자가 환율을 결정하는 진정한 세력이라면 외환시장은 영원히 상승과 폭락을 반복할 것이라는 결론이 도출된다. 그 과정의 최초 단계에서는 투기자들이 압도적인 편향을 형성하고, 이 편향이 자체 강화하면서 환율이 무역 균형 달성에 필요한 수준에서 멀어지게 한다. 환율이 균형점에서 벗어날수록 투기자는 자신의 편향에 자신감을 갖고 무역 불균형이 더욱 누적된다. 결국 막대한 무역 불균형의 압력이 투기자들의 편향을 압도한다. 상황이 반전하면 투기자들이 180도 선회해서 새로운 추세가 반대 방향으로 출현할 것이다.[19]

1985년 여름에 소로스를 사로잡은 도전 과제는 달러 반전 시점을 포착하는 것이었다. 소로스는 8월 16일 투자 일기를 쓰기 시작하면서 목표 시점이 가까워졌다고 추측했다. 레이건 대통령이 두 번째 임기 개각을 실행했고, 새 내각은 미국 무역적자를 감축하기 위해 달러 가치를 낮출 의지가 있어 보였다.

관련 변수인 펀더멘털도 같은 방향을 가리켰다. 금리는 하락세여서 투기자들이 달러를 보유할 유인을 제공하지 않았다. 정치적 행동과 저금리가 결합해서 투기자 소수라도 달러를 포기하도록 설득한다면 달러 상승 추세가 급반전할 수 있었다. 순환 주기의 성숙 단계이니 달러를 사려는 모든 투기자가 이미 매수한 상태였다. 매수 세력이 거의 남지 않았으니 매도자가 몇몇만 나와도 시장은 유턴할 수 있었다.

소로스는 시장 반전이 임박했는지 고심했다. 만일 미국 성장이 빨라진다면 금리가 오르고 달러 반전 가능성이 퇴색할 것이다. 반면에 은행들이 신용 긴축 국면에 들어가면 담보 가치 하락과 대출 감소가 자체 피드백을 일으켜서 은행 부문의 문제가 경기를 침체시키고 금리를 낮추게 될 것이다. 소로스는 "내가 판단할 자격이 있을까?" 생각했지만 이어서 "내가 가진 유일한 경쟁우위는 재귀성 이론이다"라고 덧붙였다.

그는 자신의 이론에 근거해, 은행 혼란 상황이 발생하고 자체적으로 심화될 위험에 특히 비중을 두었고, 그에 따라 달러 하락에 걸기로 마음먹었다. 더구나 특정 기술적 지표들도 같은 방향을 가리켰다.[20] 과학에 준하는 경제학, 철학에 준하는 재귀성, 심리학에 준하는 차트의 주장들을 소화한 후, 소로스는 투자 결정에 도달했다. 달러를 공매도할 시점이었다.

내부 사람들의 의구심을 무릅쓰고 소로스는 결단했다. 8월 16일 퀀 텀펀드는 달러가 약해질 경우의 상대 통화인 엔화, 마르크화, 파운드 화 7억 2,000만 달러 상당을 보유했는데, 펀드 전체 자본을 7,300만 달 러 초과한 익스포저였다. 소로스의 위험 수용도는 괄목할 만했다. 그는 일기에 신나게 썼다. "나는 일반적으로 어떤 시장에서도 펀드 자본의 100%를 초과하지 않도록 노력한다. 그러나 시장을 구성하는 것의 정 의를 현재 생각에 맞추어 조정하는 경향이 있다."[21] 헤지펀드를 실제로 헤지해야 한다는 생각은 가볍게 기각되었다.

3주 후인 9월 9일, 소로스의 두 번째 일기는 그 실험이 쓰라리게 시작 되었다고 기록했다. 미국 경제지표 몇 가지가 강세를 보이며 달러화를 지지했고 퀀텀펀드는 환율 베팅에서 2,000만 달러를 잃었다. 소로스는 영혼을 거는 또 한 판의 승부를 맞았다. 그는 은행권의 취약성에 계속 집중했고, 차트는 운이 소로스에게 올 차례라고 보여주면서 마르크화 급등이 임박했음을 시사했다.

그러고 나서 소로스는 분석에 다른 차원을 추가했다. 금융당국 입장 에서 판단하면 경기가 예상보다 강하더라도 금리를 낮게 유지할 것이 라고 주장했다. 연준은 은행 감독 책임 때문에 금리 인상을 꺼릴 것이 다. 불안정한 대출자에게 가장 불필요한 것은 더 비싼 자본이다. 더구 나 레이건 내각이 재정적자를 통제하려는 의지로 인플레이션 압력을 낮추었으므로 연준은 금리 인상을 피할 여유가 있었다. 소로스는 9월 옵션을 저울질하며, 에이머스 호스테터라면 알아보았을 만한 게임 계 획을 세웠다. 평가손을 내고 있는 달러 공매도 포지션을 고수하되, 손 실이 추가되면 절반은 정리할 것이다.

소로스의 투자 결정은 종종 칼날 위에서 균형을 잡았다. 진실은 시장이 최소한 어느 정도는 효율적이어서 정보 대부분이 이미 가격에 반영되어 있다는 점이다. 투기의 기술은 타인들이 간과한 통찰력을 개발한 다음 작은 우위에 크게 트레이딩하는 것이다.

소로스는 증거를 수집하고 이론을 수립하지만 그러고 나서 방향을 빠르게 전환하는 경우도 많았다. 점심 식사에 초대한 손님이 지나가는 말로 논리의 균형을 뒤집는다면 트레이더에게 포지션을 정리하라고 시킬 것이었다.[22] 9월 둘째 주에 달러 공매도 포지션을 유지하기로 한 결정은 그런 위기일발의 상황 중 하나였다. 초기 손실을 본 후 흔들렸다면 소로스의 일생은 다른 방향으로 전개되었을 것이다.[23]

그러나 소로스는 물러서지 않았다. 두 번째 일기를 쓰고 2주일이 채 되지 않은 1985년 9월 22일, 제임스 베이커(James Baker) 미국 재무장관이 프랑스, 독일, 일본, 영국 재무장관을 뉴욕 플라자호텔에 집결했다. 5개국 장관들은 달러 가치를 낮추기 위해 공동 개입하기로 합의했다.

플라자합의 소식으로 소로스는 하룻밤 사이에 3,000만 달러를 벌었다. 엔화는 다음 날 달러 대비 7% 이상 상승해서 하루 상승 폭으로 사상 최고를 기록했다.

소로스는 다소 운이 좋았다. 그는 레이건 정부가 달러 하향 조정을 원한다는 사실을 내다보았지만 그 의도가 어떻게 실현될지 몰랐고 플라자회담이 개최된 사실도 알지 못했다.[24] 그러나 플라자합의에서 발생한 사건은 행운과는 무관했고, 소로스가 전설적인 인물로 부상하는 데 관련된 모든 자질에 의한 결과였다. 소로스는 달러 공매도 포지션의 차익을 실현해서 안주하지 않고 포지션을 더욱 쌓았다. 달러 반전이 드디어 실현되었고, 재귀적 피드백 고리에 의하면 달러 하락은 시작일 뿐이기 때문이었다.

플라자호텔 합의는 뉴욕에서 일요일에 끝났지만 아시아는 이미 월요일 아침이었다. 소로스는 즉시 홍콩 브로커에게 전화해서 엔화 추가 매입을 주문했다. 다음 날, 회사 소속 트레이더들이 자신이 맡은 서브펀드에서 수익을 실현하기 시작하자 소로스가 보기 드물게 분노를 표출했다. 그는 사무실을 뛰쳐나와, 엔화 매도를 중지하고 포지션을 자기에게 넘기라고 트레이더들에게 소리 질렀다.[25]

트레이더들은 기회가 사라지기 전에 수익을 실현하고 싶어 했다.[26] 그러나 소로스가 보기에는 세계의 강대국 정부들이 달러 하락을 공식 인정한 셈이었다. 커머디티 트레이더라면 승자에 올라타는 법을 배우라고 말했겠지만, 소로스는 덜 우아하게 돼지가 될 때를 알았다고 말했다. 플라자합의가 신호를 보냈으니 엔화를 더 많이 보유하면 안 될 이유가 있나?

이후 며칠 동안 소로스는 매수를 계속했다. 플라자합의 다음 주 금요일까지 엔화와 마르크화 2억 900만 달러어치를 추가했고, 달러 공매도는 1억 700만 달러어치를 추가했다.[27] 이 포지션에 위험이 있었다면 플라자합의 선언문이 종이호랑이로 판명되는 경우였다. 선언문에는 실행 세부 사항이 거의 없었고, 정부들이 구체적인 조치를 하겠다는 불확실한 의지에 좌우될 것이었다. 그러나 소로스는 뉴욕의 어떤 펀드매니저보다도 넓게 워싱턴, 도쿄, 유럽에 정치적 네트워크를 형성하고 있었고, 이 소식통들은 플라자합의가 진지하다고 믿을 근거를 보내왔다.[28]

소로스는 12월 초까지 엔화와 마르크화 5억 달러어치를 추가했고 달러 공매도에 3억 달러를 추가했다.[29] 그는 일기에 "나는 모든 방향으로 최대한의 시장 익스포저를 떠안았다"라고 기록했다.[30]

1985년 12월, 소로스는 실시간 실험의 1단계를 완결했다. 그는 달러가 반전할 때가 되었다는 가정으로 시작해서 이론이 실현되어 정점을 찍을 때까지의 기간을 회고했다. 은행 체계가 붕괴하리라고 추측했지

만 경고에 그쳤고 "내 예측의 특징은 실현되지 않는 발전을 계속 기대하는 것"이라고 인정했다.[31]

그러나 중요하게 성공하면 모든 실수가 가려진다. 소로스는 시장 인식이 달러 가치를 상승시킨 유일한 요인이지만 취약할 뿐이고, 계기만 생기면 갑작스럽게 반전할 것임을 이해했다. 시스템의 불안정성을 포착했기 때문에 플라자합의의 의미를 누구보다 빨리 이해했다. 플라자합의는 방아쇠였고, 새로운 정책의 상세 내용이 아직 채워지지 않았다는 사실은 중요하지 않았다. 정치적 충격으로 새로운 추세가 시작되었고, 그 추세는 자생력을 가질 것이었다.

플라자 트레이딩의 보상은 눈부셨다. 소로스의 펀드는 8월부터 4개월 동안 35% 상승해 2억 3,000만 달러를 벌었다. 소로스는 투자 일기의 기록이 성과에 도움이 되었다고 확신해서, 이 수익이 작가로서 받은 최고 인세라고 농담했다.[32] 2년 후 이 일기가《금융의 연금술(Alchemy of Finance)》의 일부로 출간되자 독자들은 빽빽한 산문에 질겁했다. 그러나 평론가가 말한 것처럼, 금융적인 연금술은 수은과 달걀노른자를 함께 끓이는 연금술을 확실히 이겼다.[33]

《금융의 연금술》과 블랙먼데이

1987년 5월《금융의 연금술》을 출간하며 소로스는 유명인의 지위를 확립했다. 일기는 헤지펀드업계의 젊은 스타 몇몇을 감동시켰고, 이들은 그 안에서 측정할 수 없는 다수 상황과 걱정스럽게 씨름하는 투기자의 진솔한 모습을 보았다.

커머디티에서 초기 자본을 지원받았던, 면화 트레이딩 신동이자 이후 튜더인베스트먼트를 설립해 성공한 폴 튜더 존스는 이 책을 직원 필독서로 지정했다.[34] 이 책의 서문에서 그는 소로스가 책을 집필한 후 조심해야 할 것이라면서, 제2차 세계대전을 다룬 영화 〈패튼(Patton)〉에서 미국의 패튼(George Patton) 장군이 독일의 롬멜(Marshal Rommel) 장군에 대한 사막전에서 승리하는 장면을 언급했다. 패튼은 롬멜의 전략서를 읽음으로써 전투를 준비했고, 영화 클라이맥스에서 패튼은 지휘소를 나와 존스가 가장 좋아하는 말을 한다. "롬멜, 이 멋진 놈아. 나는 네 책을 읽었다."[35]

소로스는 너무나 잘나가서 이런 경고를 신경 쓰지 않았다. 마침내 런던정경대 시절 동경하던 대중적 지식인이 되고 있었다. 큰 안경과 곱슬머리, 잘 다듬어진 풍채가 잡지 표지에 등장했다. 중부 유럽풍 말투가 이국적인 분위기를 더했다. 기사에서는 그가 어떤 펀드매니저보다도 먼저 도쿄 시장에 진출해 글로벌 투자를 학습했고 선물과 옵션, 통화 선도거래 등을 사용하며 주식의 매수와 공매도를 균형 있게 활용한다고 소개했다. 그가 맨해튼의 조용한 트레이딩룸에서 5개 국어로 금융가들과 교류하면서 전 세계 시장을 지배한다는 것이었다.[36]

〈이코노미스트〉 기자는 소로스를 '세계에서 가장 흥미로운 투자자'라고 불렀고, 〈포천〉 커버스토리에서는 소로스가 '당대의 걸출한 투자자'로서 워런 버핏을 앞설 것이라고 했다.[37] 그러나 1981년 〈기관투자가〉 취재 후 소로스가 23% 손실을 실현했듯이, 1987년에 받은 언론의 찬사도 재난의 예고가 되었다.

1987년 9월 28일 게재된 〈포천〉 커버스토리는 당시 현안인 주가를 제목으로 달아서 "주식들이 너무 높은가?"라고 물었다. 1980년대 초에 강세장이 시작되어 길게 이어지자, 400개 기업을 담은 S&P지수의 주식들이 장부가치의 세 배 수준으로 거래되어 제2차 세계대전 이후 최고점에 도달했기 때문이다.

〈포천〉은 주식시장의 수준에 대해 의견을 구한 전문가로 소로스를 제일 먼저 소개하면서 소로스가 낙관적이라고 설명했다. 추세 추종자들이 시장을 올렸다고 해서 폭락이 다가오는 것은 아니다. 소로스는 "시장이 과대평가되었다고 해서 지속될 수 없다는 것은 아니다"라고 모호하게 선언했다. 그리고 이 견해를 증명하기 위해서 주가가 전통적인 가치평가보다 훨씬 높은 일본 시장을 들었다. 결국 폭락이 다가올 것이다. 그러나 월스트리트보다 도쿄를 먼저 칠 것이다.

당시 소로스만 낙관적으로 본 것은 아니었다. 다음 주에는 살로몬브러더스가 강세장이 1988년까지 지속될 것이라고 전망하는 보고서를 발행했고, 그다음 주에는 모건스탠리의 유명한 전략가이자 소로스의 친구인 바이런 빈(Byron Wien)이 '순환 주기가 바뀌기 전에 고점이 한 번 더 올 것'이라고 예측했다.

당시는 차입매수(LBO)의 시대였고 차입금에 의존한 기업 인수가 주가를 꾸준히 높이고 있었다. 잡지 특집 기사들은 기업 사냥꾼들의 삶에 침을 흘렸다. 그 시점의 분위기는 무명 금융업자 데이비드 헤를링거(P. David Herrlinger)가 데이턴허드슨(Dayton Hudson)을 68억 달러에 인수하겠다고 제안한 데서 포착된다. 헤를링거는 집 앞 잔디밭에서 기자회견을 열어, 자신의 인수 제안이 거짓말 같겠지만 다른 LBO 건보다 더하지는 않다고 말했고, 이 뉴스로 데이턴허드슨 주가가 성층권까지 치솟았다. 그러나 결국 거짓말이었고 헤를링거는 곧 병원에 입원했다.[38]

기업 인수 열병은 소로스의 재귀성 개념에 잘 들어맞았다. 기업 인수는 스스로 성장했다. 어떤 인수 건이 발표되면 같은 업종의 모든 주식이 상승했고, 피인수 기업을 시장에 재상장해서 차익을 얻을 전망은 더욱 장밋빛이었다. 기업 인수 자금 대출이 봇물처럼 흘러들고 소용돌이치면서, 소로스의 이론이 예측했듯이 주가를 펀더멘털 가치에서 더 높이 밀어 올렸다.

물론 조만간 기업 인수 거래들은 부채의 무게 때문에 무너지고 추세
는 반전될 것이었다. 그러나 반전이 곧 다가올 것이라는 강한 증거는
없어 보였다. 소로스는 기자들과 인터뷰하고 TV 쇼에 출연하면서 월스
트리트의 '수석 철학자'라는 새로운 부업을 계속했다.

10월 5일, 소로스는 팬 한 사람을 사무실로 초청했다. 당시 월스트리
트 최고의 펀드매니저이던 스탠리 드러켄밀러(Stanley Druckenmiller)로,
그는 《금융의 연금술》을 읽고 나서 소로스를 만나고자 했다. 소로스는
환대했고 같이 일하자고 제안했다.[39] 소로스는 퀀텀펀드를 맡을 후계
자가 나타나서 자신은 철학과 자선사업에 더 많은 시간을 보내고 싶어
했다. 그는 펀드 운용에 지쳐가고 있었다.

드러켄밀러는 쉽게 넘어가지 않았지만 두 사람은 가까워졌다. 드러
켄밀러는 소로스가 아담해 보일 만큼 키가 크고 어깨가 넓었다. 드러켄
밀러는 쉽게 말했지만 소로스는 복잡하게 말했다. 드러켄밀러는 차분
하고 미국 중부 출신이지만 소로스는 이국적이고 중부 유럽 출신이었
다. 그러나 두 사람은 잘 맞았다. 50대 후반이던 소로스는 무게를 잡았
고, 30대 중반이던 드러켄밀러는 자존심을 충분히 억제하고 경청했다.

그들은 시장에 대해서 많은 견해를 공유했지만 그들의 펀드는 다른
포지션을 취하고 있었다. 드러켄밀러는 시장 붕괴가 다가오고 있다고
판단했고 공매도 포지션을 취했다. 반면에 퀀텀펀드는 도쿄에서는 공
매도였지만 미국에서는 매수 포지션이었다. 실제로 소로스는 주식 종
목 선정자들을 충원한 직후였고, 월스트리트 재담가들이 '쓰레기 차익
거래(garbitrage)'라고 부르던 핫한 인수합병 종목을 축적해 눈부신 수
익률을 거두고 있었다. 소로스의 팀은 시장의 파도를 타서 9월 말까지
60% 수익을 올렸다. 모든 것이 멋지게 진행되었다.

10월 14일, 소로스는 〈파이낸셜타임스〉에 기고해서 도쿄 폭락이 임박했다는 견해를 재확인했다. 그 수요일 아침, 그는 버블과 붕괴의 원리를 가르치기 위해 하버드대 케네디스쿨로 향했다. 강연을 마친 후 그는 월스트리트가 급락한 것을 발견했다. 의회가 기업 인수에 세금을 부과할 수 있다는 뉴스 보도가 강세장의 엔진 하나를 껐다.[40] 그날 다우지수는 3.8% 하락으로, 소로스의 주의를 끌 만한 움직임이었다. 소로스는 시장이 균형과는 거리가 멀고 호황 뒤에 심각한 붕괴가 올 수 있음을 알았다. 나중에 "사무실에 머물면서 시장에서 빠져나와야 하는 시기였다"라고 유감스럽게 고백했다.[41]

목요일에도 주가가 계속 하락했고 금요일에는 가파르게 하락했다. 금요일 시장이 마감된 후, 소로스는 드러켄밀러를 맞이했다. 드러켄밀러는 3일간의 매도세로 다우지수가 충분히 다져졌다고 생각했다. 그의 차트에 따르면 주가가 반등할 시점까지 내려왔다. 그 금요일 오후, 드러켄밀러는 공매도에서 매수 포지션으로 전환했다.[42]

소로스는 드러켄밀러의 의견을 듣고 나서 많은 차트를 펼쳤다. 《금융의 연금술》의 또 다른 신봉자로서 소로스와 의견을 자주 교환하는 폴 튜더 존스의 것이었다. 드러켄밀러는 추세를 살펴보고서 본능적으로 패닉에 빠졌다. 그 차트들은 드러켄밀러가 재앙적인 실수를 했음을 나타내는 것으로 보였다. 차트의 가격 추세선들은 주식시장의 상향 포물선이 깨지면 하락세가 가속된다는 전통적인 경향을 드러냈고, 1987년 시장은 1929년 시장과 평행선을 이루고 있었다. 어쩌면 폭락이 다가오고 있었다.[43]

토요일 아침 드러켄밀러는 자신이 일하는 드레퓌스(Dreyfus) 뮤추얼펀드 패밀리를 설립한 잭 드레퓌스(Jack Dreyfus)를 찾아갔다. 드레퓌스는 비서에게 시장지수뿐 아니라 개별 종목의 차트까지 추적시키고 있었다. 드러켄밀러는 "개별 종목 차트 모두를 점검해보니 내가 속았음을 알았다. 내가 본 종목들은 충분히 많이 하락한 것이 아니었다. 추세선을 돌파해버렸다. 종목들이 명백하게 추세를 돌파했다. 나는 분명 상황을 잘못 판단했다"라고 술회했다. 정체 지점을 돌파해 하락이 빨라질 것이라는 의미였다.[44]

드러켄밀러는 시장지수에 집중하는 바람에 개별 종목의 경고 신호를 놓쳤다. '병사가 장군을 이끈다'라는 차트 분석가들의 말과 같았다. 드러켄밀러는 주말 내내 겁에 질려 있었다.

월요일 아침, 그는 최대한 빠르게 포지션을 정리했고 늦은 오전에는 180도 전환했다. 고민스러운 몇 시간이 지난 후 다시 시장 공매도 포지션을 취한 것이다.

이 10월 19일은 역사에 블랙먼데이로 남았다. 다우지수는 22.6% 하락해서, 지수를 산출한 91년 역사에서 하락 폭이 가장 컸다. 드러켄밀러는 포지션을 빠르게 뒤집어서 최악의 혼란을 피했지만 소로스는 그러지 못했다. 그도 시장을 빠져나오기 위해 최선을 다했지만 드러켄밀러보다 운용 자산이 많았고, 며칠 전까지만 해도 오르던 쓰레기 차익거래 주식들은 공황 상태에서 매도하기 힘들었다.

드러켄밀러는 급반전을 마무리하고 소로스는 필사적으로 팔던 점심 때쯤, 시장이 아수라장에 빠졌다. 한 시장 관계자는 "사람들은 주가가 그렇게 빠르게 하락할 수 있다는 것을 믿지 못했다"라고 술회했다. 그는 창문 밖의 핫도그 노점상을 바라보며 마음을 가라앉혔다. 핫도그가 팔리는 한, 세상은 끝나지 않을 것이었다.[45]

월요일 저녁, 소로스는 상황을 재검토했다. 월스트리트에서는 큰 손실을 냈지만, 닛케이지수가 하락해서 일본의 공매도 포지션이 손실을 줄여주었다.

뉴욕이 비정상적으로 폭락한 것은 시장 하락에서 투자자들을 보호하는 포트폴리오 보험이라는 새로운 상품 때문이라는 소문이 있었다. 이 보험은 시장이 하락하면 주가지수 선물을 매도함으로써 투자자의 포지션 잠재 손실에 하한선을 설정하도록 작동했다. 그러나 약세장에서 보험 수천 건이 선물 매도를 쏟아내자 사상 최초의 붕괴라는 결과를 낳았다.

만일 이 해석이 맞다면 소로스에게는 메시지가 분명했다. 시장 붕괴가 펀더멘털 요인이 아니라 프로그램 트레이딩으로 일어났다면 곧 교정될 것이다. 어쩌면 반등이 다가오고 있었다.

화요일 아침, 역시 시장이 상승했다. 소로스는 시장에 다시 들어갈 기회를 붙잡았다. 그러나 일본 주식 포지션이 매우 불행한 상황에 처하고 말았다. 그는 닛케이지수 선물을 유동성이 더 큰 홍콩거래소에서 공매도하는 포지션을 쌓았다. 그러나 블랙먼데이에 주가가 폭락하자 홍콩선물거래소가 손실 발생을 막기 위해 매매 정지 결정을 내렸고, 화요일에 월스트리트가 상승하고 다음 날 도쿄도 상승했지만 소로스는 공매도 포지션에서 빠져나올 수 없었다. 수요일에 닛케이지수는 9.3% 상승해서 1949년 이래 가장 큰 일일 상승 폭을 기록했다. 소로스는 아무 조치도 할 수 없었다.[46]

수요일 뉴욕 시장이 닫히기 몇 분 전, 소로스는 드러켄밀러와 다시 통화했다. 다우지수는 이틀간 강하게 반등했지만 드러켄밀러는 또다시 고비가 올 것으로 생각했다. 그는 폭락의 역사를 연구했고 패턴을 발견했다. 시장이 급락한 후에는 통상 이틀 정도 반등하지만 이후 다시 최저치를 경신한다.[47] 그 수요일 오후, 드러켄밀러는 공매도 포지션을 취했다고 소로스에게 말했다.

소로스는 동조하지 않았다. 다른 친구들과 논의했고 블랙먼데이가

이상 현상이라고 확신했다. 이는 포트폴리오 보험이 불러온 나쁜 꿈에 불과했다.[48]

드러켄밀러는 일찍 일어나는 사람이었고 목요일 아침 신경이 곤두선 채 일어났다.[49] 시장은 전날 저녁 강세로 끝났고, 소로스는 포드폴리오 보험이 일시적 현상일 뿐이며 역사적인 폭락 패턴이 적용되지 않음을 증명할지도 몰랐다. 그러나 드러켄밀러가 런던 시장을 확인해보니 주식이 죽어 있었다. 뉴욕 시장이 런던에서 실마리를 찾는다면 드러켄밀러의 공매도 포지션은 수익을, 소로스는 문젯거리를 얻을 것이다.

오전 8시경 드러켄밀러는 살로몬 선물 데스크의 전화를 받았다. "시장에 거대한 매도 세력이 나타나서 선물시장이 200포인트 아래에서 개장할 것 같습니다"라고 브로커가 말했다. 폭탄이었다. 선물시장의 전일 종가가 258이었는데 특정 매도 세력의 압력으로 200에 개장한다면 25% 가까이 하락하는 것이었다. 드러켄밀러는 이 드라마가 실제로 전개될 경우를 대비해 포지션을 정해야 한다고 생각했다. 그는 브로커에게 선물이 195로 떨어지면 공매도 포지션을 처분하라는 주문을 냈다. 이 최저 수준에서 드러켄밀러는 만족스럽게 수익을 실현할 것이다.

시장이 열렸고 거대 매도 세력이 시장을 눌렀다. 선물은 200 이하로 떨어졌고, 드러켄밀러가 살로몬에 낸 주문이 모두 체결되어 단 하루 보유한 포지션에서 25% 수익이 발생했다. 오전 10시쯤 거대 세력의 매도가 완결되고 시장은 안정을 되찾았다. 드러켄밀러는 포지션을 또다시 뒤집을 시점이라고 생각했다.

그는 전날 오후의 대화를 기억해 소로스에게 전화를 걸었다. "조지, 어젯밤에는 부정적이었지만 이제는 바닥이라고 생각합니다. 어떤 미친 사람이 방금 다 팔아치웠어요. 정말 무모하게요."

소로스는 침착하고 초연하게 말했다. "나는 지금 상처를 어루만지고 있네. 다시 돌아와 싸울 거야."50

드러켄밀러는 주말이 되어서야 어떤 일이 일어났는지 파악했다. 〈배런즈(Barron's)〉 최신 호에 선물시장의 거대 매도 세력이 바로 소로스였다는 기사가 실려 있었다.51

〈배런즈〉에 부분적으로 보도된 소로스의 전체 이야기는 일본에서의 문제와 관련되었다. 일본 시장은 수요일에 대폭 상승한 후 목요일에도 상승했다. 소로스는 일본 선물시장의 공매도 포지션을 처분하려고 했지만 홍콩 당국이 선물 거래를 재개할 때까지는 매매할 길이 없어서 그동안 돈을 잃었다. 퀀텀펀드는 뉴욕의 월요일 손실에 더해, 레버리지를 사용한 펀드 모두를 무너뜨릴 수 있는 신용 증발에 직면했다. 차주가 문제에 처하면 대출자들은 상환을 요구하기 시작한다. 그러면 약세장에 주식을 던져야 하므로 죽음의 소용돌이에 빠지게 된다.52

목요일 아침 런던 시장이 먼저 하락해서 뉴욕 하락을 예고하자, 소로스는 급히 빠져나와야 할 시점이라고 판단했다. 그는 월요일에 너무 느려서 시장을 빠져나오지 못했고, 그런 상황을 일주일에 두 차례나 겪고 싶지 않았다.

소로스는 술회한다. "나는 무슨 일이 일어났는지 알 수 없지만 현금화를 해야 했다. 기회는 다시 올 수 있으니까." 그는 트레이더 조 오로피노(Joe Orofino)에게 시카고상품거래소에서 S&P 선물을 매도해서 시장을 빠져나오라고 지시했고, 오로피노는 시어슨리먼허튼(Shearson Lehman Hutton)의 브로커에게 매도 주문을 냈다. 퀀텀의 10억 달러 포트폴리오 전체가 매도 대상이었고 그것도 신속해야 했다.

그러나 그런 규모의 포지션을 팔면서 시장을 움직이지 않을 수는 없었다. 소로스가 급매하기 시작하자 선물거래소 트레이더들도 팔기 시작했고, 드러켄밀러처럼 공매도 포지션을 취한 투자자는 시장이 폭락하도록 더 기다렸다가 수익을 실현할 수 있음을 알았다. 소로스는 훗날 "그들은 그런 매도 주문을 보자 시장이 매우매우 낮아질 때까지 버텼다"라고 유감스럽게 술회했다.[53]

현금화하기로 한 그 결정은 소로스 경력에서 최악이었고 펀드는 2억 달러를 잃었다.[54] 격동의 한 주가 지나자 퀀텀펀드의 연 수익률은 60%에서 -10%로 전락했고 8억 4,000만 달러가 사라졌다.[55]

이 에피소드는 향후 헤지펀드업계를 따라다닐 취약점을 증명했다. 헤지펀드의 규모가 클수록 시장 안팎에서 가격에 영향을 미쳐 스스로를 손상시키기 쉽다는 점이다. 퀀텀펀드가 더 작았다면 소로스는 월요일에 드러켄밀러처럼 태도를 바꿀 수 있었을 것이다. 또한 목요일에는 시장에 영향을 주지 않으면서 포지션을 매도할 수 있었을 것이다. 소로스의 트레이딩 스타일은 방향을 빠르게 전환할 수 있다고 가정했는데, 그 가정이 틀린 것으로 밝혀지자 문제에 처하게 되었다.

대폭락의 규모로 많은 펀드매니저가 자신감을 잃었다. 자랑스럽던 수익은 쪼그라들었고 마이클 스타인하트는 "너무 침울해서 계속하고 싶지 않았다. 자신감이 흔들렸고 혼자라고 느꼈다"라고 술회했다.[56] 소로스는 이런 감정에 살짝만 공감했다. 대폭락 전에 드러켄밀러에게 털어놓았듯이, 그는 퀀텀펀드를 운용하는 데 지쳐 있었다. 마음속 어딘가에는 항상 떠난다는 대안이 존재했다. 그러나 1987년뿐 아니라 어떤 시점에도 회의를 느끼지 않았고, 그의 팬들은 그가 대폭락 이후 회복한 방식을 최대 업적으로 꼽았다.

블랙먼데이 1~2주일 후 소로스는 달러를 공매도할 기회를 포착했고, 불행한 사태가 없었던 것처럼 레버리지를 왕성하게 사용해서 포지션을 취했다. 달러화는 역시 하락했고 도박은 성공했다. 겨우 2개월 전에 적자로 고생했음에도 불구하고 퀀텀펀드는 연 수익률 13%를 실현하며

1987년을 마무리했다.

블랙먼데이 당시 소로스 역시 불가피하게 비웃음을 당했다. 익명의 소식통은 런던 〈타임(Times)〉에 "조지 소로스가 천재가 되는 데는 20년이 걸렸지만 바보가 되는 데는 단 4일이 걸렸다"라고 기고했다.[57] 〈포브스(Forbes)〉 기사는 소로스가 일주일 전 〈포천〉 커버스토리에서 내보였던, 불운한 낙관적 견해를 꺼냈다. 기사에서는 "헝가리 출신에 부유하고 매우 자부심이 높은 유명 펀드매니저 조지 소로스가 경제 잡지의 표지에 등장하면 주식을 팔 때다"라고 꼬집었다.[58]

퀀텀펀드의 타격이 빠르게 동유럽에 알려지자 소로스의 자선사업이 중단될 것이라는 우려가 제기되었다. 소로스는 헝가리로 가서 총리에게 자신이 기부를 계속할 거라고 보장했다.

그러나 1987년 말이 되자 소로스가 재무적으로 사망했다는 소문은 섣부른 것으로 판명되었다. 〈파이낸셜 월드(Financial World)〉는 소로스가 월스트리트에서 두 번째로 많은 소득을 올렸다고 발표했다. 1위는 바로 차티스트이자 패튼 장군을 숭상하는 폴 튜더 존스였다.

매크로 헤지펀드의 정착

1987년 소로스가 죽었다가 나사로처럼 살아난 사건은 2년 전 플라자 합의의 성공과 결합해서 투자 영웅의 지위를 굳혀주었다. 그러나 더 큰 영향은 그의 사례가 현재 '매크로' 헤지펀드로 알려진 투자 전략을 창조하는 데 핵심적 역할을 한 것이었다.

경제학자 존 메이너드 케인스는 1924년부터 1946년 사망할 때까지 케임브리지대학교 킹스칼리지의 기금을 투자했다. 당시에는 헤지펀드라는 용어가 없었지만 그는 전 세계 시장에서 현대의 매크로 펀드매니저가 인식하는 기법 다수를 사용했다. 즉 외환과 채권, 주식 투기를 글로벌한 규모로 수행했다. 매수와 공매도를 병용했고 레버리지를 사용해 수익률을 높였다. 안정적인 인플레이션, 규제 금리, 통화가치 불변의 시기에는 케인스의 매크로 투자 전통이 죽었는데, 특히 케인스 자신이 브레튼우즈 회의에 참여해 환율을 고정하는 협상에 기여했기 때문이다. 브레튼우즈 협약이 붕괴된 후 매크로 투자는 다시 시장을 흔들기 시작했다. 그러나 처음에는 매우 잠정적이었다.

두 종류의 투자자가 매크로 부활에 기여했다. 마이클 스타인하트 같은 주식형은 금리 향방이 주가를 움직인다는 것을 처음 알아차렸고, 논리적인 다음 단계로서 채권 투기를 통해 금리 변동에 직접 베팅했는데, 먼저 미국 채권에 진출하고 이후 국제 채권으로 확장했다.[59] 반면에 마이클 마커스와 브루스 코브너 같은 원자재형은 면화와 금 등의 트레이딩으로 시작했지만, 상품거래소가 통화와 금리에 대한 새로운 상품을 상장함에 따라 이런 금융상품에도 손을 댔다.

소로스가 《금융의 연금술》을 발간하기 전까지는 주식형과 원자재형의 전통이 분리되어 있었다. 주식 투자자들은 펀더멘털 분석이 지배하는 문화에서 성장했고, 원자재 트레이더들은 차트와 추세 추종이 주도하는 문화에서 성장했다.

그러나 소로스의 사례는 두 부류 모두에게 무엇인가를 제시했다. 《금융의 연금술》의 실시간 투자 실험이 펀더멘털 분석과 추세 신뢰를 결합했고 경제학자의 용어와 차트 분석가의 본능도 결합했다. 이 방식으로 소로스는 헤지펀드의 두 부류 모두와 교류하면서 서로 상대방에게 지혜가 있다는 것을 일깨워 주었다.[60] 수년 후 폴 튜더 존스 같은 원자재 운용파와 스탠리 드러켄밀러 같은 주식 운용파는 간단하게 '매크로' 투자자로 간주되었다.[61]

효율적 시장 가설에 대한 공격

폭락이 발생하고 수년 후, 블랙먼데이 사건에 더 깊은 의미가 부여되었다. 이후 대중이 헤지펀드와 동일시할 금융공학(financial engineering)이 폭락의 원흉으로 지목받았다. 금융공학자들이 파괴적인 피드백 연결 고리를 만들었다. 시장 하락은 포트폴리오 보험에 의한 매도를 촉발하고, 이는 시장 추가 하락과 또 다른 보험 매도를 불러온다.

캘리포니아주립대 버클리캠퍼스 경제학 교수이고 포트폴리오 보험을 공동 창안한 마크 루빈슈타인(Mark Rubinstein)은 이후 병적 우울증으로 인정하는 증상에 빠져들었다. 그는 미국 시장이 약화되면 소련의 공격을 유발함으로써 자신에게 핵전쟁 책임이 부과될까 봐 우려했다.[62]

금융 혁신이 열정적으로 비난받은 것은 포트폴리오 보험이 처음이 아니었다. 소로스는 포트폴리오 보험이 블랙먼데이를 일으켰다고 믿었지만 시장 역사에서 폭락은 주기적으로 발생했고, 포트폴리오 보험이 거의 없는 외국 시장도 폭락에 고통받았다. 미국에서도 10월 19일 현금과 선물 시장에서 매도된 주식 390억 달러 중에서 포트폴리오 보험이 유발한 것은 60억 달러에 불과했다고 사후 조사에서 드러났다.

하이테크가 아닌 동네 투자자도 중요하다. 많은 투자자가 브로커에게 전통적인 손절매 주문을 냈고, 이 부분이 최소한 포트폴리오 보험만큼의 매도세를 점유했을 수 있다. 더구나 이 사건이 발생하기 전부터 폭락 우려가 팽배해 있었으니 투자 심리도 블랙먼데이 발생을 설명할 수 있다.

당시 〈애틀랜틱 먼슬리(Atlantic Monthly)〉는 '1929년의 재현'이라는 제목의 기사를 뽑았고, 〈월스트리트저널(Wall Street Journal)〉은 블랙먼데이 시황을 1920년대와 포개어 비교하는 차트를 월요일판 기사에 올렸다.[63] 금융의 도구들은 결국 도구일 뿐이었다. 투자자들이 포트폴리오 보험을 사거나 손절매 주문을 낸 것은 당시의 겁먹은 시장 분위기에 기인했다.[64]

포트폴리오 보험의 역할이 무엇이든 간에 블랙먼데이가 남긴 더 큰 교훈이 있었다. 소로스가 오랫동안 비판해온 효율적 시장 가설이 드디어 월스트리트의 격동에 타격을 입은 것이었다. 1주일 동안 미국주식회사의 가치가 파친코 구슬처럼 튀어 다녔는데 여기에는 효율성도, 어떤 균형의 모습도 보이지 않았다. 소로스는 "재귀성 이론은 그런 버블을 설명할 수 있는 반면, 효율적 시장 가설은 하지 못한다"라고 썼고 그가 전반적으로 옳았다.[65]

시장이 효율적이라는 사고는 1950년대와 1960년대에 미국의 대학교 캠퍼스에서 만들어졌는데, 이는 역사상 가장 안정적인 시기에 가장 안정적인 국가의 가장 안정적인 영역이었다. 나치의 학살, 전쟁, 런던에서의 궁핍을 겪으면서 생존해온 소로스는 인생을 다르게 바라보았고, 블랙먼데이의 부침을 겪고 나자 학계의 여론도 그의 견해에 동조하기 시작했다. 블랙먼데이는 소로스의 투자에는 굴욕이었지만 지적인 면에서는 그의 승리였다.

학계의 의견이 재구성된 데는 세 가지 요인이 있었다. 효율적 시장 가설은 가격 변동이 종 모양의 정규분포를 따른다는 불확실한 가정에 근거해왔다. 이에 따르면 평균 수익률 근처에 표본이 많고 '꼬리(tail)'라고 하는, 평균에서 먼 표본은 희소해야 한다. 1960년대 초반에 이미 브누아 망델브로(Benoit Mandelbrot)라는 이단적인 수학자가 수익률 분포의 꼬리는 정규분포에서 가정하는 꼬리보다 더 두꺼울(발생 빈도가 높을) 수 있다고 주장했다.

당시에 망델브로를 알았던 효율적 시장 가설의 대부 유진 파마는 주가 변동을 실험해서 망델브로의 주장을 확인했다. 만일 가격 변동이 정규분포를 형성한다면 평균에서 표준편차의 5배 이상 벗어나는 등락은 7,000년에 한 번만 발생해야 한다. 그러나 그런 등락은 3~4년에 한 번씩 발생했다.

이 발견을 파마와 동료들은 묻어버렸다. 망델브로가 보여준 통찰력의 문제는 그런 이론을 가지고 살기가 불편하다는 점이었다. 비정규분포는 수학에서 해결하지 못한 문제이기 때문에 금융경제학의 통계적 도구로 쓸 수 없다. 효율적 시장 이론가이자 커머디티 공동 창업자인 폴 쿠트너는 "브누아 망델브로는 과거의 처칠(Winston Churchill) 수상처럼 낙원 대신 피, 땀, 노력과 눈물을 약속했다. 그가 맞다면 최소제곱법, 스펙트럼 분석, 가능한 최대 확률 해법, 정립된 표본 이론, 폐쇄 분포 함수 등 통계적 도구 거의 전부가 쓸모없어진다. 과거의 수리경제 연구는 거의 예외 없이 무의미해진다"라고 불평했다.[66]

이 학문적인 나락에 빠지지 않으려면 경제학자들은 시각을 다른 방식으로 훈련해야 했고, 특히 정규분포의 수학이 매력적인 돌파구를 뚫어놓았기에 더욱 그래야 했다. 1973년 경제학자 세 명*이 옵션 가격 결정 모형의 혁신적 기법을 발견해서 새로운 금융산업을 탄생시킨 것이다. 망델브로의 반발은 무시되었고 파마는 "정규분포는 유용한 실무적 근사치"라고 주장했다.[67]

1987년 폭락으로 경제 전문가들은 정규분포에 대한 관점을 재검토해야 했다. 확률 정규분포로 보면 10월 19일의 S&P500 선물 거래 폭락 규모는 10^{160}의 1 확률이다. 주식시장이 200억 년 동안 열려야 한 번 발생할 수 있다고 해석되는데 이 기간은 우주의 기대수명에 가까워서, 실

---

* 마이런 숄스, 로버트 머턴, 피셔 블랙을 가리킨다.

제로 발생하려면 빅뱅으로 우주 수명을 연장해야 할지도 모른다.

1970년대 초에 정규분포를 무시하고 금융경제학을 버렸던 망델브로는 이 주제에 강력하게 복귀했다. 작은 정보들이 복잡한 피드백 연결고리를 통해 가격을 크게 움직인다는 그의 소로스적인 '카오스 이론'은 핀드매니저 중에서 추종자를 확보했다.

블랙먼데이는 금융경제학자들의 통계적 기반을 흔들었을 뿐만 아니라 제도적 가정을 재검토하게 만들었다. 효율적 시장 가설에서는 투자자들이 행동할 수단이 항상 있다고 가정했다. 만약 IBM 주식의 가치가 현재의 100달러가 아니라 90달러임을 안다면, 이들은 공매도해놓고 자신의 트레이딩으로 주가가 10달러 하락할 때까지 기다릴 것이다.

이렇게 제도적 마찰을 피한다는 효율적 시장의 가정에는 장렬한 도약이 몇 가지 있었다. 우선 기업 가치를 아는 투기자들이 공매도하기 위해 주식을 충분히 차입할 수 있다고 가정했다. 실제 현실에서는 IBM 주식의 가치가 90달러인지 판단하기가 불확실하다는 사실을 얼버무렸다. 투기에는 항상 위험이 따르며, 투기자들이 감당할 수 있는 위험의 양은 한계가 있다는 것을 고려하지 않았다. 투기자들이 가격을 반드시 효율적인 수준으로 회귀시킬 것이라고 기대할 수 없었다.

1987년 폭락 이전에는 이런 논란들이 중요하지 않아 보였다. 정확히 말해서 일반 투자자 대중은 행동할 수단과 자신감이 부족했고, 효율적 시장 가설은 예외적인 투자자 소수에게 기대를 걸었다. 자본과 정보로 무장한 이 소수 투자자가 잘못된 가격을 발견하고 교정해주리라는 것이었다.[68] 그러나 블랙먼데이는 그 가정에 구멍을 냈다. 시장이 붕괴하는 혼란에서 직면한 제도적 장애물들은 전문 투자자조차 무시할 수 없을 정도로 명백했다.

사실 하락이 그렇게 재앙적이었던 이유가 그것이다. 브로커의 전화

선은 패닉 매도로 불통이 되었고 주문을 내기조차 어려웠다. 레버리지를 사용한 투자자들은 신용한도를 취소당할까 봐 두려워했고, 효율적 시장 모형에서는 당연한 것으로 인식했던 차입이 현실에서는 불확실했다. 그리고 가장 중요한 상황은 매도세의 중압감이 너무 커서 추세를 역행할 수 없었다는 것이다. 온 세상이 매도할 때는 전문적인 헤지펀드가 가격이 너무 빠졌다고 강력하게 믿는다고 해도 의미가 없다. 매수는 미친 짓이다.

효율적 시장 가설은 최소한 위기 국면에는 적용할 수 없었다. 그런데 폭락 사건 이후, 시장이 효율적이라면 그런 주식 버블이 당초 왜 발생했느냐는 의문이 추가로 제기되었다. 이 질문의 답변도 부분적으로는 투기자들이 직면한 제도적 장애물에 기인하는 것으로 보였다.

1987년 여름, 투자자들은 주가가 역사적인 주가수익배수(price-to-earnings ratio, PER) 대비 높게 거래된다는 것을 알았다. 그러나 시장이 가치를 형성하는 방식에 저항하려면 비용이 들었다. 헤지펀드 매니저들은 그런 주식을 공매도하기 위해 차입하기가 어렵고, 그런 능력을 갖춘 유능한 조직들의 자본력이 취약하다는 사실을 누구보다 잘 알았다. 이런 제도적 현실 때문에 주식의 과대평가가 충분히 지속될 여지가 있었다. 현명한 투기자들이 가격을 제자리로 돌려놓는다는 효율적 시장 가설은 최소한 과장되어 있었다.

1987년 이후 효율적 시장 가설에 대한 세 번째 공격이 어쩌면 소로스의 불만과 가장 가까울 것이다. 이번 공격은 경제학자들이 만든 모형의 핵심에 있는 주인공으로서 흠잡을 데 없이 합리적이라는 '경제적 인간(Homo economicus)'을 목표로 가해졌다. 투자자들이 하루 사이에 미국주식회사의 가치를 25%나 낮출 수 있다면, 합리적 분석이 아닌 무언가가 작동하고 인간(Homo)은 완전히 경제적인 존재(economicus)가 아니라는 뜻이었다.

경제학자들은 갑자기 일탈의 범위를 설명할 수 있는 아이디어에 마음을 열었다. 1988년 시카고대학교 리처드 세일러(Richard Thaler) 교수는 〈경제 전망 저널(Journal of Economic Perspectives)〉에, 인간의 선택이 경제학자의 합리적 기대치를 위반하는 것으로 보이는 사례들을 정기적으로 기고하기 시작했다. 이런 상황은 런던정경대에 다닐 때부터 인식의 한계에 몰입해온 소로스에게 또 하나의 승리였다.

효율적 시장 가설에 대한 공격 세 가지, 즉 통계적·제도적·심리적 공격은 어떤 면에서 헤지펀드업계의 승리였다. 새로운 논리는 마이클 스타인하트의 블록트레이딩이나 헬무트 웨이마의 원자재 투기자들이 그렇게 좋은 성과를 낸 이유를 설명하는 데 기여했고, 시장 실무자가 학술 이론가보다 앞선 경우가 많다는 것을 보여주었다.

시장의 효율성이 불완전하다고 인식하자 재무학 교수 다수가 헤지펀드를 설립했고 전문 재단들이 그런 펀드에 자금을 넣어서 1987년 이후 헤지펀드업계는 빠르게 성장했다.

그러나 이 사고 혁명의 배후에는 어두운 면이 존재했다. 만일 시장이 항상 효율적이고 합리적인 것이 아니라면 사회에 유해한 영향을 미칠 것이다. 버블이 생겼다가 터지면서 경제와 근로자, 가계를 왜곡하고 불안하게 만들 수 있다. 그리고 시장이 괴물이 될 수 있다면, 쾌속 트레이딩을 하는 헤지펀드는 스테로이드 주사를 맞은 괴물인가? 이런 의심이 과장일지라도, 황금 성장기에 접어든 헤지펀드들을 계속 괴롭혔다.[69]

5장

종목 선정의 대가
줄리언 로버트슨

헤지펀드 역사상 가장 유명한 집단

1984년 봄, 컬럼비아 경영대학원은 금융 거장들이 토론하는 장을 마련했다. 주최측은 재무 이론의 대가인 마이클 젠슨(Michael Jensen) 교수에게 시장이 효율적이라는 견해를 주장하라고 요청하고, 워런 버핏에게는 그에 반대하는 견해를 요청했다.

젠슨은 전문 투자자가 들어찬 뉴욕 청중 앞에서 용감하게 랜덤워크 이론을 암송했다. 주식 종목 선정자들이 자리를 유지한다면, 이는 정신없는 문외한들이 투자 종목에 대한 '답변을 얻으려는 심리적 요구'가 있고, 그 답변이 무가치하다는 데는 신경 쓰지 않기 때문이다.

랜덤워크 가설에 도전하는 것으로 보이는 펀드매니저 몇몇은 단순히 운이 좋았을 뿐이라고 젠슨은 주장했다. 물론 5년 연속으로 시장을 이긴 펀드매니저들이 있다. 하지만 100만 명에게 동전을 던지게 하면 누군가는 5회 연속으로 동전 앞면이 나올 것이다. 동전 던지기에는 기술이 없고 투자의 세계도 다를 것 없다는 주장이었다.[1]

그러고 나서 워런 버핏이 등단해 헤지펀드의 성명서가 될 내용을 변론했다. 그는 젠슨의 주장대로 청중에게 미국 전국 동전 던지기 대회를 가정하자면서 시작했다. 대회가 시작되면 모든 국민이 동전을 던지고, 뒷면이 나오면 탈락한다. 10회 던지고 나면 22만 명이 남고, 생존자들은 인간의 본성에 따라 어느 정도 잘난 체하게 될 것이다. 파티에 가면 매력적인 이성에게 동전 던지기에서 발휘한 기술과 빛나는 통찰력을 자랑할 것이다. 동전을 20회 던지면 215명만이 남아서 참지 못하고 동전 던지기 기술에 관한 책을 쓰기 시작할 것이다.

그러나 그 시점에서 어떤 경영대학원 교수가 오랑우탄 2억 2,500만 마리를 동전 던지기 대회에 참여시켜도 같은 결과가 나온다는 사실을 제기할지도 모른다. 생각 없는 오랑우탄 215마리도 20회 연속으로 앞면을 보게 된다.

버핏은 젠슨의 논리를 젠슨보다 더 우수하게 분석한 다음 더 깊이 들어갔다. 만일 오랑우탄 215마리가 미국 전역에 무작위로 분포되어 있다면 단순히 운이 좋아서 성공했다고 무시할 수 있다. 그러나 215마리 중 40마리가 같은 동물원 출신이라면 이들의 동전 던지기에는 어떤 설명 요인이 있지 않겠는가? 버핏은 통계적으로 무작위하게 보이는 현상이라도 분포를 고려하면 다르게 나타날 수 있다고 말했다. 만일 희소한 암이 특정 마을에서 일상적으로 나타난다면, 그 현상을 우연으로 보지 않고 수질을 분석할 것이다.

그런 다음 버핏은 주식 종목 선정 대가들이 무작위로 분포한 것이 아니라고 주장했다. 반대로 우수한 집단들이 특정 '마을'에서 나오며, 이 마을은 지역이 아니라 투자 접근 방식이라고 규정했다. 이 점을 증명하기 위해 버핏은 스승인 벤저민 그레이엄이 창시한 가치투자 전통을 따르는 펀드매니저 9명의 성과를 제시했다. 3명은 1950년대에 그레이엄-뉴먼(Graham-Newman Corporation)에서 일했고, 나머지 6명은 버핏이나 조수들에 의해 그레이엄 접근 방식으로 전환했다. 버핏은 사례를 선별해서 제시한 것이 아니라고 주장했다. 가치투자 방식을 적용하고 성과 기록이 존재하는 그레이엄-뉴먼파 펀드매니저 전원의 성과를 보고한 것이었다. 예외가 없고 종목 선정을 모방하지도 않으면서 그레이엄 후계자 각자가 시장 수익률을 능가했다.[2] 이것이 단순한 운일까?

버핏의 논점은 반박할 수 없었다. 펀드매니저들을 단순히 성과 수치만으로 보면, 성공 스토리는 동전 10번 연속 앞면과 같이 단순히 행운의 결과로 무시할 수 있다. 그러나 펀드매니저들이 같은 지적 '마을' 출신이거나 투자 유형에 속한다고 보면, 그들의 성공은 무작위가 아니라 방식에 초점을 맞추게 된다.

헤지펀드의 역사도 이렇게 성과가 뛰어난 집단 몇몇으로 특징되며, 그중에서 가장 유명한 집단은 노스캐롤라이나주 출신이 만들어냈다. 그의 이름은 줄리언 로버트슨(Julian Robertson)이다.[3]

주식 종목 선정으로 성공하다

시장의 대가들은 때로 외톨이일 수 있다. 인간사에 윤활유로 작용하는 아첨과 관용을 전혀 사용하지 않는다. 돈을 버느냐 못 버느냐의 사실만 존재할 뿐이다. 사회성의 기술은 포트폴리오의 최종 성과에 변화를 줄 수 없다. 전설적인 매크로 트레이더 루이스 베이컨의 사무실을 방문한 헤지펀드 동료는 모니터들 뒤에 숨은 오즈의 마법사 같은 그의 모습을 보았다. 베이컨이 어떤 섬을 사유지로 매입했을 때도 새롭게 보이지 않았다. 그는 이미 충분히 고립되어 혼자였기 때문이다.[4]

줄리언 로버트슨은 다른 전통에서 나왔다. 남부 방식으로 매력을 풍겼고 뉴욕 방식으로 인맥을 쌓았다. 차가운 통제력과는 거리가 멀어서 기분을 갑자기 바꿀 수 있었다. 키가 크고 자신감 있고 운동 체질이어서 남자 중의 남자, 선수 중의 선수이며 고유한 이미지를 갖추었다.

로버트슨의 타이거매니지먼트(Tiger Management) 멤버로 성공하려면 체격이 좋아야 했고, 그렇지 못하다면 아이다호주 소투스산에서 암벽 타기와 야외 경주를 포함하는 타이거 수련회에서 살아남기 위해 분투해야 했다. 타이거 팀원들은 로버트슨의 자가용 제트기를 타고 서부로 날아가 산꼭대기로 이동했다. 조가 구성되고 조마다 전봇대 크기의 통나무들, 밧줄, 노 2개를 받았다. 그런 다음 장비들을 가까운 호수로 날랐고 통나무들을 밧줄로 묶고서 부표까지 경주했다. 전체 인원이 뗏목에 탈 수 없었기 때문에 누군가는 반드시 얼음물에 빠져야 했다.

이런 모험적인 휴일이 아니더라도 타이거의 남성호르몬 비율은 예외적으로 높았다. 타이거는 헬스 트레이너를 고용했고, 어떤 애널리스트가 운동을 게을리하는 모습이 보이면 트레이너가 다가가서 "15분 후 사업상 만찬에 갈 예정이지요? 그 전에 3킬로미터 달리고 샤워할 시간 있습니까?"라고 물었다.

조지 소로스와 마이클 스타인하트처럼 로버트슨도 앨프리드 존스의 사례에서 헤지펀드를 설립할 영감을 얻었다. 로버트슨은 1970년대 말 키더피보디(Kidder Peabody) 투자은행에서 일하면서 앨프리드 존스의 사위인 밥 버치(Bob Burch)와 친해졌다. 이들은 때때로 늙은 원로를 점심에 모시고 나갔고, 로버트슨은 존스에게 투자조합의 메커니즘을 묻곤 했다. 로버트슨은 또한 남부 출신인 알렉스 포터(Alex Porter)와도 친했는데, 포터는 1960년대에 뉴욕 이웃으로 이사 와서는 존스의 부문 펀드 매니저가 되었다.

로버트슨의 누이는 〈포천〉 기자로서 존스 스타일 펀드들에 대한 기사를 썼고, 로버트슨은 헤지펀드의 구조를 최초로 기사화했던 캐럴 루미스(Carol Loomis)를 누이를 통해서 만났다. 로버트슨이 타이거펀드를 출범하고 수년 후, 밥 버치는 존스의 잔여 펀드 중 5분의 1인 500만 달러를 맡겼다.[5] 현명한 결정이었다.

로버트슨은 48세 되던 1980년, 비교적 늦은 나이에 타이거펀드를 출범했다. 첫해 겨울, 작은 사무실의 히터가 고장 나서 감기에 걸렸고 목이 쉬어서 매수와 매도 주문을 내기가 고통스러웠다. 그는 소프 매켄지(Thorpe McKenzie)라는 편한 파트너와 공동 창업했지만 누가 통제권을 가졌는지는 명확했다. 매켄지는 "우리 의견이 다르면 내가 굴복했다"라고 술회했다.[6]

로버트슨은 타이거펀드를 이끄는 동안 매수와 매도의 책임을 부문 펀드매니저에게 위임하지 않고 자신이 잡았다. 그러나 다른 모든 방식에서는 존스의 모형을 충실히 따랐다.[7] 그는 매수와 공매도 종목을 선정했고 시장 위험의 일부를 헤지해 제거했다.[8] 시장의 방향성 전반에 대한 견해들을 무시하고, 주식 종목 선정을 통해 번영하겠다고 고객들에게 약속했다.[9]

타이거펀드가 성장하면서 로버트슨은 미국 주식뿐 아니라 외국 주식으로 범위를 넓혔다. 원자재, 통화, 채권에도 손을 대서 당초의 존스 방식에 매크로 투자를 중첩했다. 때로는 존스가 이용하지 않은 선물과 옵션으로 익스포저를 헤지했지만, 존스의 말처럼 투기적 상품을 보수적 목적으로 사용한다고 강조했다.[10]

타이거펀드는 1980년 5월 창립부터 1998년 8월 정점까지 수수료 공제 후 연평균 수익률 31.7%를 달성해서, S&P500지수의 12.7%를 압도했다.[11] 이 기간에 주식 종목 선정이 성공했다는 사실은 효율적 시장 가설에 대한 도전이었다.

이전 시대에 앨프리드 존스가 성공한 것은 경쟁사인 관료적 수탁은 행들에서 위원회가 투자 결정을 했기에 이해할 만했다. 스타인하트가 돈을 번 것은 블록트레이더들의 매력적인 네트워크에 있었기에 이해할 만했다. 커머디티의 퀸트와 추세 추종자들은 경쟁사보다 앞서 있었고, 독학자이자 관찰자인 조지 소로스도 시장 전환점을 느꼈다.

그러나 로버트슨은 시장에서 기관들의 제도적 약점을, 환상적인 퀸트 전략을, 어떤 철학적인 비전을 발견했다고 주장하지 않았다. 타이거 도쿄 지사장이던 로버트 카(Robert Karr)에게 보낸 편지에 자신의 투자 접근 방식을 요약해 제시한 바가 있었는데, 이 차분한 편지는 성공의 신비성을 강조했다.

타이거의 펀드매니저는 포트폴리오를 적극적으로 운용해야 하고, 종목이 우수하더라도 더 좋은 종목으로 계속 교체해야 한다. 한 종목에 자본의 5%를 초과해 위험을 걸어서는 안 된다. 그리고 어려운 시기에도 활동을 유지하면서 운이 돌아올 때까지 버텨야 한다.[12] 타이거펀드의 진실은 로버트슨과 초기 참모 몇 명, 나중에는 10여 명이 기업, 통화, 원자재 등을 분석한 후 그 전망에 따라 베팅한 것이었다. 효율적 시장 추종자들이 불가능하다고 믿었던 바로 그것이었다.

이 이례 현상(anomaly)을 설명하려는 노력들은 대부분 만족스럽지 않다. 분명히 타이거펀드도 앨프리드 존스의 펀드들처럼 주식시장 강세가 시작된 호시절에 출범했다. 로버트슨이 창업한 다음 해인 1981년에 401(k) 연금 플랜이 도입되었다. 타이거가 문을 닫을 즈음에는 401(k) 연금이 일반화되었고 가입자들의 주식 보유 비중이 75%에 달했다.

이 오랜 기간 동안 기업 인수합병 붐과 함께 시장이 하늘로 치솟았다. 예를 들어 1981~1988년 기간에 상장기업 1,550개 가까이가 상장폐지되었고, 인수합병 거래 이후 살아남은 상장주식은 더 귀하고 가치가

5장 | 종목 선정의 대가 줄리언 로버트슨

높아졌다. 주식 투자자가 되기에 좋은 시절이었다.

로버트슨은 확실히 이 노다지를 최대한 이용했다. 그는 본능적으로 인수합병 붐에 동조했다. 주식 종목 선정자로서의 목적은 시장에 공표된 가격을 꿰뚫어 보고 진정한 가치를 판별하는 것이었다. 이 절차를 통해 기업 인수자에게도 매력적으로 보일 종목을 종종 사전 매집할 수 있었다. 예를 들어 1985년 타이거는 엠파이어항공(Empire Airlines) 주식을 주당 9달러에 매수했고 공개 매수를 건 인수자에게 15달러에 팔았다. 항공기 부품 유통사인 애비얼(Aviall)도 주당 12.5달러에 매수했다가 25달러에 팔았다.[13]

1985년 말 타이거의 수익률은 수수료 공제 후 51.4%였고, 로버트슨은 투자자들에게 이 소식을 전하면서 농담 같은 경고문을 추가했다. "아내에게 에메랄드나 다이아몬드를 사줄 계획이 없다면 이 서한을 보여주지 마십시오."

그러나 로버트슨이 단순히 강세장에 올라탐으로써 이 기록을 세웠다고 가정한다면 잘못이다. 그의 펀드는 포트폴리오 내의 공매도 부분 때문에 시장만큼 신속하게 상승하도록 구성되지 않았지만 거의 항상 시장을 앞질렀다.[14] 타이거 출신 펀드매니저 몇몇은 로버트슨이 소형주에 초점을 맞추었기에 가능했다고 말한다. 이 이론에 따르면 유나이티드항공(United Airlines) 같은 대형주는 월스트리트 애널리스트들이 재무제표를 연구하므로 주가가 효율적일 확률이 높은 반면, 작은 기업들은 조사 대상이 되지 못한다. 타이거가 다른 투자자들이 등한시한 소형주를 추적한 것은 사실이다. 그러나 바로 그 유나이티드항공을 포함해 대형주에서도 돈을 벌었다.

소형주 수익 창출론은 논리가 취약하다는 반박이 제기되었다. 소형주가 기업 분석에서 소홀하게 취급된다고 해서 손쉽게 수익을 창출할 수 있다는 의미는 아니다. 분명히 투자자 다수는 특정 지역 소매회사나 3류 은행을 들어본 적 없겠지만 이들은 그 주식을 보유하지 않았다. 타이거가 그런 주식을 매수하던 시점에는, 이미 그 주식을 충분히 알기 때문에 매수했고 역시 충분히 알기 때문에 매도하기로 판단한 주주들이 거래 상대였다.[15]

타이거펀드가 주식 종목 선정에서 성공한 것은 펀드매니저 대다수에게 허용되지 않은 공매도를 자유롭게 수행한 데서 혜택을 본 것이 확실하다. AW존스 스타일의 헤지펀드 거의 모두가 1970년대 초에 위축되었으므로 공매도자들 간의 경쟁은 완만했다.

로버트슨에게 더욱 유리했던 것은 월스트리트 분석이 태생적으로 강세장을 예측한다는 사실이었다. 어떤 집계에 따르면 1980년대 초 주요 투자은행들 브로커의 매수 추천이 10건이라면 매도 추천은 1건이었다.[16] 애널리스트들은 매도 추천을 했다가 담당 기업과의 관계가 틀어질 것을 우려했고, 특히 소속 투자은행이 해당 기업에서 자문 수수료를 받는 경우 더욱 그랬다.

따라서 로버트슨은 애널리스트들에게 전화해서 대화 중에 최선의 공매도 아이디어를 내놓도록 유도했다. 그는 "모든 종목을 자식같이 여기는 것을 알지만 그중에서 제일 덜 선호하는 종목을 알려주세요"라고 구슬리곤 했다.[17]

로버트슨은 기질적으로 의심이 많았고 자연스럽게 공매도가 맞았다. 1983년 7월 투자자들에게 보낸 서한에서 그는 시장에 낙관론이 극에 달했다고 불평했다. "언론과 대중, 애널리스트 거의 모두가 너무 낙관적이어서 모두 '초식성'으로 묘사할 수 있습니다. 이런 상황이 발생하면 통나무집에 들어가 꿀을 먹는 것이 최선입니다"라고 선언했다. 시장이 조정에 들어가자 로버트슨의 의구심이 즉효해서, 1984년에 S&P500지수가 단 6.3% 상승한 반면 타이거는 20.2% 수익을 올렸다.

로버트슨의 수익률 절반은 공매도 투자에서 나왔다.[18] 1985년에는 펀드매니저 패트릭 더프(Patrick Duff)가 프라임모터인(Prime Motor Inns) 호텔 체인의 상황이 재무제표에 나타난 것보다 나쁘다고 의심했다. 그는 당시 전통적인 연기금에서 일하고 있었기에 아무 행동도 하지 않았다. 그러나 1989년 타이거펀드로 이적하자 로버트슨에게 이 종목을 공매도하라고 설득했다. 1년 내에 프라임모터인 주가는 28달러에서 1달러로 추락해 공매도의 수익성을 입증했다. 로버트슨은 전통적인 펀드들이 갖지 못한 화살을 갖추고 있었다. 직원에게 "시장에는 나와 얼간이들뿐이다"라고 말하기도 했다.[19]

그러나 시장이 효율적이라는 가정에 대한 타이거펀드의 도전을 공매도만으로 설명할 수는 없다. 로버트슨은 운용 연도 대부분에 공매도 수익을 제외하고도 시장 수익률을 초과해서, 전통적인 주식 매수에서도 효율적 시장 가설로는 불가능한 강점을 보유했음을 시사했다. 더구나 로버트슨의 기록은 버핏의 기록이 그러하듯이 혼자만의 현상이 아니었다. 버핏이 그레이엄의 가치투자 스타일을 학습한 스타 투자자들의 투자 '마을' 소속이듯이, 로버트슨도 '타이거 마을'의 대표자였다.

2008년에 타이거펀드 출신 36명이 '새끼 호랑이(Tiger cub)' 펀드들을 결성했는데 이들의 운용자산을 합치면 1,000억 달러에 달했다. 그리고 로버트슨은 2000년에 자신의 회사를 재편성한 후 추가로 29개 펀드에 초기 자본을 제공했다.[20] 이 로버트슨의 제자 펀드들은 좋은 성과를 냈다. 이 책의 부록 1에 제시한 새끼 호랑이 성과 측정 결과에 의하면 이들은 시장뿐 아니라 다른 헤지펀드들도 능가했다. 더구나 측정 기간은 2000~2008년이어서, 주식 매수·공매도 헤지펀드가 많이 설립되면서 1980년대처럼 공매도에서 쉽게 얻던 수익이 사라진 시점이었다.

만일 로버트슨의 성과가 홀로 달성한 것이었다면 운 좋은 동전 던지기 선수라고 무시할 수 있다. 그러나 타이거펀드가 가지를 다수 뻗어서 성공했다는 사실은 결정적이다. 로버트슨의 투자 강점 원천이 무엇이든, 그것은 수익성이 있었고 전수할 수도 있었다.

줄리언 로버트슨의 뜨거운 세상

로버트슨이 성공한 이유는 앨프리드 존스의 혁명이 성공한 이유의 업데이트 버전으로 설명할 수 있다. 존스는 성과에 보상함으로써 자산 운용을 혁신했다. 그는 부문 펀드매니저가 달성한 수익률에 비례해 보수를 지급했다. 좋은 아이디어를 가져온 외부 애널리스트에게는 그에 따른 수익을 추적해서 수수료를 지급하는 인센티브를 창안했다. 비슷하게 로버트슨도 직원들의 혈관에 연료를 주입했지만 방식이 달랐다. 단순한 돈이 아니었다.

로버트슨에게는 사람들이 기쁘게 해주려는 무엇인가가 있었다. 그는 캐롤라이나 출신의 매력으로 사람들에게 초점을 맞추어, 상대가 졸린 고양이처럼 편안해질 때까지 비위를 맞추고 얼렀다. 젊은 조수들에게 "나는 강하지만 자네들이 강력하게 지원해주지 않는다면 완전히 마비된다네"라고 연설했다. 로버트슨의 관심을 받는 즐거움은 그의 기분이 바뀔 수도 있음을 알자 더욱 커졌다. 로버트슨이 "이런, 자네는 보잘것없는 권력자군. 남미의 독재자야"라고 말할 때의 목소리는 얼음처럼 차가웠다.

그는 금요일마다 긴 테이블에 참모들을 모아놓고 그 주의 근무 성과를 들었고 감정적 보상을 극단적으로 했다. 20대 젊은 애널리스트의 주식 종목 추천을 듣고서 "내가 본 아이디어 중 최고야"라고 감탄하면, 그 젊은이는 나머지 회의 시간 동안 머릿속에서 환호하고 자신과 하이파이브를 하면서 머리가 부풀었을 것이다. 로버트슨이 "들어본 아이디어 중 가장 멍청하군"이라고 말하면, 키 180센티미터가 넘는 월스트리트의 우수한 인재는 비참하게 위축되었을 것이다.[21]

타이거펀드에서 일하는 것은 단순한 직업이 아니었다. 특수부대에 들어간 것 같았다. 부대 사령관은 신병을 입대 전보다 크고 밝으며 강하게 만들었다. 로버트슨은 신입사원에게, 모든 경쟁사보다 더 깊이 생각하고 더 과감히 행동하는 팀의 일원이 되었으므로 매년 시장을 능가할 수 있다는 신념을 심어주었다.

타이거펀드의 역사에서 첫 10여 년 동안은 로버트슨이 젊은이들 옆에 있는 개방된 데스크에서 작전을 수행했다. 젊은이들은 사장이 전화기로 잡담하고 투덜대면서 방대한 네트워크에서 정보를 흡수하는 광경을 볼 수 있었다.[22]

로버트슨의 두 비서는 수레바퀴만큼 거대한 원형 명함첩을 가지고 있었고, 어떤 애널리스트가 투자안을 보고하면 로버트슨은 곧 그 회사의 오랜 친구 세 명에게 해당 아이디어를 확인하곤 했다. 애널리스트가 "보잉(Boeing) 주식을 공매도할 시점이라고 봅니다"라고 말하면 로버트슨은 "보잉에서 국제 마케팅을 담당했던 사람을 아네"라고 반응할 것이었다. 비서들은 명함의 수레바퀴를 돌려 보잉의 전임 국제 담당자를 찾아낸 다음 스피커폰에 연결하고, 로버트슨은 공매도 아이디어를 낸 20대 애널리스트와 토론을 시켰을 것이다.[23]

이 환경에서 성장할 똑똑한 젊은이에게는 제약이 없었다. 좋은 성과를 내는 한 로버트슨의 관심을 받았고, 로버트슨은 젊은이를 '빅 타이거'라고 부르면서 주변 사람들에게 소개했다. 로버트슨은 젊은 애널리스트를 시카고 불스 구단주인 제리 레인스도프(Jerry Reinsdorf)에게 소개하면서 "이 친구가 내 마이클 조던(Michael Jordan)입니다"라고 말했다. 골프를 좋아하는 직원은 잭 니클라우스(Jack Nicklaus)와 엘리 캘러웨이 (Ely Callaway)에게 소개했다.

백악관을 방문하면서는 우수한 직원을 데려가 클린턴 대통령에게 소개했다. "빌, 이 친구는 루(Lou)입니다. 세상에서 무엇이든 할 수 있는 대단한 사람입니다." 그러나 로버트슨에게 항상 그랬듯이 위험은 보상만큼이나 컸다. 그 루*는 클린턴 대통령에게 소개되고 18개월 후 해고당했다. 그는 기록적인 시간에 백악관에서 화장실로 옮겨졌다고 후일 동료에게 말했다.[24]

로버트슨은 순수한 인간성의 힘으로 사람들을 끌었다. 그는 가수 폴 사이먼(Paul Simon)을 만나서 야구팬이라는 공감대에 힘입어 투자를 유치했다.[25] 작가 톰 울프(Tom Wolfe)도 타이거펀드에 투자했고 로버트슨은 이 스타들을 활용해 다른 이를 끌어들일 방법을 알았다.

1986년 로버트슨이 골드만삭스로부터 마이클 빌스(Michael Bills)라는 애널리스트를 영입하려고 했을 때, 골드만삭스 파트너들이 젊은이에게 위대한 골드만삭스의 미래를 약속했다는 사실은 문제가 되지 않았다. 로버트슨은 완전히 매력적인 대우를 제공했고 금융가, 자선사업가, 역사광이고 1982년 뉴욕 주지사에 출마해 '빨간 멜빵'으로 알려진 루이스 레만(Lewis Lehrman)에게 지원을 청했다. 레만은 긴 경력에도 로버트슨 같은 투자자는 만나본 적이 없다고 빌스에게 진솔하게 말해주었다.

그러고 나서 로버트슨은 최후 수단을 꺼냈다. 톰 울프가 빌스에게 전화해서, 아버지와 협의해보라고 권한 것이다. 빌스의 아버지는 공군 조

---

* 루 리치아델리(Lou Ricciardelli)는 관리 부문장으로서 퍼먼셀즈 프라임브로커리지(Furman Selz, Prime Brokerage)의 전설적 인물이 되었다.

5장 | 종목 선정의 대가 줄리언 로버트슨

종사 출신이었고, 울프의 소설 《The Right Stuff(필사의 도전)》는 조종 장교에 대한 최고의 찬사였다. 울프와 빌스는 곧 비행, 명예, 용기에 대해서 깊은 공감을 나누는 사이가 되었다. 20분 정도 통화한 후 빌스가 타이거 고용 계약에 서명함으로써 골드만삭스는 인재를 잃었다.

타이거펀드의 투사자 명단은 산업계와 금융계의 거물들로 차 있었고, 로버트슨은 거리낌 없이 전화해서 통찰을 구했다. 그는 파트너들에게 보낸 서한에서 빈번하게 아이디어 "또는 특히 숙녀의 경우에는 직관"이 있으면 전화해달라고 요청했다. 1980년대 초에 타이거펀드는 한 투자자가 추천한 멘토(Mentor) 주식에서 3배를 벌었다. 1990년대 초에는 펀드의 최고 종목에 제너럴인스트루먼트(General Instrument Corporation)와 에퀴터블생명보험(Equitable Life Insurance)이 포함되었는데, 두 종목 모두 이들과 연관된 타이거 우호인들이 로버트슨에게 매수를 권한 경우였다.

거의 같은 시기에 로버트슨은 씨티코프(Citicorp) 주식 매수를 시작했는데, 주로 부동산 손실 처리 이후 회복할 태세를 갖추었다고 보았기 때문이지만, 타이거 우호인이 씨티코프 CEO인 존 레이드(John Reid)를 기꺼이 보증했기 때문이기도 했다. 로버트슨이 내부자 거래에 관여한 것은 아니고, 그의 접촉선들은 주가에 즉각 영향을 줄 실적 발표 같은 비밀이 아니라 일반적인 방향을 제시했다. 그러나 그는 의식적으로 인맥을 구축하고 현명하게 활용했다.[26]

로버트슨의 절정기까지 관찰한 이들이 볼 때 로버트슨의 재능은 의심의 여지가 없었다. 그는 타이거 애널리스트가 기업 CEO와 면담할 때 동석해서 기업의 세부 사항을 정확히 설명해 청중을 압도할 수 있었다.[27] 전혀 모르는 기업에 대한 프레젠테이션을 듣고 나서는 즉각 그 기업의 성패를 좌우할 세부 사항에 달려들 수 있었다. CEO와 골프를 치면서 CEO가 러프에 떨어진 공을 좋은 자리로 슬쩍 옮기는 광경을 보면 다시는 그의 기업 주식을 사지 않겠다고 마음먹었다.

1980년대에 로버트슨, 소로스, 스타인하트라는 헤지펀드 거물 세 명 모두를 위해 자산을 운용했던 전설적인 공매도자 짐 체이노스(Jim Chanos)는 세 명 중 로버트슨이 가장 지적으로 매력 있다고 평가했다. 그는 "내 돈을 그들 중 한 사람에게 맡겨야 했다면 로버트슨에게 주었을 것이다. 나는 그가 누구보다도 주식을 잘 안다는 사실을 알았다"라고 술회했다.[28]

로버트슨의 성격과, 사람들에게서 최선을 끌어내는 능력이 그의 가장 큰 강점이었다. 그러나 이 강점은 정의하기 어렵고, 체이노스만큼 로버트슨을 잘 알지 못한다면 파악하기도 어려웠다. 1986년 5월 〈기관투자가〉는 '줄리언 로버트슨의 뜨거운 세상'이라는 제목으로 설명하기 시작했지만 특별한 능력을 무감동하게 표현했다. "로버트슨은 다른 펀드매니저들과 극적으로 다른 일을 하는 것이 아니라 단지 정말 잘하는 것이다."[29]

한편 로버트슨이 기업 경영자들을 판단할 때 발휘할 거라고 기대한 능력도 때로는 기대에 못 미쳤다. 골프 규칙을 어기는 경영자의 기업 주식을 처분하는 비과학적인 방식에 따랐기 때문이다. 그러나 접근 방식이 공식적이지 않고 독창적이지도 않았지만 틀린 경우보다 맞은 경우가 많았으니 이것이 펀드 운용에서 성공의 정의다. 인간이 하든 컴퓨터가 하든, 어떤 시스템도 항상 적합할 수는 없다. 첨단 퀀트 시스템을 구축하는 수학자도 10번 중 6번 맞히면 기뻐한다.

10번 중 6번 맞히는 규칙은 타이거펀드 스타일의 또 다른 특징인 장기 투자에도 동일하게 적용되었다. 월스트리트 애널리스트들은 전형적으로 12~18개월 시각으로 고객들에게 서비스하고, 헤지펀드들은 더

짧거나 더 긴 투자를 잘한다. 로버트슨은 확고한 장기 투자파였다. 그의 이상적인 투자는 3년 내에 두 배가 될 가능성이 있는 것이었다. 그런 투자 건을 발견했다고 믿으면, 어려운 시기를 만나도 이를 악물고 세상이 그의 분석을 따라올 때까지 버틸 의지가 있었다.

1983년 로버트슨은 원유 가격이 하락할 것이라고 판단하고 원유와 관련 주식의 공매도 포지션을 대규모로 취했다. 이 투자로 잠시 손실을 보았지만 그가 맞아서 3년 동안 유가가 절반으로 떨어졌다. 1984년에는 브랜드 없는 제품은 수익을 꾸준히 낼 수 없다고 믿고 복제약 제조사 주식을 공매도했다. 또다시 손실을 냈지만 로버트슨은 신념을 고수했다. 2년 후, 제니스랩(Zenith Labs) 주가가 1분기 만에 45% 하락하자 로버트슨은 붕괴를 자축했다.[30]

끈기는 성격 판단과 마찬가지로 매번 성과를 내는 우위가 아니고, 가끔은 운이 결정적 요소로 작용해서 성과를 냈다. 1987년 존 그리핀(John Griffin)이라는 젊은 직원이 로버트슨을 설득해서 중국에 공장이 있는 소형 설비회사 주식을 공매도했다. 이 회사는 크리스마스 시즌에 매출이 늘었고 주가는 20달러에서 25달러로 상승했다. 그리핀과 로버트슨은 신념을 지켰지만 상황은 개선되지 않았다. 다음 해 봄 주가는 35달러로 상승했다.

1988년 그리핀은 사직하고 스탠퍼드 경영대학원에 입학했지만 그 종목이 잘될 거라고, 자신이 그 종목을 확신하니 지켜달라고 로버트슨에게 간청했다. 주가가 이미 40달러여서 손실이 100%에 달했지만 로버트슨은 받아주었다. 어느 날 스탠퍼드대학의 그리핀은 로버트슨에게서 팩스를 받았다. 종이에는 글씨 없이 단지 "$50!"만 적혀 있었다.

수개월이 지났다. 1989년 4월, 중국 수도에 있는 텐안먼 광장에 시위대 10만 명이 모였다. 시위대가 점점 늘어나더니 정치 개혁을 요구했다. 전면적인 혁명이 일어날 것처럼 보였다. 중국에 공장을 둔 미국 기업의 주가가 폭락한 것은 놀라운 일이 아니었다. 타이거펀드의 공매도 종목도 예외가 아니었다.

그리핀은 흥분해서 공중전화로 향했다. 결국 만회했다! 그는 감격해서 로버트슨에게 말했다. "줄리언, 제가 될 거라고 말했잖아요! 당신이 버텨주었어요! 저를 믿어주었어요! 잘됐어요! 저는 잘될 줄 알았어요!"

로버트슨은 미국 대륙의 다른 편에서 이 폭발을 들었다. 그는 느리게 대답했다 "이봐 존, 이봐 존. 내가 보기에 자네의 젠장할 공매도가 잘되기 위해 10억 명의 혁명이 필요했어."

이 이야기는 로버트슨의 고집이 운 나쁜 경우 큰 손실을 낼 수 있다는 것을 알려주지만 그의 천재성을 보여주기도 한다. 이후 수십억 달러 규모의 헤지펀드를 운용하게 될 그리핀 같은 젊은 인재가 타이거펀드를 떠나 경영대학원에 갔다. 그러나 심리적으로는 타이거를 떠나지 않았고 손실 회복을 위해서 계속 사장과 통화했다.

이 유대 관계는 25년이 지나서도 강력하게 지속되었다. 2007년 연설에서 그리핀은 로버트슨이 계속해서 자신의 결정을 관찰하면서 평가하는 느낌이라고 말했다. "모든 자산운용자는 어깨 위에 작은 새가 앉아서 수시로 시장의 정확한 방향을 속삭여주기를 꿈꿉니다. 이런, 나의 작은 새는 남부 말투를 구사하는 대머리입니다. 때로는 그가 '이봐 친구, 그 일은 하지 말게나'라고 소근거리는 소리가 들립니다."[31]

로버트슨의 후견 아래 그리핀 같은 젊은이들이 다른 조직에서보다 강력하게 행동했고, 인터넷 이전 시대에는 행동이 매우 중요했다. 정보를 언제 어디서나 전해주는 검색엔진과 단말기가 아직 발명되지 않았으므로, 타이거펀드의 애널리스트가 포드자동차의 매출을 알아보려면 전화통 앞에 앉아서 포드의 고객들, 경쟁사, 납품업자, 딜러, 부품 제조사, 디트로이트 경쟁사 등 유용한 시각을 가졌다면 누구와도 통화해야 했다. 에이본프로덕츠(Avon Products) 매수를 고려하던 애널리스트는 스스로 에이본의 외판원이 됨으로써 강점을 개발했다. 한국 자동차의 엔진에 문제가 있다는 말을 듣고 공매도를 고려하던 애널리스트는 한국 자동차 2대를 구입하고 수리공을 고용해 엔진을 시험했다.[32]

멕시코가 1995년 채무 불이행을 선언하자 뉴욕 투자자 대다수는 미국 은행들이 타격을 입을 것이라고 우려했다. 그러나 타이거펀드 애널리스트는 멕시코로 날아가서, 씨티은행은 익스포저가 없고 멕시코인은 국내 은행들이 위태로워졌으므로 씨티와 거래하기를 원한다는 사실을 발견했다. 뉴욕 투자자들이 패닉에 빠져 씨티 주식을 대량 매도하자 타이거는 할인가로 더 쓸어 담았다.

로버트슨은 사교적인 성격 덕분에 다른 헤지펀드의 거성들과 구분되었고 이것이 장점이 되었다. 이로써 평범한 대중과 로버트슨의 특수부대 간의 겨루기가 성사되었다. 로버트슨과 호구들의 게임이었다.[33]

타이거펀드, 세계로 나아가다

1980년대의 기업 인수 붐이 1990년대의 세계화에 밀려나자 로버트슨도 세계화에 나섰다. 그는 조지 소로스처럼 태생적인 코즈모폴리턴은 아니었다. 하지만 모험적인 스타일에 여행이 맞았으므로 열정적으로 돌아다녔다.

그는 차입매수 대가인 테디 포스트먼(Teddy Forstmann)과 함께 홍콩으로 날아갔다. 유럽을 빠르게 돌았고 파리 소재 미국 대사관이 "정말정말 살기 좋다"라고 보고했다.[34] 그는 브라질 해변에 여성 비율이 낮아서 유감스러워했지만 상파울루 사업가들의 수준이 높은 데 놀랐다. 방문한 곳마다 새로운 사람을 만났고 새로운 즐거움의 방식을 발견했다. 그는 어떤 도시로 가면 몇 차례 방문에서 설득력을 발휘해 최고의 인물들을 소개받고 명함첩에 포함했다.

로버트슨의 여행 일정은 '캠프 관리자'인 그리핀이 관리했다. 그리핀은 똑똑하고 지치지 않는 철인 3종 경기 선수로서 로버트슨의 이상적인 참모였다. 두 사람은 전 세계 기업을 방문한 후 헤어져서 다음 기업을 방문할 때까지 고강도 테니스를 즐겼다.[35] 취리히 스위스유니언은행에서 열린 오찬에서 그리핀이 초콜릿 무스와 페이스트리를 엄청나게 먹은 후, 로버트슨과 그리핀은 호텔로 급히 돌아가서 차량을 렌트했다. 나중에 투자자들에게 보고한 바에 의하면 두 사람은 "음악을 크게 틀고 리히텐슈타인을 거쳐 오스트리아로 갔다. 목적은 스키였다".[36]

그리핀이 스탠퍼드 경영대학원 휴학 중이던 1989년 11월 초, 그의 방에 설치된 팩스가 로버트슨의 메시지를 프린트했다. "빅 가이, 베를린 장벽이 곧 무너진다. 매우 큰 거래가 될 거야." 며칠 후 장벽이 무너졌고 이틀 후 타이거펀드는 독일 주식을 매집하기 시작했다. 로버트슨은 독일에 대해서 아무것도 몰랐다. 그러나 그리핀은 여름에 런던에서 일하면서 독일을 공부했고, 로버트슨은 경험이 부족하다고 해서 역사적인 기회를 방치할 사람이 아니었다.

타이거는 통일 붐의 수혜를 입을 도이체방크 주식을 샀다. 동서독 국경에 발전소를 보유하고 동독 신흥시장을 포착할 것으로 기대되는 대형 유틸리티기업 베바(Veba)도 매수했다. 타이거가 매수한 펠텐&기욤(Felten & Guilleaume)은 신흥 지역으로 송전할 전선 제조사였다. 독일의 주식시장은 상승했고, 펠텐&기욤의 지분 가치는 곧 배로 증가했다.[37]

다음 해 여름, 로버트슨과 그리핀은 독일로 향했다. 동베를린에 가보니 헤지펀드와 줄리언 로버트슨을 들어본 사람이 아무도 없었다. 또한 독일은 로버트슨이 생각하던 바와 전혀 달랐다. 첫 번째 방문한 기업의 대기실에서 기다리면서 로버트슨이 탁자를 건드렸는데 손가락에 먼지가 검게 묻었다. 그는 "이 사람들은 갈 길이 멀었네"라고 의심스러운 듯 말했다.

그가 월스트리트 방식으로 질문하고 독일인들은 최선을 다해 환대하는 방문이 계속되었지만, 그는 수치로 나타난 것과 독일인들이 말하는 것 사이의 괴리를 느끼고 있었다. 미국 기준에서 보면 독일 기업들이 보유한 공장과 자산에 비해 주식이 매우 저렴했다. 독일인이 그런 자산을 미국 경영자처럼 운용한다면 주주에게 거대한 수익을 돌려줄 수 있을 것이다. 현행 경영진이 너무 게을러서 그렇게 하지 못했다면 월스트리트 방식의 인수합병이 더 분명하고 빠른 해결책이지 않을까?[38]

그러나 독일을 여행할수록 로버트슨의 열정은 식어갔다. 그는 독일 경영자의 사무실에서 기업의 자기자본이익률(ROE)을 물었지만, 경영자는 이익보다 매출액에 신경 썼다. 독일인의 기업 경영은 주주보다는 직원을 위한 것이었다.

예를 들어 화학회사 바이엘(Bayer)에서 로버트슨은 CEO에게 후한 오찬 대접을 받았다.

로버트슨은 "CEO가 이런 식사를 할 수 있다니 대단합니다"라고, 기업이 경비를 절감하는 편이 바람직하다는 의견은 빼고서 말했다.

기업 사람은 "아닙니다. 우리는 이런 식사를 모든 직원에게 제공합니다"라고 답변했다.

로버트슨이 창밖을 보면서 "와, 비행기가 너무 가까이 비행하네요"라고 말했다.

"예, 저것은 회사의 비행 클럽입니다. 누구든지 원하면 조종사 훈련을 받을 수 있지요"라는 대답이 돌아왔다.[39]

오찬을 마친 후 로버트슨은 그리핀에게 판결했다. "이 사람들은 이해가 안 돼." 독일인들은 ROE에 그렇게 무심할 수 없었다.

1994년, 로버트슨은 독일인에 대한 주관을 완전히 정립했다. 그는 투자자들에게 보낸 서한에서 독일의 산업은 "비효율의 거대한 군살 덩어리"에 지나지 않는다고 썼다.[40]

로버트슨이 독일에서의 상승 기대를 못마땅한 비관적 견해로 바꾸던 경험에는 타이거펀드에 대한 경고가 담겨 있었다. 펀드가 모든 방향으로 뻗어나가면서 거의 모르는 분야로 비틀거리며 들어갔다. 확장하면서 얻은 새로운 기회에는 잘못되고 언젠가 상당한 돈을 잃을 기회가 포함되어 있었다.

1990년 말, 로버트슨은 또 다른 잡지 프로필에 등장했다. 기사는 비밀의 베일을 벗기는 것처럼 "줄리언 로버트슨이 대중 앞에 나타나는 일은 … 드물다"로 시작해서 "여기에 SEC 등록 서류가 있고 저기 경제신문에 한 줄이 났다. 명성은 줄리언 로버트슨에게 오지 않았다. 재산은 있지만 명성은 없다"라고 썼다. 물론 비밀스럽다는 표현만큼 주목을 끌기에 좋은 방식이 없으니 기사의 이런 표현은 자기 모순적이었고, 특히 기사의 목적이 로버트슨의 실적을 보도하는 것이어서 더욱 그랬다.

기사가 나간 후 부유한 개인과 재단의 거액이 타이거의 금고로 쏟아져 들어오기 시작했다. 잡지 기사가 게재된 다음 해인 1991년, 타이거펀드는 헤지펀드 중 세 번째로 운용자산 10억 달러를 넘겼다.

1980년대 내내 로버트슨은 작은 펀드가 아름답고, 둔한 경쟁사들보다 상당한 우위가 있다고 주장했다. 그러나 1990년대에는 규모에 대한 우려를 버렸다. 더 많은 인력, 더 큰 사무실, 더 많은 중요 투자자 명단 등 이 모두가 너무나 매력적이었던 것이다. 운용자산을 늘리는 경쟁에서 로버트슨은 위협적으로 경쟁력이 있었다.

그는 소로스와 스타인하트의 뒤를 이어 10억 달러 고지를 점령했지만, 1993년 말에는 70억 달러를 운용해서 스타인하트보다는 많고 소로스보다는 약간 적었다. 로버트슨은 2위에 만족하지 않았고, 소로스의 각광받는 능력을 부러워했다. 타이거펀드가 퀀텀펀드보다 높은 성과를 달성한 해가 여러 차례 있었고, 로버트슨은 경쟁에 너무나 몰입했기에 자신이 승리한 해를 외우고 있었다. 그러나 어쨌든 가장 많이 주목받고 가장 많은 자산을 운용하는 사람은 소로스였다.[41]

하지만 로버트슨의 경쟁적 사업 확장에는 위험이 따랐다. 핵심 역량을 벗어나서 분산해야 했기 때문이다. 수십억 달러의 펀드를 유지하기에는 미국 주식시장은 기회가 너무 적었다. 특히 소형주에서는 실질적으로 한계를 넘어섰다. 어떤 애널리스트가 3년 사이에 가치가 배증할 소형 주식을 찾아냈다 하더라도 매수 가능 주식이 2,000만 달러에 불과하다면 신경 쓸 가치가 별로 없었다.[42]

외국 주식으로 진출한 것도 이 문제에 대응하는 방식이었다. 그러나 외국으로 나가면서 로버트슨은 자신의 미국식 본능이 다른 문화 체계에서도 통할 것이라고 베팅했다. 독일에서의 경험에 의하면, 미국 기준으로는 저평가된 기업이라도 독일인이 이익에 무관심하다는 점에서는 적절하게 평가된 기업이었다.

한편 일본에서는 독일과 정반대인 문제를 맞닥뜨렸다. 타이거펀드는 흠잡을 데 없는 논리에 근거해 일본 은행 주식을 공매도했다. 일본 대형 은행들은 경영이 허술하고, 마진이 거의 없이 대출을 해주었으며, 부실채권이 쌓여 있지만 PER이 매우 높았던 것이다. 1992년 로버트슨은 도쿄 시장의 가격이 이상하게 형성되어서 타이거펀드에 풍부한 기회가 있다고 투자자들에게 장담했다.[43]

그러나 3년 후, 로버트슨의 일본 담당 애널리스트는 일본 은행 주식이 하락하지 않는 이유에 대한 보고서를 쓰라는 명령을 받자 "저는 답을 모릅니다"라고 솔직하게 인정했다.[44]

로버트슨과 매크로 트레이더의 차이

타이거펀드가 확장하면서 로버트슨은 매크로 트레이딩에서도 더 많은 위험을 안게 되었다. 그는 초기부터 통화에 손을 대서, 1985년의 거대한 수익 중 25%가 달러 공매도에서 나왔다. 소로스를 유명하게 만든 플라자합의 트레이딩의 축소판이었다.[45] 타이거펀드는 또한 브루스 코브너가 커머디티에서 수행하던 캐리 트레이드에서도 좋은 실적을 냈다. 로버트슨은 이자율이 10% 미만인 통화를 차입해서 이자율이 16~24%에 달하는 호주와 뉴질랜드 채권을 매수함으로써 금리차를 획득했다.

그러나 타이거펀드가 1990년대 초에 확장하자 로버트슨은 통화시장 참여도를 강화하기로 결정했다. 1991년, 일본어를 구사하는 통화 전문가 데이비드 거스텐하버(David Gerstenhaber)를 모건스탠리에서 영입했고, 곧이어 외환 트레이더인 배리 바우사노(Barry Bausano)도 입사했다.

문제는 로버트슨이 매크로 트레이더로 성장할 준비를 갖추지 못했다는 점이었다. 소로스와 로버트슨 모두와 같이 일했던 공매도 전문가 짐 체이노스는 로버트슨이 주식 투자에 뛰어난 역량을 가졌다고 보장했지만, 이자율이나 통화에 대한 로버트슨의 역량이 뛰어나다고 평가한 매크로 트레이더는 아무도 없었다.[46]

실제로 로버트슨은 가치투자 마인드 때문에 매크로 대가가 되기에는 부적합했다. 가치투자자는 거의 레버리지 없이 주식을 매수하고 장기 보유한다. 주가가 불리하게 움직이면 전형적으로 주식을 추가 매수한다. 25달러에서 싼 주식은 20달러에서는 더욱 싸기 때문이다. 그러나 매크로 트레이더는 레버리지를 사용해 포지션을 취하고, 따라서 추세를 역행하는 행동은 불가능할 정도로 위험하다. 베팅이 불리하게 움직이면 즉시 빠져나올 준비를 갖추고 있다.

한편 가치투자자는 굳건한 신념을 자랑한다. 기업의 재무제표를 쪼개서 무엇이 가치 있는지를 알아내며, 자신들이 가치를 찾아왔다는 것을 안다. 반면 매크로 트레이더는 이처럼 확신할 기법을 구사하지 않는다. 통화의 가치를 객관적으로 결정할, 믿을 만한 방식은 없다.

1990년대에 로버트슨을 위해 일한 매크로 트레이더들은 로버트슨의 투자 스타일에 적응하느라 곤경을 겪었다.* 그들은 사장이 차트를 속임수 또는 미신적인 쓸데없는 것으로 인식하고 불신한다는 사실을 빠르게 파악했다. 그리고 자신의 위험 통제 방식이 로버트슨의 방식과 상충함을 발견했다. 어떤 거래가 잘못되면 매크로 트레이더들은 타이밍이 늦었거나 무엇인가가 잘못되었다고 인식한다. 따라서 포지션을 들고서 영웅 노릇을 하기보다는 신속히 빠져나온다.

반면에 로버트슨은 반대로 행동했다. 그는 신념을 가졌고, 방향을 고수할 것이며, 마침내 산의 정상에 도착할 것이라고 믿었다. 한번은 매크로 트레이더들이 유럽 채권 포지션에 대해서 시장이 단기적으로 불리하게 움직일 것을 우려해 일시적으로 헤지하자고 로버트슨에게 건의했다.

"헤지?" 로버트슨은 화가 나서 되물었다. "헤지? 아니, 내가 옳을 경우 돈을 덜 번다는 의미잖아."

---

* 〈배런즈〉 앨런 에이블슨(Alan Abelson) 편집장은 2000년 4월 3일 자 '매크로 문제(Macro Trouble)'라는 기사에서, 타이거펀드가 몰락한 것은 매크로 전략이 주식 종목 선정에 악영향을 주었기 때문이라고 평가했다.

"음, 맞습니다." 매크로 트레이더들이 답했다.

"왜 내가 헤지해야 하나? 왜? 왜? 그것은 내 손톱 밑의 때일 뿐이야."

이것으로 위험을 관리하려는 시도가 끝나버렸다.

타이거펀드의 방향 전환

1980년대부터 1990년대 초까지는 로버트슨의 강점이 잠재적 약점보다 컸다. 그의 특수부대는 전 세계 시장에 낙하해 진출했다. 그리고 독일에서의 과도한 기대처럼 비틀거릴 수도 있었지만 성공이 더 많았다. 로버트슨은 종종 매크로 확신을 가졌고 이를 주식에 표출했다. 플라자합의 후에는 달러가 약세일 것임이 명백했다. 로버트슨은 수출 증가로 혜택을 얻을 미국 기업들을 포착하고 매수해서 수익을 냈다.

1990년에 미국 부동산이 붕괴하자 로버트슨은 어떤 은행의 주식을 공매도할지를 제대로 읽어냈고, 은행이 부실채권을 제거하자마자 금융주를 매수했다. 그사이 타이거의 채권과 통화 트레이딩 진출은 위험하기는 했지만 어느 정도는 좋은 성과를 내주었다. 1988년 초부터 1992년 말까지 타이거는 5년 연속으로 S&P500지수를 능가했고 다음 해에 로버트슨은 자기 기록을 경신했다. 수수료 공제 후 64%를 투자자들에게 돌려주었고, 〈비즈니스위크〉는 그해 그의 개인 소득이 10억 달러에 달했다고 추정했다.

그러나 이즈음 미묘한 방향 전환이 이루어졌다. 로버트슨이 자리를 비우는 시간이 많아졌고, 늘 출장인 것은 아니었다. 1993년 초의 10주 동안 긴 주말 5번은 선밸리 스키장에서 스키를 탔고, 긴 주말 1번은 코스타리카에서 낚시를 했으며, 3일은 오거스타 내셔널 골프클럽에서 보내고, 꽉 채운 2주일은 케냐에서 보냈다.

그는 타이거 본사 구내를 리모델링해서 자기 방을 직원들과 떨어진 구석의 우아한 위치로 옮겼다. 그리고 애런 스턴(Aaron Stern)이라는 정신과 의사를 고용해서 직원들과 자신의 기분 변화를 관리하게 함으로써 자신과 애널리스트들 간에 새로운 완충 지대를 도입했다.

로버트슨이 매일 출근하지 않을수록 집중과 열정이 더 거칠어졌다. 며칠이나 모습을 보이지 않다가 갑자기 나타나서는 추적 중인 종목의 사실과 수치, 신선한 재료를 요구했다. 정신과 의사는 직원들에게 "쉽게 상처받으면 이 회사에서 행복할 수 없습니다"라고 조언했고 그의 말이 옳았다. 타이거에 입사한 애널리스트 다수가 1년 안에 퇴사했다.

로버트슨은 지키고 싶은 인재들도 잃었다. 1992년 가을의 연례 타이거 파티에서 로버트슨은 매크로 트레이더들을 소개했다. "데이비드와 배리를 소개합니다. 이들은 작년에 10억 달러를 벌었습니다." 이렇게 소개하자 두 사람이 자신의 펀드를 조성하기 쉬운 여건이 만들어졌고 1993년 봄 두 사람은 펀드를 설립해서 떠났다. 매크로팀의 이탈은 이어지는 일들의 서막이었다.[47]

타이거가 너무나 성공적으로 성장하자 참모들은 자신의 펀드를 가져야 한다고 생각했다. 특히 로버트슨은 직원 스스로 운용할 하부 포트폴리오를 구성한다는 아이디어를 생각해본 적은 있었지만 진정한 권한 위임은 절대 하지 않았기 때문이다. 게다가 그만두는 것이 점점 쉬워졌다. 부유한 투자자들이 차세대 스타를 찾고 있었고, 타이거펀드 애널리스트라면 나가서 곧 대규모 펀드를 조성할 수 있었다. 거스텐하버와 바우사노는 아르고너트펀드(Argonaut fund)를 창업한 지 두 달 만에 2억 달러를 운용해서, 1980년 타이거펀드 출범 당시의 850만 달러보다 몇십 배나 컸다.

타이거 패밀리가 성장함에 따라 로버트슨은 서부 산맥으로 여행하는 특수부대 문화를 유지하려고 노력했다. 타이거 팀원들은 로버트슨의 항공기로 여행했고 자연의 힘과 싸울 준비를 했다. 어느 해 겨울, 그들은 스키를 멘 피부에 반창고를 붙이고 27킬로그램 배낭을 메고서 영하의 텐트에서 잠을 자고 산에 올랐다. 다른 경우에는 숲에 가서 두 조로 나눈 다음 조마다 자전거 몇 대와, 상대 조보다 먼저 확보해야 할 물건들의 목록을 주었다.

행사가 끝난 후에는 타이거 팀원들이 모닥불 앞에 둘러앉았고, 로버트슨은 사이가 나쁜 애널리스트 두 명이 같은 텐트를 쓰도록 배정했다. 그러나 팀 구축을 위한 이런 인위적인 노력은 종종 역효과를 낳았고, 동지애가 금이 가면서 타이거 패밀리 내의 갈등이 부풀어 올랐다.

저녁의 캠프파이어 모임은 타이거의 미래를 웅장하게 논의하리라는 기대를 불러일으켰다. 로버트슨은 일부 직원이 포트폴리오를 운용하도록 허용할까? 타이거의 세대교체 계획은 무엇일까? 그러나 로버트슨은 통제권을 놓을 의사가 전혀 없었다. 그가 행사를 개최한 것은 후진을 논의하기 위해서가 아니었기 때문에 분노로 반응했다.

그런 여행 중 하나인 산행에서 안내인이 타이거 팀을 골짜기로 안내했다. 수십 미터 깊이의 골짜기 양쪽을 밧줄 세 개로 연결했다. 비가 내리고 바람도 강하게 불었지만 젊은이들은 어쨌든 전진했다. 등산복의 연결고리에 안전밧줄을 고정하고 나서 한 사람씩 허공으로 나아갔다. 각자가 밧줄 설치 지점에서 가장 먼 골짜기 중간쯤까지 갔을 때, 밧줄 전체가 바람에 흔들렸다. 이들은 두려움 없는 투자자, 모험가이자 사령관인 줄리언 로버트슨의 정신을 일깨워야 했다. 그런데 톰 매컬리(Tom McCauley)라는 애널리스트가 젖은 밧줄에 미끄러졌다. 그는 3미터 정도 떨어지다가 안전밧줄 덕분에 구조되었다.

타이거 팀원들은 긴 활강 공간 위로 매달린 동료의 모습을 보았다.

매컬리는 떨어졌지만 진정한 타이거의 방식으로 받아들였다. 그는 웃으면서 안전밧줄을 그네처럼 흔들고 있었다.

그런데 구경하던 사람들은 깜짝 놀랐다. 매컬리가 안전밧줄을 두 개가 아니라 하나만 걸었고, 그 줄 끝의 연결고리가 벌어지고 있었기 때문이다. 몇몇 팀원은 소리를 질렀고 나머지는 할 말을 잃었다. 몇몇은 매컬리가 입은 흰 털옷이 필스베리(Pillsbury)의 도우보이(doughboy) 같다고 생각하고 있었다.

누군가가 "이봐 톰, 흔들지 마"라고 소리쳤다.

"연결고리에 문제가 있어."

"정말 흔들지 마."

안내인이 밧줄을 타고 나가서 매컬리의 고리를 채우기까지 몇 초가 길게 지나갔다. 그러나 타이거 팀이 통제 가능 범위를 벗어났던 그 순간은 팀의 기억에 남았다.[48]

로큰롤 카우보이
폴 튜더 존스

HEDGE FUND

면화 선물거래소 트레이더의 기질

1980년대 말은 헤지펀드의 전환점으로 기록된다. 1970년대 초의 약세장 이후 헤지펀드업계는 거의 사라졌고, 생존한 펀드 수십 개는 수면 아래서 미미한 규모로 운용되었다. 그러나 1987년 폭락 이후 무엇인가가 근본적으로 변화했다. 1990년에 헤지펀드 600개가 불모지에서 출현했고 1992년이 되자 1,000개를 넘어섰다.[1] 금융 평론가들이 조지 소로스, 줄리언 로버트슨, 마이클 스타인하트의 '빅3'를 언급하기 시작했고 1993년은 '헤지펀드의 해'로 알려졌다.[2]

빅3 뒤에서 젊은 경쟁사들이 빠르게 성장했고, 시장을 선도하는 스타들이 연합하면서 새로운 움직임이 더 부각되었다. 로버트슨은 젊은 트레이더 루이스 베이컨과 연합했다. 스타인하트는 캑스턴의 브루스 코브너와 잠시 합작했다. 헤지펀드 대가들은 서로의 소유지에서 사냥과 낚시를 같이 했고, 같은 자선재단의 이사직을 맡았으며, 매년 휴가 때 바하마의 리포드케이 리조트에 집결했다. 이들은 한자리에 모임으로써 월스트리트에 새로운 세력이 탄생했음을 세상에 알렸다.

젊은 거물 중에서 가장 다채로운 인물이 폴 튜더 존스였다. 그는 1954년 멤피스에서 면화 관련 사업을 하는 집안에서 태어났다. 할아버지는 면화 상인으로 번창했고, 숙부 빌리 듀너번트(Billy Dunavant)는 업계의 대부였다.

존스는 버지니아대학교 경제학부에서 공부하는 동안 리처드 데니스(Richard Dennis)라는 화려한 이력의 소유자에게 반했다. 데니스는 지분 400달러를 수백만 달러로 불린, 유명한 원자재 트레이더였다. 커머디티의 트레이더들처럼 데니스도 패턴을 인식해서 시장을 이길 수 있다고 믿었다. 여기서 패턴은 일반 투자자들의 특이한 행동 양상과 비합리적인 움직임을 반영했다. 데니스는 비합리적인 경향을 제어하기 위해 〈사이콜로지 투데이(Psychology Today)〉를 읽었다. 한때는 "적자 지출에 대한 밀턴 프리드먼(Milton Friedman)의 생각보다 죽음의 소망에 대한 프로이트(Sigmund Freud)의 생각이 훨씬 더 중요하다"라고 주장했다.[3]

심리학이 시장을 주도한다는 존스의 견해는 대학 졸업 후의 경험으로 더욱 강화되었다. 그는 삼촌이 도와주어서 뉴올리언스에서 트레이딩 수습으로 일했고 2년 후 뉴욕 면화거래소로 이직했다.

거래소 트레이더들과 일하던 당시, 그는 주가가 모든 가용 정보를 효율적으로 반영한다는 것을 믿기 어려워했다. 거래소에서 가격을 결정하는 요인은 경제 데이터가 아니라 면전에서 소리를 질러대는 '거친 녀석들'이었다. 이들은 점심시간에 마티니를 마신 다음 전장으로 들어가 자기들이 내키는 대로 주가를 올리고 내리겠다고 결의하는 목화밭 카우보이였다. 이들이 경제 성장과 실업 통계 발표 등 새로운 정보에 반응한 것은 분명했다.

그러나 거래소 트레이더로 생존하려면 뉴스를 이해하는 것보다는 그에 대해 거래소가 어떻게 반응할지 예측하는 것이 더 중요했다. 정부가 인플레이션 보고서를 발표한 후 거래가 폭주하자 1,000만 달러를 벌어들인 트레이더의 이야기가 거래소에 전해진다. 그는 아수라장이 진정된 다음 밖으로 나와서 이렇게 물었다. "그런데 인플레이션 수치가 얼마였어?"4

존스는 1983년 면화거래소 거래장을 떠나서 튜더인베스트먼트를 설립했다. 커머디티가 후원해서 3만 5,000달러를 투자하고 존스의 시장관을 입증하는 베테랑들과 연결해주었다. 마이클 마커스처럼 존스는 면화거래소 경험을 통해 투자 방식을 갖추었다. 그는 트레이딩을 심리와 재빠른 속임수의 게임, 포커의 일종, 교묘함과 허세의 융합처럼 접근하는 방법을 배웠다.

여기에서는 자신의 카드를 보고 어떻게 베팅할지 결정하는 것으로는 충분하지 않다. 다른 플레이어들이 욕심을 내는지 아니면 겁을 내는지, 돈을 모두 걸지 아니면 위험한 베팅을 계속할지를 느껴야 한다. 설탕에 호재가 나왔다면 다른 사람들이 어떻게 반응할지 자문해야 한다. 대형 트레이더들이 이미 최대로 매수한 상태라면 그 뉴스로 가격이 상승하기는 어렵겠지만, 그들이 시장에 밀고 들어오려고 기다리고 있다면 시장은 로켓처럼 떠오를 것이다.5

경쟁 트레이더들을 더 많이 관찰할수록 그들이 어떻게 행동할지 더 많이 알 수 있다. 그리고 궁극적으로 그들의 머릿속에 들어간 것처럼, 그들이 매수할 기분일 때는 유인하고 그들이 공포를 느낄 때는 시장에서 내몰 수 있다. 대형 트레이더들이 초조해하는 것이 감지되면, 내가 매도한다고 외침으로써 그들도 매도하게 만들 수 있다. 그런 다음 급선회해서 시장에서 사정없이 매수할 수 있다.6

이 재치와 속임수의 게임에는 시끄러운 허세가 유용하다. 존스는 자신이 '가장 순수한 카우보이'라고 기꺼이 표현했고, 대학 시절에 했던 권투의 격렬한 정열로 시장에 접근했다.[7] 그는 여러 거래소 거래장에 거대한 주문을 낼 때 전화기를 통해 브로커에게 소리 지르곤 했고, 자신이 미친 것처럼 보일수록 경쟁자들을 혼란스럽게 할 것임을 알기에 주문을 전화 한 통으로 뒤집기도 했다.

그는 목적에 맞추어 방식을 바꾸었다. 때로는 작은 주문을 브로커 다수에게 분산해서 시장에 노출되는 것을 피했다. 때로는 대규모 매수세가 충격적으로 등장하면 다른 트레이더들이 다투어 동반 매수할 것을 알고서 총구가 달아오르도록 시장을 공격했다. 존스는 악명을 높여서 트레이딩의 무기로 활용하고자 이런 스타일을 기꺼이 내보였다.

1986년에는 다큐멘터리 영화팀이 자신을 따라다니며 트레이딩하는 모습을 취재하도록 허용했다.[8]

영화 도입부에서 존스는 시장이 열리기 전에 책상 앞에 조용히 앉아 있다. 흰 셔츠에 보수적인 타이를 매고 도장을 새긴 반지를 끼었다. 고급 옷을 소탈하게 입는 프레피룩으로, 공인회계사의 풍채에서 안경과 단정히 빗은 머리만 빠졌다.

"8분 전." 느린 목소리에서 존스가 멤피스 출신임이 나타난다.

"준비 중." 그는 약간 목소리를 높여서 계속한다.

"모호크강을 따라 작은북을 쳐라." 그는 다리를 신경질적으로 떨면서 더 크게 말한다.

그러고 나서 회계사 같던 그가 갑자기 폭발한다. "시장에서 공격의 북을 쳐라!"라고 외치며 전투병처럼 뛰어오르고 주먹을 스피커폰에 휘두른다.

"3,000을 70에 매도!" 그는 포로를 처형하라고 명령하는 것처럼 손을 흔들며 스피커에 대고 외친다. 잠시 앉았다가 다시 튀어 오른다. "대니,

그렇게 팔지 마! 540을 시장가에 매도! 540을 시장가에 매도!"

브로커가 주문을 확인하는 목소리가 스피커폰을 통해 메아리친다. 존스는 급박하게 허공에 펀치를 날린다. "그래! 행진! 가!" 그가 외치자 일단의 트레이더가 거래장으로 나아간다.

영화가 시작되고 얼마 지나지 않았을 때, 존스는 수백만 달러에 상당하는 베팅을 지시하고 나서 이상한 의식을 행한다. 구두를 벗고 운동화로 갈아 신으면서 "이 테니스화에 국가의 장래가 걸려 있습니다"라고 카메라를 향해 엄숙하게 말한다. "이 신발을 신을 때마다 채권이 1%, 주식이 30달러 상승했습니다." 그는 셔츠와 보수적인 타이, 빛나는 흰 신발을 보이며 가죽 의자에 앉아서 말을 이어간다.

"나는 최고조에 도달할 때를 기다려서 이 신발을 신습니다." 그는 아이가 영웅을 흉내 내듯이 목소리를 굵게 해서 말한다. "이 신발을 자선 경매에서 샀습니다. 브루스 윌리스(Bruce Willis)의 것이었어요. 그는 강한 남자입니다."

그러고 나서 트레이딩 모니터 위에 고질라 풍선을 세워놓는다.

블랙먼데이 폭락을 예측하다

존스의 희한한 행동 뒤에 지적 절차가 있는가? 답변은 미묘하다. 존스가 자신의 성공을 설명하는 것이 설득력 있지는 않았기 때문이다.9

설명은 겨우 20대이던 수석 이코노미스트, 구식 멜빵을 메서 젊은 나이를 숨기려고 했고 1980년대와 1920년대의 묘한 평행선을 설명하기를 좋아한 피터 보리시에게서 시작된다. 보리시가 두 시대의 주식 차트를 겹쳤더니 놀랍게도 모두 현기증 나는 상승선을 그려서, 보리시와 존스는 1929년 규모의 대폭락이 다가온다고 확신했다. 보리시는 아주 솔직한 인터뷰에서, 자신이 도출한 결과에 손을 보았다고 인정했다. 원하는 모습이 나올 때까지 두 차트의 시작점을 조절했다는 것이다.[10]

이런 퀀트에 가까운 근거에 따라 존스는 일화 한 편을 만들어냈다. 월스트리트의 터무니없는 상여금 수준 때문에 시장 조정이 반드시 올 것이다. 은행들은 자본력이 약하다. 반 고흐(Vincent van Gogh)의 그림은 경매 전 예정가의 10배에 낙찰되었다. 존스는 1987년의 다큐멘터리 영화에서 카메라를 조용히 응시하면서 소름 끼치는 폭락을 예언했다. "총체적인 요동과 진동(rock and roll)일 것입니다"라고 말하는 그의 눈은 매우 즐거워 보였다.

존스는 보리시가 일종의 수정구슬을 발명했다고 세계에 알리는 기회를 즐겼을지도 모른다. 경쟁사들에 공포를 심어주면 도움이 되면 되었지, 해가 될 일은 없었다. 존스의 1980년대 중반 수익률을 감안하면 경쟁사들은 그가 무슨 말을 하더라도 믿었을 것이다. 1985년에는 136%를 올렸고 1986년에는 99%를 달성하고 있었다.

그러나 정말 1987년 10월에 대폭락이 발생했지만 보리시의 1920년대 연구는 존스의 성공에 부수적일 뿐이었다. 당시 월스트리트 참여자 대부분은 시장이 조만간 무너질 것으로 예상했고, 그 시점을 판단하기가 어려웠을 뿐이다. 보리시는 1988년 봄에 폭락하리라고 예측했다. 다시 말해 투자업계의 다른 사람들보다 나을 것이 없었다.[11]

존스가 자신의 성공을 설명하려는 다른 노력도 설득력이 없었다. 스타인하트의 1970년대 성공을 이끌었던 독학파 괴짜 토니 실루포처럼, 존스도 세상이 24년 주기로 순환한다는 콘드라티예프 파동 이론을 따랐다. 콘드라티예프의 교훈에 따라 실루포는 1973년 폭락을 예측했고, 이는 1997년까지는 대재앙이 오지 않을 것이라는 의미였다.

그러나 존스는 이 이론이 '요동과 진동'이 임박했다는 주장을 강화했다고 믿었다. 그는 로버트 프레히터(Robert Prechter)*라는 투자 대가가 설명한 엘리어트 파동(Elliott wave) 분석에 더욱 매혹되어 있었다. 프레히터는 주가가 마지막으로 상향 폭발을 하고 나서 최소한 90% 폭락해서, 1720년 영국 남해회사(South Sea) 버블로 인한 폭락 이후 최대가 될 것이라고 강력하게 주장했다. 존스는 인터뷰 기자에게 "내가 성공한 것은 많은 부분이 엘리어트 파동 접근 방식 덕분입니다"라고 매우 진지하게 말했다.[12] 그러나 프레히터의 대폭락 예측은 과도했고, 존스도 프레히터가 대폭락 시점을 짚지 못했다고 인정했다.[13]

존스가 트레이딩에서 수익을 낸 것은 존재하는지 의문스러운 수십 년 순환 주기를 이해했기 때문이 아니라 단기로 기민하게 움직였기 때문이다. 그는 커머디티 트레이더들처럼 시장의 파도를 타는 데 능숙해서, 파도가 다가오는 것 같으면 서핑보드에 올라타지만 시장이 불리하게 바뀌면 곧바로 뛰어내릴 준비가 되어 있었다. "최초 포지션을 취할 때는 내가 맞는지 판단하지 못한다"라고 고백함으로써, 장기적 분석으로 그의 성공 요인을 설명할 수 있을 것이라는 생각을 배척했다.

도리어 그가 진솔하게 설명한 바에 의하면, 그의 방식은 시장의 행동에 대한 각본을 쓴 다음 위험이 작은 베팅으로 가정을 반복 테스트해서 각본이 실현되는 시점을 포착하는 것이었다.[14] 수년 후, 존스는 이런 각본을 쓰게 해준 심리적 준비운동을 설명했다. "매일 저녁, 아파트 안 조용한 곳에서 눈을 감는다. 내가 거래소에 있는 모습을 그린다. 시장이 열리고 하루 동안 시장을 헤쳐갈 감정 상태들을 그려보고 상상한다. 이 준비운동을 매일 반복했다. 그러고 나서 실제 거래소에 가면 이미 준비

---

* 1975년에 메릴린치에 입사했고 1979년부터 엘리어트 파동 이론이라는 뉴스레터를 발간했으며 주가를 예측했다. 그는 주식시장의 흐름도 인간의 심리나 생로병사처럼 자연의 법칙에 따라 흘러가며, 다섯 번의 상승 파동과 세 번의 하락 파동으로 구성된 사이클의 연속이 기본 법칙이라고 했다.

가 되어 있다. 전에 가본 적이 있다. 이미 극단적인 감정을 거쳐 살아가기 때문에 이를 이용할 정신 상태가 되어 있다."[15]

1987년 폭락으로 소로스, 스타인하트, 로버트슨의 빅3가 모두 막대한 손실을 입은 반면, 커머디티 삼총사**는 모두 수익을 냈는데 이것은 우연이 아니었다. 빅3와 주니어3 모두 시장 반전을 기대했다. 그들은 자주 전망을 논의했고 존스는 로버트슨을 위하는 마음에서 공매도 포트폴리오를 운용하라고 설득하기도 했다.[16]

그러나 문제를 예상하는 것과 문제가 왔을 때 번개처럼 반응하는 것은 별개였다. 이런 점에서 커머디티 삼총사가 빅3보다 민첩했다. 로버트슨 같은 주식 종목 선정가는 자기 주식에 집착했다. 그의 타이거펀드는 각 펀드 상품을 철저히 조사했고 그것을 매각하기가 힘들었다. 그러나 폴 튜더 존스, 브루스 코브너, 루이스 베이컨은 그런 부담이 전혀 없었다. 그들의 특징은 유연성이었고 급선회할 준비가 되어 있었다.[17] 그들은 개별 주식에는 관심이 없었고 전체 시장을 거래했다.

10월 16일 금요일에 S&P500지수가 하락하기 시작하자, 존스는 예상하던 폭락이 드디어 다가오고 있다고 감지했다. 보리시의 1920년대 비교에 따르면 폭락까지 몇 달 남아 있다는 예측은 중요하지 않았다. 존스는 그런 것에 의미를 둔 적이 없었다. 게다가 그는 일단 시장이 하락하기 시작하면 진짜 무섭게 하락할 가능성이 높다는 것을 알았다. 투자자들은 여러 달 동안 심판의 날을 예상해왔고, 자신감은 결정적으로 부서질 수 있었다. 포트폴리오 보험이 폭락 위험을 더했다. 주가가 하락하면 포트폴리오 보험자들의 매도가 촉발되고 그로 인해 하락이 더 빨라질 것이었다.

** 폴 튜더 존스, 브루스 코브너, 루이스 베이컨을 가리킴.

6장 | 로큰롤 카우보이 폴 튜더 존스

시장의 포지셔닝 상황 때문에 하락 베팅이 불가피했다. 금요일의 초기 하락이 그대로 끝나버린다면 존스는 공매도에서 완만한 손실을 입고 포지션을 정리한 후 다음 기회를 기다릴 것이다. 그러나 만약 투자자들의 공포와 포트폴리오 보험으로 인해 시장에 구멍이 뚫린다면 보상이 어마어마할 수 있었다. 존스는 폭락이 온다고 확신할 방법이 없었지만, 확실성은 투기꾼이 기대하는 것이 아니다. 존스에게는 위험과 보상의 비대칭 분포가 압도적으로 매력적이었다.[18]

금요일 저녁, 존스는 S&P500지수 선물을 대량 매도했다. 그런 다음 루이스 베이컨과 유럽 친구들과 함께 버지니아주의 사냥터 산장으로 출발했다. 주말이 지나고 뉴욕으로 돌아오는 자가용 비행기에 손님이 너무 많았다. 항상 매너가 좋은 존스는 마지막 자리를 친구에게 양보하고 버지니아에 남기로 했다. 누군가가 "아니야. 너는 큰 포지션을 취하고 있잖아"라고 말했다.[19]

존스는 비행기에 탔고 블랙먼데이 아침에는 맨해튼의 데스크에 앉아 있었다. 손님이 배려하지 않았더라면 일생 최대의 일일 주가 폭락을 목격하지 못했을 것이다. 아침부터 주가가 급락하더니 폭락으로 바뀌었고 존스는 바닥까지 파도를 탔다. 광란의 투자자들은 매도하고 시장에서 빠져나오기 위해 필사적으로 브로커에게 전화했고, 패닉에 빠지지 않은 것은 파산에 직면해 무감각해진 사람들뿐이었다.

수년 후 존스는 당시 월스트리트의 반응을 자신이 탄 보트가 전복된 사건에 비유했다. "나는 보트가 뒤집혀 등이 프로펠러에 쓸렸던 때를 기억한다. 가장 먼저 떠오른 생각은 '젠장, 상처를 꿰매야 하니 일요일 오후를 망쳤구나'였다. 쇼크 상태여서, 친구의 얼굴을 보고서야 내가 많이 다쳤다는 것을 알았다."[20] 1987년 대폭락도 비슷한 방식으로 일부 투자자의 대응을 마비시켰다. 인간 심리의 장난으로 시장 행위가 만들어져서, 지혜를 유지하는 사람이 기회를 얻은 것은 처음이 아니었다.

시장 하락을 타고 내려온 존스는 수익을 얻을 두 번째 기회를 포착했다. 그는 항상 시장에 대한 각본을 쓰고 있었으므로 연준이 폭락에 어떻게 대응할지를 연구해왔고, 당국이 은행에 현금을 풀어서 차입 금리를 낮춤으로써 모두의 신경을 안정시킬 것이라고 추론했다.

여기에서 또다시 비대칭적 베팅이 출현한다. 그의 기대대로 연준이 움직이면 채권시장이 날아오르겠지만, 연준이 움직이지 않는다고 해서 채권시장이 하락할 거라고 예상할 이유는 없었다. 당일 늦게 채권시장이 상승하자, 존스는 자신의 각본이 실현된다는 신호로 받아들였다. 그는 채권 포지션을 최대로 매수했고, 이는 최고 수익으로 돌아왔다.

존스가 블랙먼데이에 날린 연타석 홈런으로 튜더는 8,000만~1억 달러 수익을 냈고 그해 수익률 200%를 달성했다. 그 후 오래지 않아서 존스는 면화 카우보이의 행동과는 대조되는 인간성을 보여주었다. 로빈후드 재단이라는 자선기금을 출범하고 새로운 헤지펀드의 부를 이용해 뉴욕 빈민들에게 수백만 달러를 기부한 것이다.

존스만 블랙먼데이의 성공을 누린 것이 아니었다. 1980년대 후반은 커머디티 출신들에게 좋은 기회의 시대였다. 대폭락 이후 브루스 코브너와 루이스 베이컨도 존스와 같은 각본으로 채권에서 돈을 벌었다.[21] 코브너는 1980년대 초반에 개발한 캐리 트레이드를 통해 통화에서 돈을 계속 벌었다. 1989년과 1990년에는 특히 원유 선물 베팅 덕분에 월스트리트 최고 소득을 올렸다.

한편 베이컨은 시어슨리먼허튼에서 브로커로 일할 때 개인 계좌에서 트레이딩을 잘해서 1989년 자신의 헤지펀드인 무어캐피털을 출범했다. 베이컨이 커머디티에서 받은 시드머니는 곧 비중이 미미해졌다. 폴튜더 존스는 찾아오는 투자자를 다 수용하지 못하자 대신 베이컨에게

6장 | 로큰롤 카우보이 폴 튜더 존스

투자하라고 조언했다.

대형 트레이더들의 포지션을 관찰하라

1987년 대폭락 이후 존스는 도쿄에서 다시금 큰손이 되었다. 모든 월스트리트 달인들처럼 그도 도쿄에 버블이 형성되었다고 판단했다. 일본 당국은 플라자합의 이후 엔화 강세를 상쇄하기 위해 공격적으로 금리를 인하했다. 그 결과 값싼 자본이 몰려서 일본뿐만 아니라 외국 다수의 자산 가격이 부풀어 올랐다. 일본 자본은 캘리포니아 골프장부터 인상파 화가의 작품까지 모든 자산을 사들이는 핵심 세력이 되었다. 1987년, 일본 전화회사인 일본전신전화(Nippon Telegraph and Telephone, NTT)가 놀라운 PER인 250배에 도쿄 증시에 상장되었다. 도쿄 시장은 어떤 기준에서 보아도 과대평가되었지만 계속 상승했다.

모든 버블이 그렇듯, 일본의 도전 과제도 폭락 자체가 아니라 폭락 시점을 예측하는 것이었다. NTT가 부상함에 따라 도쿄에서 주식을 공격적으로 공매도하는 것은 자살행위나 다름없었다. 이후 2년간 닛케이지수는 무려 63% 상승했고, 버블에 저항하는 것보다 값비싼 대가는 없다는 사실을 증명했다.

존스는 누구보다도 신중하게 행동했다. 강세장이 모멘텀을 보이는 한, 추세 추종을 기본으로 하는 그가 대적하기는 너무 위험하기 때문이었다.[22] 따라서 추세가 반전하는 시점을 관찰하면서 때를 기다렸다. 그러다가 1990년 초, 도쿄 시장이 수일 만에 4% 가까이 하락했다. 드디어 존스가 기다리던 신호가 나타난 것이다.

1990년 1월 중순 〈배런즈〉가 마련한 토론장에서 존스는 도쿄가 급락할 준비가 된 이유를 거침없이 발표했다.[23] 그는 일반적인 주식 애널리스트의 관찰로 시작했다. 도쿄 시장은 엄청나게 높은 PER로 거래되고 있었다. 그러나 그는 1987년 월스트리트에서 그랬듯이 시장 참가자들의 포지셔닝에 특히 열성적으로 초점을 맞췄다.[24]

월스트리트 사례에서는 포트폴리오 보험이 하락을 가속하는 메커니즘을 형성함으로써 투기자들에게 비대칭적 기회를 제공했다. 도쿄 사례에서는 일본의 금융 문화가 유사한 비대칭을 만들어냈다. 일본의 저축자들은 자기 펀드매니저가 연 8% 수익률을 가져다주리라고 기대했고 이 목표가 너무나 중요했기 때문에, 주식시장이 하향세로 반전한다면 펀드매니저들은 무위험에 8%를 얻을 수 있는 채권에 방어적으로 몰려들 것이었다.[25]

존스는 도쿄 시장이 연초에 4% 조정을 거쳤다는 점에서 모든 차이가 생겨난다고 주장했다. 시장이 수개월간 강하게 상승한 후 12월에 하락했다면 이미 8% 목표를 달성한 펀드매니저들은 신경 쓰지 않았을 것이고, 연말의 몇 주 동안 채권을 보유해도 수익률에 별 차이가 없을 것이기에 더욱 그랬다. 그러나 1월의 하락은 달랐다. 펀드매니저들에게는 주식의 이전 수익률이라는 쿠션이 존재하지 않았고, 1년은 아직 50주가 남아 있어서 채권시장으로 피신하면 8% 목표를 달성하기에 충분했다. 만일 펀드매니저들이 존스가 예상한 대로 방어적으로 행동한다면 주식에서 빠져나옴으로써 주식시장을 낭떠러지로 몰아낼 수 있었다.

존스의 일본 시장 각본은 현실로 나타났다. 닛케이225지수는 2월에 7%, 3월에 13% 하락했고, 연말이 되자 40%를 상실해서 세계 최대 주식시장이라는 지위가 무너졌다. 존스는 큰 그림만 제대로 그린 것이 아니었다. 도쿄 시장이 최종 목적지까지 어떻게 등락할지를 불가사의할 정도로 정확하게 예측했다. 그는 과거 하락장 패턴에 대한 지식에 근거해 1월에 닛케이지수가 하락한 후 약한 반등이 뒤따를 것으로 예측했고, 시장이 안정된 봄에는 대량 공매도 포지션을 소폭 매수 포지션으로 전환했다.[26] 이 작전은 원자재 트레이더의 유연성과, 절대로 포지션을 전환하지 않는 줄리언 로버트슨 같은 가치투자자의 차이점을 극명히 보여주었다. 분명 닛케이지수는 5월에 8% 상승했고 존스는 또다시 수익을 실현했지만 그럼에도 상승이 일시적이라고 확신했다.

1990년 5월, 존스는 〈배런즈〉와 다시 인터뷰했다. 기자는 도쿄 시장이 하락할 것이라는 1월 예측이 적중한 것을 축하했다. 존스는 1988년과 1989년에도 성급하게 도쿄 폭락을 예측했지만 당시 섣불리 돈을 걸어서 손해를 보지 않은 것이 자신의 핵심 역량이라고 겸손하게 술회했다. 그러고 나서 도쿄 시장이 하락 추세에서 반등을 경험하지만 반등이 매번 실망스럽다고 판단되면 급격히 하락할 것이라고 예측했다. 첫 번째 폭락에서 매도하지 않은 투자자는 필사적으로 돈을 회복하기를 기대하지만, 반등할 때마다 너무 약해서 손실을 복구하기에 부족하다고 판명되면 더 많은 이가 포기하고 손절할 것이라는 논리였다.

존스 자신은 일본 주식을 소량 보유하고 있으나 늦여름에는 다시 공매도할 계획이라고 언급했다. 역시 그의 타이밍은 최고였다. 도쿄 시장은 7월부터 10월 초까지 급락했다.[27] 그해에 존스는 80~90% 수익률을 올렸고 주로 도쿄에서의 트레이딩 덕분이었다.

존스는 일본의 과대평가를 이해하고 일본을 찾았고, 시장이 하락하는 동안 약세장의 익숙한 패턴을 따라 넘나들었다. 그러나 진정한 업적은 일본이 하락한다는 예측도, 하락 추세에서 일시적 반등을 보일 것이라는 예측도 아니었다. 확정적으로 예측할 수는 없지만 확률이 너무나 좋아서 베팅해야만 하는 상황을 포착한 것이었다. 만약 1987년 10월의 월스트리트와 1990년 1월의 도쿄 시장이 반등했다 하더라도 존스는 공매도 포지션에서 소폭의 손실을 입고 빠져나올 수 있었다. 그러나 그는 상승보다는 하락의 가능성이 높다고 보았고, 하락한다면 상상 가능한 상승보다 훨씬 드라마틱할 것이라고 판단했다.

그는 규칙이 두 가지인 룰렛 게임을 하는 도박사와 같았다. 회전판에는 빨간색 숫자가 2개 추가되어 빨간색의 승률이 약간 높아졌고, 카지노는 빨간색 숫자가 나오면 5배를 지급해서 위험·보상 비율이 왜곡되었다. 존스는 베팅해서 이긴다고 확신할 방법이 없었다. 하지만 칩을 걸 때라는 점은 알았다.

존스가 트레이딩에서 성공한 사례 다수가 이 공식에 근거했다. 그는 면화거래소 거래장에서 일할 때부터 대형 트레이더들의 포지션을 관찰하는 일의 중요성을 이해했다. 그들이 현금을 쌓고 있는지 아니면 다 투자해버렸는지를 알면 시장이 어떤 식으로 전개될지 예측할 수 있고, 어떤 상황에서도 위험와 보상을 감지할 수 있다.

거래장 트레이더들은 경쟁사가 호가를 외치는 모습에서 포지션을 파악했고, 존스는 거래장을 떠난 후에도 그 감각을 떠올릴 수 있도록 다양한 방식을 구사했다. 대형 기관 고객을 대리하는 브로커들에게 전화하고, 실물 포지션을 헤지하기 위해 선물시장에 참여하는 트레이딩회사에 질문하고, 동료 헤지펀드 매니저들과 빈번하게 대화했다. 또 투자자들이 콜옵션을 사는지(상승을 기대한다는 신호) 풋옵션을 사는지(하락을 기대한다는 신호) 보여주는 데이터를 추적했다. 연금과 보험사 포트폴리오의 현금과 주식 잔고 비중을 담은 보고서를 참고했다.

그러나 단순히 다른 투자자들이 무엇을 보유하는지 아는 것만으로는 충분하지 않았다. 그들이 보유하고 싶어 하는 것이 무엇인지, 즉 목표가 무엇이고 다른 상황에서는 어떻게 반응할지도 알아야 했다. 만일 일본 펀드매니저들이 8% 수익률에 집착한다는 사실을 파악했다면, 그들이 1월에 주식이 하락한 후 채권으로 갈아탈 것을 알았을 것이다.

추세 반전의 방아쇠 당기기

존스의 트레이딩 방식은 커머디티에서는 일반화된 심리적 통찰의 연장선 위에 있었다. 〈사이콜로지 투데이〉를 읽던 트레이더 리처드 데니스에게 매혹되었던 초기 시절부터 존스는 행동이 바뀌면 시장에 영향을 주어서, 효율적 시장 이론가들이 상정하는 순수한 랜덤워크를 변화시킨다는 것을 알았다. 그러나 다른 종류의 편향에도 익숙했다. 만일 투자자들이 심리적 이유로 비합리적인 매매를 할 수 있다면, 제도적 이유로도 똑같이 할 수 있다.

때로는 심리적 요소와 제도적 요소가 결합한다. 예를 들어 면화 재배 농민들은 면화 수확 후에 예외 없이 가격이 오를 것이라고 기대하며 수확량 일부를 몇 주 동안 보유한다. 그러나 연말이 되면 매도하지 않으려는 심리적 편향이 제도적 여건과 충돌한다. 즉 수확물을 매도하지 않으면 세금 면에서 불리해진다.

그 결과, 존스는 패턴을 발견했다. 매년 면화시장은 12월에 매도 주문이 몰려들어 가격이 하락하고, 다음 해 1월에는 그만큼을 회복하는 것이다.[28] 다른 원자재시장에도 유사한 편향이 잠재한다. 소의 임신 기간은 거의 1년이므로, 소의 가격이 상승하더라도 공급량은 느리게 반응한다. 그 결과 소 선물 거래의 상승세가 지속된다. 주식시장의 예를 들면, 다우지수에 포함된 종목들은 각 분기 마지막 금요일에 주가가 좋은 모습을 보이는데, 차익거래자들이 만료될 선물 계약을 헤지하기 위해 공매도해둔 주식을 재매입하기 때문이다.

존스가 제도적 왜곡에 초점을 맞춘 것은 그가 시장을 능가한 이유를 설명하는 데 도움이 된다. 그는 거래 상대방이 제도적 왜곡으로 반드시 매도해야 하는 상황이기 때문에 자신이 좋은 가격을 얻으리라는 점을 파악하고 매매했다. 효율적 시장 이론가들은 모든 정보가 현재의 가격에 반영되어 있어서 어떤 투자자도 주식이나 원자재의 장래 가격 변동을 예측하기 어렵다고 설명했다. 그러나 존스는 연말에 면화를 반드시 팔아야 하는 농부들 또는 분기 마지막 금요일에 주식을 반드시 재매수해야 하는 차익거래자 등에게서 시장 가격보다 나은 조건을 획득함으로써 효율적 시장 가설을 비껴 갔다.

이런 의미에서 그의 성공은 스타인하트의 성공과 닮았다. 1970년대와 1980년대에 기관투자가들이 대규모 물량을 매도해야 했고 그런 매도를 체결하기 위해 기꺼이 대가를 지불했기에 스타인하트는 주식을 할인 매수할 수 있었다. 존스와 스타인하트는 이런 종류의 트레이딩에서 가격의 미래 경로를 쪽집게처럼 예측할 필요가 없었다. 그저 필요할 때 유동성을 제공하는 것으로 충분했다.

존스의 성공에는 추가 요소가 있었으니, 그가 1987년 다큐멘터리 영화에서 보여준 허세 스타일로 거슬러 올라간다. 그의 방식이 시장에 갑작스러운 움직임을 일으킬 방아쇠를 찾는 것이라면, 경우에 따라서는 기꺼이 대규모 트레이딩으로 시장을 반전시켜 방아쇠를 당기는 주체가 됨으로써 자신의 각본이 실현되도록 집단행동을 일으켰다.

이 기법도 효율적 시장 가설의 약점에 기반했다. 예를 들어 효율적 시장 가설에서는 포드자동차 주식이 너무 쌀 경우 현명한 투자자 몇몇이 주식을 매집해서 주가를 효율적인 수준으로 끌어올릴 수 있다고 가정한다. 그러나 현실에는 현명한 투자자의 힘에 한계가 있다. 보유 현금이 부족해서, 주가가 합리적 수준에 도달할 때까지 매수를 지속하지 못할 수도 있다.

시장 전체가 정상을 벗어났을 때 특히 현명한 투자자가 부족하기 쉽다. 이들은 일본의 주식 버블이나 닷컴 버블, 모기지 버블이 전혀 타당하지 않다는 것을 알 수는 있지만, 버블을 끌 만큼 많은 자금을 차입할 수는 없다. 이것이 역발상가의 힘에 한계가 있는 이유다. 또 시장이 추세에 흔들리고 금융이 버블에 취약한 이유다.

경제학자 안드레이 슐라이퍼(Andrei Shlcifer)와 로버트 비시니(Robert Vishny)가 '차익거래의 한계'라고 명명한 이 개념은 존스가 본능적으로 감지한 기회를 가리킨다. 투기자들이 여론에 도전할 힘이 없기 때문에 시장은 펀더멘털 가치에서 괴리되어 움직일 수 있고, 추세는 합리성을 벗어나는 수준을 넘어서도 지속될 수 있다. 그러나 남들보다 많은 자본과 용기를 갖춘 트레이더라면 시장에 잠복해 있다가 시장을 깨워서 몽유병에서 벗어나게 만들 수 있다. 그리고 그가 새 추세를 시작했기 때문에 가장 먼저 수익을 얻을 것이다.

시장을 깨우는 것이 존스의 특기였다. 그는 선물거래소에서 카우보이들이 경쟁사를 곤경에 빠뜨리는 광경을 보아왔고, 트레이더 최초로 이 전략을 여러 시장에 구사했다. '고상한 트레이더' 대부분은 주문을 브로커 다수에게 신중하게 분산해서 포지션을 감추려고 했지만, 존스는 때로는 최대한 떠벌리는 것이 유리하다는 사실을 알았다.[29]

다큐멘터리 한 장면에서 존스는 OPEC의 원유 감산 협의에 회의적으로 반응했다. 이론적으로 생산을 줄이면 가격이 상승하니 OPEC의 발표는 유가 상승 추세를 촉발한다. 그러나 존스는 OPEC 산유국들이 감축 쿼터 준수라는 집단적 규범을 거의 따르지 않는다는 것, 따라서 상승 추세가 실상 근거가 없다는 것을 알았다. 시장의 근거 없는 모멘텀을 깨고 반전에서 수익을 얻는 것이 과제였다.

처음에 존스는 은밀하게 진행한다. 매수 포지션을 축적하는 동안 상승 추세가 나타나 방해받지 않도록 자신의 의도를 숨기기를 바라며 소량 주문 다수를 분산했다. 그러나 조용한 거래를 완수하는 즉시 거친 카우보이 스타일로 전환한다. 이제 그는 큰손이 매도한다는 사실을 시장에 알리고 싶어 한다. 시장을 놀라게 하고 싶어 한다.

"1,000개 매도!" 그가 브로커에게 소리친다. "아니 1,500개 매도! 그들에게 물량을 보여줘! 더 나올 거라고 말해! 실행해! 물량 더 있어!"

시장을 흔든 다음 존스는 석유 트레이딩회사의 친구에게 전화해서 자신의 과감한 매도가 유가 모멘텀을 꺾었는지 확인한다. 면화거래소 거래장에서 트레이더가 수행하던 경쟁사 분위기 탐색을 똑같이 수행하는 것이다. 잠시 통화한 후 존스는 전화를 끊는다.

"그는 '그놈들이 팔아치우고 있어'라고 말했습니다. 그의 동료들은 어떤 상황인지 몰랐죠"라고 기쁘게 보고했다. 음흉하게 윙크하고서 멜로드라마처럼 자기 가슴을 가리켰다. "그게 더 낫습니다. 나는 협약이 무너지리라는 것을 아는 난폭한 아랍인의 짓이라고 그들이 생각하기를 바랍니다."[30] 물론 존스는 매복에 성공했고 유가 상승 추세가 반전되었다. 존스는 유가에 대한 각본을 실현할 방아쇠를 기다리지 않고 스스로 방아쇠를 만드는 데 성공했다.

1987년 봄, 존스는 은의 시대가 왔다고 판단했다. 금 가격은 이미 올랐고 통상 은이 뒤따른다. 더구나 중요 은광들에서 생산 차질이 있을지 모른다는 소문이 돌았다. 3월 초의 이른 아침, 존스는 자신의 영웅 패튼 장군의 양동 작전에 해당하는 공격을 개시했다. 은 선물을 대량 매수해서 거래소 트레이더들의 재고를 고갈시켰다. 그런 다음 딜러 4명에게서 은 실물을 매수했다.

은 딜러들은 곧 존스가 예측한 대로 행동하기 시작했다. 금 가격이 이미 올랐고 은이 뒤따를 것이라고 판단했기에 매도 후 재고가 고갈된 상태를 유지하지 못한 것이다. 그들은 즉시 은 선물거래소에 전화해서, 몇 분 전 존스에게 매도한 실물을 대체할 선물을 매수하겠다는 주문을 내려고 했다. 그러나 거래소에 전화가 연결되자 깜짝 놀랐다. 선물 트레이더들이 항상 보유하던 은 선물을 이미 존스에게 매각했던 것이다.

선물 트레이더들도 자기 입장에서 존스의 각본을 따랐다. 현물 딜러들이 급매수 주문 전화를 하자 선물 트레이더들은 생산 차질 소문이 진짜라고 믿고 황급히 존스에게 매도한 선물의 일부라도 재매수하려고 나섰다. 얼마 지나지 않아서 아수라장이 발생했다. 존스 때문에 재고가 없어진 투기자와 딜러들은 가격 폭등에서 자신을 보호하려 했지만 그럴수록 가격이 더 올라갔다. 시장이 상승할 때가 되었다고 감지하고 배짱으로 연쇄 반응을 발동함으로써 존스는 상당한 수익을 실현했다.[31]

이 작전 사례들은 존스가 여러 시장에서 무한한 영향력을 가졌다는 뜻이 아니다. 그는 "나는 어떤 시장이든 적절한 시기에 들어가서 상승쪽으로 기름을 약간 부어서 강세장의 환상을 만들어낼 수 있다. 그러나 시장이 진정 건전하지 않으면, 내가 매수를 멈추는 순간 가격이 바로 하락한다"라고 고백한 적이 있다.[32] 가격에 대한 영향력에 한계가 있다는 것을 강조하려고 한 말이지만 그의 자질이 아니라 인정이 더 부각되었다. 존스가 일시적이라도 시장을 움직일 수 있다는 사실 자체가 주목할 만했다.

그는 신선한 눈이 내린 산꼭대기에 선 소년 같았다. 산 경사에 가루가 많이 쌓여 있다면 돌멩이 하나로도 '돈 사태'를 일으킬 수 있었다. 물론 그는 산꼭대기의 소년이 눈을 내리게 할 수 없듯이 자신도 기본적인 경제력에 반해 시장을 움직일 수 없다고 주장했다. 하지만 눈사태를 일으키는 능력은 대단한 것이다. 존스가 시장이 움직일 잠재성을 판단할 수 있다면, 자신이 선택한 시점에 연쇄 반응을 일으키고 그에 따라 가장 먼저 수익을 얻을 수 있었다.

존스가 돈 사태를 촉발하는 능력은 거대한 매매 위험을 감수할 의지를 반영했지만 평판 또한 중요했다. 사람들은 거친 카우보이를 보면 그가 시장을 움직일 거라고 추정했고 이 추정은 자기실현이 되었다. 존스가 물량과 악명을 키울수록, 가장 깊고 유동성이 큰 시장에서조차 힘이 커졌다. 예를 들어 1980년대 말 국채 선물은 보통 5,000만 달러 단위로 매매되었지만 존스는 때로 2배 규모로 주문을 내서, 큰손의 움직임과 같은 편에 서려는 트레이더들의 황급한 반응을 불러오곤 했다.[33]

1990년대 초 S&P500지수 선물의 최대 트레이더였던 제임스 엘킨스(James Elkins)는 존스의 영향력에 대해서 "그가 시장에 들어올 때마다 거래장이 공포를 느꼈다. 내 물량이 그의 물량보다 컸을 수도 있지만 그의 평판이 엄청나서 그가 들어오면 모든 것을 압도했다. 시장의 반응은 극적이었다"라고 술회했다.[34]

존스는 초기 면화거래소 거래장 시절부터 시장이 심리의 영향을 받는 것을 이해했다. 커머디티 트레이더들처럼, 1980년대 말에 출현한 행동재무학(behavioral finance)의 연구 결과들을 앞섰다. 한편 시장에 제도적 허점이 있는 것도 발견했고, 여기에서 절세 거래를 담은 논문들을 앞섬으로써 효율적 시장 가설을 많이 뒤틀었다. 하지만 그의 최대 강점은 시장을 인식한 것이 아니라 자신을 인식했다는 사실에 있었다. 그는 자신의 거래가 다른 이들의 계산을 어떻게 변화시키고 연쇄 반응을 유리하게 일으킬지 이해했다.

헤지펀드들의 규모와 지위가 성장할수록 존스의 통찰력이 미치는 영향력도 커졌다. 저명한 헤지펀드 대가들의 탄약고에 수십억 달러가 쌓였으므로, 원유나 은 트레이더들만 조심할 상황을 넘어섰다. 1990년대부터 헤지펀드들은 모든 유형의 시장을 움직일 만큼 커졌다. 정부까지도 능가할 수 있었을 것이다.

7장

퀀텀펀드의
흰 수요일

HEDGE FUND

소로스의 아홉 번째 후계자

1988년 가을, 스탠리 드러켄밀러는 소로스펀드매니지먼트(Soros Fund Management)에 합류하는 데 동의했다. 그의 친구들은 소로스에게 장래를 맡기는 것을 반대했고, 그 자신도 소로스와 같이 일할 기간이 1년을 채울지 반신반의했다.[1] 소로스는 드러켄밀러가 자신의 펀드를 이어받을 천재라면서 입사를 종용했다. 그러나 소로스의 과거를 보니 진정으로 권한을 넘겨주기는 어려울 듯했고, 소로스의 보장을 어디까지 믿어야 할지 의심스러웠다.

드러켄밀러는 새 직장으로 출근하기 전날, 사우샘프턴에 있는 소로스의 주말 저택을 방문했다. 그 집 앞마당에서 소로스의 아들 로버트(Robert Soros)를 만났다. 로버트는 "축하합니다. 아버지의 아홉 번째 영원한 후계자가 되셨군요"라고 말했다.[2]

소로스와 드러켄밀러는 스타일이 정반대였다. 소로스의 취미는 철학 책을 쓰는 것인 반면, 드러켄밀러의 취미는 스리리버스 스타디움에서 피츠버그 스틸러스 미식축구팀의 경기를 보는 것이었다. 그러나 투자자로서 두 사람은 이상적으로 잘 맞았다. 소로스처럼 드러켄밀러는 주식 종목 선정 경력을 거쳤다. 소로스처럼 드러켄밀러는 종목 선정에 집착하지 않았다.

드러켄밀러는 피츠버그내셔널은행에서 주식 애널리스트로 경력을 시작했지만, 성공하는 바람에 주식 전문가에게 당연히 요구되는 도구들을 마스터하지 못했다. 25세에 은행의 리서치 담당 이사로 승진하자 기업 재무제표 분석에 대한 강점을 개발할 시간이 없었던 것이다.[3] 대신에 서로 다른 원칙들을 결합하는 것이 강점이 되었다. 주식에 대한 확고한 감각에다, 적성에 맞지 않아 중단했던 경제학 박사 과정을 통해 외환과 금리에 대한 강력한 감각을 추가했다. 한 동료가 칭찬했듯이 드러켄밀러는 주식시장을 경제학자보다 잘 이해했고 경제학을 주식 종목 선정가보다 잘 이해했다. 수익을 내기에 좋은 결합이었다.

그는 주식 종목을 추적하고 기업 경영자들과 정기적으로 대화함으로써 경제 추세에 대한 조기 경고를 얻었고 채권과 외환에 대한 견해를 형성했다. 경제 상황을 추적함으로써 주식 투자 환경에 대한 조기 경고를 얻었다. 예를 들어 통화가 하락하면 수출주를 매수하고, 금리가 상승하면 부동산 개발주를 공매도할 때였다.

기업과 경제에 대한 감각에다 기술적 분석을 세 번째 기술로 추가했다. 피츠버그에서 처음 만난 상사는 차트 연구가였고 종목 선정가 대다수는 추세 파악을 주술적인 행동으로 간주했지만 드러켄밀러는 차트의 유용성을 곧 파악했다. 펀더멘털 분석으로 어떤 주식이나 채권이 고평가되었다고 판단하는 것과 언제 시장이 조정받을지 판단하는 것은 별개 사안이며, 차트는 그 답변을 암시했다.

드러켄밀러는 기술적 분석을 통해 시장의 파도에 경각심을 갖게 되었고, 폴 튜더 존스의 트레이딩 능력과 줄리언 로버트슨의 종목 선정의 강점을 결합하게 되었다. 그는 블랙먼데이에서 살아남았고 그 직후에 많은 차익을 얻었다. 소로스를 포함해 순수 주식 투자 경력을 가진 헤지펀드 매니저에게에서는 찾아볼 수 없는 경력이었다.

드러켄밀러는 피츠버그의 은행에서 4년 일한 후 뉴욕에서 프레젠테이션을 했다. 행사가 끝나자 관객에게 감명받았다는 말을 들었다.

"은행에 있다니! 도대체 은행에서 무엇을 하는 겁니까?" 그는 드러켄밀러와 몇 분간 대화한 후 물었다. "당신 회사를 차리는 것이 어때요?"

드러켄밀러는 자본이 충분하지 않았지만 상대는 "당신 의견을 듣는데 월 1만 달러를 지급하겠습니다"라고 고집을 부렸다.[4]

그래서 1981년 2월, 28세이던 드러켄밀러는 듀케인캐피털 매니지먼트(Duquesne Capital Management)를 출범했고, 기업과 경제에 대한 견해를 차트에 대한 감각과 결합해 자유분방한 포트폴리오를 구성하는 새로운 매크로 트레이더로서 스타일을 연마하기 시작했다.

4년 후 뮤추얼펀드사 드레퓌스의 주목을 받았고, 드레퓌스는 그에게 듀케인을 병행하면서 운용할 뮤추얼펀드 몇 개를 맡겼다. 드러켄밀러의 뮤추얼펀드 하나는 3개월 내에 40% 수익률을 올렸고, 젊은 펀드 매니저는 월스트리트의 스타가 되었다. 1987년 《금융의 연금술》이 발간되어 소로스의 펀더멘털·기술적 트레이딩 결합이 소개되자, 드러켄밀러는 소로스의 스타일이 자신의 접근 방식과 비슷하다는 것을 발견했다. 두 사람은 소로스의 사무실에서 점심을 먹었고 의기투합했다. 첫 만남에서 소로스는 드러켄밀러를 스카우트하려고 시도했다.

드러켄밀러가 마침내 받아들였을 때 소로스의 아들이 앞마당에서 '뼈 있는' 환영을 한 것은 근거가 있어 보였다. 기존 '영원한 후계자' 후보들을 포함해 퀀텀펀드의 기존 애널리스트들은 드러켄밀러의 체격이 프로 축구 선수 같은 데 구애받지 않고 후계자 경쟁에서 충돌했다. 엎친 데 덮친 격으로, 드러켄밀러는 주식뿐 아니라 채권과 통화도 트레이딩했지만, 소로스는 드러켄밀러를 S&P500 전문가로 인식한 것으로 보였다. 1989년 8월의 어느 저녁, 드러켄밀러가 여전히 듀케인펀드를 운용하는 피츠버그로 출장 갔는데, 자리를 비운 사이 퀀텀펀드 내 그의 채권 포지션이 매각된 것을 발견했다. 그는 소로스에게 전화해 분통을 터뜨렸다. 자신을 넘겨짚는 상사와는 일할 수 없었다.[5]

드러켄밀러는 소로스에게 "당신이 있어서 갑갑합니다. 나는 수치스럽고, 내 능력을 발휘할 수 없다고 생각해서 실망했습니다"라고 외쳤다. 그런 다음 "떠나고 싶습니다"라고 말했다.

드러켄밀러와 퀀텀펀드의 인연이 끝날지 모르는 순간이었다. 그러나 그 대신 소로스의 최고 도박을 불러왔다.

"떠나지 말게. 내가 떠날 테니." 소로스가 말했다.

소로스는 개인 재산 대부분을 퀀텀펀드에 넣어두었다는 점에서 더욱 괄목할 만큼 냉철하게 가족과 함께 런던으로 이주했다. 그는 떠나면서 "나는 유럽으로 가네. 이제 우리는 내가 자네를 너무 간섭했는지, 아니면 자네가 진정 서투른지 확인할 거야"라고 드러켄밀러에게 말했다.[6]

이후 수개월 동안 소로스는 자신이 행한 도박의 성과를 즐겼다. 런던으로 이주하자 동유럽에서 자선사업에 집중하기 위해 갈망하던 자유를 누리게 되었다. 그사이 베를린 장벽이 무너져서 드러켄밀러가 원하던 시장 격동이 발생했고 그의 수익률은 놀라운 국면에 도달했다.[7] 1989년에 31.5%를 달성했고 이후 4년간 29.6%, 53.4%, 68.8%, 63.2%를 찍은 것이다. 퀀텀펀드의 자산은 18억 달러에서 50억 달러로 증가했고, 회사는 대표 펀드에 추가로 신규 펀드를 결성했으므로 1993년 말 운용자산 총액은 83억 달러가 되었다.[8]

소로스는 자신의 행운을 인정할 감각이 있었다. 드러켄밀러의 초기 폭발에서 교훈을 얻은 후 간섭하지 않으려고 노력했다. 그는 영원한 후계자를 원했고 운 좋게 이처럼 재능 있는 후계자를 발견했다. 1990년대 내내 소로스는 드러켄밀러의 코치로서 질문과 조언은 하지만 방아쇠를 당기는 역할은 넘겨주었다. 소로스는 내기 욕구를 충족하기 위해 일부 펀드를 유지했지만, 훨씬 큰 퀀텀펀드는 드러켄밀러가 확고하게 통제했다.[9] 언론에서는 퀀텀 성공이 소로스의 공로라고 계속 보도했는데, 소로스가 기자들의 오해를 해명하지 않았고 소로스가 주목을 즐기는 만큼이나 강렬하게 드러켄밀러는 주목을 혐오했기 때문이다.[10]

소로스가 런던으로 이주한 후 드러켄밀러는 소로스 투자 방식의 연장선 상에서 접근했다. 《금융의 연금술》의 가르침을 숙지하고 2년간 소로스와 계속 논의해서 배울 수 있는 것을 모두 배웠다. 소로스가 하던 대로 퀀텀펀드를 주식 매수·공매도로 운용하고 차입금으로 S&P500 지수 선물, 채권, 통화를 매매했다. 역시 소로스가 하던 대로 기업 경영자들을 계속 접촉했고 그들에게서 듣는 이야기가 경제 추세의 조기 경보가 된다고 생각했다. 그리고 소로스가 하던 대로 양손에 기회를 움켜쥐었다. 제자가 스승에게 배운 최대 교훈은 적절한 순간이 나타나면 보유 자본을 모두 걸어서 포지션을 쌓으라는 것이었다.[11]

파운드화를 공격하라

소로스가 가족과 함께 런던으로 이주한 직후 베를린 장벽이 무너지자 바로 그 순간이 만들어졌다. 동독 사람들은 일자리와 사회복지를 기대하면서 자유롭고 부유한 서독으로 밀려 들어갔다. 관련 비용으로 독일 정부가 대규모 재정적자를 부담할 것이 확실해 보였다. 다른 조건이 같다면 재정적자는 인플레이션을 일으키고 통화가치를 약화한다. 이런 논리하에 트레이더들은 베를린 장벽 붕괴 후 마르크화를 매도했고 마르크는 달러 대비 하락했다.

그러나 드러켄밀러의 견해는 달랐다. 그는 《금융의 연금술》에서 레이건 대통령의 초기 재정적자에 대한 언급을 기억했다. 이때의 적자는 달러를 약화하지 않고 간접적으로 강화했다.[12] 레이건의 예산 확대가 연준의 통화 긴축으로 상쇄되었기 때문이다. 달러 금리가 높아지자 투자자들이 달러로 자금을 보유하게 되어서 달러 강세로 연계되었다. 드러켄밀러는 독일이 같은 방향으로 갈 거라고 예측했다. 예산 확대로 인해 독일의 강경한 중앙은행가들이 금리를 인상하고 마르크는 상승할 것이다. 따라서 드러켄밀러는 장벽 붕괴 후 며칠 동안 마르크 매수에 20억 달러를 투입했다. 다음 해 마르크는 달러 대비 25% 상승했다.[13]

마르크 투자의 성공 요인은 시장의 경쟁자들을 이해하면 위험·보상 비율 면에서 매우 유리한 매매를 포착할 수 있다는 폴 튜더 존스의 통찰력에 기반했다는 점이다. 존스가 초기에 보인 특기는 민간 트레이더들의 포지션을 알아내는 것이었다. 그러나 드러켄밀러는 '정부'를 이해한다는, 더 크고 매력적인 게임으로 들어갔다. 특히 중앙은행은 트레이더에게 선물이 될 수 있다. 중앙은행의 의지는 종종 명확했고, 예를 들어 분데스방크는 인플레이션과 싸우겠다는 결의를 숨기지 않았고 그 행동은 시장을 움직일 수 있었다. 1989년 11월, 드러켄밀러에게는 분데스방크가 금리를 올릴 것이라는 예측만으로 충분했다. 이 사실만으로도 그가 수익을 얻을 추세를 형성하는 데 충분했다.[14]

마르크화 거래는 1990년 퀀텀펀드 수익률 29.8%에 기여했다. 그러나 예행 연습에 불과했다. 2년 후, 드러켄밀러는 유럽의 통화 질서를 흩어버리고 헤지펀드를 글로벌 금융의 신흥 세력으로 정착시킴으로써 경력 최고의 성취를 달성했다.

독일 통일 때문에 분데스방크가 기분 좋게 예측 가능한 방식으로 행동하게 된 것은 아니다. 통일이 되자 중앙은행은 마르크화의 중심축인 동시에 유럽 환율 조정 제도(exchange-rate mechanism, ERM)의 중심축이라는 상충하는 역할에 노출되었다. 이 제도는 1979년에 유럽 내 통화가치 등락을 억제함으로써 유럽 기업들이 비즈니스 모델을 뒤집을 환 위험 부담 없이 투자하도록 촉진하기 위해 도입되었다.

ERM은 10년 이상 잘 작동해서, 단일 통화라는 극단으로 가는 일 없이 통화들을 안정시켰다. 참여 통화들은 좁은 범위에서만 등락이 허용되었다. 그리고 이런 융통성만으로 부족할 경우, 해당 국가는 유럽 파트너들과 평가절하를 협상할 수 있었다. 이 규칙하에서 각 정부는 금리를 조절해 자국의 경기 주기를 관리할 여지가 있었다. 시스템은 환율 안정과 금리 유연성이라는 양대 목적에 균형을 잡아주었다.

독일 통일은 이 타협을 긴장시켰다. 독일에서 인플레이션 압력이 생겨났고 그 결과 분데스방크가 금리를 올렸다. 그러나 다른 유럽 국가들은 불경기로 금리를 인하해야 하는 시점이었다. 독일의 고금리와 다른 국가들의 상대적 저금리가 결합하자 마르크로 유입되는 자본이 많아졌다. 그 결과 영국 파운드와 이탈리아 리라가 변동 폭의 하한선에 도달해서 ERM이 붕괴할 위험에 처했다.

유럽 정부들에는 두 가지 방법이 있었다. 독일이 금리를 낮추고 영국과 이탈리아가 금리를 인상하는 것과, 중앙은행들이 외환시장에 개입해 마르크를 매도하고 파운드와 리라를 매수하는 것이다. 이 두 가지가 실패한다면 영국과 이탈리아는 평가절하를 할 수밖에 없었다.

1992년 여름, 드러켄밀러는 이 긴장 상황을 숙고하기 시작했다. 특히 영국에 집중했는데, 퀀텀펀드의 젊은 펀드매니저 스콧 베선트(Scott

Bessent)가 영국에서 불안정한 주택 부문을 조사한 후 그 업종 주식 몇 개를 공매도하고 있었다. 베선트는 영국의 모기지가 일반적으로 고정 금리가 아니며, 잉글랜드은행이 금리를 올리면 영국 가계들은 즉각 모기지 상환 압박을 받게 된다고 드러켄밀러에게 보고했다. 이런 전염 체계 때문에 독일 고금리는 영국을 매우 치명적으로 몰아붙이고 있었다. 만일 잉글랜드은행이 ERM 내에서 파운드를 보호하기 위해서 금리를 올리면, 이미 불경기인 영국 내 모기지 차주들이 타격을 받아 소비를 줄이게 될 것이었다.

드러켄밀러는 자신에게 불리할 수 없는 베팅 기회가 열린 것을 파악했다. 영국 당국이 금리 인상을 꺼리고 파운드 평가절하를 허용할 가능성은 매우 높았다. 반면에 파운드가 마르크 대비 상승할 가능성은 실질적으로 전무했다. 영국의 경제가 침체되어서 잉글랜드은행은 필요 이상으로 금리를 올릴 수 없었다. 물론 외환시장의 중앙은행 중재로 영국-독일 환율이 바뀔 수도 있지만, 이는 파운드 공매도에 영향을 미치지 않을 것이다. 파운드가 밴드에서 탈락하는 것을 막기 위해 싸우는 경우가 아니라면, 잉글랜드은행은 부족한 외환 보유액을 낭비하지 않을 것이다. 중재가 성공하면 파운드는 하락을 피하겠지만, 가치가 다시 오르리라고 기대할 이유는 없었다.

이 비대칭적인 베팅을 포착하고 드러켄밀러는 8월 15일까지 15억 달러를 투입해 마르크를 매집하고 파운드를 팔았다.[15]

그때까지 드러켄밀러는 파운드 트레이딩에 세 가지 기법을 구사했다. 첫째, 경제 추세에 대한 통찰력의 원천으로 주식 리서치를 충분히 활용했다. 소로스와 같고 커머디티 삼총사와는 다르게, 경제 성과의 선구자로서 기업들에 중점을 두었다. 둘째, 통화와 금리를 이해했다. 소로스와 같고 줄리언 로버트슨과는 다르게, 주식 트레이더이면서도 다른 상품들 트레이딩에 똑같이 유능했다. 마지막으로 위험·보상 비율에서 유리한 베팅 기회를 생성하는 제도적 요소에 혜안이 있었다. 폴 존스가 일본 펀드매니저들이 연 수익률 8%에 집착하는 데 따른 비대칭적인 베팅 기회를 포착했듯이, 드러켄밀러도 영국 변동 금리 모기지의 중요성을 간파했다. 그러나 파운드 베팅의 다음 단계에서는 존스와 다른 재능을 발휘했다. 드러켄밀러는 분데스방크에 작용한 압력들에서 시작해 유럽 금융의 정치적 요소를 이해해야만 했다.

독일인들은 히틀러를 부상시킨 초인플레이션을 경험한 이후 통화가치 안정을 중시했다. 미국에서 연준의 법적 의무 사항은 낮은 인플레이션과 완전 고용인 반면, 독일에서 분데스방크의 법적 의무 사항은 인플레이션과의 투쟁뿐이었다. 이런 이유로 독일은 통일 비용이 재정적자를 일으키는 한 본능적으로 금리 인하를 거부할 것이었다. 독일이 강경하게 버틴다면 파운드에 대한 압력이 더욱더 커질 것이었다.

그러나 최소한 정치적 이유로 분데스방크가 자세를 완화할 가능성이 존재했다. 당시 유럽 지도자들은 마스트리트조약(Maastricht Treaty)을 체결해서 궁극적인 유럽 단일 통화인 유로화 탄생이라는 비전을 막 수립한 시점이었다. 독일 정부가 이 프로젝트를 지지했다. 독일 정부가 강경한 인플레이션 대책을 구사할 경우 유럽의 통화 질서가 분열된다면 재고해야 할 입장이었다.

드러켄밀러가 파운드화를 최초로 매도 베팅했을 때, 분데스방크가 전통적인 인플레이션 억제 대책과 유럽에 대한 책임에 어떤 비중을 부여할지는 확실하지 않았다. 그러나 독일의 의지는 곧 명백해졌다.

9월 4~5일 유럽공동체(EC)의 재무장관들과 중앙은행 관계자들이 영국 도시 바스에 집결했다. 영국의 노먼 라몬트(Norman Lamont) 재무장관은 필사적으로 영국 금리를 낮출 여지를 확보하기 위해서, 똑같이 불황과 싸우는 이탈리아와 프랑스 장관들의 지지하에, 독일에 통화정책을 완화하라고 강력하게 요구했다. 그는 주먹으로 테이블을 내리치고 독일 분데스방크의 헬무트 슐레징거(Helmut Schlesinger) 행장에게 고함쳤다. "재무장관 열두 명이 여기 앉아서 당신에게 금리 인하를 요구하고 있습니다. 왜 조치하지 않습니까?"

슐레징거는 너무 충격을 받아서 회의장을 떠나고 싶었다. 그는 모든 경력을 바쳐온 직장인 분데스방크의 독립성을 숭상했고 정치적 압력, 특히 외국인의 압력에 반발했다. 그가 마침내 침착성을 회복한 후, 금리를 인하할 계획이 없지만 올릴 이유도 찾지 못했다고 발언했다. 누구도 금리 상승을 기대하지 않았지만, 라몬트는 이 발언을 자기 식으로 해석해서 양보의 의미라고 언론에 발표했다.16

이후 며칠 동안 라몬트의 공격성이 반복되자 슐레징거는 격분했다. 분데스방크 행장은 자신이 중앙은행의 독립성을 양보했다는 인상을 바로잡아야 한다고 느꼈다. 9월 8일 바젤에서 중앙은행 회의가 열린 후, 슐레징거는 독일 금리의 미래 향방을 보장할 수 없다고 공언했다. 독일이 주변국들을 도와주기 위해서 통화정책을 양보하기는커녕, 유럽 통화들 간의 고정된 관계를 거의 신뢰하지 않는다고 경고한 것이다. 요점을 강조하듯이 슐레징거는 특히 이탈리아 리라화가 건전하지 못하다고 암시했다.

슐레징거의 연설장에 청중으로 앉아 있던 사람은 다름 아닌 조지 소로스였다. 소로스는 분데스방크 행장의 연설을 자신이 정확하게 들었는지 확인하기 위해서, 연설이 끝난 후 그를 찾아갔다. 독일의 유럽 화합 의지력을 측정하기 위해서 소로스는 유로화 이전 유럽의 개념적 통화인 ECU를 어떻게 생각하느냐고 슐레징거에게 물었다. 슐레징거는 유럽 통화의 개념은 좋아하지만 ECU라는 이름은 좋아하지 않는다고 답변했다. 그는 아마 마르크라고 부르기를 선호했을 것이다.

슐레징거의 답변은 소로스가 원하던 만큼 확고했다.[17] 분데스방크는 통화연합이라는 생각에는 개방적이지만 모든 대가를 감수하는 것은 아니다. 분데스방크의 최우선 목적은 마르크를 인플레이션에서 보호하는 전통을 지키는 것이고, 만일 다른 나라들이 이 과제가 의미하는 긴축 정책을 소화할 수 없다면 통화를 평가절하해야 할 것이다.

소로스는 유럽통화연합이 달성되면 분데스방크를 대신할 유럽 중앙은행이 탄생할 테니, 슐레징거는 인플레이션을 강경하게 억제하는 정책 때문에 유럽통화연합을 위한 계획에 지장이 생기더라도 신경 쓰지 않을 것이라고 추측했다.[18] 소로스는 모든 관료가 자기 보전에 동기를 부여받는다고 생각했고, 슐레징거는 분데스방크 관료로서 분명히 이런 성향의 화신일 것이었다. 그래서 소로스는 약간 흥분한 상태로 뉴욕의 드러켄밀러에게 전화해서 리라가 하락할 예정이라고 말했다. 드러켄밀러는 빠르게 기존 파운드 매도 포지션에 리라 매도를 추가했다.[19]

소로스는 뉴욕으로 돌아와서, 뱅커스트러스트은행에서 소로스의 펀드매니저로 이직하는 중이던 외환 전문가 로버트 존슨(Robert Johnson)에게 전화했다. 소로스는 리라가 하락할 것이라고 확신했지만 이제 그다음 단계를 보고 있었다. 어쩌면 유럽의 게임 규칙이 바뀌고 있었다.

"파운드를 어떻게 생각하나?" 소로스는 질문했다.

"제가 가서 말씀드리는 것이 좋겠습니다"라고 존슨이 대답했다. 뱅커스트러스트은행은 트레이더들의 대화를 녹음하기에 그는 통화를 계속하고 싶지 않았다.

존슨은 택시를 타고 7번가 888번지의 소로스 사무실로 왔다. 드러켄밀러의 책상 옆에 스크린이 몇 개 켜져 있었다. 존슨, 소로스, 드러켄밀러는 작은 회의실에 모여 앉았다.

소로스가 존슨에게 파운드 매도 포지션에 어떤 위험이 수반되는지 물었다.

"파운드는 유동성이 높으니 언제든지 손실 포지션에서 빠져나올 수 있습니다. 최대 손실 폭은 0.5% 정도입니다"라고 존슨이 대답했다.

"이 거래에서 무엇을 얻을 수 있는가?" 드러켄밀러가 물었다.

"이 상황이 터지면 15~20%를 얻을 것입니다." 존슨이 답변했다.

"그런 상황이 터질 가능성은?" 드러켄밀러가 되물었다.

"3개월 기간으로 볼 때 약 90%입니다." 존슨이 답변했다.

마주 보며 앉아 있던 드러켄밀러와 소로스는 벌떡 일어섰다.[20]

"펀드를 맡으면 얼마를 운용하고 싶나?" 소로스는 존슨이 뱅커스트러스트를 위해 운용하던 포트폴리오를 언급하면서 질문했다.

존슨은 이 트레이딩의 이점을 이용하기 위해 레버리지를 걸겠다고 밝혔다. 자본의 3~5배 거래를 할 것이었다.

"세상에." 드러켄밀러가 빠르게 말했다. 눈이 커지고 몸에 힘이 들어갔다. 농구 선수가 바스켓으로 돌진하기 전에 숨을 들이쉬는 듯했다.

"그들의 외환보유고는 겨우 220억 파운드 정도입니다." 존슨은 이 금액이 440억 달러 정도라고 말을 이었다. 퀀텀펀드는 파운드를 사줄 상대방이 있어야만 파운드를 매도할 수 있다. 슐레징거의 발언으로 볼 때 파운드 매수세는 거의 남아 있지 않았고 주 매수세는 잉글랜드은행과 파운드를 지지하려는 다른 중앙은행들이었다. 일단 잉글랜드은행의 외환보유고가 고갈되면 파운드 매도 베팅이 불가능해진다. 따라서 440억 달러가 한계가 될 수 있다.

"우리는 그중 150억을 얻을 수 있습니다." 드러켄밀러가 말했다. 기존 파운드 베팅을 10배로 늘리자는 제안이었다.[21]

"그들이 얼마나 오래 버틸 수 있다고 생각하나?" 소로스가 물었다.

존슨은 몇 달을 넘기지 못할 것이라고 추측했다.

그러자 드러켄밀러는 스콧 베선트를 전화로 호출해서 의견을 물었다. 베선트는 존슨보다 더 공격적이었다. 영국 정부는 더 높은 금리를 소화할 능력이 없었다. 경기 침체 심화와 파운드 평가절하 중에서 선택하라고 한다면 영국 정부는 평가절하를 선택할 것이다.[22] 영국은 예측보다 빠르게 파운드를 놓아줄지도 몰랐다.

존슨은 예감을 가지고 회의실을 떠났다. 그는 두 사람의 응집된 에너지를 느낄 수 있었다. 때가 오면 소로스 팀은 영국 통화 체계를 뒤집을 것이었다.[23]

잉글랜드은행을 무너뜨리다

그다음 며칠은 정부들과 시장들 관계의 분수령이 되었다. 유럽 전역에서 금융의 파도가 일어나서, 맨해튼 미드타운의 트레이더 무리가 어떻게 세계적으로 영향을 미칠 수 있는지를 증명했다. 드러켄밀러와 소로스가 이 드라마의 주인공이었지만 그들만 출연한 것은 아니었다. 커머디티 삼총사를 포함해 다른 헤지펀드들이 유럽의 약한 통화를 공격하는 데 동참했고, 은행의 트레이딩 데스크와 다국적기업의 재무부서들도 참여했다. 1970년대와 1980년대에 걸쳐서 누구도 민간 플레이어들이 강력한 중앙은행을 압도하리라고 상상하지 않았고, 1985년의 플라자합의는 정부들이 환율에 미치는 영향력을 확인해주었다.

그러나 1980년대 중반 이래 국경을 넘는 자본의 규모가 거의 3배로 증가했다.[24] 헤지펀드와 다른 플레이어들의 자본력이 커졌고 힘의 균형이 이동했다. 1992년 8월, 조지 부시(George H. W. Bush) 정부는 18개 중앙은행의 공동 달러 매입을 조율했다. 그러나 지금은 민간 자본이 외환

시장에 워낙 많이 흘러다녀서, 중앙은행들의 노력으로 달러화를 움직일 수 없었다.[25]

9월 초, 중앙은행들의 곤궁함이 유럽 전체에서 드러났다. 드러켄밀러, 소로스, 존슨의 대화와 비슷한 대화를 통해서 트레이더들은 통화를 마르크에 연동하고 침체에 지친 국가들이 이제 대책 없이 취약한 상태라고 확신했다. 슐레징거가 독일 금리의 향방에 대해 어떤 약속도 할 수 없다고 선언한 9월 8일 화요일, 투기적인 매도 세력이 핀란드 중앙은행을 압도해서 정부가 통화의 ECU 연동을 포기하게 만들었다. 그날 핀란드 마르카(markka)화는 15% 하락해서 트레이더들이 즉각 수익을 실현하고 다음 공격 대상 통화를 찾아갈 식욕을 돋웠다.

수요일에는 트레이더들이 스웨덴을 공격했으나 스웨덴은 하루짜리 초단기금리를 이례적인 75%로 인상해서 자본을 끌어들일 수 있었다.

그러자 전자 매체를 이용하는 트레이더들이 이탈리아 리라화에 모여들었다. 리라화 이자율은 15%로서 정상적인 상황에서는 자본을 유치하기에 충분했으나, 외환시장이 확장되면서 게임 규칙이 달라져 있었다. 이탈리아 통화는 비대칭적인 베팅 기회를 제공했고, 리라화의 추세는 기술적 트레이더라면 서핑보드에 올라타야 하는 상태였다. 그리고 스마트한 투기자들은 이탈리아 당국을 공격하는 자본의 파도가 대응책을 압도할 것임을 감지했다. 9월 11일 금요일이 되자, 리라화는 통화체계에서 허용한 밴드를 하향 돌파했다. 이어진 주말 동안 이탈리아 정부는 통화의 공식 평가절하를 협상했다.

리라화 붕괴는 특히 냉정했다. 핀란드는 유럽 ERM의 공식 멤버가 아니어서, 투기자들에게 공격받아도 다른 유럽 중앙은행들의 지원을 기대할 수 없었다. 그러나 이탈리아는 달라서 리라화 평가절하는 ERM 회원국이 시장에 의해 초토화된 최초의 사례였다.[26] 이탈리아의 회원자격은 강력한 분데스방크의 지원을 받을 자격을 의미했고, 실제로 평가절하 주말 이전에 240억 마르크(360억 달러) 상당의 리라화를 매입하는, 유례없는 지원 개입이 이루어졌다.[27] 그러나 투기적 매도가 분데스방크의 노력을 압도했고 트레이더들은 또다시 보너스를 확보했다.

리라화가 탈락한 후에도 유럽 관료들은 새로운 질서에 잘 적응하지 못했다. 이탈리아인들이 독일 관료들과 평가절하를 논의하던 9월 12일 토요일, 영국 노먼 라몬트 재무장관은 아무 일도 없었던 것처럼 일정을 진행했다. 그날 저녁 국가 음악 행사에 참석해서 '룰 브리타니아(Rule Britannia)'를 열정적으로 불렀다.[28]

리라화의 운명을 파악한 다음 날 아침 재무성 자문관들을 크루아상 조찬에 소집했지만, 그와 팀은 여전히 자신들이 위기에 처할 것이라고 믿지 않았다. 실제로 한 영국 신문은 그 조찬 모임에 대해서 라몬트를 '자기강화적'이라고 표현했다. 분데스방크는 리라화 평가절하의 일환으로 마르크화 금리를 0.25% 인하하겠다고 약속했다. 파운드화에 호재일 것이었다.

당시 가정을 감안하면 라몬트가 낙관한 것은 놀랍지 않다. 금융 애널리스트와 기자들은 이탈리아와 영국을 비교할 수 없다고 주장했다. 이탈리아는 유럽에서 가장 혼란스러운 부국이었지만, 영국은 경제 개혁의 성과를 낸 보수당이 지배하고 있었다. 잉글랜드은행은 8월 이래 파운드에 대한 시장 압력을 잘 물리쳐왔고, 9월 3일에는 집결하는 적대 세력에 대항해 새로운 무기를 고안해냈다. 즉 헤지펀드들이 차입금으로 통화를 공격하듯이, 영국도 파운드 방어력을 확대하기 위해 100억 ECU(72억 5,000만 파운드, 140억 달러)를 차입하겠다고 선언했다.

이 발표가 나간 날, 파운드화는 급등했다. 통화 트레이더들은 이제 영국 정부가 투기자들을 물리칠 화력을 구비했다고 믿었다.[29] 소로스와 드러켄밀러에게는 반갑지 않은 소식이었다. 영국이 파운드를 매수하기 위해 차입한 금액은 퀀텀펀드가 단독으로 파운드를 매도해야 할 금액과 동일했다.[30] 그러나 1992년 9월 초, 소로스 사무실 밖의 누구도 직원이 50명이 안 되는 단일 헤지펀드가 영국 정부에 대적할 자본을 집결할 수 있다고는 생각하지 못했다.

9월 14일 월요일 아침 시장이 열리자 라몬트의 낙관이 입증되었다. 잉글랜드은행은 7억 달러를 투입해 파운드화를 지지했다. 독일의 금리 인하에다 비교적 완만한 시장 개입을 추가하자 파운드화를 약간 상승시키기에 충분했다. 그러나 라몬트와 자문역들이 파악하지 못한 정도에서 월요일의 트레이딩이 영국의 운명을 결정했다. 파운드화 상승 폭이 적어서 투기자들의 전제가 확실해진 것이다. 불안정하게 연동된 통화를 공격할 때는 레버리지를 최대로 활용할 수 있다. 최악의 상황은 시세가 '약간' 불리하게 움직이는 것뿐이기 때문이다.

역시 다음 날 파운드화가 두드려 맞았다. 스페인 재무장관이 라몬트에게 전화해서 상황을 묻자 라몬트는 "지독합니다"라고 답변했다.[31]

그날 저녁 라몬트는 재무성 팀과 잉글랜드은행 총재 로빈 레이펨버턴(Robin Leigh-Pemberton)을 회의에 소집했다. 그들은 다음 날 아침 파운드를 공격적으로 방어하기로 결의했다. 방어가 통하지 않으면 금리 인상을 고려할 것이다. 회의가 끝날 즈음 레이펨버턴은 홍보실의 메시지를 전달받았다. 헬무트 슐레징거가 〈월스트리트저널〉과 독일 경제지 〈한데스블라트(Handelsblatt)〉와 인터뷰했다는 내용이었다. 보도에 따르면 분데스방크 행장은 리라화의 좁은 조정보다는 유럽 통화의 폭넓은 재조정이 바람직하다고 보았다.

라몬트는 경악했다. 슐레징거의 발언은 파운드 평가절하 요구나 마찬가지였다. 이미 바스 회의 이후 그의 발언으로 리라화 공격이 발동되었다. 이제 독일은 영국을 공격하고 있었다. 레이펨버턴은 분데스방크 행장이 만찬을 방해받기 싫어할 거라고 걱정했지만 라몬트는 즉각 슐레징거와 통화하라고 요구했다.

통화를 마친 후 레이펨버턴은, 슐레징거의 인터뷰는 그가 기사를 교정할 기회를 가진다는 조건하에 이루어졌지만 아직 교정하지 못했다는 독일 입장을 보고했다. 라몬트는 위험하게 여유로운 반응이라고 항의했다. 슐레징거의 의도적인 발언은 이미 뉴스에 올라와 있었다. 뉴욕과 아시아의 트레이더들은 밤새 반응할 것이었다. 슐레징거는 빠르게 부인 성명을 발표할 필요가 있었다. 레이펨버턴은 독일에 계속 전화했지만 소용이 없었다. 분데스방크 홍보실은 슐레징거의 발언 인용이 승인받지 않았으므로 '비공식적'이라고 설명했다. 슐레징거는 아침에 출근해서 기사를 점검한 다음 적절한 성명을 내겠다고 말했다. 라몬트는 펄펄 뛰었지만 할 수 있는 일이 없었다. 독일 통화정책의 수장은 24시간 트레이딩의 세계에 긴박하게 적응할 필요성을 느끼지 않았다.

그날 밤, 라몬트는 내일이 어려울 것임을 알면서 잠자리에 들었다. 그러나 얼마나 어려울지는 상상하지 못했다. 그는 영국이 다음 날 유럽통화연합 탈퇴를 강제당한다는 생각이 떠오르지 않았다고 기억했다.[32]

드러켄밀러는 슐레징거의 발언을 뉴욕의 화요일 오후에 읽었다. 그는 그 보도문이 '비공식'인지 여부에는 신경 쓰지 않았고 즉각 반응했다.[33] 슐레징거는 영국이 ERM에서 축출당하는 것을 기꺼이 보겠다는 입장을 명확하게 했다. 분데스방크는 추가로 금리를 인하함으로써 취약한 인접국을 지원하지는 않을 것이다. 영국의 불황 강도로 볼 때 파운드 평가절하가 불가피해졌다.

드러켄밀러는 소로스의 사무실로 가서 움직일 때가 왔다고 보고했다. 그는 8월 이래 파운드에 대해 15억 달러의 매도 포지션을 구축했고,

존슨과의 회동 이후 더 늘리고 있었다. 이제 방아쇠를 당길 때가 왔고 드러켄밀러는 꾸준히 포지션을 쌓겠다고 선언했다.

경청하던 소로스는 어리둥절한 표정을 짓더니 "말이 안 돼"라고 반대했다.

"무슨 말씀인가요?" 드러켄밀러는 반문했다.

소로스는 만일 새로운 소식이 정확하고 손실을 볼 가능성은 거의 없다면 왜 꾸준히 포지션을 쌓느냐고, 왜 곧바로 150억 달러로 점프하지 않느냐고 대답했다. 소로스는 "급소를 노려라"라고 조언했다.

드러켄밀러는 소로스가 옳다고 인정했다. 실제로 이것이 소로스의 천재성이었다. 드러켄밀러는 분석하고 정치역학을 이해해서 트레이딩의 방아쇠를 찾았다. 그러나 핵폭탄으로 가야 할 시점이라고 인식한 사람은 소로스였다. 맞다는 사실을 안다면 너무 많이 베팅하는 것은 없다. 최대한 강력하게 포지션을 쌓아야 한다.[34]

그 화요일 내내 드러켄밀러와 소로스는 파운드를 살 준비가 된 누구에게든 팔았다. 일반 상황에서는 트레이더들에게 주문 체결을 맡겼지만 이날은 주문 상대방을 찾기 위해서 직접 전화통에 매달렸다.[35] 유럽 ERM 규칙에 의하면 잉글랜드은행은 허용된 등락 범위의 하한선인 파운드당 2.7780마르크에 매도 오퍼를 받아들일 의무가 있었다. 그러나 이 요건은 런던의 영업일에만 적용되었다. 잉글랜드은행이 닫혀 있는 동안에는 파운드 매수자를 찾기가 어려웠고, 특히 소로스와 드러켄밀러가 미친 듯이 파는 경우는 더욱 그러했다.

퀀텀펀드에서 대량 매도 주문을 받은 은행은 내부 외환 트레이더들에게 경고할 것이고 그들도 곧 매도에 나설 것이다. 그리고 트레이더들의 전화가 온 세상에 퍼지면 누구나 돈 사태가 시작되었음을 알게 될 것이다.[36] 곧바로 파운드는 허용 범위를 이탈했고, 매수자를 찾기가 불

가능해졌다.[37]

그날 늦게 루이스 베이컨이 드러켄밀러에게 전화했다. 두 사람은 이 드라마가 어떻게 전개될지 논의했고, 베이컨은 여전히 파운드를 던질 방법을 찾고 있다고 말했다.

"정말?" 드러켄밀러는 무심결에 내뱉었다. 그는 베이컨에게 기다리라고 했고, 몇 초 후 소로스가 통화에 참여했다.

"어디에서 시장을 찾는가?" 소로스는 격하게 물었다.[38]

소로스와 드러켄밀러는 결국 트레이더들에게 파운드 매도 기회를 물색하라는 역할을 맡기고 퇴근했다. 뉴욕의 아파트에서 잠들어 있던 로버트 존슨은 퀀텀펀드 수석 트레이더의 호출을 받았다. 그는 침대에서 나와 조용히 전화를 걸면서 뉴욕 연준 직원인 아내가 듣지 않도록 유의했다. 다음 날 새벽 2시경에 드러켄밀러가 사무실로 돌아왔다. 그는 런던 시장이 열리고 잉글랜드은행이 파운드 매수 의무를 재개하는 시점에 자리에 앉아 있기를 원했다.

런던 주재 펀드매니저였던 스콧 베선트도 곧 출근했다. 그는 상사가 어두운 사무실에서 서 있는 윤곽을 볼 수 있었다. 드러켄밀러는 코트를 벗고 있었고, 맨해튼의 야간 스카이라인이 그의 뒤로 보였다. 그 방의 유일한 빛은 전화에서 나왔다. 소로스와 통화 중이었고 드러켄밀러는 스피커폰 버튼을 눌렀다. 모습이 보이지 않는 유럽 말투가 어두운 방을 채웠다. 소로스는 드러켄밀러에게 레버리지를 걸어서 매도를 배로 늘리라고 독촉하고 있었다.[39]

런던 시장이 열리자 파운드는 잉글랜드은행이 지지할 것이라는 기대로 거래 범위 바깥에서 돌아왔지만 최하점에 굳게 머물러 있었다. 잉글랜드은행은 전날 밤 장관이 승인한 계획에 따라 8시 30분 이전에 3억 파운드씩 두 차례 개입 매수했다. 그러나 매수는 전혀 효력이 없었다.

대서양 건너편에서 드러켄밀러가 트레이더들을 배치해 10억 단위의 파운드 매도를 독려했고, 그가 일으킨 소란으로 모방 매도자 다수가 모여들었기 때문이다.

잉글랜드은행은 얼마나 압도당하는지 알지 못하면서 개입을 계속했다. 8시 40분까지 개입 매수가 10억 파운드에 달했지만 파운드는 살아나지 못했다. 10분 후 라몬트는 존 메이저(John Major) 수상에게 개입이 실패했다고 보고했다. 파운드를 보호하려면 금리를 인상해야 했다.

메이저는 금리 인상을 승인하지 않았고 라몬트는 좌절했다. 수상은 영국을 ERM에 넣은 장본인이었다. 정책이 실패한 것으로 보이면 자신에 대한 신뢰가 무너질 것을 우려했다. 내각 멤버들이 지도력에 도전할 수 있었다. 메이저는 그날 늦게라도 새로운 경제 수치를 내놓으라고 요구했다. 라몬트에게 시장이 가라앉을 것이라는 희망을 가지고 버텨보자고 말했다.

이즈음 전 세계 중앙은행이 비상 대기하고 있었다. 존슨의 아파트로 또 한 통의 전화가, 이번에는 뉴욕 연준의 아내에게서 걸려왔다. 존슨 부인은 그날 밤까지, 남편이 위기 발생을 도왔다는 것을 모른 채 상황을 모니터링하면서 보냈다. 잉글랜드은행은 ERM 규칙에 따른 의무 사항이므로 파운드를 계속 매입했다. 그러나 바닥에서 벗어나도록 올린다는 희망은 사라졌다. 잉글랜드은행은 단순히 드러켄밀러와 추종자들에게 유동성을 공급하고 있었다.[40]

시간이 갈수록 헤지펀드와 은행들이 파운드를 잉글랜드은행에 팔았고, 잉글랜드은행은 곧 평가절하가 확실해 보이는 통화의 매수를 강제당했다. 영국은 오랫동안 고통받은 납세자들로부터 글로벌 트레이더 군단으로 방대한 재원을 이전하는 과정을 주관하고 있었다. 오전 10시 30분, 라몬트는 메이저에게 다시 전화해서 금리 인상을 촉구했다.

라몬트가 수상과 통화하는 동안, 영국 관료들은 신뢰를 지키기 위해 최선을 다했다. 잉글랜드은행의 에디 조지(Eddie George) 부행장은 드러켄밀러와 소로스에게 정치적 정보를 제공하던 금융 컨설턴트 데이비드 스믹(David Smick)과 오래전에 예정했던 면담을 가졌다. 스믹은 스레드니들스트리트의 잉글랜드은행 건물에서, 체크무늬 셔츠와 줄무늬 타이 차림을 하고 런던 은행가의 태도를 갖춘 채 조지를 만났다.

조지는 "우리는 모든 것을 통제하고 있습니다"라고 밝은 목소리로 말했다. 가능성은 적지만 극단적인 경우 잉글랜드은행은 금리를 1% 인상해 투기꾼들을 몰아낼 것이다. 스믹은 조지가 영국을 압도하는 자본의 무게를 이해할지 궁금해졌다. 돈 사태는 이미 시작되었다. 너무 늦어서 멈출 수 없을지 모른다.

스믹은 용기를 내서 조지에게 단도직입적으로 물었다. "이 문제에서 너무 뒤처진 것은 아닌지 걱정되지 않습니까?"

조지는 불편함을 완만하게 드러냈다. 그가 답변하려 할 때 전화벨이 울렸다. 그는 1분간 격렬하게 대화한 후 전화를 끊고 부드럽게 말했다. "우리가 방금 금리를 2% 인상했다는 소식이 왔습니다." 그런 다음 일어나서 스믹과 악수한 후 방을 뛰어나갔다.[41]

수상은 라몬트의 금리 인상 요청을 받아들였고 극적인 금리 인상 발표 시각을 오전 11시로 설정했다. 예정 시각 몇 분 전, 장관은 로이터 스크린을 보기 위해 재무성 사무실로 나갔다. 그러나 발표가 나갔어도 파운드는 전혀 반응하지 않았다. 화면 위의 선은 완전히 수평에 머물러 있었다. 라몬트는 심전도 모니터를 보고서 환자가 사망한 것을 깨달은 의사처럼 느꼈다. 남은 것은 시스템 전원을 끄는 일뿐이었다.[42]

라몬트에게는 유럽 ERM 안에서 파운드 재조정을 협상할 시간이 없었다. 재조정하려면 다른 유럽 정부들의 장시간 협조가 필요하지만 매

순간 납세자에게서 트레이더에게로 거대한 부가 이전되고 있었다. 이탈리아는 운 좋게도 금요일에 문제가 터져서 주말의 휴전 기간을 활용했지만 영국은 같은 벼랑 끝에 몰린 날이 불행히도 수요일이었다. 라몬트의 유일한 수단은 유럽 ERM 자진 탈퇴였다. 그러나 여기에는 수상의 승인이 필요했다.

장관은 수상을 즉각 만날 수 없었다. 재무성 직원들을 시켜 계속 수상실에 전화해서 긴급성을 강조했지만 소용이 없었다. 결국 라몬트는 자문들과 함께 수상 관저로 향했고 최소 15분 기다린 후에야 메이저를 만날 수 있었다. 라몬트는 영국이 몇 분마다 수억 파운드를 잃고 있다고 계산했지만 수상은 너무나 태평해 보였다.

수상은 회의를 시작하면서 독일과 외교적으로 협조할 여지가 있는지 묻고는 다른 장관 몇몇이 회의에 참여해 다양한 관점을 제공할 것이라고 말했다. 산만한 논의가 뒤따랐다. 영국이 유럽 파트너들을 공격하지 않고 ERM을 탈퇴할 수 있는가? 만약 탈퇴한다면 수상 사임 요구가 뒤따를 것인가? 메이저의 목적은 회의실에 있는 여러 사람과 위기 책임을 분담하는 것임이 명백히 드러났다. 한 장관은 "우리 손에 피를 묻히도록 초청받았다"라고 회고했다.[43] 영리한 작전이었고 메이저의 관점에서는 잠재 적수들을 무력화하는 데 도움이 되었다. 그사이 드러켄밀러와 소로스는 포지션을 추가하고 있었다.

수상 관저 회의는 라몬트가 바라는 ERM 탈퇴 결정을 내리지 못하고 끝났다. 대신 메이저는 파운드 구제의 마지막 수단으로 추가 금리 3% 인상을 익일부로 시행하자고 주장했다. 또다시 라몬트는 로이터 스크린의 뉴스 발표를 관찰했다. 또다시 파운드 가치에는 영향이 없었다. 대서양 맞은편의 트레이딩 데스크에서 드러켄밀러와 소로스는 금리 인상이 죽어가는 환자의 필사적인 행동이라고 인식했다. 끝이 가까

워졌다는 신호였고, 영국 통화의 숨통을 끊기 위해 마지막 매도 물량을 밀어낼 때라는 신호였다.[44]

라몬트는 유럽의 동료 재무장관들에게 파운드의 상황을 경고하러 나섰다. 이탈리아의 피에로 바루치(Piero Barucci) 장관은 ERM을 떠나지 말고 매매를 중단해서 재조정 시간을 얻으라고 권고했다. 라몬트는 계속해서 글로벌하게 진행되는 외환 거래를 중단하는 것은 재무장관의 권한 밖이라고 지적해야 했다.

그날 저녁, 라몬트는 재무성 앞마당에서 기자회견을 소집했다. 오후 7시 30분, 전 세계에서 온 카메라들 앞에서 그는 영국이 ERM을 탈퇴한다고 공표했다. 시장이 이겼고 영국 정부도 마침내 인정했다.

잉글랜드은행은 9월의 첫 2주 사이에 파운드화 방어를 위해 외환보유고 270억 달러를 소진했고, 대부분은 위기 마지막 날 유출되었다.[45] ERM을 탈퇴한 후 파운드는 마르크 대비 14% 하락했고, 따라서 영국 납세자들은 파운드 개입 매수에서 총 38억 달러 손실을 보았다.[46]

은행과 헤지펀드 다수가 개입 매수의 상대방이었지만 헤지펀드들이 선도했고 퀀텀펀드가 그중 최대였다. 파운드화가 붕괴할 때까지 드러켄밀러와 소로스는 100억 달러 상당의 파운드 공매도에 성공해서, 목표한 150억 달러에는 못 미쳤지만 기념비적인 포지션을 달성했다.[47]

영국 납세자들이 안은 거의 40억 달러 손실 중 약 3억 달러가 커머디티 삼총사의 선임인 브루스 코브너에게 흘러갔고, 2억 5,000만 달러는 폴 존스에게 갔으며, 미국 7대 은행의 외환 데스크가 8억 달러를 나누어 가졌다.[48] 그러나 소로스펀드의 파운드 트레이딩 수익은 10억 달러를 초과했다.[49]

소로스의 놀라운 성과는 이어진 파운드 평가절하 직후에는 알려지지 않았다. 그러나 10월에 이탈리아 산업계 거물인 지아니 아그넬리

(Gianni Agnelli)가 자신의 퀀텀펀드 투자 소득이 자기 사업인 피아트(Fiat)의 소득을 초과할 거라고 언론에 흘렸다. 다음 날인 10월 24일, 영국 〈데일리메일(Daily Mail)〉 일요일판은 음료를 들고 웃고 있는 소로스의 사진을 '나는 파운드 하락에서 10억을 벌었다'라는 제목 아래 실었다. 그날 아침 소로스가 현관문을 열었을 때 기자 집단과 맞닥뜨렸고, 이후 수개월간 언론은 그의 성과를 취재했다.

소로스의 개인 재산은 1992년에 6억 5,000만 달러 증가한 것으로 알려졌고, 어떤 잡지는 평균 미국인 가정이 1년 동안 일해서 버는 금액을 소로스는 5분 만에 번다고 썼다.[50] 몇 년 전, 미국인들은 정크본드의 황제 마이클 밀켄(Michael Milken)이 번 5억 5,000만 달러가 무섭다고 반응했지만 밀켄은 이제 추월당했다. 소로스는 잉글랜드은행을 무너뜨린 사람으로 알려졌고, 헤지펀드는 대중의 부러움을 받는 존재로 1980년대의 LBO 대가들을 대체하기 시작했다.

소로스펀드의 전체 수익은 외부인들이 상상한 규모보다 컸다. 폴 존스가 블랙먼데이 당시 주식 공매도와 채권 매수를 병행해 수익을 보았듯이, 5년 후 드러켄밀러는 파운드 승리에 다른 투자를 병행했다.

파운드가 압력을 받으면서 영국의 주식과 국채 시장도 타격을 입었다. 트레이더들은 영국에서 자본이 이탈함에 따라 다른 자산들도 손상될 것이라는 논리를 세웠다. 그러나 드러켄밀러의 견해는 달랐다. 영국이 ERM에서 탈퇴하면 정부가 자유롭게 금리를 인하할 수 있고 이는 국채 상승을 의미했다. 또한 파운드 약세와 금리 인하는 주식시장에 호재로 작용했다. 드러켄밀러는 화요일과 수요일에 파운드를 매도하면서 영국 국채와 주식을 매수했다. 이 베팅이 성공해서 이후 두 달간 양 시장 모두 급등했다.

드러켄밀러가 주목한 대상은 영국만이 아니었다. 파운드화 몰락 과정에서 투기자들은 프랑스 프랑도 공격했다. 그러나 드러켄밀러는 프랑스에서는 중앙은행이 시장을 이길 것이라고 믿었다. 영국의 주택 소유자들과 달리 프랑스의 가계들은 변동금리 모기지에 노출되지 않았고 프랑스 정부는 보조금을 지불할 수단을 많이 보유하고 있었다. 그 결과 프랑스는 영국보다 금리 일시 인상을 통해서 투기자들을 몰아내기에 좋은 여건을 갖추고 있었다. 이 논리로 드러켄밀러는 프랑스 국채를 대량 매수했고 이것이 1993년에 급등했다. 퀀텀펀드가 파운드를 매도한 해의 수익률 69%가 다음 해에도 63%로 지속된 이유다.

그러나 파운드 승리 이후 퀀텀펀드의 최대 성과는 매우 은밀했다. 정식으로 입사한 로버트 존슨의 공로로 퀀텀은 1992년 11월 스웨덴 크로나화가 평가절하되기 전에 공매도했고 또다시 여기에서 10억 달러 이상을 거두었다. 파운드 투자에서 얻어진 명성에서 교훈을 받았기에, 소로스와 드러켄밀러는 스웨덴에서의 활동을 누구도 공개적으로 말하지 못하게 입단속했다.[51]

유연한 고정환율제의 역효과

매크로 트레이딩의 승리는 효율적 시장 가설이 시장에서 많은 부분을 놓치고 있다는 사실의 추가 증거를 제공했다. 만일 최대 수익을 추구하는 합리적인 투자자들이 시장을 지배한다면 효율성이 풍부할 것이다. 그러나 다른 목적을 지닌 참가자들이 시장을 이끈다면 효율적인 가격 형성을 기대할 이유가 없다.

매크로 트레이딩은 이 통찰의 주요한 사례를 활용했다. 정부와 중앙은행들은 명백히 수익 극대화를 추구하지 않았다. 파운드화 위기의 정점에서 존 메이저 수상은 서로가 비합리적이라는 것을 아는 가격에 드러켄밀러에게서 파운드화를 사들였다. 그는 금융 관련 교과서 어디에도 나오지 않는 이유로 매수했다. 바로 평가절하의 책임을 정치적 경쟁자들에게 강제로 분담시키기를 원했다.

드러켄밀러의 승리는 또한 유동성 높은 시장에는 환율 페그제가 취약하다는 점을 드러내는 데 기여했다. 1950년대와 1960년대에는 자본이 국경을 넘는 것을 제한하는 규제들이 있었기 때문에 고정환율이 잘 작동했다. 그러나 이제 규제가 사라졌고 정부들은 자본에 미치는 영향력에 한계가 있음을 인정해야 했다. 정부는 금리를 활용해서 통화가치를 관리함으로써 환율 변동을 약화하거나, 금리를 활용해서 경제 부침을 관리함으로써 불황을 약화할 수밖에 없었다.

ERM과 같은 '유연한 고정환율'을 통해 양쪽 모두 잡으려는 시도는 역효과를 낳기 쉽다. 미국과 유럽의 차이가 이 점을 생생하게 보여준다. 부시 정부가 8월에 달러를 부양하려다 실패했을 때는 아무 손실이 없었다. 어쨌든 달러는 변동했고 그 결과 달러 가치가 갑자기 달라지지는 않았다.

그러나 핀란드, 이탈리아, 영국, 스웨덴의 환율 페그제는 다른 문제였다. 너무나 매력적이어서 지나칠 수 없는 목표를 투기자에게 제공함으로써 경제를 궤도 이탈에 노출시켰다. 유럽 정부들은 ERM을 추진하면서 지킬 능력이 없는 약속을 했다. 통화의 움직임을 병에 넣고 막았지만 결국 더 큰 세력이 나타나 병마개를 그들의 얼굴로 날려버렸다.

정책 수립자들은 드러켄밀러와 다른 매크로 투자자들이 출현한 세계가 어떤 의미인지를 즉각 소화하지 못했다. 모든 금융위기 이후가 그렇듯, 최초의 본능은 시장이 가르치는 교훈을 겸연쩍게 배우는 것이 아니라 시장을 비난하는 것이다.

이번 사례의 교훈은 고정환율이 위험하다는 것이었다. 파운드화가 평가절하되고 1주일 후에 프랑스 프랑이 압력을 받던 당시, 프랑스의 미셸 사팽(Michel Sapin) 재무장관은 말썽을 일으키는 트레이더들은 프랑스혁명 때처럼 단두대에서 처형해야 한다고 표현했다.[52] 그다음 해 여름 ERM이 또 한 차례 혼란을 겪은 후, 프랑스의 에두아르 발라뒤르(Édouard Balladur) 수상은 정부가 투기자들을 차단할 경제적·도덕적 의무가 있다고 주장했다. 벨기에의 빌리 클래즈(Willy Claes) 외무장관은 앵글로색슨 금융가들이 유럽 분열을 획책하고 있다고 주장했다.[53]

소로스는 자신의 직업에 대한 공격을 특유의 스타일로 받아들였다. 한편으로는 자신이 다른 어떤 시장 참가자보다도 무자비하다는 것을 증명했다. 은행의 트레이딩 데스크는 규제당국과 함께 살아야 하므로 정부를 너무 강하게 괴롭히는 것을 꺼리지만 소로스는 그런 제약을 받지 않았다.[54] 다른 한편으로는 시장이 야성적 존재여서 버블과 붕괴의 위험에 계속 노출되며 불안정하다고 보는 경향이 있었다.

파운드 평가절하 후 얼마 지나지 않아서 소로스는 프랑스 중앙은행의 장클로드 트리셰(Jean-Claude Trichet) 총재를 만나서, 자신의 트레이딩이 일으킬 불안정 효과를 우려해서 프랑화를 공격하지 않겠다고 천명했다.[55] 사심이 없다고 주장하면 다소 과장인데, 퀀텀펀드는 이미 프랑화가 버텨내리라고 정확하게 계산했고 이 전망으로 돈을 벌 것이기 때문이었다. 그럼에도 불구하고 소로스의 접근 방식은 파운드 절하 사건 이후의 분위기를 극적으로 바꿔놓았다. 가장 위대한 투기자가 투기를 수호하지 않으려고 했다.[56]

드러켄밀러는 소로스처럼 부담을 갖지 않았다. 영국 언론은 파운드가 수치를 당한 날을 '검은 수요일'로 불렀다. 그러나 드러켄밀러는 '흰 수요일'이 더 적절한 표현이라고 생각했다. 영국이 분데스방크의 고금리 멍에에서 벗어나서 자국에 필요한 불황 대응 정책을 구사할 수 있게 되었기 때문이다. 평가절하에 대한 런던증권거래소의 반응은 드러켄밀러의 논점을 지지했다. FTSE지수는 이후 두 달 사이에 거의 20% 상승했다.

정확히 말해서 드러켄밀러의 트레이딩은 영국 정부의 경제 정책을 반전시켰지만, 이것이 반드시 나쁜 것은 아니었다. 독일 통일에 따른 고금리로 파운드화가 ERM을 탈퇴해야 하는 상황이 발생했다. 영국 지도자들은 드러켄밀러가 그들을 위해 인식할 때까지는 진실을 인식하지 못했다. 존 메이저가 납세자들의 돈 10억 달러 이상을 소로스펀드에 이전한 사실은 전적으로 드러켄밀러의 과오가 아니었다. 누군가가 영국을 눈멀게 했다면 그 책임자는 영국 수상이지, 투기자가 아니었다.

소로스와 드러켄밀러의 입장 차이는 경제학 내에서 발생할 논란을 예고했다. 파운드화 트레이딩 이전에는 경제학자들은 통화위기가 경제 정책 실패로 발생한다고 주장했다. 악당은 투기자가 아니라 정부의 정책 실패라는 것이었다. 그러나 1990년대에는 학자들의 공감대가 드러켄밀러의 견해에서 소로스의 견해로 이동했다. 새로운 견해는 잘 관리되는 통화도 트레이더들의 공격을 받을 수 있고 공격은 아마도 자기실현 능력이 있다고 강조했다. 파운드화 붕괴가 이 논의 전환의 기점이 되었다.

드러켄밀러는 영국이 무리한 제도를 고수함으로써 위기를 불러일으켰다고 주장했고 이 말이 옳다. 그러나 일단 그의 트레이딩으로 투기자들의 힘이 정부를 능가한다는 것이 드러나자, 투기자들이 힘을 남용할지 모른다는 위험이 명백해졌다. 과거에는 트레이더들이 경제적 펀더멘털로 취약해진 통화만 공격했지만, 이제는 안정적인 통화도 공격할 세력을 갖추었다고 느낄 수 있다. 헤지펀드들이 위험하고 과도한 세력을 갖추었다고 프랑스 정치가들이 불평했을 때, 완전히 근거 없는 우려는 아니었다.

어떤 위험이건 간에 이를 줄이려는 조치는 거의 없었다. 프랑스 수상이 요구했듯이 투기자들을 체포하고 단두대에 세운다면 투기자들이 국경을 넘는 '자본 이동의 파도'를 길들이려는 규제 조치가 따를 것이고, 여기에는 브레튼우즈 체제 복귀와 자본 통제 재도입이 포함될 것이었다.

정책 결정자 대다수는 이 대안을 공포스럽게 보았다. 만일 재화와 용역의 자유무역이 유익하다면 자본의 자유로운 이동도 같은 이유로 유익하다. 무역이 자동차 제조를 최적 생산국들에 집중시켰듯이, 국경 간자본 이동도 소중한 저축금을 가장 효과적으로 투자할 수 있는 지역으로 몰아줄 것이다. 더구나 자본 통제는 지적으로 의심스러울 뿐 아니라 비현실적일 수 있다. 파운드화 위기 다음 주, 스페인과 아일랜드는 은행의 트레이딩 자유를 제한해서 투기적 공격을 약화하려고 시도했다. 그러나 빠르게 우회당했다.

자본 통제를 기각하고 나면 국가 통화의 투기적 공격을 막는 유일한 방법은 통화를 폐지하는 것이다. 소로스는 파운드화 붕괴 국면에서 기자에게 말했다. "투기는 매우 유해할 수 있습니다. 유럽이 단일 통화를 이룩한다면 나와 같은 투기자가 사업할 거리가 없어지겠지만 나는 그런 희생을 기꺼이 감수하겠습니다."[57] 유럽은 결국 1999년에 통화를 통일했다. 그러나 모두가 학습한 것은 아니었다. 아시아와 남미의 신흥국가들은 환율 페그제를 고수함으로써, 1990년대 후반 헤지펀드들에 막대한 기회를 제공했다.

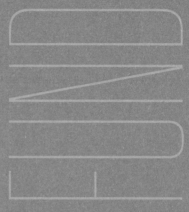

8장

허리케인 그린스펀과
레버리지의 충격

스타인하트의 그림자은행

1993년 12월, 마이클 스타인하트는 카리브해 앙귈라섬에 있는 별장으로 휴가를 갔다. 직원이 정기적으로 전화해서 보고했고, 어느 날 오후 특히 반가운 소식을 전했다. 스타인하트의 펀드 가치가 하루에 1억 달러 이상 상승한 것이었다. "나는 바닷가에 있으면서 그런 돈을 벌었다는 사실을 믿을 수 없었다"라고 스타인하트는 술회했다. 매우 희귀한 국면이었지만 참모들은 당연한 일로 받아들이라고 조언했다. "마이클, 이것이 바로 운명이에요"라고 한 사람이 보장했다.

스타인하트파트너스(Steinhardt Partners)는 이미 45억 달러를 운용하고 직원이 100명 이상이며, 1991년과 1992년에는 수수료 공제 후 47%와 48% 수익률을 올렸고 1993년에도 비슷한 성과를 향하고 있었다.[1] 스타인하트가 피카소(Pablo Picasso)의 그림을 100만 달러 가까이에 구입했다는 뉴스와, 뉴욕의 파티에서 돈을 맡기려는 사람들에게 둘러싸인 모습이 잡지들에 보도되었다. 어쩌면 이것이 운명이었을지도 모른다. 스타인하트는 곧 모욕당하리라고는 상상도 못 했을 것이다.

스타인하트는 1979년의 안식년을 마치고 회사를 설립해서 주식 종목 선정과 블록트레이딩을 복합한 사업을 시작했다. 그러나 곧 채권에서도 돈을 벌기 시작했고, 1990년대 초에는 향후 '그림자은행'으로 알려질 것의 초기 형태를 창안해냈다.[2] 드러켄밀러의 통화 트레이딩처럼 이 전략도 중앙은행의 정책을 활용했는데 이번에는 상대방이 미국 연준이었다.

1990년과 1991년에 미국 경제는 저축대부조합(savings and loans) 위기 이후의 불황에 있었고, 연준은 단기금리를 낮게 유지해서 경기 진작을 시도했다. 그래서 스타인하트는 단기 차입금을 매우 저렴하게 빌릴 수 있었고, 수익률이 상당히 높은 장기 채권을 매집해 금리차를 획득했다. 이 매매의 위험은 장기금리가 상승하면 스타인하트의 채권 가치가 떨어지리라는 것이었다. 그러나 경기 침체로 자본 수요가 적었고, 이는 자본의 가격인 금리가 상승할 가능성이 없다는 의미였다. 역시나 장기금리는 1990년대 초에 하락했고, 스타인하트는 장단기 금리차뿐 아니라 장기 채권의 시세 차익까지 올렸다.

영국 존 메이저가 정치적 경쟁자들을 무력화하고 싶어서 드러켄밀러를 부자로 만들어주었듯이, 연준도 손상된 은행 시스템을 지원해야 했기에 스타인하트에게 대가를 지급했다. 연준은 장단기 금리차를 확대함으로써 은행들이 단기로 차입해 장기로 대출하는 고유 영업의 이윤을 높여주었다. 은행들이 경제에 자금을 투입할 인센티브를 강화한 것이었다.

스타인하트는 실질적으로 이 파티에 편승했다. 연준이 은행들을 돕고자 하니 스타인하트는 스스로 그림자은행으로 변신했다. 그는 다른 모든 은행이 하듯이 단기로 차입해 장기로 대출했다. 은행과 다른 점은 은행원 다수를 고용해 고객들의 예금을 수신한 다음 여신 담당 인력을 고용해 재원을 기업에 대출하는 지루한 영업을 우회했다는 것이다. 대신 골드만삭스와 살로몬브러더스 같은 브로커들에서 차입하고 나서 채권을 매수함으로써 대출했다. 은행 인프라를 갖추지 않았기에, 연준 정책이 바뀔 때마다 그림자은행 사업에 자유롭게 드나들 수 있었다.

스타인하트의 그림자은행에는 또 다른 이점이 있었다. 진짜 은행은 대출 규모에 제약이 있었다. 고객 예금 100달러를 받아서 대출로 바꿀 때, 은행은 대출이 부실화되는 경우에도 예금을 돌려줄 수 있도록 10달러 정도를 준비금으로 적립해야 했다. 그러나 스타인하트는 수신 고객이 없었으므로 '적격 자본(capital adequacy)' 규정이 적용되지 않았다. 그는 브로커들이 빌려줄 의사가 있는 한 얼마든지 차입할 수 있었다.[3] 그리고 브로커들은 천문학적인 금액을 빌려줄 태세를 갖추고 있었다. 스타인하트는 종종 국채 매입을 위한 차입금 100달러당 겨우 1달러만 유보하면 되었다.[4]

1993년 스타인하트와 동료 투자자들은 채권 전략을 유럽으로 확대했다. ERM 위기가 지나갔으므로 유럽은 단일 통화를 지향하고 있었고 그 절차는 유럽 대륙 내의 금리를 수렴하는 것이었다. 인플레이션 측면에서 과거 실적이 좋지 않았기 때문에 투자자에게 높은 금리를 지불해야 했던 스페인과 이탈리아 같은 국가들은 이제 엄격한 인플레이션 억제책의 대상이 되었다. 독일 금리와 수렴하기 위해 금리를 낮추기 시작한 것이다.

스타인하트와 다른 트레이더들은 스페인과 이탈리아 채권을 대량 매집해서 금리 하락에 따른 자본이득을 얻었다. 해당 국가들의 정부가 실질적으로 가져가라고 초청한 기회에 또다시 올라탄 것이다. 유럽 정치가들은 통화 동맹에 대한 계획도, 그 결과인 금리 수렴도 은밀하게 다

루지 않았다.[*]

헤지펀드들은 경쟁자 대부분이 잡을 수 없었던 기회를 누렸기 때문에 1990년대 초에 거대한 수익을 얻었다. 선임 투자은행 직원들이 골드만삭스와 살로몬을 사직하고 새로이 헤지펀드에 참여했고, 한 월스트리트의 법무법인은 매월 2개꼴로 헤지펀드 파트너십 설립 절차를 수행했다고 주장했다.[5]

과거 화려한 아르데코풍 로비와 놋쇠 승강기로 알려졌던 파크애비뉴 하단의 헴슬리빌딩은 헤지펀드의 요람으로 악명이 높아졌다. 빌딩 고층의 간판 없는 스위트룸들에서는 트레이더 소집단들이 사업을 차리고 부자 고객들을 위해 갖가지 방식으로 투자하고 있었다. 헤지펀드는 1992년 1,000여 개에서 다음 해 3,000개 정도로 늘어났고 수수료 수입도 빠르게 증가했다.[6]

업계 태동기에 앨프리드 존스는 운용보수를 징구하지 않고 투자 성과의 20%만을 요구했다. 스타인하트 같은 2세대 헤지펀드는 운용보수 1%와 성과보수 20%를 요구했다. 이제 1990년대 초의 광분한 붐 시기에는 인기 있는 신규 펀드들이 2%와 20%를 요구했다. 〈포브스〉 기사는 "이렇게 적은 사람이 이렇게 많은 돈을 이렇게 빠르게 번 역사는 없을 것이다"라고 놀라움을 표시했다.[7]

빠른 돈에 논란이 없을 수 없었다. 스타인하트의 열정적인 '그림자은행업'을 주요 펀드 다수가 모방하자 스타인하트는 신규 발행 국채를 거액으로 매수했고 특정 시점에는 발행시장을 실질적으로 손에 넣었다.

---

[*] 1994년의 글로벌 채권시장 폭락과 멕시코 위기 때문에 유럽 국채들의 독일 국채 스프레드가 과하게 높았다. 그러자 글로벌 헤지펀드 몇몇이 유로화 탄생에 베팅해 유럽국 채권을 사고 독일 국채를 공매도했고, 특히 현물 채권 거래보다 통화 스왑을 사용해 레버리지를 높였다. 이번에는 유럽 정치가들도 유로화 탄생에 도움이 되었기에 호감을 보였다.

1991년 4월 국채 입찰에서 스타인하트와 코브너는 발행 물량 120억 달러 중 65억 달러를 낙찰했다. 그들이 이 채권을 공매도자들에게 대여했다가 재매입해서 160억 달러를 보유하자 시장 100%를 초과한 것이다.[8] 채권 가치가 급등하면서 공매도자들은 숏 커버를 시도했지만 스타인하트와 코브너의 코너링에 몰렸으므로 커버할 수 없었다. 이 숏 스퀴즈 희생자에는 골드만삭스, 살로몬, 베어스턴스가 포함되어 있었다. 상어가 무고한 희생자를 잡아먹은 상황은 전혀 아니었다.

그러나 필연적으로 피해자가 고소했다. 3년의 소송을 거쳐서 스타인하트와 코브너는 유죄를 인정하지 않고 합의로 해결했다. 스타인하트는 공매도자들에게 4,000만 달러를 배상하는 데 동의했고 코브너는 3,600만 달러를 지불했다.[9] 한 번으로는 부족한 것처럼 두 사람은 5월 국채 입찰에서도 피소당했고 원고들에게 배상하기로 합의했다.[10]

그러나 그림자은행들에 대한 우려는 시장을 조작한다는 혐의만이 아니었다. 당시 일반적으로 인식되지 않았지만 헤지펀드들은 통화정책을 변화시키고 있었다. 헤지펀드들이 연준의 저금리에 공격적인 장기 국채 매수로 반응함에 따라 단기금리와 장기금리의 상관관계가 높아졌다. 과거에는 연준이 금리를 내리면 장기금리가 내려갈 때까지 몇 주일이 걸렸는데 훨씬 빨라졌다.

어떤 면에서는 좋은 현상이었다. 연준이 경기 진작을 원한다면 헤지펀드들이 장기금리를 내려주는 것이 도움이 되었다. 그러나 새로운 세계도 위험해질 수 있었다. 채권시장은 연준에 신속히 반응할지 몰라도 실물 경제는 지연되기 마련이다. 연준이 금리를 내린 후 실물 시장이 반응하는 사이에 월스트리트가 거대한 채권 버블을 만들어낼 가능성이 높았다.

더구나 그런 버블은 새로운 위협을 제기했다. 헤지펀드가 국채 입찰을 매점매석할 수 있는 세계는 아슬아슬한 레버리지 위에 세워진 새로운 유형의 세계였다. 미국의 시스템은 부채 위에 부채를 피라미드처럼 쌓고 있었다. 정부는 헤지펀드들로부터 차입했고 헤지펀드들은 브로커들로부터 차입했으며, 브로커들은 다시 부채가 없는 누군가로부터 차입했다. 이 연결고리에서 한 참가자가 붕괴한다면 나머지 참가자들은 차입금을 유지할 능력을 상실할 수 있다. 그러면 자산을 급매해야 한다. 버블은 즉각 터질 것이다.

1994년 초에는 스타인하트뿐 아니라 누구도 이런 전망을 하지 못했다. 1월에 스타인하트는 참모에게 캐나다 국채를 대량 매수하게 해서 미국, 일본, 유럽에 깔아놓은 베팅에 추가했다. 그러고는 아내와 친구들과 함께 중국으로 휴가를 떠났다.

앨런 그린스펀, 인플레이션 연착륙을 시도하다

1994년 1월 21일, 연준 앨런 그린스펀(Alan Greenspan) 의장은 백악관으로 향했다. 저금리 덕분에 경제가 우선 회복해서 34개월 연속으로 성장했다. 그러나 이제 그린스펀은 반갑지 않은 메시지를 전달하기 위해 클린턴 대통령과 측근 인사들을 방문했다. 인플레이션은 아직 나타나지 않았지만, 금리를 약간 올려서 인플레이션이 재발하지 않도록 제압할 시점이라는 것이었다. 그린스펀은 조기에 행동함으로써 향후 급브레이크를 밟아야 하는 과열을 피하기를 바랐다. 목표는 경제를 '연착륙'으로 몰고 가는 것이었다.

"잠깐만요!" 고어(Al Gore) 부통령이 반대했다. 과거에는 소폭의 금리 인상이 연속 상승의 시작을 예고했다. 1988~1989년에 연준 단기금리는 6.5%에서 시작해서 10여 차례나 소폭 인상되며 10% 가까이까지 상승했다. 시장이 이번에도 같으리라고 예상한다면 미래의 긴축을 기대해 장기금리가 상승할 수 있었다. 채권시장은 폭락할 것이다. 그린스펀이 피하고 싶다고 말한 경착륙이 발생할지도 몰랐다.[11]

고어는 그린스펀이 답변하기 좋아하는 질문들을 쏟아냈다. 연준 의장은 뉴욕에서 경제 컨설턴트로 경력 대부분을 보냈다. 워싱턴의 어떤 정치가보다도, 파운드화 전쟁에서 패한 영국 관료들보다도 시장을 더 잘 이해했다. 그는 금리 인상이 월스트리트에 불안한 반발을 일으킬 가능성을 분명히 고려했지만 무엇보다도 주식시장의 반응에 집중했다. S&P500지수는 1993년에 기록적인 영역에 들어서서 조정 시기가 무르익어 보였다. 채권시장은 중요성 면에서 밀렸다.

그린스펀은 고어에게 장기금리는 주로 인플레이션 기대에 좌우된다고 확언했다. 연준이 단기금리를 올리면 중앙은행이 물가 압력에 대응한다는 신호였다. 그 결과 인플레이션 기대가 낮아지고 이는 다시 낮은 장기금리로 이어진다. 그렇다면 그린스펀이 제안한 금리 인상은 채권시장에 긍정적이어야 했다.

부통령과 의견을 교환하고 보름 후인 1994년 2월 4일, 그린스펀은 연준 금리위원회를 주재했다. 그는 금리를 3%에서 3.25%로 약간 올려서 인플레이션을 제압하자고 제안했다. 그 이상 인상하면 전통적으로 변동성이 높은 주식시장의 반발을 초래할 위험이 있다고 했다.[12] 그린스펀은 지나고 나서 돌아보니 너무 자신만만했던 발언으로 동료 위원들에게 투자자의 방식을 가르쳤다. "나는 오랫동안 시장들의 행동을 관찰해왔고, 오늘 50bp 인상한다면 시장들을 깨뜨릴 확률이 매우 높다고 말할 것입니다. 이는 매우 현명하지 못한 절차라고 생각합니다."[13]

주식시장에 대해서는 그린스펀의 감이 맞았다. 연준이 25bp 인상을 발표하자 S&P500지수는 연준 의장이 원했던 완만한 조정으로 반응했다. 그러나 채권시장에 대해서는 그린스펀의 보장이 틀렸다. 그린스펀은 단기금리 인상이 인플레이션 우려를 잠재워서 논리적으로 장기금리를 낮출 것이라고 고어에게 말했다. 그러나 그와 달리 연준의 25bp 인상은 국채 10년물 금리도 똑같이 빠르게 상승시켰다. 채권시장의 유혈 사태가 시작되었다.[14]

레버리지는 위험하다

그림자은행 시대 이전이었다면 그린스펀의 보장이 타당하다고 판명되었을 것이다. 그러나 새로운 그림자은행들은 연준 의장이 기대한 만큼 인플레이션에 집중하지 않았다. 그림자은행가들의 관점에서는 연준이 5년 만에 금리를 반전시켜 불확실성을 창출했고 불확실성은 위험을 의미했다. 그리고 채권시장이 조금만 하락하더라도 레버리지를 사용한 헤지펀드의 취약한 자본이 날아갈 수 있기에, 단순한 하락 가능성만으로도 그들은 보유 포지션 일부를 감축해야 했다.

레버리지의 새 논리는 중앙은행의 게임을 바꾸어놓았다. 금리 상승에 반응해 그림자은행들은 채권을 매도하면서 장기금리를 올렸고 이는 그린스펀의 기대와 상반되었다.

연준 조치에서 일주일이 지난 2월 11일 금요일, 채권시장에 또 하나의 충격이 발생했다. 클린턴 정부와 일본 정부의 무역 협상이 결렬되자 미국은 엔화 강세가 필요하다는 신호를 보내서 보복을 모색했다. 그러자 일주일 내에 엔화가 달러 대비 7% 상승해서 몇몇 헤지펀드에 타격을 입혔다. 스탠 드러켄밀러는 과거 파운드 투기 규모에 육박하는 80억 달러를 엔화 약세에 걸었는데, 이틀 만에 6억 5,000만 달러를 잃었다.[15]

전통적인 중앙은행의 논리로는 이 사건이 인플레이션 기대와 채권에 아무 영향을 주지 않아야 했지만, 헤지펀드의 레버리지 규모가 연속적인 악순환을 일으켰다. 엔화 충격으로 손실을 입자 헤지펀드들은 자산을 투매해 자본을 확충해야 했고, 헤지펀드들이 채권을 대량 보유하고 있었기에 채권시장이 충격을 받았다. 이후 2주일에 걸쳐서 국채 10년물 수익률이 25bp 이상 뛰었다.[16] 헤지펀드가 모든 것을 트레이딩하는 세계는 예측할 수 없을 만큼 얽힌 세계였다.

다음 희생자는 유럽이었다. 2월에 독일, 영국, 프랑스, 벨기에의 중앙은행들이 단기금리를 인하해, 인플레이션 위험이 없고 따라서 장기금리가 상승할 이유가 없다는 신호를 보였다. 그러나 엔화 충격의 후유증으로 트레이더들의 논리가 다시 득세했다. 유럽의 장기금리가 상승해서 2주일 만에 국채 10년물의 수익률이 독일은 37bp, 이탈리아는 58bp, 스페인은 62bp 상승했다.[17] 헤지펀드와 은행의 고유계정 트레이딩 데스크들은 미국 국채와 엔화에서 손실을 보았다. 그들은 유럽의 경제적 펀더멘털과 무관하게 유럽 채권 매각으로 반응했다.

헤지펀드들이 유럽으로 도피하기 시작하자 자금 이탈은 그 자체로 탄력을 받았다. 그림자은행에 기꺼이 대출을 제공하던 투자은행들은 자사의 트레이딩이 잘못되자 갑자기 입장을 바꾸었다. 그 전까지는 채권 보유 1억 달러당 100만 달러의 담보, 즉 마진을 받았는데, 이제는 헤지펀드의 차입 상환 불이행 위험을 보상받고자 300~500만 달러를 요구했다.

헤지펀드가 투자은행의 마진콜을 충족하려면 포지션을 대량 처분해야만 했다. 레버리지를 100배 사용하고 마진으로 400만 달러를 요구당했다면 4억 달러 상당의 채권을 그것도 빠르게 매각해야 했다. 헤지펀드들이 채권 포트폴리오를 청산하면서 매도 압력이 발생해 남은 포트폴리오의 가격도 하락하니 마진콜이 다시 발동하는 상황이 발생했다.

무시무시한 피라미드로 누적된 부채가 호시절에는 채권 버블을 촉발했지만 이제는 순식간에 버블을 터뜨렸다.

엔화 충격이 발생하고 2주일 후인 3월 1일, 더 나쁜 소식이 시장을 덮쳤다. 미국의 인플레이션이 우려보다 더 강하다는 통계가 발표된 것이다. 그린스펀의 견해에 발맞추어 국채 10년물 수익률은 15bp 상승했다. 그러나 경제 논리로 미국의 반응을 설명했을지 몰라도 이후 일본과 유럽의 채권시장에 구멍이 뚫린 상황은 설명할 수 없었다.

일본은 인플레이션 심화 우려는커녕 디플레이션 위협과 싸우고 있었지만 일본 국채 10년물 수익률은 3월 2일 17bp 상승했다. 투자은행들이 헤지펀드에 더 많은 마진콜을 걸자 레버리지의 논리에 따라 유럽으로 문제가 전염되었다. 헤지펀드들은 자본을 조달하기 위해 600억 달러 상당의 유럽 채권 보유 물량을 처분했고 장기금리가 급등했다.[18]

광란의 매도로 월스트리트 전반이 대폭 손실을 입었다. 폴 튜더 존스는 다른 트레이더들의 포지션을 감지하는 강점이 있었지만 유럽의 위험을 감지하는 데는 실패했고, 1994년 봄 펀드 수익률이 급락했다. 커머디티 삼총사의 다른 멤버인 브루스 코브너와 루이스 베이컨의 상황도 동일했다. 줄리언 로버트슨이 1991년 채용했던 매크로 트레이더 데이비드 거스텐하버는 독립해서 자신의 펀드를 운용하다가 큰 손실을 입었다.

투자은행의 고유계정 운용 데스크도 형편없었다. 1994년은 골드만삭스에 10년 내 최악의 해였다. 보험업계는 이 사건으로, 허리케인 앤드루에 따른 보상금을 지급한 것만큼이나 보유 채권에서 손실을 입었다고 알려졌다. 한 보험 애널리스트는 "이 사건을 허리케인 그린스펀이라고 부르겠다"라고 빗대어 표현했다.[19]

3월 2일에는 뱅커스트러스트은행이 몇 시간 동안 파산 기로에 섰다. 뉴욕증권거래소의 거래가 정지되었고, 뉴욕 연준 윌리엄 맥도너 (William McDonough) 총재는 신뢰 회복을 위해 월스트리트의 최고 은행 가들에게 전화를 걸었다. 마침내 뱅커스트러스트는 살아남았다. 월스트리트의 강자가 디레버리징 폭풍으로 경계까지 밀렸지만 적어도 이때까지는 넘어지지 않았다.

유혈 사태의 최대 피해자는 누구도 아닌 스타인하트였다. 중국 휴가에서 돌아온 그는 미국 채권 하락으로 소폭 손실을 입었음을 발견했다. 최대 포지션은 일본과 캐나다, 특히 300억 달러 채권 포트폴리오를 쌓아둔 유럽에 있었다. 그는 연준의 긴축이 외국 시장에 심각한 충격을 주지 않은 것에 안도했다.

그러나 이때 디레버리징의 논리가 대두되었고 모든 채권시장이 쓰러졌다. 스타인하트가 레버리지를 사용한 거대 포지션은 유럽 금리 1bp 상승이 1,000만 달러 손실로 환산되어 2월 말까지 9억 달러를 잃었다.[20] 20% 가까이 하락했지만 문제는 아직 끝나지 않았다. 스타인하트는 단순히 시장의 방향을 잘못 판단한 것이 아니라 시장의 유동성도 잘못 판단했던 것이다.

매크로 트레이딩의 매력은 채권과 외환 시장이 개별 주식에 비해서 더 큰 자본을 흡수할 수 있다는 것이다. 1990년대 초의 붐 기간에 헤지펀드와 외국 트레이더들은 유럽 채권에 거대한 포지션을 설정하는 데 어려움이 없었다. 예를 들어 독일 국채와 정부 보증 채권의 절반 가까이를 매수했다. 가격에 부정적인 영향을 주지 않으면서 이런 포지션을 축적한 것은 간단한 이유였다. 포지션을 점진적으로 쌓았고, 특정 채권을 매수하기가 어려우면 다른 기회를 찾아 며칠 기다린 것이다.

그러나 시장이 충격을 받아서 마진콜이 걸려오면 헤지펀드들은 급매해야 했고, 정확히 같은 시기에 다른 헤지펀드들도 똑같이 급매하려고

했다. 모두가 다른 모두에게 팔려고 동분서주했다. 유동성은 사라졌고 아무도 사지 않았다.

스타인하트는 초기의 주식 블록트레이딩에서 브로커들을 알았고 위기 상황이 발생해도 브로커들에게 의존할 수 있었다. 그가 중요 고객이었기에 브로커들은 그와 거래를 계속하고 싶어 했다. 그러나 유럽의 채권시장은 게임 성격이 달랐다. 스타인하트는 시차가 있고 머나먼 대륙에 있는 브로커와 거래하고 있었다. 유럽 채권 브로커들은 스타인하트가 누군지 몰랐고 스타인하트도 그들을 몰랐다. 유동성 위기가 닥치자 유럽 브로커들은 스타인하트가 포지션을 정리하도록 도와줄 의지가 없었다.

컴퓨터 모니터 7개가 둘러싼 자리에 앉아서 스타인하트는 펀드가 무너지는 광경을 바라보았다. 그는 숨 돌릴 틈 없는 상황에 절망했다. 익사하는 것 같았다.[21] 그는 음식을 먹지 못하고 잠을 못 잤다. 폭발적인 호통으로 유명했지만, 이제는 트레이더들이 매도하려고 노력하는 동안 닫힌 문 뒤에서 핵심 참모들과 속삭이며 논의했다. 트레이더들은 기다려보면 더 나은 매도 기회가 나타나리라고 생각하는 듯했다. 그러나 가격은 돌멩이처럼 하락했다. 모두가 매수 호가를 찾았지만 시장은 전적으로 매도자만으로 구성된 것처럼 보였다.

스타인하트의 베테랑 참모 존 라탄지오는 채권 트레이딩 데스크로 가서 "그냥 팔아!"라고 소리쳤다. 더 좋은 가격을 기다릴 시간이 없었다. "그냥 팔아!"

트레이더는 "팔 수가 없어요"라고 무력하게 대답했다.[22]

다른 길이 없었기에 스타인하트는 채권을 어떤 가격이든 팔기로 했다. 그가 주식 블록 매도자에게 받아내곤 했던 종류의 할인을 의미하더라도 말이다. 3월 초에 4일간 매도한 끝에 그의 트레이더들은 유럽 채권 10억 달러를 던졌다.[23] 그사이 일본과 캐나다에서도 빠져나오려는 전투가 계속되었다. 캐나다 중앙은행은 주기적으로 걱정스럽게 전화해서 스타인하트의 트레이더들이 매도를 마무리했는지 물어보았다.

스타인하트는 새로운 레버리지 시장으로 알려지게 될 함정에 빠졌다. 그는 트레이딩에 경쟁이 심해진 것을 감지하지 못했다. 투자은행이 레버리지를 사용한 펀드에 마진콜을 넣어서 급매하도록 몰아붙이는 세계에서 핵심은 레버리지를 사용한 트레이더들이 집중된 시장을 알아보는 것이었다. 1994년을 회고하면서 스타인하트는 자신이 순진했다고 인정했다. "유럽 채권 트레이딩에는 경쟁자들이 집중되어 있었고 나는 이 사실을 완전히 간과했다"라고 그는 고백했다.

3월 말에 모든 상황이 정리되었을 때 스타인하트의 펀드는 30%나 하락한 상태였다. 자본 약 13억 달러가 증발했다.[24]

애스킨펀드의 붕괴

스타인하트의 굴욕 이후 곧바로 오만한 헤지펀드인 애스킨캐피털 매니지먼트(Askin Capital Management)의 붕괴가 뒤따랐다. 펀드 이름과 동일한 펀드매니저 데이비드 애스킨(David Askin)은 절정기인 1993년에 사업을 출범해 모기지증권 포트폴리오 25억 달러를 만들어냈다. 금융 애널리스트와 세일즈맨 출신이고 실제로 자산을 운용한 경험은 없었다. 그러나 투자은행 드렉셀번햄램버트(Drexel Burnham Lambert)의 모기지 리서치 부문장 출신으로서 어떤 금융 환경에서도 모기지로 돈을 벌 수 있다고 마케팅했다.

애스킨은 자신이 모기지대출의 조기 상환 가능성을 분석하는 데 우위가 있다고 주장했다. 이론적으로 조기 상환 가능성이 높은 모기지대출은 차입 원금을 남겨두고 분할 상환하는 모기지대출보다 가치가 낮았다. 조기 상환을 받으면 기대하던 수익률의 현금흐름을 상실하기 때문이다.[25]

더구나 월스트리트는 모기지를 모든 종류의 이색 금융상품으로 쪼개파는 데 열을 올려왔다. 예를 들어 모기지의 이자 지급분과 원금 상환분을 두 가지 '스트립(strip)'으로 분리했다. 주택 구매자들이 모기지대출을 조기 상환하면 이자 스트립(interest-only strips, IOs)은 가치를 상실하고 원금 스트립(principal-only strips, POs)은 가치가 증가한다. 조기 상환이 저조하면 반대 상황이 발생한다. 애스킨은 IOs와 POs, 역IOs와 역POs, '선도 역IOs(forward reverse IOs)'로 알려진 새로운 금융상품까지 다루었다. 조기 상환 위험을 밝혀내는 회사에는 기회가 무한했다.*

애스킨은 마케팅을 통해 명망 있는 고객을 다수 모았고 그중에는 거대 보험사 AIG와 록펠러재단 같은 자선기금이 포함되었다.[26] 그러나 헤지펀드의 역사에서 여러 차례 발생했듯이 그의 마케팅은 사기였다. 애스킨은 자신의 펀드가 '시장 중립적'이라고, 즉 채권시장의 등락과 무관하게 돈을 벌어줄 수 있다고 주장했다. 그러나 자신의 영리한 투자 방식이 금융위기에서 어떤 성과를 낼지 몰랐다.[27] 그는 자신의 컴퓨터에 고도로 발달한 독자적 모형을 저장하고 사용해서 조기 상환 위험을 분석한다고 주장했다. 그러나 그런 모형은 존재하지 않았다.[28]

1994년 2월에 연준이 금리를 인상하자 애스킨의 펀드 가치가 하락하기 시작했다. 장기금리 상승으로 모기지대출 금리도 상승했고 주택 소

---

* PO는 일반적인 제로쿠폰(zero coupon) 성격이지만, 금리 하락 시에는 조기 상환 손실을 IO가 떠맡기 때문에 조기 상환이 많아질수록 PO 가격이 상승한다. 1987년 4월 금리가 급등하자 메릴린치는 PO 포지션에서 2억 5,000만 달러 손실을 냈다. 발행 주관사이기 때문에 미판매 PO 포지션에서 손실을 입은 것으로 알려졌다.

유자들이 모기지대출을 갈아탈 동기가 사라졌다. 기존 모기지의 조기 상환이 감소하자 모기지 듀레이션(duration)이 고무줄처럼 늘어났다. 애스킨은 시장 중립적이라는 주장과 달리 듀레이션 변화에 심각하게 노출되어 있었다. 실제로 장기금리가 상승하면 그의 포트폴리오는 일반 채권보다 다섯 배 더 하락했다. 당초 그는 보고서를 조작해 이런 상황을 은닉했다. 그러나 회사 내부에서 반발이 일어나 사실을 밝히라고 강요했고, 애스킨은 3월 25일 금요일에 자신의 펀드가 2월에 20% 하락했다고 인정했다.[29]

더구나 3월 23일 멕시코의 대통령 후보가 암살되면서 채권시장에 공황이 발생했다. 투자자들은 암살 사건에 멕시코 채권 매각으로 대응했고, 다음으로 신흥시장 채권, 그다음으로 포트폴리오를 재조정하기 위해 선진국 채권을 배삭했다. 애스킨에게는 결정타였다. 금리가 다시 상승하니 그의 3월 성과는 참혹할 터였다.

3월 28일 월요일 아침, 브로커들이 애스킨에 마진콜을 하기 시작했다. 베어스턴스가 2,000만 달러를 요구했고, 키더피보디(Kidder Peabody)는 4,100만 달러를 원했으며, 그날 오후 베어스턴스는 요구 금액을 5,000만 달러로 높였다. 다음 날 살로몬과 리먼, 다른 채권자들의 마진콜이 쌓였고 곧 애스킨이 마진콜을 해결하기 위해 포트폴리오의 거대한 부분을 매도해야 한다는 사실이 드러났다. 초대받지 않은 키더피보디 모기지 트레이더 팀이 애스킨의 사무실에 들이닥쳐서 장부를 조사하겠다고 요구했다.*

그들은 밤새 일해서 애스킨펀드 자산의 적정 가치를 도출하려 했지

---

* 1994년 초에도 금리가 급반등해서 PO 포지션이 많던 전문 투자자들이 수십억 달러에 달하는 손실을 입었다. 당시 시장을 선도하던 키더피보디는 경영진이 대폭 교체되었다.

만 곧 문제에 봉착했다. 애스킨이 포트폴리오를 온전히 보유했다면 키더피보디가 매수 호가를 제시해서 애스킨에 차입 상환 자금을 제공할 수 있었을 것이다. 그러나 애스킨은 보유한 자산을 채권자 수십 명에게 담보로 제공해서 채권자들의 청구권 순위를 쉽게 정리할 수 없었다.

여기에서 이후 헤지펀드를 사로잡을 레버리지의 교훈 하나가 또 도출되었다. 레버리지는 헤지펀드를 붕괴시킬 수 있을 뿐만 아니라 헤지펀드의 종말을 복잡하게 만들 수 있다.

3월 30일 수요일에도 채권자들은 계속 주변을 맴돌았다. 브로커들은 마진콜 금액을 더 키워서 다른 채권자들보다 먼저 애스킨의 현금에 손을 뻗으려고 했다. 애스킨의 하부 펀드 하나를 보유했던 스위스 투자 운용사 유니제스천(Unigestion)은 애스킨에게 자사 포지션을 청산하라고 명령했다. 애스킨은 딜러 18곳을 접촉했지만 입찰가 대부분이 너무 낮아서 가치가 없었다. 선도 역IOs 위주로 구성된 포지션 2개에는 입찰 자체가 없었다. 이 금융상품들은 너무 복잡해서 판매가 불가능한 바람에 미래의 말썽을 예고했다. 월스트리트 누구도 이들의 가치평가를 하지 못했다.[30]

수요일 오후 3시 45분, 베어스턴스가 애스킨의 포트폴리오를 단돈 500만 달러에 매수하겠다고 제안했다. 희생자를 한입에 물어 죽이려는 듯, 베어스턴스는 15분 안에 회신하라고 요구했다. 애스킨은 얼버무리면서 15분 더 달라고 요구했고 결국 거부했다. 자기 자리를 내줌으로써 포식자에게 편의를 제공할 수는 없었던 것이다.

브로커들은 협상에 의한 자산 매각을 포기하고, 남아 있는 담보물에 대해서 국채를 매도해 헤지를 걸면서 점유권을 행사했다. 채권시장은 애스킨의 잔여 펀드가 해체되면서 또다시 비틀거렸다.

그린스펀의 고민

채권시장의 패닉은 미국에서 외국 시장까지, 국채에서 모기지 시장까지 휩쓴 후 미국 정부 최고위층에게 보고되었다. 1994넌 3월 31일 아침, 애스킨의 브로커들이 국채를 매도해 시장의 활력을 빼내자 클린턴은 캘리포니아 휴가를 취소했다.

전년도에 대통령은 연방 재정적자가 축소되면 정부의 자본 수요가 감소하고 이는 채권 수익률을 낮출 것이라는 이론에서 세율을 인상했고, 당시 자문역들은 채권시장을 특히 관심 있게 보라고 권고했다. 대통령은 자문역들의 논리를 선호하지 않아서 첫 번째 반응은 '고약한 채권 트레이더 집단'의 부당한 영향력을 비난하는 것이었다.[31] 그러나 자문역들이 강하게 밀어붙여 증세를 관철했고, 이후 1993년 채권 버블에서 금리가 하락하자 자문역들의 주장이 입증된 것처럼 보였다. 1994년 초의 채권시장 붕괴는 예상치 못한 충격이었다. 금리가 다시 솟구쳤고 클린턴의 경제 정책은 그리 명석해 보이지 않았다.

클린턴은 골드만삭스 회장 출신이고 당시 백악관 경제 자문역이던 로버트 루빈(Robert Rubin)에게 전화했다. 루빈은 대통령에게 증세 조치를 하면 채권시장에서 보상받을 것이라고 가장 적극적으로 설득한 전문가였다. 대통령은 무슨 일이 벌어지고 있는지 물었다.

루빈은 장기금리가 치솟는 이유를 설명하느라 30분 가까이 애썼다. 그러나 경제 성장이나 인플레이션 수치로는 설명되지 않는다고 고백했다. 채권시장은 과거와 다른 새로운 방식으로 행동하고 있었다. 월스트리트는 생각보다 빠르게 변화하는 중이었다. 연준은 금리를 단 2회, 2월과 3월에 똑같이 25bp씩 인상했지만 채권시장은 절벽에서 떨어진 듯 하락했다. 10년 이상 만에 가장 큰 폭락이었다. 누구도 무슨 상황이 벌어지고 있는지 정확히 이해하지 못하는 듯했다. 연준 의장도, 마이클 스타인하트 같은 헤지펀드 대가도, 그리고 루빈조차도.

대통령은 통화를 마친 후 항상 따라다니는 기자들 앞에 서서 "미국 경제의 기조에 문제가 있다고 믿는 사람은 아무도 없습니다. 시장의 일부 조정은 때때로 발생하지만 과잉 반응할 이유는 없습니다"라고 연설했다.[32]

지나고 나서 돌아보면 대통령의 답변은 한 세대의 금융시장 패닉들에 대한 반응을 요약한 것이었다. 채권시장은 클린턴의 구루들을 당혹스럽게 했고 그럴 수밖에 없었다. 일본 무역 협상과 멕시코 암살처럼 이질적인 사건들까지도 공포스러운 방식으로 레버리지의 촉수와 연계되었다. 그러나 비정상적인 연쇄 반응에 직면해서 미국 대통령이 할 수 있는 최선은 진정하라는 연설뿐이었고, 그것도 헤지펀드들이 제기하는 문제를 잘못 판단한 상태에서 하는 주장이었다.

대통령은 "과잉 반응할 이유는 없습니다"라고 말했다. 그러나 사실 레버리지를 이용하는 새로운 세상에서는 과잉 반응이 필연적이다. 레버리지의 정의이자 핵심 포인트는 투자자들이 경제 내부의 파문을 확대해서 받아들인다는 것이다. 투자자는 방아쇠에 손가락을 올려두어야만 한다. 과잉 반응은 필연적이다.

루빈이 월스트리트가 급변했다고 판단한 것은 옳았다. 투자자들이 레버리지를 통해 구매력을 높이자 채권시장의 규모 자체가 달라졌다. 시큐리티즈데이터(Securities Data Company)에 의하면 1981년 공모채권(국채 제외) 발행액은 960억 달러였다. 1993년에는 발행액이 13배 커져서 1조 2,700억 달러가 되었다.[33] 시장은 규모가 커졌을 뿐만 아니라 더욱 복잡해졌다. 애스킨은 자신의 분석 능력을 과대 포장했지만, 다른 월스트리트 회사들은 물리학자들을 고용하고 슈퍼컴퓨터를 제공해 더욱 환상적인 증권들을 설계하고 있었다.

정부는 시장에 대한 영향력은 고사하고 이해력 자체가 떨어지는 것이 자명했다. 영국이 1992년에 발견했듯이 통화시장이 심화되자 중앙은행들이 개입 능력을 상실한 것처럼, 채권시장이 심화되자 정부는 장기금리를 통제하기는커녕 금리 변화를 예측하는 능력이 약해졌다.

이 새로운 세계에 대한 정책 결정자들의 반응은 두 가지로 나뉘는데, 첫 번째는 통화정책과 관련된다. 연준 의장은 금리 미세 조정이라고 생각한 인상 조치에 대한 채권시장의 반응이 충격적이라고 인정했다. 혼란이 발생하고 3주 후인 2월 28일, 연준 금리위원회가 전화 회의를 소집했고 그린스펀 의장이 그렇게 말했다.[34] 프린스턴대학 교수로서 6월에 연준 부의장이 되는 앨런 블라인더(Alan Blinder)는 채권시장의 벼덕스러운 행동을 통탄하면서 '노란 멜빵을 멘 스물일곱 살짜리들'의 과장된 영향력을 비판했다.[35] 연준 지도자들은 새로운 현상을 맞이했음을 깨달았다. 어떤 결론을 내야 할까?

연준은 인플레이션에 맞서는 자신의 의무를 재정의하기로 선택할 수 있었다. 연준은 전통적으로 소비자물가지수를 안정시키기 위해 금리를 결정해왔다. 그러나 1994년 채권시장이 폭락하자 자산 가격 안정에 대한 의문이 제기되었다. 1993년에 채권시장이 최고치를 기록한 것은 신용이 너무 저렴하며 버블을 없애기 위해 금리를 올릴 때가 되었다는 신호가 아니었을까?

연준은 채권시장이 아니라 인플레이션을 목표로 해왔으므로 버블이 커지는 것을 허용했다. 하지만 이후 스타인하트가 날아갔고 애스킨도 날아갔다. 미국 증권시장의 가치가 6,000억 달러 이상 증발했고, 외국 채권시장에서도 추가로 9,000억 달러 정도가 사라졌다.

금리를 더 일찍 올렸더라면 이 대학살을 분명 줄일 수 있지 않았을까? 이후 10년 동안 그린스펀은 이 의문과 씨름했고, 버블을 끄기 위해 통화정책을 사용하는 것은 좋지 않다는 결론을 내렸다. 버블은 터지기 전에 포착하기가 어렵고, 따라서 미리 터뜨리기보다는 쫓아가면서 처리하는 것이 좋다고 연준 의장은 주장했다. 더구나 중앙은행이 자산 가격을 꺾으려면 금리를 정말 공격적으로 올려야 하고, 성장을 포기하는 비용이 시장을 안정시키는 혜택을 초과할 것이라고 보았다.

몇 년 동안은 이 판단이 옳은 듯 보였다. 그러나 2000년대 중반에 거대한 신용 버블이 형성되자, 사후 청소 방식이 재난에 가까운 비용을 발생시킨 것으로 드러났다.

정책 결정자들의 두 번째 반응은 감독 정책과 관련된다. 1994년 레버리지 붕괴를 거치면서 헤지펀드들과 레버리지 전반이 금융 시스템에 제기한 위험이 드러났다. 저명한 투자은행들이 헤지펀드와 은행 고유 계정 운용 데스크에 앉은 '카우보이'들에게 수십억 달러 운용을 맡기고 있었다. 이 카우보이들이 돈을 날리면서 은행을 끌고 들어가면 어떻게 될 것인가?

애스킨의 펀드가 파산하면서, 이름 없고 비교적 작은 헤지펀드가 어떻게 주거래 투자은행인 키더피보디, 베어스턴스, 도널드슨 러프킨 & 젠레트(Donaldson, Lufkin & Jenrette)에 5억 달러 손실을 끼칠 수 있는지를 보여주었다. 작은 헤지펀드가 이런 손실을 끼칠 수 있다면 대형 펀드는 어떻겠는가. 분명히 애스킨은 경고였다.

채권시장이 무너지자 규제당국 다수가 이런 의문을 제기했다. 3월 7일과 8일에 바젤에서 열린 중앙은행 회의의 화두는 헤지펀드가 시장에 미치는 영향이었다. 워싱턴에서는 대통령의 금융시장 워킹그룹(President's Working Group on Financial Markets)이라는 위원회가 헤지펀드와 레버리지의 영향을 전반적으로 조사하기 시작했다.[36]

하원 금융서비스위원회 위원장인 헨리 곤잘레스(Henry González)는 "헤지펀드 감독을 강화해야 한다"고 공격적으로 언급했다.[37] 모든 신호가 정부의 단속 조치를 예고했다. 〈비즈니스위크〉는 '헤지펀드 위기'라는 제목의 기사에서 "헤지펀드는 위험한 코끼리다. 레버리지는 과다하고 감독은 미흡하며 시장을 교란한다"라고 썼다.[38]

이 과열된 분위기 가운데 곤잘레스는 자신의 위원회에서 헤지펀드 청문회를 개최하겠다고 선언했다. 〈워싱턴포스트〉는 이것이 규제당국에 '불을 지필 것'이라고 자신 있게 보도했다.[39] 그러나 대중이 알지 못하는 사이에 반격이 구체화되고 있었다.

소로스와 함께 파운드화 공격을 성사시켰던 이코노미스트 로버트 존슨은 한때 상원 은행위원회에서 일했고, 당시의 리서치 동류가 곤잘레스의 보좌관이 되어 있었다. 존슨은 곤잘레스가 헤지펀드 단속을 요구한다는 소식을 듣자 대응할 때가 왔다고 느꼈다. 곤잘레스와 의원들은 헤지펀드가 무슨 일을 하는지 이해하지 못하면서 헤지펀드업계를 비난하고 있었다. 업계가 반격해서, 의원들이 헤지펀드를 안전하게 만들기 위해 무슨 일을 할지 구체적으로 말하라고 강제할 시점이었다.

그래서 존슨은 과거 동료에게 전화해서 청문회를 주관하라고 종용했다. 존슨은 청문회를 통해 규제당국들에 불이 지펴지는 것이 아니라 워싱턴의 열기가 식을 것이라는 데 베팅했다.[40]

존슨은 의원들에게 설명할 내용을 준비한 후 소로스에 대한 작업에 착수했다. 의원들에게 헤지펀드를 가르치려고 노력하지 않는다면 반발적인 규제가 나올 것이 확실하다고 보고했다. 일반인들은 헤지펀드의 역할을 이해하지 못해서 헤지펀드를 의심했다. 그들은 "밤에 잠자리에 들면 천장을 뚫고 나와서 그들의 순자산을 먹어치우는 사람이 있으니 그가 바로 조지 소로스"라고 걱정했다.

"당신이 분명하게 설명해주어야 합니다." 존슨은 조언했다. 소통 전략을 개선하면 전문 투자자가 미움받을 이유가 없었다. 결국 워런 버핏은 민중의 영웅이 되었다.

4월 13일 하원 청문회가 개최되었고, 규제 책임자들이 첫 번째 패널 앞에서 증언했다. 이들에게는 헤지펀드의 고삐를 당길 구체적인 아이디어가 없다는 것이 곧 드러났고, 실행 계획이 없는 상황에서 어떤 조치도 필요하지 않다는 플랜 B를 주장했다. 연방통화감독청의 유진 루드비히(Eugene Ludwig) 청장은 헤지펀드가 은행 시스템을 거의 위협하지 않는다고 주장했다. 전국 은행 중 8개만이 헤지펀드에 돈을 빌려주었고 대부분은 담보부이며, 통화감독청은 문제의 8개 은행에 감독관들을 상주시켰다.

연준 존 라웨어(John LaWare) 이사도 곤잘레스 위원회에 같은 입장을 표명했다. 연준의 은행 감독관들은 헤지펀드가 제기하는 위험을 염려하지 않는다는 것이었다. 공화당 멜빈 와트(Melvin Watt) 의원이 대형 헤지펀드가 붕괴하면 어떻게 되겠느냐고 묻자 증인들은 은행과 투자은행들이 무사할 것이라고 보장했다. 어리석게 헤지펀드에 과도하게 대출해서 자사를 위태롭게 하지 않으리라는 것이었다.

청문회 두 번째 세션의 증인은 조지 소로스가 유일했다. 존슨의 계산은 정확하게 맞았다. 의원 보좌관들은 청문회를 소집한 후 소로스에 대한 질문서를 준비해야 했고, 이 과정에서 소로스를 공격적으로 대할 근거가 없다는 사실을 인식하게 되었다. 청문회가 개최된 시점부터 새로운 분위기가 드러났다. 곤잘레스는 공화당 톰 랜토스(Tom Lantos) 의원을 초대해서, 그의 친구인 헝가리계 미국인을 소개하고 소로스의 이름을 어떻게 발음하는지 들려주게 했다.

소로스는 자신의 책을 소개할 기회를 잡아 재귀성 강연을 했고 헤지펀드가 규제 대상이 아닌 이유를 점잖게 설명했다. 추세 추종 트레이더들이 버블을 키울 수 있지만 그렇게 하는 경향은 헤지펀드가 뮤추얼펀드보다 작다고 소로스는 인정했다. 왜냐하면 헤지펀드는 매수와 함께 공매도가 가능해서 추세에 맞서도록 설계되었기 때문이다. 마찬가지로 헤지펀드는 시장을 불안정하게 만들 수 있다고 소로스는 말을 이었다. 그러나 레버리지 제한은 헤지펀드만이 아니라 대형 투자은행에서 시작해 광범위한 금융기관에 적용해야 한다고 결론을 지었다.

당황한 의원 몇몇은 헤지펀드가 실제로 어떤 존재인지 설명해달라고 요청했다. 소로스는 "근래 용어가 너무 무분별하게 사용되고 있습니다"라고 한탄했다. "고슴도치(hedgehog)와 여름에 치는 생울타리(hedge)에 공통점이 없듯이, 내 스타일의 헤지펀드와 최근 청산된 헤지펀드는 공통점이 거의 없습니다"라며 애스킨 붕괴를 언급했다.[41]

의회가 규제하려던 시도는 무산되었다. 훗날 장관이 되는 로버트 루빈과 로런스 서머스를 포함해 클린턴 정부의 관료들은 헤지펀드 규제안 논의에 참여했지만 규제 조치를 밀어붙이지 않았다. 뉴욕 연준의 윌리엄 맥도너 총재는 3월의 분주한 날에 뱅커스트러스트를 구제하기 위해 전화통에 매달렸지만, 이후 그런 패닉을 부채질한 레버리지를 때려잡는 조치를 취하지 않았다.

애스킨펀드 붕괴 이후 분석해보니 은행들이 청문회에서 와트 의원의 질문에 장황하게 답변한 것과 다르게 애스킨펀드에 무분별하게 대출해주었음이 밝혀졌다. 그러나 특히 헤지펀드 관련해서 발생한 가장 명백한 실수는 은행들의 경각심을 불러일으키는 조치가 없었다는 점이다. 그 결과 4년 후 롱텀캐피털매니지먼트(Long-Term Capital Management, LTCM)가 실패하자 1994년의 위기는 사소한 일처럼 보였다.

스타인하트의 은퇴

마이클 스타인하트 패밀리에게 1994년의 손실은 결정적이었다. 스타인하트는 은퇴를 몇 년간 고민했다. 그는 1987년 〈기관투자가〉 인터뷰에서 "나는 내 일이 근본적으로 고결하다고는 생각하지 않습니다. 부유한 사람을 더 부유하게 만든다는 생각은 내 영혼의 내면에 와닿지 않습니다"라고 언급했다. 채권시장 폭락으로 굴욕당한 후, 스타인하트는 떠나기로 마음먹었다.[42]

당시 같이 일했던 이들이 보기에는 스타인하트의 정신이 산산이 부서진 상태였다. 스타인하트는 위험을 지기를 두려워했고, 위험을 불쾌한 정도가 아니라 공포스러워했다.[43] 점심때 직원을 해고하고는 다음 날 복귀하라고 불러냈다. 그가 인터폰을 켠 채로 고함을 치면 소름 끼치는 저주가 사무실 내의 모든 사람에게 전달되었다. 한번은 어떤 트레이더가 시장을 조작해서 규제당국의 분노를 무릅썼다고 의심하고는 며칠 내내 사무실로 불러 끝없이 독설을 퍼부었다. 결국 그 트레이더는 심장마비를 일으켰고 사망했다.

스타인하트는 1995년까지 버티면서 매우 놀라운 27% 수익률을 실현했고 손실 7억 달러를 복구했다.[44] 명예를 회복하자 그는 오랫동안 소문이 무성하던 은퇴를 발표했다. 헤지펀드의 역사에 분수령이 되는 순간이었다. 빅3 중 한 사람이 27년 동안 트레이딩 스크린의 마법사로 활동한 후 업계를 떠난 것이다.

1967년에 스타인하트의 펀드에 투자한 1달러는 펀드 청산 시점에는 480달러로 늘어났다. S&P지수에 투자했다면 얻었을 18달러의 26배였다. 스타인하트의 펀드는 1994년 사건으로 15억 달러 손실이 났지만 1991~1993년에 그 2배 이상을 벌어들였고 나머지 기간에도 성과가 매우 우수했다.[45] 스타인하트는 "어릴 때 꿈꾸던 것보다 더 많은 돈을 투자자와 나 자신에게 벌어주었다"라고 술회했다.

그는 은퇴 후 시골 땅을 거닐면서 우아한 청색 두루미와 함께 지낼 시간을 얻게 되었다. 월스트리트 너머에도 삶이 있었다.

채권시장 위기가 남긴 것

남은 사람들에게 주어진 의문은 '1994년이 헤지펀드업계에 어떤 의미인가?'였다. 규제당국자들이 헤지펀드에 유연한 자세를 취했다 하더라도 고객들은 생각이 다를 수 있었다. 1994년 9월까지 투자자들은 헤지펀드에서 약 9억 달러를 환매했고 추가 환매가 지속되었다.[46] 금융 잡지들은 헤지펀드들이 실제로 헤지하지 않았다고 비난하는 기사를 냈고, 〈포브스〉는 또다시 '헤지펀드의 파티가 끝났다'라고 썼다.[47]

외환과 채권 시장에서 유동성을 과대평가했다가 재난을 당한 매크로 헤지펀드들은 환매를 기다리지 않고 먼저 자금을 돌려주었다. 폴 튜더 존스는 펀드의 3분의 1을 돌려주었고, 브루스 코브너는 1995년 6월에 3분의 2를 돌려주기로 결정했다. 두 사람 모두 시장을 드나들기에는 자본이 너무 많다고 어려움을 호소했다. 코브너가 선언하고 약 한 달 후에 소로스도 퀀텀펀드 투자자들에게 서한을 보내서, 근래의 실망스러운 성과는 과대한 펀드 규모 때문이라고 설명했다.

매크로 투자는 '레버리지 방향성 투기(leveraged directional speculating)'라는 경멸적인 별명을 얻었다.[48]

1970년대 초에 헤지펀드가 1차 몰락해 한 세대 동안 매장되었다. 그러나 1990년대 중반의 헤지펀드업계는 전보다 회복력이 강했다. 유명한 펀드들이 위축되기는 했지만 스타인하트를 제외하고는 활동을 계속했다. 소규모 펀드들의 생태계가 발전해서 다양한 투자 스타일을 전개했고 그중 일부는 위기에 강했다. 기업 인수합병에 베팅하는 펀드, 파산 기업에 대출하는 펀드, 컴퓨터 모형에 기반해서 비슷한 금융상품 간의 차익거래를 하는 펀드가 나타났다.

어떤 조사 결과에 의하면 1994년 1분기의 헤지펀드 평균 손실률은 놀랍게도 2.2%에 불과해서, 주식 뮤추얼펀드의 3.3%보다 낮았다.[49] 다른 조사에 의하면 헤지펀드는 과거 5년간 S&P500지수를 능가했고 변동성도 훨씬 낮았다.[50]

따라서 1994년의 채권시장 위기 이후 헤지펀드에 두 가지 평결이 내려졌다. 규제당국자들은 헤지펀드에 대한 걱정스러운 의문에 직면했지만 헤지펀드를 길들일 좋은 이론이 없어서 궁극적으로 다른 방식을 찾기로 했다. 한편 기관투자가들은 중요한 평결에 도달했다. 1994년의 혼란에도 불구하고 헤지펀드들이 저항할 수 없이 매력적인 위험조정 수익률을 제공한다는 것이었다.

어떤 의미에서 두 평결은 같다. 시장이 완전히 효율적이지 않기 때문에, 헤지펀드와 시장이 탄생시킨 창조물들은 어려운 문제를 제기했다. 이들은 세계 경제를 어지럽힐 수 있는 불안정한 게임의 일부다. 그러나 마찬가지로 시장의 비효율성 덕분에 헤지펀드는 좋은 성과를 냈다. 투자자들은 헤지펀드에 참여하기 위해 줄을 서게 될 것이다.

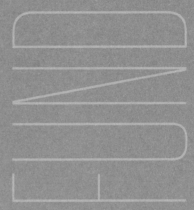

9장

소로스 대 소로스

타이거펀드의 팔라듐 투자

스탈린(Iosif Stalin)은 노릴스크라는 광업도시를 탄생시키기 위해서 노예들에게 의존했다. 소련 비밀경찰은 죄목을 날조해서 기술자 수백 명을 체포한 후 나무도 풀도 전혀 없는 북극 시베리아로 끌고 갔다. 아마 정치범 20만 명이 이 도시와 광산들을 세우는 과정에서 희생되었을 것이다. 수년이 지나도 눈이 녹으면 희생자의 유골이 계속 드러났다.

1990년대 중반에는 주민 26만 명이 황량한 환경에 모여서, 영하 40도까지 내려가는 혹한과 싸우고 디킨스(Charles Dickens) 소설에 나올 법한 제련소가 배출하는 유황 스모그에 질식했다. 1년 중 5개월은 북극의 밤에 묻혀 태양이 사라진다. 한 주민은 "시간은 어떻게든 가지만 우리는 남아 있습니다"라고 방문객에게 말했다.[1]

지리적으로도 심리적으로도 노릴스크와 맨해튼 헤지펀드의 분주한 트레이딩룸을 잇는 고리를 상상하기 어려울 것이다. 그러나 1990년 폴 튜더 존스와 헤지펀드 매니저 몇몇이 포노이강 인근에서 낚시 캠프 휴가를 보냈다.[2] 방문객들은 북극의 황야를 즐기고, 지혜를 발휘해 힘 좋은 연어들을 낚았고, 부자의 본능에 따라서 자신들이 좋아하게 된 캠프 지역을 매입해야겠다고 결심했다.

지방정부와 낚시 권리에 대한 협상을 시작했을 때, 이들은 흥미로운 이야기를 들었다. 헬싱키에서 열린 회의에서 한 러시아인 관료가 노릴스크를 언급하며, 소련 인프라에 금이 가서 광산이 무너질 지경이라고 한탄한 것이다. 줄리언 로버트슨의 타이거펀드 파트너 출신인 소프 매켄지는 헤지펀드 낚시꾼들을 위해 협상을 대표하다가 귀를 쫑긋 세웠다. 노릴스크 광산은 전 세계 팔라듐 매장량의 절반 이상을 보유했다. 생산 차질이 발생한다면 전 세계적으로 영향을 미칠 것이었다.[3]

매켄지는 이후 수년간 매년 포노이강을 찾아갔고, 낚시 캠프에 러시아인 관료들을 초청해 환대하면서 광산과 전망 정보를 얻었다. 그는 팔라듐시장의 구조를 연구해서 이 금속의 세 가지 용도를 파악했다. 치과 재료는 수요가 불안정했고, 자동차의 촉매 변환 장치는 환경 규제로 수요가 늘고 있었으며, 새로운 시장인 휴대전화는 잠재성이 있었다. 노릴스크를 제외한 팔라듐 주요 공급자들은 아프리카에 있는데 저마다 인프라의 한계에 직면해 있었다.

상황을 파악하고 나서 매켄지는 팔라듐 수요가 불확실한 공급량을 초과할 것이라고 결론지었다. 그는 자기 자금으로 팔라듐을 일부 매수하고 줄리언 로버트슨에게 보고했다. 타이거펀드는 1994년까지 팔라듐 4,000만 달러어치를 매수했고, 시장 조사를 위해 타이거의 젊은 원자재 전문가 드와이트 앤더슨(Dwight Anderson)을 파견했다.

앤더슨은 로버트슨이 채용한 강인한 젊은이로서 모험심이 이번 임무에 적합했다. 당시 서방 트레이더들이 모여드는 중심지로 부상한 모스크바로 날아간 후 러시아의 에어로플로트 비행기로 갈아타고 시베리아로 향했다. 11월의 어스름한 날 노릴스크에 착륙하자 공항에 방치된 비행기들이 보였다. 분명 항공사가 부품을 꺼내 쓴 후 버려둔 것이었다. 앤더슨은 귀국할 항공편의 안전을 생각하지 말자고 이를 악물고 결심했다. 그러나 다음 날 노릴스크 광산을 방문했을 때는 광산이 너무나 잘 돌아가서 놀랐다.[4]

앤더슨은 그동안 많은 광산을 둘러보았지만 이곳은 달랐다. 노릴스크는 광부들이 갱도로 기어 들어가는 애팔래치아 석탄광과는 전혀 달랐다. 미국 서부의 노천광이나 남아프리카의 깊은 광산과도 전혀 달랐다. 시베리아의 광업 방식은 진정한 소련 스타일이어서 대형 트럭이 지하 터널 안을 돌아다녔다. 광석 추출에 필요한 규모를 넘어서 과하게 큰 갱도를 파놓았지만, 이 과도함이 오히려 축복이었다. 갱도나 트럭에 문제가 생기더라도 광석을 꺼내 올 다른 경로가 있었다. 드릴이 고장 나면 근처에 못 쓰는 드릴 두어 개가 있어서, 공항에 버려진 비행기처럼 부품을 꺼낼 수 있었다.

노릴스크는 과도한 규모 덕분에 지탱해나갈 수 있었고, 앤더슨은 생산 붕괴 소문은 의도적으로 과장된 것이라고 결론지었다. 러시아 지방 관료들은 생산이 붕괴한다는 소문이 나면 팔라듐 가격이 상승할 것이라고 생각했다. 모든 이해가 광산의 매출에 달려 있었기에, 기회가 날 때마다 외국인 방문객에게 생산 차질이 임박했다고 말했던 것이다.

그러나 앤더슨은 다른 것이 붕괴할지 모른다는 것을 알아차렸다. 러시아에서 인맥을 쌓으면서, 러시아인들이 팔라듐을 생산량보다 많이 판매하고 있음을 확인했다. 그들은 폐기된 소련 무기에서 팔라듐을 벗겨내서 판매하고 있었다. 조만간 이 돈벌이가 끝날 것이다. 앤더슨이 계산한 바로는 2000년 어느 시점에 팔라듐을 벗겨낼 미사일이 남지 않을 것이고 팔라듐 가격은 급상승할 것이었다. 앤더슨의 보고 내용에 따라 타이거펀드는 투자 논리는 달라졌지만 팔라듐 포지션을 보유했다. 이 포지션은 이어진 3년간 손실을 냈지만 이후 더 흥미로운 상황이 벌어졌다.

신흥시장에 진출하다

타이거펀드의 시베리아 진출은 더 큰 현상의 일부였다. 1990년대 초, 세계 경제에서 폐쇄되었던 부분이 서방 자본에 문호를 열었고 헤지펀드들이 기회를 잡았다. 1990년 이전에는 서방인은 낚시를 하든 광산을 조사하든 간에 콜라반도에 출입하지 못했다. 또한 1990년 이전에는 동아시아와 동유럽 국가들이 자국 주식과 채권시장에 끌어들인 외국 자본이 매우 적었는데, 이들의 시장 규모가 너무 작아서 기회가 없었기 때문이다.

그러나 소프 매켄지가 첫 번째 낚시꾼들을 인솔해서 시베리아로 향했던 1990년 이후 신흥시장들이 떠올랐다. 신흥국 채권 잔고는 1년 만에 400억 달러에서 1,000억 달러로 증가했고 1990년대 내내 폭발적으로 성장했다.

전통적인 펀드매니저들은 주력이 아닌 시장에 점진적으로 반응했지만 헤지펀드들은 빠르게 움직였다. 1990년대 초, 페루 같은 나라의 채권을 매수해서 높은 수익을 올렸다.[5] 1992년에는 소로스와 드러켄밀러가 이 기회를 포착해 퀀텀 신흥성장펀드(Emerging Growth Fund)를 출범했다. 다음 해에는 루이스 베이컨의 무어캐피털이 뒤따라 신흥시장 전문 펀드를 열었다.

신흥국 입장에서도 이 새로운 질서가 매력적이었다. 다른 투자자들이 자본을 제공하지 않던 시기에 헤지펀드들은 기꺼이 자본을 제공했다. 일단 헤지펀드가 투자를 선도하면 궁극적으로 다른 서구 자산 매니저들도 따라올 것이고, 일반적으로 외국인이 투자 대상 기업을 선택하는 안목이 높기 때문에 신흥국 기업이 투자를 받으면 자본의 양적 측면뿐 아니라 질적 측면에서도 신인도가 상승하는 효과를 얻었다.[6]

그러나 헤지펀드가 전 세계로 진출하면서 위험도 뒤따랐다. 헤지펀드는 몇 년 동안 신흥국 경제에 자본을 제공하고 성장을 지원할 수 있지만, 자본을 회수해서 나감으로써 성장을 중단시킬 수도 있다. 1992년 영국 정부와 1994년 앨런 그린스펀 연준 의장이 경험했듯이 깊고 빠르게 움직이는 자본시장은 통화와 금리를 급격하게 움직여서, 경제 정치가가 국가 운명의 주인이라는 환상을 깨뜨릴 수 있었다. 선진국에서 그랬고 허약한 신흥국에는 더욱 그랬다. 1994년 말 멕시코는 외환위기에 완전히 굴복했다. 멕시코의 문제는 이후의 더 큰 드라마를 위한 리허설로 밝혀졌고, 그 드라마 대부분을 구상한 것은 소로스펀드였다.

드러켄밀러의 퀀텀펀드는 파운드화 매매 이후 더 많은 수익을 올렸다. 1993년은 채권시장의 황금기였고 퀀텀펀드는 63% 상승했다. 그다음 해에는 채권이 폭락했지만 펀드는 4% 수익을 냈다. 1995년에는 다시 39% 수익을 올렸다.[7]

그러나 이 3년 사이 드러켄밀러와 소로스는 헤지펀드의 적정 규모에 대해 오랜 토론을 벌이게 되었다. 파운드화 매매에서 펀드 규모가 크면 정부까지도 대적할 수 있다는 사실이 드러났지만, 또한 퀀텀펀드가 불필요하게 크다는 사실도 부각되었다. 소로스와 드러켄밀러는 자사 펀드 규모라면 파운드화 150억 달러어치를 매도해야 한다고 믿었지만 실제로는 100억 달러 상당만 매도할 수 있었다. 만일 펀드가 3분의 1만큼 작았다면 매도 목표를 100억 달러로 하고 실제로 그만큼 달성해서 수익률이 3분의 1만큼 높아졌을 것이다.

드러켄밀러에게는 꾸준한 수익률이 목표였다. 수입이 수익률과 연결되었고 존재 의미도 수익률에 부여되었다. 반면에 소로스는 계산 방식이 달랐다. 그의 존재 의미는 펀드 수익률뿐 아니라 펀드 규모에도 동일하게 부여되었는데, 글로벌한 펀드를 소유해야 글로벌한 플레이어가 되어서 저술과 자선사업을 위한 입지를 달성할 수 있기 때문이었다.

소로스는 유일하게 고유한 외교 정책을 가진 개인으로 알려졌고, 유명 정치인들이 그의 사무실 문턱이 닳도록 드나든다는 사실을 알렸다. 어느 날 소로스펀드의 직원은 소로스가 드러켄밀러에게 헨리 키신저(Henry Kissinger)가 방문한다고 말하는 것을 들었다.

"그와 이야기 좀 하겠나?" 소로스가 드러켄밀러에게 물었다.

"그가 아는 것이 있습니까?" 드러켄밀러는 무시하듯 반문했다.

"물론이지." 소로스는 키신저의 명성에 대한 존경은 보이지 않으면서 자신의 정치적 인맥을 과시할 기회를 잡았기에 대답했다. "나는 그를 좋아하지 않지만 그는 많은 것을 아네."

소로스와 드러켄밀러는 펀드의 적정 규모에 대해 타협점을 찾았다. 소로스펀드는 운용자산을 계속 늘리겠지만 모두 퀀텀펀드에 넣지는 않을 것이다. 1996년에는 운용자산 100억 달러의 절반이 3개 펀드, 즉 퀀텀 신흥성장펀드, 퀘이사(Quasar)펀드(외부 운용 위탁), 쿼타(Quota)펀드(런던 주재 매크로 트레이더인 닉 로디티가 운용)에 배분되었다.

신규 펀드를 운용하기 위해 소로스는 신규 인재들을 영입했고, 그중에 프린스턴대학교 출신 경제학자인 아르미니오 프라가(Arminio Fraga)가 있었다. 두 사람이 1993년 초에 만났을 때, 브라질인인 프라가는 브라질 중앙은행 부총재직을 사임한 직후였다. 며칠 만에 소로스는 그에게 파트너직을 제의했다.

소로스는 드러켄밀러에게 "스탠, 내가 이 친구를 고용했네" 하고 경쾌하게 말했다.

드러켄밀러는 학구적인 태도를 지니고 예의 바른 프라가를 보았다. 이 순간 '같이 일할 사람을 선택할 수 없다면 회사를 어떻게 운영할까?' 라고 생각했을시 모르지만, 통이 큰 드러켄밀러는 내색하지 않고 "좋아요, 잘하는지 봅시다"라고 대답했다.[8]

이후 4년 동안 프라가는 소로스펀드에서 헤지펀드 본연의 역할, 즉 전통적인 투자자들이 기피하는 신흥국들에 자본을 제공하는 일을 수행했다. 그는 브라질과 베네수엘라 같은 라틴 국가들의 채권을 매수했고, 모로코 채권 같은 이색적인 분야에 진출했고, 국제 기준으로 매우 저평가된 브라질 유틸리티 주식을 매수했다.

1996년 말, 프라가는 국제통화기금(International Monetary Fund, IMF) 스탠 피셔(Stan Fisher) 부총재의 연설 행사에 참석했다. 멕시코 페소(Peso) 화가 위기를 극복했고 신흥시장이 활기에 차서 분위기가 낙관적인 시점이었다. 그러나 누군가가 피셔에게 "멕시코 다음은 어느 나라라고 생각합니까?"라고 물었다.

피셔는 "현재 다른 나라가 있다고 보지 않습니다. 하지만 아시아에 불균형이 존재합니다. 지켜보면 흥미로울 것입니다"라고 답변했다.[9]

프라가는 이 발언이 "나에게 약간의 빛을 비추어주었다"라고 술회했다.[10] 몇 주 후 프라가는 IMF와 연준이 공동 작성한 '쌍둥이 위기(The Twin Crises)'라는 보고서를 읽었다. 통화위기가 은행 시스템 붕괴와 어떻게 상호 작용하는지를 매우 상세하게 분석한 내용이었다.[11] 피셔의 말을 기억한 프라가는 드러켄밀러에게 갔다.

"아시아에 어떤 일이 벌어지고 있는지 살펴봐도 될까요?"라고 드러켄밀러에게 물었다.

"그럼요.. 가십시오"라는 답변이 돌아왔다.[12]

태국 밧화의 몰락

1997년 1월, 프라가는 태국에 도착했다. 관료, 기업가, 경제학자들을 만나보니 태국이 IMF-연준 공동 보고서에 나타난 쌍둥이 위기 모형에 부합한다는 사실이 분명해졌다. 수출은 중국이 저가 경쟁자로 출현하자 타격을 받았고, 설상가상으로 통화는 강한 달러가 주도하는 복수 통화 바스켓에 연결되어 국제 시장 경쟁력이 잠식되고 있었다. 그 결과 무역적자가 컸지만 조정을 거부했다.

태국은 달러화 연동을 포기하고 평가절하함으로써 경쟁력을 회복하지 않고, 생산보다 많이 소비해서 차액을 대외 차입으로 지불했다. 이런 상황에서 외채 조달이 막히면 수출 대금으로 수입을 충당할 뿐만 아니라 외채 상환까지 감당해야 할 위험에 노출되었다. 수출을 촉진하고 수입을 줄이려면 태국 밧(baht)화를 절하해야 했다. 그것도 급격하게.

프라가가 시장 조사 출장을 갔을 당시, 이미 외국 투자자들은 태국에 자본을 제공할 동기를 상실하고 있었다. 1996년 태국의 유력 은행이 붕괴하자 태국에 돈을 빌려주는 것이 옳은지 의구심이 생겼다. 태국 중앙은행은 은행 추가 부실화를 막기 위해 금리를 인하했고, 그 결과 수익률이 하락하자 외국 채권자들은 태국을 떠났다. IMF-연준 보고서가 제시한 대로 은행이 취약해지고 외국 자본에 의존하는 현상이 진행되고 있었고, 프라가가 보기에 이 상호작용이 치명적이었다.

만일 외국 자본이 이탈해 태국이 평가절하해야 한다면 취약한 은행들은 완전히 붕괴할 것이었다. 태국의 외화 차입은 대부분 달러 표시였고, 밧화로 매출을 창출하는 자산과 부동산에 투입되어 있었다. 달러가 밧화 대비 급등한다면 이 외채들의 상환이 불가능해질 것이었다.

프라가가 태국 중앙은행을 방문하던 중에 전환점이 찾아왔다. 그는 소로스펀드의 아시아 주식 전문가 데이비드 코위츠(David Kowitz)와 홍콩 주재 이코노미스트 로드니 존스(Rodney Jones)와 함께 태국 중앙은행의 고위 관료를 만났다. 그리고 브라질 중앙은행 부총재의 경험을 살려서 태국이 처한 딜레마에 대한 견해를 제시했다. 한편으로는 정부가 환율 방어에 전념하고 있으니 외국 자본을 유치할 정도의 금리 인상이 필요하다. 다른 한편으로는 무역적자와 은행의 취약성 때문에 평가절하와 금리 인하가 필요하다.

프라가는 성격이 온화하고 브라질 출신이어서 월스트리트의 포식자보다는 신흥국의 순수한 관료 동지처럼 보였다. 그래서 태국 관료는 정직하고 순진하게 답변했다. 과거에는 통화가치를 목표 범위 내로 유지하기 위해서 필요하면 서슴없이 금리를 높였지만, 이제 입장을 바꿀 때가 되었다. 은행권 부실이 많아진다면 금리 인하가 통화가치 방어보다 중요할 수 있었다.[13]

태국 관료는 실질적으로 돈가방을 건네준 것이었다. 그는 태국이 환율 페그제를 지속할 수 없다고 인정했고, 이는 밧화 공매도를 걱정할 필요가 없다는 의미였다. 프라가와 동료들은 돈가방이 열려서 돈이 흘러나오는 광경을 상상할 수 있었다. 하지만 포획물을 실현하려면 눈치채지 못한 척해야 했다. 중앙은행 관료가 자신의 발언 내용이 가진 힘을 인식한다면 돈가방을 도로 빼앗을 수 있었다. 중앙은행이 금리를 높여서 밧화 공매도에 필요한 금융 비용을 높이거나, 외국인 투기 세력을 몰아내기 위한 행정 조치를 할 수도 있었다.

항상 예의 바르고 나서지 않는 프라가는 태국 관료에게 고개를 끄덕이며 맞장구를 쳐주고 그가 기분 좋게 말하게 했다. 잠시 후 데이비드 코위츠가 부드럽게 대화를 되돌렸다.

"실례지만 잘 이해하지 못했습니다." 코위츠는 겸손하게 말했다. "제가 제대로 들었는지 확인하도록, 몇 분 전에 하신 말씀을 다시 해줄 수 있을까요?"

태국 관료는 다시 말해주었고 소로스 팀은 원한 것을 얻었다. 중앙은행 관료는 자신도 게임이 끝난 것을 안다고 말했다. 자신이 벌거벗었음을 고백하고 재확인해주었다. 태국 정부가 환율 페그제를 유지한다는 의지를 공식 표명하더라도 밧화 평가절하는 시간문제일 뿐이었다.

프라가는 한국을 들러 뉴욕에 귀환했고 드러켄밀러에게 보고했다. 드러켄밀러는 프라가의 보고를 듣고서 신속히 매매를 승인했고, 1월 말 며칠 사이에 소로스 팀은 밧화 20억 달러 상당을 공매도했다.[14] 밧화 위기의 예측인 동시에 위기를 일으킬 수 있는 방아쇠였다.

태국 정부는 드러켄밀러와 프라가의 매도 압력에서 밧화를 보호하기 위해, 감소 추세이던 외환보유고를 팔고 금리를 3% 올렸다. 비틀거리던 태국 은행들에는 징벌과 같은 인상 폭이었다.[15] 그러나 금리 인상이 너무 늦어서 포식자들을 쫓아내지 못했다. 소로스 팀은 태국이 금리를 인상하기 전에 저금리로 밧화 6개월 만기 대출을 확보한 상태였다. 드러켄밀러와 프라가는 7월 말까지 안전한 포지션을 가지고 필연적인 사건이 일어나기를 기다릴 수 있었다.[16]

이후 수개월에서 수년 동안, 헤지펀드들이 아시아의 금융위기를 촉발했는지에 대한 논란이 활발하게 이루어졌다. 대답은 뒤에서 설명하겠지만 지금은 반대쪽이 눈에 띈다. 드러켄밀러와 프라가는 왜 태국을 평가절하시키기 위해 더 많이 공매도하지 않았는가? 1992년에 소로스 팀은 100억 달러 상당의 파운드를 매도해서 당시 소로스펀드 자본의 2.5배에 가까운 규모를 쌓았다. 반면에 20억 달러 상당의 밧화는 펀드 자본의 5분의 1에 불과해서, 드러켄밀러가 실행했던 파운드화 매도에 비해 규모가 작았다.

드러켄밀러가 과거에 활용했던 레버리지를 재가동했다면 230억 달러 상당의 밧화를 매도해 소로스펀드의 수익률을 높이는 동시에 태국의 외환보유고를 소진시켰을 것이다. 보유한 외환이 없으면 태국은 며칠 만에 굴복했을 것이고 따라서 드러켄밀러는 신속하게 거대한 수익을 확보할 수 있었을 것이다. 그는 왜 기회를 잡지 않았는가?[17]

사람들은 소로스 팀이 극단적으로 무자비하다고 상상했다. 그러나 사실 소로스 팀은 신흥국에서 공격적으로 투기하려는 욕구가 적었다. 소로스 자신이 투기를 망설였다. 그는 시장이 시계추처럼 왕복하는 것이 아니라 건물 철거용 철퇴처럼 움직이면서 경제에 쓰레기를 남길 수 있다고 말하곤 했다.[18] 드러켄밀러는 목표가 더 분명했지만 태국에 집중하지 않았다. 프라가와 팀원들의 조언을 따른 터라 자신이 직접 판단했을 때보다 확신이 부족했다.

소로스펀드의 더 아래쪽에는 복잡한 감정들이 있었다. 홍콩 주재 이코노미스트인 로드니 존스는 프라가와 코위츠에게 신흥국 투기 거래의 도의적 문제를 제기했다. 통화가치가 폭락하면 무고한 사람 수백만 명이 처절한 빈곤에 처할 것이다.[19] 1992년, 소로스는 드러켄밀러에게 급소를 치라고 강요했다. 그러나 1997년 태국에서는 소로스 팀 일부가 반대했다.

태국 트레이딩에 대한 논의 끝에 로드니 존스는 소신대로 독자적인 길을 가기로 했고 소로스는 태국 몰락 후 출간한 책에서 자기 펀드의 행동을 변론했다.[20] 변론은 투기가 '철퇴'가 아니라 '신호'로 작용하면 빈민 사회에 혜택을 줄 수 있다는 단순한 논리로 집약되었다.

투기자의 긍정적 기능은 정부에 변화가 필요하다고 경고하는 것이고, 태국 사례에서는 밧화를 절하해야 한다는 것이었다. 이 신호로 태국인들은 어려움을 피할 수 있다. 정부가 평가절하를 늦출수록 궁극적인 통화가치 폭락이 더 혹독해지기 때문이었다. 태국의 외환보유고는 제로가 될 것이고, 위기가 닥치면 자본이 썰물처럼 빠져나간 태국에는 충격을 완화할 것이 전혀 없을 것이다.

이번 투기 사례는 잠재적으로 옳았지만 가벼운 정도에서만 타당했다. 소로스가 태국 밧화를 전면 공격했다면 정부가 위기를 피하도록 촉구하지 못하고 위기로 몰아넣었을 것이다.

드러켄밀러가 밧화를 처음 매도하고 몇 주 동안 태국 정부가 내린 조치는 소로스와 로드니 존스가 내세운 합리화의 결함을 드러냈다. 투기 신호는 정부가 현명하게 반응하는 경우에만 도움이 된다. 그러나 드러켄밀러의 공매도는 태국이 합리적으로 조기에 평가절하하도록 설득한 것이 아니라 재앙적인 저항을 불러왔다. 정부는 외환보유고를 던지고, 평가절하되면 손실을 낼 것이 확실한 환율로 드러켄밀러에게서 밧화를 매수했다.

그사이 태국 경제는 점점 약해졌다. 로드니 존스가 4월 말에 재방문했을 때, 태국은 보이는 모든 것이 멈춰 있었다. 방콕 스카이라인에 걸린 크레인 100여 개를 세어보니 가동하는 것이 거의 없었다. 과하게 확장한 부동산회사들은 대출 서비스를 중단했고, 금융회사 90개 중 83개가 지급 불능 상태로 알려졌다. 태국은 1970년대 말에 금융위기를 겪었지만 로드니 존스는 이번 금융위기가 더욱 심하리라고 예측할 수 있었다. 첫 번째 위기 때는 총채무가 GDP의 40% 수준이었지만 이번은 국제화로 인해 140%로 증가해 은행 위기가 실물 경제에 더 심각한 영향을 미칠 것이었다.

아직 정부에 시간이 남았다는 것이 유일한 희망이라고 존스는 결론을 냈다. 정부가 정신 차리고, 공황으로 강제당하기 전에 자발적으로 평가절하할 수 있을 것이다.

결과적으로는 로드니 존스가 태국에 있다는 사실이 위기를 가속화했다. 태국 언론은 그의 방문을 보도했고, 소로스의 헤지펀드 매니저가 돌아다니고 있다는 뉴스 자체가 민감해진 국내 투자자들을 자극했다. 태국 금융가와 사업가들이 밧화를 투매하고 달러를 매집하기 시작하자 또다시 중앙은행은 환율 방어를 위한 매수를 실시했다.

5월 11일 일요일 저녁, 차왈릿 용차이웃(Chavalit Yongchaiyudh) 총리가 TV에 출연해 밧화를 지지하겠다고 말해서 위기감을 키운 다음, 성공한다고 보장할 수는 없다는 자기방어적 메시지를 추가했다. 게임이 끝난 것을 알면서도 파운드화를 계속 지지했던 영국 사례처럼, 태국 지도자들도 유지 불가능한 포지션의 논리를 인정할 용기가 없었다. 그리고 영국 사례처럼 소로스 팀의 반응은 예측 가능했다.

태국 총리가 성명을 발표하고 3일 후, 드러켄밀러는 밧화 매도 포지션을 20억 달러에서 35억 달러로 늘렸다. 새 포지션도 소로스펀드 자본의 3분의 1 규모여서, 공격적으로 레버리지를 구사할 때보다 적었다. 그러나 이제 게임 참가자는 드러켄밀러만이 아니었다. 태국 투자자들이 앞장서서 밧화를 매도했고 다른 헤지펀드들도 뒤따랐다. 드러켄밀러와 매일 수차례 대화하는 폴 튜더 존스도 신속하게 참여했고 그 주변의 매크로 펀드들도 동참했다. 드러켄밀러 다음으로 큰 손은 타이거펀드로서 20억 달러 가까운 공매도 포지션을 축적했다.[21]

드러켄밀러가 포지션을 늘린 날, 태국 중앙은행은 외환보유고에서 최소한 60억 달러를 사용해 밧화를 지지해야 했고, 그다음 주에도 맹공격이 계속되었다.[22] 그러나 태국 정부는 평가절하 대안을 계속 거부했고, 프라가가 힌트를 얻었던 IMF의 스탠 피셔가 태국을 방문해서 피할 수 없는 정책을 권고했지만 실패했다. 태국 정부는 시장에 순응하지 않고 반격했다.

이것이 드러켄밀러가 태국의 급소를 공격하지 않은 두 번째 이유다. 헤지펀드는 시장 위험과 씨름해야 하지만 정치적 위험과도 대면한다.[23] 드러켄밀러가 판돈을 올린 다음 날인 5월 15일, 태국 당국은 은행이 태국 비거주자에게 밧화를 빌려주는 것을 전면 금지했다. 이로 인해 밧화 공매도자의 발이 묶였다. 매도할 밧화를 조달하는 방법은 역외에서 고금리로 차입하는 것뿐이었다. 예를 들어 타이거펀드는 밧화 차입 포지션 일부를 단기 차입으로 회전 연장해왔는데 이제는 매우 높은 금리를 물어야만 했다. 6월 초 타이거펀드 포지션 유지 비용은 하루 1,000만 달러에 달했다.[24]

외국인 차입 규제와 중앙은행의 공격적 개입이 결합하자 밧화 하락이 반전해서, 드러켄밀러의 2차 매도에서 3주가 지났을 때 밧화는 달러 대비 10% 올랐고 헤지펀드들은 5억 달러의 평가손을 입었다. 태국 영자 신문들은 헤지펀드들이 '밧화 전투'에서 패배했다고 자랑스럽게 보도했고, 총리는 중앙은행에 전화해서 승리 파티를 약속했다. 태국 중앙은행은 소로스 개인을 겨냥했다고 알려졌다. 한 신문은 중앙은행이 소로스의 펀드에 40억 달러 손실을 입히는 데 주력했다고 보도했다.[25]

이 맹공격에 직면하자 드러켄밀러는 공매도 포지션을 35억 달러에서 30억 달러로 줄였다. 레버리지를 최대로 걸어서 밧화를 공매도했다면 평가절하를 가속할 수 있었겠지만, 그러면 정치 시스템이 수용 가능한 범위를 넘어설 터였다. 드러켄밀러는 위험을 자초하지는 않았지만 물러나지도 않았다. 태국이 공식 인정한 것보다 훨씬 몰락에 가까워졌음을 알았기 때문이다.

중앙은행의 입장은 매우 강경했고 6월 말에도 외환보유고가 300억 달러 이상이라고 보고했다. 그러나 중앙은행은 보유한 외환을 선물시장에서 대량 매도했고 이 부분이 재무상태표에 나타나지 않았다. 이 작전으로 IMF 조사관들을 포함한 거의 모든 외국인과 태국 정부가 속았다. 그러나 로드니 존스는 선물시장에서 정부의 매도 주문을 처리하는 은행들에 끈질기게 전화해서, 외환보유고가 무서운 속도로 고갈되었다는 것을 알아냈다. 그가 계산한 바로는 중앙은행이 5월에만 외환보유고 210억 달러를 소진해서 무려 3분의 2에 달했다.[26]

로드니 존스는 이 발견이 기쁘지 않았다. 투기에 대한 도덕적 명분이 타격을 입었기 때문이다. 태국 지도자들은 정책을 신속히 조정해서 투기자들에 대응하기는커녕 국고를 탕진했고 국민에게 재난을 선언했다. 고금리와 밧화 불안정으로 태국 금융 체계가 정지되었다. 은행들은 누가 살아남을지 모르니 은행 간 시장에서 엄청난 금리를 징구했고, 경제에서 돈이 흐르지 않았다.

6월 25일, 로드니 존스는 '디플레이션 경제학: 케인스가 태국에 해주었을 말'이라는 제목의 메모에서 비통함을 토로했다. 이 나라가 평가절하 대신 금리 고공 행진을 선택한 것은 '과거의 유산'이라면서 로마 시대의 어리석은 행동에 대한 케인스의 지적을 인용했다. 서기 274년 로마 아우렐리우스 황제가 주화 가치를 보호하다가 디플레이션을 일으키자 폭동이 발생했다. 이 전투로 군인 7,000명과 훨씬 많은 민간인이 희생되었다.

존스의 비통함은 태국인들을 구제하지 못했다. 외국인의 밧화 차입을 금지한 조치는 샤워기에서 물구멍 하나를 막는 정도로 효과가 없다고 판명되었다. 태국은 공매도꾼들을 징계하려다가 태국 경제에 달러를 공급해온 외채의 상환을 요구당했고, 태국 사업가들은 의무를 이행하기 위해 밧화를 투매했다. 게다가 공매도꾼의 공격으로 밧화 차입이 비싼 정도가 아니라 불가능해졌다. 통화가 곧 붕괴한다고 확신한다면 초고금리라도 단기 차입해서 수익을 얻을 수 있기 때문이었다.

자본이 태국을 떠나갈수록 밧화 붕괴 가능성이 높아졌다. 어떤 소식통에 의하면, 7월 1일 화요일에 타이거펀드가 밧화 공매도 포지션 10억 달러를 추가하자 태국 중앙은행은 보유한 외환을 소진했고 밧화 매수자를 찾기가 불가능해졌다.[27]

줄리언 로버트슨은 드러켄밀러가 파운드화 위기에서 수행했던 역할을 밧화에서 수행했다. 그는 그 운명적인 화요일에 태국 중앙은행 외환보유고 감소의 3분의 2를 차지하면서 최종 승리를 이끌었다.[28] 방콕 시간 새벽 4시 30분, 방콕 중앙은행 관료들은 통화를 방어할 외환보유고가 바닥났다고 결론을 지었다. 몇 달에 걸친 저항 이후 밧화 환율 페그제가 깨졌고 이후 3개월 동안 밧화는 달러 대비 32% 절하되었다.

소로스펀드는 평가절하를 통해 7억 5,000만 달러를 벌었고 줄리언 로버트슨은 3억 달러가량을 벌었다.[29] 반면 태국의 GDP는 정점 대비 17% 감소했고, 기업과 일자리가 사라져 수백만 명이 빈곤해졌다. 묘한 우연으로 1997년 7월 1일은 영국이 홍콩의 주권을 반환한 날이었고, 이제 새로운 제국주의가 동남아시아에 자리매김한 날이 되었다.

평가절하가 실현되면서 헤지펀드들이 비난받은 것은 필연적이었다. 소로스 팀이 1월 매도를 주도해 정부가 금리를 인상하게 하고 이미 약하던 경제의 숨통을 막았으니 어느 정도 타당한 불만이었다. 당시에는 아무도 몰랐지만, 타이거펀드가 밧화 마지막 날 행한 역할을 보면 헤지펀드 비판이 더욱 타당해진다. 그러나 더 큰 관점에서는 핵심을 놓친 비판이었다.

태국 위기의 근원은 중국이 부상하는데도 밧화의 점진적 절하를 거부한 1995~1996년으로 거슬러 올라간다. 투기자들은 궁극적으로 불가피한 조정을 강요했을 뿐이다. 더구나 소로스와 타이거펀드가 위기 발생 원인 일부를 제공했지만 비판자들이 상상하는 악당은 아니었다. 특히 드러켄밀러는 정치적 반발을 적절하게 우려해서, 레버리지를 최대로 사용하지 않았다. 6월에 상황이 막바지로 치닫자 그는 실제로 포지션을 감축했다.

나중에 드러났듯이 드러켄밀러의 우려에는 예언이 들어 있었다. 태국의 위기가 동아시아 전역으로 전파되자 헤지펀드가 가공할 포식자(superpredator)라는 이미지는 신빙성이 점점 떨어졌다.

인도네시아에서의 소로스

1997년 9월 하순, 조지 소로스는 홍콩으로 향했다. 세계은행(World Bank)과 IMF 연차 총회에 참석해서 받은 대우는 소로스의 이중 페르소나를 그대로 반영했다. 투기자인 소로스는 예상대로 비난받았다. 이미 소로스를 '범죄자, 멍청이'라고 불렀던 말레이시아의 마하티르 모하맛(Mahathir Mohamad) 총리는 '불필요하고 비생산적이며 부도덕한' 외환 매매를 금지하라고 요구했다.

그러나 정치인이자 자선사업가인 소로스는 총회장의 유력 인사였다. 그는 들어찬 청중에게 세계 경제를 안정시킬 방법을 연설했고, 특히 총회 참석자들처럼 맹렬하게 투기를 반대해서 언론의 주목을 받았다. 그는 자본주의에서 탄생한 부호임에도 불구하고 "나는 열린 사회의 주된 적은 더 이상 공산주의가 아니라 자본주의자의 위협이라고 믿습니다. 시장을 스스로의 도구에 맡겨야 한다는 자유방임주의는 매우 영향력이 크며, 나는 위험한 생각이라고 봅니다"라고 연설했다.

1990년대 말, 소로스는 이중 페르소나 중에서 우위인 쪽을 확정했다. 그는 사상가, 정치가, 위대한 공인이 되기를 원했다. 신제국주의자, 개도국 통화 파괴자가 되기를 원하지 않았다.[30] 이런 성향이 투자관에 영향을 미칠 위험이 분명히 존재했다.

홍콩 IMF 총회 당시 소로스는 데이비드 코위츠와 로드니 존스와 함께한 토론 세션에서, 마하티르가 시장에 맞서면서 아시아 통화에 새로운 매도세가 출현했지만 이를 공매도하는 시기는 지나갔다고 강력하게 선언했다. 참모들조차 소로스의 낙관적인 진단에 의구심을 가졌어도 소로스는 들을 기색이 없었다. 소로스는 펀드의 의사결정 실무에 관여하지 않았지만(이 역할은 드러켄밀러와 팀에 맡겼다) 아시아에 대한 낙관적 편향은 명백했다.

이 낙관 편향은 인도네시아에서 최초로 작용했다. 홍콩 IMF 총회 직전, 소로스의 팀은 태국의 혼란이 정당화되지 않은 채 이웃 국가들에 파급되었다고 판단하고 인도네시아 루피아(rupiah)화 3억 달러 상당을 매수했다.[31] 인도네시아는 지속 불가능한 환율 페그제를 고수한 태국의 전철을 밟지 않고 8月까지 통화가 11% 하락하게 두었다. 그러니 루피아화가 반등할 것이다. 10월에 프라가와 로드니 존스가 인도네시아를 방문한 후, 소로스펀드는 루피아화 매수를 10억 달러로 늘렸다.

모든 헤지펀드가 소로스의 견해를 따른 것은 아니었다. 매수에 동참했던 타이거펀드는 10월 말에 루피아화를 처분했다. 그러나 소로스 팀은 루피아화 하락이 일시적일 것이라는 서방 관료들의 여론을 따라갔다. IMF는 인도네시아가 견뎌내리라고 확신하는 듯 보였고 11월 2일에는 인도네시아가 통화가치를 지지하는 데 필요한 중앙은행 외환보유고를 위해 신용한도 330억 달러를 공여했다. 다음 날 루피아화 가치가 급등하자 소로스의 포지션은 작은 수익을 냈다.

이때까지는 소로스가 홍콩 IMF 총회에서 보여주었던 낙관적 견해가 불안하게나마 입증되었다. 그러나 11월에는 소로스 팀과 IMF 연합이 논리 근거를 잃었다. IMF가 인도네시아에 신용 330억 달러를 공여하면서 내건 핵심 조건 두 가지는 부패한 은행 16개 폐쇄와 합리적인 통화정책 구사였다. 그러나 수하르토(Haji Mohammad Suharto) 대통령의 주변인들이 이 계획을 좌절시키려고 했다. 이들이 소유한 부패 은행을 폐쇄할 수 없었고, 또한 이들이 중앙은행에 대출 압력을 가함으로써 통화 공급이 증가하고 통화 신뢰가 실추되었다.

11월 말 루피아화 가치가 급락했고 12월 초에는 상황이 더 나빠졌다. 수하르토의 병이 심각하다는 소문이 돌자 권력 공백이 전망되며 인도네시아는 패닉에 빠졌다. 12월 15일, 루피아화는 11월의 고점에서 44% 하락했고 소로스의 포지션은 4억 달러 손실을 냈다.

이상하게도 소로스 팀은 루피아화 포지션을 고수했다. 10년 전 월스트리트 블랙먼데이 당시, 소로스는 포지션이 잘못되자마자 내던져서 손실을 막았다. 그러나 이번에는 인도네시아가 재난에 처했다는 신호가 분명한데도 소로스 팀은 마비된 것처럼 보였다. 12월 10일 로드니 존스가 인도네시아 중앙은행에서 극비 정보를 입수해서, 중앙은행이 발권한 통화가 수하르토 주변인들이 운영하는 은행들로 흘러가는 것을 확인했다. 존스는 뉴욕 본사의 소로스에게 통화 증발의 상세 내용을 보고했다. 그러나 소로스는 루피아화 포지션을 유지했다.

거의 같은 시기에 인도네시아의 마리 무하마드(Mar'ie Muhammad) 재무장관이 외국인 투자자들을 안심시키기 위한 정부 특사로 파견되었다. 무하마드는 오랫동안 존경받는 관료라는 평판을 구축했지만, 이제는 수하르토 가문의 친척들이 중앙은행의 발권력으로 부당하게 구제받는 프로그램을 옹호하는 임무를 맡게 되었다.

무하마드는 뉴욕에 도착한 후 플라자호텔에서 소로스와 참모들을 만났다. 그는 인도네시아의 전망을 안심시키는 역할을 수행했지만 진심은 들어 있지 않았다. 소로스, 드러켄밀러, 프라가가 질문을 퍼붓자 그는 시선을 피했고 얼버무리는 답변만 반복했다.

"세상에, 우리가 매수 포지션이라는 사실을 믿을 수 없습니다." 드러켄밀러는 사무실로 돌아가는 길에 말했다. "나는 저 남자의 말도 안 믿고, 그가 인도네시아에서 왔다는 것조차 안 믿습니다."[32]

소로스 팀은 맨해튼 미드타운을 거쳐 컬럼버스서클에 있는 사무실로 돌아갔다. 이들은 자신이 공포스러운 거래에 붙들렸다는 것을 알았지만 루피아화 매수 세력이 없으니 빠져나올 방법이 없었다.[33] 데이비드 코위츠는 출구 전략을 모색하다가, 루피아화를 이용해서 철광석 등 실물 자원을 매수한다면 궁극적으로 구상무역을 할 수 있을 것이라고 제안했다.

"흥미로운 생각이군." 소로스가 중부 유럽의 굵은 목소리로 심각하게 말했다. 그러나 인도네시아 정부가 화폐를 충분히 빨리 찍어내지 못해서 플라스틱 기념 지폐까지 법정 화폐로 유통했을 때도 누구도 코위츠의 제안을 따르지 않았다. 소로스 팀은 루피아화를 바닥까지 지켜서 결국 8억 달러를 잃었다. 태국 밧화에서 얻은 수익이 거의 사라졌다.[34]

인도네시아 재난으로 소로스펀드가 가차 없는 포식자라는 이미지가 훼손되었다. 이는 같은 시기에 특별한 기회를 놓치자 더 심해졌다.

한국에서의 소로스

1997년 11월 중순, 로드니 존스는 한국을 방문했다. 한 은행을 방문했더니 회의실에 태국 기업들의 자금 조달을 주선하고 받은 기념패가 늘어서 있었다. 존스는 차주 기업들을 잘 알고 그들이 붕괴한 것도 알았다. 태국 차주들의 연체율을 묻자 50%가 넘는다는 답변이 돌아왔다. 그는 다른 방문처로 이동하면서 이것이 빙산의 일각에 불과함을 깨달았다. 태국 붕괴로 한국 금융기관들은 치명적인 손상을 입었고 달러 부족분을 회복할 수 없을 것이었다.

더 조사한 결과 한국은행이 외환보유고를 사용해 은행들에 달러를 예치함으로써 혼란을 수습하려 한다는 것을 파악했다. 이 발견은 충격적인 소식으로 이어졌다. 5개월 전에 태국 중앙은행이 그랬듯이 한국은행도 시장을 오도하고 있었다. 공식 외환보유고는 570억 달러였다. 그러나 손실을 입은 은행들에 지원한 금액과 선물시장에 약정한 금액을 제하면 실제 수치는 200억 달러에 가까웠다.[35]

존스는 태국에서 돈가방을 본 것과 마찬가지 상황을 발견했다. 그가 한국을 방문하기 전 보름 동안 원화는 달러 대비 4% 하락했고 주가지수는 약세였다. 그러나 한국은행이 외환보유고의 3분의 2를 소진했다거나, 한국이 프라가 태국에서 예측했던 종류의 전면적인 은행 및 외환 위기의 중간에 들어서 있다고는 누구도 상상하지 못했다.

불과 한 달 전에 IMF는 한국 경제의 건전성 평가를 완료하고 한국이 다른 지역에서 발생한 위기에 면역성이 있다고 결론 내렸다. 그러나 존스는 11월 17일 소로스에게 보낸 보고서에서 IMF가 잘못 평가한 이유를 설명할 수 있었다. 그는 한국이 '위기의 성숙 단계'에 들어서 있다고 경고했다. 공식적이고 신뢰받던 한국 외채 통계는 실제보다 600억 달러나 적게 계상되었고 이 중 다수의 만기가 몇 주 안에 닥칠 것이다. 재앙적 붕괴가 임박해 있었다.

다음 한 달 동안 존스의 보고서는 예지력을 인정받았다. 보고서가 뉴욕에 도착하고 9일 후, IMF의 아시아 최고 담당자가 긴급 임무를 띠고 서울로 향했다. 한국은행 회의실로 안내받은 그는 외환보유고가 매일 10억 달러씩 줄어들고 있고 잔고가 90억 달러뿐이라는 것을 발견했다.[36] 존스가 보고한 것처럼 한국 차주들의 달러 차입이 대부분 단기물이어서 자본 이탈 속도가 빠르니 외환보유고는 금세 고갈될 것이었다.

12월 3일, IMF는 구제금융 최대 규모인 550억 달러를 황급히 마련해 한국에 대출했다. 그러나 민간 부문의 달러 차입 규모가 그 두 배였으므로 충분하지 못했다. 12월 말이 되자 원화는 존스가 11월 17일에 보고한 수준에서 60% 하락했다.

그러나 존스의 특별 보고로 소로스 팀이 얻은 것은 아무것도 없었다. 강력한 논조의 11월 17일 보고서와 다음 날 추가 보고에도 불구하고 원화를 공매도해서 태국에서와 같은 수익을 취하려고 행동하지 않았다. 이유는 확실하지 않다. 존스가 보고한 시점에 IMF 고위층은 한국이 문제를 벗어날 것이라고 믿었다. 그래서 소로스 팀이 다른 일에 집중하도록 설득했을지도 모른다.[37] 그러나 소로스의 이중 페르소나 때문에 수익 기회를 놓쳤으리라는 의구심을 떨치기 어렵다. 소로스는 국가를 흔드는 사람이 아니라 정치인이 되기를 원했다. 그가 한국에 관여했다면, 재난을 일으키는 사람이 아니라 구원하는 사람이었을 것이다.[38]

소로스는 1998년의 첫날 한국으로 출장을 갔다. 김대중 대통령 당선자의 초청이었고 공항에는 사진기자들이 대기하고 있었다. 소로스는 김대중의 자택에서 같이 저녁을 먹었고 당선자를 다정하게 'DJ'라고 불렀다. 그는 산업계 지도자들을 만났고, 부도를 낸 한국 속옷 제조사에서 놀이공원을 인수하려고 구상하던 마이클 잭슨(Michael Jackson)과 아침을 먹었다.[39]

그는 한국 언론에서 연설하면서 한국이 해야 할 일을 거침없이 조언했다. 한국에 부채를 지우는 IMF의 처방을 비판했고, 회계원칙 개선과 노동자 해고의 유연성을 포함해 산업과 금융 분야의 급진적인 구조조정을 요구했다.[40] 한국이 이 과제들을 수행한다면 퀀텀펀드가 상당한 금액을 투자할 것이고 다른 서방 투자자들도 뒤따를 것이라고 언급했다. 투자자들은 소로스의 선언에 한국 주식 매수로 반응했고 한국 코스피(KOSPI)지수는 소로스 방문 이후 10일간 25% 상승했다.[41]

소로스는 한국 임무에서 별다른 수익을 얻지 못했다. 원화가 하락할 때 공매도할 기회를 놓쳤을 뿐만 아니라, 그해 10월까지 이어진 한국의 반등에도 참여하지 못했다. 그러나 한국 출장은 다른 방식으로 보상해 주었다. 소로스의 방문에 대한 언론 보도는 홍콩 IMF 총회 분위기와 대조적인 국면을 부각했다. 9월에는 한 아시아 지도자가 소로스를 범죄자로 비판했는데, 이제는 다른 아시아 지도자가 그를 레드카펫으로 대접한 것이다. 마하티르와 김대중을 비교해달라는 요청에 소로스는 미소를 띠고는 "그중 한 사람은 틀렸을 것입니다"라고 답했다.[42]

러시아에서의 소로스

소로스의 이중 페르소나가 대립하는 양상은 러시아에서 더욱 뚜렷해졌다. 소로스는 소련이 무너지기 전인 1987년에 열린사회연구소(Open Society Institute) 모스크바 지점을 개설했다. 이 연구소는 1990년대에 교육을 개혁하고, 마르크스주의를 벗어난 교과서를 무료로 발간하며, 과학자들에게 수백만 달러를 지원했다. 헝가리계 역사학자이고 소로스 자선재단 이사이던 이슈트반 레브(István Rév)는 소로스가 나폴레옹처럼 '러시아의 광대함, 역사적 도전, 후진성, 영원히 지켜지지 않는 약속'에 이끌렸다고 생각했다.[43]

소로스는 자선사업이 재정적 이해관계를 위한 '트로이 목마'로 보이기를 원치 않았으므로 러시아 투자에 관여하지 않는다는 원칙을 세웠지만 드러켄밀러 팀이 러시아 포지션을 쌓는 것은 승인했다. 그러나 1997년 봄에 원칙을 깼다. 인도네시아와 한국에서의 실수에 비견되는 놀라운 금융 도박을 러시아에서 행한 것이다.

당시 러시아에 진출한 서방 금융가는 소로스만이 아니었다. 1996년 말 보리스 옐친(Boris Yeltsin) 대통령이 경제 개혁 프로그램을 재가동하자, 헤지펀드 매니저들은 모스크바로 모여들어 볼쇼이 오페라를 관람하고 유명한 노보데비치 수녀원의 정원을 산책했다. 외국 자본이 쏟아져 들어갔다. 포트폴리오 투자는 1996년 89억 달러에서 1997년 456억 달러로 증가해 러시아 GDP 10%와 맞먹었다. 러시아 주가지수는 그해 9개월 동안 3배 가까이 상승해 신흥시장에서 가장 뜨겁게 달아올랐다.

이 행복감에는 위험이 따랐다. 러시아는 재산권과 법치주의라는 개념이 모호했기 때문이다. 그러나 포트폴리오 투자자는 개혁파가 옐친 정부의 고위층을 장악하는 한 러시아가 좋은 베팅 대상이라고 보았다. 개혁파가 밀려나면 외국인들은 보유 주식과 채권을 팔아버리고 러시아를 떠날 것이었다.

시장의 산물로서 소로스는 출구 전략의 중요성을 이해했다. 그러나 1997년에는 유동성이 거의 없는 사업에 9억 8,000만 달러를 투입했다. 그는 드러켄밀러와 팀원들을 통하지 않고, 러시아에서 뻗어나가던 국영 전화회사 스비야즈인베스트(Svyazinvest)의 25% 지분에 응찰하는 컨소시엄에 참여했다. 장기적으로는 수익을 낼 수 있는 투자였다. 미국은 인구 100명당 전화선이 58개 설치된 것에 비해 러시아는 19개 설치되었으니 잠재성은 부정할 수 없었다. 그러나 국영기업의 지분 10억 달러는 러시아 정세가 나빠지면 쉽게 팔 수 없고, 외국인 대다수에게는 미친 것처럼 보이는 종류의 위험을 내포했다. 외국인의 포트폴리오 투자가 밀려들던 시기에도 외국인의 러시아 직접 투자는 미미했다.

스비야즈인베스트 투자는 겉으로도 무모해 보였고, 소로스의 러시아 내부 정보력을 감안하면 더욱 미친 행동이었다.[44] 스비야즈인베스트 입찰이 완결되기 직전이던 1997년 6월, 소로스는 러시아 정부로부터 긴급히 자금을 조달해달라는 비밀 요청을 받았다. 옐친 대통령은 자신이 재선에 성공하면 체불된 임금과 연금을 7월 1일까지 지불하겠다고 공약했고, 시급 기한을 맞추려면 일시 대부금이 필요했다. 러시아 채무의 위태로운 상황을 모니터링하던 국제 금융시장과 IMF 모르게, 소로스는 러시아 정부에 수억 달러를 빌려주었다. 소로스가 그렇게 해주지 않았더라면 옐친은 불안정하던 정통성에 손상을 입고 체불 노동자들은 폭동을 일으켰을 것이었다.

자선사업가 겸 정치가 소로스의 시각에는 이 비밀 대출이 의문스러웠다. 소로스는 IMF 체제의 책임 있는 구성원이 되라고 러시아에 종용하면서도 IMF 모르게 활동한 것이다.[45] 그러나 투자자 소로스의 시각에는 이 비밀 대출이 더욱 기이했다. 소로스는 러시아가 안정세로 돌아서고 있다는 논리하에 출구 전략 없이 10억 달러를 내놓을 참이었다. 하지만 비밀 대출에서 확인된 러시아의 필사적인 상황은 그 안정세마저도 보잘것없으리라는 증거였다.

소로스 팀은 파운드화와 밧화 거래에서 수익성 있는 공격을 하기 위해 각국 정부의 재정과 정치적 약점에 통찰력을 발휘했다. 1997년 러시아에서 소로스는 이 약점들을 파악하기에 좋은 지위였지만, 이를 고려하지 않은 것처럼 투자를 감행했다.

이는 소로스의 메시아 콤플렉스 때문이었다. 그는 자선사업가로서 러시아를 죄에서 구원하려고 시도했고, 이제는 자기 재산을 러시아에 걸면 러시아를 구제할 수 있다고 확신했다. 그의 말을 들어보자.

"나는 의도적으로 자신을 노출하기로 선택했다. 사심 없는 후원자가 되는 것이 너무 좋아서 믿기지 않았다. 이를 통해 신과 같은 존재, 모든 것을 초월한 존재, 선의 편에 서서 악과 싸우는 존재 같은 자아상이 만족되었다. 나는 내 메시아적 환상을 언급했다. 나는 그것이 부끄럽지 않다. (중략) 나는 사람들이, 특히 러시아인들이 내가 무슨 일을 했는지 전혀 이해하지 못하는 것을 보았다. (중략) 외형상 문화와 정치적 가치에 신경 쓰는 악덕 자본주의자가 열린 사회의 장점을 주장하는, 현실에서 유리된 지성인보다 더 신뢰를 얻는 것으로 보였다. 나는 러시아의 신예 악덕 자본주의자들에게 롤모델이 될 수 있었다. 그리고 그 싸움에 투자자로서 참가함으로써 나는 올림포스산에서 내려와 피와 살을 가진 인간이 되었다."⁴⁶

소로스는 스비야즈인베스트 민영화가 러시아의 전환점이 되기를 바랐다.⁴⁷ 1997년까지 러시아의 국유자산은 외국인을 배제한 국내 입찰을 통해 올리가르히(oligarch, 러시아 신흥 재벌)들에게 낙찰 매각되었다. 스비야즈인베스트 입찰에는 외국인 참여가 허용되었고 가장 높은 가격을 써낸 사람이 낙찰할 것이었다.

어느 정도까지는 소로스가 옳았다. 1997년 7월 입찰 내역이 공개되었고, 소로스가 참여한 컨소시엄이 최고가를 써서 낙찰했다. 그러나 낙찰 컨소시엄에 메시아가 참여할 필요가 있었는지는 명확하지 않다. 더구나 승리하는 데 너무 많은 희생을 치렀다. 입찰에서 패한 올리가르히들은 신문과 방송을 소유하고 있었고, 곧 낙찰 컨소시엄에 대해서 일련의 중상모략을 제기했다. 몇 주일 동안 여론 호도가 이어졌고, 정부 관료 3명이 사임했으며, 옐친 정부의 개혁 어젠다가 산만해질 수밖에 없었다. 스비야즈인베스트 사건은 러시아가 더 깨끗한 자본주의로 향하는 전환점이 되기는커녕 정부를 혼란에 몰아넣었다.

그사이 아시아로부터 충격파가 밀려왔다. 태국, 인도네시아, 한국에 대출했던 은행들이 손실을 계상하기 시작했고 러시아에서도 자금을 뺄 수밖에 없었다. 러시아 금융가들은 스비야즈인베스트 인수전이 경제 개혁의 종말을 의미함을 깨달았고, 러시아에서 자금을 빼서 나가는 데 동참했다.

아시아의 경제가 붕괴하자 러시아의 주 수출 항목인 석유 수요가 줄었다. 러시아는 수출 대금 급감과 자본 이탈에 붙들려서 신용경색에 시달렸다. 정부는 투자를 유치하기 위해서 국채 금리를 더 올려야만 했다. 1998년 4월 단기 루블(ruble)화 국채는 만기가 짧아서 구매자가 감수하는 위험이 적은데도 금리가 25%에 달했다. 5월에는 소위 GKO 국채 금리가 무려 60%였다.

스비야즈인베스트 입찰 이후 혼란이 계속되자 소로스의 10억 달러 투자는 미친 짓으로 보였다. 그러나 단기 국채의 60% 수익률 전망은 전혀 다른 사안이었고, 곧 뉴욕 헤지펀드 절반이 군침을 흘렸다. 3개월 국채 수익률이 두 자릿수인 것은 분명히 엄청난 특가였다. 러시아의 재무 상황이 위험했지만 단기적으로는 수용 가능해 보였다. 서방은 핵 보유 강국인 러시아가 부도를 내고 혼란에 빠뜨리지는 않을 것이라는 논리가 펼쳐졌다. 상황이 더 나빠지면 미국이 IMF에 러시아 지원을 늘리라고 강제할 것이었다.

6월에 골드만삭스가 발행을 주관한 러시아 채권 12억 5,000만 달러는 인기가 높아서 한 시간 안에 매진되었다. 소로스부터 타이거와 그 아래까지 모든 매크로 투자자가 러시아 투자에 굶주려 있었다.[48]

그러나 당시 가장 이국적인 러시아 투자는 국채와 무관했다. 바로 팔라듐이었다.

타이거펀드와 러시아 정부의 팔라듐 협상

드와이트 앤더슨은 1994년 최초의 시베리아 출장 이후 계속해서 타이거펀드의 팔라듐 포지션을 축적했다. 그는 러시아의 팔라듐시장에 들어갈 경로를 찾아냈다. 매년 의회와 국영 수출회사가 얼마만큼 판매할지 흥정하고 나면 중앙은행, 재무부, 노릴스크 관료들이 할당량 중에서 누가 얼마만큼 판매할지 논란을 벌인다. 앤더슨은 판매의 핵심 의사 결정을 맡은 관료들과 오랜 식사와 위스키를 나누면서 관계를 쌓았고 기회가 있을 때마다 금속을 구매했다.

그러던 1998년 여름, 이 패턴에서 벗어날 기회를 발견했다. 러시아의 재정이 절박해져서 팔라듐 게임을 바꿀 수 있을 것이다.

앤더슨은 매력적인 제안을 가지고 러시아인 친구들에게 접근했다. 중앙은행과 재무부가 보유한, 금을 제외한 귀금속 전량을 구매하겠다는 제안이었다. 팔라듐과 로듐, 은까지 모두 구매할 계획이었다.

앤더슨의 과감한 계획에는 세심한 물류도 포함되어 있었다. 일부 금속은 시베리아부터 모스크바까지 무장 경비가 딸린 열차로 운송한 다음 전량을 스위스로 항공 운송해서 타이거의 이름을 붙인 은행 금고에 보관해야 했다. 타이거펀드는 금속을 손에 넣으면 40억 달러를 지불할 것이고, 이 금액이면 러시아의 예산 부담을 일거에 해소할 수 있었다. 그런 다음 타이거펀드는 재고를 시장에 점진적으로 풀고 수익을 러시아 정부에 배분할 것이었다. 모스크바에 돌아갈 궁극적인 매각 대금은 80억 달러 정도라고 앤더슨은 예측했다.

앤더슨은 1998년 7월 모스크바로 가서 중앙은행 고위 관료를 만났다. 주변 상황은 거래에 안성맞춤으로 보였는데, 러시아 국채 수익률이 5월의 60%에서 120% 정도로 뛰었기 때문이다. 앤더슨은 중앙은행 고위 관료와 친밀한 사이였고 옐친 대통령도 명백히 그 거래를 알고 승인한 것으로 보였다.

며칠 후 파크애비뉴의 타이거펀드 사무실로 돌아온 앤더슨은 일생일대의 거래가 거의 성사되었다고 느꼈다. 소로스와 나폴레옹은 러시아의 무한한 로맨스에 군침만 흘렸지만, 앤더슨은 뉴욕의 단일 헤지펀드가 국가 보물들을 구매할 수 있음을 보여줄 것이었다. 그때 모스크바에서 메시지가 왔다. 수수료가 필요하다는 것이었다.

앤더슨은 요청받은 내용을 숙고하고 신중하게 대응했다. 그는 타이거펀드가 거래 수수료를 지급하는 데 문제가 없다고 말했다. 어차피 항상 주식 브로커들에게 수수료를 지급해왔다. 그러나 타이거펀드는 러시아 제안의 세부 사항에 동의할 수 없었다. 러시아인들은 금속 매매에 이중 계약을 요구했다. 공식 계약에는 수수료를 언급하지 않았고, 사적 계약에는 키프러스의 은행에 얼마를 예치해야 하는지 명기했다. 러시아 국회와 국민은 공식 버전만 볼 테니, 누가 수수료를 받았느냐는 질문은 나오지 않을 것이었다.

앤더슨은 여기에 문제가 있고 "계약서는 하나만 작성해야 합니다"라고 주장했다.

모스크바는 잠시 침묵하고 나서 회신했다. "좋습니다. 이해합니다. 지브롤터의 은행으로 수수료를 지급하는 방식은 어떻습니까?"

앤더슨은 다시 설명해야 했다. 수수료를 키프러스든 지브롤터든 다른 어떤 조세 피난처든 보내는 것은 문제가 되지 않는다. 하지만 이를 공개해야 하고 계약서는 하나여야 한다. 타이거펀드 변호사들과 러시아 변호사들이 같은 서류를 보아야 하고, 서방과 러시아 양쪽에서 공적 조사를 받을 수 있어야 한다는 것이었다.

뉴욕과 모스크바 사이에서 메시지가 오가다가 결국 합의가 불가능하다고 판명되었다. 러시아인들은 사적 수수료 없이 매각할 이유가 도대체 없었다. 앤더슨은 거래를 살려낼 길이 없었다.[49]

러시아 국가 부도와 소로스

팔라듐 협상이 결렬되던 1998년 7월 말쯤, 러시아의 위기는 새로운 심각성을 맞았다. 7월 13일에 IMF가 대규모 구제금융을 발표했지만 시장이 진정된 것은 잠시뿐이었다. IMF 발표 다음 주에 골드만삭스가 주관해서 채권을 64억 달러 발행한다고 발표했지만 청약액은 44억 달러에 불과했다. 러시아 채권시장이 폭락했고 주식시장도 뒤따랐다. 위험을 추구하는 헤지펀드들조차도 갑자기 러시아에 자본을 제공하는 데 조심스러워졌다. 8월 초 러시아 국채 금리는 50%였다. 대안이 궁해진 러시아는 다시 오랜 친구인 소로스와 비밀 협상을 재개했다.

옐친 경제팀은 소로스에게 제안했다. 정부가 스비야즈인베스트 추가 지분 25%를 매각 입찰할 텐데, 전에 소로스가 그랬던 것처럼 1차 입찰 낙찰자들이 정부에 즉각적인 브리지론을 제공해달라는 것이었다. 그러나 이번에는 소로스가 응할 입장이 못 되었다. 1997년 여름에는 러시아에 수억 달러를 빌려주었지만, 이제는 러시아가 위기를 넘기려면 수십억 달러가 필요할 것이었다.

8월 7일 금요일, 소로스는 옐친의 최고 경제 관료인 아나톨리 추바이스(Anatoly Chubais)와 이고르 가이다르(Yegor Gaidar)에게 전화해서 현실을 직시하라고 말했다. 외국인과 러시아인 투자자들은 러시아 채권을 사는 데 진력이 났고, 만기가 도래하는 방대한 국채를 연장하기는 불가능할 것이었다. 이런 신용경색을 벗어나려면 수억이 아니라 수십억 달러가 필요하다고 지적했다. 소로스의 말을 들은 후 가이다르는 러시아에 필요한 자금을 70억 달러로 추정했다. 소로스는 가이다르가 여전히 문제를 축소하고 있다고 받아쳤다. 소로스는 100억 달러가 필요하다고 추정했고, 스비야즈인베스트 컨소시엄은 5억 달러를 제공할 수 있다고

제안했다. 나머지 금액은 서방 은행과 정부들에서 와야 했다.⁵⁰

소로스는 다음으로 미국 재무부 국제 담당 차관보인 데이비드 립튼 (David Lipton)에게 전화했다. 그런 다음 3년 전 멕시코를 구제할 때 사용했던 대출 조건을 활용해서 재무부가 러시아에 브리지론을 제공하라고 요구했다. 립튼은 이런 구제금융은 워싱턴 의회의 지지를 전혀 받을 수 없다고 대답했다. 러시아는 이미 7월에 최후의 선택으로 IMF 구제금융을 받았다.

8월 10일 월요일, 소로스는 다시 립튼과 간단히 통화했다. 그런 다음 로런스 서머스 재무차관에게 전화했고, 금요일에는 로버트 루빈 재무장관에게 전화했다. 소로스는 재무부 팀에 대한 충격 요법으로, 영향력 있는 공화당 상원의원 미치 매코널(Mitch McConnell)이 루빈에게 전화해서 러시아를 구하기 위한 최후의 시도를 당이 지지해달라고 요청했다. 이 전화 외교 활동을 통해 소로스는 한국에서 IMF처럼 행동해 민간 자본 유입을 촉진한 역할에서 한발 더 나아갔다. 이제는 전면적인 정부 차원의 구제를 중개하려 했다.

소로스의 이중 페르소나가 문제를 불러온 것은 이때가 처음이 아니었다. 소로스와 통화한 미국 관료들은 그의 관점을 어떻게 해석해야 할지 몰랐다. 소로스가 세상에 유익한 것을 말하는가, 아니면 자신의 포트폴리오에 유익한 것을 말하는가?

사적 논의가 관심을 얻지 못하자 소로스는 8월 13일 자 〈파이낸셜타임스〉에 장문의 서한을 실어 러시아에 대한 계획을 공개했다. 이제 투자자들이 불확실성을 느낄 차례였다. 소로스는 새로운 서방 자금 제공을 포함하는 구제금융의 일환으로 러시아 루블화를 15~25% 평가절하함으로써, 러시아인이 루블화 표시 국채를 상환하는 부담을 덜어야 한다고 제안했다.

합리적인 정책 처방이었지만 시장은 소로스가 루블화를 공매도한다는 공개 선언으로 받아들였다. 투자자들은 소로스가 1992년 파운드화 매매를 재현할 준비가 되었다고 합리적으로 추정하고 빠져나가기 시작했다. 소로스의 서한이 공개된 다음 날, 러시아 국채 수익률은 172%를 찍었다. 8월 17일 월요일, 러시아는 시장의 공격을 감당하지 못해 루블화를 평가절하하고 외채 상환 불능을 선포했다.[51]

물론 소로스는 루블화를 공매도하지 않았다. 그는 평가절하의 불가피성을 예측했고 그 시점을 앞당기기까지 했다. 그러나 정치인들이 루블화를 구제하려고 대응하지 못할 것임을 알기에, 루블화를 매도해서 죽이는 것이 아니라 정치인들이 다르게 행동하도록 만들려고 시도했다. 실제로 소로스의 펀드들은 루블화 공매도가 아니라 루블화 보유 포지션을 취했다. 스비야즈인베스트 지분 10억 달러뿐만 아니라 모든 종류의 러시아 주식과 채권을 보유하고 있었다.[52] 러시아 부도와 평가절하로 퀀텀과 자매 펀드들은 자본의 15%인 10~20억 달러를 잃었다.[53]

스탠 드러켄밀러에게는 퀀텀펀드 수익률이 일생의 작품이기 때문에 매우 쓰라린 순간이었다. 손실 규모와 경과를 안다면 소로스가 가공할 포식자라는 생각은 말도 안 되었다. 그러나 소로스 자신은 이 실패를 전혀 다른 수준에서 소화했다. 그는 러시아에서의 경험을 회고하면서 "나는 러시아가 열린 사회로 이행하도록 도운 것을 전혀 후회하지 않는다. 그들은 성공하지 못했지만 적어도 나는 시도했다"라고 언급했다.[54]

소로스는 메시아처럼 죄인들을 구원하기 위해 올림포스산에서 내려왔다. 그리고 십자가에 못 박히는 고통을 겪었다.

10장

LTCM의 곤경

LTCM 출범하다

홍콩의 중국은행(Bank of China) 건물은 다년간 전근대적 금융의 완고한 견고성을 나타내듯 무겁게 자리 잡았다. 그러다가 1990년에 중국계 미국인 페이(I. M. Pei)의 설계로 아찔하게 솟아오르는 빌딩으로 변신해서, 이제는 홍콩 금융가의 좁은 통로에 하이힐을 신고 선 날씬한 여신 같다. 건축가는 대나무가 연상되도록 삼각 타워를 설계했고, 점점 가늘어지는 알루미늄 축과 유리는 햇빛 속으로 솟아오르는 모습을 형상화한다고 설명했다.

그러나 이 비유는 페이가 아는 것보다 거창해질 수 있다. 금융기관들은 레버리지의 기적을 통해서 세계의 급성장하는 채권시장에서 돈을 빨아들였다가 다시 뿜어내면서 대나무처럼 빨리 성장했다. 그러나 바로 그 레버리지 때문에 새로운 금융 왕국은 좁고 속이 비어 있었다. 예기치 못한 측면 공격을 받으면 넘어질 수 있었다.

중국은행의 과거와 현재 건물을 모두 아는 사람에게는 1997년 9월 개최된 파티의 장소가 아이로니컬했다. 새로운 금융공학을 상징하는 롱텀캐피털매니지먼트(LTCM)라는 자신만만한 신예 헤지펀드가 페이가 설계한 건물 옆 구건물의 아트갤러리를 파티 장소로 선택한 것이다. 홍콩의 남쪽과 서쪽에는 당시 통화위기로 악전고투하던 인도네시아와 태국이 있다. 멀지 않은 호텔의 스위트룸에서는 말레이시아 총리가 투기꾼들에게 저항하는 캠페인을 벌이고 있었다.

그러나 LTCM은 아시아 지역에 부는 태풍 위에서 고공비행하는 것처럼 보였다. LTCM의 경제학자 팀은 전년도에 21억 달러라는 놀라운 수익을 얻었고, 이들의 마법공식은 아시아를 뒤흔들던 소란과는 무관한 것 같았다.[1] 이 펀드의 걸출한 지위는 IMF·세계은행 연차 총회를 위해 홍콩에 온 민간 부문 경영자와 금융가들의 대표급으로 구성된 파티 참석자 명단에 반영되었다.

샴페인 파티가 끝난 후 경제학자들은 호텔로 돌아와서 〈월스트리트 저널〉 조간의 전면 팩스가 들어온 것을 발견했다. 신문은 LTCM이 자본의 40%인 27억 달러를 외부 투자자들에게 돌려주기로 결정했다고 보도했다. LTCM은 높은 레버리지를 활용할 수 있으니 고객 자금이 많이 필요하지 않았다. 자본을 줄이더라도 차입을 늘림으로써 축적된 포트폴리오를 유지할 것이다. 페이의 빌딩만큼이나 야심 차고 날씬했다.[2]

LTCM 창업자 존 메리웨더(John Meriwether)는 월스트리트 임원 최초로 금융공학의 잠재성을 간파했다. 그는 1980년대 중반 살로몬브러더스의 떠오르는 스타로서, 자기 관할의 소수 트레이딩 그룹을 '대학원에 준하는 환경'으로 변환하는 데 착수했다.[3] 박사 과정의 젊은 영재들을 고용해서 첨단 연구를 계속 접하게 할 계획이었고, 영재들은 금융 전문 교수들을 방문하고 학계 세미나에 참석할 것이었다.

메리웨더는 하버드 경영대학원 에릭 로젠펠드(Eric Rosenfeld) 교수를 영입하고 나서 MIT에서 복수 학위를 가진 래리 힐리브랜드(Larry Hilibrand) 교수를 추가 영입했다. 1990년 메리웨더의 팀에는 훗날 옵션 가격 결정 모형으로 노벨상을 받을 로버트 머튼과 마이런 숄스가 포함되었다.

1980년대 중반에는 살로몬 파트너 대부분이 박사학위는 고사하고 대학도 나오지 않았다.[4] 이 회사 트레이딩 문화의 화신은 크레이그 코츠 주니어(Craig Coats Jr.)였는데, 사람들 대다수는 키 크고 잘생기고 카리스마 있는 그가 톰 울프의 소설《허영의 불꽃(Bonfire of the Vanities)》* 속 영웅의 모델이라고 믿었다. 코츠는 살로몬의 국채 트레이딩을 전통적인 방식으로 운영했다. 메리웨더의 교수들은 채권 2종의 관계가 정상 범위를 벗어났는지 또는 채권 가격의 변동성이 감소할지 여부를 토론했던 반면, 코츠의 팀원들은 본능을 확신하며 사용했다.

그러나 메리웨더의 교수들에게 우위가 있다는 것이 매우 빠르고 명백하게 드러났다. 1980년대 말이 되자 소수의 교수 집단이 살로몬 수익의 90%를 점유했다. 코츠는 거액의 트레이딩 손실을 낸 후 사직했다. 메리웨더는 부회장으로 승진했다. 퀀트의 정확성이 승리했다. 월스트리트에서 고학력 무용론이 종결되었다.[5]

그러나 이 승리에도 문제가 따랐다. 메리웨더의 부서 100명이 수억 달러를 창출할 수 있다면, 살로몬의 다른 직원 6,000명은 어디에 쓰는가? 메리웨더의 참모들은 자신의 탁월성으로 얻은 과실을 사내의 자격 없는 이들에게 배분하고 있다고 불평했다. MIT 복수 학위 소지자인 힐리브랜드는 회사가 투자은행 부문을 위해 운영하는 환상적인 구내식당 서비스를 폐쇄하라는 운동을 벌였고, 투자은행 부문을 완전히 폐쇄

---

* 1987년 발표된 소설로서 채권 트레이더 셔먼 맥코이의 야망, 인종차별, 사회계층, 탐욕을 그려냈다.

해야 한다고까지 주장했다.

결국 비밀 거래가 탄생했다. 살로몬 경영진이 로켓과학자들을 무마하기 위해서 그들 부문 수익의 15%를 확정 배분하기로 한 것이다. 성과 보수를 확보함으로써 메리웨더는 은행 내 헤지펀드를 창설했다. 한 걸음 더 나아가면 은행 대신 헤지펀드를 세울 수 있었다.

메리웨더가 그 한 걸음을 나간 것은 자신의 선택이 아니었다. 1991년 마이클 스타인하트와 브루스 코브너를 곤란하게 했던 국채 스캔들로 살로몬도 전면적인 위기에 직면했다. 살로몬의 국채 트레이더 폴 모저 (Paul Mozer)가 국채 입찰에서 반복적으로 허위 응찰을 했던 것이다. 모저의 감독 책임자이던 메리웨더는 사직하고 SEC에 벌금 5만 달러를 내야 했다.[6]

기회를 탐색하던 메리웨더는 회사를 세우기로 결심했다. 로켓과학자 팀을 재결집하고 대형 은행의 불필요한 간섭 없이 운용할 계획이었다. 마케팅, 청산, 총무, 운영 같은 기능은 외주를 줄 테니 교수들의 트레이딩 수익을 자격 없는 후방 부서에 배분할 필요도 없었다. 메리웨더는 자신이 새로운 시대를 위한 새로운 유형의 금융기관을 창설하고 있다고 생각했다. 교수들의 조직이 대형 은행보다 더 많은 돈을 버는 세계를 실현하려면 참신한 구조, 즉 '군더더기 없는 살로몬'이 필요했다.[7]

1994년 2월 메리웨더는 LTCM을 출범했다. 그는 에릭 로젠펠드, 래리 힐리브랜드, 로버트 머튼, 마이런 숄스를 동반했다. 살로몬의 브레인 총 8명이 창업에 참여했다. 이들은 폴 튜더 존스가 근래 입주한, 롱아일랜드를 굽어보는 코네티컷주 그리니치의 스팀보트로드 600번지 빌딩에 사무실을 임차했다. 그리고 뉴욕에서의 양복과 넥타이 대신 골프셔츠와 면 반바지를 입고 출근했다. 때로 점심시간에 블루피시가 물에서 튀어 오르는 모습이 보이면 열렬한 퀀트 팀이 낚시를 나가기도 했다.

LTCM이 채권시장에 접근하는 방식은 본질만 남기고 부수적인 것을 모두 제거하는 앨프리드 존스의 혁신을 생각나게 했다.[8] AW존스의 펀드매니저가 포드자동차 경영진이 더 유능하다고 보아서 포드 주식을 사고 크라이슬러 주식을 공매도했듯이, 메리웨더의 팀은 현금흐름이 더 유망해 보이는 채권을 매수하고 다른 채권을 공매도할 것이다. 시장 위험을 제거하는 헤지는 주식보다 채권에서 더 잘 작동했다.

AW존스의 펀드매니저 또는 같은 목적을 지닌 타이거펀드의 종목 선정자는 포드 경영자가 크라이슬러 경영자보다 우수하다고 생각할 수 있었지만 이것은 의견에 불과했다. 신차 디자인, 전시실의 사기에 대한 소문 등을 수집해서 경영자들의 특성을 판단해야 했다.

그러나 채권 투자는 전혀 다른 게임이었다. 대출, 금리, 확정일자에 상환한다는 약속만 존재했다. 채권 애널리스트는 거의 같은 채권 2종을 발견해줄 수 있다. 발행자가 같고, 원금을 같은 해에 상환하며, 투자자의 권리를 보호하는 계약 서류는 단어 하나까지 똑같았다. 이들 채권 중 하나가 다른 채권보다 낮은 가격에 거래된다면 저렴한 쪽을 매수하고 더 비싼 쪽을 공매도할 수 있었다. 이것이 단순한 투자가 아니라 차익거래이고, 거의 확실한 수익을 보장했다.

LTCM의 전형적인 채권 차익거래는 최근물(on-the-run)로 알려진 신규 발행 국채가 매우 빈번하게 매매된다는 사실에서 시작되었다. 이 유동성에 가치를 부여하는 트레이더들은 거래가 상대적으로 적은 기존 발행물 국채에 비해 프리미엄을 기꺼이 지불했다. 그러나 프리미엄은 채권의 잔존 만기 동안에 소멸한다. 30년 국채와 29.5년 국채의 지불금은 상환일이 다가오면 같아진다. 메리웨더의 팀은 고평가된 신규 채권을 공매도하고 저렴한 기존 채권을 매수할 수 있었고, 이후 필연적으로 가치가 수렴하기를 참을성 있게 기다린다.

이 전략에서 나오는 수익은 정상적인 시기에는 거래 비용을 겨우 충당할 정도였다. 그러나 시장이 패닉에 들어가면 변덕스러운 트레이더들은 빠르게 매도할 수 있는 채권을 보유하고 싶어 하며, 그 특권에 유동성 프리미엄을 기꺼이 지불한다. 메리웨더의 참모들은 이 패닉의 순간을 기다리다가 가치 수렴에 대한 차익거래를 걸었다. 살로몬에서 구내식당 유지비 분담에 반발했던 힐리브랜드는 시장을 용수철 장난감 슬링키(Slinky)에 비교했다. 시장은 항상 퉁겨 오를 것이었고, 차익거래자는 패닉이 가라앉을 때까지 기다리기만 하면 되었다.

메리웨더의 또 다른 전통적 거래는 이탈리아 국채와 관련되었다.[9] 이탈리아는 세금 제도가 까다로워서 외국인 투자자는 이탈리아 채권시장에 투자하지 못했다. 그 결과 수요가 위축되었고 채권 가격이 저렴했다. 세금 장애물을 우회할 수 있는 외국인이 이탈리아 채권을 매입해 얻는 수익률이 10%라고 하자. 그런 다음 국제 자금시장에서 리라화를 약 9%에 차입해서 포지션을 헤지하면 금리차 1%포인트를 획득할 수 있었다.

세금 문제의 해법은 평범한 곳에 있었다. 이탈리아에서 등록해서 세금 문제를 적용받지 않는 은행과 파트너십을 맺는 것이다.[10] 메리웨더는 이탈리아의 트레이딩에, 살로몬 시절부터 LTCM 초년도까지 월스트리트 경쟁자들이 갖지 못한 열성을 기울였다. 그 결과 LTCM 초기 2년의 수익 16억 달러 중에서 이탈리아가 6억 달러가량을 점유했다.[11]

이탈리아에 진입한 것은 LTCM만이 아니었다. 다른 은행과 헤지펀드 등도 뒤따랐고 그사이 이탈리아 정부는 세금 장애물을 제거했다. 당초 거래에서 수익성이 사라지자 LTCM은 이탈리아 시장의 다른 영역에서 재미를 보았다. 이탈리아 개인 투자자들은 저축금을 소매은행들이 판매하던 특정 국채 종목에 투자했는데, 충성스러운 고객이 있었기에 해당 국채가 명백히 과대평가되어 있었다. LTCM은 이 채권을 공매도 한 후 매도 대금을 고수익 리라 채권에 투입해 금리차를 획득했다.[12] 더 구나 이탈리아 저축자들은 뮤추얼펀드의 매력에 눈뜨고 있었기 때문 에 채권을 직접 매수하던 자금을 뮤추얼펀드로 돌리고 있었다. 그 결과 LTCM이 공매도한 채권의 수요가 줄어 LTCM의 수익을 늘려주었다.

메리웨더와 파트너들은 이런 기회를 찾기 위해 전 세계를 뒤졌다. 그 들은 같은 만기의 서로 다른 채권, 채권과 채권 선물, 국채와 모기지 채 권, 통화가 다른 채권 등 모든 조합에서 가능성 있는 수렴 현상을 포착 했다.[13] 공통 주제는 세제, 정부 규제, 또는 대형 금융기관 특유의 요구 등 어떤 원인에 의해서든 투자자의 행동이 왜곡되면 시장의 이례 현상 이 발생한다는 것이었다.

예를 들어 프랑스 보험회사들은 특정 만기의 국채를 매수해야 했는 데, 그 만기의 채권이 매력 있기 때문이 아니라 보험 고객에게 보상할 의무의 만기와 맞는 자산이 필요하기 때문이었다. 1996년 10월에는 미 국 연준의 규정에 따라 미국 은행들이 채권을 대량 발행해서 지급 조건 을 변동금리로 스왑하는 움직임이 발생했다. 발행 물량이 넘치자 스왑 시장에서 고정금리를 은행에 지급할 상대방이 고갈되었다.

이 경우 각각에서 LTCM은 제도적 요구에 따라 매매해야만 하는 사 람들의 상대 포지션을 취해 거래를 제공했다. 융통성 없는 이례 현상에 대칭인 활동을 자유롭게 수행하는 융통성 있는 플레이어가 됨으로써 시장에 유동성을 제공했다. 덕분에 프랑스 보험사와 미국 은행들은 제 도적 요구 조건을 더 나은 가격에 충족하게 되었다. 그동안 LTCM도 대 단한 수익을 거두었다.

LTCM이 성공하면서 이 게임의 수익성이 높은 것이 밝혀졌다. 운용 보수 2%와 성과보수 25%를 공제한 후에도 LTCM은 1994년의 10개월 동안 19.9%, 1995년 42.8%, 1996년 40.8% 수익을 거두었다. 시장의 방향에 베팅하지 않고서 얻은 수익이었다. 가치 수렴에서 얻은 차익은 어떤 주식이나 채권 지수와도 상관관계가 없었다.

LTCM이 자금을 조성하는 데 어려움이 없었던 것은 당연하다. 그리니치의 본사에 런던과 도쿄의 지사를 추가했고, 당초 41명으로 가볍게 출발했지만 중국은행에서 파티를 개최하던 1997년 가을에는 165명으로 늘어나 있었다.[14]

10년 전 메리웨더가 하버드에서 영입한 로젠펠드는 와인셀러에 프랑스에서 직수입한 와인 1만 병을 채웠다. 그렉 호킨스(Greg Hawkins)는 경주마를 키웠다.[15] 메리웨더 자신은 아일랜드 케리에서 워터빌이라는 매혹적인 골프 코스를 매입했고 월스트리트 거물들을 초청해 사업 관계를 돈독히 했다. 메릴린치의 영업사원은 "모든 사람이 지능으로 무장했고 케네디의 이너서클인 카멜롯 같았다! 그들은 최고이고 가장 명석했다"라고 표현했다.[16]

물론 중국은행 파티 후 1년이 못 되어서 LTCM은 붕괴했다. 최신식 금융이 취약하고 전 세계 경제에 거대하고 인정받지 못하는 위험을 부과한다는 사실이 밝혀진 것은 이때가 처음이 아니었다.

위험을 수학적으로 계량하는 방법

로저 로웬스타인(Roger Lowenstein)은 LTCM의 짧은 역사를 다룬 베스트셀러 저서에서 LTCM이 자만심에 대한 처벌로 붕괴한 것처럼 표현했다. 궁극적으로는 맞는 표현이지만 LTCM이 위험에 둔감했다고 이해하면 안 된다.

메리웨더와 파트너들은 남의 돈으로 무책임하게 도박한 것이 아니었다. 반대로 파트너 대부분은 헤지펀드 사업에서 얻은 수익 거의 전부를 재투자했고, 1997년 가을에 외부 투자자 자본 27억 달러를 돌려줌으로써 펀드 자본의 3분의 1 가까이를 자기 저축금으로 채웠다. 많은 금융가가 소속 기관에서 돈을 빼서 몰락의 길을 간 경우와 다르게 LTCM 파트너들은 신중하게 투자할 당위성이 충분했다.

LTCM이 매우 높은 레버리지로 운용한 것은 사실이다. 실제로 레버리지가 이 회사의 핵심 요소였는데, 이들이 포착한 가격의 이상 현상이 너무 작아서 레버리지를 곱해야만 가치가 생겼기 때문이다. 예를 들어 1995년 LTCM의 자산수익률(return on assets, ROA)은 2.45%로 대단하지 않았다. 하지만 이렇게 그저 그런 자산수익률이 레버리지를 거치면 42.8%라는 놀라운 자본수익률(return on capital, ROC)로 바뀌었다.

메리웨더는 LTCM이 트레이딩의 거의 모든 위험을 헤지했기 때문에 레버리지가 안전하다는 논리를 내세웠다. 예를 들어 LTCM은 창업 직후 국채 최근물과 기존 발행물의 포지션을 20억 달러 가까이 보유했다. 10억 달러 규모의 펀드에는 겁나게 커 보일 수 있는 포지션이었지만, 메리웨더의 팀은 가치 수렴 차익거래의 위험이 단일 채권 단순 보유의 25분의 1이라고 계산했다. LTCM 포지션 20억 달러는 헤지하지 않은 투자 포지션 8,000만 달러에 상당했다.

LTCM은 위험을 수학적으로 계량화한 최초의 헤지펀드 중 하나였다.[17] 드러켄밀러 같은 매크로 트레이더들은 시장이 얼마나 움직이고 주요 포지션에 손실이 얼마나 발생할 수 있는지 감이 있어서 자신의 익스포저를 머릿속에서 계산했다. LTCM은 1980년대에 개발된 'VaR(value at risk)' 기법을 사용했는데, 기본적으로 매크로 트레이더의 머릿속 계산법을 구체화한 것이었다. 각 포지션의 변동성을 산출하고 나서 이를 정상적인 상황에서 손실 볼 수 있는 달러 금액으로 환산했다.

예를 들어 이탈리아 채권 한 종목을 매수하고 다른 종목을 공매도하고 두 채권의 가격 격차가 수렴한다는 데 베팅한다면, 이 트레이딩의 역사를 연구해서 100일 중 99일 동안 발생할 수 있는 최악의 상황은 수익률 격차가 10bp 이상 벌어지는 것이라고 판단했다.[18] 수익률 격차가 1bp 커질 때마다 LTCM이 1,000만 달러를 잃는 규모로 차익거래를 키운다면, 10bp 격차는 1억 달러 손실을 초래할 것이다.

메리웨더와 파트너들은 펀드 내 포지션별로 VaR을 산출했고 각 잠재손실액을 더해서 전체 포트폴리오의 합계를 구했다. 비결은 다양한 트레이딩 간의 상관관계를 추정하는 것이었다. 예를 들어 두 포지션이 완전히 상관되어 있다면 익스포저를 합친다. 캘리포니아 지방채 1억 달러와 뉴욕 지방채 1억 달러를 보유했고 두 지방채 가격이 똑같이 변동한다면 총위험은 2억 달러가 된다.

그러나 두 포지션 간에 상관관계가 없다면 총위험은 작아질 것이다. 예를 들어 미국 모기지 조기 상환율과 이탈리아 채권처럼 전혀 상관성이 없는 다른 포지션을 포함하는 가치 수렴 베팅에 각 1억 달러를 베팅한다면, 펀드의 총익스포저는 전체 포지션의 합 2억 달러에 포지션 개수의 제곱근을 곱한 1억 4,100만 달러가 된다.

상관관계가 없는 새 포지션을 추가할수록 펀드의 위험은 더 감소한다. 세 번째로 상관관계 없는 포지션을 추가하면 그 포지션 자체의 손실은 1억 달러이지만 포트폴리오에 추가되는 위험은 3,200만 달러에 불과하다.[19] 5번째 포지션이 추가되면 위험 2,400만 달러가 추가되며, 10번째 포지션은 위험 1,600만 달러가 추가되는 등 이어진다. 분산투자의 마술로 위험을 거의 없앨 수 있다. 타인에게는 위험·보상 측면에서 미친 짓으로 보이는 트레이딩도 메리웨더와 파트너들에게는 수익이 높아 보일 수 있었다.

10년 후 2007~2009년에 신용 버블이 터지자 VaR 방식은 퇴색했다. 워런 버핏은 동료들에게 "공식을 사용하는 학자들을 조심하라"라고 경고했다. 하지만 메리웨더의 측정 방식은 위험 측정법으로는 전통적인 레버리지 비율보다 발전한 것이었다.

전통적인 레버리지 비율은 스왑과 옵션이 포트폴리오에 큰 위험을 부과할 수 있는데도 이를 고려하지 않았다. 전통적 방식은 헤지한 베팅과 헤지하지 않은 베팅을 구분하지 않았으므로, 이탈리아 채권에 대한 단순 베팅이 유사한 두 채권의 가격 수렴에 대한 매수·공매도 베팅보다 위험하지 않은 것처럼 취급했다. 근본적으로 전통적인 레버리지 비율은 자본과 자산을 비교한 반면 VaR은 자본과 잠재 손실을 비교했다.

LTCM이 더 적합한 척도를 채택했다는 데는 의문의 여지가 없다. 자본의 존재 자체가 손실을 완충하는 역할을 하므로 펀드의 자본이 적정한지는 잠재 손실 규모로 결정해야 한다.[20] 자본과 자산을 비교하는 전통적인 방식은 지구상의 비미국인 인구에 맞추어 미국 군사력 규모를 측정하는 것과 같다. 모든 외국인이 일시에 미국을 공격한다는 상황은 상정하기 어려우며, 마찬가지로 LTCM의 모든 자산이 동시에 가치를 상실한다는 전망도 상정하기 어렵다.

VaR 사용을 비판하는 세력이 분명히 있었지만 LTCM의 과학자들은 그 비판도 충분히 파악했다. 예를 들어 LTCM 모형이 100일 중 99일에 발생할 수 있는 최대 손실만 예측한다는 한계를 잘 인지했다. 정의상 그보다 더 나쁜 날이 있을 것이다. 그러나 금융경제의 기본적 통찰에 의하면 시장은 자기 교정을 해나가기 때문에, LTCM은 비정상적인 손실이 발생하더라도 이후 포트폴리오가 보상받을 기회가 올 것이라고 믿었다. 만일 정상적인 가격 관계가 무너져서 LTCM이 큰 손실을 입더라도 다른 차익거래자들이 수익 기회를 발견해 투자할 것이므로 그들의 매수세가 가격을 정상으로 회복시키고 LTCM의 포트폴리오도 반등할 것이라는 주장이었다.

이후 비판자들은 100일 중 제일 나쁜 하루를 무시하는 VaR 계산이 '잘 작동하지만 정작 충돌하면 터지지 않는 자동차 에어백과 같다'[*]고 폄하했다. 그러나 차익거래의 가격 교정력 덕분에, 100일 중 최악의 하루를 무시하더라도 겉으로 보이는 만큼 무모하지는 않았다.

물론 자기 교정 경향은 경향일 뿐이었다. 극단적인 사건이 발생하면 가격은 관습적 패턴을 오랫동안 또는 영원히 벗어날 수 있다. LTCM의 모형은 그런 충격을 예측할 가능성이 희박했다. 모든 모형처럼 역사적 데이터를 기반으로 하므로 전례 없이 비정상적인 사건을 예측하리라고 기대할 수는 없었다.

그러나 LTCM 파트너들은 이 아킬레스건도 잘 인식했다. 그들은 자기 모형의 상상력 부족을 보완하려 했고, 자기 계산을 뒤엎을 수 있는 놀라운 사건이 발생할 잠재성에 대해 브레인스토밍을 했다. 예를 들어 유럽통화연합이 궤도를 이탈하면 자사의 채권 트레이딩도 잘못될 것임을 인식했고, 유럽통화연합이 좌초할 가능성은 거의 없어 보였지만 배제하지 않았다. 따라서 포트폴리오의 스트레스 테스트를 반복해서 통화연합이 무산될 경우를 시뮬레이션했다. 그 결과 펀드 존립이 위태로워질 손실이 발생할 수 있다고 판단하면 포지션을 축소했다.

LTCM은 또한 이후 많은 논란이 된 유동성 위험을 고려하기 위해 애썼다. LTCM 트레이딩은 유동성이 낮은 금융상품을 매수하면서 유동성이 더 높은 금융상품으로 헤지하는 경우가 많았다. 예를 들어 기존물

---

[*] David Einhorn, Aaron Brown, "Private Profits and Socialized Risk", ⟨Global Association of Risk Professionals Review⟩ 2008 6/7월호

국채 가격이 저렴한 것은 바로 최근물보다 유동성이 떨어지기 때문이다. 여러 시장에서 유동성이 낮은 증권들을 매수함으로써 LTCM은 특정 위험에 자사를 노출시켰다.

패닉이 발생한다면 모든 금융상품에서 유동성 프리미엄이 상승할 것이고, 따라서 명백히 상관관계가 없는 차익거래라도 동시에 손실을 낼 것이다. 정확히 그 순간, 프라임브로커들은 LTCM에 제공했던 신용을 거두어들여서 펀드가 최악의 상황에 포지션을 청산하도록 강요할 것이다. 투자자들도 환매해서 투매를 가속할 것이다. 차익거래의 가격 교정력은 너무 멀리에서 달려오는 구급차와 같아서, 시장이 결국 균형을 회복하더라도 LTCM은 혜택을 얻을 때까지 생존할 수 없을 것이다.

메리웨더와 파트너들은 이 유동성 위험을 심각하게 받아들였다. 이들의 펀드가 롱텀(long term)으로 불린 것은 충분한 이유가 있었다. 시장이 효율적인 수준으로 회복하려면 오랜 시간이 걸리기 때문이었다. 그에 따라 LTCM은 투매라는 재앙에서 보호받는 펀드 구조가 필요했다. 그래서 메리웨더는 헤지펀드업계의 관행인 브로커 단기 차입을 이용하지 않고, 위기 시 요청할 장기 차입과 특별 신용한도를 확보하려고 노력했다.[21] 같은 논리로 월별 또는 분기별로 환매를 허용하던 업계 관행을 깼다. 대신 3년 투자 약정을 요구했고, 나중에는 연간 환매를 투자액의 3분의 1까지로 제한하는 정책을 채택했다.[22]

LTCM이 붕괴하자 이들 안전 조치 다수가 쉽게 잊혔다. 사람들은 메리웨더와 파트너들이 자기 모형을 무모하게 신봉하다가 희생되었다고 여겼다. 그러면서 어느 정도 주의하면 비슷한 재난을 막을 수 있다고 기대했다.

그러나 실상은 더 미묘하고 다루기 힘들었다. LTCM의 위험 관리는 비판자들이 상상하던 것보다 더 세밀하고 수준이 높았고, LTCM 붕괴로 얻은 교훈에도 LTCM 스스로가 실천했던 처방 몇 가지가 포함되었다. LTCM 이후 10년 동안 트레이딩에서는 스트레스 테스트로 VaR 계산을 보완하라는 요구가 제기되었는데 이는 LTCM이 실천한 방법이었다. 금융기관들이 유동성 위험에 주의를 기울이라는 요구가 이어졌으나 이것도 LTCM이 실천했다.

그럼에도 LTCM은 파산했는데, 위험을 계산하는 방식이 단순해서가 아니라 제대로 계산하기가 너무 어렵기 때문이었다. 보유 포트폴리오의 스트레스를 테스트하려면 예측하기 어렵지만 발생 가능한 모든 충격을 상정해야 했다. 펀드의 VaR과 유동성 위험을 산출하려면 다양한 포지션들 간의 상관관계를 산출하고 이것들이 극한 상황에서 어떻게 변화할지 추정해야 했다.

LTCM 붕괴에서 얻은 진정한 교훈은 LTCM의 위험 접근 방식이 너무 단순했다는 것이 아니다. 위험을 정확하게 파악하려는 모든 시도는 어쩔 수 없이 취약하다는 것이다.

시장의 견고성에 베팅하라

중국은행에서 파티를 개최한 직후인 1997년 10월, 머튼과 숄스는 자신들이 노벨경제학상 수상자로 선정되었다는 소식을 들었다. 노벨상 수상은 새로운 금융에 대한 지지로서 환호를 받았고, 옵션 가격 결정 모형을 발명한 이들은 현대 시장의 주춧돌을 놓았다며 칭송받았다. 이들은 위험의 가격을 매기는 공식을 창조함으로써 위험을 쪼개고 묶어 수천 가지 방식으로 매매할 수 있게 해주었다. 수 세기 동안 인간의 노력을 제동하는 장치로 작용해온 금융 손실 공포가 수학 공식으로 길들여졌다.

머튼과 숄스의 헤지펀드인 LTCM은 교수들의 비전을 멋지게 실현함으로써 축하받았다. LTCM은 손실 위험을 산출해서 필요자본만 보유하고 그 이상은 필요하지 않았으므로, 사소한 가격 이례 현상을 놀라운 수익으로 바꿀 수 있었다.

그러나 학자들이 영광을 누리면서 LTCM은 운명의 갈림길에 놓였다. 과거 1980년대에는 메리웨더와 교수들이 월스트리트의 신흥 세력이었지만, 10년이 지나자 거의 모든 투자은행이 채권 차익거래 데스크를 설치해서 그들과 직접 경쟁한 것이다.[23] 1997년 상반기에 LTCM의 수익이 정체되기 시작하자 파트너들은 자구책을 모색했다. 기회 축소에 대응하는 방식 하나는 투자자들에게 자본을 돌려주어서 펀드 규모를 축소하는 것이었다. 그러나 축소하더라도 사업을 포기할 수는 없었다. 수익을 유지하기 위해 메리웨더와 팀원들은 주식에 진출했다.

LTCM은 주로 채권을 다루었지만 1997년 이전에 주식에 투자한 적이 있고 원칙적으로 도전 과제에 대응할 역량이 있을 것이다. LTCM은 주식 종목 선정이나 기업 가치평가를 하지 않을 것이다. 그 역할은 줄리언 로버트슨과 타이거 펀드매니저들의 몫이었다. 대신 채권의 수학적 명확성을 가지고 트레이딩 기회를 찾을 예정이었다. 즉 정상적인 가격 관계가 일시적으로 무너져서 가격이 달라진, 거의 같은 주식 두 종목을 거래하는 것이다. 가장 단순한 사례는 동시에 두 증권거래소에서 매매되는 주식이었다.

LTCM이 선호한 종목은 네덜란드의 로열더치페트롤리움(Royal Dutch Petroleum)과 영국의 셸트랜스포트(Shell Transport)라는 두 상장기업이 소유한 로열더치셸(Royal Dutch/Shell)이었다. 네덜란드 주식과 영국 주식은 같은 이익 흐름에 청구권을 행사했지만 영국 주식이 네덜란드 주식보다 할인되어 거래되었다. 이 괴리도 국채 최근물과 기존 발행물의 가격

괴리처럼 비합리적으로 보였다. LTCM은 저렴한 영국 주식을 매수하고 네덜란드 주식을 공매도함으로써 배당을 더 많이 받을 수 있었다. 그리고 헤지를 걸었기 때문에, 로열더치셸의 주가가 오르거나 내려도 중립이 될 수 있었다.

메리웨더와 파트너들은 이 기회를 포착해서 대규모로 거래했다. 월스트리트의 많은 트레이더가 보기에 그리니치의 교수들은 지나치게 욕심을 부리기 시작했다.[24]

LTCM 주식 거래의 최대 테마는 시장의 견고성에 베팅하는 것이었고, 이 때문에 모건스탠리는 LTCM에 '변동성의 중앙은행'이라는 별명을 붙였다.[25] 메리웨더의 교수들에게는 전형적인 전략이었다. 이들은 시장의 방향을 보려고 하지 않고, 시장의 방향을 불문하고 얼마나 많이 움직일지에 베팅했다.

1997년 가을, LTCM은 투자자들이 주가 급등락을 불안해하며 그 보험으로 프리미엄을 높이 지불하는 것을 발견했다. 일부는 주가 급등에 대비해 콜옵션을 매수했고, 나머지는 주가 폭락 위험을 상쇄하기 위해 풋옵션을 매수했다. 그 결과 S&P500지수의 5년 만기 옵션은 주가가 1990년대의 전형적인 연 10~13%를 훨씬 넘어서는 19%로 등락하리라고 암시하는 가격에 팔렸다. 메리웨더와 파트너들은 늘 하던 대로 비합리적인 패닉 현상에 균형을 잡아줄 기회라고 인식했다. 그들은 옵션 매수자들에게 지급하는 상황이 일어나지 않기를 기대하며 콜옵션과 풋옵션을 팔아서 프리미엄을 수취했다. 변동성이 일상적인 범위를 벗어나지 않는 한 LTCM의 베팅이 잘못될 일은 없을 것이었다.

이 베팅을 쌓아가는 바로 그 순간에도 파트너들은 자신의 신중한 기준에 집중했다. 그들의 VaR 계산에 의하면 100일 중 99일의 최대 손실 가능 금액은 1억 1,600만 달러였고, 21거래일의 최대 손실 가능 금액은

5억 3,200만 달러였다. 펀드가 전액을 상실할 가능성은 극단적으로 희박했다. LTCM은 과거 최악의 월간 실적이 -2.9%였고, 이에 근거하면 LTCM이 폐업할 확률은 10^{24}분의 1이었다.

분명 이 예측치는 과거의 가격에 근거했고, 역사는 거짓된 친구일 수 있었다. 그러나 LTCM 파트너들은 그리니치에서 위험 점검 회의를 주 2회 실시해, 자신들을 습격할 수 있는 모든 충격을 상정했다. 그들은 월스트리트 폭락 또는 일본 지진 발생 결과에 대해 게임을 했다. 로젠펠드는 나중에 "우리는 우리가 보수적이라고 생각했다"라고 술회했다.[26]

LTCM이 충분히 보수적이지 않았다는 첫 신호는 1998년 5월에 나타났다. 인도네시아에 대한 IMF 구제금융이 실패하고 수하르토 정권이 붕괴했다. 동아시아의 문제는 1974년 이후 처음으로 2분기 연속 생산량 감소라는 불황을 겪던 일본에 전염되었다. 러시아는 자본 이탈을 막기 위해 금리를 세 배로 높여야 했고 전 세계 주식시장의 변동성이 급등했다. 이렇게 세상이 혼란스럽자 투자자들은 항상 보이던 반응대로 가장 안전한 투자처인 미국 국채로 모여들었고, 국채 30년물 수익률은 1977년 최초 발행 이래 최저 수준으로 떨어졌다. 어떤 상황도 LTCM에 좋지 않았다.

LTCM 거래에 공통 전제가 있다면 냉정한 사고가 지배한다는 것이었다. 비합리적인 패닉은 합리적이고 냉철한 차익거래로 교정될 것이다. 5월과 6월의 혼란이 오기 전, LTCM은 국채에는 공매도 포지션을, 자금시장 투자자에게 지급하는 '스왑금리(swap rate)'에는 매수 포지션을 취하면서, 무위험 국채와 더 위험한 시장 채권의 수익률 괴리가 비정상적으로 확대된 것은 일시적인 위험 회피 때문이라고 믿었다. 그러나 경제위기가 전 세계로 확대되자 위험 회피는 패닉으로 바뀌었고 국채와 채권의 격차가 확대되면서 LTCM은 심각한 손실을 입었다.

동시에 주식에서도 변동성을 너무 적극적으로 매도한 터라 LTCM은 변동성이 1% 상승하면 4,000만 달러를 잃는 입장에 처했고, S&P500지수의 기대 변동성은 5월 1일 19%에서 6월 중순 26%로 상승했다.

이 모든 베팅이 잘못되면서 LTCM은 5월에 6%, 6월에 추가 10% 손실을 입어서 예상 VaR을 훨씬 상회했다.[27] LTCM 파트너들은 휴가를 취소하고 모여서 무엇이 잘못되었는지 논의했다. 그러나 7월에 펀드가 회복했으므로 파트너들은 두 달간의 타격을 운이 나쁜 탓으로 돌렸고 포지션을 축소한 후 마음을 놓았다.[28]

8월 17일 월요일, 러시아가 외채 상환 불능을 선언해 세계를 놀라게 했다. 소로스와 드러켄밀러와 달리 LTCM은 러시아에 직접 노출된 것이 거의 없었지만 간접적인 영향도 무섭다는 것이 곧 드러났다. 러시아 국가 부도로 이 상황에 맞는 이름을 단 하이리스크오퍼튜니티(High-Risk Opportunities) 헤지펀드가 파산했고, 그러자 이 헤지펀드에 대출해준 금융기관 몇몇이 위태로워졌다.

8월 21일 금요일에는 리먼브러더스가 위태롭다는 소문*이 돌았고, 패닉에 따라 다시 안전 자산으로 이동하기 시작했다. 5월과 6월보다 더 지독하게 국채 가격이 상승하고, 위험이 조금이라도 있는 자산은 하락했으며, 시장 안정을 지향했던 LTCM의 베팅은 재앙적으로 붕괴했다. LTCM은 미국 국채 수익률과 달러 스왑금리가 수렴할 것으로 기대해서 차익거래를 걸어놓았지만 매일 1bp 미만으로 등락하던 금리차가 놀랍게도 8bp로 벌어졌다.[29]

LTCM은 영국에도 유사한 베팅을 걸었고, 또다시 영국 국채와 파운

---

* 리먼브러더스도 LTCM처럼 채권 의존도가 높았으므로 주가가 42달러에서 12달러까지 하락했다. 리먼 CEO 딕 펄드(Dick Fuld)는 헤지펀드와 신흥시장에 대한 포지션을 공개해서 LTCM과 다르다고 보여준 후에 위기에서 벗어날 수 있었다. 《리먼 브러더스의 오판》, 2010 참조.

드화 금리의 스프레드도 똑같이 급격하게 확대되었다. 신흥시장에서도 비교적 안정적인 채권을 공매도하고 위험도 높은 채권을 매수하는 같은 거래들을 편성해놓았으므로 또다시 손실이 컸다. 그 금요일이 끝났을 때 LTCM은 펀드 자본의 15%인 5억 5,000만 달러를 상실했다.[30]

이때 파트너 대다수가 초여름에 연기했던 휴가를 즐기고 있었다. 메리웨더는 중국에 있었고 로젠펠드는 아이다호주에 있었다. LTCM 자문 변호사 짐 리커드(Jim Rickards)는 노스캐롤라이나에서 가족과 함께 있었다. 그리니치에 남은 최소한의 인원은 트레이딩 화면을 놀라움 속에서 지켜보았다. 연기 속으로 사라진 것은 돈만이 아니었다. LTCM이 자랑한 이론들도 불타고 있었다. LTCM 자체의 허영의 불꽃이었다.

LTCM은 신용시장 내부의 관계들이 안정적이기 때문에 자사의 포트폴리오가 안전하다고 생각했다. 그러나 이제 관계들이 무섭게 벌어지고 있었다. LTCM은 서로 다른 트레이딩 전략들 간의 상관관계가 낮기 때문에 자사의 포트폴리오가 안전하다고 생각했다. 그러나 패닉으로 모든 시장이 같은 방향으로 몰리자 LTCM 포지션들은 발맞추어 하락했다. LTCM은 VaR 추정에 의하면 하루 최대 손실 액수가 1억 1,600만 달러에 불과하기 때문에 자사의 포트폴리오가 안전하다고 생각했다. 그러나 현재 손실 추계액은 4억 달러 이상이었다.

근본적으로 LTCM은 차익거래의 교정 능력을 신봉했다. 시장이 비합리적일 수는 있지만 손실이 발생하면 수익을 추구하는 다른 트레이더들이 이끌려 들어와서 질서를 회복한다는 주장이었다. 트레이더들은 불타는 포트폴리오를 보면서 시장이 돌아오기를 기다렸지만 소용이 없었다. 슬링키 용수철 효과는 중단되었다.

동부 표준시로 정오, 로젠펠드는 아이다호주의 골프 코스에서 전화를 걸었다. 오전 9시의 티오프가 약간 늦어지자 사무실에 별일 없는지 확인하고 싶었을 뿐이다. 어떤 상황이 벌어졌는지 듣자 그는 휴가가 끝났음을 알았고 곧 모든 파트너가 서둘러 귀환했다.[31] 메리웨더는 중국에서 귀국하는 비행기를 타기 전에 골드만삭스 CEO 존 코자인(Jon Corzine)에게 전화해, LTCM이 나쁜 하루를 겪었지만 걱정할 일은 없다고 보장했다.

그 주 일요일 저녁, 파트너들은 손실에 대응할 방법을 논의했다. 일부 포지션을 청산해야 했지만 시장이 패닉 상태여서 매도가 어려웠다. 로젠펠드는 오마하의 워런 버핏에게 전화해서 LTCM의 합병 차익거래 주식 포트폴리오 50억 달러를 매수할 의사가 있는지 물었으나 정중히 거절당했다.

다음 날 아침 메리웨더는 소로스의 5번가 아파트에서 소로스와 드러켄밀러와 조찬 회담을 가졌다. 최근 LTCM이 난관에 봉착했으니 퀀텀 펀드가 특별히 양보하는 조건으로 LTCM에 투자하고 싶지 않을까? 메리웨더는 혼란의 시기를 버텨낼 자본력이 있다면 자신의 포지션이 누가 보더라도 좋은 가격이라고 설명했고, 소로스와 드러켄밀러는 관심을 가진 듯 보였다.[32] 그러니 조찬 회담에서 이끌어낸 최선은 조건부 제안이었다. 메리웨더가 다른 투자자들에게서 5억 달러를 조달한다면 소로스는 8월 말에 5억 달러를 투자할 것이었다.

소로스의 약정으로 무장하고 메리웨더는 다른 5억 달러를 물색하기 위해 분투했다. 살로몬의 옛 동료들과 거래 가능성을 모색했다. 래리 힐리브랜드를 오마하로 보내 워런 버핏에게 개선된 제안을 제시했다. 사우디 왕국의 알왈리드(Alwaleed) 왕자와 컴퓨터 황제 마이클 델(Michael Dell)에게 의사를 타진했다. 메릴린치 CEO 허브 앨리슨(Herb Allison)에게 전화했지만 아일랜드 골프 코스에서 다진 우정도 그를 구하지 못했다. 앨리슨은 "존, 지금 조달이 당신에게 유익한지 확신하지 못하겠습니다. 당신에게 문제가 있는 것처럼 보일 수 있습니다"라고 조언했다.[33] 조언은 섭섭했지만 진실이었다.[34]

워런 버핏은 힐리브랜드의 제안을 거절하고서 부하 직원들에게 버크셔 해서웨이(Berkshire Hathaway)의 헤지펀드 익스포저를 줄이라고 반응했다. 살로몬 고위층도 비슷해서 프라임브로커 부문이 거래하는 거의 모든 헤지펀드에 대출 연장을 중지하라고 지시했다.[35]

LTCM이 자본을 조달하려고 노력할수록 패닉이 더 널리 퍼져나갔고 LTCM의 시장 안정 지향 포지션 가치도 급락했다. 파트너들은 집에서 멀어지는 방향으로 움직이는 벨트 위를 달리는 상황이었다. 그들의 노력은 펀드 자본을 확충하기는커녕 소진시키고 있었다.

단순히 슬링키 용수철 효과가 중단된 정도가 아니었다. 차익거래자들은 월트 켈리(Walt Kelly)의 만화 주인공 포고(Pogo)가 "우리는 적을 만났다. 적은 바로 우리다"라고 말한 것과 비슷한 상황을 겪고 있었다. 아시아 붕괴에 이어진 러시아 부도로 모든 차익거래자가 돈을 잃었다. 모두가 LTCM처럼 신규 자본을 구하려고 분투하고 있었다.

이 취약한 상황에서 차익거래자들은 이상 가격을 교정할 능력이 없었고, 실제로는 프라임브로커의 마진콜을 받고 포지션 투매를 강요당함으로써 가격을 효율적인 균형점에서 멀리 밀어냈다. LTCM 파트너들이 전성기에 차익거래에 대해 가졌던 신뢰는 180도 달라져서, 일종의 역차익거래가 차익거래를 대체했다. 차익거래 포트폴리오를 해지하면 다른 모든 포트폴리오가 손상되었고, 이 사이클은 자기강화적이었다. 메리웨더의 친정인 살로몬 차익거래 부문은 연초에 성과가 너무 저조해서 CEO가 폐쇄하기로 결정했고, 살로몬이 매도하자 LTCM을 포함한 다른 차익거래자들이 타격을 받았다.

LTCM 포트폴리오의 모든 거래가 상관관계를 가지고 망가졌다. 거래들이 경제적으로 유사했기 때문이 아니라 그 거래를 포함한 펀드의 유형이 유사했기 때문이었다. 로젠펠드는 LTCM의 역사를 회고하면서, 트레이더 주도의 상관관계를 예측하지 못한 것이 펀드의 치명적인 실수였다고 술회했다. 이 가능성을 예측했더라면 위험 계산법을 바꾸었을 것이다. 분산투자가 위험을 없애는 마술을 부리지 못하고 LTCM의 모든 거래 규모를 더 주의 깊게 설정했을 것이다.[36]

한편 LTCM은 과소평가했던 또 하나의 위험을 발견했다. 회사가 성공하면서 특별한 취약점을 안게 된 것이다. LTCM은 비밀을 유지하기 위해 브로커 다수에게 매매를 분산함으로써 아무도 베팅을 간파하지 못하게 했지만, 투자자 다수가 LTCM 전략의 조각들을 모아서 모방하고 있었다. 그 결과 LTCM의 거대한 포트폴리오는 모방자들이 만들어 낸 더 큰 그림자 포트폴리오로 복제되었고 LTCM의 매매는 무시무시한 경쟁에 놓였다.[37] 1998년 봄에는 LTCM 포지션을 매수할 수 있는 은행과 헤지펀드 모두가 따라서 매수했다. 어떤 거래가 잘못되어 발을 빼고 싶어도 매도할 상대가 없었다.

더구나 월스트리트의 영리한 트레이더들은 상황이 어떻게 돌아가는지 알 수 있었다. 한편으로 LTCM 포지션을 살 세력이 남아 있지 않으니 가격이 상승할 방법이 없었다. 다른 한편으로 모든 차익거래자가 매도를 강요당하는 충격이 오면 LTCM 포트폴리오는 빠르게 붕괴할 것이다. '변동성의 중앙은행'은 진정한 중앙은행 같았다. LTCM의 트레이딩은 포식자들에게 일방적인 베팅 기회를 제공했고, 포식자들이 이 사실을 인지하자마자 게임은 끝날 것이었다.

LTCM의 곤경에는 쓰라린 아이러니가 존재했다. 짧은 역사의 첫 4년에는 시장 판단과 반대로, 제도적 의무에 따라 행동하는 이들과 거래함으로써 수십억 달러를 벌었다. 그러나 차익거래자 군대를 만들었다가 자본을 상실한 현 상황에서는 제도적 의무, 즉 은행과 투자은행이 대출을 회수하기 때문에 차익거래자는 팔아야 한다는 의무의 제물이 되었다. 이 상황에서 포식자 트레이더에게 최고의 상은 LTCM이 보유했을 법한 종목 모두를 공매도하는 것이었다.

메리웨디는 월스트리트에 알려지지 않은 LTCM 포지션은 러시아의 금요일 충격 이후 반등한 것을 파악했다. 노출된 포지션들만 출혈이 계속되었다. 위험한 채권과 무위험 국채의 스프레드는 더욱 커졌고, 로열더치와 셸 주식 간의 프리미엄도 펀더멘털상의 이유가 없는데도 8%에서 17%까지 뛰어올랐다. 메리웨더의 팀원 하나는 "사람들이 우리와 비슷한 포지션들을 청산하고 있다는 느낌이 없어지고, 갑자기 모두가 우리 포지션들을 청산하고 있었다"라고 술회했다.[38]

1998년 8월은 헤지펀드 역사상 가장 잔인한 달로 판명되었다. 노동절*에는 펀드 4분의 3이 손실을 본 상태였다. 메리웨더와 파트너들은 자본의 44%인 19억 달러를 상실했다.[39] 그들은 이 손실이 우주가 존재하는 동안 한 번보다 적게 발생할 거라고 계산했었다. 그러나 어쨌든 실제로 발생했다.

8월이 끝나갈 무렵, 메리웨더는 베어스턴스의 오랜 친구인 비니 매턴(Vinny Mattone)에게 전화했다.

"어떻게 되어가나?"라고 매턴이 퉁명스럽게 물었다.

"절반으로 줄었어." 메리웨더가 대답했다.

"자네는 끝이야." 매턴이 사무적으로 언급했다.

"무슨 소리야? 아직 20억 달러가 있어. 절반이 있고 소로스도 있어." 메리웨더가 항변했다.

---

* 미국 노동절은 9월 첫 번째 월요일이다.

"사람들은 자네가 반을 잃었으면 나머지도 모두 잃을 수 있다고 판단해. 자네에게 맞서도록 시장을 밀어붙일 거야"라고 매턴이 말했다.[40]

메리웨더는 메릴린치, UBS, 도이체방크에 전화해서 자금을 지원해달라고 요청했다. 아무도 5억 달러를 내놓지 않았고 소로스가 준 기회도 사라졌다.

메리웨더는 9월 2일 발송한 투자자 서한에서 LTCM의 손실을 보고했다. 그는 '이 비정상적으로 매력적인 기회' 운운하면서 차익거래에 대한 자신의 신념을 다시 강조했다. 그러나 아무도 속지 않았다. 이 서한은 마지막 팩스가 발신되기도 전에 유출되었고, 〈월스트리트저널〉은 다음 날 아침 1면 기사로 메리웨더의 손실을 자세하게 설명했다. 이제 온 세상이 LTCM이 중환자임을 알게 되었고, 월스트리트의 트레이더 모두가 LTCM에 맞서 매매하기 시작했다.[41]

9월 초에는 정크본드 대부분의 가격이 반등했으나 LTCM이 보유한 특정 종목들은 여전히 익사한 상태였다. LTCM은 보험사들이 태풍 위험을 매각하게 해주는 재해채권을 약간 보유하고 있었는데, 메리웨더의 서한이 유출된 후 이 채권은 태풍 발생 확률과 보상비용과는 전혀 무관하게 20% 폭락했다.[42]

유럽에서는 국채와 시장 금리의 괴리가 영국은 커지고 독일은 작아졌는데, LTCM이 반대 포지션을 보유했다는 것 외에는 펀더멘털상 이유가 없었다. 자문 변호사 짐 리커드는 메리웨더에게 "이제는 시장에 대한 것이 아니라 당신에 대한 것입니다. 당신이 매수하면 그들은 공매도하고, 당신이 공매도하면 그들은 매수합니다"라고 말했다.[43]

9월 13일 메리웨더는 골드만삭스의 존 코자인에게 호소했다. LTCM이 파산을 면하려면 20억 달러가 필요했다. 코자인은 수락했지만 특별수당을 요구했다. 골드만삭스는 자기 자금 10억 달러와 다른 곳의 추가

10억 달러 약정을 제공하는 대가로 LTCM 운용사 지분 50%, 펀드 전략 정보 완전 공개, 펀드 포지션 한도 설정권을 요구했다. 게다가 골드만삭스가 자금을 조달하고 LTCM이 포트폴리오 상세 실사를 통과해야 한다는 조건부 거래였다.

골드만삭스에 양방향으로 유리한 조건이었다. LTCM 지분 절반을 헐값에 획득하거나, 실사를 통해 수백만 달러 가치가 있는 정보를 공짜로 얻을 기회였다. 골드만삭스 전문가들은 사전 실사를 통해 LTCM이 무엇을 보유했는지, 따라서 LTCM이 붕괴해서 투매가 일어난다면 어떤 종목들이 폭락할지 파악하게 될 것이다.

LTCM은 모욕적인 조건이라는 것을 알았지만 대안이 없었다. 짐 리커드는 정보 비공개 계약에 서명하라고 골드만삭스 실사 팀에 요구했지만 어떤 서명도 할 수 없다는 무뚝뚝한 대답이 돌아왔다.[44] 골드만삭스 실사 팀은 그리니치에 도착하자마자 커다란 노트북을 LTCM 네트워크에 연결하고 상세 포지션을 내려받았다. 곧 골드만삭스 고유자산 운용 데스크는 덫에 걸렸지만 아직 살아 있는 영양을 잡아먹는 하이에나처럼 LTCM과 같은 포지션을 매도해서 LTCM을 잡아먹었다.

골드만삭스는 자사를 방어하기 위해 필요한 노력을 했을 뿐이다. 런던 주재 골드만삭스 트레이더는 "큰손이 매도해야 한다고 생각하면 내가 먼저 팔고 싶을 것이다. 우리는 선을 분명히 안다. 이것은 불법이 아니다"라고 말했다고 알려졌다. 코자인 자신도 골드만삭스가 "시장에서 LTCM을 손상시켰을지도 모르는 행동을 했다. 우리는 우리 포지션을 보호해야 한다. 그 부분에는 사과할 마음이 없다"라며 개연성을 인정했다.[45] 골드만삭스는 자사의 매도가 LTCM 장부에 대한 특권적 지식에 영향받은 것이 아니고, LTCM을 방문했던 실사 팀과 고유계정 트레이더들은 만리장성으로 분리되어 있다는 방어 논리를 폈다. 반증은 없었지만 월스트리트 관계자 누구도 믿지 않았다.

연준이 개입해 구제하다

메리웨더와 파트너들은 파산 가능성을 연준에 보고할 때가 되었다고 결정했다. 뉴욕 연준의 윌리엄 맥도너 총재는 자리를 비운 상태였다. 위기를 거쳐나갈 역할은 부총재 피터 피셔(Peter Fisher)에게 돌아갔다.

9월 20일 일요일, 피셔는 직원의 지프를 타고 뉴저지 자택에서 그리니치로 향했다. 이 난국을 수습할 방법을 알아낼 사람이 있다면 피셔가 적임자였다. 그는 숙련된 금융 기술자이자 침착한 호인으로서 복잡한 상황을 단순한 명제로 쪼개는 솜씨가 있었다. 그러나 LTCM 상세 포지션의 설명을 들어도 가능성 있는 해법이 떠오르지 않았다. LTCM은 거대한 레버리지를 활용해 1,200억 달러로 확대한 포트폴리오를 보유하고 있었다.

피셔는 LTCM 포트폴리오에 극단적으로 집중된 베팅 몇 건이 포함되었다는 점에 불편해졌다. 그는 '길트(gilts)'로 불리는 영국 국채 선물 포지션이 미결제 약정액의 거의 절반을 차지한다고 추산했다. LTCM은 덴마크 모기지에서도 비슷하게 이상한 포지션을 보유했고 주식 옵션 포트폴리오도 거대했다. 문제는 단순히 LTCM이 붕괴하면 전 세계 시장이 전반적으로 폭락한다는 차원이 아니었다. 피셔는 특정 시장 몇몇의 매매가 전면 중단될 것을 우려했다.[46]

LTCM의 계산에 따르면 펀드를 즉각 청산할 경우 비중이 큰 17개 거래처의 손실액이 30억 달러에 달했다. 그러나 LTCM이 보유 증권을 급매하면 손실은 더욱 커질 것이었다. 게다가 월스트리트 대형사들도 고유계정으로 유사한 거래를 했으므로, LTCM이 급매한다면 그림자 포트폴리오도 큰 충격을 받아 피해가 확대될 것이라고 피셔는 추측했다. 그리고 끔찍하게도 빠르게 청산될 가능성이 있어 보였다.

과거 금융위기에서는 은행이나 투자은행이 부실해지면 규제당국이 개입해서 남은 자산을 맡아 급매를 피할 수 있었다. 그러나 LTCM은 경우가 달랐다. LTCM은 헤지펀드라서 규제당국이 압류할 자산이 없었다. 대신 LTCM 자산은 차입 담보로 프라임브로커가 보관하고 있었다. LTCM이 대출 한 건만 상환하지 못하면 다른 대출 건들에 대한 교차 지급 불이행(cross default) 조항이 자동 발동될 것이었다. 팩스 1,000대가 담보 몰수 계약서를 쏟아내고, LTCM 포지션의 소유권이 투자은행에 양도되어 신속하게 시장에서 처분될 것이다.

피셔는 조용한 LTCM 사무실의 사람 없는 컴퓨터들 사이에 앉아 재무부 동료와 협의하면서, 애스킨펀드 붕괴 당시와 비슷하고 다음 10년간 규제당국을 괴롭힐 문제에 골몰했다.[47] 거래처 수백 개와 얽힌 회사는 너무 복잡하고 연계되어 있어서 안전하게 청산하기가 어려웠다.

피셔는 갑작스러운 청산 결과를 걱정하면서 직원의 지프에 몸을 실었다. 동아시아가 불황에 들어갔고, 러시아도 같은 길을 갔으며, 그에 따른 시장 충격이 월스트리트를 이미 심각하게 손상시켰다.[48] 월스트리트 자본 30억 달러가 추가로 사라질 것이라는 전망은 호황기에도 불행한 사건인데, 면역 체계가 손상된 당시 상황에서는 특히 심각할 것이었다.[49]

이미 리먼브러더스가 파산할 위기라는 소문이 돌고 있었다. LTCM이 붕괴하면서 리먼을 떠민다면 리먼 붕괴는 추가 결과를 낳을 것이었다. 더구나 월스트리트 재무상태표가 부실해서 최선의 대안, 즉 민간 부문이 LTCM을 인수해서 투매의 혼란을 막는다는 방안이 실현될 확률이 낮아졌다. 코자인이 그날 저녁 늦게 피셔에게 전화해서, 인수자를 찾으려는 골드만삭스의 노력에 진전이 없다고 보고했다. 그사이 LTCM은 매일 수억 달러씩 잃고 있었고, 잘해야 다음 주말까지 버틸 것 같았다.

월요일 아침에 출근한 피셔는 자신의 공포가 예상보다 빨리 실현되고 있다고 느꼈다. 아시아와 유럽 시장이 폭락하고 있었고 월스트리트가 뒤따를 것으로 보였다. TV 앵커들은 그날 오전 늦게 예정된 모니카 르윈스키(Monica Lewinsky) 성 스캔들에 대한 클린턴 대통령의 비디오 증언으로 투자자들이 불편해할 거라고 예측했고, 피셔는 재미있는 예측이라고 생각했다.[50]

그러나 진정한 문제는 소문이 퍼졌다는 것이었다. LTCM을 구제하려고 시도할 때마다 다른 포식자에게 문제를 알려주는 효과를 내서 이제는 모든 투자은행과 은행, 헤지펀드가 피를 흘리는 동료를 뜯어 먹고 있었다. 살로몬 임원들은 골드만삭스 도쿄 지사가 LTCM을 치고 있다고 보고했고, 골드만삭스 임원들은 살로몬이 유럽에서 같은 행동을 하고 있다고 보고했다. 정오경에는 LTCM 주식 옵션 포지션에 대한 공격이 너무나 강해져서 월물 옵션 전체의 가격이 내재가치 이하로 폭락했다. 월요일 시장이 마감되었을 때 LTCM은 자본 3분의 1인 5억 5,000만 달러를 잃었다. 처음으로 자본이 10억 달러를 하회했다.[51]

피셔는 3대 투자은행, 즉 골드만삭스, 메릴린치, JP모간의 대표들과 계속 접촉했다. 그는 여전히 민간 부문이 구제 의사를 표시하기를 고대했지만 단일 은행은 그 역할을 안전하게 수행할 수 없음이 명백해졌다. 단일 은행이 LTCM 전체 포트폴리오를 인수한다면 보유분 일부를 매도해야만 할 텐데, 이를 아는 다른 은행들이 불가피한 청산 전에 매도를 계속할 수 있었다.

이 문제의 해법은 LTCM 채권단 컨소시엄이 포트폴리오를 인수하는 것이었다. 이 방식에 의하면 각 은행은 보유할 만큼 작은 조각을 안게 되고 하이에나들은 먹이를 잃을 것이다. 문제는 주력 은행들이 전통적인 경쟁 관계이므로, 연준이 중개하지 않는 한 그런 연합을 달성하기가 어려워 보인다는 것이었다.

월요일 저녁에 피셔는 3대 은행의 수장들을 화요일 연준의 조찬에 초청했다. 일단 테이블에 모이자 세 명 모두 컨소시엄의 조치가 시장을 혼란에서 보호하고 모두의 고통을 덜어줄 테니 좋다고 인정했다. 문제는 구제를 설계하는 방법이었다. 은행가 일부는 LTCM 채권자 각자가 포트폴리오 일부를 매입함으로써 펀드의 부담을 덜어주어야 한다고 생각했다. 나머지는 컨소시엄이 공동으로 펀드에 자금을 주입해 안정시키는 것을 선호했다.

2시간 동안 논의한 후 피셔는 은행가들에게 돌아가서 세 사람 모두 지지하는 구제 계획을 수립해달라고 요청했다. 그러고 나서 연준에서 펀드의 채권자 그룹을 초청해 더 큰 회의를 소집할 예정이었다.

그날 저녁, 은행가들은 LTCM에 자금을 주입하는 것으로 의견을 모았다. 포트폴리오 일부를 덜어내는 것은 실행이 쉽지 않았다. LTCM의 포트폴리오는 너무 복잡했다. 그러나 신규 자본을 투입하려면 누가 부담할 것인가? 가격표가 올라가고 있었다. 메리웨더가 소로스와 드러켄밀러와 조찬 회동을 했던 8월에는 LTCM 생명선이 10억 달러였다. 3주 후 메리웨더는 코자인에게 20억 달러 조성을 요청했고, 이제는 포트폴리오 안정에 40억 달러 투입이 필요해졌다.

은행가들은 최악의 상황을 면하려면 40억 달러를 출연해야 한다고 판단했다. LTCM이 쓰러진다면 그 거대한 포트폴리오가 시장에서 붕괴하고 결국 월스트리트 주요 은행들이 거액을 부담하게 될 것이기 때문이었다. 그러나 각 은행은 자본 구조조정 비용을 경쟁자들에 안기고 자신은 무임승차할 기회를 노리고 있었다.

화요일 저녁 피셔가 LTCM 거래처 16곳을 연준에 소집했을 때, 거래를 완결하는 것은 불가능했다. 3대 투자은행은 16대 채권자가 2억 5,000만 달러씩 출연하는 청사진을 가져왔다. 소형 은행들이 자기 부담이 적어야 한다고 불평한 것은 당연했다. 오후 11시경 합의가 이루어질 전망이 안 보이자, 피셔는 다음 날 오전 10시까지 정회를 선언했다.

은행 협상자들이 재집결했을 때도 전날 저녁보다 쉬워지지 않았다. 리먼브러더스는 어떤 이유를 대며 자사 재무상태표가 취약해서 2억 5,000만 달러를 부담할 수 없다고 했다. 프랑스 은행 2곳은 짐을 나누기를 거부하고 1억 2,500만 달러만 제시했다.

가장 큰 충격은 LTCM의 주거래 프라임브로커인 베어스턴스에서 나왔다. LTCM 전성기에 수수료 수백만 달러를 벌었지만 베어스턴스 CEO 지미 케인(Jimmy Cayne)은 한 푼도 지원하지 않겠다고 했다. 모건스탠리 필립 퍼셀(Philip Purcell) 회장은 베어스턴스의 무임승차를 용납할 수 없다고 항의했고, 메릴린치의 데이비드 코만스키(David Komansky)는 케인의 면전에서 폭발했다.

논의가 너무나 험악하게 돌아가자 피셔는 막다른 골목의 결과를 예측하기 시작했다. "이 구제안이 잘 안 풀리면 나는 탁자에 올라서서 '휴대전화에 손대지 마시오. 문을 닫으시오. 이제 우리는 구제금융이 실패했다는 성명서를 작성해야 합니다'라고 말해야겠다고 생각했다"라고 술회했다. 구제금융이 무산되었다는 소식이 나오면 전 세계 시장은 자유 낙하할 것이다. 실패 당사자인 은행가들이 일반 투자자보다 먼저 매도하게 허용할 수는 없었다.[52]

결국 피셔는 탁자에 올라설 필요가 없었다. 11개 은행이 각자 출연액을 3억 달러로 늘리는 데 동의했고, 리먼과 프랑스 은행들의 금액을 줄여서 총 36억 2,500만 달러를 조성했다. 구제금융을 선언하기에 딱 맞는 금액이었다. LTCM이 인수되고 세계 시장은 구제되겠지만, 메리웨더와 파트너들은 자기 돈을 펀드에 집중했기에 재산이 거의 남지 않을 것이었다. LTCM 변호사인 리커드는 "우리는 자신을 믿었다. 위선은 없었다. 우리는 정직과 노력이라는 전통적인 방식으로 돈을 잃었다고 말하고 싶다"라고 술회했다.[53]

LTCM 이후 레버리지 규제 불발

LTCM이 구제된 직후, 구제가 어떤 의미인지를 두고 논란이 시작되었다. 10월 1일 열린 의회 청문회에서 금융서비스위원회 의원들은 비밀스러운 트레이더 몇몇이 경제 안정을 위협한 사건에 대해 따졌다. 민주당 소속 펜실베이니아주 폴 칸조스키(Paul Kanjorski) 의원은 미국의 적대국들은 헤지펀드와 연합하면 쉽게 미국에 피해를 줄 수 있으니 더는 대량살상무기를 개발할 필요가 없다고 비판했다.

그러나 모든 분노에도 불구하고 LTCM 붕괴 이후의 논란은 주로 1994년 채권시장 붕괴 당시 논란의 재탕일 뿐이었다. 미국 규제당국자들은 헤지펀드가 위험을 제기한다는 사실을 인정해야 했다. 그러나 위험을 줄이려는 행동은 거의 하지 않았다.

헤지펀드의 실패에 강경하게 반응하려는 유혹은 컸다. 1994년에 의원들은 트레이딩에 정통한 은행과 투자은행이 현명해서, 헤지펀드 고객이 무모하게 베팅하도록 자금을 지원하지 않을 것이라고 주장했다. 이제 이 주장은 근거를 잃었다. 월스트리트의 최고 금융기관들이 LTCM에 너무 극단적으로 노출되는 바람에 연준이 개입해서야 구제할 수 있었기 때문이다.

그러나 이 경험에 직면해서도 규제당국자들은 헤지펀드의 발목을 묶는 것을 반대했다. 앨런 그린스펀은 의회 청문회에서 "남에게 돈을 빌려주는 개인은 돈을 돌려받아야 한다는 중요한 이해관계를 가집니다"라고 증언해서, 채권자 스스로 헤지펀드의 과욕을 견제해야 한다는 입장을 재확인했다.[54] 그린스펀은 2009년이 되어서야 채권자의 위험 모니터링은 금융의 과욕을 막기에 너무 취약하다고 인정했다. 기존 견해를 양보하면서도 2007~2009년 위기가 느닷없이 발생한 것처럼, 즉 LTCM 사건이 일어나지 않았던 것처럼 말했다.[55]

그러나 섣불리 판단하기 전에 그린스펀이 입장을 바꾼 이유를 파악하는 것이 중요하다. 무모함과 무자비함은 헤지펀드업계에 국한되지 않기 때문에, 헤지펀드의 발을 묶어도 위험한 트레이딩은 사라지지 않을 것이다. LTCM은 자만심에 의해 몰락했다. 또한 LTCM의 거래로 붐비던 투자은행의 고유계정 데스크와, LTCM이 무엇을 보유했는지 알아낸 순간 하이에나로 변한 백기사 추정자들에 의해 몰락했다.

LTCM 붕괴 시점에 그린스펀과 동료 규제당국자들은 진정한 문제는 헤지펀드가 아니라 금융 시스템 내부에 심화된 레버리지임을 알았을 것이다. 2007~2009년 금융위기의 장본인도 역시 구조화투자회사(structured investment vehicle, SIV)로 알려진 은행들이 소유한, 레버리지를 사용한 부외(off-balance-sheet) 수단들, 레버리지를 사용한 투자은행, 레버리지를 사용한 보험회사였다. 헤지펀드는 악당이 아니었다.

헤지펀드가 규제 대상의 일부분일 뿐이라면 규제당국자들은 왜 레버리지를 사용하는 투자자의 세계를 폭넓게 규제하지 않았는가? 답변은 1994년을 상기시킨다. 규제당국자들은 규제할 좋은 방법이 없다고 믿었다. 단순하게 레버리지 한도를 공표할 수는 없었다. 단순 부채비율은 포트폴리오가 헤지되었는지, 파생상품을 통해 위험에 노출되었는지를 파악하지 못하니 의미 없는 수치였다. 단순하게 헤지펀드의 VaR을 규제할 수도 없었다. LTCM이 붕괴하자 이 수단도 판단을 오도할 수 있다는 것이 드러났다.

좌절스러운 진실은 포트폴리오 내의 위험이 트레이딩을 모방하는 이들이 있는지, 시장의 유동성이 어떤지, 은행과 투자은행이 면역 체계 손상으로 고통받는지 등 계속 달라지는 조건에 좌우된다는 것이었다.

연준의 피터 피셔는 LTCM 사태 이후 규제 브레인스토밍의 중심에 있었으므로 정부가 헤지펀드와 레버리지를 사용한 금융기관들을 통제하는 이론적 사례를 알았다. 그러나 정부가 세부 사항을 제대로 수행할 가능성이 없어 보여서 행동을 취하지 않았다.

더구나 이후 몇 년 동안 규제를 다룬 실험이 병행되면서, 피셔가 망설인 근거가 충분하다고 판명되었다. 1998년부터 세계의 규제당국자들이 현대적 위험 통제를 설계하는 위원회를 구성했고 궁극적으로 소위 바젤 II 자본준비금을 도입했다. 보험사, 투자은행, 헤지펀드는 제외되고 은행에만 적용되었지만 6년이 걸렸고 비참한 실패로 끝났다.

은행 포트폴리오 내의 섬세한 위험을 포착하는 규정을 기안하기 위해서 바젤 II 체제는 은행이 자체 모형으로 위험 보유량을 계산하도록 맡겼다. 다시 말해서 규제당국자들의 핵심 입장은 은행 자율 규제였다. 2007년에 위기가 닥치자 바젤 II를 채택한 유럽 은행들은 대책 없이 취약한 것으로 판명되었다. 미국 규제당국자들이 헤지펀드와 그림자은행의 레버리지를 통제하려고 했다면 바젤 표준보다 나은 성과를 거두지 못했을 수도 있다.

규제당국자들은 1994년에도 그랬듯이 헤지펀드를 직접 통제하기를 꺼리고, 대신 플랜 B로 금융 위험에 우려를 표하면서도 감당 가능한 정도라고 국민에게 다시 보장했다. 그린스펀은 금융 모형이 인간의 판단을 너무 앞설 수 있다는 위험성을 공식 언급했다. 그는 헤지펀드가 호황기에는 번창하지만 시장이 의외의 변동성에 봉착하면 갑자기 붕괴할 수 있음을 기억하라고 대출기관들에 충고했다.

현대 금융의 결함을 인정하면서도 전근대 시대로 복귀할 경우의 비용을 강조했다. 은행이 남북전쟁 직후처럼 자산의 40%에 달하는 의무자본을 보유해야 한다면 시장 격동이 훨씬 줄어들 것이라고 연준 의장은 인정했다. 그러나 자본은 훨씬 비싸지고 생활 수준은 낮아질 것이다. 그린스펀은 "현행 시스템의 혜택을 받으려면 대가를 치러야 한다"라고 결론지었다.[56]

1998년 맥락에서는 타당한 판결이었다. 현대 금융의 혜택이 위험보다 컸고, 정부 규제로 위험을 줄이려는 시도는 바젤 실험에서 나타났듯이 성공 가능성이 불확실해 보였다. 그러나 지나고 보니 시장에 위험 통제를 맡기는 결정은 틀렸다. 은행들은 1994년 애스킨펀드 붕괴 이후 헤지펀드에 제공하는 레버리지를 제한해야 했다는 교훈을 LTCM 사태에서 얻었다. 그러나 다른 교훈들은 묵살했다.

LTCM이 실패하면서 완충자본 없이 변동성 위험을 보장하는 것은 미친 짓임을 보여주었지만, 10년 후 거대 보험사 AIG는 같은 실수를 반복했다. LTCM이 실패하면서 분산투자가 위험을 거의 없앨 수 있다는 생각은 오류임이 드러났지만, 10년 후 투자자들은 분산되었다고 추정한 모기지 채권 다발을 매입함으로써 같은 오류를 반복했다.

근본적으로 LTCM이 실패하면서 레버리지를 사용한 금융이 위험하다는 본보기를 제공했다. 그러나 세상은 레버리지를 사용한 트레이딩을 지속시켰을 뿐만 아니라 방대하게 확산되도록 허용했다.[57]

11장

닷컴 버블의
갈림길

타이거펀드의 엔화 투자 실패

톰 울프는 소설 《필사의 도전(The Right Stuff)》에서 공군 항공기 시험 비행사들이 동료의 죽음을 합리화하는 방식을 표현했다. 한 비행사가 비행기의 양력 장치를 가동하기 전에 속도를 떨어뜨린다. 그는 충돌하고 형체를 알아볼 수 없이 타버린다. 동료들은 저녁 식사 후 모여서 고개를 저으며, 안타까운 일이지만 자신들은 그런 실수를 결코 하지 않을 것이라고 말한다. 얼마 후 다른 비행사가 조종 장치 고장으로 사망한다. 동료들은 그가 좋은 사람이었지만 슬프게도 경험이 부족했다고 말한다. 그러나 세 번째 조종사는 산소 호스를 산소 시스템과 연결하지 않아서 조종석에서 사망하고, 제트기는 앞으로 처박혀서 체사피크 만으로 돌진한다. 동료 비행사들은 못 미더워한다. 어떻게 호스 연결을 확인하지 않았을까?[1]

LTCM 붕괴 1주일 후, 줄리언 로버트슨은 1998년 9월의 드라마에 대한 의견을 내놓았다. 투자자들에게 보낸 서한에서 그는 타이거펀드가

격동의 한 달 동안 10% 가까이를 잃었지만 LTCM의 운명이 타이거의 전망과 연관된다는 것을 인정하지 않았다.

LTCM 교수들은 무모함과 경험 부족 때문에 붕괴했지만 로버트슨은 자랑스러운 18년 기록이 있었다. LTCM의 수학적 모형은 차입금 수십 억 달러를 투입해서 작디작은 차익거래 수익을 거두도록 설계된 반면, 타이거펀드는 위험한 레버리지를 필요로 하지 않으면서 성과를 낼 기회를 추구했다. 실제로 1년 전에 타이거의 투자 전문가들은 수수료 공제 전 70%라는 놀라운 수익을 냈는데, 주식 매수·공매도 종목 선정과 아시아 통화 트레이딩 성공 덕분이었다.

로버트슨은 "우리 사업은 LTCM 같은 박리다매 슈퍼마켓과는 다릅니다"라고 자랑스럽게 말했다. 그리고 "레버리지에 대한 고함과 비명을 고려해서 타이거펀드는 어떻게 달라질 예정이냐고 질문하실 수 있겠지만 대답은 '없습니다'입니다"라고 썼다.[2]

며칠 후 로버트슨은 산소 호스 연결 문제에 직면했다. 9월의 10% 손실은 10월의 17% 손실이라는 충격으로 이어졌고, 타이거펀드가 겪은 굴욕은 LTCM의 경험을 놀라울 만큼 닮아갔다. LTCM이 합리적 베팅을 비합리적 규모로 걸었듯이, 로버트슨의 10월 손실은 엔화가 달러 대비 하락한다는, 자살행위에 가까운 대규모 베팅을 반영했다.

규모가 커지자 헤지펀드들은 빠져나오기 힘든 베팅을 하기 시작했다. 헤지펀드는 이제 느릿하게 움직이는 기득권층에 맞서 트레이딩하는 혈기 왕성한 외부인이 아니었다. 자신의 몸집이 커져서 느릿하게 움직였다. 사냥꾼이 사냥감으로 바뀔 수도 있었다.

타이거의 손실은 줄리언 로버트슨이 투자자들에게 자신감 있는 서한을 보냈던 그해 여름으로 거슬러 올라간다. 1998년 7월 초, 타이거펀드는 29% 수익을 냈고, 로버트슨은 펀드 외부 자문역들과의 유럽 회동을 마치고 돌아온 참이었다. 회동에는 마거릿 대처(Margaret Thatcher) 영국 총리와 밥 돌(Bob Dole) 미국 상원의원이 참석했고 일본과 멕시코의 금융 거장들도 함께했다.

로버트슨은 특히 엔화에 대한 논의에 감명받았다. 일본은 금융 자유화를 하면서 해외 투자를 허용했고, 엔화 금리가 1%를 겨우 넘는 수준이니 일본인 저축자들이 수익률을 높일 기회를 찾아 나설 것이 분명해 보였다. 일본인의 자본이 해외로 유출되면 엔화는 하락할 것이다. 로버트슨은 엔화를 공매도할 것이라고 투자자들에게 밝혔다.

이 7월 서한은 곧 매우 부주의했던 것으로 드러났다. LTCM이 디레버리징, 즉 차익거래의 힘을 반전시키는 전문 트레이더들의 베팅 철회에 자사가 노출된 정도를 과소평가했듯이, 로버트슨도 디레버리징이 엔화 트레이딩에 줄 충격을 과소평가했다. 엔화의 금리가 낮다는 바로 그 이유로 트레이더들은 엔화를 차입해서 전 세계 포지션에 자금을 대고 있었다. 만약 이들이 포지션을 내던지고 엔화 채무를 상환한다면 엔화가 상승할 테니 로버트슨의 기대와는 반대였다.

레버리지를 사용한 트레이더들은 러시아 국가 부도로 손실을 입자 포지션을 팔았고 LTCM과 타이거펀드 모두 타격을 입었다. 실제로 8월 21일 금요일은 LTCM이 5억 달러를 잃어서 교수들이 휴가를 취소하고 복귀한 날만이 아니었다. 타이거펀드의 엔화 베팅이 어긋나기 시작한 날이었다. 엔화는 다음 한 달 동안 달러 대비 7% 상승했고 타이거펀드는 10억 달러를 잃었다.

그러나 이는 타이거 문제의 시작에 불과했다. LTCM이 포지션을 과하게 노출해서 경쟁사에 공격당했듯이, 로버트슨도 비슷한 곤경에 처했다. 그는 화려한 투자 성과와 멋진 성격으로 헤지펀드의 황제가 되었고, 투자자에게 매월 보내는 서한은 월스트리트 내에서 팩스로 돌아다

넜다. 로버트슨이 7월 서한을 발송하자마자 모든 트레이더가 타이거의 엔화 공매도 상황을 알았고, 엔화가 상승할수록 그들은 로버트슨이 엔화를 재매수하고 포지션을 청산해 손실을 제한하리라고 기대했다.

10월 7일 엔화가 특히 급하게 솟구치자 트레이더들은 로버트슨이 무너질 것이라고 감지했다. 그리고 타이거펀드가 강제 퇴출되면 엔화 보유자가 상당한 수익을 얻을 것이라고 계산하면서 엔화를 더 올렸다.

10월 8일 오전 10시경, 엔화는 전일 아침 대비 12% 속등했다. 타이거 펀드 자본 20억 달러 이상이 연기처럼 사라졌다. 단 하루 손실액이 타이거펀드 창업 자본 880만 달러의 200배에 달했다. 이후 2009년 4월에는 모건스탠리가 3개월 만에 5억 7,800만 달러를 잃었다는 뉴스가 〈파이낸셜타임스〉 1면을 차지할 만큼 충격적이었다. 그러나 로버트슨은 단 하루 만에 4배나 많은 금액이 사라지는 광경을 지켜봐야 했다.

로버트슨은 위기 대책을 논의하려고 핵심 참모들을 소집했다. 이들은 맨해튼의 멋진 경치를 굽어보는 로버트슨의 사무실에 모였다. 그러나 중요한 것은 건물 내 창문 없는 방의 트레이딩 데스크에서 명멸하던 화면의 엔화 시세였다. 엔화는 전날 아침 달러당 130엔에 거래되었지만 이제 114엔에 거래되었다. 이 회의가 끝날 때쯤에는 얼마가 될까?

회의 참석자들은 아이러니를 인식하지 못했겠지만, 위기 대책 회의를 주도한 사람은 전투기 조종사의 아들로서 조종사의 문화에 대해 톰 울프와 통화한 후 타이거에 합류한 마이클 빌스였다. 그는 시장이 미친 듯이 날뛰는 것은 타이거가 무릎을 꿇을 거라고 생각하기 때문이며, 타이거가 아직 필사의 도전(right stuff) 카드를 가지고 있음을 보여주면 월스트리트가 분별력을 회복할 거라고 주장했다. 즉 타이거가 퇴각이 아니라 공격해야 한다고 제안했다.

시장의 예측대로 엔화 공매도를 정리할 것이 아니라 공매도를 추가함으로써 과감성을 보여주어야 한다. 용감한 제스처를 보여야만 포식자 트레이더에게 타이거펀드가 손쉬운 먹잇감이 아님을 증명하고, 엔화는 상승을 멈출 것이다.

회의는 30분 만에 끝났다. 그사이 엔화는 114엔에서 112엔으로 상승해 추가로 5억 달러를 증발시켰다. 타이거의 외환 트레이더 댄 모어헤드(Dan Morehead)는 반격 계획을 실행하기 위해 조종석으로 서둘러 돌아갔다. 이 신호가 통화 모멘텀을 깨뜨릴 것이라는 도박을 하면서, 타이거의 엔화 공매도에 5,000만 달러를 추가할 것이다.

모어헤드는 대형 은행의 외환 딜러에게 전화했다. 그리고 자신이 매수인지 매도인지 밝히지 않고 달러-엔화의 매수와 매도 호가를 요구했다. 은행이 호가를 제시하는 데는 통상 몇 초 걸리지만 이때는 긴 침묵이 흘렀다. 잠재 매도 세력은 타이거펀드가 곧 수십억 달러 상당의 엔화 매수를 강요당할 것으로 예상하면서 물러나 있었다. 타이거가 엔화를 곧 상승시킬 거라면 누가 팔겠는가. 매도자가 사라지니 시장이 말라붙어서 매매도, 호가도 없었다. 거래 은행 딜러는 시장 공백 속에서 호가를 불러야 했다. 그는 분명 두려워하고 있었다.

30초를 꽉 채운 후 대답이 돌아왔다. 달러를 113.5엔에 팔고 111.5엔에 사주겠다는 것이었다. 2엔은 정상적인 시장에서 보이던 스프레드의 40배나 되는 천문학적 수치였다. 앞서 LTCM이 경험했듯이 타이거펀드도 유동성은 가장 필요할 때 고갈될 수 있다는 것을 발견했다.

"매수." 모어헤드가 말했다.

이 순간, 주문받은 은행은 타이거펀드가 엔화 포지션에서 밀려나지 않으리라는 것을 파악했다. 줄리언 로버트슨과 타이거펀드는 아직도 싸울 의지가 있었다! 바보가 아니라면 타이거에 맞서지 않을 것이다!

몇 초 후 '매도자 실종 상태'가 갑자기 끝났다. 그 은행의 고유계정 트레이더들이 엔화를 던지기 시작했고, 엔화가 매도 상황으로 급변했음을 모든 월스트리트 외환 데스크에 퍼뜨렸다. 엔화는 아침에 상승한 기세만큼 빠르게 하락하기 시작했다. 전투기 조종사의 아들이 승리했다. 타이거펀드는 급강하 중이었지만 재난을 면했다.[3]

로버트슨은 최소한 한 가지 관점은 입증했다. 타이거가 막대한 레버리지를 사용한 LTCM과 다르다는 주장은 옳았다. 타이거의 부채비율이 약 500%였으므로 엔화 공매도 포지션에서 밀려나지 않고 지켜나갈 힘이 있었다.[4] 그러나 이는 타이거펀드 파트너들에게 위안이 되지 못했다. 10월 한 달 동안 로버트슨은 외환에서 31억 달러를 잃었고 주로 엔화 공매도에서 발생했다.

그리고 그의 변명은 설득력이 부족했다. 그는 투자자들에게 "물처럼 유동적이던 엔화가 갑자기 사하라 사막처럼 말라붙었습니다"라고 변명했지만, 특히 타이거의 무모함 때문에 유동성이 증발했다는 말은 덧붙이지 않았다.[5] 타이거펀드가 공매도한 엔화는 180억 달러 상당으로, 드러켄밀러가 파운드화를 공격한 액수의 두 배에 가까웠다.[6] 로버트슨은 경쟁자인 퀀텀펀드보다 더 야심 차게 외환 트레이딩을 해서 자신의 사하라 사막을 달구었다.[7]

로버트슨은 이 재앙 이후 투자자들에게 외환 트레이딩을 줄이겠다고 약속했다. 그러나 타이거의 엔화 손실은 기술주 강세장에서 출현할 놀라운 문제의 서막일 뿐이었다.

닷컴 버블을 무시한 결과

1990년대 말의 기술주 버블은 헤지펀드를 향한 두 가지 견해의 시험대로 작용했다.[8] 한쪽에는 전문적인 트레이더들이 주가를 분석해서 효율적인 수준으로 되돌릴 것이라는 긍정적 견해가 있었다. 다른 한쪽에는 전문적인 트레이더도 주가에 효율성을 강제할 힘이 부족하고 힘을 갖추지 못했다는 자신의 한계를 알기 때문에, 추세에 맞서기보다는 올라타기를 선호한다는 부정적 견해가 있었다.

지금까지 만난 헤지펀드 중에도 양쪽 사례가 있다. 주식의 앨프리드 존스부터 채권의 존 메리웨더까지 매수·공매도 헤지펀드는 저평가 종목을 매수하고 고평가 종목을 공매도해서 가격을 효율적인 수준으로 밀어붙인다. 반면에 폴 튜더 존스 같은 추세 추종자는 매매 대상의 펀더멘털 가치를 이해한다고 주장하지 않는다. 그저 상승하는 증권을 사고 하락하는 증권을 던진다. 가격을 합리적인 수준으로 밀어붙임으로써 변동성과 싸우는 것이 아니라 시장의 양방향 변동성을 더 키운다.

비이성적인 시장이 효율을 강화하는 차익거래를 갈구한 적이 있었다면 분명 닷컴 버블이 명확한 사례다. 일반적으로 주식 애널리스트는 기업의 수익과 성장 가능성을 보고 궁극적으로 투자자에게 흘러갈 현금흐름을 추적함으로써 기업 가치를 평가한다. 그러나 1990년대 말에 시장에 쏟아진 닷컴 스타트업들은 수익이 전혀 없어서 전통적인 척도로는 내재가치가 제로였다. 그래도 투자자들은 기술주 또는 어떤 방식으로든 인터넷과 관련된 주식을 매수하기 위해 기를 썼다.

일례로 1998년 11월에 북스어밀리언(Books-A-Million)이라는 느린 서점이 웹사이트를 개선했다고 알리자, 이 획기적인 소식을 알린 지 3일도 안 되어 주가가 10배 뛰었다. 다음 해 3월, 스타트업 프라이스라인닷컴(Priceline.com)은 상장 첫날 425% 상승해서, 항공권을 판매하는 이 검증되지 않은 웹사이트의 가치가 유나이티드항공과 컨티넨탈항공(Continental Airlines), 노스웨스트항공(Northwest Airlines)을 합친 것보다 더 높아졌다. 항공사들은 터미널, 계류장, 여객기 선단을 보유했지만 통하지 않았다. 프라이스라인닷컴이 보유한 것은 소프트웨어 약간, 컴퓨터 몇 대, 〈스타트렉(Star Trek)〉 출연자이며 이 기업 광고를 찍은 배우 윌리엄 섀트너(William Shatner)의 이미지뿐이었다.[9]

헤지펀드들은 이 광기에 어떻게 반응했는가? 긍정적인 사람들이 상상하는 것처럼 헤지펀드가 효율을 강화하는 참가자라면, 주가가 더 합리적인 수준으로 낮아질 때까지 인터넷 주식을 공매도했을 것이다. 반대로 헤지펀드가 추세 추종자라면 버블을 사들여서 키웠을 것이다.

시장 신봉자는 현명한 투자자가 명백히 고평가된 주식을 공매도할 기회를 놓치는 경우를 받아들이기 어려워한다. 실제로 투자자가 자신의 존재를 정당화하려면 고평가된 주식을 공매도해야 한다. 펀드매니저의 높은 연봉을 인정하는 것은 이들이 사회에 유용하게 기여하기 때문이다. 즉 대수롭지 않은 아이디어로 소중한 자본을 유치해서 낭비할 거품 낀 벤처가 아니라 자본을 가장 잘 활용할 기업에 소중한 자본을 배분함으로써 궁극적으로 효율적인 가격을 달성하기 때문이다.

버블이 발생하면 돈을 운용하는 방법을 모르는 펀드매니저에게까지 돈이 모인다. 이들은 아무도 원하지 않는 사업 계획에 돈을 댄다. 그리고 결국 버블이 터지면 많은 투자자에게 손실을 안긴다.

그러나 지금까지 보았듯이 차익거래에는 한계가 있다. 어떤 투자자도 단독으로 버블을 터뜨릴 수 없다. 1990년대 말의 가장 큰 헤지펀드인 타이거와 퀀텀조차도 정점기에 운용한 자산이 200억 달러를 약간 넘겼다. 그들은 기술주 비중이 높고 시가총액 합계가 5조 달러에 달하는 나스닥지수의 모멘텀에 도전할 수 없었다.

헤지펀드는 시장보다 규모가 작기 때문에, 버블에 맞서 베팅해서 좋은 결과를 내려면 다른 펀드들이 동참해야만 하고 그 과정에서 상당한 손실을 입을 수 있다. 이 손실에 겁먹은 투자자들이 환매한다면, 펀드는 버블에 맞서는 베팅이 성과를 내기 전에 철회해야 한다.

케인스는 "시장은 투자자가 지급 능력을 보유하고 버티는 것보다 더 오랫동안 비이성적으로 머무를 수 있다"라는 유명한 말을 했다. 투자자들이 누차 경험한 바와 같이 너무 일찍 맞히는 것은 틀리는 것과 같다.

1999년에 버블이 확대되자 줄리언 로버트슨은 버블과 싸우지 않기로 했다. 기술주가 너무 고평가되었다는 데는 이견이 없었지만 전년에 기술주 공매도로 손실을 보았기에, 버블에 맞서 안전하게 베팅할 수단이 없다고 판단했다. 개별 종목 공매도는 비슷한 종목들을 매수함으로써 시장지수가 상승할 위험을 헤지할 수 있어서 부담없었다. 그러나 기술주 섹터 전체가 고평가되자 헤지하기가 어려워졌다. 기술주 전체를 공매도하려면 그에 상당하는 자산 바스켓을 매수해야 하는데 마땅한 자산이 없었다.

게다가 기술주 버블 모멘텀은 중단시키기가 거의 불가능해 보였다. 로버트슨은 나스닥이 선로를 질주하는 기관차라고 표현했다. 기관차가 선로를 이탈할 것이 확실하지만 언제인지는 아무도 몰랐다. 바보가 아닌 다음에야 기관차 앞을 막아서지 않을 것이다.[10]

로버트슨은 어리석다고 생각한 버블에 저항하는 대신 무시하기로 결정했다. 엔화 거래에서 손실을 본 후 매크로 베팅을 줄이기로 했기 때문에 기술주 분야에도 관여하지 않기로 결심했다. 그러나 이 전략도 고유한 문제가 새로 불거졌다. 타이거펀드가 너무나 커져서 자본을 제때 활용하기가 어려워진 것이다.

이제 투자 영역 두 곳이 제한되자 타이거의 규모는 치명적인 문제가 되었다. 로버트슨은 자동차 부품사인 페더럴모굴(Federal-Mogul), 구경제의 핵심인 전력회사 나이아가라모호크(Niagara Mohawk) 등 전통적인 가치주에 베팅을 집중했다. 그러나 의미 있는 지분을 보유할 수 있는 매력적인 기업을 찾기가 어려웠다.

로버트슨의 어려움은 US항공(US Airways) 투자로 요약된다. 1996년 초, 이 항공사 이사회는 비용을 절감하는 턴어라운드 전문가를 CEO로 임명했고, 로버트슨은 현명하게도 이 종목을 대량 매수했다. US항공 주가가 1998년 여름까지 5배 상승해서 로버트슨은 보상받았다. 그러나 주가 상승으로 포지션이 15억 달러가 되고 기업에서의 지분이 20%에 달했는데도 그는 승리를 선언하고 매도하지 않고 계속 보유했다.[11] 이 위험을 인식한 타이거펀드 항공산업 애널리스트는 US항공이 1998년 초 자사주를 매입하자 포지션 일부를 팔자고 건의했다. 그러나 로버트슨은 자신의 최고 종목이라며 거부했다.[12]

초대형 가치투자자가 이용할 수 있는 기회가 제한적인 점을 감안해서 로버트슨은 원래의 투자 논리가 보상받은 뒤에도 포지션을 계속 보유하려고 했고, 포지션이 너무 커져서 유동성을 상실했다는 사실을 염두에 두지 않았다.

이 행위의 위험은 곧 드러났다. 1999년 초 US항공이 실망스러운 이익을 보고하자 주가가 돌멩이처럼 가라앉아서 3주 만에 29% 하락했다. 로버트슨은 투자자 서한에서, 시장이 구경제 기업에 대한 존중을 회복하면 주가가 연말까지 3배 상승할 것이라고 예측했다. 그러나 주가는 나아지지 않았다. 7월에 항공사 정비사들이 연봉 협상을 거부했고 파업이 가시화되었다. 8월에는 조업 중단으로 일부 결항이 발생했다. 주가가 속락하자 로버트슨은 추가 하락 없이 지분을 매도할 길이 없었다. 투자자가 아니라 소유주가 되었고 빠져나갈 방법이 없었다.

타이거펀드는 항공사 대규모 지분을 받아줄 전략적 매수자를 물색하러 다니는 상황에 처했고, 그사이 로버트슨의 다른 가치주들도 악화되었다. 자동차 부품사인 페더럴모굴은 상반기에 30% 하락했고 나이아가라모호크는 보합세였다. 투자 대중은 구식 가치주에 관심이 없었다. 로버트슨은 4월의 투자자 서한에서 "우리는 펀더멘털이 무시되는 비정상적인 시장을 헤쳐나가고 있습니다"라고 썼다.[13]

기술주 붐을 무시하기로 했던 로버트슨의 결정은 1999년 여름 타이거펀드에 재앙을 불러왔다. 타이기펀드는 1999년 상반기에 7.3% 손실을 보았는데, 그사이 기술주 뮤추얼펀드는 25% 이상 상승했고 식탁에서 운용하는 데이 트레이더들이 로버트슨의 특수부대보다 우수한 성과를 올리고 있었다. 타이거가 1998년 가을의 엔화 매도 손실 이후 계속 부진하자 투자자의 참을성이 소진되었다. 투자자들은 1999년 3월까지 6개월간 30억 달러를 환매했고 2분기 말까지 추가로 7억 6,000만 달러를 환매했다. 투자자가 더 많이 이탈할수록 로버트슨은 보유 물량 매각을 더 많이 강제당했다.[14]

그리고 월스트리트는 타이거펀드가 매각을 강요당한다는 사실을 파악하자 오랜 포식 본능을 발동했다. 로버트슨은 매월 보내는 투자자 서한에 톱 10개 종목을 보고했으므로 타이거펀드가 보유한 종목은 비밀 정보가 아니었다. 타이거펀드의 경쟁자들은 자연스럽게 로버트슨보다 먼저 매도하기 위해 노력했다.

6월 어느 날, 타이거펀드가 월말에 30억 달러를 환매당한다는 소문이 뜨자 포식자들은 발작적으로 매도했다. 시장이 완만하게 조정받는 시기인데도 타이거펀드 포트폴리오는 15분 만에 7,200만 달러를 잃었다.[15] 소문은 근거 없다고 판명되었지만 별다른 위안이 되지 않았다.

1998년 LTCM이 프라임브로커로부터 대출을 회수당하기 시작하면서 죽음의 소용돌이에 빠져들었기에, 로버트슨은 투자자 서한에 과도한 레버리지의 위험을 언급했다. 1999년에는 타이거펀드가 해체될 위험에 처했지만, 프라임브로커가 대출을 회수했기 때문이 아니라 투자자가 환매했기 때문이었다. 더구나 두 경우 모두 헤지펀드의 포지션이 널리 알려져서 문제가 증폭되었다. 헤지펀드가 투명하면 시장이 안정될 것이라고 주장하는 이는 이 교훈을 숙고해볼 필요가 있다.[16]

퀀텀펀드, 버블에 올라타다

타이거펀드 사무실 북쪽으로 2킬로미터쯤 떨어진 센트럴파크 인근에서도 로버트슨의 친구이자 경쟁사인 퀀텀펀드가 같은 싸움을 하고 있었다. 1999년 초 퀀텀의 선장 스탠 드러켄밀러는 기술주가 과열되었다는 데 로버트슨과 견해를 같이했지만 행동은 달리했다.

드러켄밀러는 시장 모멘텀에 구애받지 않고 버블에 맞서기로 하고, 고평가된 벤처 주식 10여 개를 고른 다음 헤지 없이 전면적인 공매도를 2억 달러 규모로 걸었다. 그러나 즉시 모든 종목이 치솟아서 빠져나갈 수 없는 상황이 되었다. 드러켄밀러는 "그 종목들은 100달러에 마감하고 다음 날 140달러로 시작했다"라고 소름 끼치는 듯 술회했다.[17] 퀀텀은 수 주일 만에 공매도 포지션에서 6억 달러를 잃었다. 1999년 5월 드러켄밀러의 수익률은 -18%였다. 긴 경력에서 처음으로 상당한 연 손실을 낼 전망이었다.[18]

그도 로버트슨을 위협한 극심한 위험에 직면했다. 전년도에 퀀텀은 21% 수익을 올리고 타이거펀드는 4% 손실을 냈지만, 이제 드러켄밀러는 기술주의 기관차 앞을 막아섰다가 손실이 로버트슨의 두 배에 달했다. 투자자의 불만이 불가피했다. 5월에는 하우스만홀딩스(Haussmann Holdings)라는 대형 피더펀드(feeder fund)*가 소로스펀드에 대한 투자를

---

* 피더펀드는 모펀드(master fund)에 자산을 100% 투자하는 자펀드다.

반으로 줄이겠다고 선언했고, 언론은 소로스의 애널리스트들이 더 나은 기회를 찾아 소로스를 떠나고 있다고 보도했다. 평론가들은 드러켄밀러의 전설이 끝난 것 아니냐고 묻기 시작했다. 드러켄밀러가 3개월 병가를 낼지도 모른다는 소문도 돌았다. 이 소문들을 강력하게 부인하자, 소로스가 자신의 또 다른 자아에게 싫증 났다는 소문이 퍼졌다.

그러나 드러켄밀러는 기술주 붐에 대응하는 역량이 로버트슨보다 우수했다. 로버트슨은 타이거펀드의 가치투자 전통 때문에 버블 주식 매수를 상상할 수도 없었다.[19] 반면에 드러켄밀러는 전통적인 분석과 차트 분석을 혼용하니 예상외로 반전할 수 있었다. 로버트슨은 모멘텀에 기반해 투자하는 성향이 결여되었던 반면, 드러켄밀러는 펀더멘털을 따르다가 추세에 올라탈 능력이 충분했다.

1999년 5월, 드러켄밀러는 새로 영입한 펀드매니저 카슨 레빗(Carson Levit)에게 퀀텀 자본을 할당했고 레빗은 닷컴 주식을 매집했다. 버블을 공매도했던 회의론자가 이제 닷컴 시류에 올라탄 것이다.

2개월 후, 드러켄밀러는 아이다호주 선밸리에서 개최된 기술과 미디어 연차 콘퍼런스에 참가했다. 융성하고 소란한 신경제의 축제였다. 할리우드 스타에서 대통령 선거 후보자, 실리콘밸리의 벤처기업가까지 모두가 아이다호의 높은 산 그림자로 모여들었다. 가치투자를 하며 버블에 타격을 입은* 워런 버핏도 폴로 셔츠와 야구모자 차림으로 빌 게이츠와 마이클 블룸버그와 담소하면서 돌아다녔다.[20]

그해 여름 선밸리에서 돌아온 드러켄밀러는 열정적인 전향자가 되어 있었다.[21] 그는 카슨 레빗과 두 번째 기술주파 펀드매니저인 다이앤 하칼라(Diane Hakala)에게 퀀텀 자본을 더 많이 배정했다. 하칼라는 곡예비

---

* 워런 버핏의 버크셔 해서웨이는 1999년에 23% 하락해 1990년 이후 최초로 손실을 냈다.

행사로서 아찔한 회전 비행을 하는 것이 취미였다. 레빗과 하칼라는 그해 상반기에 드러켄밀러가 공매도했던 것과 같은 종류의 주식을 매입했다. 드러켄밀러는 "그들은 내가 철자조차 모르는 방사성(radioactive) 쓰레기 속에 있었다"라고 이후 술회했다.[22]

방사성 물질은 퀀텀의 성과에 기적을 가져왔다. 기술주들은 로켓처럼 솟아올랐다. 베리사인(VeriSign), 퀄컴(Qualcomm), 젬스타(Gemstar) 같은 종목은 새로운 시대의 영웅으로 환영받았다. 퀀텀펀드는 그해 상반기에는 타이거펀드에 뒤졌지만 이제는 경쟁사의 불행에서 혜택을 입었다. 타이거펀드 투자자들이 환매하며 주식 매도를 강제했으므로 로버트슨은 버블 이전 매수했던 SK텔레콤(SK Telecom)의 대량 지분을 팔아야 했다. 이 매도 압력으로 SK텔레콤 주가는 7월과 8월에 30% 이상 하락했다. 레빗은 이 처분 물량을 저가에 매수했고, 이 종목은 곧 3배 상승했다.[23]

1999년 12월 드러켄밀러는 기술주에 올라탐으로써, 8년 전 파운드화를 공매도해서 얻었던 수익보다 더 큰 금액을 얻어냈다. 퀀텀펀드는 연초 5개월의 -18% 수익률에서 연 35% 수익률로 반전했다. 드러켄밀러는 헤지펀드 역사에서 가장 위대한 반전 중 하나를 달성했고, 이 수익은 시장을 효율적인 수준으로 보내는 차익거래와는 무관했다.

타이거펀드가 막을 내리다

그사이 다른 헤지펀드들은 기술주 버블에 엉망이 되었다. 1999년 초, 공매도자 집단은 인터넷 서비스 제공사 아메리카온라인(America Online, AOL)에 싸움을 걸었다. 이 기업은 마케팅 지출을 회계 처리하는 데 버블 성격의 새로운 수단을 도입했다. 예를 들어 신규 가입자를 유치하려고 100만 달러를 지출했다면 이 비용을 즉각 인식하지 않았다. 자사의 광고를 투자로 취급했고 공장과 기계 구입비처럼 수익에 대응해 조금씩 인식했다. 공매도자들이 이 회계 처리를 저급 기술로 본 것은 옳은 판단이었고, 결국 AOL은 이 회계 처리를 포기했다.[24] 그러나 AOL 주가는 상승 추세가 꺾이지 않았다. 공매도자들은 회계 논리에서는 승리했지만 투자에서는 패했다.

〈배런즈〉가 '인터넷의 여왕'이라는 별명을 붙였던 모건스탠리 애널리스트 메리 미커(Mary Meeker)는 "그레이엄과 도드의 전통적인 가르침을 익힌 전통적인 가치투자자들은 회계원칙에 따르면 손실이 날 기업들의 가치를 판단하기 힘들 것이다"라고 결론지었다.[25] 그러나 이는 구세대의 문제였다. 어떤 신경제 모임에서 한 은행가는 "전통적인 그레이엄과 도드 스타일의 투자자는 아무도 AOL을 사지 않았다. AOL을 공매도했다. 그리고 망가졌다. 그들은 새 모형을 학습하고 있다"라고 간접적으로 말했다.[26]

몇 달 후, 그린라이트캐피털(Greenlight Capital)이라는 헤지펀드가 부풀려진 인터넷 장비회사를 공매도했다. 대상은 기업들이 화학제품을 거래하는 B2B 네트워크를 제공하는 켐덱스(Chemdex)였다. 켐덱스는 자사 네트워크를 통해 매매된 화학제품 거래당 수수료를 징구했지만, 매매된 물품의 총액을 수입으로 계상했다.

이 술수가 너무나 터무니없어서, 그린라이트 창업자 데이비드 아인혼(David Einhorn)은 참지 못했다. 그는 1999년 9월 켐덱스 주가가 26달러일 때 대규모 공매도를 걸었다. 그러나 버블의 산만한 분위기에서는 극단적으로 의심스러운 회계 처리도 다른 투자자들을 동요시키지 못했다. 12월에 모건스탠리의 여왕 애널리스트는 "우리는 켐덱스 주가가 합당하다고 생각한다"라고 선언했고, 다음 해 2월까지 주가는 6배 상승해 164달러를 찍었다. 물론 2000년 말에는 2달러로 쪼그라들었지만 아인혼은 그전에 강제 청산당해 거액의 손실을 냈으므로 그를 돕기에는 너무 늦었다.[27]

헤지펀드의 공매도자가 시장을 조작할 수 있다는 혐의가 주기적으로 나오지만, 1999년 기술주시장은 헤지펀드 회의론자들을 코끼리 엉덩이에 앉은 파리처럼 날려버렸다. 어디서나 조작이 넘쳐났다. 기업은 계좌를 요리하고, 감사인은 눈을 감고, 투자은행은 자사가 시장에 내놓은 기술회사들에 대해 뻔뻔한 과대광고를 했다.

기술주 대세를 거스를 희망이 없어 보이자 헤지펀드 대다수는 기술주에 올라타기를 선택했다. 일부는 과대광고를 믿어서, 일부는 추세 추종 스타일이어서 버블에 뛰어들었다. 일부는 연준의 통화정책이 매우 완화되어서 핫한 자산의 가격이 성층권으로 솟구칠 것이라는 논리를 세웠다.[28] 그리고 일부는 불확실한 게임의 내부자로서 기술주 공모주를 샀다. 투자은행이 버블을 부채질하는 과대광고의 일환으로 기술주 공모가를 낮게 잡았으므로, 공모에 참여한 운 좋은 펀드는 돈을 찍어내는 것과 마찬가지였다.

결과적으로 헤지펀드는 다른 자산운용사처럼 버블에 거리낌 없이 편승했고 더는 역발상 투자자가 아니었다.[29] 버블이 형성되는 동안 버블과 싸울 만큼 어리석은 것은 가장 용감한 가치투자자뿐이었다.

가장 용감하고 가장 어리석은 사람은 줄리언 로버트슨이었다. 모멘텀에 올라탄 다른 헤지펀드들이 비정상적인 수익률을 거둔 3분기에도 타이거펀드는 17% 손실을 냈다. 투자자가 계속 이탈했고, 9월 말 환매 창이 열리자 13억 달러가 빠져나갔다. 타이거펀드 운용자산은 1998년 8월에 210억 달러로 정점을 찍은 지 1년 만에 95억 달러로 감소했고, 50억 달러 추가 환매 여부가 투자자 표결에 달려 있었다.

로버트슨은 돈만 잃은 것이 아니었다. 타이거펀드는 그의 가족이자 강력한 브로커들의 네트워크, 친구였다. 로버트슨은 특수 팀을 운영했고 서부로 팀 빌딩 여행을 인솔했다. 그는 패배에 익숙하지 않았고, 자신이 겪는 불명예스러운 완패는 더욱 그랬다.

가장 힘들 때면 과거의 참모였고 이제는 자신의 헤지펀드를 운영하는 존 그리핀에게 전화했다. 로버트슨은 "존, 1982년부터 타이거에 투자했던 아무개에게서 편지를 받았는데 믿어지나? 집을 사려고 한대. 환매를 요구해. 나에 대한 믿음을 잃었어"라고 말했다.[30]

로버트슨은 환매 경주를 늦추기 위해 환매 주기를 연 4회에서 2회로 줄이겠다고 선언했다. 그다음 10년 동안 헤지펀드가 고객에게 부과한 환매 제한(lockup)에 비하면 완만했지만, 로버트슨은 새 환매 정책을 철회했다. 투자자들은 과거 끔찍한 기간에 돈을 타이거펀드에 넣어둠으로써 충성도를 증명했는데 지금 왜 타이타닉에 쇠사슬로 묶여 있어야 하느냐고 반발했다.

로버트슨은 근거가 있다고 인정했지만 차세대 헤지펀드 매니저들은 로버트슨의 패배에서 배웠다. 조달 가능 자본과 잠재적으로 비유동적인 투자 자산의 불일치를 줄이기 위해서 투자자들이 자금을 최대한 띄엄띄엄 인출하게 했다.

자금을 묶어두지 못하게 된 로버트슨은 유동성을 불문하고 포지션 매도를 강제당했다. 그래서 시장의 봉이 되었다. 경쟁사들은 로버트슨이 무엇을 내놓을지 알았고 기대하며 공매도했다. 타이거펀드의 매도 소문이 절정에 달한 8월에서 10월 사이, US항공 공매도 잔량은 160만 주에서 380만 주로 증가해 이미 낮은 주가가 10% 추가 하락했다. 9월에서 10월 사이 페더럴모굴의 공매도 잔량은 370만 주에서 650만 주로 증가해 주가가 80% 하락했다.

환매가 엄청나서 로버트슨은 12개월 동안 주식 400억 달러어치와 다른 자산들 600억 달러어치를 매각했으므로, 타이거펀드가 존속한 것 자체가 기적이라고 보는 이들도 있었다. 타이거펀드 COO 필립 더프 (Philip Duff)는 "얼마나 많은 금융기관이 재무상태표 1,000억 달러 축소를 감당할 수 있겠는가?"라고 물은 다음 "살아남을 기관은 희소할 것이다"라고 덧붙였다.[31]

1999년 말 로버트슨은 끝이 가까워진 것을 드러내기 시작했다. 그는 투자자들에게, 위대한 기술은 반드시 투자 수익을 내지 않더라도 사람들의 삶을 바꿀 수 있다고 변호했다. 타이거펀드 포트폴리오가 보유한 기업의 경영자들은 자사주를 매입함으로써 자사 주식이 저렴하다는 신념을 보여준 반면, 기술회사 경영자들은 자사 주식을 열심히 팔고 있다고 지적했다.

12월 서한에서 로버트슨은 "우리는 거칠고 제멋대로인 기술주 광란의 한복판에 들어와 있습니다. 그사이 다른 모든 종목이 붕괴했습니다. 이런 이분법을 본 적이 없습니다. 조정이 있을 것입니다"라고 썼다.[32] 다음 달에는 '비이성적인 대중'의 행동에 대한 좌절을 표현했다. "이들이 12월에 수익력 없는 나스닥 기업들의 주가를 38% 밀어 올렸습니다. 심판의 날이 와야 합니다."[33]

심판의 날은 로버트슨의 예언 직후 찾아왔다. 2000년 3월 10일 나스닥이 정점을 찍었고, 이후 수 주일 동안 사상 최대 버블에서 바람이 빠져나갔다. 그러나 이 반전은 너무 늦었다. 나스닥이 하락하기 시작했을 때 로버트슨은 펀드를 끝내기로 결정했고, 너무 많이 얻어맞아서 번복하지 못했다. 나스닥이 정점에서 이미 15% 하락한 3월 30일, 로버트슨은 투자자들에게 소식을 전했다. 여러 달 동안 터널 끝에 빛이 있다고 보장해왔지만 기다리다 지쳤다고 고백했다. 그는 이성적인 가치평가 수단이 '마우스 클릭과 모멘텀'에 자리를 내주고 물러났다면서 더는 비난을 이겨낼 뚝심이 없다고 썼다.

케인스가 경고했던 바대로, 투자자들의 환매 때문에 시장은 지금 능력보다 오랫동안 비이성적인 상태에 머물렀다. 타이거펀드가 막을 내리는 시점이었다.[34]

매우 비싼 탈출구

타이거펀드가 버블 마지막 단계에서 괴로워하는 동안, 퀀텀펀드는 신경 쓰이는 승리를 즐겼다. 1999년 말의 기술주 수익 덕분에 드러켄밀러는 연 손실이라는 굴욕을 면했지만, 그 성과가 결국 끝날 것이라는 점은 누구나 알았다. 퀀텀의 주간 리서치 회의에서 드러켄밀러는 버블이 언제든지 꺼질 수 있다고 우려했고, 논의는 이를 어떻게 예측할 것인가로 진전했다.

드러켄밀러의 우려를 더 키우려는 듯, 기술주에 편중된 나스닥지수는 2000년 1월 초에 급락했다가 반전해 신고가를 경신했다. 변동성이 무서울 정도였다. 2월의 어느 날, 드러켄밀러는 셀레라지노믹스(Celera Genomics)라는 바이오기업의 주가가 치솟는 광경을 보면서 퀀텀 트레이더에게 시장이 미쳤다고 말했다. 빠르게 빠져나올 필요가 있었다.[35]

드러켄밀러는 소로스에게 "알려드릴 것이 있습니다. 저는 모든 주식을 팔고 있습니다. 이건 미친 짓이에요"라고 보고했다.

소로스는 "그런다니 정말 반갑군. 나도 편치 않았어"라고 대답했다.[36]

드러켄밀러는 기술주 보유분을 내던지고 통화 트레이딩에 집중했다. 승리 시점이었다. 퀀텀호 선장은 버블이 터지기 전에 빠져나와서 자신의 강점인 매크로 트레이딩에 집중했다.

그러나 시장은 로버트슨을 괴롭힌 것만큼이나 가혹하게 드러켄밀러도 괴롭혔다. 우선 드러켄밀러는 유럽 신흥 통화인 유로화에 잘못 손댔다. 이어서 나스닥은 드러켄밀러가 매도한 후에도 계속 상승했다. 퀀텀 내부의 신경제 옹호 펀드매니저인 레빗과 하칼라는 여전히 기술주 펀드를 운용하면서 버블에 올라타 있었는데 갑자기 선장의 걱정이 바뀌었다.

버블이 면전에서 터질까 봐 걱정했던 드러켄밀러는 이제 체면을 잃을까 봐 걱정했다. 그는 신경제를 의문스러워하고, 유로화를 잘못 판단했고, 이제 두 펀드매니저의 방사성 종목들이 그를 바보로 만들고 있었다. 드러켄밀러는 다시 판을 뒤집었다. 기술주 전부를 재매수해서 레빗과 하칼라에게 운용을 맡겼다. 잠시 동안 호시절이 다시 펼쳐졌다.

그러다가 3월 10일 나스닥이 반전했고, 퀀텀 보유 종목 다수가 시장보다 빠르게 하락했다. 드러켄밀러 자신도 베리사인에 거대한 물량을 보유했는데, 이 종목은 한 달 사이에 가치 절반을 잃었고 너무 급락해서 매도하기도 힘들었다. 드러켄밀러는 "죽었구나 생각했다"고 술회했다. 3월 말까지 퀀텀은 자본 10%를 잃었다.[37] 방향을 공격적으로 너무 많이 바꾸는 바람에 드러켄밀러는 파티가 끝나기 전에 탈출하는 데 실패했다.

드러켄밀러는 사무실을 떠나 플로리다로 휴가를 갔다. 1년 전에는 퀀텀펀드를 회생시켰지만 이제는 의욕이 없었다. 친구 줄리언 로버트슨과 마찬가지로 녹초가 되었다. 로버트슨이 타이거펀드의 막을 내리기로 한 결정은 절묘하게 때를 잘못 잡은 것처럼 보였지만 드러켄밀러는 자신이 로버트슨의 새로운 자유를 부러워하는 것을 깨달았다. 그는 아내에게 말했다 "돈은 즐겨야 하는 거야. 내가 아이들과 2주일 휴가를 보낼 수 없다면 돈이 무슨 소용이겠어?"[38] 그는 12년 동안 퀀텀펀드를 지켜왔고 그 정도면 충분하다고 생각했다.

"나는 지치고 기진맥진해졌습니다. 작년에 궁지에서 벗어났지요. 이제는 그렇게 할 수 없습니다." 드러켄밀러는 소로스에게 말했다.[39]

소로스는 드러켄밀러를 보고는 자신이 느꼈던 절망을 알아챘다. 퀀텀을 거의 혼자서 운용하던 당시, 소로스도 모든 것을 소모시키는 일의 속성을 미워했다. 그는 기생하는 펀드가 몸속에서 걷잡을 수 없이 부풀어 오르는 환자에 자신을 비유했다. 드러켄밀러는 퀀텀이 이렇게 크지 않으면 좋겠다고, 자신에게 출구가 필요하다고, 영원히 계속할 수는 없다고 말해왔다. 결국 소로스는 드러켄밀러가 펀드를 날려야만 자유로워질 수 있다는 것을 깨달았다. 매우 비싼 탈출구지만 분명히 효과적일 것이다.[40]

4월 28일 소로스는 기자회견을 열었다. 그는 그해 퀀텀펀드 수익률이 -21%이며, 소로스펀드가 운용하는 자산이 정점의 220억 달러에서 76억 달러로 감소했다고 밝혔다. 12년간 운용한 스탠 드러켄밀러가 떠나며, 퀀텀은 앞으로 신중한 저위험 기금으로 운용한다고 설명했다.

한 달 사이에 가장 크고 가장 유구한 헤지펀드 2개가 문을 닫았다. 소로스는 "우리는 퀀텀펀드 같은 대형 헤지펀드가 더는 자산을 운용하는 최선의 방법이 아님을 인식하게 되었습니다. 시장이 매우 불안정해졌습니다"라고 슬프게 말했다.[41]

이로써 소로스는 자신이 발명한 업계에 선을 긋는 것처럼 보였다. 그러나 매우 잘못된 판단이었다. 헤지펀드의 묘비명을 쓰기에는 너무 일렀다.

12장

예일재단과
이벤트드리븐 헤지펀드

HEDGE FUND

데이비드 스웬슨, 예일재단을 맡다

2001년 6월 1일, 맨해튼 서쪽 제이콥제비츠 컨벤션센터에서 열린 만찬에 2,920명이 모였다. 1987년 블랙먼데이 이후 폴 튜더 존스가 설립한 자선재단 로빈후드재단의 하계 최대 행사인 연차 갈라 디너에 참석한 사람들이었다. 로빈후드재단은 설립 이후 13년 동안 빈곤, 10대 임신, 문맹과 맞서는 뉴욕 기관들에 9,000만 달러 이상 기부했고, 2001년 집회는 자선 활동을 한 단계 업그레이드할 것이었다.

참석자들은 디스코클럽과 일종의 열대 우림이 혼합된 분위기의 칵테일파티 장소로 모여들었다. 높이 6미터에 가까운 녹색 기둥 수백 개가 세워졌고, 녹색 나무 꼭대기 이미지가 벽에 투사되었으며, 녹색 불빛이 계속 움직이며 유명인사를 찾아 홀을 스캔했다. 여배우 멕 라이언(Meg Ryan), 야구 선수 키스 헤르난데스(Keith Hernandez), 언론인 톰 브로코(Tom Brokaw)가 있었고, 헤지펀드 매니저가 매우 매우 많이 있었다. 음식 공급자들은 군사 작전에 가깝게 일했고, 경광봉으로 무장한 교통경

찰들이 부엌 주변의 서버들에게 지시를 내렸다.[1]

로빈후드재단의 디너는 소로스가 쓴 헤지펀드의 묘비명이 너무 일찍 나왔다는 증거였다. 스탠 드러켄밀러는 퀀텀을 떠난 직후 듀케인에 복귀해서 시장으로 돌아온 터였고 이 행사의 스폰서로 참가했다.

이날 디너에는 내로라하는 업계 거물들이 나타나 티켓당 5,000달러를 내고 경매에 적극 참여했다. 어떤 참석자는 금융계 선도자와 점심식사를 하는 특권을 54만 달러에 낙찰했다. 다른 참석자는 '스타가 되자' 패키지를 26만 달러에 낙찰했다. 여기에는 러셀 크로(Russell Crowe)의 영화 〈뷰티풀 마인드(A Beautiful Mind)〉에 엑스트라로 출연하고, 드류 배리모어(Drew Barrymore)의 영화 〈듀플렉스(The Duplex)〉에 단역으로 출연하며, 할리우드 막강 커플인 캐서린 제타 존스(Catherine Zeta-Jones)와 마이클 더글러스(Michael Douglas)와 저녁 식사를 하는 것이 포함되었다.

폴 튜더 존스의 아내인 소니아(Sonia Jones)는 기네스 팰트로(Gwyneth Paltrow)와 마돈나(Madonna)가 가르치는 요가 레슨에 42만 달러를 걸었는데, 코미디언 제리 사인펠트(Jerry Seinfeld)가 이 항목의 입찰을 맡아서 "오세요, 혼자시는 스트레칭할 수 없어요"라고 독려했다.

입찰이 끝나자 만찬장을 둘러싼 벽이 떨어져 나갔다. 대포가 색종이를 흩뿌렸다. 나이 든 청중에게 레드 제플린(Led Zepplin)의 리드 싱어로 알려진 로버트 플랜트(Robert Plant)가 무도회장에 나타났다.

이날 디너가 끝날 때까지 존스의 재단은 1,350만 달러를 모금해서, 사회적 비중을 상당히 차지한 헤지펀드의 재력을 증명했다. 반면에 헤지펀드가 세운 자선단체 중에서 가장 오래되고 가장 큰 조지 소로스의 열린사회연구소(OSI)는 매년 4억 5,000만 달러를 나누어주었다. 그리고 존스와 다른 헤지펀드들에 유럽 자금을 유치해주던 아르파드 뷔송(Arpad Busson)은 2002년에 ARK(Absolute Return for Kids)재단을 설립해서,

런던에서 로빈후드재단에 상응하는 위치를 차지했다.

그러나 헤지펀드 최대의 자선 실적은 헤지펀드가 직접 기부한 금액보다는 헤지펀드에 투자하는 재단들에 안겨준 수익을 통해 간접적으로 실현되었다. 2000년대 초까지 헤지펀드 수익 수십억 달러가 대학교 금고로 흘러들어서 과학 연구부터 빈곤 가정 자녀의 장학금까지 모든 재원을 마련해주었다. 그리고 이 노다지는 교육 전망을 변화시킨 것처럼 헤지펀드 자체의 특성도 변화시켰다. 헤지펀드들은 기관투자가의 자금을 맡으면서 더 크고 세련되고 체계적인 스타일로 성장했다. 진정한 산업으로 떠오르고 있었다.

헤지펀드와 연합한 대학 재단의 선구자는 예일대학교의 데이비드 스웬슨(David Swensen)이었다. 그는 키가 크고 마르고 금욕적이고 이지적이어서 친구 하나는 그를 '등이 뻣뻣한 중서부 출신'이라고 불렀다. 그는 무엇보다도 도덕적 목적의식이 강했다. 위스콘신주 리버폴스에서 성장했고 교회에 재활용 동아리를 만들었다. 어머니와 누이는 루터교 성직자였다.

그의 야망은 진보적인 위스콘신의 정치 전통을 따라 상원의원이 되는 것이었지만 예일대학교의 경제학 박사 과정에 등록한 후 경로를 바꾸었다. 그는 훗날 노벨상을 받는 제임스 토빈 교수와 친했다. 월스트리트 채권 선도회사인 살로몬을 알게 되었고, 살로몬은 스웬슨이 논문을 쓰는 데 필요한 시장 데이터를 제공했다. 그는 금융과 예일대학교의 환경에 대한 열망을 키워갔다.

스웬슨은 1980년에 박사학위를 받자마자 살로몬에 들어갔고 월스트리트의 경쟁적인 문화에서 급성장했다. IBM이 스위스 프랑화와 독일 마르크화 익스포저를 헤지하도록 허용하는, IBM과 세계은행의 협상에 참여함으로써 최초의 통화스왑 거래라는 금융 역사를 쓰는 데 기여했

다. 1982년에는 리먼브러더스에 영입되어 스왑 데스크를 창설하고 지휘했다.[2]

그러나 1985년에 은사들이 예일대학교의 문제 있는 재단을 맡아달라고 요청하자 스웬슨은 기꺼이 수락했다. 투자은행의 보너스를 포기하고 책으로 가득 찬 대학교 캠퍼스 사무실을 택함으로써 급여 80% 삭감을 받아들였다. 수년 후, 월스트리트의 한 추종자는 스웬슨이 재능을 헤지펀드 운용에 적용했다면 수십억 달러의 부자가 되었을 것이라고 말했다. "왜 그러셨나요?"라고 묻자 스웬슨은 "유전적 결함" 때문이라고 답변했다.[3]

스웬슨이 예일대학교 재단을 맡았을 때, 재단 자산은 80% 이상이 미국 주식, 채권, 현금에 투자되어 있었고 소위 대체투자는 10%에 불과했다. 요약하면 다른 대학 재단 대다수와 같았다. 월스트리트라는 혁신적인 세계에서 돌아온 젊은이에게는 따분해 보이는 상황이었다. 더구나 이는 포트폴리오 분산투자가 경제학의 공짜 점심이라는 아이디어를 발전시키는 데 기여한, 스웬슨의 멘토 제임스 토빈의 연구를 모독하는 것이었다. 스웬슨은 현대 금융 체계에서 분산투자는 단순히 미국 주식과 채권을 폭넓게 혼합한다는 의미가 아니라고 보았다. 외국 주식, 부동산, 사모펀드, 석유와 가스와 목재 같은 자산이 위험을 상당히 낮추면서도 주식 스타일의 수익을 제공하기 때문이다.

그의 환상을 사로잡은 자산이 또 하나 있었다. 그가 '절대 수익률(absolute return)'로 부른 이 용어는 수년에 걸쳐 투자 용어집에 스며들었는데, 헤지펀드와 같은 말이었다.

스웬슨은 도덕주의자로서는 헤지펀드 매니저들이 거대한 재산을 축적하도록 도울 뜻이 전혀 없었다. 그러나 경제학자로서는 헤지펀드의 인센티브 설계에 감명받았다. 그는 펀드 규모가 커질수록 펀드매니저

12장 | 예일재단과 이벤트드리븐 헤지펀드

가 수익을 창출하기 어려워진다는 사실을 알았다. 따라서 펀드매니저가 모은 자산 규모에 연동하는 운용보수를 피하고 헤지펀드 수익 대부분을 차지하는 성과보수를 선호했다. 그러나 성과보수만으로는 헤지펀드 매니저가 상승분 20%를 가저가면서 손실은 책임지지 않으니 너무 큰 위험을 지게 된다. 그래서 헤지펀드 매니저에게 자신의 저축금을 펀드에 넣으라고 요구했고 그런 펀드매니저를 발굴하라고 권장했다.

하지만 스웬슨이 정말 관심을 둔 것은 헤지펀드가 내는 수익의 규모와 원천이었다. 헤지펀드는 시장지수와 무관하게 주식 수준의 수익률을 약속해서 분산투자의 공짜 점심을 제공했다.

스웬슨이 헤지펀드의 잠재력을 인정하는 데는 시간이 필요했다. 그가 재단 일을 맡고 2년째인 1987년, 예일대 동문이 홈커밍 축구 경기에서 소식을 들었다며 방문했다. 방문객은 서해안에서 작은 펀드를 운영하고 있는데 예일재단이 자신에게 투자할 의사가 있느냐고 물었다. 스웬슨과 동료 딘 다카하시(Dean Takahashi)는 투자 설명을 들은 후 "관심 없습니다. 앞으로도 절대 관심 없을 겁니다"라고 대답했다.

이벤트드리븐 헤지펀드 파랄론

방문객은 톰 스타이어(Tom Steyer)였고 헤지펀드는 파랄론(Farallon)이었다. 스타이어는 뉴욕에서 자랐지만 그가 선택한 고향인 샌프란시스코의 서부 스타일이었다. 패기만만하고 유머 감각이 있고 솔직했다. 학창 시절 축구 스타였으므로 아이디어를 전개하면서 대화에 정신력과 스포츠맨십을 채워 넣을 수 있었다.

그에게는 향후 스웬슨이 인정한 자질이 더 있었으니, 옳고 그름에 대한 감각이 예리해서 생활부터 사업 접근 방식까지 모든 것에 영향을 미쳤다. 파랄론을 세계 최대 헤지펀드 중 하나로 키운 후에도 스타이어는 낡은 차, 항공기 일반석 탑승, 패션에 대한 완전한 무관심으로 정평이 났다.[4] 그의 사무실은 개방형 복도 한가운데에 책상을 하나 놓은 것이었다. 등 뒤에 샌프란시스코의 숨 막히는 전경이 펼쳐졌지만 스타이어는 블라인드를 쳐두었다.[5]

스웬슨이 예일대학 재단을 맡은 1985년에 스타이어가 파랄론을 설립했다. 창업 동기 일부는 월스트리트를 떠나 서부 해안에서 살고 싶다는 욕망이었고 일부는 정의감이었다. 그는 모건스탠리에서 애널리스트로 일하던 당시, 투자은행이 자문을 잘못해도 보수를 받는다는 것, 고객에게서 수수료를 챙기는 것이 목적이니 정말 옳은지보다 설득력 있게 들리는지가 더 중요하다는 것을 발견하고 충격받았다.

스탠퍼드 경영대학원에서 MBA 과정을 마친 스타이어는 당시 골드만삭스 합병 차익거래 부문장이고 훗날 재무장관이 되는 로버트 루빈 밑에서 일했다. 골드만삭스 차익거래 부서는 골드만삭스가 옳았을 때만 보상을 받았기에 스타이어에게 잘 맞았지만, 수익을 직원들에게 배분하는 방식이 때로 논란이 되었다.

스타이어에게 논리적인 다음 단계는 독립해서 차익거래 펀드를 세우는 것이었다. 나쁜 투자자문을 책임지지 않는 곳에서 경력을 시작했다. 그런 다음 집단으로는 책임지지만 개인의 기여도를 항상 인정하지는 않는 곳에서 일했다. 이제 독립적인 펀드를 세움으로써 스타이어는 홀로 설 것이며, 자문 성과의 질과 자기 보수 사이에 완충 장치를 두지 않을 것이다.

그는 샌프란시스코 시내에 값싼 사무실을 빌리고 자신과 파트너를 위해 책상을 2개 들여놓았다.[6] 그는 뉴욕 개장 시점의 합병 뉴스를 분석하기 위해, 도넛과 커피를 사서 오전 5시 30분에 사무실로 가는 엘리

베이터를 탔다.

투자 전략은 골드만삭스에서 배운 것과 같았다. 공개 매수가 선언되면 공개 매수 대상 기업의 주식은 공개 매수 가격에 수렴해 움직인다. 예를 들어 30달러에 거래되는 주식에 40달러 공개 매수가 걸리면 38달러로 솟구칠 수 있다. 이때 스타이어는 선택에 직면한다. 주식을 매수하고 합병이 성사되면 주당 2달러를 얻는다. 그러나 합병이 취소되고 주가가 과거로 돌아가면 주당 8달러를 잃는다. 2달러를 얻으려고 8달러를 걸지 판단하려면 특별한 기술이 필요했다. 즉 반독점법이 합병을 막을지, 또는 주주들이 반발할지 판단해야 한다. 다른 인수 후보자가 나타나서 주가를 40달러 이상으로 끌어올릴 확률도 추정해야 한다.

스타이어는 때로 지나칠 정도의 경쟁적인 열정으로 일했다. 1987년 블랙먼데이에서 일부 손실을 내자 새벽 3시에 출근하기 시작했고 그의 상태를 걱정한 아내가 동반했다.[7] 그러나 1987년의 타격에도 불구하고 스타이어는 매우 우수한 성과를 냈다. 골드만삭스 합병 차익거래 데스크에서 합병을 분석했던 애널리스트는 샌프란시스코의 책상에서도 그만큼 잘 분석할 수 있었고, 몸과 영혼이 성과에 연동되어 있을 때 특히 그랬다. 스타이어는 합병이 성사될 대상 기업의 주식을 매입해서 매월 차익을 쌓아나갔다. 시장 전반의 움직임에 따른 위험은 공개 매수 기업의 주식을 공매도함으로써 헤지했다.

1980년대 말에는 영역을 확장했다. 부분적으로는 생존을 위한 전략이었다. 1989년에 정크본드시장이 붕괴되면서 인수합병도 주춤해져서 합병 차익거래자가 분석할 종목이 남지 않았기 때문이다. 그러나 공격적인 측면도 있었으니, 정크본드가 붕괴하면서 스타이어의 분석 기술을 다른 맥락에 적용할 기회가 생겼다는 점이다.[8] 정크본드시장의 핵심에 있던 기업이 하나둘 파산을 신청했고, 어떤 부실채권을 매수할지 계산할 수 있다면 높은 수익을 낼 것이다.

금상첨화로 연기금과 뮤추얼펀드, 다른 기관투자가들이 정크본드 매도를 강제당했다. 그들은 감독 규정상 파산한 기업의 채권을 보유할 수 없었으므로 파랄론 같은 날쌘 트레이더들에 헐값에 넘겨야만 했다.[9] 정크본드시장의 중심이던 드렉셀번햄램버트가 1990년에 파산을 신청하자 스타이어는 드렉셀의 부채를 달러당 몇 센트에 대량 매수했고 1993년에 매도해서 포트폴리오는 35% 수익을 달성했다.[10] 드렉셀과의 거래에서 스타이어는 두 번 승리했다. 드렉셀의 채권으로 성사된 합병에서 수익을 얻었고, 드렉셀의 파산에서 다시 수익을 얻었다.

스타이어는 향후 '이벤트드리븐(event-driven, 사건 중심)' 헤지펀드로 알려지는 것을 만들어냈다. 그는 기존 가격을 뒤흔드는 이벤트, 즉 갑자기 혼란이 발생해서 시장에 정착된 견해를 무력화하는 순간을 전문으로 했다. 공개 매수 전의 주가는 미래 이익을 예측하는 투자자의 판단을 반영하고, 이미 완전하게 분석되었기 때문에 효율적이다. 그러나 공개 매수가 걸리는 순간, 과거의 계산은 뒤죽박죽이 된다. 이제 애널리스트는 합병 프리미엄의 규모, 프리미엄이 실현될 때까지 걸리는 기간, 적용할 할인율 등을 판단해야 한다.

비슷하게 기업 파산 같은 사건도 기업 채권의 가치 컨센서스를 뒤죽박죽으로 만든다. 또다시 각 부실채권이 창출할 것으로 예상하는 현금흐름을 새롭게 분석하는 과제가 주어진다.

드렉셀이 쓰러지기 전부터 이미 스타이어의 성과가 스웬슨의 귀에 들어왔다. 스타이어는 분산투자를 제공함으로써 주식시장 등락과 무관하게 거액을 벌고 있었다. 기존 주가가 뒤죽박죽되는 상황에 집중해서 수익을 냈다. 효율적 시장 가설의 한계를 잘 아는 금융경제학자에게는 이 성과가 단순히 행운으로 보이지 않았다.[11] 이 두 가지 요인으로

스웬슨은 당초 파랄론 투자를 거절했던 결정을 재고하게 되었다.

그러나 투자하기 전에 스타이어의 됨됨이를 점검해야 했다. 그는 파트너에게 인성과 그 이상을 원했다. 시장을 이기려면 일종의 강박적인 열정이 필요했다. 스웬슨은 이후 "위대한 투자자는 수익이 아니라 스포츠를 위해서 게임을 추구하는 '나사 풀린' 경향이 있다"라고 썼다.[12]

예일대는 적정 실사를 해서 스타이어가 재단이 기대할 수 있는 모든 자질을 갖추었다는 것을 확인했다. 그는 사치를 누리려고 헤지펀드를 운용하는 것이 아니었다. 파랄론 사무실만 보아도 알 수 있었다. 스타이어는 순수한 보상 인센티브에 대한 스웬슨의 열정을 공유했다. 그는 파랄론 직원들에게, 자신의 저축금을 펀드에 넣음으로써 돈을 잃을 경우의 고통을 분담하라고 강요했다.[13] 또한 펀드가 손실을 내면 복구할 때까지 수수료를 받지 않는 '과거 고점 기준' 제도를 지지했다.[14]

1989년 가을, 스웬슨은 샌프란시스코로 날아갔다. 파랄론의 허름한 사무실을 방문했고 자신이 본 것을 인정했다. 그러나 스타이어와 파랄론 파트너 플레어 페어먼(Fleur Fairman)과 값싼 점심을 먹은 후, 스웬슨은 파랄론에 투자하지 않겠다는 이전 답변을 반복했다. 그는 헤지펀드가 전략이 잘못되면 고객을 기만할 것이라고 직설적으로 말했다. 헤지펀드는 자신이 제안한 과거 고점 기준 계약대로 손실이 보전될 때까지 수수료 없이 일하는 것이 아니라, 펀드를 청산하고 새 이름으로 재창업해서 새로운 투자자와 함께 일할 것이라고 주장했다.

"보세요, 우리가 이 거래를 원하지 않는 것은 솔직히 거래 형식 때문입니다. 당신들은 돈을 잃으면 복구하려 하지 않을 겁니다. 문을 닫고 새로운 펀드를 열겠지요. 전체 형식의 문제입니다."

스타이어가 반박할 수도 있었지만 페어먼이 먼저 받아쳤다. "말도 안 돼요!" 페어먼이 외쳤고 스웬슨은 그가 분노한 것을 알았다. "우리가 그런 부류라고 생각한다면 이제는 우리가 당신의 돈을 원하지 않습니다! 당신은 우리가 누구인지 모릅니다! 그렇게 말하다니 터무니없네요!"[15]

스웬슨이 바라던 것보다 나은 반응이었다. 그가 찾던 인성을 발견했다. 의심에 발끈한 페어먼의 자세가 정말 진지해서 일말의 의심을 날려버렸다.

1990년 1월 예일재단은 파랄론에 투자했다. 대학이 3억 달러를 넣어서 펀드는 총 9억 달러로 성장했고 헤지펀드의 사회적 영향력에 점진적인 변화를 일으키기 시작했다.

대학 재단과 이벤트드리븐 헤지펀드의 합작

스웬슨과 스타이어의 파트너십은 예일대의 입지를 변화시켰고 거의 모든 재단의 투자 스타일에 영향을 주었다. 예일대가 파랄론에 투자하기 전에는 겉 핥기 식으로 사모투자와 부동산 같은 실물 자산에 손을 댔지만 헤지펀드에는 전혀 노출되지 않았다. 5년 후인 1995년에는 헤지펀드 배분 비중을 21%로 높였고 별도로 31%를 사모투자와 실물 자산에 배분했다.[16]

다른 대학교들도 시차를 두고 뒤따랐다. 전형적인 대학 재단들의 헤지펀드 배분은 1990년 0%에서 2000년 7%로 상승했다.[17] 닷컴 몰락 이후 몇 년 동안, 헤지펀드와 협업한 재단들이 특히 보상받았다. 2000년 7월부터 2003년 6월까지 S&P500지수는 33% 하락한 반면 헤지펀드의 HFR지수는 10% 상승했기 때문이다. 예일재단도 같은 기간 동안 20% 상승했고, 수년 후 스웬슨 입사 20주년을 축하하며 평가해보니 스웬슨이 투자를 결정해서 창출한 금액이 재단 운용자산 140억 달러 중 78억 달러였다. 대학 기금의 평균 수익률을 초과한 금액만 모은 것으로 78억 달러는 경이로운 규모다!

스웬슨이 하크니스(Harkness)와 멜론(Mellon) 등 저명한 학교 재단 기부자들을 제치자 헤지펀드는 부자를 더 부유하게 만들어주는 수단을 벗어나 업그레이드했다. 2009년이 되자 헤지펀드의 자본 절반이 개인이 아니라 기관에서 왔다. 재단 자금이 밀려 들어오자 헤지펀드업계의 묘비명을 새길 필요가 없어졌다.

소로스의 묘비명은 최소한 소로스 유형의 트레이더에게 부분적으로 적합했다. 21세기 들어와서 처음 몇 년은 매크로 헤지펀드가 상대적으로 부진했다. 이들은 1990년대에 유럽에서, 이후 동아시아와 라틴아메리카에서 중앙은행을 압도하며 번성했다. 그러나 유럽인들이 유로화를 만들어내며 파티를 끝냈고, 신흥시장 대부분이 경상수지 적자와 지속 불가능한 환율 페그제로 구성된 혼합물 제공을 중단하자 포식자들은 갈증을 느끼기 시작했다.

태국을 함락한 소로스 트레이더 아르미니오 프라가는 1999년 브라질 중앙은행을 운영하기 위해 퇴사했다. 트레이더 동료들에게는 크게 실망스럽게도 브라질은 흑자 예산을 운영하고, 외환보유고를 늘리고, 국민과 개방적이고 솔직하게 소통함으로써 투기꾼들의 재미를 파괴하기 시작했다. 이 환경에서 대형 매크로 트레이더의 수익이 감소한 것은 놀랍지 않다. HFR 데이터에 따르면 이들의 2000~2005년 수익률은 연 8%에 그쳤다. 1990년대에 쌓아 올린 21%와는 거리가 멀었다.

그러나 매크로 트레이더가 둔화된 것은 나머지 산업의 호황에 가려져서 거의 드러나지 않았다. 2000년 초에 4,900억 달러이던 헤지펀드 자산은 2005년 말에 1조 1,000억 달러가 되었다. 파랄론 같은 이벤트 드리븐 펀드들이 골드러시의 선봉에 섰다.[18] 파랄론의 자산은 2002년 80억 달러에서 2006년 160억 달러로 늘어났고 모방하는 펀드가 대거 진입했다.

골드만삭스 로버트 루빈 차익거래 그룹의 베테랑이 설립한 오치지프(Och-Ziff)는 같은 기간 60억 달러에서 140억 달러로 성장했다. 루빈의 또 다른 제자가 설립한 페리캐피털(Perry Capital)은 40억 달러에서 110억 달러로 성장했다. 이 '루빈 삼총사'는 곧 운용자산 규모에서 커머디티 삼총사를 능가했다. 2006년에 캐스턴과 튜더펀드, 무어캐피털은 350억 달러를 운용해서 파랄론과 페리, 오치지프가 운용한 자산보다 60억 달러 적었다.

그리고 루빈 차익거래 그룹에서 나온 또 다른 존재, 즉 타코닉캐피털(Taconic Capital)의 프랭크 브로센스(Frank Brosens), 이턴파크캐피털(Eton Park Capital Management)의 에릭 민디치(Eric Mindich), ESL인베스트먼트(ESL Investments)의 에드워드 램퍼트(Edward Lampert) 등이 번창하고 있었다. 헤지펀드 가계도에서 골드만삭스보다 후계자가 많은 사람은 줄리언 로버트슨뿐일 것이다.

이벤트드리븐 펀드가 인상적인 것은 수익률만이 아니었다. 감독위원회에 보고하면서 의심 많은 질문에 답해야 하는 재단 관리자들은 이 펀드의 수익률을 기쁘게 설명할 수 있었다. 폴 튜더 존스 같은 매크로 트레이더는 질문을 받으면 콘드라티예프 파동과 추세 돌파 시점을 이야기할 텐데, 이는 일반적인 투자위원회에 마법사의 주문처럼 들렸다. 마찬가지로 우리가 다음 장에서 만날 퀀트 트레이더들은 블랙박스에 담긴 특별한 원천을 밝히기를 거부하는 경우가 많았고, LTCM이 파산한 후에는 "나를 믿어, 나는 천재야"라는 말이 다소 불안하게 느껴졌다.

그러나 파랄론 같은 이벤트드리븐 펀드에는 의심스러운 내용이 전혀 없었다. 이들은 복잡한 법 규정을 연구했다. 합병이 성사될 가능성을 이해했다. 특정 법원의 특정 판사가 특정 후순위채를 어떻게 취급할지 판단할 수 있었다. 이 강점을 가지고 돈을 벌 것이다!

게다가 재단 감독위원회는 이벤트드리븐 헤지펀드가 성공한 것은 다른 투자자의 발이 묶였기 때문임을 알아차렸다. 기관투자가는 파산 기업의 채권을 매도해야 하는 내규가 있었으므로, 수익을 스타이어와 모방자에 넘겨주었다. 재단이 개인을 대체해 헤지펀드의 주된 투자자가 될수록, 헤지펀드의 전략을 이해할 수 있어야 한다는 점이 중요해졌다. 부자는 스스로 선택하면 미스터리한 천재에게 재산을 맡길 수 있지만, 재단 감독위원회는 투자 결정을 파워포인트 프레젠테이션으로 뒷받침해야 한다.

이벤트드리븐 헤지펀드는 수익과 투명성과 함께 일관성을 약속했다. LTCM이 붕괴하자 이벤트드리븐 헤지펀드가 레버리지를 거의 쓰지 않는 점이 마케팅 포인트가 되었고, 부분적으로는 그 결과로 수익률이 기적처럼 꾸준했다.[19] 파랄론의 일관성은 전설적이어서 1990~1997년 기간에 단 1개월도 손실을 보지 않았다. 그 결과 위험조정수익률인 샤프지수(Sharpe ratio) 수치가 주식시장 전반보다 3배 높아서 재단 자금을 넣어두기에 매력적인 대상이 되었다.[20]

닷컴이 미친 듯 날뛰던 버블 속에서도 스타이어는 안정적으로 순항했다. 드러켄밀러처럼 버블에 올라타지 않았고, 로버트슨처럼 버블에 치이지도 않았다. 대신 당시의 서사시적인 기업 인수전을 분석하는 데 자신의 기법을 적용했고, 시장 위험은 하던 대로 헤지해서 제거했다. 시장이 붕괴해서 드러켄밀러와 로버트슨 모두를 가라앉히자 자연스럽게 스타이어의 전략이 돋보였다.

요약하면 이벤트드리븐 헤지펀드는 이해 가능하고 변동성 없으며 시장지수와 무관한 수익률을 창출하고 있었다. 이것이 성배(聖杯)였다. 재단 자본이 이들의 금고로 밀려들었다. 그러나 이벤트드리븐 헤지펀드의 승리도 위험에서 자유롭지 않았다. 파랄론 같은 스타조차도 거의 예측하지 못한 취약성이 있었다.

인도네시아의 경제 흐름을 바꾸다

1990년대 말, 파랄론은 여피(yuppie)들의 도시 샌프란시스코에서 멋진 고층 건물을 차지하고 있었다. 스타이어의 사무실은 전처럼 검소했지만, 외부에 헨리 무어(Henry Moore)의 조각이 배치되었고 잔디밭에서는 선남선녀가 유기농 샌드위치를 먹었다. 이 안정적인 요새에서 스타이어의 작은 사업은 계속 확장해나갔다. 1998년에는 경쟁사 오치지프와 페리캐피털에 이어 런던 합병 차익거래 부문에 진출했다.

파랄론은 아르헨티나에 있는, 파산한 섬유·신발 제조사 알파가타스(Alpargatas) 지분을 매입했다. 그런 다음 알파가타스에 새 경영진을 투입하고 채무를 조정하고 해고 근로자 2,000명을 재고용해서, 변경(frontier) 경제에서 좋은 일을 해서 성과를 낼 수 있음을 증명했다.[21]

그러나 정말 대단한 일이 이어졌다. 2001년 11월, 파랄론이 인도네시아 최대 은행을 인수하려고 나선 것이다.

파랄론의 목표인 뱅크센트럴아시아(Bank Central Asia, BCA)는 인도네시아 최고 부호이자 수하르토 대통령의 친구인 수도노 살림(Sudono Salim)이 창립했다. 살림의 제국은 인도네시아 GDP의 5%를 점유한 것으로 알려졌고, 살림이 성공한 비결은 밀 사업에서 잘 드러난다.

살림은 수하르토와의 커넥션을 활용해서 인도네시아 정부로부터 수입 밀을 보조금 가격으로 공급받은 후 제분 이윤을 붙여서 정부에 되파는 구도를 짰다.[22] 그의 제분소는 자카르타에서 경쟁 압력 없이 성장해 세계 최대가 되었고, 수라바야의 세계 2위 제분소도 그의 소유였다. 그리고 밀은 정부에 되팔게 되어 있었지만 상당량이 인도네시아 즉석국수시장의 90%를 차지한 살림의 기업 인도푸드(Indofood)로 넘어갔다.

유사한 방식으로 살림은 커피, 설탕, 고무, 시멘트, 쌀, 정향나무 열매에서도 번영했다. 입지를 다진 사업가는 자연스럽게 자신의 은행이 필요해졌다. 은행은 자연스럽게 국내 최대가 되었다.

파랄론이 등장한 시점에는 살림의 제국이 붕괴된 상태였다. 살림은 수하르토의 친척들에게 자기 기업의 주식을 대량 제공함으로써 정치적 위험을 헤지했다.[23] 그러나 소로스와 드러켄밀러에게 거액의 손실을 안긴 외환위기가 인도네시아에서 슬로모션 개혁을 촉발했고 결국 수하르토 정권이 붕괴했다.

그 순간 살림의 정치적 보험은 가슴에 그려진 표적이 되었고, 몰락한 대통령의 친구들은 공공의 적이 되었다. 폭도들이 살림의 관저에 침입해 자동차들을 불태우고 중국 꽃병들을 깨뜨렸다. 정치적 보호가 사라지자 살림의 기업들이 파산했고, 막대한 대출금을 BCA에서 끌어다 썼으므로 BCA도 함께 무너뜨리겠다고 위협했다. 정부는 예금자들의 공황을 막기 위해 은행을 구제했다.

파랄론은 이벤트드리븐 투자를 종종 했지만 수하르토 체제 붕괴는 일반적인 기업 인수 선언보다 매우 극단적인 사건이었다. 국민 수백만 명이 가난해졌고, 시위대 수천 명이 경찰과 충돌해 사망했으며, 기업 수백 개가 약탈당했다. 많은 인도네시아인은 재앙을 서방 헤지펀드들 탓으로 돌렸고, 인도네시아 내의 미국인 금융가들은 생명의 위협을 받았다고 알려졌다.

그러나 파랄론이 인도네시아를 연구할수록 기회가 너무 좋아서 지나칠 수가 없었다. 인도네시아 정부는 전형적인 비경제적 판매자였다. IMF는 정부가 구제한 사기업들을 가격 불문하고 처분하라고 종용했다. 다른 금융가들이 인도네시아에 발을 들이지 않았기 때문에 파랄론은 부실자산 입찰 경쟁이 제한적일 것으로 기대했다. 1997년 외환위기에는 정부들이 자국 통화에 비논리적으로 높은 가치를 책정했기 때문에 헤지펀드들이 돈을 벌었다. 이 위기의 후유증으로 이번에는 정부들이 자국 경제의 망가진 보석에 비논리적으로 낮은 가치를 책정했기 때문에 헤지펀드들이 돈을 벌 예정이었다.

2001년 가을, 파랄론은 인도네시아에서 10억 달러 상당의 자산을 축적했다.[24] 인도네시아 3대 시멘트회사 중 하나인 PT세멘치비농(PT Semen Cibinong), 최대 자동차회사인 PT아스트라인터내셔널(PT Astra International)의 지분을 취득했고, 자카르타의 컨테이너 터미널 항만을 매입해 홍콩의 허치슨(Hutchison) 그룹에 매각했다.

그러던 어느 날, 파랄론의 인도네시아 주재원 레이 자게(Ray Zage)는 정부 담당자에게서 특별한 메시지를 받았다. BCA가 곧 민영화될 예정인데 파랄론이 응찰할 의향이 있느냐는 것이었다. 샌프란시스코의 작은 펀드가 세계 최대 무슬림 국가의 지배적 위치를 넘겨받는다는 놀라운 제안이었다.

파랄론은 직원이 수십 명에 불과했지만, BCA는 지점 800개와 계좌 800만 개를 보유했다. 파랄론이 골드만삭스 합병 차익거래 부서의 문화에 캘리포니아의 쿨함이 더해져 만들어졌다면, BCA는 인도네시아 식민자본주의의 화신이었다. 스타이어가 골드만삭스 홍콩 지점에서 영입한 말쑥한 영국인 투자은행 전문가 앤드루 스포크스(Andrew Spokes)는 이 거래가 긴장스러웠다고 인정했다. "궤도를 약간 벗어났다."[25] 그는 턱시도를 입고 눈사태 속에서 스키를 타던 제임스 본드(James Bond)처럼 말했다.[26]

BCA 인수 기회가 부상한 것은 9.11 테러가 발생해 인도네시아가 어떤 때보다도 위험하던 시기였다. 경제적 재앙과 정치 혁명으로 분열된 나라는 이슬람 극단주의에 취약할 것으로 보였다. 캘리포니아주 퇴직 연금인 캘퍼스(CalPERS)는 인도네시아에 투자하지 않겠다는 선언을 준비하고 있었고, 용감한 골드만삭스도 인도네시아 익스포저 한도를 축소했다.[27]

파랄론 팀은 인도네시아를 정기적으로 방문했고 특히 외국인 밀집 지역에 가면 다르게 행동하기 시작했다. 레이 자게는 공항 세관 검사장부터 택시 줄까지의 구간을 천연 살인 지역으로 보았다. 스포크스는 "레이가 그곳에서 봉변당하지 않으면 좋겠다고 말했던 때를 기억한다"라고 술회했다.[28]

파랄론은 BCA 인수 타당성 검토에 나섰다. 이벤트드리븐 투자의 원칙은 소문과 패닉에서 벗어나 가치에 집중하는 것, 즉 시장 가격이 지침이 되지 못하면 기업의 현금흐름 창출에 근거해 자산 가격을 결정하는 것이다. 스포크스는 BCA가 살림의 식민자본주의 제국의 중심이었다는 평판을 밀어내고 세 가지 사실에 집중했다. 국유화 이후, 은행이 보유한 살림 기업들의 부실채권은 특별 자본조정 채권으로 대체되었으므로 BCA는 파산한 기업들이 아니라 국가의 상환에 의존했다. 즉 BCA는 사실 은행이라기보다 국채 펀드였다.

더구나 BCA는 소매 예금자들의 저렴한 자본을 향유했다. 다른 채권 펀드 대부분과 다르게 저렴한 레버리지와 묶여 있었다.[29] 마지막으로 국내 경제가 회복하면 은행은 기업들에 수익성 있는 대출을 재개할 수 있었다. 즉 BCA는 채권 펀드에 저렴한 레버리지가 부가되고, 인도네시아 회복에 대한 공짜 옵션이 부가되었다.

정치적 위험에도 스포크스는 해답이 있었다. 전 세계가 인도네시아를 무서운 나라로 여기기 때문에 수하르토 이후의 지도자는 파랄론을 만만하게 볼 수 없었다. 정부가 매우 중요한 거래에서 외국인 투자자를 속인다면 인도네시아의 평판은 영원히 더럽혀질 것이었다.

궤도를 벗어나 투자하자는 스포크스의 주장은 격렬한 토론을 거쳐서 스타이어와 파트너들의 신뢰를 얻었다. 1년 전만 해도 파랄론은 인도 네시아 투자 실적이 전혀 없었는데, 이제는 BCA 입찰에 참여하면서 아시아에서 영향력이 높은 스탠다드차터드은행(Standard Chartered)이 주도 하는 컨소시엄과 경합했다.

2001년 말 파랄론은 5억 3,100만 달러를 제시했고, 2002년 3월 정부 는 낙찰을 선언했다. 신생 헤지펀드가 인도네시아 최고 은행의 경영권 을 매입한 것이었다. 이 성과가 너무나 의외라서 음모론이 피어올랐다. 파랄론은 미국 정부의 하수인인가, 아니면 살림이 자신의 제국을 회복 하기 위한 트로이의 목마인가?

열렬한 소문에도 불구하고 파랄론의 투자는 인도네시아에 축복이었 다. 파랄론은 BCA에 새 회장을 선임하고, 컨설턴트들을 투입했으며, 참 을성 있게 달래서 수하르토의 영역에서 빼냈다. 파랄론이 인수한 후 지 분 대부분을 인도네시아인 파트너에게 매도한 2006년까지 BCA 주가 는 550% 상승했다. 파랄론은 어려운 나라에서도 아르헨티나의 신발회 사에서처럼 잘할 수 있음을 보여주었다.

파랄론의 투자는 다른 효과도 발휘했다. 다이내믹한 헤지펀드가 인 도네시아로 달려가는 모습을 뉴욕과 런던이 주목했고, 기관투자가들 이 이 나라를 동정적인 시선으로 다시 보기 시작한 것이다. BCA 인수 가 진행되던 해에는 인도네시아로 유입된 투자액이 2억 8,600만 달러 에 불과했다. 그러나 다음 해에는 10억 달러가 유입되었고, 그다음 해 에는 40억 달러를 초과했다.[30]

파랄론은 모든 인도네시아 자산에 대한 시장의 고정관념을 뒤흔들어 반등의 발판을 만들었다. 이벤트드리븐 펀드가 이벤트를 창조해서 인구 2억 4,000만 명인 나라의 경제 흐름을 바꾸는 데 기여했다.[31]

수자원 투자 실패

파랄론은 BCA에 입찰하던 당시 미국에서 어려운 사업을 진행하고 있었다. 스타이어는 게리 보이스(Gary Boyce)라는 콜로라도주 농장주와 합작했는데, 보이스는 말 조련사이자 고향 골짜기에서 부를 이루겠다는 거친 꿈을 가지고 있었다. 그는 계곡의 땅을 매입한 후 펌프를 설치해 지하수를 볼더, 콜로라도스프링스, 덴버까지 공급하는 계획을 스타이어에게 제안했다. 파랄론은 예일재단과 연합하면서 수자원 같은 실물 자산의 잠재력에 눈뜨고 있었다. 스타이어와 팀은 투자했다.

남부 콜로라도의 골짜기는 자카르타만큼이나 멀었다. 파랄론 팀은 덴버까지 비행한 후 차를 타고 알라모사라는 마을까지 4시간을 달려야 했다. 알라모사에 도착한 후에는 산루이스 계곡을 지나고, 쓸쓸한 트레일러 하우스들을 지나고, 거친 관목숲이 뒤덮은 평평한 땅을 건너, 먼 산에 꼼짝 않고 앉은 솜사탕 구름 아래로 갔다. 계곡 끝 가장자리에 게리 보이스의 집이 있었다. 열기를 막기 위해 속이 빈 벽을 두른 멋진 벽돌집이었다. 보이스는 주머니에 진주가 박힌 셔츠를 입었고, 책상 위에는 장식된 권총 한 쌍이 놓여 있었다.

스타이어와 팀이 보이스를 파트너로 선정한 이유를 알 수 있을 것이다. 보이스는 산루이스 계곡에서 가난하게 자랐고 이후 콜로라도주 산악자전거 대회에서 3차례 우승했다. 수자원 정치에 베테랑이어서 과거에도 산루이스의 물을 끌어 가려는 벤처와 싸우면서, 개발자의 버블을 터뜨릴 신문 〈니들(Needle)〉을 창간했다.[32]

그리고 보이스는 토박이였지만 또한 세계적이었다. 버지니아 상류층 고객들의 말을 훈련하면서 부유해졌고, MGM 상속녀와 결혼해서 더 부유해졌다. 스타이어는 보이스가 새로운 수자원 프로젝트를 출범할 투지가 있다고 믿었으므로 그 야망을 지원할 투자조합을 설립했다. 자본 절반은 파랄론이 출자했고, 절반은 예일재단이 프로젝트의 역할을 맡지 않는 조건으로 출자했다.

파랄론의 자금에 힘입어 보이스는 1994년 산루이스 계곡을 국립공원으로 만들려는 자연보호재단(Nature Conservancy)을 물리치고 농장을 낙찰받았다. 물을 뽑아내도 지역 토양이 손상되지 않는다는 환경 조사에 300만 달러를 지출했다. 로비스트를 고용해서 콜로라도주 의회에 프로젝트를 승인해달라고 호소했다.

한편 콜로라도주 주민들에게 주민투표 안건 2가지의 서명을 받기 위해 50만 달러를 지출했다. 첫 번째 안건은 계곡 농부와 농장주의 우물에 미터기를 설치하는 것이고, 두 번째 안건은 농부들에게 물 사용료를 부과하는 것이었다. 두 가지 모두 보이스가 제공할 자원에 공정한 가격을 매겨주기 때문에 계획의 핵심 사항이었다.

보이스는 지지 표를 얻기 위한 광고에 40만 달러를 지출하면서 파트너인 예일대와 파랄론에 승리를 장담했다. 스타이어는 휴가 때 어머니와 함께 골짜기를 방문했다. 어머니는 보이스와 친분을 맺었고 사슴 사냥을 즐겼다.[33]

그러나 모두가 행복한 것은 아니었다. 계곡 농부들은 사용료 징구에 반발해 보이스의 제안을 거부했고, 계곡의 모래 토양 때문에 미터기가 막힐 것이라고 지적했다. 논란이 격렬해지자 스타이어는 자신이 파트너를 제대로 선택했는지 의심하게 되었다.[34] 지역 출신이라고 해서 반드시 지역에서 존경받는 것은 아닌데, 아마 진주 박힌 셔츠와 장식이 달린 권총 때문에 보이스는 콜로라도의 신뢰받는 토박이가 아니라 으스대는 사람으로 보였을 것이다.

1998년 11월 주민투표일에 보이스의 물 프로젝트는 형편없이 패배했다. 스타이어와 예일대 파트너들은 4년간 2,000만 달러를 쏟아부었지만 패배를 인정할 수밖에 없었다.[35] 출구 전략을 찾던 파랄론은 자연보호재단을 초청해 공원화 계획을 살려냈고, 2001년 말 양자는 거래를 체결했다.

이때 장애물이 나타났다. 무시당하고 배신당했다고 느낀 보이스가 파랄론에 소송을 제기한 것이다. 그는 법정에서 물 프로젝트가 아직 타당하다고, 파랄론이 섣불리 빠져나감으로써 프로젝트에 대한 보이스의 권리를 침해했고 주장했다. 이 소송으로 자연보호재단으로의 매각이 지연되었고, 다양한 구경꾼이 훼방할 기회를 엿보았다. 콜로라도주 상원의원 웨인 얼라드(Wayne Allard)는 예일재단이 콜로라도 납세자들의 부담으로 이익을 보고 있다고 비난했다. 콜로라도 납세자들이 자연보호재단의 구입 자금을 대니, 예일재단은 수동적 투자자이더라도 토지 가격을 3,130만 달러보다 낮추라고 요구했다.[36]

주민투표에서 프로젝트가 부결된 것은 환경 조사가 잘못되었기 때문이 아니라 물 사용료 부과와 미터기 설치를 제안했기 때문이지만, 얼라드는 파랄론이 예일대에 프로젝트의 환경 비용을 속였다고 주장했다. 파랄론은 설립 이후 언론 보도에 오르는 것을 피했고, 상원의원에게 공개적으로 비난받는 상황에 익숙하지 않았다. 보이스와 관련된 상황은 더욱 불편해졌다.

2004년 초 파랄론은 보이스와의 소송에서 이겼고 토지 매각을 완료하기 위해 자연보호재단을 압박했다. 예일재단은 비판을 잠재우기 위해, 150만 달러를 기부해서 콜로라도주 납세자들의 비용 부담을 보조하겠다고 발표했다. 그러나 파랄론은 또다시 기습당했다. 독특한 비판자들이 연합해서 대학 캠퍼스 몇몇에서 시위를 벌인 것이다. 시위 주도자들은 대학 재단이 파랄론에서 자본을 회수하라고 강제하는 '언(un)파랄론' 캠페인의 일환이라고 선언했다. 텍사스대학교에서 열린 항의 축구 대회에서 선수들은 식민자본가의 복장을 차려입었다. 예일대 스웬슨의 사무실 밖에서는 '투명성의 요정'이 깃털 마스크를 쓰고 지팡이를 흔들면서, 기부금을 더 개방적이고 책임감 있게 운용하라고 재단에 요구했다.[37]

야외극장에서는 신설된 언파랄론 웹사이트를 소개했는데, 여기에는 비도덕적으로 보이는 활동이 모두 열거되어 있었다. 파랄론의 인도네시아 석탄화력발전소 투자를 언급하면서 석탄은 악하다고 적었다. 파랄론의 아르헨티나 투자를 들먹이면서 노동자들이 고통을 겪었다고 적었다. 파랄론이 투자한 캘리포니아 골프 코스에서 도롱뇽이 겪는 곤경을 열거하면서, 골프장 소유주가 연못을 파지 않는다면 도롱뇽들이 위태로워질 것이라고 적었다.[38] 또한 파랄론은 한때 체니(Dick Cheney) 부통령이 이끌었던 석유회사 핼리버튼(Halliburton)의 주식 300만 달러어치를 보유했으므로 이라크전쟁의 전범이었다.

활동가들은 파랄론의 비밀스러운 주인공이 나와서 투자 활동의 윤리성에 대한 토론에 응하라고 요구했다. 그들은 스타이어를 외알 안경을 끼고 실크 모자를 쓴 마법사로 상상하면서 "우리는 당신이 대학 기금을 가지고 하는 투자의 이해당사자입니다"라고 설교했다. "우리는 우리 대학이 다른 지역사회에 해를 끼치는 투자자에게서 이익을 얻는 것을 원하지 않습니다."[39]

스타이어는 자신을 변호하기 위해 최선을 다했다. 언파랄론 캠페인 측에 편지를 써서, 자신도 건전한 사업 가치에 대해 누구 못지않게 신경 쓴다고 주장했다. 파랄론 투자자들에게도 편지를 써서, 언파랄론 웹 사이트의 내용은 사실과 다르다는 진실을 말했다. 그러나 시위가 계속되었다.

4월에 학생들은 예일내 총장실 앞에서 시위를 벌였다. 캠퍼스 아래 채수층에서 물을 뽑아내는 모의 시도를 했고, 새로운 석탄화력발전소를 건설하기 위해 땅을 팠다. 학생들은 예일재단 투자책임자문위원회에 나타나서 스웬슨의 인내심을 더욱 시험했다.[40] 스웬슨은 학교 재단이 투자 상세 내역을 공시하지 않는다는 불만을 다 들어준 후 자신을 공격하는 자들과 대면할 시점이라고 판단하고는, 회의가 끝나고 학생들에게 다가갔다.

키가 크고 뻣뻣한 그는 섬난 학생들을 굽이보며 격론을 벌였다. 투자자로서 시장에서 성공적으로 경쟁하려면 자산 비밀을 보호해야 하므로, 투명성을 높이라는 학생들의 요구는 타당성이 없다고 설명했다. 헤지펀드의 혜택을 누리려면 펀드의 매매 정보를 유출하지 않는다고 계약해야 하며, 예일재단은 '최고의 유한책임 파트너'가 되어야 한다고 주장했다.

학생들은 달라지지 않았다. 한 학생은 "나는 예일이 최고의 글로벌 시민이 되는 것이 더 중요하다고 생각합니다"라고 응수했다.[41]

학생들이 목표로 선택한 스웬슨과 스타이어는 헤지펀드업계에서 가장 적합하지 않은 이들이었다. 스타이어는 체니의 하수인이 아니라 민주당 대통령 후보자였던 존 케리(John Kerry)의 지지자였다. 스웬슨은 돈에 집착하는 괴물이 아니라 자신의 '유전적 결함'으로 인해 억만장자가 될 기회를 버린 사람이었다. 그러나 이 모든 것은 중요하지 않았다. 헤지펀드들은 대학 재단의 지원으로 성장했다. 대학 정치의 변동성을 면제받기를 기대할 수 없었다.

저유동성 자산 투자의 문제점

파랄론은 자연보호재단에 토지를 매각하는 거래를 2004년 9월에 완결했다. 물 프로젝트는 실패했지만 그사이 토지 가치가 상승해서 스타이어와 파트너들은 수익을 약간 냈다. 그러나 콜로라도 물 사업 에피소드는 파랄론과 할인 자산을 찾는 펀드 전반의 취약점을 드러냈다.

할인 자산은 정크본드시장의 잔해, 외환위기 이후의 인도네시아, 콜로라도주 계곡 농장주와 농부들 간의 분쟁 등 특이한 상황에서 발견된다. 이런 유형의 상황에서 성공적으로 투자하려면 펀드매니저는 그 영역에 설치된 함정을 파악해야 하는데, 신생 헤지펀드는 적절하게 실사할 인력이 부족한 경우가 발생한다.

파랄론 사람들이 산루이스 계곡을 더 많이 조사했다면 아마도 게리보이스가 믿음직한 파트너가 아니라는 사실을 파악했을 것이다.[42] 그러나 운용자산이 4~5년마다 2배가 되는 펀드는 유입되는 자본만큼 내부 역량을 빠르게 성장시키기가 쉽지 않다.

그러나 파랄론 유형의 펀드의 취약성은 그보다 더 깊이 들어간다. 펀드 수익성이 부분적으로는 유동성 없는 자산에 투자할 의지에 좌우되기 때문이다. 만일 부도난 정크본드에 가치가 있다면, 아마 투자자 대다수가 매수를 두려워하기 때문이다. 따라서 나중에 매도하고 싶어도 매도하기 힘들 것이다. 인도네시아에서 은행을 매수하는 경우에도 같은 논리가 적용되어, 실수하면 쉽게 빠져나올 수 없다.

유동성이 있는 일반 시장에서는 가격이 매우 효율적이고 예측하기가 어렵다. 반대로 유동성이 없는 시장에서는 할인 자산이 넘쳐나지만 실수하면 매우 큰 대가를 치를 수 있다.[43]

유동성 없는 자산을 매수하는 헤지펀드는 회계 장난으로 성과를 좋게 만들 수 있다. 이런 자산은 정의상 지속적인 매매를 통해 가격을 업데이트하지 못하니 가치를 알기가 매우 어렵다. 그래서 이를 보유한 헤지펀드들은 수익을 보고하지 못하고 추정한다. 객관적인 가격이 없어서 주관적인 가치를 도출하기 때문이다. 경우에 따라서는 이 불투명성을 활용해 수익률을 과장할 수 있지만 이 게임은 지속 가능하지 않다.

그러나 펀드가 투자 성과를 정직하게 보고하려고 노력하더라도 결국 매그럽게(smooth) 처리할 수밖에 없다. 비유동성 자산의 가치를 몇 주 단위로 추정할 텐데, 그 기간 안에 가치가 5% 올랐다가 다시 내려갔다면 단순 보합으로 기록될 뿐, 중간에 발생한 변동성은 인식되지 않는다. 결과적으로 비유동성 자산을 보유한 헤지펀드는 수치에서 드러나는 것만큼 안정적이지 않다. 위험 일부가 보고되지 않아서 위험조정수익률이 훌륭하게 보일 뿐이다.

그러나 저유동성 자산 매수자가 부담하는 최대 위험은 위기 때 이들 자산의 가격이 가장 크게 하락한다는 점이다. 패닉의 순간, 투자자들은 쉽게 팔 수 있는 증권을 갈망하고 나머지 증권은 무자비하게 외면한다. LTCM은 분명히 포트폴리오를 분산했지만 그 안에는 시장이 안정적이라는 단일 베팅이 들어 있었다. 이 베팅이 잘못되었다는 것이 판명되자 명백히 상관관계가 없던 포지션들이 동시에 붕괴했다. 그중 다수가 비유동성 자산 보유에 따른 프리미엄을 챙기려고 설계되었기 때문이다.

마찬가지로 명백히 분산된 이벤트드리븐 펀드도 저유동성 투자에 집중투자한 것일 수 있다. 1998년에 LTCM은 이 위험을 너무 많이 안았기 때문에 궁극적인 대가를 치렀다. 2008년에도 비유동성 자산 매수자들은 큰 대가를 치렀으니 지금부터 살펴보자.

13장

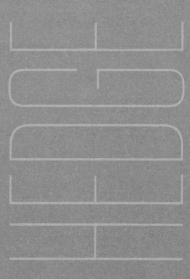

암호 해독가
제임스 사이먼스

단기 패턴을 포착하라

헤지펀드 매니저 중에서 이스트세타우켓(East Setauket)에 가본 사람은 많지 않을 것이다. 맨해튼에서 롱아일랜드 고속도로를 타면 1시간 걸리고, 대서양으로 솟아난 그리니치의 헤지펀드 밀집 지역과는 떨어져 있다. 이 한적한 롱아일랜드 마을에 가장 성공한 헤지펀드인 르네상스 테크놀로지(Renaissance Technologies)의 본거지가 있다.

르네상스는 예일재단의 데이비드 스웬슨이 파랄론 투자를 결정하던 시기에 창업해서 견조한 수익을 올렸고, 르네상스 대표 펀드인 메달리온(Medallion)은 1989년부터 2006년까지 연평균 수익률 39%를 거두었다.[1] 창업자인 제임스 사이먼스(James Simons)는 2000년대 중반에 헤지펀드업계 최고의 연봉을 받았다. 세계에서 가장 유명한 부자는 아니지만 가장 영리한 부자였다.

사이먼스는 수학자이자 암호 해독가, 평생에 걸친 투기자이자 사업가였고, 그의 놀라운 성공은 이 열정들의 조합에서 나왔다. 투기자로서는 학생 시절부터 원자재를 매매했고 훗날 스타덤에 오르게 해줄 트레이딩 취향을 학습했다. 사업가로서는 일련의 기업을 창업했으며, 기업명인 르네상스는 하이테크 벤처캐피털에서 따왔다.

암호 해독자로서는 국방부의 비밀스러운 국방분석연구소(Institute for Defense Analyses)에 일하면서, 외부자에게 닫혀 있지만 내부에서는 협업하는 연구 조직을 세우는 방식을 학습했다. 수학자로서는 천-사이먼스(Chern-Simons) 이론으로 알려진 돌파구에 이름을 올렸고, 기하학 분야 최고 영예인 미국수학회의 오스왈드 베블런 상(Oswald Veblen Prize)을 받았다.

사이먼스는 다양한 열정을 발휘해서, 결혼 선물을 자금으로 해서 콩 투기에 성공했고, 베트남전쟁을 반대하다가 국방분석연구소에서 해고당했으며, 오토바이를 타고 보스턴부터 보고타까지 달렸는데 이 모두가 20대에 일어난 일이었다. 오토바이 여행 끝자락에 콜롬비아를 알게 되자 현지 친구들과 합작해서 그 나라에 타일 공장을 차렸다.

사이먼스의 초기 시장 활동은 수학과는 거의 관련이 없었다. 그는 수요와 공급 예측에 근거해 원자재 선물을 매매하면서 1970년대의 거친 호황과 불황에 올라탔다. 그러나 내면에 있는 수학자 기질은 육감과 경험에 의한 판단을 대체할 모형을 갈망했고, 트레이딩을 해주는 기계라는 아이디어를 사랑했다.

그는 그런 기계를 개발하기 위해 1970년대 말부터 뛰어난 수학 영재들을 고용했다. 우선 국방분석연구소에서 같이 일했던 암호학자 레너드 바움(Leonard Baum)이 있었다. 정수론으로 미국 수학회의 가장 중요한 상을 받은 제임스 액스(James Ax)가 있었다. 캘리포니아대학교 버클리캠퍼스 수학과 교수로서 국방분석연구소 출신인 얼윈 벌리캠프(Elwyn Berlekamp)도 있었다.

사이먼스의 다양한 벤처는 영입한 파트너에 따라 이름과 소유 구조가 달라졌다. 사이먼스는 버뮤다에 펀드를 세웠고, 서해안 쪽에 기업을 세웠으며, 1977년 사직하기 전까지 수학과장으로 재직했던 뉴욕주립대학교 스토니브룩캠퍼스가 있는 롱아일랜드에도 기업을 세웠다.

사이먼스의 팀원들은 지적으로만 강한 것이 아니었다. 암호 작성과 기타 군사 통신 분야의 경험은 금융에도 적용할 수 있었다. 예를 들어 벌리캠프는 '유령'을 닮은 신호를 보내는 시스템의 전문가였다. '유령'은 통계적 소음의 바다에 존재하는 희미한 신호로서, 무작위이고 효율적인 시장에 숨어 있는 희미한 패턴과 다르지 않았다. 전장의 병사들은 자기 위치를 노출하지 않을 만큼 성기고 희미한 메시지를 공중 엄호 부대에 보내야 한다. 적군이 메시지를 해독하면 안 될 뿐만 아니라 누군가가 신호를 보낸다는 사실조차 몰라야 한다.

벌리캠프가 보기에 전쟁에서 '유령' 시스템에 속아 넘어가는 적군은 시장이 랜덤으로 움직인다고 선언한 경제학자와 매우 비슷했다. 경제학자들은 유령을 응시했다. 그러나 아무것도 보지 못했고 의심하지도 않았다.[2] 사이먼스 팀은 암호 해독 알고리즘 경험을 활용해서 시장 데이터에서 유령 같은 패턴을 찾아냈다. 경제학자들은 여기에 필요한 수학적 재능이 없기 때문에 동등한 차원에서 경쟁할 수 없었다.

사이먼스 팀의 초기 노력은 일부만 성공했다. 레너드 바움은 수학 모형 개발에 뛰어나지만 황금의 알고리즘을 추구하는 데 싫증을 냈고, 경제신문을 읽고서 파운드화에 큰돈을 베팅해 재미를 보았다. 제임스 액스는 컴퓨터 트레이딩 프로젝트에 계속 매달렸지만 변덕스러웠고 시스템 수익률 또한 변동성이 높았다.

그러나 1988년 사이먼스는 향후 성공의 발판이 될 플랫폼을 구축했다. 액스와 함께 기하학과 정수론에서 받은 메달을 기념하는 메달리온펀드를 출범한 것이다. 메달리온펀드는 컴퓨터가 창출하는 신호에 근거해서 원자재와 금융 선물을 트레이딩했다. 시스템의 핵심은 커머디티가 10여 년 전에 개발했던 것과 다르지 않은 추세 추종 모형으로서 평범했지만 지금 일부를 다른 규칙으로 운용했다. 이후 사이먼스의 재산을 키워낼 씨앗이었다.

그 씨앗은 스토니브룩캠퍼스 수학과 교수인 헨리 로퍼(Henry Laufer)가 고안해냈다.[3] 로퍼는 자기고립적인 인물이었다. 한번은 액스가 그와 논쟁한 끝에 몇 달 동안 대화하기를 거부했는데도 알아차리지 못했다. 그러나 로퍼는 별난 만큼 재능도 있었다. 1980년대 중반 유령 사냥에 성공하면서, 시장을 동요시키는 사건이 발생한 후 시장이 움직이는 패턴을 포착한 것이다.

새로운 데이터가 발표되면 다양한 투자자들의 반응에 따라 원자재나 통화가 등락하는데, 육안으로는 무작위로 움직이는 듯 보이지만 고해상도 통계적 고글을 쓴 과학자는 패턴을 찾을 수 있을 것이다.

뉴스가 발표될 때마다 원자재가 같은 방향으로 움직인다면 정말 명백하겠지만 그렇지 않았다. 그러나 뉴스 수천 건에 대한 반응 수천 번을 분석하면 전체의 절반 이상에서 특정 순서가 나타났다. 이 순서에 반복 베팅함으로써 사이먼스 팀은 손실보다 수익을 더 많이 쌓았다. 그리고 충분한 횟수와 충분한 규모로 베팅함으로써 매력적인 수익을 보장받을 수 있었다.[4]

메달리온펀드의 수익성 높은 패턴을 설명하는 알고리즘은 지금도 비밀로 남아 있다. 그러나 그들이 패턴을 발견하고 경탄스러운 수익을 낸 이유는 대략이나마 이해할 수 있다. 성공 일부는 단기 신호를 선택한 덕분이었다. 로퍼는 어떤 원자재의 단기 가격 패턴을 조사함으로서 관찰 결과 수천 건을 수집했고, 이로서 통계적으로 유의미한 반복 패턴을 발견할 확률이 높아졌다.

더구나 단기 신호는 발견하기 쉬울 뿐 아니라 가치가 높을 가능성이 컸다. 특정 원자재가 향후 수일간 어느 쪽으로 움직일지 예측할 수 있다면, 내기를 걸고 보상을 받는 데도 그 정도밖에 안 걸린다. 타이거펀드는 2년 안에 가치가 2배 높아질 주식을 매수하고자 했지만, 24시간 안에 0.25%를 버는 통계적 트레이더가 더 부유해질 것이다.

마지막으로 단기 예측이 장기 예측보다 더 자신감을 불러일으킨다. 예상치 못한 요소로 인해 예측치가 목표에서 이탈할 시간이 적기 때문이다. 이 패턴은 비교적 왕성한 단기 예측에 따라 거래했으므로 사이먼스 팀은 레버리지를 사용해서 수익을 극대화할 수 있었다.

1988년 사이먼스와 액스는 메달리온펀드를 출범하면서 자본의 약 15%를 단기 신호에 따라 운용했고 나머지를 전통적인 추세 추종 모형에 배분했다.[5] 펀드는 희망차게 시작했지만 이후 무섭게 하락해서 1989년 5월에는 정점에서 25% 가까이 내려왔고 사이먼스는 매매를 중단하기로 결정했다. 액스는 모형이 곧 수익성을 회복할 것이라고 열정적으로 주장했지만 사이먼스는 그가 틀렸다고 확신했으므로 투자조합을 해산했다. 그리고 벌리캠프와 로퍼의 도움을 받아 메달리온펀드의 장래를 결정하기 위한 '연구 기간'을 가졌다.

사이먼스와 팀은 메달리온의 주력인 추세 추종 전략이 이점을 상실한 것이 문제라고 판단했다. 커머디티 모방자가 너무나 많이 진입해 있었고, 딘 위터(Dean Witter) 같은 브로커들은 고객들에게 원자재 펀드 수십 개를 마케팅했으며, 추세 추종 자체가 추세가 되었다.[6]

몇 달간 고심한 후 사이먼스과 동료들은 로퍼의 단기 신호를 시스템의 새로운 핵심으로 두기로 결정했다. 재가동 첫해인 1990년, 메달리온펀드는 수수료 공제 후 56%를 찍었다. 출발이 좋았다.

얼윈 벌리캠프는 이 노다지에서 돈을 빼는 것으로 반응했다. 그는 메달리온 운용사의 지분을 팔고 버클리 연구소로 돌아갔다. 그러나 사이먼스는 독보적이고 걸출한 사업적 신념으로 반응했다. 그는 암호학 기법이 시장의 암호를 풀어낼 것이라고 믿으면서 10년 이상 수학자들을 자신의 사업으로 끌어들였다.

이제 그는 자신이 옳다는 것을 증명했다고 느꼈고 우위를 밀고 나가기로 결심했다. 그는 벌리캠프의 운용사 지분을 인수한 후 남은 지분을 르네상스에 투자했다. 메달리온이 창출하는 수익으로 무장해서 수학자들을 영입하는 노력을 배가했고, 스토니브룩병원 옆 롱아일랜드 하이테크놀로지 인큐베이터 빌딩에 전문가 위원회를 배치했다.

얼마 지나지 않아 투자는 결실을 맺었다. 연구팀을 확장하자 미국 원자재시장에서 자주 작동하는 패턴이 종종 외국 시장에서도 작동하는 것을 발견한 것이다. 그리고 시행착오 끝에 사이먼스 팀의 유령 사냥은 주식시장에서도 패턴을 발견했다.

롱아일랜드의 전문가 위원회를 확장하면서 사이먼스는 컴퓨터과학자와 물리학자, 천문학자를 추가했지만 경제학자는 결코 고용하지 않았다. 그는 실물 경제의 뼈와 살, 벽돌과 모르타르에 연연하지 않고 시장을 수학적 퍼즐로만 접근할 사람을 원했다.

물론 과학자들이 추상적으로 생각해서 이상한 결과를 도출하는 경우도 있었다. 한번은 어떤 연구원이 메달리온펀드의 지난주 성과를 보고하면서 금요일 결과를 먼저 제시한 다음 월요일, 목요일, 화요일, 수요일 순서로 열거했다. 컴퓨터가 요일을 알파벳순으로 배열하니 동료들이 이 묘한 순서에 익숙하다고 생각했기 때문이다.

또 다른 경우는 르네상스가 투자자 500명을 위한 만찬을 주최했을 때 등장했다. 한 과학자가 좌석 배치도를 그리는 프로그램을 짜겠다고 자원했다. 그는 어떤 사람이 타인과 잘 지낼 확률을 추정한 다음 컴퓨터로 좌석 배치 최적화를 수행했다. 잠시 동안 사이먼스의 사무실 칠판은 독신 여성 대수기하학자가 기혼 남성 유도 교사와 잘 지낼 확률 등으로 뒤덮였다. 행사 날 저녁, 프로그램에 따라 르네상스의 최대 고객은 그가 정말 좋아할 만한 여성 옆에 앉았다. 그 여성은 그를 성희롱으로 고소했다.

그러나 상황 대부분에는 세상을 수학적으로 접근하는 방식이 성공했다. 사이먼스는 컴퓨터에 엄청나게 투자해서 금융시장의 가격, 경제 통계 발표, 뉴스 정보, 일자별 날씨까지 인식 가능한 데이터를 모두 입력했다. 팀이 유령 사냥을 더욱 깊게 할수록 수익성 있는 패턴을 발견했다. 예를 들면 전문가 위원회가 연구해보니 도시의 아침 날씨가 좋으면 주가가 상승하는 경향이 있었다. 메달리온은 화창한 아침에 매수하고 잠시 후 매도함으로써 앞서 나갈 수 있었지만 효과가 미미해서 거래 비용을 충당하지 못했다. 그래서 르네상스는 이 신호를 공개했다.

르네상스가 발견한 패턴 상당수는 개별로는 미약해서, 첫 번째 근사치로는 시장이 대략 효율적이었다. 그러나 르네상스는 사소한 비효율성을 다수 발견한 다음 하나의 트레이딩 프로그램에 조합함으로써 매년, 특히 시장 격동기에 수익을 내는 시스템을 구축했다. 마이클 스타인하트가 채권시장 붕괴로 수십억 달러를 잃은 1994년, 메달리온은 수수료 공제 후 71% 수익을 냈다. 2008년 폭락장에서는 수수료 공제 후 80%를 달성해서, 수수료 공제 전으로는 거의 160%에 달했다.

사이먼스는 2009년에 은퇴할 때까지 여러 번 억만장자가 되었다. 2006년에만 15억 달러를 벌어서, 직원이 11만 5,000명인 스타벅스와 직원이 11만 8,000명인 코스트코의 이익을 더한 것과 맞먹었다. 비밀스러운 암호 해독자는 자신의 사진, 즉 백발과 흰 수염이 조화를 이루어 열렬한 흡연자의 얼굴을 감싼 사진을 잡지 표지에서 발견했다. 그리고 헤지펀드업계의 경쟁자들이 놀라워할 정도로, 메달리온의 마술은 1990년대와 2000년대에도 경쟁 압력에 굴복하지 않았다. 이 책을 쓰는 2010년 초에도 줄어들 기미가 없다.

퀀트 펀드의 경쟁사 출현

르네상스에 대한 최초의 경쟁 압력은 컬럼비아대학 컴퓨터과학자인 데이비드 쇼에게서 왔다. 쇼는 메달리온이 트레이딩을 개시한 해인 1988년에 자신의 이름을 딴 회사 DE쇼(D. E. Shaw)를 출범했다.

사이먼스 팀처럼 쇼도 매우 짧은 단위에 집중했고, 트레이더와 경제학자 대신 수학자와 과학자를 채용했다. 사이먼스 팀처럼 쇼도 수치의 정확성을 강력하게 추구했다. 직원들은 어떤 프로그래밍 업무에 3~8주 걸린다고 말하면 안 된다는 사실을 곧 깨달았다. 5.25주 걸리겠지만 오차범위가 2주라고 말해야 했다.[7] 그러나 이 모든 유사점에도 불구하고 쇼와 사이먼스 간에는 차이점들도 있었다. 중요한 차이였다.

쇼는 모건스탠리의 고유계정 트레이딩 데스크에 채용되어 퀀트 트레이딩을 지원하는 컴퓨터 시스템을 개발하는 것으로 금융 경력을 시작했다. 1986년이었고 모건스탠리 내부에서 큰일이 벌어지고 있었다. 비밀리에 운영되던 분석적 고유계정 트레이딩 부서는 주식시장의 단기 유동성 효과에서 수익을 얻기 위해 컴퓨터 작업을 진행하고 있었다.

1970년대에 마이클 스타인하트가 발견했듯이, 연기금이 대량 매도를 주문하면 주가가 밀려났다. 기관이 매도한 배후에 아무런 정보가 없다면, 즉 악재에 반응해서가 아니라 현금이 필요해서 매도하는 것이라면, 스타인하트는 기관의 매물을 받아서 이전 가격을 회복할 때까지 보유함으로써 차익을 얻을 수 있었다. 모건스탠리의 분석적 고유계정 트레이딩 부서는 이 게임에서 스타인하트를 물리치기로 했다.

퀀트 팀은 정보에 기반하지 않은 가격 움직임을 포착하기 위해서 주식 종목을 쌍(pair)으로 분류했다. 예를 들어 포드는 GM을 따라 움직이는 경향이 있고, 아메리카항공은 유나이티드항공을 따랐으며, 인터내셔널제지는 조지아퍼시픽제지를 따르는 등이었다. 주식 쌍의 하나가 하락하는데 다른 쪽이 움직이지 않는다면 이 주식은 아마 현금이 필요한 기관이 매도해서 밀린 것이고, 이 경우 가격이 곧 반등해서 수익 기회를 제공할 것이다.[8] 물론 모건스탠리의 방식은 완전무결하지 않았지만 완전무결할 필요도 없었다. 절반 이상만 맞히면 수익이 났다.

모건스탠리에서 2년 일한 후 쇼는 컴퓨터 시스템 구축 이상의 일을 하고 싶어졌다. 그는 모건스탠리 접근 방식에 한계를 느꼈다. 분석적 고유계정 트레이딩 부서는 단순한 페어 트레이딩으로 수익을 얻는 방법을 알아낸 후 모든 연구 방식에 투자했다. 시장에 카오스 이론을 적용하기 위해 물리학자들을 투입하고, 주가를 모델링하는 복잡한 미분등식을 개발하기 위해 수학자들을 투입했으며, 어떤 은퇴자는 3-D 안경을 써서 가격 패턴을 추적하는 시스템까지 개발했다고 말했다.[9]

그러나 컴퓨터과학자로서 훈련받은 쇼는 모건스탠리가 잠재적으로 흥미로운 경로를 무시한다고 보았다. 모건스탠리 팀이 금융 데이터에서 이례 현상을 찾는 방식은 대학교 컴퓨터과학 팀이 과제에 도전할 때 채택할 방식과는 전혀 달랐고, 이례 현상을 트레이딩 모형에 결합하는 데 사용하는 기법 또한 달랐다. 쇼는 자신의 예감을 어떻게 진전시켜야 할지 정확히 알지는 못했지만, 그리니치빌리지의 공산주의 서점 위층에 사무실을 빌려 회사를 차렸다.

창업하고 6개월이 안 되어 쇼의 독특한 접근 방식이 성과를 내기 시작했다. 모건스탠리는 복잡한 비선형 패턴을 연구하면서 흥미로운 발견을 하지 못했지만 쇼는 유망한 이례 현상을 빠르게 발견했다. 사이먼스 팀이 그랬듯이 쇼가 발견한 유령도 설명하기가 어려웠다. 반복되는 패턴을 발견하고 인쇄해보니 종이 위의 곡선들을 익숙하게 표현할 용어가 없었던 것이다. 직관적인 효과가 아니어서 경쟁사보다 빠르게 주문을 낼 필요가 없었다. 경쟁자가 없다고 확신했기 때문이었다.[10]

곧 수익이 쌓이기 시작했고 그리니치 사무실을 확장했다. 1989년에는 플랫아이언 지구로 이사했고 2년 후 웨스트 45번가의 초현대식 빌딩으로 옮겼다. 그러는 사이 모건스탠리 경영진은 분석적 고유계정 트레이딩에 좌절해 부서를 폐쇄했다.

1994년 DE쇼를 방문한 잡지 기자는 135명으로 구성된 조직이 뉴욕증권거래소 1일 거래량의 5%까지 점유하는 것을 보고 놀랐다. 근무 복장은 캐주얼하고 기업은 자유분방했다. 직원들은 밤에 남아서 일하기 위해 침낭을 폈다. 훗날 인터넷의 거인 아마존(Amazon)을 창업하는 직원 제프리 베이조스(Jeffrey Bezos)는 "집에 가지 않으면 더 집중하기 쉽다"라고 술회했다.[11]

다른 퀀트 트레이더들처럼 쇼가 시장에 접근하는 방식도 경제학자와 근본적으로 달랐다. 경제학자들은 일반적으로 완전한 차익거래를 가정하며 시작했다. 즉 두 채권이나 두 주식이 이론적으로 동일하다면 그들의 가치도 같아야 한다. 같지 않다면 궁극적으로 수렴해야 한다고 가정하는 경향이 있었다. 그러나 과학자들은 가격 간에 반드시 '존재해야 하는' 관계를 찾지 않았다. 데이터를 보면서 어떤 관계가 '실제로 존재하는지'를 질문했다.[12]

더구나 데이터에서 타이핑 문제와 오류를 공들여서 제거함으로써, 재무학 교수 대다수가 확보한 것보다 깨끗한 데이터를 사용했다. 열정적인 학자가 시장에서 수익성 있는 이례 현상을 발견했다며 DE쇼에 접근하는 경우가 빈번했다. 그러나 쇼의 팀은 그것이 데이터의 수치 오류 때문임을 발견하는 경우가 많았다. 예를 들어 가격이 폭락한 주식을 매수하는 것이 교수의 전략이라고 하자. 하지만 IBM의 주가가 60달러에서 61달러가 되었다가 16달러가 되었으면 세 번째 가격은 매수 신호가 아니라 오자다.

쇼는 퀸트 팀을 만들고 나서 주가 모델링을 넘어섰다. 옵션은 유망한 분야였다. LTCM의 노벨상 수상자 로버트 머튼과 마이런 숄스는 초기 옵션 모형을 만들면서 주가 변화가 정규분포를 따른다고 가정했다. 1987년 대폭락으로 이 가정은 단순하게 흔들리는 것이 아니라 위험할 정도로 틀렸다는 것이 밝혀졌다. 극단적인 주가 변동이 정규분포의 예측보다 훨씬 자주 발생했기 때문이다.

도전 과제는 더 나은 가격 모형을 개발하는 것이었고 쇼는 기회를 포착했다. 그의 수학자들은 시장 참여자들보다 우수할 뿐만 아니라, 시장 참여자이기 때문에 대학교 수학자들보다 주가 데이터에 더 잘 접근할 수 있었다. 당연히 쇼의 팀은 시장 다수에서 우위를 점할 옵션 가격 결정 모형을 만들어냈다. DE쇼는 다양한 주식 파생상품, 특히 일본의 이례 현상에서 수익을 냈다.[13] 그런 다음 채권에 주식 옵션이 붙은 전환사채로 가지를 쳤다. 옵션시장 조성 사업을 개시했고 곧 이 사업의 일부가 거래 절반을 차지했다.

1995년, DE쇼는 직원이 200명 이상으로 늘었고 쇼의 성과에는 의문의 여지가 없었다. 그러나 메달리온의 성과와는 달랐다. 르네상스가 선물 거래와 이후 주가에서 이례 현상을 발견한 것처럼 쇼도 주가에서 이례 현상을 발견하는 기계를 발명했고, DE쇼는 자사 전략 일부가 메달리온처럼 40%를 넘는 수익률을 달성했다고 주장했다.[14]

쇼의 팀이 상세한 내용을 공개하지는 않았지만 그 황금의 알고리즘들에 대규모 자본을 운용할 수는 없었을 것이다. 대규모로 운용했다면 총수익률이 훨씬 높을 것이기 때문이다.

한편 쇼는 적극적으로 확장했다. 1995년에는 인터넷 서비스회사인 주노온라인(Juno Online)과, 온라인 은행 겸 증권 브로커의 초기 벤처인 파사이트(FarSight)를 설립했다. 옵션시장을 조성하려고 노력하면서 상장주식을 장외 거래하는 제3시장에도 진출했다. 제3시장은 싹싹하고 인맥이 좋은 버나드 메이도프(Bernard Madoff)가 이미 주도하고 있었지만, 쇼의 팀은 양적 우위로 수익을 내리라고 보고 진입했다. 그러나 메이도프는 분석력 부족을 상쇄할 방법이 있었고, 쇼의 퀀트는 수익을 내지 못했다.

쇼의 실험정신은 강점이자 약점이었다. 그는 벤처 다수를 론칭해서 위험을 분산했고 새 벤처 일부는 크게 성공했다. 그러나 때로는 이미 인기 있는 분야에 진출함으로써, 시장이 격변할 때 트레이딩 경쟁에 휘말리는 위험을 안았다.

1997년에 회사는 채권의 이례 현상을 찾는 것을 목표로 뱅크오브아메리카(Bank of America, BoA)와 합작했다. 불행히도 이 전략은 LTCM과 모방자들이 수행하던 차익거래와 겹치는 부분이 많았다. 그 결과 DE쇼는 1998년에 LTCM 붕괴로 발생한 채권시장의 격변에서 손실을 입었다. 트레이더는 "당시 쇼의 게임이 끝날 수도 있었다"라고 술회했다.

DE쇼가 포트폴리오 일부를 매각하면서 실현한 손실은 다른 투자 전략들에서 얻은 수익 전부를 상쇄할 정도였다. 쇼는 유동성이 경색되면 레버리지를 사용한 채권 투자가 크게 타격받는다는 것을 배웠고, 수년간 채권 차익거래를 포기했다가 2002년에야 재진입했다.

폴 튜더 존스도 진입하다

쇼가 트레이딩 기계를 구축하는 동안, 헤지펀드업계의 다른 구석에서 놀라운 노력이 진행되고 있었다. 정열적인 트레이더이자 로빈후드재단 설립자인 폴 튜더 존스는 성공의 열매를 컴퓨터 트레이딩 프로젝트에 투입하고 있었다.

이 노력의 초기 단계는 그의 활기찬 젊음과 궤를 같이했다. 트레이딩 시스템에 마돈나와 머티리얼 걸(Material Girl)* 같은 이름을 붙였지만 통계적으로 조잡해서, 결과가 이름만큼 흥미롭지 못했다.

그러나 1990년대 초에 존스는 스타일을 바꾸었다. 유명하고 오만하던 그가 나서지 않게 되었다. 독신으로 맨해튼에 살던 그는 결혼하고 그리니치에 자리 잡았다. 그의 기업도 더 성장했다. 브루스 윌리스의 운동화는 치워졌고, 튜더는 단독 트레이더 체제에서 포트폴리오 매니저 다수를 지원하는 기관 플랫폼으로 전환했다.

존스는 보스턴 출신 주식 종목 선정자로서 자신의 매크로 트레이딩을 보완해줄 제임스 팔로타(James Pallotta)를 영입했다. 골드만삭스의 위대한 재량 트레이더로 알려진 런던 출신 마법사 마크 헤퍼넌(Mark Heffernan)도 영입했다. 튜더의 확장욕은 컴퓨터 트레이딩에도 영향을 미쳤고, 특히 1995년 수실 와드와니(Sushil Wadhwani)가 동참한 후 더욱 강해졌다.

와드와니는 한때 성공한 경제학자였고 시장을 창조했다. 런던정경대학에서 경제학과 통계학을 가르친 후 잉글랜드은행의 통화위원회로 옮겨 일했다. 그러나 골드만삭스에서 투자 전략가로 일했고 튜더에 합

---

* 마돈나의 두 번째 앨범 'Like a Virgin'의 두 번째 싱글 타이틀 곡명

류했다. 골드만삭스에서의 업무는 내부 고유계정 트레이더와 외부 고객, 특히 폴 튜더 존스에게 자문을 제공하는 것이었다. 이들을 만나면서 와드와니는 순수한 경제학적 사고에 한계가 있다는 것을 배웠다.[15] 현대 포트폴리오 이론가들의 상상과 다르게, 비논리적인 가격 이례 현상을 포착하는 것은 트레이더 사고 과정의 시작일 뿐이다.

다음 단계는 이례 현상을 바로잡을 방아쇠를 포착하는 것으로서, 방아쇠가 없으면 이례 현상이 무기한 지속될 것이다. 다가오는 선거, 차트에서 발견한 심리적 티핑포인트(tipping point), 또는 대형 기관투자가의 행동을 변화시킬 요소 등이 방아쇠로 작용한다. 의식적이든 아니든 위대한 재량 트레이더들은 이 요소들이 내는 신호에 따라 행동했다. 튜더에서 와드와니의 임무는 이들의 다양한 사고를 모방하는 기계를 만드는 것이었다.

와드와니는 커머디티를 잘 모르고 커머디티와 튜더의 관계도 몰랐지만, 커머디티가 베테랑 트레이더 에이머스 호스테터와 했던 실험을 따라 하면서 개발을 시작했다. 프린스턴의 프로그래머가 호스테터의 차트 기반 추세 추종을 복제해서 트레이딩 시스템을 만든 것처럼, 와드와니는 폴 튜더 존스와 그의 골드만삭스 동료인 마크 헤퍼넌을 세심하게 관찰해서 시스템을 설계했다.

그는 우선 순진한 모형으로 시작했다. 예를 들어 경제지표가 긍정적이거나, 기관투자가들이 미투자 현금을 많이 보유하고 있거나, 옵션시장에서 투자 심리가 상승 전환했다는 신호를 보이면 주가지수를 매수한다. 그러고 나서 와드와니는 존스와 헤퍼넌의 트레이딩을 관찰하면서 행동 이유를 조사했다. 왜 한 사람이 오전 10시에 특정 포지션을 매수했을까? 왜 그는 세 시간 후에 포지션을 늘렸을까? 트레이더들은 일반적으로 와드와니의 프로그램에 들어가 있는 요소들을 고려했지만

이를 다른 방식으로 결합했다. 와드와니는 더 많이 들으면서 모형을 더 개선했다.[16]

주가지수나 통화나 원유 선물을 언제 매수할지 결정하는 것은 과제의 일부에 불과했다. 다음 질문은 각 포지션에 얼마를 베팅할 것인가였다. 사이먼스의 메달리온펀드가 구사한 단기 트레이딩 시스템도 이 문제에 직면했지만 방식이 달랐다. 즉 메달리온은 단기 프레임으로 운용했기 때문에 갑자기 많이 매매하면 가격이 불리하게 움직일 위험이 있었고, 따라서 자사의 수익을 손상시키지 않으면서 얼마나 베팅할 수 있을지 계산했다. 그러나 와드와니는 유동성 있는 시장에서 장기간 트레이딩할 시스템을 설계하고 있었으므로, 가격을 불리하게 움직이지 않으면서도 원하는 규모의 포지션을 쌓을 시간이 있었다.

제약 요소는 위험을 어떤 규모로 수용할 수 있는가였다. 너무 적게 베팅하면 수익이 적어지고, 너무 많이 베팅하면 지급 불능 위험이 생긴다. 위대한 트레이더들은 언제 급소를 찌르고 언제 인내할지 아는 것이 기술의 중요한 부분이며, 수익률을 제고하려면 베팅 적중률을 높이는 것보다 최고의 기회를 포착해 크게 베팅하는 것이 효과적이다. 와드와니는 특정 매매에 z스코어(z score)를 배정해서 이 문제와 씨름했다. 포지션의 성공 신뢰도가 높고 기대수익이 클수록 시스템은 더 많이 베팅할 것이다.

시스템을 만들면서 와드와니는 유연하게 결정해야 하는 사항이 매매 규모만이 아님을 깨달았다. 매매 유형도 환경에 따라 달라져야 했다. 시장이 조용할 때보다 격동할 때 야성적 충동(animal spirit)이 더 중요하므로 컴퓨터 시스템도 옵션시장의 심리를 측정하는 데 가중치를 두어야 했다.[17] 마찬가지로 경제가 불황에 접어들면 부정적인 데이터가 시장에 더 큰 영향을 주는 경향이 있다. 고용 감소 통계가 나오면 호황기에는 주가가 약간 타격받지만 불황기에는 훨씬 더 하락할 수 있다.

근본적으로 투자를 전산화하려면 하나 이상의 프로그램에 근거해야 한다. 시장 안정기에는 LTCM 스타일의 차익거래가 성과를 내니 가격 이례 현상이 사라지는 데 베팅할 프로그램이 필요하다. 시장 불안정기에는 차익거래가 위험하니 추세를 추종하는 프로그램이 필요하다. 와드와니는 이들 전략을 자동으로 교체하는 방식이 가장 이상적이라고 깨달았다.

와드와니는 비전을 달성하지 못하고 1999년에 튜더를 떠나 잉글랜드은행으로 옮겼다. 그가 만든 프로그램의 첫 번째 버전으로 추세 추종형인 테크노펀더멘털스(Techno-Fundamentals)는 1997년 말부터 성공적으로 자산을 운용했지만 시장 환경에 따라 자동 변경하는 시스템을 만드는 과제는 미결로 남았다. 와드와니는 2002년에 자신의 헤지펀드 와드와니자산운용(Wadhwani Asset Management)을 런던에 출범하면서 이 과제로 돌아왔고, 그동안 튜더의 프로그램 트레이딩은 발전을 계속했다.

튜더는 2008년에 컴퓨터 트레이딩에 50명 이상 투입했고 그 알고리즘으로 자본 170억 달러 중 30억 달러 이상을 운용했다.[18] 브루스 윌리스의 운동화를 신던 정열적인 트레이더는 대단한 변신을 이루어냈다.

그러나 DE쇼가 그랬듯이 이 성과에는 한계가 있었다. 튜더가 만든 시스템은 사이먼스의 팀이 르네상스에서 개발한 것만큼 독창적이지 않았다. 골드만삭스 출신 이코노미스트가 개발했고 부분적으로는 골드만삭스 출신 트레이더의 본능에 기반했다. 와드와니와 헤퍼넌이 아무리 명석하더라도 기존 금융계 출신인 만큼, 금융계의 다른 부분들에서 비슷한 전략이 태어날 가능성이 컸다.

귀중한 전문가 소수가 기업 소수를 옮겨 다녔다. 그때마다 기업이 독자적인 시스템을 구축할 확률이 낮아졌다.

한편 사이먼스는 자신의 길을 개척했다. 그는 검증된 과학자와 수학자들을 고용했고, 쇼가 선호한 젊은 퀀트와 월스트리트 베테랑들은 배제했다.[19] 헤지펀드의 중심지인 뉴욕, 그리니치, 런던에서 떨어진 롱아일랜드에 사무실을 두어서 경쟁사들과의 교류를 제한했다.

그는 재무 학계에서 나온 아이디어를 사용하지 않았다. 르네상스 연구원들이 한때 재무학 논문집을 연구하고 매주 모여 최신 논문을 논의했지만 성과가 없어서 포기했다. 르네상스 연구원들은 독자적인 시스템을 개발했다. 와드와니는 업계 전체의 의견을 대변해서 "나는 그들을 보면서 세상에는 투자의 신이 있고 나 같은 보통 사람도 있다는 것을 깨달을 수밖에 없었다"라고 술회했다.[20]

인간과 컴퓨터의 차이

1993년 사이먼스는 전문가 위원회에 피터 브라운(Peter Brown)과 로버트 머서(Robert Mercer)를 추가했다. 이들은 IBM 연구소에서 왔고, 이후 메달리온의 발전을 이끌었으며, 사이먼스 은퇴 후 마침내 경영을 넘겨받았다. 두 사람은 서로를 잘 보완했다. 브라운은 에너지 넘치는 사람으로서 하루 4시간 자면서 모든 상황을 열정적으로 처리했고 한동안은 사무실에서 외바퀴 자전거를 타고 다녔다. 머서는 차분한 쪽으로서 IBM 상사는 농담 삼아 그를 자동인형으로 불렀다.

두 사람은 르네상스에 합류하기 전에 암호학에 관여했지만 진정한 업적은 다른 곳에 있었다. 관련 분야인 컴퓨터 번역을 뒤집은 것이다.

브라운과 머서가 나서기 전에 번역은 외국어를 구사하는 프로그래머의 영역이었다. 프로그래머는 우선 언어의 문법과 구문론을 이해한 다음, 중학생을 가르치듯이 컴퓨터에 'la fille'는 '소녀'이고 'les filles'는 복수형이라고 가르치는 방식으로 접근했다. 그러나 브라운과 머서는 다른 방식을 취했다. 이들은 프랑스어를 할 줄 몰랐고 문법이나 구문론을 탐색하지도 않았다. 대신에 프랑스어와 영어가 짝지어진 캐나다 의회 기록 수백 페이지를 찾아냈다. 그러고 나서 그 자료를 IBM 워크스테이션에 입력하고 상관관계를 도출하라고 지시했다.

이들이 르네상스에서 수행한 작업은 비밀이지만 IBM에서 수행한 실험은 보고서로 발간되었다.[21] 작업은 데이터 오류를 제거하는 것으로 시작된다. 금융시장의 가격 기록에 61달러 대신 16달러가 들어가 있는 것처럼, 캐나다 의회 의사록도 오타가 포함되어 번역 프로그램을 혼동시키기 때문이다.

다음으로 컴퓨터는 데이터를 검색해서 패턴을 찾아냈다. 처음에는 특정 영어 단어가 샘플 내 프랑스어 단어 5만 8,000개 중 하나로 번역될 가능성이 같다고 생각했지만, 컴퓨터가 쌍둥이 문장들을 점검해나가자 영어 단어 대부분이 일부 문장에서만 나타났고 이에 따라 불확실성이 99% 제거되었다.

이어서 컴퓨터는 더 예민한 일련의 테스트를 진행했다. 예를 들어 영어 단어가 문장 내 같은 위치에 있는 프랑스어 단어에 대응한다고 가정했다. 그러자 'lait/milk'와 'pourquoi/why' 같은 단어 쌍이 뚜렷하게 나타나기 시작했다. 그러나 다른 상관관계들은 약하게 나타나서, 이를 포착하려면 매번 조금씩 다른 알고리즘을 사용해서 데이터를 여러 번 걸러내야 했다. 브라운과 머서는 "이렇게 해야만 'marquée d'un astérisque/starred'나 'qui s'est fait bousculer/embattled'의 속삭임을 들을 수 있었다"라고 보고했다.

국방분석연구소의 암호 해독자들은 이 방식이 놀랍지 않았을 것이다.[22] 실제로 브라운과 머서는 '기댓값 최대화 알고리즘(expectations maximization algorithm)'이라는 도구를 사용했고, 이를 발명한 사람이 국방분석연구소 출신으로 사이먼스와 함께 일하는 레너드 바움이라고 밝혔다.[23]

암호 해독자들은 '통계적인 기계 번역'이라는 아이디어를 당연하게 보았지만 전통적인 번역 프로그래머들은 분노했다. 브라운과 머서의 논문을 검토한 사람은 "컴퓨터의 조잡한 힘은 과학이 아니다"라고 꾸짖었고, 논문을 번역 전문가 회의에서 발표하자 한 청자는 "우리 모두 경악했다. 사람들은 고개를 흔들고 믿을 수 없다고 불평하거나 적대감을 보이기까지 했다"라고 술회했다. 청중은 "언어적 직관이 어디에 있나요?"라고 물었지만 "예, 그게 핵심입니다. 직관은 존재하지 않습니다"로 보이는 답변이 돌아왔다.

IBM에서 브라운과 머서의 상사였던 프레드 젤리넥(Fred Jelinek)이 상처에 소금을 뿌렸다. 그는 비판하는 이들에게 "내가 언어학자를 해고할 때마다 시스템 성능이 개선되었다"라고 말했다.[24]

브라운과 머서가 르네상스에 합류한 1993년에는 비판론이 사라진 상태였다. IBM 팀 프로그램은 캐나다 의회 의사록 샘플 문장을 처리하자 다른 자료도 번역할 수 있었다. 프랑스 신문 기사를 제시하면 프로그램은 의회 의사록 데이터베이스를 검색해서 기사 문구와 해독 자료를 매칭했다. 번역 결과는 경쟁 시스템보다 훨씬 우수했고, 통계적 기계 번역은 몇 년 만에 컴퓨터공학자들에게 지적 혁명으로 환영받았다.[25] 캐나다의 정치적 수사법은 생각보다 훨씬 유용한 것으로 판명되었다. 그리고 브라운과 머서는 세상에 인공지능의 교훈을 일깨웠다.

교훈은 인간과 컴퓨터의 차이와 관련된다. 초기 번역 프로그램은 컴퓨터에 어휘와 문법을 가르치려 했는데 사람들이 이렇게 학습하기 때문이었다. 그러나 컴퓨터는 다른 방식으로 접근하는 것이 더 적합하다.

컴퓨터는 영어와 프랑스어의 문법에 별로 주목하지 않고도 양자의 번역을 학습할 수 있다. 컴퓨터는 의회 의사록에 접근하기 전에 동사의 어형이나 형용사의 어조를 이해할 필요가 없이, 의사록을 먼저 파악한 후 알고리즘으로 조합해서 암호를 해독한다.

마찬가지로 컴퓨터는 문장 수백만 개를 아무 문제 없이 기억하고, 인간 학생이 기억을 불러내기 위해서 사용하는 문법 규칙에 의지하지 않고도 언어를 덩어리로 학습할 수 있다. 예를 들어 컴퓨터는 'The girl is intelligent, the girls are intelligent'라는 문장의 외국어 번역문과 이를 변형한 문장 수십 개를 기억할 수 있다. girl이 girls의 단수라거나, is와 are가 동사 be의 변형된 형태라는 등의 사실을 이해할 필요도 없다.[26]

IBM 팀을 비판하는 시각에도 불구하고 컴퓨터 기억의 조잡한 힘은 실제로 지능과 과학에 대한 인간의 개념을 대체할 수 있다. 그리고 컴퓨터는 인간의 방식으로 결과를 내려고 하지 않을 때 가장 잘 작동하는 경향이 있다.

여기에 메달리온의 성과에 대한 단서가 있을까? 아마도 없다. 다시 말하지만 이 펀드가 눈부시게 성공한 이유는 비밀이다. 그러나 브라운과 머서가 프로그래밍에 접근한 방식이 다른 헤지펀드 프로그래머들이 프로그래밍에 대해 생각한 방식과는 근본적으로 달랐다는 점은 분명하다. 예를 들어 튜더의 수실 와드와니는 인간 트레이더에게 타당한 방식으로 시장에 접근하도록 컴퓨터를 훈련했다. 반면에 브라운과 머서는 컴퓨터에 타당한 방식으로 문제에 접근하도록 자신을 훈련했다.

DE쇼는 흔히 시장에 대한 이론으로 시작해서 데이터를 테스트하는 방식을 사용했다. 반면에 브라운과 머서는 데이터를 컴퓨터에 입력한 후 컴퓨터가 답을 내도록 만들었다. DE쇼의 접근 방식은 컴퓨터에 프랑스어 문법을 학습시킨 프로그래머와 비슷하다. 브라운과 머서의 접근 방식은 문법책으로 시작하지 않는 암호 해독자의 방식을 닮았다. 데이터가 명백하게 무작위적이고 추가 단서가 없는 상황에서 그들은 패턴을 찾기 위해 반복적으로 조사하면서, 인간의 눈에는 보이지 않는 유령을 찾는 데 컴퓨터의 힘을 이용했다.

르네상스의 퀀트 경쟁자들이 유령 사냥을 피하는 이유가 있었다. 컴퓨터는 가짜 유령, 즉 우연일 뿐이며 그 결과 예측 가치가 없는 패턴을 발견할지도 모른다. DE쇼에서 통계적 차익거래를 담당한 에릭 웹식(Eric Wepsic)은 슈퍼볼 미식축구를 예로 든다. 내셔널리그 소속 팀이 승리하면 시장이 상승한다는 속설이 있었다.

통계 측면에서는 상관관계가 유효할지도 모른다. 그러나 상식 측면에서는 무의미한 우연이다. 우연한 상관관계가 예측 신호로 위장할 우려가 있기 때문에, 웹식은 직관적으로 설명되지 않는 통계적 증거에 의존해 매매하면 종종 위험하다고 주장한다. 예를 들어 1990년대 DE쇼의 시스템은 과거에 상관관계가 없던 케이블TV, 언론, 가전제품 제조사 주식들 사이에서 의문스러운 상관관계를 포착하기 시작했는데 이들이 새로운 힘의 장에 반응하는 것으로 보였다.

이 증거뿐이었다면 쇼의 팀은 이 상관관계가 통계적 우연이라고 기각했을지도 모른다. 그러나 이 상관관계가 직관적으로 타당하다고, 즉 이들 산업 모두를 밀어 올리는 기술적 유포리아(euphoria, 근거 없는 희열감)를 반영한다고 인식하자 트레이딩 가능성이 높아 보였다.[27]

더구나 직관에 근거한 신호에는 다른 이점이 있다. 신호가 작동하는 이유를 이해하면 작동을 중단하는 이유도 이해할 수 있으니, 유용성이 사라진 후 트레이딩을 지속할 일이 적어진다. 요약하면 웹식은 순수한 패턴 인식은 쇼의 회사가 하는 활동이지만 그중 일부라고 말한다.

또다시 이 점이 르네상스와 대비된다. DE쇼는 주식에 대한 기본적 직관에 강력한 뿌리를 두고서 주식 통계적 차익거래로 성장한 반면, 르네상스는 가격 데이터를 가장 중요하게 보는 원자재시장에서 기술적 트레이딩으로 성장했다.[28] DE쇼는 다양한 분야의 퀀트를 주로 20대에 채용한 반면, 르네상스의 초창기는 가짜 유령과 진짜 유령을 구분하는 암호학자와 번역 프로그래머 전문가로 구성되었다.

로버트 머서는 가짜 상관관계에 대한 웹식의 우려에 일부 공감한다. "누군가가 금성의 모양이 시장에 미치는 영향에 대한 이론을 가지고 온다면 우리는 많은 증거를 요구할 것이다. 그러나 직관적으로 타당성이 없는 신호들이 실제로 작동하기도 한다." 실제로 직관적이지 않은 신호가 르네상스에 가장 큰 수익을 가져온다고 판명되는 일이 종종 있다. "우리가 15년 동안 지장 없이 트레이딩해온 것은 타당성이 없는 신호다. 타당성이 있었다면 다른 누군가가 발견했을 것이다"라고 머서는 설명했다.[29]

르네상스의 내부 체계

2000년대 말이 되자 롱아일랜드 하이테크놀로지 인큐베이터 빌딩의 임차 면적으로는 르네상스 연구 조직을 수용할 수 없게 되었다. 사이먼스는 체육관과 테니스 코트가 딸려 있고, 연못에는 금붕어가 살며, 현관홀의 커다란 천창으로 햇빛이 들어와 슬레이트 계단을 비추는 건물로 이사했다.

새로운 장소는 편안하고 조용하며 깨끗해서 고급 과학 시설처럼 느껴졌고, 깨끗한 복도의 한 사무실 문밖에는 누군가가 '발간된 연구 결과 대부분이 거짓인 이유'라는 제목의 기사를 붙여놓았다. 창문 없는 컴퓨터 서버실은 정교한 시건장치로 보안을 유지했지만, 이 시설의 가장 놀라운 특징은 개방성이었다.

다른 퀸트 헤지펀드들은 비밀을 보호하기 위해 사내 만리장성을 강력하게 적용하고 알 필요가 있는 직원에게만 정보를 제공했지만 르네상스의 분위기는 전혀 달랐다. 과학자들은 복도를 자유롭게 돌아다녔고, 유일한 위험은 피터 브라운이 외바퀴 자전거를 타고 와서 부딪치는 것이었다. 모퉁이마다 거울이 설치되어 브라운의 자전거가 다가오는지 볼 수 있었다.

사이먼스는 이 개방된 분위기를 열정적으로 신봉했다. 국방분석연구소처럼 비밀 보호를 위해 외부인에게는 폐쇄되었지만, 팀워크를 증진하기 위해 내부인에게는 열려 있었다. 르네상스의 화요일 아침에는 박사 90명가량이 '큰 회의'라고 부른 행사에 모였다. 메달리온의 트레이딩 프로그램 개선은 모두 이 회의의 프레젠테이션에서 시작했다.

연구자는 자기 아이디어를 발표하고, 시스템의 기존 신호들과 어떻게 조화를 이루는지 보여주는 시뮬레이션을 수행하고, 질문을 받았다. 제안한 신호가 LTCM 위기 국면에서 어떻게 작동하느냐고 한 동료가 물으면, 다른 동료는 변동성이 낮은 기간에 어떤 성과를 보이느냐고 궁금해한다. 큰 회의 이후 며칠 동안 과학자들은 자유롭게 제안자의 방에 가서 후속 질문을 했다. 동료 검토 기간이 끝나면 '작은 회의'가 개최된다. 이번에는 여전히 질문이 있는 과학자들만 참석하고, 브라운과 머서가 승인 여부를 결정한다.

그러고 나면 최종 관문이 남았다. 1980년대부터 베테랑 유령 사냥꾼으로 활동한 헨리 로퍼가 수석 과학자 직함과 거부권을 보유했다.

사이먼스는 이 팀워크 문화를 강화하기 위한 보상 체계를 고안했다. 연구자의 연봉은 개별 하부 조직 단위가 아니라 회사의 수익에 연동되었다. 협업은 사내 인프라에도 적혀 있었다. 브라운과 머서는 IBM에서 프로그래머 다수가 동시에 일할 수 있는 시스템을 만들었고 이 기법을 르네상스에서도 재현했다. 연구자는 새로운 아이디어를 표현하기 위해서 사내 프로그램 언어까지 수정할 수 있었다. 일상 연설에서처럼 컴퓨터에서도 신조어가 유용할 수 있다.[30]

르네상스는 현대 사회가 만들어내는 방대한 데이터를 이 협업 구조 안으로 밀어 넣었다. 금융이 글로벌해질수록 더 많은 외국 시장 정보가 시스템에 입력되었다. 사업이 디지털화될수록 전자상거래 매출, 웹 서핑 습관 등 더 많은 신규 데이터를 이용할 수 있게 되었다. 금융 디지털화로 방대한 정보가 쏟아졌다. 과거에는 거래별 주가를 추적했고, 이제는 각 종목의 미체결 호가를 포함해 매수와 매도 호가를 볼 수 있었다. 가능성이 확장될수록 소수 인력이 감당 가능한 범위를 벗어났다. 그러나 르네상스의 협업 조직은 이 복잡성을 관리하고 이를 통해 번영할 수 있었다.

그러나 회사의 팀워크 문화는 위험을 수반했다. 어떤 팀원도 트레이딩 비밀을 가지고 떠나서 경쟁사를 설립하지 않는다는 것이 전제였다. 존 그리샴(John Grisham)의 소설《그래서 그들은 바다로 갔다(The Firm)》에서처럼 르네상스는 직원의 충성심 문제를 신중하게 생각했다. 회사는 입사 지원자들에게, 르네상스에 입사하면 금융업계 어디에서도 일할 수 없다고 인지시켰다. 보통 월스트리트 사람을 채용하지 않았는데, 한번 팀을 떠난 사람은 이후에도 팀을 떠나겠다고 선택할 수 있기 때문이었다. 연구자들이 서명한 경업(競業) 금지와 비공개 의무 계약서를 강화하기 위해서 회사는 급여 4분의 1을 메달리온펀드에 투자하라고 요구했고, 이 돈은 퇴사 후 4년 동안 일종의 보증금으로 묶였다.

회사가 경쟁사들에서 수 킬로미터 떨어진 한적한 마을 이스트세타우켓에 있는 것도 도움이 되었다. 일단 연구자가 자녀를 동네 학교에 입학시키면 다른 곳으로 가고 싶어 하지 않았다.

그러나 2003년에 이 구조에 금이 갔다. 르네상스는 지구 최고의 영재를 채용하기 위해 노력하던 중 구소련의 업적을 찾아냈다. 소련은 15개 연방국에서 영재 소년들을 발굴한 다음 모스크바의 물리기술연구소(Institute of Physics and Technology)로 이송했다. 영재들은 가족과 분리되어 그곳에서 강도 높은 훈련을 받았고, 이 유격 훈련에서 살아남은 이들은 구소련 체제가 붕괴하자 자신이 국제적으로 경쟁력 있는 인재라는 것을 깨달았다.

르네상스는 이런 러시아인 한 사람을 채용했고, 그가 다른 친구를 소개했고, 곧 르네상스에 러시아인 단체가 탄생했다. 그러나 르네상스 지도자들은 소련식으로 교육받은 청년들이 어떻게 행동할지 고려하지 못했다. 실패한 정치 체제에서 자라난 아이들은 권위자는 부패했고, 규칙은 어기는 것이며, 개인의 유일한 의무는 자신을 돌보는 것이라고 판단할 가능성이 컸다. 부모와 떨어져서 자란 아이들은 더욱 강경한 개인주의자로 성장할 가능성이 컸다.

당연하게도 러시아인 연구자 두 사람은 르네상스에서 비밀을 터득하기에 충분한 기간을 보낸 다음 사이먼스에게 사직서를 냈다. 경업 금지 계약서에 서명하기를 거부했고 한 사람은 보수 인상을 요구했다. 사이먼스가 거부한다면 그들은 퇴사하고 경쟁사에 갈 것이다.[31]

사이먼스는 협박을 거부했고 러시아인들은 다른 헤지펀드에 들어가기 위해 떠났다. 겉으로는 치명적인 타격으로 보였다. 르네상스의 개방적인 구조 때문에 러시아인들은 시스템 작동 방식을 많이 이해했다. 그들이 르네상스의 신호에 맞춰 트레이딩한다면 르네상스의 수익 일부를 빨아들일 것이다. 해적들이 제약회사 블록버스터 처방의 복제약을 만드는 것과 같다. 의학적 발명은 특허가 보호하지만 금융적 발명은 보호 장치가 없으므로 사이먼스가 법적으로 보호받을지는 불확실했다. 그리고 주목할 만한 사실은 메달리온의 성과가 계속해서 경쟁사들을 따돌렸다는 것이다. 독약을 마시고도 살아남는 마술사처럼 사이먼스는 그 어느 때보다 신비하게 나타났다.

어떻게 살아남을 수 있었을까? 해답 일부는 르네상스 변호사들에게 있다. 사이먼스는 러시아인들과 새 고용주를 고소해서 경쟁 시스템이 전속력으로 달려가는 것을 막았고, 2006년에는 러시아인들이 트레이딩을 중단하기로 합의했다.[32]

그러나 변호사가 해답의 전부는 아니었는데, 러시아인들이 경쟁 시스템을 운영한 2~3년 동안에도 메달리온이 엄청나게 우수했기 때문이다. 지적 재산권 절취가 없었다면 수익이 더욱 높았겠지만 말이다. 여기에서 르네상스의 인프라가 연구만큼이나 중요하며, 연구 자체도 꾸준히 발전한다는 교훈이 도출된다. 매일 조 단위 바이트의 데이터를 입력하고, 이 데이터를 연구자가 접근해서 가공하기 쉽게 만들며, 연구 결과를 스페인부터 한국까지의 시장에서 결함 없이 자동으로 수십만 건 매매하도록 변환하는 시스템을 갖추려면 막대한 시간과 자본이 필요하다.[33]

그리고 러시아인들이 반쯤 비슷한 플랫폼을 만들기 위해 분투하는 동안, 르네상스 연구진은 앞서 나갔다. 이스트세타우켓에서는 매주 화요일에 큰 회의가 열리고 신선한 아이디어들이 쏟아져 나왔다. 러시아인들은 빠르게 움직이는 타깃을 따라잡으려고 뛰고 있었다.

제임스 사이먼스는 나머지 헤지펀드업계에 모순적인 영향을 주었다. 메달리온펀드는 자동차회사가 제작하는 F1 경주용 자동차 같아서, 고객 대다수는 타볼 기회조차 없지만 이 군침 도는 기계가 존재한 덕분에 일반 차를 사려는 용기가 생겼다. 단기 신호에 따라 트레이딩하는 펀드는 유동성과 시간 제약으로 인해 각 매매에 크게 베팅하지 못하므로 펀드 규모를 키울 수 없다. 따라서 메달리온은 1993년에 신규 투자를 받지 않기로 결정했고, 2000년대에는 60억 달러 거의 모두가 직원들의 자금으로 구성되었다.[34] 그러나 메달리온펀드의 존재 자체가 나머지 업계에 후광 효과를 주어서, LTCM 붕괴로 블랙박스 트레이딩이라는 평판이 입은 타격을 상쇄했다.

사이먼스의 사진이 금융 잡지 표지에 등장할 때마다 더 많은 기관 자금이 퀀트 트레이딩 시스템에 유입되었다. 사이먼스 자신도 이 현상을 활용했다. 2005년에 그는 새 벤처 르네상스 기관주식펀드(Renaissance Institutional Equities Fund)를 출범했는데 기관 자금을 무려 1,000억 달러나 조성하는 것이 목표였다. 이 거대한 금액을 운용하려면 단기 투자를 벗어나 더 유동성 있는 장기 전략으로 나아가야 한다. 순수한 패턴 인식은 단기 트레이딩에서 가장 잘 작동하기 때문에 사이먼스의 새 펀드는 다른 유형의 신호, 즉 DE쇼와 다른 경쟁사들이 이미 탐색한 신호를 활용하기로 결정했다.

2007년 여름 사이먼스의 새 펀드는 250억 달러 이상을 조성해서 세계 최대 헤지펀드 중 하나가 되었다. 그러나 이때 금융위기가 닥쳤고, 사이먼스도 다른 모든 사람처럼 그 결과에 맞닥뜨렸다.

14장

위기의 예감,
멀티전략펀드

HEDGE FUND

새로운 알파 공장

2000년대 중반이 되자 헤지펀드의 성공 규모와 지속성이 업계 구조를 바꿔놓았다. 헤지펀드 1세대 거장들은 별난 천재이고 이들의 놀라운 수익률은 아마 행운이며 재현할 수 없다고 인식되었다. 그러나 2005년에는 누구도 헤지펀드가 어떤 식으로든 특별하다는 것을 반박하지 않았다. 8,000개 이상이 생겨났고 자리 잡은 펀드들이 장기 실적을 쌓자, 그들의 부러운 수익률을 행운의 결과로 일축하기가 어려워진 것이다. 운이 좋다느니 천재라느니 하는 묵은 이야기는 점차 수그러들었고 새로운 용어가 그 자리를 차지했다.

피닉스에서 모로코에 이르기까지 개최된 헤지펀드 콘퍼런스에서 컨설턴트와 대가들은 자신들이 '알파(alpha)'라 부르는 과학적 산물을 장황하게 설명했다. 알파의 장점은 설명이 가능하다는 것이었다. 톰 스타이어의 합병 차익거래와 DE쇼의 통계적 차익거래 같은 투자 전략은 상관관계가 없는 시장 초과수익을, 전문가가 이해하고 복제하고 제조할 수 있는 방식으로 제공했다. 그러자 제조사의 시대가 도래했다. 혁신과 영감에서 새로운 알파 공장이 탄생했다.

이 변화는 헤지펀드업계 전반에서 나타났다. 2000년대 초에는 줄리언 로버트슨의 타이거펀드가 수행한 매수·공매도 주식 종목 선정으로 시장을 능가하는 수익률을 낼 수 있다는 데 의문의 여지가 없었다. 도전 과제는 전략을 개발하는 것보다 전략을 성공적으로 구사하는 것이었다. 타이거 모방 펀드가 수십 개 생겨났고 타이거펀드 출신들이 그중 다수를 운용했다. 그리고 헤지펀드 컨설턴트와 재간접펀드(fund of funds) 업계가 출현해서 가장 유망한 헤지펀드들에 자본을 배분했다.

타이거 복제 펀드의 최대 스폰서는 다름 아닌 로버트슨 자신이었다. 그는 2000년에 타이거펀드를 청산한 후 사무실을 '타이거 씨앗(Tiger Seeds)' 인큐베이터로 전환했고, 타이거 씨앗들은 그의 자금을 운용하고 그의 코치를 받고 대가와의 관계라는 명성을 이용해서 외부 자금을 끌어모았다. 과거 타이거 모형에서는 로버트슨이 모든 대형 투자 요청을 직접 통제했지만 이제는 아무것도 하지 않았다. 투자 기법 발명에서 투자 기법 판매로 역할을 바꾼 것이다. 이렇게 전환함으로써 로버트슨은 걸출한 경력의 마지막까지 풍족해졌다.

재편성된 타이거 패밀리는 2006년에 160억 달러를 운용했다. 파크 애비뉴의 사무실은 어느 때보다 커졌다.

새로운 알파 공장을 순수하게 표현하면 소위 멀티전략(multistrategy) 헤지펀드다. 멀티전략 헤지펀드는 특정 투자 스타일에 우위가 있다고 주장하지 않고, 원하는 스타일이 무엇이든 우위를 개발할 수 있다는 원칙에서 시작했다. 사람만 고용하면 되었다. 대형 제약회사가 대학교 실험실과 바이오 벤처에서 아이디어들을 빨아들이듯이, 멀티전략 공장은 알파 창출 전략 다수를 한지붕 아래 모아놓고 위험을 분산하기 위해 혼합한 다음 시장 상황에 따라 다양한 스타일 사이에 자본을 배분한다. 공장에서는 발명은 거의 논의하지 않고 과정을 논의했고, 헤지펀드는 금융 독창성의 수단이 아니라 금융상품으로 간주되었다.

시카고에 소재한 헤지펀드 시타델(Citadel)이 멀티전략 체제의 선구자로 출현했다. 중역이 설명한 기업 목표는 '투자 과정을 장치화할 수 있는지 알아보는 것'이었다.[1] 시타델의 30대 사장 켄 그리핀(Ken Griffin)은 경영학 교재를 탐독했다. 직원들은 그의 책상 위에 쌓인 두꺼운 책들을 슬쩍 훔쳐보고 다음 6단계 계획에 대비할 수 있었고, 그는 기계적으로 결정해서 직원을 내보냈다. 그리핀은 헤지펀드를 버스에 즐겨 비유했다. 사람들이 탄다. 사람들이 내린다. 버스는 계속 앞으로 나아간다.

새로운 멀티전략 헤지펀드는 눈 깜찍힐 사이에 갓난아기에서 거대 조직으로 성장했다. 또다시 시타델이 주역이었다. 그리핀은 하버드대 기숙사에서 전환사채 트레이딩을 시작했고, 겨우 31세이던 2000년 초에는 약 20억 달러를 운용하고 있었다.* 그러고 나서 알파 공장의 시대가 왔고 시타델이 도약해서 2007년 운용자산이 130억 달러로 증가했다. 시타델은 원하는 만큼 고객에게 수수료를 징구할 수 있었고, 20% 성과보수를 부과하기 전에 원금의 5% 이상을 청구했다.[2]

그리핀은 개인 소득이 업계 2위로 제임스 사이먼스 바로 다음이었고, 시타델이 언젠가는 골드만삭스와 모건스탠리와 경쟁할 것이라는 야망을 숨기지 않았다.[3]

한편 골드만삭스 합병 차익거래 출신인 에릭 민디치가 2004년 설립한 이튼파크캐피털 매니지먼트도 멀티전략 성장의 사례를 보여주었

---

* 그리핀은 1968년생으로 하버드대학 졸업 후 투자자 자금 100만 달러로 운용을 시작했고, 1990년 11월에 420만 달러로 시타델을 출범했다. 시타델이라는 이름은 변동성 시기에 강하다는 의미다.

다. 민디치는 창업하기도 전에 이미 30억 달러를 조성했고 4년 후에는 110억 달러를 운용하고 있었다. 1990년대 최고의 헤지펀드들은 대형화에 대한 부담으로 어려움을 겪고 있었고 다수가 투자자에게 자본을 돌려주었다. 그러나 2007년에는 50억 달러 이상을 운용하는 알파 공장들이 업계 전체 자산의 60%를 점유했다.[4] 어떤 잡지는 '10억 달러 클럽'에 속한 헤지펀드들의 목록을 게재했다. 이 목록에 들지 못하면 무명이나 다름없었다.

이 대형화 열풍은 강력한 논리가 뒷받침했다. 아이디어 창출은 작은 기업이 뛰어날지 몰라도 실행은 큰 기업이 뛰어나다. 헤지펀드업계는 일단 차고에서 창업한 벤처 단계를 벗어나자, 발명품을 시장에 내놓기 위해 매끈하고 전문적인 조직을 형성했다. 성공한 알파 공장은 첨단 컴퓨터가 눈부시게 매매를 체결하고, 법무 부서는 여러 나라의 법규를 이해하며, 재무 부서는 프라임브로커와 최선의 조건을 협상하고, 마케팅 부서는 기관투자가의 후속 보고 요구에 부응하는 깔끔한 월간 보고서를 잇달아 펴냈다.

이들의 우위는 아이디어의 독창성보다 플랫폼의 효율성에 있기 때문에 자연스럽게 이 플랫폼을 활용해서 알파 창출 전략 다수를 지원했고, 멀티전략은 새 펀드가 거대 자금을 운용할 수 있음을 의미했다.

멀티전략 형식은 고객의 압력에도 반응했다. 재단과 연기금에서 자금을 받아 헤지펀드에 배분하는 재간접펀드업계는 시장 상황이 달라지면 다양한 헤지펀드 전략들로 자본을 민첩하게 이동하겠다고 약속해서 2005년에 거의 4,000억 달러를 조성했다. MBA 출신 헤지펀드들은 이를 보고 중개인을 없앨 수 있다고 생각했다. 기관투자가가 전략들 사이를 탄력적으로 이동하는 상품을 원한다면 멀티전략 헤지펀드는 고객이 원하는 장치를 만들 것이다.

그러나 모든 논리에도 불구하고 알파 공장들이 갑작스럽게 성장하자 현명한 관찰자들은 불편해졌다. 너무 많은 사람이 너무 많은 돈을 너무 빨리 벌고 있었기 때문이다. 기회주의적인 컨설턴트들은 헤지펀드 설립에 대한 세미나를 열었다. 《Hedge Funds for Dummies(바보들을 위한 헤지펀드)》라는 책이 서점에 나타났다. 그리고 매들린 올브라이트(Madeleine Albright) 전 국무장관 등 자산운용 경험이 없는 거물이 업계에 뛰어들었다.

이 광란 상태는 1980년대의 극단적인 차입매수 붐 또는 1990년대의 닷컴 열풍을 상기시켰다. 이 버블도 지속될 수 없을까? 고통스럽게 끝나지 않을까?

아마란스와 천연가스 트레이딩

2000년대 중반에 헤지펀드 버블이 커져가던 당시, 현대 알파 공장의 모델로 아마란스(Amaranth)라는 펀드가 출현했다. 창업자인 닉 마우니스(Nick Maounis)는 전환사채 차익거래 경력자였지만 합병 차익거래, 매수·공매도 주식 투자, 신용 차익거래, 통계적 차익거래 전문가들을 채용했다. 그리고 2002년 파산한 에너지회사 엔론(Enron)에서 관련 경력자들을 영입해 에너지 트레이딩 부문을 개설했다.

마우니스는 이 임무 변경을 수행하기 위해 표준 논거를 세웠다. 즉 알파를 창출하는 전략들을 혼합해서 위험을 분산하고, 시장 상황에 따라 전략들 간에 자본을 공격적으로 이동할 것이다. 펀드의 활기찬 형태 변화가 자부심의 핵심이었다.

아마란스는 2000년 9월에 출범한 후 첫 몇 개월 동안 자본 절반 가까이를 합병 차익거래에 집중했다. 1년 후에는 이 전략이 거의 사라지고,

자본 절반 이상을 전환사채 차익거래에 집중했다. 1년이 더 지나서는 포트폴리오를 채권 투자로 옮기기 시작했고, 그다음은 통계적 차익거래와 에너지로 이동했다. 연기금으로서는 재간접펀드를 배제하고 아마란스와 직접 거래할 수 있고, 특히 아마란스의 성과가 매우 우수했기 때문에 재간접펀드를 고용할 이유가 없어 보였다. 아마란스는 첫 3년 동안 각각 22%, 11%, 17% 수익을 냈는데, 같은 기간 S&P500지수는 대부분 하락하고 있었다.

그러나 아마란스는 화려한 겉모습에도 불구하고 어떤 공허함이 있었다. 마케팅 언변과 다르게 마우니스는 어떤 전략으로 이동할지 판단하는 데 강점이 없었다. 그는 최근 잘 통하는 투자 유형에 자본 배분을 늘리고 성과가 나쁜 유형에는 배분을 줄였다. 그러나 가까운 미래에 어떤 전략이 성공할지 알아낼 방법이 확실하지 않았다.[5] 더구나 알파가 상품화되자 경쟁 공장 수십 곳이 같은 것을 생산하면서 수익률을 떨어뜨렸다. 아마란스의 전략 변화는 시장 순환 주기에 맞춰 영리하게 타이밍을 잡는 것이 아니라, 수익이 가라앉기 전에 필사적으로 다음 기법을 찾는 것이었다.[6]

그리고 마우니스는 스페셜리스트 트레이더들에게 자본을 배분했지만 그들의 장부를 완전히 이해하지 못했기에 어쩔 수 없이 육감에 따라 결정했다. 팀 내 다양한 트레이더에 대한 육감은 의사결정을 위험하게 흔들 수 있었다.

이 위험은 브라이언 헌터(Brian Hunter)라는 젊은 캐나다인의 모습으로 나타났다. 195센티미터의 훤칠한 키에 때로 북미아이스하키리그 소속 캘거리 플레임스의 셔츠를 입고 수학 석사학위로 무장한 그는 신체적으로나 지성적으로나 눈길을 끌었다. 성실하고 부드러운 목소리에 늘 침착했고, 2004년 아마란스에 입사하자마자 천연가스 트레이딩에

서 괄목할 만한 수익을 냈다.[7]

그는 동계 가스 가격에서 이례 현상을 포착했다. 유조선으로 운송되는 석유와는 다르게 천연가스는 주로 파이프라인으로 수송되므로, 예기치 않게 공급이 부족해지더라도 공급 경로를 쉽게 바꿀 수 없다. 따라서 가스 가격 변동성이 높다. 날씨가 추워지면 가계 난방 수요가 급증하고 공급은 고정되어 있으니 가격이 뛴다. 헌터는 가스 물량이 부족하면 가격이 급등할 텐데도 이상하게 가격이 낮게 매겨진 옵션을 발견했는데, 바로 저렴한 날씨 보험을 대표했다. 그는 전통적인 비대칭 트레이딩 기회를 발견했다고 생각해서 이 옵션들을 매수했다. 손실이 난다면 옵션 매수 비용을 잃는 것으로 끝나지만, 만일 시장에 충격이 닥쳐 가스 가격이 폭등한다면 매수 비용의 몇 배를 벌 수 있었다.

같은 통찰에서 차익을 내는 또 다른 방법은 선물 계약 한 쌍을 매수하는 것이었다. 헌터는 여름 만기 계약을 공매도하고 겨울 만기 계약을 매수해서, 겨울 계약 가격이 뛰면 양자의 스프레드가 커진다는 데 베팅했다. 이 전략은 최근 겨울에 잘 작동했고 2004년 11월에도 성공적이었다. 천연가스의 가격은 하계 저점 대비 80% 가까이 상승했고 아마란스는 상당한 차익을 실현했다.

2005년 봄, 마우니스는 불쾌한 딜레마에 직면했다. 펀드 전략 다수의 성과가 보잘것없었다. 전환사채 차익거래는 벽에 부딪힌 후 회복할 기미가 없었다. 마우니스는 통계적 차익거래에 대거 투자하면서 사이먼스의 점유율을 빼앗아 오겠다고 공언했지만 실현할 길이 없었다. 아마란스 진용의 스타는 브라이언 헌터와 동절기 가스뿐이었다.

그러나 4월, 마우니스는 헌터가 경쟁사 SAC캐피털(SAC Capital)에서 계약 선금 100만 달러로 스카우트 제안을 받은 것을 알았다. 궁지에 몰린 마우니스는 승부수를 던졌다. 스타 플레이어를 잃지 않고 승진시킨 것이다. 헌터는 아마란스 에너지 데스크의 공동 부문장이 되어서 독자적인 트레이딩 권한을 부여받았다. 그리고 마우니스는 에너지 데스크에 배분하는 자본을 전년 봄의 2%에서 30% 가까이로 늘렸다. 이 두 가지 결정으로 마우니스는 사실상 회사의 운명을 입사한 지 1년밖에 안 된 32세 트레이더에게 걸었다. 2000년대 중반의 열광적인 분위기에서는 일어날 수 있는 일이었다.

헌터의 승진은 경력을 감안하면 더 주목할 만하다. 그는 아마란스로 옮기기 전에 도이체방크에서 가스 트레이딩을 총괄했다. 2003년 12월 헌터의 트레이딩 그룹은 일주일 만에 5,100만 달러를 잃었지만 이 곤란한 상황에 헌터는 뻔뻔하게 대응했다. 이후 뉴욕주 법원에 제기한 소송에서 그는 시장의 행동 예측에 실패한 것에 책임이 없다는 듯, "전례 없고 예측 불가능한 가스 가격 상승" 때문에 손실이 났다고 말했다. 그는 도이체방크의 트레이딩과 위험 관리 소프트웨어에 "잘 문서화되고 널리 알려진 문제들"이 있어서 손실 포지션을 매도하기 어려웠다면서, 자신이 과다한 위험을 감수한 것을 은행 관리자의 책임으로 돌렸다. 또한 그룹은 손실을 냈지만 자신은 2003년에 4,000만 달러를 벌어주었으니 보너스를 받을 자격이 있다고 주장했다.

요약하면 헌터는 공격적으로 투기해서 회사 자본을 위험에 빠뜨렸고, 주주들에게 손해를 끼치면서까지 자기 보수를 극대화하려고 했다. 2004년 2월 도이체방크 관리자들은 어린 말썽꾼을 트레이딩 시스템에서 방출한다는 합리적인 결정을 내렸다. 이 사람이 지금 아마란스가 승진시킨 사람이다.[8]

헌터 승진 4개월 후, 마우니스는 축하할 일이 생겼다. 헌터는 동계 가스 가격 상승에 계속 베팅해왔는데 갑자기 모든 날씨 쇼크의 어머니가 찾아온 것이다. 8월에는 허리케인 카트리나가 루이지애나 해안을 덮쳐서 뉴올리언스에 물난리를 일으키고 멕시코만의 가스 생산 지역을 유린했다. 다음 달에는 허리케인 리타가 이어져 미국 가스 공급이 다시 충격을 받았다. 9월 말 천연가스 가격이 사상 최고치를 기록했고 아마란스의 수익에 드라마틱한 영향을 주었다. 2005년 상반기에 전략 대다수가 부진해서 -1% 수익률을 기록했던 아마란스는 연말에 21%로 상승한 반면, 당시 헤지펀드 평균은 단 9%였다. 헌터와 가스 트레이딩 팀이 12억 6,000만 달러를 벌어서 펀드 수익 거의 전부를 차지했고 헌터는 그중 10%를 챙겼다.[9] 그의 성과 덕분에 아마란스의 자산은 80억 달러로 증가해 세계 헤지펀드 39위에 올랐다.

크리스마스 연차 보고서에서 아마란스는 고객들에게 장난감 주유펌프와, "에너지와 인내가 모든 것을 바꾼다(Energy and persistence alter all things)"라는 벤저민 프랭클린(Benjamin Franklin)의 말을 인용한 카드를 보냈다. 미국 건국의 아버지의 명언이 맥락을 벗어났다.*

합리적으로 판단하면 허리케인 카트리나와 리타는 이상 현상이었다. 그러나 헌터는 도이체방크에서 손실을 냈을 때는 예측 불가한 극단 상황을 탓했으면서, 예측 불가한 극단 상황으로 영웅이 되었을 때는 기꺼이 공로를 받아들였다.

마우니스는 자신의 젊은 스타에게 점점 매료되었다. 전환사채 차익거래자가 자리를 옮긴 것처럼 헌터를 보았다. 헌터는 위험은 거의 지지 않으면서 수익을 창출했다. 겨울의 가스 가격이 여름 가격보다 낮아질 수 없을 테니 잠재적 손실은 제한된 듯 보였다.[10] 아마란스의 위험 관리 부서도 마우니스의 확신을 강화했고, 해당 부서의 천연가스 책임자는 자신이 본 원자재 트레이더 중 헌터가 최고라고 보장했다.

---

* 벤저민 프랭클린이 말한 'Energy'는 '열정'이라는 뜻이었다.

헌터는 자기 가족과 트레이딩 팀을 자기 고향 캘거리로 이전하겠다고 마우니스를 설득해서 어렵지 않게 승인받았다. 그는 페라리를 타고 캐나다 사무실로 출퇴근했고, 가끔 눈이 오는 날에는 벤틀리를 탔다.

2006년 초에도 헌터는 승승장구했다. 1월에서 4월 말까지 거의 20억 달러를 벌어서 또다시 아마란스의 수익 거의 전부를 점유했다. 연초 이래 멀티전략 헤지펀드의 성과는 평균 5%에 불과했지만 아마란스는 그보다 6배나 높은 성과를 냈다. 마우니스는 자신이 통계적 차익거래에서는 금광을 발견하지 못했지만 그 못지않은 잠재력을 가진 비밀 병기를 발견했다고 말하기 시작했다.[11]

그러나 현명한 관찰자 일부는 헌터의 엄청난 수익에 경종을 울렸다. 커다란 위험을 안지 않고서는 이렇게 벌 수 없을 뿐 아니라 더 어두운 걱정이 있었다. 새로운 알파 공장들이 등장하면서 에너지 투자 전문 헤지펀드 자본이 2001년 50억 달러에서 2006년 1,000억 달러로 증가해서 트레이딩 경쟁이 심화된 것이다. 자본이 쏟아져 들어온 덕분에, 헤지펀드의 에너지 전문가가 보기에 타당한 전략이면 투자자들이 몰려들면서 거의 모두 성공했다. 그러나 쏠림 현상이 반전한다면 터질 수 있었다.

헌터의 사례에서는 이 현상이 극단적인 버전으로 나타나는 듯 보였다. 헌터 자신의 돈이 수익을 견인하고 있을지도 몰랐다. 아마란스는 그가 틈새시장에서 포지션을 쌓도록 허용했다. 2월 말 헌터는 뉴욕상품거래소 2006년 11월 인도분 선물계약의 무려 70%와, 2007년 1월 인도분 계약의 60% 가까이를 점유했다. 이 거대한 포지션을 바탕으로 헌터는 가스 가격이 11월에 하락하고 1월에 상승한다는 데 베팅했다.

그가 베팅을 공격적으로 늘릴수록 그의 견해가 실현될 가능성이 컸다. 결국 시장 펀더멘털이 그의 편이었기 때문에, 그의 전략이 돈을 버는지는 명확하지 않았다.

2006년 초 가스 생산은 허리케인의 타격을 극복했고 겨울 날씨가 온화해서 가스 수요가 감소했다. 따라서 4월 가스 재고가 과거 5년 평균보다 40% 가까이 많았다. 이 상황에서 헌터가 여름·겨울 스프레드 베팅에 성공한 것은 놀라울 정도로 포지션을 늘린 덕분이라고밖에는 설명하기 힘들다. 4월 말 아마란스는 뉴욕상품거래소에서 10만 계약 이상, 즉 모든 만기 약정의 40% 이상을 점유했다. 헌터는 자신의 모멘텀에 따라 거래하는 모멘텀 트레이더였다.[12]

2006년 5월, 사모펀드의 거인 블랙스톤(Blackstone Group) 팀이 캘거리로 와서 헌터를 방문했다. 블랙스톤은 가장 오래된 재간접펀드 중 하나를 운용해왔고 아마란스에 1억 2,500만 달러를 투자했다. 그러나 이제는 생각을 달리하고 있었다.

아마란스는 놀랍게도 4월에만 수익률 13%를 달성했지만, 헌터의 수익 규모는 그가 변동성 높은 시장에서 위험하게 큰 베팅을 하고 있음을 보여주었다. 아마란스 위험 관리 부서는 겨울 가스 가격이 여름 가격보다 낮아질 일이 없으니 헌터의 한 달 최대 손실액은 3억 달러, 즉 자본의 3% 정도여서 수용할 만하다고 계산했다. 그러나 헌터 자신의 트레이딩 때문에 이 계산이 무의미해졌다. 헌터가 포지션을 쌓음에 따라 여름·겨울 스프레드가 2월 중순 1.40달러에서 4월 말 2.20달러로 커져서, 스프레드가 재앙적으로 줄어들 여지가 크다는 것을 의미했다.

게다가 가스시장은 규모가 작고 헌터의 포지션을 매수할 수 있는 세력은 헌터 자신뿐이라는 사실 때문에 유동성 위험이 형성되었다. 헌터가 포지션에서 빠져나와야 할 때 매도할 곳이 없을 것이다. 블랙스톤은 다음 기회에 자금을 회수하겠다고 아마란스에 통보했다. 단기 통지 환매에는 위약 수수료가 부과되지만 블랙스톤은 기꺼이 지불했다.[13]

한편 마우니스도 마침내 자신의 스타 트레이더가 무리했다는 사실을 인지했다. 그는 헌터에게 위험을 감축하라고 지시했지만 말처럼 쉬운 일이 아니었다. 블랙스톤 팀이 우려했듯이 누구도 아마란스의 계약을 매수하려 하지 않았기 때문이다. 헌터가 포지션을 처분하려고 시도하자마자 시장이 반전했고, 4월의 영광스러운 성과는 공포스러운 손실로 이어졌다. 5월 말 아마란스의 손실은 10억 달러가 넘어서, 위험 관리 부서가 추정한 금액보다 4배 가까이 많았다.

마우니스와 참모들은 경영을 안정시키기 위해 허둥지둥했다. 다른 전략을 구사하는 트레이더들의 포지션을 줄여서 자본을 염출했고, 모건스탠리에 거액의 수수료를 지불하고 헌터의 익스포저 일부를 부담하게 했다.[14] 그러나 너무 작고 너무 늦은 조치였다. 헌터의 거친 수익과 손실이 다른 가스 트레이더들에게 알려졌고, 그의 포지션이 너무 커서 버틸 수 없다는 것이 분명해졌다.

더구나 그의 포지션에는 비밀이 전혀 없었다. 3월부터 4월까지 어떤 계약 쌍의 스프레드가 벌어졌는지만 찾아보면 헌터가 쌓은 계약을 알 수 있었다.[15] LTCM이 채권 트레이딩에 휘말리고 줄리언 로버트슨이 US항공에 사로잡혔듯이, 아마란스도 덫에 걸렸다. 경쟁사 트레이더는 "10만 계약 규모로 시장에서 빠져나갈 수 있다고 생각했다면 순진해빠졌다. 나는 아마란스가 결국 터질 줄 알았다. 단지 시기의 문제였다"라고 술회했다.[16]

아마란스는 여름을 어찌어찌 버텨냈다. 헌터는 포지션을 줄이라는 지시를 받았지만 그러려면 막대한 손실을 입어야 했으므로, 무엇인가가 궁지에서 꺼내주기를 바라면서 버티는 전략을 취했다.[17] 7월 말에 늦여름 허리케인이 온다는 소문이 돌자 오래된 허세가 돌아왔다. 헌터는 베팅을 급격히 올려서 여름·겨울 스프레드를 넓혔고, 반대 방향으로

베팅한 경쟁 헤지펀드 마더록(MotherRock)을 쓰러뜨렸다.[18]

8월에 마우니스는 〈월스트리트저널〉 인터뷰에서 "헌터가 정말 정말 잘하는 것은 통제되고 측정된 위험을 취하는 것입니다"라고 과감하게 발언했다. 이 비정상적인 발언을 보며 아마란스 출신 베테랑은 젊은 트레이더에 대한 마우니스의 끝없는 신뢰를 버림받은 연인의 사랑에 비유했다.[19]

그러나 심판의 시간이 다가오고 있었다. 아마란스는 8월 말에 손실을 냈고 프라임브로커의 마진콜을 받았다. 허리케인 시즌은 사건 없이 지나갔다. 포식자 경쟁자들이 아마란스의 포지션을 목표로 움직이기 시작했다.[20]

아마란스의 마지막 날

9월 중순의 비 오는 날, 마우니스는 그리니치 사무실에서 맨해튼의 피에르호텔로 향하는 리무진에 올랐다. 교통 상황이 나빠서 기차를 탔어야 하지만, 수십억 달러를 운용하는 헤지펀드 매니저들은 대중교통이 편하지 않았다. 마우니스는 시대의 상징이 된 골드만삭스의 헤지펀드 콘퍼런스에 가는 길이었다.

연회장에는 테이블 수십 개가 놓였고 각 테이블에는 헤지펀드 대표들이 배치되었다. 기관투자가 그룹은 한 테이블에 가서 마케팅 프레젠테이션을 듣고 서둘러 다음 테이블로 이동했다. 마우니스는 투자자 그룹 몇몇에게 자신이 암기한 마케팅 시나리오, 즉 아마란스는 세계 최고의 펀더멘털 주식 팀, 세계 최고의 신용거래팀, 세계 최고의 퀀트 팀, 세계 최고의 원자재 팀을 보유하고 있고, 이 모두를 세계 최고의 인프라로 감싸고 있다고 소개했다.

이때 반갑지 않은 이메일이 도착했다. 사무실에 문제가 생겼다.

9월 14일 목요일이 사실상 아마란스의 마지막 날이었다. 핵심 포지션 하나의 여름·겨울 스프레드가 9월 초 대비 3분의 1로 줄면서 하루 만에 5억 6,000만 달러를 잃었다. 그날 밤 마우니스의 집에서 열린 긴박한 회의에서 아마란스 간부들은 마진콜을 맞추려면 즉시 자본을 조달해야 한다는 데 동의했다. 마우니스는 골드만삭스가 에너지 포트폴리오를 살 의사가 있는지 알아보려고 전화했다. 다른 파트너들도 다른 은행에 접촉해 필사적으로 매수 호가를 찾아보았다.

토요일 아침, 투자은행 팀들이 그리니치의 아마란스 사무실에 들이닥쳐서 주차장을 고급 차량으로 채우고 탕비실 과자를 축냈다. 열정적인 애널리스트 팀들은 햄프턴 주말 별장에 있는 상사들과 걱정스럽게 논의했고, 그사이 아마란스의 포지션은 시간외 매매에서 돈을 잃고 있었다.

골드만삭스가 매수 호가를 내고 이어서 메릴린치가 냈고, 월요일 이른 아침 아마란스는 골드만삭스에 자산 상당량을 매도함으로써 회사를 안정시킬 거래가 성사된다고 생각했다. LTCM 스토리가 재현될 것처럼 보였다. 위험을 즐기던 헤지펀드가 터졌다. 월스트리트가 파편을 나누어 가질 것이다.

마우니스는 골드만삭스의 매수 제안 소식을 빠르게 내보내야 한다는 것을 알았다. 곧 뉴욕상품거래소가 개장할 것이다. 전 세계 원자재 트레이더 모두가 아마란스의 부실을 들었고, 헌터의 가스 포지션을 사냥할 시즌이 시작될 것이다. 마우니스는 투자자들에게 편지를 써서, 아마란스가 고점이었을 때의 자본 절반을 잃었지만 새로운 자본을 조달할 거래의 '체결이 임박했다'고 보고했다.

그 월요일 아침, 시카고에 있는 멀티전략 헤지펀드 시타델의 대표 켄 그리핀은 집에서 일립티컬 트레이너*로 운동하고 있었다. 기계에는 모니터가 설치되어서 뉴스를 보는 동시에 이메일을 확인할 수 있었고, 마침 시타델 투자자 담당 책임자인 스콧 래퍼티(Scott Rafferty)의 메시지가 도착했다는 팝업이 떴다. 이마란스가 50% 손실을 입었다는 내용이었다. 그리핀은 1~2초 동안 수치를 완전히 인지하지 못하고, 페달을 계속 밟으면서 말도 안 된다고 생각했다. 그러다가 운동을 멈추고 서둘러 전화기로 향했다. 래퍼티와 통화해야 했다.

"절반이라고요? 얼마 동안이죠?" 그리핀이 물었다.

"한 달입니다"라고 래퍼티가 답변했다.

그리핀은 LTCM이 쓰러질 때 베어스턴스의 비니 매턴이 메리웨너에게 했던 말을 생각했다. 절반을 잃으면 회복할 수 없다.

한편 그리니치에서는 마우니스가 골드만삭스와의 거래를 성사시키기 위해 전화 회의를 소집했다. 그러나 두 회사가 뉴욕상품거래소 임원들과 함께 협의를 시작했을 때, 아마란스 청산 브로커인 JP모간(J. P. Morgan)이 프로젝트를 무산시켰다. JP모간 브로커 부서는 마우니스에 가스 트레이딩 자금을 대출하면서 선물 계약을 담보로 잡았는데 이제 담보의 가치가 의심스러워지자 대출 회수 여부가 불투명해졌다. JP모간은 파산법원을 통해 아마란스의 자산을 추적할 법적 권리를 받았고, 파산 과정에서 자산을 매수한 제삼자로부터 자산을 환취할 권리까지 허용받았다.

골드만삭스 입장에서는 환취 위협이라는 장애물을 극복할 수 없었다. 시장이 혼란스러워서 헌터의 가스 계정을 평가하기가 어려운 데다가 법적 불확실성도 커서 거래가 어려워졌다. 골드만삭스는 JP모간이

---

* 러닝머신, 자전거, 스테퍼를 합친 듯한 기구로서 팔다리를 함께 움직여서 운동한다.

파산법원을 통해 환취하지 않겠다고 약정하기를 원했지만 JP모간은 거부했고 거래가 무산되었다.

월스트리트의 거대 은행들이 서로 씨름하며 교착 상태에 빠졌을 때, 아마란스의 COO 찰스 윙클러(Charles Winkler)는 직원에게서 켄 그리핀이 전화했다는 연락을 받았다. 그는 회신하기 위해 사무실로 급히 돌아왔다.

윙클러는 시타델에서 그리핀을 위해 일했고 둘은 친구로 지냈다. 그러나 윙클러의 전화를 받은 그리핀은 한담을 나눌 분위기가 아니었다. 그리핀은 "찰리, 우리가 무엇을 하고 어떻게 도울 수 있습니까?"라고 물었다.

매우 대담한 질문이었다. 아마란스의 가스 포지션은 월요일 아침에 이미 40~50억 달러를 잃었다. 130억 달러의 헤지펀드가 이 방사성 포트폴리오를 어떻게 소화할 수 있는가? 골드만삭스 같은 회사가 주말 작업을 해서도 인수 거래를 성사시키지 못했는데, 그리핀은 어떻게 자신이 너 잘할 수 있다고 생각하는가?

윙클러는 그리핀을 너무나 잘 알기에 단도직입적으로 말했다. "정말 간단합니다. 우리가 사업을 유지하려면 브리지론과 수억 달러가 필요합니다."[21]

그리핀은 주변에 구축한 기업의 재원들을 계산하기 시작했다. 가스 시장 전체의 큰 부분을 차지하는 계정을 매수하려면 다양한 위험이 수반된다. 매매 논리와 관련해서 자금을 어떻게 조달할지, 상대방이 누구인지, 시타델의 전산 시스템이 감당할 수 있을지 판단할 필요가 있었다. 멀티전략 헤지펀드의 전제, 즉 효율적인 플랫폼이라는 강점이 시험대에 오를 것이다. 시타델이 모건스탠리와 골드만삭스의 잠재적 경쟁자라고 그리핀이 생각했다면, 이번이 이를 증명할 기회였다.

그리핀은 시타델 직원 40명쯤을 그룹으로 나누어 거래를 맡겼다. 참모 두 명을 그리니치행 비행기에 태웠는데, 투자은행 인수 경쟁자들 나이의 절반 정도밖에 안 되었다.

한편 그리핀은 마우니스와 그의 최고 고문들과 전화 회의를 진행했다. 점심때가 되자 논의 내용이 브리지론을 넘어섰고, 아마란스가 돈을 너무나 빠르게 잃고 있으니 가스 포지션뿐 아니라 모든 에너지 포지션을 처분할 필요가 있었다. 아마란스의 포지션이 더 혼란스러워질수록 그리핀은 투자은행과의 인수 경쟁에서 더 우위에 서게 되었다. 투자은행은 인수 대상이 움직일 때마다 의사결정 라인에 보고하고 지시를 받아야 하지만 그리핀은 CEO이자 거래 최고 책임자이므로 즉시 반응할 수 있었다.

이 속도 우위는 조직 하부에도 똑같이 적용되었다. 시타델 IT 책임자는 아마란스 컴퓨터에서 트레이딩 데이터를 이전받고 시타델의 시스템에 올리고 시타델의 회계와 위험 관리 소프트웨어에 동조화하는 방법을 알았다. 더 큰 조직은 그렇게 하려면 위원회 한두 개가 필요했을 것이다.[22]

8년 전 LTCM에서는 골드만삭스가 부실 포트폴리오를 인수할 의향을 표명했지만 거래를 성사시키지 못했다. 이번에는 헤지펀드가 거대 금융기관의 리그에 참여할 만큼 충분히 성장했고 효율성을 강하게 증명하고 있었다.[23]

그날 저녁, 아마란스와 시타델의 협상은 다양한 투자은행 인수 제안자들과의 대화를 모두 덮어버렸다. 그러나 장애물 하나가 남았다. 아마란스가 에너지 계정을 매각하면 파산으로 이어질 수 있고, 이 경우 거래하려면 법원 검토를 받아야 할 수도 있다. 그날 일찍 골드만삭스가 그랬던 것처럼 시타델도 이런 불확실성에서는 아마란스 계정을 평가할 수 없었다.

그리핀과 팀은 밤새도록 이 법적 장애물을 극복할 방법을 모색했다. 그러고 나서 운 좋게도 화요일 아침에 해결책이 나왔다. JP모간의 임원이 전화해서, 아마란스 포지션의 50%를 인수할 권리를 준다면 파산 이후 자산을 환취할 권리를 포기하겠다고 제안한 것이다.

그리핀은 수락했지만 새로운 문제가 발생했다. 다른 채권자가 아마란스에 청구권을 주장해서 시타델의 계산을 훼손한다면? 이 위험을 평가하려면 아마란스 포트폴리오의 비에너지 부문을 이해해야 했다. 이제 담보가 부족해진 트레이딩에 돈을 대준 투자은행이 또 있는가? 그리핀은 답을 알지 못했고, 잠시 동안 거래가 무산될 것처럼 보였다.

그러나 이때 그리니치로 파견한 두 사람 중 하나인 밥 폴라첵(Bob Polachek)이 정보를 가지고 나타났다. 전날 밤을 새우면서 아마란스의 투자은행 명세서를 모두 점검했던 것이다. 그는 발견되지 않은 구멍은 없다고 그리핀에게 보장했고, 다음 날 오전 5시 30분에 아마란스 매각이 완결되었다.[24]

이 매각은 그리핀과 그의 투자자들에게 승리를 안겼다. 일부는 JP모간의 제안 덕분이었지만, 시타델의 실행 플랫폼이 적어도 정상급 은행만큼 우수하다고 입증된 덕분에 헤지펀드는 월스트리트가 자기 것이라고 생각했던 거래를 탈취했다.

시타델과 JP모간이 아마란스의 포트폴리오를 인수하자마자 가치가 반등하기 시작했다. 포식자 트레이더들은 가스 선물이 덤핑 처리되지 않으리라는 것을 알고 베팅을 거두었고 그에 따라 가격이 회복했다. 결국 시타델은 이 거래에서 10억 달러의 수익을 얻었다. 차세대 골드만삭스를 만들겠다는 그리핀의 계획이 중요한 한 걸음을 내디뎠다.

멀티전략의 위험성

아마란스가 붕괴하자 헤지펀드들이 버블 영역에 들어선 것이 확인되었다. 헤지펀드는 가용한 전문 인력에 비해 너무 빨리 성장했고 성과를 내라는 압력을 받기 때문에, 경험이 부족한 트레이더들이 극적으로 망가질 기회가 발생할 수 있었다.

멀티전략 형식이 이 위험을 특히 심화시켰다. 스탠 드러켄밀러와 루이스 베이컨 같은 노장들은 매일 직접 트레이딩을 했으므로 위험을 이해했고, 자신의 자금과 평판이 자신의 회사와 결부되어 있으므로 대규모 손실을 회피할 의지가 있었다. 그러나 새로운 알파 공장의 구조는 이와 다르게 권한 위임을 신봉한다. 대형 멀티전략 헤지펀드의 대표가 휘하 트레이더들이 취하는 개별 위험 모두에 전문성을 가지리라고는 기대할 수 없고, 운용자산이 늘어남에 따라 새로운 전략을 빠르게 채택할 때 특히 그렇다.

그리고 일단 위험 결정을 하부로 위임하면, 대형 은행과 투자은행보다는 덜하지만 문제가 있는 인센티브 제도와 싸워야 한다. 트레이더들은 보너스를 원하고, 보너스는 크게 베팅해야 얻어지고, 회사의 중앙 위험 관리 부서는 무적의 아우라를 얻은 마법사들을 거의 통제하지 못한다. 아마란스가 쓰러졌을 때 투자자들의 자본 60억 달러가 증발해서, LTCM이 날린 규모보다 컸다.

그러나 아마란스 붕괴는 이어진 헤지펀드 규제 요구를 설명하지 못했다. 미국 상원 금융위원회의 찰스 그래슬리(Charles Grassley) 위원장은 헨리 폴슨(Henry Paulson) 재무장관에게 보낸 편지에서, 일반 미국인들이 연금 플랜을 통해 헤지펀드 익스포저가 높아지고 있다고 불평하며 왜 헤지펀드들의 비밀성 유지를 허용하는지 알려달라고 요구했다. 그러나 아마란스는 펀드 투자자들에게 보낸 월간 보고서에 투자 전략을 공개했고, 시황이 불리해지자 공격 대상이 된 것은 비밀성을 결여했기 때문이었다.

마찬가지로 〈월스트리트저널〉이 민간 경제학자들에게 수행한 설문 결과, 응답자 다수가 헤지펀드 감독 강화를 선호했고, 특히 인기 있는 규제 수단은 SEC 등록 의무화였다. 그러나 SEC 등록이 어떤 효과를 낼지는 명확하지 않았다. 아마란스의 실패로 미국 납세자들이 피해를 본 것이 없었고, 뉴욕 연준의 24시간 위기 회의도 없었으며, 금융 시스템이 명백하게 손상되지도 않았다. 손실을 본 연기금들은 분노했지만 아마란스는 그들 자산에서 극히 일부를 차지했다. 아마란스 붕괴의 영향은 S&P500지수가 하락한 날의 충격보다 크지 않았다.

요약하면 시장은 아마란스의 실수를 징계했지만 경제 전반에는 피해를 최소화했다. 이보다 더 나은 규제 조치는 없을 것이다.[25]

LTCM이 쓰러진 이래로 월스트리트는 다음번 헤지펀드 붕괴를 걱정해왔다. 이제 사건이 발생했고 상처는 거의 보이지 않았다. 헤지펀드를 비판하는 이들은 레버리지를 사용한 괴물들이 시스템에 화재를 일으킬 수 있다고 걱정했고, 결국 LTCM이 그렇게 했다.

그러나 시타델이 아마란스 포트폴리오를 전격 인수한 것은 이 이야기에 다른 측면이 있다는 것을 증명했다. 헤지펀드는 가끔 화재를 일으킬지 모른다. 그러나 소방관이 될 수도 있다.

15장

서브프라임 금융위기

HEDGE FUND

존 폴슨의 서브프라임 공매도

　다니엘 사덱(Daniel Sadek)의 어린 시절은 순탄하지 않았다. 1968년 레바논에서 태어났고, 내전 때문에 학교를 다니기 힘들었고, 총알과 파편에 상처를 입었다. 그는 레바논을 떠나 프랑스를 거쳐 18세에 캘리포니아로 갔고 주유원 등 몇 가지 직업을 거쳐 자동차 세일즈맨이 되었다. 그러나 2000년경 잘못을 깨달았다. 사덱은 모기지 사업을 하는 이들에게 메르세데스 차량을 대량으로 팔았다. 그리고 교육받지 않아도 모기지대출 판매 자격증을 취득할 수 있다는 것을 발견하고는 새로운 직업에 나섰다. 이발사가 되려면 1,500시간의 교육을 받아야 주 정부의 면허를 취득했을 것이다.

　2005년, 사덱의 회사 퀵론(Quick Loan)은 직원이 700명이었다. 미국 50대 '서브프라임(subprime)' 대출기관에 들었고, 너무 위험해서 일반 대출을 받지 못하는 고객에게 특화되어 있었다. 퀵론의 마케팅 프로그램은 단순했다. 한 광고는 "소득 증빙 불필요. 즉시 대출 가능!!"이라고 약속했다. 회사 슬로건은 "당신은 기다릴 수 없습니다. 우리는 기다리게 하지 않습니다"라고 선언했다. 캘리포니아주 기업국(California Department of Corporations)은 퀵론에 사기 혐의와 대출 심사 오류를 포함한 일련의 문제를 제기했다.[1] 그러나 사덱은 스타일을 굽히지 않았다.

그는 해안가의 대저택과 라스베이거스의 아파트를 구입했다. 목걸이, 슬리퍼, 긴 머리를 즐겼다. 스포츠카들을 수집했고 몇몇 레스토랑과 영화사에 투자했다. 배우인 여자 친구에게 배역이 필요하자 그는 레드라인(Redline)이라는 영화 제작사에 자금을 지원했다. 〈보스턴글로브(Boston Globe)〉 평론가는 이 영화가 "자동차, 크롬, 실리콘으로 가득 찬 액션 영화"이며 "무엇을 기대하든 그보다 못하다"라고 썼다. 영화 촬영과 홍보에 사덱의 스포츠카 200만 달러 이상이 날아갔다. 영화의 부제는 '아무것도 두려워하지 말라. 모든 것을 위험에 걸어라'였다.

2006년, 댈러스의 헤지펀드 매니저 카일 배스(Kyle Bass)는 사덱과 그의 영화 제작에 대해 들었다. 그 이야기로 그는 의심하기 시작한 내용, 즉 미국 모기지시장이 헤지펀드업계의 상상을 초월하는 버블로 가득 차 있다는 것을 확인했다. 2000~2005년 기간에 위험한 서브프라임 대출 규모가 4배 증가했고, 상환 능력이 없는 사람에게 대출되는 비중이 커지고 있었다. 퀵론의 다른 광고는 "사전 파산. 세금 유치권. 압류. 추심과 신용 문제. OK!"라면서, 빚을 떼어먹을 사람을 적극 찾는 것처럼 선언했다.

자살행위처럼 보이는 사덱의 태도는 그의 영화에 요약되어 있었다. 카일 배스는 "그들이 포르쉐 카레라 GT들을 내동댕이치기 시작하고 사덱이 '젠장, 차 몇 대를 버리는 거야?'라고 말했을 때, 나는 '저 사람에 맞서서 베팅하고 싶다'고 생각했다"라고 술회했다.[2]

아마란스가 쓰러지던 즈음, 배스와 그의 회사 헤이먼캐피털(Hayman

Capital)은 사덱의 모기지가 어떻게 합포장되어 모기지 채권 형태로 판매되는지 파악했다. 배스는 이 채권을 대량으로 공매도하고서 뒷전에 물러나서 기다렸다.

다른 헤지펀드 매니저들도 비슷한 생각을 했다. 프런트포인트파트너스(FrontPoint Partners)라는 대형 알파 공장의 공동 대표인 마이클 리트(Michael Litt)는 리먼브러더스 모기지 데스크를 방문했을 때 깨달음을 보았다. 모기지팀은 거대한 새 트레이딩 플로어로 이전한 참이었고, 리트는 구내를 둘러보다가 트레이더들이 동료를 놀리는 소리를 들었다. 재단사가 6,000달러짜리 양복의 치수를 재려고 왔는데 그 동료는 단 한 벌만 주문해서, 자존심 강한 모기지 딜러의 용어로 겁쟁이였다!

얼마 후 리트는 비행기에 앉아서, 첨단 금융이 시장의 변동성을 억제했다고 설명하는 국제결제은행(Bank for International Settlement, BIS)의 보고서를 읽고 있었다. 한때 인류가 정착하기에 알맞았지만 이후 얼어붙은 그린란드를 창밖으로 내려다보면서 무엇인가 잘못되었다고 생각했다. 12킬로미터 상공에서 그는 갑자기 깨달았다.

변동성이 낮은 것은 제멋대로인 돈이 세상에 넘쳐나기 때문이지만, 유동성이 풍부해지자 금융 시스템이 구조적으로 개선되면서 안정되었다는 잘못된 인식을 심어주고 있었다. 아시아부터 아라비아까지의 투자자들이 뉴욕 펀드매니저들에게 수십억 달러를 송금해서 리먼 모기지 데스크가 판매하는 채권을 모조리 매수했고, 국제결제은행의 유능한 전문가들은 앞으로 펼쳐질 빙하기를 놓친 듯 보였다. 리트는 다가올 충격에 대비해서 프런트포인트의 포트폴리오를 조정했다. 2006년 가을, 서브프라임 모기지 섹터를 공매도했고 다른 트레이딩 전략 여럿에도 약세 포지션을 취했다.[3]

다음 해에 헤이먼캐피털과 프런트포인트 모두 엄청난 수익을 얻었다.[4] 그러나 이 모든 버블의 어머니를 터뜨리는 격파자를 만든 사람은 존 폴슨(John Paulson)이라는, 나서지 않는 사람이었다. 키가 크지도 작지도 않고, 잘생기지도 밋밋하지도 않으며, 너무 열정적이지도 공격적으로 냉담하지도 않은 그는 전형적으로 평범한 인물이었다. 1980년에 하버드 경영대학원을 졸업하고 경영 컨설턴트와 오디세이파트너스(Odyssey Partners)라는 초기 헤지펀드를 거쳐서 베어스턴스 인수합병 부서에서 일했다.

1994년, 그는 몇몇 헤지펀드 스타트업을 인큐베이팅하던 파크애비뉴 빌딩에서 소규모 헤지펀드를 창업했다. 다음 10년 동안 폴슨과 회사는 꾸준히 성장했고, 운용자산은 최초의 200만 달러에서 2003년 6억 달러로 증가한 다음 위대한 헤지펀드 붐을 타고 2005년 40억 달러로 증가했다. 이 시기에도 폴슨은 조용히 지냈다. 직원 중 애널리스트는 7명뿐이었고, 거액의 개인 재산을 모았지만 가능한 한 조용한 방식으로 진행했다.[5]

폴슨은 고독한 역발상 투자자였다. 자신의 지능을 의심하지 않았고 남에게 인정받을 필요도 없었다. 부티크 헤지펀드 매니저로서 자신의 길을 닦아가면서 틀에 얽매이지 않는 장기 투자 기법을 체득했다. 예를 들어 성사 가능성이 낮은 합병 차익거래를 전문으로 했다. 성사될 것으로 예상하는 합병에 투자해서 적당한 프리미엄을 챙기는 한편, 때로는 실패 가능성이 있는 합병에 반대해서 베팅하거나, 갑자기 경쟁 인수자가 나타나 시장이 충격받을 수 있는 합병을 선호해서 베팅했다. 그는 또한 순환 주기를 이용해서 돈을 벌었다. 경제가 활황일 때는 공매도 시점을 모색했고, 불황에는 반대를 추구했다.

그를 위해 일한 직원 일부도 똑같이 개성이 강했다. 키 크고 우아하며 테가 두꺼운 안경을 쓰고 항상 눈이 빛나는 이탈리아인 파올로 펠레그리니(Paolo Pellegrini)는 다년간 별난 아이디어들을 추구했지만 성과가 없었고 "나는 로맨틱한 유형이다"라고 술회했다.[6] 2004년 폴슨의 금융사 애널리스트로 입사해서 고용 계약서에 서명했을 때, 그는 난생처음 자신의 비전통적인 스타일이 환영받았다고 느꼈다.

폴슨의 실력 상당 부분은 포지션의 디테일에 있었다. 그는 '자본구조 차익거래'로 알려진 전략을 통해서 호황에 대한 의구심을 표현했다. 자본구조 차익거래는 어떤 기업이 파산하는 경우 그 기업이 발행한 다양한 채권이 다르게 취급받을 수 있다는 사실에서 시작한다. 선순위채권은 파산 회사의 잔여 자산에 대해서 1순위 청구권을 가지므로 가장 먼저 상환받고, 후순위채권은 잔존가치가 있는 경우에만 상환받는다.

발행 회사가 건전한 동안에는 투자자들이 이 따분한 법적 차이에 관심을 두지 않기 때문에 선순위채와 후순위채가 비슷한 가격에 거래되었다. 그러나 경제가 침체하면 기회가 발생했다. 폴슨은 어떤 회사들이 파산을 향하는지, 예를 들어 경기 순환 업종에 속하거나 부채가 너무 많은 회사인지 추측할 수 있었다. 그러면 파산 시 가장 큰 타격을 입을 후순위채를 공매도하고 때로는 선순위채를 매수해서 포지션을 헤지할 수 있었다.

2005년 초, 폴슨은 경기 순환 주기가 하락세로 돌아설 태세라고 느끼기 시작했다. 지난번 불황에 할인 매수한 채권들이 터무니없이 높은 가격에 거래되고 있었고, 금융시장은 장기 저금리 덕분에 거품이 끼어 있었다. 폴슨은 미국 경제가 약간만 침체해도 가장 시끄럽고 빠르게 붕괴할 부분, 즉 미국 자본주의에서 가장 취약한 부위를 찾고자 했다. 이상적인 목표는 표준적인 취약점 모두를 결합한 것으로서 경기 순환 업종에 속하고, 부채가 과도하며, 부채가 선순위와 후순위채로 쪼개져서 폴슨이 모든 위험의 집약체인 후순위채를 공매도할 수 있는 것이었다.

폴슨은 소비자들이 상환 능력 이상으로 자동차 할부 대출을 받는다고 가정하고 자동차회사 회사채 공매도를 실험해보았다. 보험회사와 주택대출회사 몇몇도 공매도해보았다. 그러나 이 거래 모두에 위험이 있었다. 자동차회사, 보험회사, 주택대출회사는 모두 건물, 브랜드, 고객 관계라는 프랜차이즈 가치를 보유하고 있어서, 부채를 감당하지 못하고 쓰러지더라도 여전히 가치가 있기 때문이었다. 역발상가가 되려는 폴슨은 완전히 쓸려 없어질 것을 공매도하고 싶었다.

2005년 봄, 그는 최적의 대상을 발견했다. 바로 모기지 채권으로서 공매도자가 원하는, 상상 가능한 매력이 모두 결합되어 있었다. 미국인 다수가 주택 가격은 오르기만 한다고 확신했지만 주택 가격과 그에 따른 모기지는 분명히 경기를 탔다. 게다가 주택 가격은 거대한 가계부채 위에 형성되어 있었고, 가계가 어려움에 부딪히는 순간 부채 상환이 불가능해질 것이었다. 선순위와 후순위의 분리 측면에서 모기지업계만큼 푸짐한 잔치를 제공하는 곳이 없었다.

다니엘 사덱 같은 대출업자들은 모기지를 만들어 월스트리트 은행들에 팔았고, 은행들은 이 모기지들을 채권으로 바꾸었고, 그러고 나면 다른 은행들이 이 채권을 사서 묶은 다음 결과물인 부채담보부증권(collateralized debt obligation, CDO)을 여러 층으로 나누었다. 순위가 가장 높은 채권에는 AAA등급을 매기고 다음 순위에는 AA를 주는 식으로 해서 BBB와 이하 등급까지 내려가서 층위가 18개 있었다.

만일 CDO에 편입된 모기지들이 채무를 95% 이상 상환한다면, 5% 손실은 더 낮은 순위의 채권이 흡수할 테니 BBB등급 채권은 무사하다. 그러나 채무 불이행이 5%를 넘어서면 BBB등급도 손실을 보기 시작한다. BBB등급은 전체의 1%에 불과하므로 채무 불이행이 6%에 달하면 BBB의 전체 가치가 제로가 된다. 자동차회사 채권과 달리 CDO는 프랜

차이즈 가치도 걱정할 필요가 없다. 파산한 회사는 누군가에게 가치가 있을 수 있지만, 상환액이 제로인 부실대출의 가치는 단순히 제로다.

2005년 4월, 폴슨은 모기지 채권에 대해 첫 번째 반대 베팅을 걸었다. BBB등급 서브프라임 부채 1억 달러 상당에 대해 채무 불이행 보험인 신용부도스와프(credit default swap, CDS)를 매수한 것이다. 그의 위험과 수익에는 거대한 비대칭이 형성되어 있어서, 1년 보험료로 140만 달러를 지불했지만 모기지 채권이 휴지가 된다면 1억 달러를 받을 것이다.

문제는 채무 불이행 발생 확률이었다. 카지노 룰렛에서 단일 숫자에 베팅하면 매력적인 보상을 받지만 이는 승률이 매우 낮기 때문이다. 폴슨은 별난 이탈리아인 파올로 펠레그리니에게 부도 확률 측정을 맡겼다. 연구 예산 200만 달러로 무장한 펠레그리니는 미국 최대 모기지 데이터베이스를 구매했고, 숫자를 보관할 외부 회사를 고용했으며, 애널리스트를 추가 고용해서 부도율의 과거 추이를 측정했다.

펠레그리니가 처음 발견한 내용은 고무적이지 않았다. 그와 폴슨은 상환 불가능한 주택담보대출을 받은 가계는 부도를 낸다는 생각에서 출발했다. 그러나 문제점을 발견했다. 주택 가격이 상승하는 한, 주택 소유주는 재융자(차환)라는 대안이 있으니 부도를 내지 않을 것이다.[7]

그러나 펠레그리니는 지역적 분산이라는 두 번째 발견도 했다. 모기지업계는 주택 가격이 매년 15%씩 상승해왔고 2005년 여름에 전국적으로 동반 하락하는 일은 결코 없을 거라고 주장했다. 그런 상황이 발생한 적이 없으니 서로 다른 주에서 온 모기지들을 묶어 유동화한 채권은 상대적으로 위험이 없다고 간주했다. 펠레그리니는 모기지 게임에 새로 들어온 터라 이 논리에 영향받지 않았고, 수치를 분석해보니 이 논리는 기반이 약했다.

미국 주택 가격을 인플레이션율로 조정하면 1980년대와 1990년대에 전국적 침체가 있었고, 따라서 2000년대 초의 이례적인 상승 이후 또다시 침체할 거라고 추정할 근거가 많았다. 게다가 차환이라는 대안을 막으려면 주택 가격이 실제 하락할 필요조차 없이 보합에만 머물러도 충분했다. 펠레그리니는 주택 가격 상승이 제로가 되면 모기지 부도율이 최소 7%에 달해 결국 BBB등급 채권의 가치가 사라질 것이라고 분석했다. 즉 '제로'는 '제로'다.

폴슨의 초기 모기지 베팅은 2006년 초까지 수익을 내지 못했고, 일부 투자자는 그가 무리한 행동을 했다고 불평했다. 그러나 펠레그리니의 연구 결과를 더 깊이 검토할수록 폴슨은 일생일대의 기회를 발견했다고 확신했다. 연준의 금리 인상으로 모기지 이자 부담이 늘자 주택 가격 상승세가 주춤하고 있었으므로, 주택 가격이 제자리걸음을 할 가능성은 최소한 이븐(even), 즉 카지노 룰렛에서 빨간색에 거는 경우와 비슷했다. 반면에 잠재적 보상은 투입액의 70~80배였으므로, 룰렛에서 한 숫자에 베팅해서 이겼을 때보다 2배나 많았다.

폴슨은 예상 손익을 간단한 표로 그려보았다. 자본금 6억 달러로 펀드를 결성하고 그중 7%로 BBB 모기지 채권의 채무 불이행 보험에 가입한다면, 최악의 경우 4,200만 달러를 잃는다. 반면에 보상은 거의 무한했다. BBB등급 채권의 채무 불이행률이 30%로 완만하다면 펀드는 자본금의 341%인 20억 달러를 벌고, 불이행률이 50%이면 568%인 34억 달러를 벌 것이다. 그리고 폴슨이 가장 가능성 높다고 본 80%에 도달하면 펀드는 909%인 55억 달러를 벌 것이다.

폴슨이 이 계획을 투자자들에게 설명하자 몇 사람은 그가 미쳤다고 생각했다. 수익률 909%? 실현된 적이 있나? 그러나 폴슨은 단념할 사람이 아니었다. 2006년 여름, 자신의 표가 말하는 대로 실행하기 위해서 새로운 헤지펀드를 설립했고, 시드머니 일부는 자기가 출자하고 펠레그리니를 공동 운용자로 지정했다.

문제는 폴슨이 원하는 거래 규모를 어떻게 달성하느냐였다. 모기지 채권을 빌려서 공매도할 수 있지만 절차가 번거로웠다. 또는 은행에서 CDS라는 보험을 매수할 수 있지만, 팔아줄 은행을 찾아야만 거래가 가능했다. 폴슨에게 다행스럽게도, 2006년 7월 월스트리트 최고 투자은행들이 손쉬운 대안을 마련해주었다. 거래 수수료를 벌기 위해 서브프라임 모기지지수(ABX)를 출시한 것이다. 이제 서브프라임 채권에 대한 보험을 언제든지 손쉽게 매수할 수 있었다.

2~3주 후 폴슨은 거대 은행의 전화를 받았다. 전화한 사람은 ABX 트레이더였다.

"어떤 그림을 그리고 있습니까?" 트레이더가 물었다. 그는 폴슨과 대규모로 거래할 생각이 있었다. 폴슨이 원하는 서브프라임 채권 보험은 몇백만 달러인가?

폴슨은 생각했다. 트레이더를 놀라게 해서 쫓고 싶지 않았다. 폴슨이 진정 원하는 보험 금액을 안다면, 그는 팔기 전에 가격을 올릴 것이기 때문이었다.

"5억 달러." 폴슨이 테스트했다.

"체결." 트레이더가 대답했다.

"추가 5억 달러." 폴슨이 말했다.

"체결." 그 남자가 반복했다. 그는 전혀 주춤하지 않았다. 그러고 나서 "전체 상황을 말하세요"라고 다시 말했다.

폴슨은 "내일 다시 전화하세요"라고 말했고 다음 날 10억 달러에 대한 보험을 추가 매수했다. 그해 상반기 내내 씨름해서 5억 달러어치를 매수했는데 단 이틀 만에 그 물량의 4배를 매수했다.

"그림을 보여주세요." 트레이더가 다시 말했다.

폴슨은 이것이 성배라고 생각했다. 그는 소로스의 말 "급소를 노려라"를 기억했다.

"추가 30억 달러 하겠소"라고 폴슨이 말했다.[8] 이번에는 전화선으로 침묵이 흘렀다. 트레이더는 추가 10억 달러에 동의하고 나서 그 이상은 망설였다. 그러나 폴슨은 다른 은행들에 전화해서 채권 펀드에 총 72억 달러의 포지션을 수립했다.[9]

2006년 말, 그는 같은 전략으로 두 번째 펀드를 출범했다.

서브프라임에 대응하는 은행과 헤지펀드의 자세

폴슨이 소로스의 말을 기억한 것은 생각보다 더 적절했다. 서브프라임 버블은 이전 헤지펀드들이 활용했던 정책 오류의 21세기 버전이었다. 1970년대에는 무능한 중앙은행들이 인플레이션을 방치해서 원자재 트레이더들이 엄청난 추세에 올라탔다. 1990년대에는 중앙은행들이 지속 불가능한 환율 페그제를 고수하다가 소로스 같은 매크로 트레이너들에게 공격당했다.

2000년대에는 인플레이션과 지속 불가능한 환율 페그제는 사라졌지만, 과거의 실수가 사라지면서 새로운 실수에 길을 터주었다. 인플레이션이 사라지자 중앙은행은 저금리로 자유롭게 경제를 부양할 수 있다고 느꼈고 자금을 저렴하게 빌려주어서 자산 버블을 키웠다. 환율이 안정되자 월스트리트는 과감하게 새로운 형태의 위험을 취했고 레버리지를 쌓아서 버블을 더 키웠다.

새로운 시대마다 새로운 실수가 발생했고 트레이더에게 새로운 기회를 주었다. 매크로 헤지펀드의 전성기는 지나갔을지 모르지만 신용 헤지펀드의 전성기가 다가왔다. 존 폴슨은 새로운 조지 소로스였다.

소로스에 대한 기억이 적절한 데는 또 다른 의미가 있다. 유명한 매크로 트레이더들이 막대한 수익을 낸 것은 기꺼이 흡수한 상대방이 있었기 때문이다. 1992년에는 상대방이 영국 정부였다. 마찬가지로 폴슨의 서브프라임 모기지 거래에도 상대방이 필요했다. 폴슨도 누군가가 매수해주어야만 방대한 공매도 포지션을 취할 수 있었다. 물론 매수자가 누구이며 왜 그렇게 열렬하게 돈을 던졌는지는 미스터리했다.

2007년과 2008년에 모기지 버블이 터지자 금융 시스템 전체에 막대한 손실이 발생했다. 다니엘 사덱의 작품과 같은 악취를 풍기는 대출 수십억 건이 재포장되어 일본 보험사부터 노르웨이 연기금까지 많은 투자자에 판매되었다.

서브프라임 채권 일부는 불가피하게 헤지펀드들에 돌아갔고 펠로톤 파트너스(Peloton Partners)와 세일피시캐피털(Sailfish Capital)이라는 중간 규모 헤지펀드가 모기지의 무게로 가라앉았다. 특히 펠로톤은 재정적으로 신중하지 않았다. 이 회사의 런던 소재 펀드매니저들은 죄의식 없이 은밀하게 430만 파운드를 횡령해서 유명해졌고, 배심원들에게는 계정에서 100~200만 파운드가 빈다고 느꼈다고 진술했다.

그러나 헤지펀드는 전체적으로 모기지 버블에서 매우 잘 살아남았다. 대부분이 독성 모기지 채권 매수를 피했고 종종 공매도로 돈을 벌었다. 시카고의 데이터 제공사 헤지펀드리서치(Hedge Fund Research, HFR)에 의하면, 2007년에 모기지를 포함해서 자산 유동화를 전문으로 한 헤지펀드들의 평균 수익률은 1%여서 서브프라임 직격탄을 완전히 피했다. 한편 헤지펀드 전체는 연 10% 수익을 올렸으니 위기 국면에서는 나쁘지 않은 결과였다.[10]

헤지펀드 대부분이 서브프라임 자산이 쓰레기라는 것을 인식했다면, 매수를 주도한 것은 누구일까? 정답은 주로 씨티은행, UBS, 메릴린치

등 은행과 투자은행이었다. 언뜻 보면 이상할 수 있다. 이 회사들은 고유계정 자본을 운용하는 트레이딩 데스크를 자랑했다. 하지만 헤지펀드와는 달리 서브프라임 모기지를 대량 매수했다. 씨티은행은 손실이 너무나 커서 미국 정부가 지분 3분의 1 이상을 매입해서 구제해야만 했다. UBS에는 스위스 정부가 구명줄을 내려보냈다. 메릴린치는 파산을 피하기 위해 뱅크오브아메리카에 매각되었다.

펠로톤과 세일피시 같은 헤지펀드의 실패는 이전의 아마란스처럼 납세자들에게 부담을 전혀 주지 않았지만, 씨티은행과 동료들의 실패는 정부 예산과 세계 경제에 거대한 부담을 안겼다.

왜 이렇게 헤지펀드와 대비되는가? 주된 이유는 네 가지이며, 규제에서 시작한다. 씨티은행과 UBS처럼 예금을 수신하는 은행들은 지급 능력을 구비하기 위해 최소자본을 유지해야 한다. 그러니 모기지 버블이 터졌을 때 헤지펀드보다 회복력이 커야 했다. 그러나 자본 규제는 필요하지만 '목발'이 될 수 있다. 은행들은 까다로운 애널리스트들이 안전하다고 제안하는 방식이 아니라 자기자본 규정상 안전해 보이는 방식으로 트레이딩 계정을 운용하곤 했고, 안전하지 않을 때조차 그랬다.

서브프라임 모기지가 이 문제의 모범 사례다. 독성 모기지를 유동화한 채권들이 최고(AAA) 등급을 받았는데, 부분적으로는 신용평가회사가 채권 발행사에서 수수료를 받기 때문에 발행사를 비판할 인센티브가 무뎌진 것이 이유였다. 일단 서브프라임 자산에 AAA등급이라는 도장이 찍히자 은행들은 자기자본 규제상 요구자본의 부담이 없어서 기꺼이 보유했다. 따라서 규제와 신용평가회사가 모기지 채권의 진정한 위험 분석을 대체했다.[11] 헤지펀드들은 스스로 위험을 결정하는 습관 덕분에 규제와 신용평가에 현혹되지 않았고 더 나은 성과를 냈다.

자기자본 기준이 엇갈린 성과를 냈다면, 두 번째 문제는 인센티브 제도에 있다. 헤지펀드의 인센티브 제도는 완전하지 않다. 펀드매니저는 성과가 좋은 해에는 수익의 20%를 가져가지만 성과가 나쁜 해에 손실의 20%를 토해내지는 않기 때문에 무모하게 도박하라는 유혹을 받을 수 있다. 그러나 헤지펀드는 강력한 장점이 있다. 매니저들이 자기 재산을 펀드에 넣으므로 위험을 효율적으로 통제할 이유가 강하다는 것이다.

이에 반해 은행의 고유계정 트레이더들은 자신이 운용하는 포트폴리오에 자기 재산을 넣지 않고 대신 종종 우리사주를 보유한다. 그러나 주가는 은행의 다양한 수익 창출 부서가 결정한다. 고유계정 트레이딩 부서가 손실을 내면 다른 사업 부문들이 실수를 희석한다. 주가는 약간 반응하거나 반응하지 않을 수도 있다. 그 효과가 너무 약해서 고유계정 트레이더의 인센티브를 변화시키지 못한다.

이 차이에서 은행이 신용 버블에 형편없이 대응한 세 번째 이유가 드러난다. 수익 부문이 다수여서 경영진의 주의가 분산된 것이다. 은행의 고유계정 트레이딩 데스크는 인수합병을 자문하고 증권을 발행하며 고객 자금을 운용하는 부서들과 병존하고, 때로는 자문 사업에서 수수료를 획득하려고 경쟁해서 은행의 투자 결정이 흐려진다. 또다시 서브프라임 이야기가 이 문제를 잘 보여준다.

메릴린치는 700억 달러 상당의 서브프라임 CDO를 판매해 수수료로 1.25%인 8억 7,500만 달러를 벌었다. 메릴린치 경영자들은 모기지 주관 실적에 집착했다. CEO 스탠 오닐(Stan O'Neal)은 모기지를 최우선으로 매입하기 위해, 대출회사들에 자금을 무이자로 빌려주었다.[12] 메릴린치와 경쟁사들은 CDO 생산 라인에 모기지를 공급하기 위해서 모기지 채권을 대량으로 보유했다. 2007년 초에 CDO 수요가 사라지자 은행에는 재무상태표에 올려야 하는 미판매 재고 수십억 달러만 남았고,

그럼으로써 모기지 주관 사업의 의도하지 않은 부산물인 모기지에 대해 주요 투자자가 되었다. 이런 식으로 수수료에 집착해서 투자 선택을 왜곡한 것을 생각하면 결과가 참혹해도 놀랍지 않다.

은행의 운명에 대한 마지막 설명은 은행의 문화와 관련된다. 헤지펀드는 프라임브로커가 마진콜을 해서 또는 투자자가 환매를 요구해서 영업을 중단할 공포에 끊임없이 시달린다. 투자 수익률에 생사가 달려 있으니 강박적으로 수익률에 집중한다. 헤지펀드는 보통 이사회가 아니라 카리스마 있는 창업자가 지휘하므로, 포트폴리오가 위협받으면 포지션을 공격적으로 뒤집을 수 있다. 반면에 은행들은 자기만족적이다. 수익원이 다양하고 자금 조달선도 확고해 보인다. 예금 수신 은행은 정부가 보증하는 고정자본을 보유하고, 투자은행은 주식과 채권 시장에서 자금을 조달할 수 있으므로 자사가 난공불락이라고 판단했다 (이후 잘못된 생각으로 밝혀졌다).

헤지펀드의 편집증과 은행의 자기만족의 차이는 1998년 러시아 국가 부도와 LTCM 붕괴 시점에 가장 명백하게 드러났다. 헤지펀드 대부분은 환매를 제한해 투자자 자본을 더 오래 묶어두고, 자본을 안정화하기 위해 프라임브로커들과 협상해서 충격에 대응했다. 반면 은행들은 반대 방향으로 나아가서 완충자본이 1990년대 중반에서 2000년대 중반까지 30% 이상 감소했다. 모기지 버블이 확산되던 2006년과 2007년에도 많은 은행이 너무 늦게 대응했다. 그들은 새로운 ABX를 통해 존 폴슨에게 모기지 보험 수십억 달러를 매도하면서도, 잠시 멈춰서 폴슨이 무슨 의도로 매수하는지 스스로 묻지 않았다.

은행과 헤지펀드의 대비는 약간 왜곡되기는 했지만 베어스턴스 사태에서 집약된다. 베어스턴스는 트레이딩 위험을 주의 깊게 관리한다는 평판이 있었고, 위험한 모기지 채권을 매수할 것 같지 않은 금융회사였다. 그러나 월스트리트의 모기지 채권 발행 주관사 순위에서는 2000년에 3위였다가 2000년대 중반에 1위로 상승했고, 이 소시지 공장을 계속 가동하기 위해 미국과 영국에서 서브프라임 대출을 수행하는 회사들을 자회사로 인수했다. 이렇게 확장하자 필연적으로 경영진의 주의가 흐트러져서 모기지의 가치가 얼마인지보다 어떻게 더 많은 모기지를 창출할지에 집중하게 되었다.

한편 2003년에는 고유자산 운용 부문에 야심 찬 10·10 전략을 수립했다. 고유자산 운용 부문 자회사가 맨땅에서 시작하는 것을 고려하지 않고, 2010년까지 베어스턴스 전체 매출과 수익의 10%씩을 달성하라고 요구한 것이다. 다시 말해 수수료 수익을 추구함으로써 베어스턴스의 운명을 결정했다. 베어스턴스는 자질이 부족한 임원들을 성급하게 모으고 사내 헤지펀드를 출범해서 자산운용 사업을 구축했고, 펀드 중 일부는 서브프라임 채권을 매집했다. 이 오판으로 인해 다음 해에 파산했고 연준은 베어스턴스의 독성 증권 290억 달러를 흡수해야 했다.

베어스턴스 사내 헤지펀드들이 실패한 것이 헤지펀드의 위험성을 나타내는 증거로 보일 수 있다. 그러나 베어스턴스 헤지펀드는 헤지펀드 문화가 아니라 은행 문화의 산물이다. 대형 은행의 우산 아래서 출범한 다른 헤지펀드들처럼, 이들은 독립적인 벤처를 세운 사업가가 아니라 은행에서 시드머니를 출자받은 펀드매니저가 운용했다. 자본 조성 과정에서 모은행의 네트워크과 브랜드의 도움을 받음으로써 독립적인 헤지펀드가 넘어야 하는 진입장벽이 낮아졌다. 게다가 실패하더라도 모은행이 구제해줄 것을 알고 있으니 경계심이 줄어들었다.

베어스턴스 펀드들의 투자 논리는 모은행과 밀접하게 연계되어 있었다. 자산운용 부문 헤지펀드 중 2개를 운용한 랠프 시오피(Ralph Cioffi)는 전에 베어스턴스 영업 데스크에서 일하면서 기관투자가들에 모기지 채권을 팔았다. 그의 헤지펀드 운용 계획은 같은 모기지 채권을 매수하면서 35배라는 놀라운 레버리지를 거는 것이었다. 자본이 풍부하고 수수료에 목마른 모은행에 타당한 위험한 베팅으로, 실제 헤지펀드라면 채택할 가능성이 적었다.

랠프 시오피는 자신의 헤지펀드를 설립할 능력이 없었다. 세일즈맨이어서 포트폴리오 위험을 관리한 경험이 없었고, 실제로 베어스턴스 임원 일부는 그에게 맡기면 안 된다고 주장했다. 채권 부문 COO였던 폴 프리드먼(Paul Friedman)은 나중에 "똑똑하지만 자산운용 경험이 전혀 없는 이 남자가 어떻게 자금을 운용할지 모르겠다는 회의론자가 내부에 많았다. 그는 위험 관리를 전혀 몰랐고 평생 남의 돈에 가격을 매겨본 적이 없었다"라고 술회했다.[13]

또한 시오피는 경영 능력도 부족했다. 책임자로 활동한 짧은 기간 동안 실망스러운 성과를 냈고, 모회사의 지원을 받는데도 행정적으로 무능했다. 그는 베어스턴스의 다른 사업부에서 증권을 매입하기 전에 펀드 사외이사의 승인을 받지 못했고, 서류 작업이 형편없어서 법무법인에 조사를 의뢰해야 할 정도였다. 한 투자자는 은행 내 헤지펀드 자회사의 문제를 요약한 고소장에서, 베어스턴스가 위험을 잘 관리한다는 평판 때문에 펀드에 돈을 넣었는데 베어스턴스가 외부 투자자를 차별 대우한다는 것만 발견했다고 주장했다.[14]

사실 베어스턴스와 다른 은행들이 헤지펀드에 편승한 것은 위험 관리보다 자기 브랜드 활용을 위해서였다. 존 폴슨은 모기지 버블에서 수십억 달러를 벌었지만 그의 전 직장인 베어스턴스는 퇴출된 이유가 궁금하다면, 베어스턴스 내부 헤지펀드의 비헤지펀드적 속성에서 해답을 찾을 수 있다.[15]

2007년 6월, 레버리지를 이용한 시오피의 서브프라임 모기지 펀드들이 붕괴했다. 펀드들은 베어스턴스 브랜드를 앞세워 판매되었으므로 모회사는 긴급 대출로 펀드를 구제할 의무를 느꼈고, 이로써 모회사의 주머니가 두둑하면 조심성이 무뎌진다는 견해를 입증했다.

한편 폴슨은 모기지 베팅으로 헤지펀드 역사상 가장 많은 수익을 거두었다. 주택 가격이 상승을 멈추자 대출을 많이 받은 가정이 집 열쇠를 반납하기 시작했고, BBB등급 모기지 채권은 사실상 가치가 없어졌다. 2007년 말 폴슨의 대표 모기지 펀드는 수수료 공제 후 700% 수익을 거두었다.[16] 회사 수익은 약 150억 달러로 추정되고 폴슨 자신은 30~40억 달러를 벌어서 어떤 잡지에 "돈을 너무 많이 번 사람"으로 실렸다.

다음 해 존 폴슨이 헨리 폴슨 재무장관의 은행 구제금융 계획을 변경하라고 권고하자, 미국 의회는 소로스를 존경한 것과 같은 반응을 보였다. 매사추세츠주 존 티어니(John Tierney) 의원은 "우리가 잘못된 폴슨에게 장관직을 맡겼다고 생각했다"라고 말했다.

그러나 베어스턴스의 몰락과 폴슨의 성공이 헤지펀드의 승리를 의미한다 하더라도, 이후의 충격에서 헤지펀드가 살아남으리라고 확신하기에는 너무 이른 시점이었다.

소우드의 유동성 위기

베어스턴스 헤지펀드가 몰락하고 한 달 후, 시타델의 켄 그리핀은 프랑스로 휴가를 떠났다. 그는 전성기였고 그의 어마어마한 회사는 시카고 도심 사업지구의 랜드마크 타워를 차지했다. 그는 재스퍼 존스(Jasper Johns)의 그림에 8,000만 달러를 지불했다. 그리고 어린 마리 앙투아네트(Marie Antoinette)가 취미로 농사를 지었던 베르사유 왕비의 마을(Hameau de la Reine)에서 프랑스인 신부와 결혼했다.

그러나 2007년 여름, 그리핀은 휴가를 즐길 수 없었다. 매일 시카고에서 걸려온 전화로 시작해서 같은 방식으로 끝나는 일상이 반복되었고, 금요일 아침이 되자 그리핀은 지칠 대로 지쳤다. 그는 아내에게 "오해하지 말고 들어요. 당신은 같이 가도 좋고 여기 머물러도 돼요. 나는 갈 겁니다"라고 말했다.[17]

7월 27일 금요일은 서브프라임 문제가 더 큰 신용위기로 확산된 날이었다. 포르쉐를 내던진 남자의 대출, 18층으로 나뉜 기묘한 부채담보부증권, ABX에 대한 측면 베팅 축적 등은 최근까지만 해도 시장 한구석에 국한된 열기라고 일축할 수 있었다. 그러나 그 금요일, 보스턴 소재 헤지펀드인 소우드캐피털(Sowood Capital Management)에 불이 붙기 시작했다. 30억 달러 포트폴리오가 폭락했고 브로커들의 마진콜이 들어왔다.[18]

이 전개에서 주목할 사실은 소우드가 서브프라임 채권을 피했다는 점이다. 대표 제프리 라슨(Jefferey Larson)은 예일재단 못지않게 절대 수익률을 추구했던 하버드재단의 내부 헤지펀드 매니저로서 명성을 쌓았다. 12년의 하버드 경력이 끝나갈 시점에는 재단 재산 200억 달러 중 30억 달러를 굴리고 있었다. 그는 2004년에 하버드재단을 설득해서 독립적인 멀티전략 헤지펀드의 시드머니를 출자받았다. 신생 펀드 소우드는 70명을 고용했고, 첫 3년간 주로 신용시장에 집중해서 연 10% 수익률을 냈다.

2007년 초, 라슨은 채무 불이행률이 상승할 것이라고 제대로 판단했다. 존 폴슨이 선호한 자본구조 차익거래의 일환으로, 라슨은 하락장에서 좋은 성과를 얻기 위해 비교적 안전한 선순위채를 매수하고 후순위채를 공매도했다. 베어스턴스를 곤경에 몰아넣은 서브프라임 손실은 라슨을 위협하지 않았고 오히려 호재가 될지도 몰랐다. 7월 초, 라슨은 개인 자금 570만 달러를 소우드에 추가 투입했다.[19]

얼마 지나지 않아 라슨은 자신의 실수를 깨달았다. 모기지에서 손실을 본 다른 레버리지 플레이어들이 모기지 외의 포지션을 투매해서 자본을 조달하고 있었다. 7월 셋째 주가 되자 소우드가 보유한 회사채들도 심각한 손실을 겪기 시작했다. 하락장에서도 건재할 거라고 예상했던 우량 채권들은 매도가 쉬우니 제일 먼저 투매되었고, 트레이더들이 무차별적으로 매도하자 자본구조 차익거래의 논리가 쓸모없어졌다. 라슨은 하버드의 멘토들에게 매달려서 긴급 자금 투입을 요청했지만 하버드는 너무 위험하다고 판단했다.

7월 27일 금요일 아침, 소우드에 문제가 생겼다는 소식이 월스트리트에 퍼졌고, 트레이더들은 소용돌이 전파 가능성에 대비하기 시작했다. 마진콜로 인해 소우드가 회사채 포트폴리오를 급매하면 다른 채권 펀드들이 타격을 입어 추가 매도가 발동하고 시장을 짓누를 것이었다. 이 공포는 자기실현적이어서 채권시장은 그날 오후 크게 하락했다. 소우드는 거액을 잃었고, 시장이 마감된 후 주말에도 시간외 매매가 진행되어 계속 타격을 입었다.

일요일 점심경, 라슨은 켄 그리핀에게 전화했다.[20] 라슨은 시타델이 전년도에 아마란스 계정을 매수한 것을 떠올렸고, 그리핀에게 소우드 포트폴리오도 인수하고 싶은지 물었다. 소우드가 인수자를 더 빨리 찾아낼수록, 이 포지션을 목표로 하는 포식자들을 더 빨리 물리칠 수 있을 것이다. 다음 날 아침 시장이 열리기 전에 거래를 성사시켜야 했다.

그리핀은 참모들에게 전화했다. 아마란스 인수 당시 현장에 투입되었던 제럴드 비슨(Gerald Beeson)이 시카고 인근 해안에서 휴가를 시작한 참이었다. 그는 전속력으로 자동차를 몰았고, 길 위에서 동료 여럿과 통화했으며, 집에 들러 긴 바지로 갈아입은 후 공항으로 달려갔다.

그날 저녁 7시경 시타델 멤버 6명이 보스턴의 소우드 회의실에 모였을 때, 소우드가 모건스탠리 팀도 불러온 것을 알게 되었다. 두 팀이 소우드의 포트폴리오를 조사해보니 포지션 다수가 가치를 평가하기 어려운 상황이었다. 투명하고 중앙 집중화된 거래소가 아니라 기업 간에 '장외'에서 거래되는 파생상품들로 구성되어서, 이 모든 상품을 취급하는 회사만이 현재 가치를 평가할 수 있었다. 소우드가 투자은행과 거래 상대방들과 맺은 법적 협의 관계도 평가해야 하고, 트레이딩 데이터를 인수자의 시스템에 업로드해야 했다.

저녁 9시경, 모건스탠리 인수팀장이 시카고에 있는 그리핀에게 전화했다.

"켄, 우리가 아침에 가져가겠습니다."

"우리가 그때까지는 일을 끝낼 겁니다"라고 그리핀이 대답했다. 전화상으로 잡음이 들렸다. 그리핀을 비웃은 것인지는 확실하지 않았다.

월요일 아침 7시, 그리핀은 약속을 지켰다. 그의 팀은 밤 사이 소우드의 전체 트레이딩 계정을 검토했고 인수했다. 라슨은 투자자들에게 "시타델이 유일하게 즉각적이고 종합적인 해법을 제공했습니다"라고 설명했다. 소우드의 펀드 2개는 한 달 사이에 57%와 53% 하락했고 하버드재단은 3억 5,000만 달러를 잃었지만 최소한 악몽은 끝났다.[21]

거래가 공표되자 소우드가 투매할 것이라는 공포가 진정되었다. 채권시장은 당일 4% 이상 반등했고 패닉은 지나갔다. 한 헤지펀드가 폭발해서 시스템상 화재를 시작할 조짐을 보였다. 또 다른 헤지펀드가 소방관으로 진입해서 빠르게 잡아챘다.

거의 동시에 새로운 화재가 시작되었다.

15장 | 서브프라임 금융위기

퀀트 헤지펀드의 위기

그다음 주 금요일인 8월 3일, 한 신용평가회사가 베어스턴스의 신용등급을 낮출지도 모른다고 발표했다. 금융위기에서 최초로 월스트리트 회사의 재무 건전성에 의문을 제기했고, 베어스턴스 주가가 급락하자 경영진은 투자자들을 진정시키기 위해 전화 회의를 소집했다. 2,000명 이상이 접속했지만 진정 효과는 전혀 없었다. 베어스턴스 CFO는 신용시장이 자신의 긴 경력 중에서 가장 극단적으로 행동하고 있다고 말했고, 회계 담당자는 "그가 빌어먹을 시장을 날려버렸다"라고 상냥하게 말했다.[22]

몇 시간 후 CNBC 방송에서 금융 전문가 짐 크레이머(Jim Cramer)가 불난 집에 부채질했다. "베어스턴스의 요청을 들을 때입니다!" 그는 방관하는 연준을 비난하면서 소리쳤다. "아마겟돈이 시작되었습니다."[23]

크레이머는 다음 화재가 어디서 발생할지 추측할 수 없었다. 그러나 서브프라임 사태에서 멀리 떨어진 곳에서 퀀트 헤지펀드들이 문제를 감지하기 시작했다. 7월 후반, 주식을 매매하는 전산 시스템이 더는 성과를 내지 못했고 일부는 심지어 손실을 냈다.

퀀트들은 문제를 분석하다가 불편한 사실을 발견했다. 수년간 수익성 높았던 매수와 매도 신호를 새로운 위험이 집어삼킨 것이 아니라 신호 자체가 작동하지 않았던 것이다. 퀀트들은 주가 모멘텀에 베팅하는 프로그램, 모멘텀 반전에 베팅하는 프로그램, 저렴한 저PER 주식이 비싼 주식을 능가한다는 데 베팅하는 프로그램을 보유했다.[24] 이 모든 베팅이 동시에 시들었다. 트레이딩업계 내부 어딘가에서 모기지 손실로 유동성이 고갈된 단일 또는 복수의 퀀트 펀드가 현금을 조달하기 위해 포지션 청산에 나선 것이었다. 이들이 강제로 매도하자 비슷한 포트폴

리오를 가진 이들이 피해를 입었다.[25]

7월 말, 골드만삭스 출신의 몸값 높은 퀀트인 마이크 멘델슨(Mike Mendelson)은 트레이딩 계정의 위험을 줄여야 한다고 판단했다. 그는 AQR캐피털 매니지먼트(AQR Capital Management)의 트레이더였고, AQR은 1998년에 설립되어 헤지펀드에 100억 달러, 전통적 펀드에 280억 달러를 운용하고 있었다. AQR 창립자 클리퍼드 애스니스는 주식의 이례 현상에 가격을 매기는 방법을 담은 학술 논문을 펴냈고, 이 효과들을 뽑아내는 컴퓨터 프로그램을 만들어서 시장과 무관한 수익을 꾸준히 내고 잠도 잘 잤다.

7월 말 AQR은 손실이 크지 않아서 누군가의 휴식을 방해할 정도는 아니었지만, 멘델슨은 다른 대형 퀀트 펀드가 큰 손실을 입었다는 소문을 들었다. 그는 신중을 기하기 위해 레버리지를 줄였다. 그러고 나서 8월 초에 AQR의 모형이 다시 작동하기 시작했다. 퀀트 펀드 포지션을 청산하던 누군가가 멈추었을 것이다. 말썽은 지나간 것처럼 보였다.

8월 6일 월요일, 멘델슨은 그리니치역 옆의 눈에 띄지 않는 건물에 있는 AQR 사무실에서 일상적인 회의를 했다. 오전 중반쯤에는 샌드위치 가게로 가서 기다리던 중에 블랙베리로 자신의 펀드 성과를 점검했다. 그는 몇 초 동안 화면을 주시했다. 숫자가 모두 빨간색이었고 모두 작지 않았다. 지난 3시간 동안 AQR은 수천만 달러를 잃었다.[26]

'맙소사, 말도 안 돼.' 멘델슨은 생각했다. 어딘가의 퀀트 펀드가 엄청난 규모로 디레버리징을 하고 있는 것이 분명했다. 아니면 퀀트 펀드 몇 곳이 동시에 투매하고 있을까? 이 상황이 얼마나 이어질까?

멘델슨이 아는 한 가지는 레버리지를 빨리 줄여야 한다는 것이었다. 헤지펀드가 자본 100달러로 포지션 800달러를 지지하다가 5% 손실을 내면 자본 60달러로 포지션 760달러를 지지하게 된다. 펀드 레버리지는 8배에서 12배 이상으로 치솟는다.[27] 다음 날 5% 손실이 추가되면 레버리지는 단순히 50% 추가되는 것이 아니라 12배에서 33배로 3배가 된다. 세 번째로 5% 하락하면 펀드 자본이 마이너스가 되므로 레버리지는 거의 무한으로 상승한다.

AQR 사무실로 돌아온 멘델슨과 동료들은 레버리지가 얼마나 급상승하는지 보여주는 레버리지 쌍곡선을 메모장에 그렸다. 유일한 생존법은 레버리지를 곡선 왼쪽의 평평한 곳에 유지하는 것이었다. AQR 펀드가 5% 하락한다면, 레버리지를 안정시키기 위해 포지션 40% 가까이를 매도해야 한다. 그러지 않으면 죽음의 소용돌이에 빠지게 된다.

한편 다른 퀀트 헤지펀드들에서도 이 드라마의 여러 버전이 진행되고 있었다. 데다수는 짐 사이먼스의 메달리온펀드와 달라서, 난해한 비밀이 아니라 널리 알려진 가격 이례 현상을 거래했다. 애스니스가 언급했듯이 커튼 뒤의 $E=MC^2$은 존재하지 않았다.[28] 사이먼스조차도 자신의 기관투자가용 대형 펀드는 경쟁사들이 이해하는 신호로 거래한다고 고백했다. 모두가 같은 학술 논문을 읽고 같은 데이터를 보았으며 같은 형태, 특히 모멘텀주와 가치주에 베팅했다.[29]

정상적인 시기에는 이 상황이 문제가 되지 않았다. 헤지펀드 군단이 '가치투자'를 추구하더라도 이 현상을 측정할 방식이 수십 가지 존재해서 경쟁 효과가 제한적이었다. 그러나 모든 투자 전략이 그렇듯이 참가자가 많으면 패닉 상황에서 문제가 된다. 대형 펀드 하나가 팔면 다른 펀드들이 손실을 입고, 특히 퀀트 전략들은 가격을 춤추게 할 만큼 크게 성장해 있었다.[30] 경쟁 펀드가 손실을 보기 시작하면, 쌍곡선의 논리로 인해 그들도 팔아야 했다.

월요일 오후가 되자 멘델슨은 상황이 어느 정도 나빠질 수 있는지 깨닫기 시작했다. 초기 손실에도 불구하고 레버리지를 안정시키기 위해 거대한 포지션을 매각해야 하는 것은 AQR만이 아니었다. 경쟁사들도 매도에 나섰기에, 현상을 유지하려면 포트폴리오를 감축하려고 다른 퀀트들과 경쟁하며 전력 질주해야 했다.

다음 날은 멘델슨의 예상보다 더 잔인했다. AQR의 모형은 월요일보다 2배나 빠르게 손실을 냈고, 회사는 컴퓨터에 수십억 달러 포지션을 청산하라고 입력했다. 좋은 소식은 기술이 발전해서 포트폴리오를 빠르게 청산할 수 있다는 것이고, 나쁜 소식은 AQR의 경쟁사들도 똑같이 빠르게 청산할 수 있다는 것이었다. 모든 퀀트가 다른 모든 퀀트에 대포를 쏘고 있었고, 10% 이상 하락한 펀드가 있다는 소문이 돌았다. 롱아일랜드의 르네상스 본사에서는 사이먼스가 핵심 참모들과 컴퓨터 화면 앞에 모여서, 허리케인을 측정하는 조종사처럼 모형의 매개변수들을 조정했다.

수요일, 멘델슨은 모형이 월요일보다 4배 빠르게 돈을 잃고 있다고 생각했다.[31] AQR 창업자인 애스니스는 사무실에서 분통을 터뜨리고 컴퓨터 스크린들을 박살 냈다.[32] 그는 사고가 난 헤지펀드를 인수하는 솜씨로 명성을 쌓은 켄 그리핀에게서 전화를 받았다. 애스니스는 "올려다보자 발키리 여전사가 다가오고 있었고, 죽음의 신이 낫으로 방문을 두드리는 소리가 들렸다. 나는 최선을 다해서 빛을 향해 달렸다"라고 술회했다.[33]

이 혼란이 진행되는 동안에도 정부 관계자들은 다른 세상에 있는 것처럼 보였다. 퀀트 지진 둘째 날이던 8월 7일 화요일, 연준 금리위원회는 인플레이션 위험을 경고했다. 다음 날 부시 대통령은 재무부를 방문해 대통령 경제 자문관들을 만났다. 대통령은 "시장이 정상적으로 기능한다면 연착륙으로 이끌 것입니다"라고 희망적으로 말했다.

목요일에는 워싱턴의 어조가 달라지기 시작했지만, 퀀트 펀드의 대학살 때문이 아니라 유럽의 문제 때문이었다. 프랑스의 거대 은행인 BNP파리바(BNP Paribas)가 내부 MMF 3개의 환매를 중단하면서 유동성이 완전히 고갈되었다고 밝혔다. 서브프라임 손실이 시장을 위협하고 있었고, 유럽 중앙은행은 긴급 유동성 1,310억 달러를 공급하는 것으로 반응했다.

목요일 오후가 되자 연준 벤 버냉키(Ben Bernanke) 의장은 자신의 사무실을 전쟁상황실로 전환했고 핵심 참모들은 휴가지에서 전화 회의에 참여했다. 다음 날 아침 일찍, 연준은 인플레이션 경고를 취소하고, "금융시장의 정상적 기능을 촉진하기 위해" 충분한 현금을 공급하겠다고 약속했다.

한편 그리니치에서 멘델슨은 터널 끝에서 빛을 보기 시작했다. 그 상황은 연준의 유턴과는 무관했고 전적으로 다른 헤지펀드들과 관련되었다. 멘델슨은 화요일부터 시장 내의 브로커와 친구들 중에서 레버리지를 사용한 퀀트 펀드들의 포지션을 알 만한 사람 모두에게 전화했다. 이 업계는 소수 회사가 주도했다. 사이먼스의 새 펀드가 기관 자금을 250억 달러 이상 운용하고 있었다. JP모간의 자회사 하이브리지캐피털(Highbridge Capital)이 있었다. DE쇼, 바클레이즈 글로벌 인베스터즈(Barclays Global Investors), 골드만삭스자산운용이 있었다.

멘델슨은 대형 플레이어들이 레버리지를 얼마나 감축했는지 알고 싶었다. 그들이 쌍곡선의 평평한 부분까지 감축했다면 매도 압력이 끝나고 태풍은 지나갈 것이기 때문이다. 화요일 종일 전화를 잡고 일한 멘델슨은 자정이 지나 한 친구에게 전화를 받았다. 친구는 휴가에서 조기 복귀했고 무너지고 있었으며, 지치고 인내의 한계에 도달해서 횡설수설했다. 멘델슨은 그가 보유 자산을 거의 청산한 단계라고 파악하고는 목록에서 그 기업을 지웠고 다음 날 아침 다시 전화기를 잡았다.

목요일 저녁, 멘델슨은 레버리지를 감축하지 못한 대형 기업이 한 곳뿐이라는 것을 파악했다. 자신이 다녔던 골드만삭스의 헤지펀드 자회사 중 하나, 50억 달러 규모의 글로벌에쿼티 오퍼튜니티펀드(Global Equity Opportunities Fund)라고 추정했다. 골드만삭스 임원들은 펀드 포지션이 너무 커서 팔기 힘들다고 판단했고, 거래에 타격을 입자 펀드 레버리지가 치솟았다. 금요일에 시장이 열리면 두 가지 상황 중 하나가 발생할 것이다. 펀드가 청산되어 다른 펀드들에 5일째 충격을 주거나, 아니면 모회사가 자본을 주입할 것이다.[34]

금요일 아침이 다가왔을 때, 멘델슨은 인플레이션에 대한 연준의 입장을 신경 쓸 겨를이 없었다. 그는 자신의 트레이딩 모형을 들여다보고 있었다. 몇 분 만에 모형이 수익을 창출하기 시작했고, 그 성과는 골드만삭스 자회사가 구제되고 투매가 끝났다는 사실을 증명했다. AQR 펀드는 이 신호에 따라 최대한 빠르게 레버리지를 복구했다. 자금을 추가해서 반등을 더 많이 따라잡을수록 지난 4일간의 대학살을 만회할 수 있었다.

그다음 주 월요일, 골드만삭스는 멘델슨이 이미 추측한 것을 발표했다. 글로벌에쿼티에 30억 달러를 신규 투입해서 자본을 확충했다.[35]

사후 평가

2007년 여름의 퀀트 펀드 지진은 갑자기 시작된 것만큼이나 갑자기 끝났다. 금요일과 월요일은 모형에 좋은 날이었고, 퀀트 펀드 대다수는 손실 일부를 만회했다. 그러나 이 사건으로 헤지펀드에 대한 새로운 논란이 생겨났고 고통이 시장 혼란을 지속시켰다. 물론 아마란스와 소우드는 동료 헤지펀드가 구제했기 때문에 헤지펀드업계가 혼란을 야기한다는 비판을 일으키지 않았다. 그리고 헤지펀드는, 최소한 독립적인 헤지펀드는 서브프라임의 직격탄을 피해서, 경쟁 상대인 은행보다 나은 자금 관리자라는 것을 증명했다.

그러나 주식시장에서 발생한 태풍은 분명한 경고였다. 가장 수준 높은 헤지펀드들이 모형 통제력을 상실했고, 로켓과학자들이 로켓을 날려버렸다.

가장 설득력 있는 비판은 헤지펀드업계 내부에서 나왔다. MIT 교수이자 자신도 헤지펀드를 운용하는 앤드루 로(Andrew Lo)는 퀀트 펀드 지진에 대해 널리 인용된 사후 평가를 제시했다. MIT 출신으로 몇몇 대형 펀드에서 일했던 리처드 북스테이버(Richard Bookstaber)는 금융에 대한 비관적인 저서에서 경고를 제기했다.[36] 로와 북스테이버는 레버리지를 사용한 헤지펀드가 떠오르면서 새로운 위협을 제기했다고 주장했다. 즉 모기지나 신용시장에 문제가 생기면 멀티전략 헤지펀드가 손실을 입어 보유 주식을 강제 청산해야 하고, 부실이 한 영역에서 다른 영역으로 전파되며, 금융 시스템 전체의 위험이 더 높아진다는 것이다.

로와 북스테이버는 이 경고를 헤지펀드에 대한 비관적 전망과 연계했다. 너무 많은 퀀트 펀드가 작은 시장 이례 현상을 추적해서 경쟁이 심화되자 투자 수익률이 하락했고, 결국 헤지펀드는 수익을 유지하기 위해 위험한 수준의 레버리지를 쓰게 되었다.

이 비관론에는 진실이 들어 있다. LTCM 위기 동안 신용시장이 혼란에 빠졌지만 퀀트 주식 펀드들은 무사했다. 이번에 불이 방화벽을 뛰어넘은 것은 레버리지를 이용한 트레이더들이 부상했기 때문이라고 설명할 수 있다.[37] 그러나 경쟁이 혼란의 순간에 문제가 된다고 말하는 것과, 경쟁이 호황기에 수익률을 떨어뜨리고 필연적으로 위험한 레버리지를 쓰게 만든다고 주장하는 것은 전혀 다른 이야기다.

앤드루 로는 논문에서 성과가 저조한 주식을 매수하고 성과가 좋은 주식을 매도하는 퀀트 전략 한 가지의 수익률을 분석했고, 이 단순한 역발상 투자 모형의 수익성이 1995년 이후 악화되었다는 사실을 밝혀서, 헤지펀드가 위태로운 레버리지를 더 사용할 수밖에 없는 상황을 분명하게 입증했다. 그러나 기본적인 역발상 투자 전략의 수익성이 낮은 것은 이미 알려져 있었기에 퀀트 지진의 중심 전략이 아니었다.

퀀트 펀드에 걸린 큰돈은 다른 전략들, 예를 들어 PER이 높고 비싼 성장주를 매도하고 PER이 낮고 싸고 부진한 종목을 매수하는 전략에 있었다. 성장주와 가치주의 가격 차이는 2007년까지 줄어들 기미가 없었다. 애스니스는 "이들 전략에 경쟁이 정말 무섭게 심하다면 누군가가 가격을 말해주지 않은 것이 분명하다"라고 표현했다.[38]

다른 퀀트들도 같은 점을 다르게 표현했다. 탈레스(Thales) 헤지펀드의 대표 마렉 플러드진스키(Marek Fludzinski)는 실질적으로 같은 트레이딩 전략들을 테스트해서 그중 하나의 존재가 다른 하나의 수익률을 잠식하는지 알아보았다. 놀랍게도 수익률을 잠식하지 않는다는 결과가 나와서 경쟁은 진정한 문제가 아님을 시사했다.[39] 평소에는 경쟁이 적은데 혼란의 시기에 갑자기 경쟁이 심해진 것은 사실이지만 이 점은 퀀트 전략뿐 아니라 거의 모든 트레이딩 전략에 적용된다.

"물론 '일부 투자자가 청산을 서두르기 때문에 좋은 투자에 시간이 걸린다'라는 표현이 '머리가 비상한 퀀트들이 컴퓨터를 따라가다 파멸에 이른다'라는 말만큼 인상적이지는 않으니, 나는 언론에서 이 싸움을 이기지 못할 것이다"라고 애스니스는 탄식했다.[40]

퀀트 전략이 비평가들의 주장만큼 경쟁이 심하지 않고, 따라서 무시무시한 레버리지가 필수불가결하지 않다면, 헤지펀드가 시스템 전반의 파멸 위험을 높였다는 혐의는 무엇인가? 여기에서도 로와 북스테이

버의 비판에 단서를 붙일 필요가 있다. 퀀트 지진의 첫 3일 동안 트레이더들 모형의 신호는 최악으로 작동했지만, 시장 전체는 인덱스펀드에 투자한 일반 미국 가계들이 눈치채지 못할 만큼 조용해서, 금융 시스템 전체의 위기였다는 생각을 무색하게 했다. 퀀트 지진의 넷째 날에는 시장이 크게 하락했지만, 이는 퀀트 지형의 균열보다는 신용시장의 위기를 반영한 것이었다.

소위 시장 중립적 전략을 청산하는 일의 가장 큰 장점은 시장 전체에 미치는 영향이 중립적이라는 것이다. 퀀트들은 주식을 매도할 때마다 공매도 포지션으로 커버했다. 만일 골드만삭스가 자회사를 구제하지 않았다면 디레버리징이 더 오래갔을 것이고 밀티전략 헤지펀드들이 다른 시장에서 포지션을 투매함으로써 문제가 커졌으리라는 것도 사실이다.

그러나 실제로는 시장이 레버리지가 과도한 트레이더들을 징계한 반면 전체 시스템은 거의 피해를 입지 않았다. 이것이 자본주의가 자식들을 훈계하는 방법이었다. 어떤 규제당국도 이보다 더 잘할 수 없었을 것이다.

최종 분석하면 퀀트 지진에 대한 마이크 멘델슨의 말을 반박하기 힘들다. "우리 모두 많은 돈을 잃었고 정말 피곤한 한 주를 보냈다. 그러나 큰 공공 정책 이슈는 아니었다고 생각한다."[41]

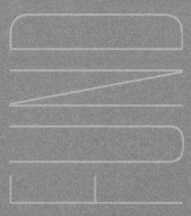

16장

리먼브러더스 파산이
헤지펀드에 미친 영향

공매도와 십자군 전쟁

2008년 3월의 목요일 저녁, 제임스 체이노스는 워터게이트 스캔들을 밝혀낸 저명한 기자 칼 번스타인(Carl Bernstein)을 만나기 위해서 맨해튼 미드타운의 사무실을 나섰다. 체이노스는 취재기자에게 직업적 친밀감을 느꼈다. 그는 키니코스어소시에이츠(Kynikos Associates)라는 펀드를 운용했는데, 기업의 재무적 약점을 찾아내서 주식을 공매도한 다음 악재가 표면화되어 주가가 하락하면 차익을 얻는 것이 전문이었다. 1980년대와 1990년대의 강세장에서 공매도는 성과를 내지 못했고 체이노스는 전면 기사를 쓰지 못하는 무명 기자처럼 지냈다.

그러나 2000년대의 침체된 시장은 대단히 즐거웠다. 체이노스는 회계 분식을 한 엔론(Enron)을 제일 먼저 꿰뚫어 본 사람 중 하나였다. 2005년에는 거대 보험사 AIG가 엔론과 같은 성격을 가졌다고 주장해서 세상을 놀라게 했고, 이 말은 전적으로 정확한 것으로 판명되었다. 2007년에는 주로 모기지 버블의 손실을 인정하지 않으려 하는 금융회사 주식을 공매도해서 수익률 30% 이상을 달성했다.[1] 2008년 3월, 씨티그룹과 메릴린치 같은 거인들은 손실이 수십억 달러에 달한다고 고백했지만 체이노스는 축하할 일이 많았다.

그 목요일 저녁, 체이노스는 맨해튼의 인파 속을 걸어가던 중에 전화를 받았다. 발신자 번호를 보니 헤지펀드와의 관계가 불편해진 투자은행 베어스턴스의 누군가였다.

베어스턴스가 모기지에서 대거 손실을 낸 후 안정성에 대한 우려가 높아지자, 유명 펀드 다수가 레버리지를 위해 베어스턴스에 개설했던 신용계좌를 폐쇄했다. 베어스턴스는 이 계좌 내의 증권을 담보로 차입했기 때문에 자금 조달이 어려워지고 있었다. 베어스턴스 경영진은 헤지펀드들이 연합해서 베어스턴스 주식을 공매도한 다음 신용계좌를 폐쇄함으로써 상도덕을 벗어난 공격을 강화하고 있다고 의심했다.

체이노스는 매디슨가를 걸어가면서 전화를 받았다.

"짐, 안녕하세요. 앨런 슈워츠(Alan Schwarz)입니다."

체이노스는 베어스턴스 CEO와 통화하고 있다는 것을 깨달았다. "안녕하세요, 앨런." 그는 대답했다.

"짐, 사업과 거래를 계속 해주셔서 정말 감사합니다. 내일 아침 CNBC '통화 장치(Squawk Box)'*에 출연해서, 당신이 여전히 우리 고객이고 자금을 예치하고 있으며 다 괜찮다고 시청자들에게 말해주면 좋겠습니다."

체이노스는 잠시 생각했다. 베어스턴스는 공매도자에 대한 불만의 목소리를 공공연하게 높여왔는데 이제 공매도자에게 지원을 요청하고 있었다. 토끼가 비단뱀에게 애원하고 있었다.

"앨런, 다 괜찮은지 내가 어떻게 압니까? 다 괜찮은가요?"

---

* 미국 동부 시간으로 오전 6~9시 방송하는 경제·비즈니스 뉴스 프로그램.

"짐, 우리는 월요일 아침에 기록적인 이익을 발표할 것입니다."

"앨런, 당신은 나를 방금 내부자로 만들었습니다"라고 체이노스는 화를 내며 말했다. "나는 그 정보를 요청하지 않았고 어쨌든 상관없다고 생각합니다. 내가 알기로는 사람들이 당신네 신용잔고를 줄이고 있고 그래서 자금 압박이 발생했죠."

"음, 어느 정도는 그렇지만 우리는 무사할 것입니다."

체이노스는 슈워츠의 요청을 거절했다. 월스트리트에서 가장 저명한 공매도 전문가인 그가 증언한다면 베어스턴스에 대한 신뢰가 개선되겠지만, 그는 파산할지도 모르는 은행을 보증함으로써 자기 신용을 위험하게 할 생각이 없었다. 더구나 다음 날 아침 7시에 바하마로 휴가를 떠날 예정이었다. 그는 매디슨가 바로 옆의 포스트하우스 레스토랑으로 가서 번스타인 기자와 키니코스 파트너 5명과 스테이크를 먹었다.

체이노스가 슈워츠의 부탁을 처음 들었을 때 괘씸하게 생각했다면 다음 날에는 걷잡을 수 없는 분노로 커졌다. '통화 장치' 프로그램이 방영되던 금요일 오전 6시 30분경, 연준이 베어스턴스 구제를 주선하고 있다는 말이 퍼지기 시작했다. 헤지펀드들이 신용계좌를 폐쇄하면서 신뢰가 무너졌고 전통적인 뱅크런이 뒤따랐다. 슈워츠는 전날 저녁에 자기 은행이 침몰하리라는 것을 알았는데도 체이노스를 TV에 출연시키려 했던 것이다. 체이노스는 "그 자식이 나를 버스 밑으로 던지려 했다"라고 술회했다.[2]

체이노스와 슈워츠의 대화는 헤지펀드와 은행의 관계 변화를 대변했다. 베어스턴스는 1994년에는 애스킨캐피털이 채무 불이행을 선언하게 만들고 자산 상당 부분을 압류함으로써 쓰러뜨렸다. 1998년에는 LTCM의 거래 청산을 거부하고 연준이 중재한 구제금융에 참여하기를 거부함으로써 LTCM이 끝장났다고 알렸다. 그러나 2008년에는 상황이 반전해서 베어스턴스가 끝장나고 헤지펀드들이 힘을 가졌으며, 월스트리트에는 헤지펀드들이 베어스턴스를 어떻게 모욕했는가에 대한 불길한 소문이 난무했다.

〈배니티페어(Vanity Fair)〉지는 베어스턴스가 헤지펀드들의 음모에 희생되었다고 언급하면서, 이어지는 일요일에 헤지펀드 리더들이 조찬에 모여 베어스턴스의 몰락을 축하하고 후속으로 리먼브러더스 공격을 계획했다는 막연한 기사를 실었다. 리먼 임원 중 한 사람은 그 조찬 회동이 포시즌스 호텔에서 이루어졌고, 공매도자들이 성과를 건배하기 위해 크리스털 병에 담은 350달러짜리 미모사 칵테일을 주문했다는 소문을 들었다.[3]

그러나 소문이 커지는데도 SEC는 아무도 조사해서 고발하지 않았고, 조찬 회동이라는 이미지 자체가 신빙성이 없었다.[4] 만일 헤지펀드 리더들이 공모해서 베어스턴스를 쓰러뜨렸다면 위법을 저지른 것이다. 대중 앞에서 회동함으로써 자신들의 죄를 부각할 이유가 없었다.[5]

범죄 공모설은 과장이었을지라도 헤지펀드들이 은행주를 공매도한 것은 의문의 여지가 없었다. 그리고 리먼이 다음 목표였다. 리먼의 주식 공매도 잔량이 주식 총수의 9%를 넘어서, 10주 중 1주가 공매도되었다는 의미였다. 리먼의 주가는 연초 이래 40% 이상 하락했고 걱정하던 리먼 경영진은 반격해야 한다고 느꼈다. 그들은 헤지펀드들의 가차 없는 '공매도와 왜곡(short and distort)' 정책을 비난했고 리먼 CEO 리처드 펄드(Richard Fuld)는 사실상 전쟁을 선포했다. "공매도꾼들을 혼내주는 것이 목표입니다"라고 그는 주주총회에서 선언했다.[6]

펄드는 자신의 문제를 해결하기 위해서 최선을 다해 워싱턴 당국자들을 설득했다. 당국이 리먼 주식 공매도를 제한하고, 예를 들어 주가가 하락하는 동안 투기자들의 공매도를 금지하는 업틱(uptick) 규정을 재도입해달라는 것이다. 4월, SEC 위원 에릭 시리(Erik Sirri)는 펄드에게, 헤지펀드에 이런 조치를 하는 것이 정당하다는 증거를 달라고 요구했다. 헤지펀드들이 리먼을 쓰러뜨리기 위해서 결탁했다는 증거가 있는가?

"이름이든 무엇이든 알려주십시오"라고 시리는 요구했다.

펄드는 대답하지 못했을 것이다. 그의 참모들이 SEC에 제공한 단서는 주로 트레이더들이 리먼을 목표로 하고 있다는 소문이었다. 그러나 수사력 없이는 결탁 여부를 증명할 수 없었다. 펄드가 보기에는 SEC가 수사력을 가졌으니, SEC가 리먼에 증거를 요구하는 것은 주객이 전도된 일이었다.

워싱턴에서 좌절한 펄드는 인맥이 좋은 TV 전문가 짐 크레이머로 목표를 바꾸었다. 그는 크레이머를 조찬에 초대하고는 공매도자들이 결탁했다는 혐의에 대한 정보를 얻기 위해 질문을 퍼부었다.

"우리를 부정적으로 이야기하는 사람들의 이름을 알려주겠소?" 펄드는 으르렁거렸다.

"보세요, 아무도 없습니다"라고 크레이머는 항변했다.[7]

5월 말에는 데이비드 아인혼이라는 동안의 헤지펀드 매니저가 뉴욕 타임워너센터(Time Warner Center)에서 개최된 투자 콘퍼런스에서 청중 앞에 나서서 리먼에 대한 압력을 한 단계 높였다. 바로 닷컴 버블 당시 켐덱스와 다른 버블 주식들을 공매도한 그린라이트캐피털의 아인혼이었고, 이번에는 리먼이 곤경에 처한 이유를 설명하면서 순풍을 타고 있었다. 아인혼은 리먼이 재무상태표의 문제를 과소 계상했다고 주장했다. 리먼은 위험한 CDO를 65억 달러 보유했지만 1분기 말 충당금이 겨우 2억 달러여서, 신용시장 급락을 감안하면 수상쩍게 적었다.

한편 리먼은 전화 회의에서 평가가 어려운 3등급 자산에서 손실을 계상할 것이라고 투자자들에게 안내했지만, 이어서 말을 바꾸어 수익을 냈다고 발표했다. 또다시 아인혼은 해명을 요구했고, 리먼이 문제의 심각성을 숨기고 있다면 그 결과는 리먼 주주들뿐 아니라 금융 시스템에도 참혹할 것이라고 주장했다. 범인을 취조하는 검사처럼 아인혼은 납세자들이 리먼의 손상을 보상하기 전에 리먼 스스로가 손실을 감당하도록 지도하라고 규제당국에 요구했다.

"지난 수 주일간 리먼은 공매도자들에게 불평해왔습니다. 경영진이 그렇게 하는 것은 심각한 문제에서 투자자들의 주의를 돌리려고 한다는 신호입니다"라고 아인혼은 뼈 있는 결론을 내렸다.

아인혼의 연설 다음 날, 리먼 주가가 3% 가까이 하락했고 이후에도 계속 미끄러졌다. 리먼 임원들은 아인혼의 공격을 반박하려고 노력했지만 시장은 등을 돌렸다.

6월, 리먼은 2분기에 28억 달러 손실을 냈다고 보고했고, 비평가들은 리먼이 진정한 포지션을 깨끗이 밝히도록 강제한 아인혼의 공로를 인정했다.[8] 이것이 과연 바람직한 일인지 의아해하는 사람도 적지 않았다. 한 시장 관계자는 아인혼의 십자군전쟁에 대해서 이렇게 말했다. "그의 주장에는 진실이 들어 있지만 지금은 그럴 때가 아니다. 2년 전이었다면 영웅일 것이다. 그가 리먼을 쓰러뜨린다면 감당할 사람은 납세자인 나와 너다."

매크로와 주주행동주의 펀드

힘을 주체하지 못한 것은 공매도 헤지펀드만이 아니었다. 1년 전, 퀸트 지진 발생 다음 주에 조지 소로스는 줄리언 로버트슨과 짐 체이노스, 다른 거물들을 롱아일랜드 자택의 오찬에 초청했다. 농어, 과일 샐

러드, 쿠키로 구성된 점심을 먹으면서 참석자들은 경제 전망에 대해 토론했다. 손님들은 전면적인 불황 가능성이 적다는 데 의견이 일치했지만, 소로스는 액티브 투자로 복귀했기 때문에 매우 강한 반대 입장을 취했다.[9] 스탠 드러켄밀러가 떠난 후 소로스는 재산 대부분을 외부 운용자에게 맡겼지만 77세인 지금 다시 지휘봉을 잡았다.

2007년 말 소로스의 펀드는 32%라는 괄목한 수익을 냈고 소로스 자신도 업계 소득 2위로 부상했다. 과거와 비슷한 상황이 재현되었고, 다른 매크로 트레이더들도 선진국에서는 신용 버블 파열에, 신흥국에서는 지속적인 성장에 올라탐으로써 좋은 성과를 냈다. 매크로 펀드들은 선진국 시장을 공매도하고 달러화를 공매도했다. 신흥시장을 매수하고 석유를 매수하고 종종 다른 원자재들을 매수했다. 헤지펀드리서치에 의하면 2008년 6월까지 18개월 동안 매크로 펀드들은 평균 수익률 17%를 내서, 금융위기 상황에서는 나쁘지 않았다.

헤지펀드들의 거품 낀 자신감은 새로운 '행동주의(activism)', 즉 기업 주식을 대량 매집한 후 해당 기업의 전략 변화를 요구하는 시도로 표출되었다. 2007년에 서브프라임 모기지 공매도로 큰 성과를 냈던 하빈저 캐피털(Harbinger Capital)의 아이스하키 선수 출신 펀드매니저 필립 팔콘(Philip Falcone)은 2008년 첫 주에 미디어업계에 진입했다. 그는 뉴욕타임스 지분 4.9%를 매입한 후 동료 4명을 이사로 받아달라고 이사회에 요구했다. 뉴욕타임스는 보스턴 레드삭스 지분, 나스카(NASCAR) 자동차 경주단, 지역 신문과 TV 채널 몇몇을 보유했다. 팔콘이 보기에는 이 타당성 없는 주변 자산들을 처분하고 핵심 신문 브랜드를 인터넷상에 구축해야 할 때였다.

뉴욕타임스 사주인 설즈버거(Sulzberger) 가문은 3월에 팔콘이 원하는 이사 2자리를 허용했고, 팔콘은 지분율을 19%로 높여서 화답했다. 4월에 타임스컴퍼니(Times Company) 회장인 아서 오츠 설즈버거 2세(Arthur Ochs Sulzberger Jr.)는 뒤늦게 이 문제의 심각성을 인식했다. 그는 정기 주주총회에서 단상에 올라 "이 회사는 매물이 아닙니다"라고 반발했다. 소문과 달리 뉴욕에는 헤지펀드들이 아직 통제하지 못하는 것이 남아 있었다.

헤지펀드의 행동주의는 런던에서도 활성화되었고, 칠드런스인베스트먼트펀드(Children's Investment Fund)라는 헤지펀드 겸 자선재단을 운영하는 크리스 혼(Chris Hohn)이 주도했다. 혼의 수익 일부는 그의 자선재단에 배분되어 아동 생존 프로젝트와 에이즈 프로그램을 지원했다.

그러나 혼은 고상함과 강경함을 겸비했다. 2005년에는 독일증권거래소를 소유한 도이체뵈르제(Deutsche Börse) 지분을 대량 매수한 다음 CEO 사임을 요구하면서 "내 포지션은 미키마우스와 도날드덕을 감사단에 넣을 만큼 강하다"라고 말했다.[10] 2년 후에는 네덜란드 ABN암로(ABN AMRO)은행을 3개 은행 컨소시엄에 매각하라고 협박했다.

2008년 여름에는 미국 철도회사 CSX의 지분 8.7%를 매입하고 이사회 대표 자리를 요구했다. CSX는 최대한 저항했다. 의회의 우호 세력을 통해 상임위원회가 혼을 소환하게 만들었다. 혼이 SEC 공시 규정을 위반했다면서 뉴욕 법원에 고발했다. 또한 미국 철도 인프라회사에 대한 이 사악한 영국인의 공격을 거부하자고 일반 주주들에게 호소했다.

마지막으로 영국 요원들을 무력화하기 위해, 2008년 6월 주주총회를 루이지애나주의 찌는 듯한 역 구내에서 개최했다. 거대한 텐트 안에서 열린 총회에서 한 주주는 "우리는 영국을 훈족(독일인)으로부터 두 차례 구했다"라고 선언했다.[11] 그러나 혼은 격퇴당하지 않았다. CSX 경영진이 표결을 지연시키고 피하려고 했지만 9월 중순 혼의 후보들이 CSX 이사회 4석을 차지했다.

신흥시장 대출에 진출하다

　헤지펀드의 침투력은 신흥시장 진출에서 잘 드러난다. 전통적인 사례가 카자흐스탄, 즉 유라시아에 길고 넓은 국토가 있고 월스트리트 사람들 대부분이 영화 〈보랏(Borat)〉을 통해서만 들어보았을 나라에서 왔다. 카자흐스탄은 막대한 석유 매장량 덕분에 경제가 연 8~9% 성장했고 무역흑자를 기록했기 때문에, 카자흐스탄의 통화가 달러 대비 절상될 것이라는 베팅은 매우 확실했다. 문제는 그 가치 절상 효과를 어떻게 현금화할 것인가였다. 석유 수입 때문에 정부는 채권을 발행할 필요가 없었고 따라서 외국인이 매수할 국가 채권이 없었다.

　헤지펀드들은 이 장애물을 우회할 방법을 2003년에 찾아냈다. 국가 채권을 매입하는 것이 아니라 카자흐스탄 은행들에 직접 대출해서 카자흐스탄 통화에 노출되는 동시에 높은 금리를 획득하는 것이다. 헤지펀드들은 이 속임수를 전 세계에 활용해서 2008년에는 브라질 커피 수출상부터 우크라이나의 낙농장까지 누구에게나 대출을 제공했다. 우크라이나의 수도 키이우는 그런 헤지펀드가 많이 찾아와서 특급 호텔 요금이 하루 800유로에 달했다.

　물론 이 신흥시장 대출에 대해 불편한 의문도 존재했다. 헤지펀드들은 통화가치 절상 추세에 올라타기 위해 커피 수출상, 낙농장 등의 채무 불이행 위험에 스스로를 노출시켰다. 전통적인 은행을 흉내 냈지만 (은행인 척했다!) 은행처럼 차주의 적격 실사를 할 능력이 없었다. 러시아의 이류 기업은 누군가가 사무실을 방문해서 시간을 보내고 장부를 조사하고 파산 시 자본을 어떻게 회수할지 조사하는 과정 없이 헤지펀드에서 직접 차입할 수 있었다. 헤지펀드들은 지구 건너편에 있는 젖소 떼를 담보로 돈을 빌려주었을 텐데, 펀드매니저가 우크라이나의 시골에 나타나서 살아 있는 소들을 압류한다는 생각은 우스꽝스러웠다.

그러나 2000년대 중반의 들뜬 분위기에서는 아무도 신경 쓰지 않았다. 헤지펀드는 금융업계에서 떠오르는 세력이었고 이들이 틀릴 리 없었다. 전통적인 은행과 소심한 여신 담당자들은 너무 무뎌서 신경 쓰지 않았다. 서브프라임 위기로 은행의 위험 관리가 형편없었다는 사실이 드러났지만 이 판단을 꺾지 못했다.

금융위기 초입인 2007년 4월, 짐 체이노스는 워싱턴에서 열린 회의에 참석했다. 독일 금융당국이 그를 초청해 헤지펀드와 금융 안정에 대한 견해를 물었다. 체이노스는 독일 당국이 방향을 잘못 잡았다고 대답하면서 "당신이 걱정해야 하는 대상은 우리가 아니라 은행입니다!"라고 말했다.[12]

약 1년 후인 2008년 중반, 체이노스가 충분히 옳았다는 것이 입증되었다. 베어스턴스는 쓰러지고, 리먼은 불타고 있었으며, 정부가 보증하는 주택대출회사인 패니메이(Fannie Mae)와 프레디맥(Freddie Mac)은 놀라운 속도로 손실을 보고 있었다. 패니메이와 프레디맥은 감독을 전담하는 정부 기관이 있었지만 이제 납세자들의 품으로 무너질 참이었다. 반면에 규제를 받지 않는 헤지펀드들은 뉴욕타임스부터 카자흐스탄까지 목표에 접근했고 지뢰 사이에서 춤추고 있었다.

그러나 지평선 너머에서 새로운 위협이 만들어지고 있었다. 세상은 더욱 복잡해지기 시작했다.

주가 폭락 예측

2008년 여름, 폴 튜더 존스는 성장하는 자신의 회사를 그리니치에서 몇 킬로미터 떨어진 저택으로 옮겼다. 장소는 고상함과 윤택함이 공존

16장 | 리먼브러더스 파산이 헤지펀드에 미친 영향

했고 정중하고 자신만만한 분위기는 집주인과 다르지 않았다. 곡선 계단 두 개가 조용한 현관에서 이층으로 뻗어 올라갔다. 이층에는 앤티크 카펫이 깔린 대리석 바닥과, 다리가 멋지게 조각된 테이블이 있었다.

존스의 사무실은 사슴뿔과, "50세에는 큰 곰에게 무엇을 주겠는가?"라고 새겨진 멋진 곰 인형으로 장식되어 있었다. 그러나 사무실로 가는 통로는 거대한 아카마린 벽화에서 식인 상어가 이빨을 살기로 반짝거리며 지키고 있었고, 사무실의 목재 벽은 대형 스크린 6개가 시장 차트나 케이블 뉴스를 띄워놓고 있었다. 창문 옆에는 노란색 메모장에서 뜯어낸 종이에 존스가 자신에게 쓴 메시지가 부착되어 있었다. "항상 선도하는 시장을 찾으라."

그해 6월 말, 존스는 추세가 하락할 것이라고 확신했다. S&P500지수는 4월에 급등했고 5월에도 계속 상승했지만 존스는 단기적 상승이라고 판단했다. 미국은 사상 최대의 신용 버블을 형성했고 존스는 일본의 1989년, 미국의 1920년대 말, 스웨덴의 1990년대라는 선례를 연구했다. 이 역사적 유사 사례들의 가격 패턴을 숙고해서 시장이 어떻게 움직일지 힌트를 찾았다. 그러던 6월 28일 토요일 새벽 3시 5분, 그는 동료들에게 '유레카' 이메일을 보냈다. "나는 불안을 조장하는 것을 정말 싫어하지만"으로 시작해서 "현재 S&P 주봉 차트와 1987년의 다우존스 일봉 차트를 비교해보니 정말 놀랍습니다"라고 썼다.[13]

존스의 생각은 일부 투자자에게는 모호하게 보일지도 모른다. 이 생각은 1987년 당시 채권시장이 하락하자 주식도 겁먹은 것에서 출발하는데, 금리가 높아지면 주식시장으로 유입되는 자금이 줄어들기 때문이다. 2008년 상반기에는 유가 상승이 같은 효과를 냈다고 존스는 판단했다. 유가가 비싸서 인플레이션 압력이 커지자 연준은 금리를 인상해서 자산시장의 유동성을 빼냈다. 이 유사점을 깨달은 존스는 흥분해서 이메일에 1987년 시장과 2008년 시장이 "불가사의하게 비슷"하다며 "등장인물은 다르지만 줄거리는 같습니다"라고 적었다.

이어서 희망을 전파했던 프랭클린 루스벨트와 상반되는 주장을 펼쳤다. "옵션시장에 공포가 없는 것도 매우 신경 쓰입니다." 낙관주의로 시장 기조가 악화할 여지가 많아졌으므로 투자자들은 공포가 없는 것을 공포스러워해야 했다.

마지막으로 다우지수 250일 이동평균선이 최저점을 찍었다는 사실을 지적했다. "이 상황은 1987년을 포함해 이 지수가 산출된 21년 동안 '결코' 발생하지 않았습니다"라고 이메일에 언급했다. 요약하면 S&P500지수 주봉 차트가 1987년 다우지수 일봉 차트와 정확하게 같아 보였다. 두 차트를 겹치면 완벽하게 일치하는 데는 어떤 의미가 있어야 했다. 서로 다른 시점에 만들어진 두 지수의 암시적인 힘이 존스를 벼랑 끝으로 몰았다. "맙소사, 역사상 가장 추악한 3분기가 될 것이라는 사실을 깨달았다"라고 그는 후에 술회했다.[14]

이후 두 달 동안 존스는 역사를 계속 조사했다. 때로는 S&P지수가 2001년 불황을 닮았다고 생각했고 때로는 1987년처럼 보였다. 하지만 어떤 유사성이 관심을 끌더라도 존스는 시장을 비관적으로 보았고 결국 차트 해독보다 직감을 중시하게 되었다. 진정 중요한 것은 비대칭적 베팅을 보고 있었고 이를 직관적으로 이해했다는 점이다. 레버리지를 이용한 금융 시스템이 신용위기를 만나는 것은 폭풍 속에서 외줄타기를 하는 것과 마찬가지다. 줄이 흔들리면 곡예사는 균형을 잃고 추락할 수 있다. 그러나 높이 떠오를 가능성은 전무하다.

긴 경력을 통해 존스는 이 순간을 준비해왔다. 1980년대부터 레버리지가 기하급수적으로 상승하는 과정을 지켜보면서 자주 우려를 표했다. 1990년대 말 닷컴 열풍이 불었을 때는 연준의 앨런 그린스펀 의장

에게 편지를 보내, 주식 트레이더들의 증거금 요건을 높임으로써 기술
주 버블을 불러오는 자금 유입을 늦추라고 촉구했다. 2000년대 중반에
는 연준 고위 간부가 그에게 정기적으로 전화해서 시장에서 어떤 위험
을 감지하느냐고 물었다. 그는 부채 위에 부채가 쌓이고 있다고 반복해
서 대답했다. 피라미드의 어떤 부분에 금이 갈지는 누구도 알 수 없지
만, 피라미드가 높아질수록 재난 위험도 커진다. 분명 존스 자신도 이
경악스러운 건축물의 일부였다.

매년 말, 존스는 튜더 사장인 마크 댈턴(Mark Dalton)과 함께 밤늦게까
지 직원들의 보너스를 배분했다. 이 기간 중 언젠가 존스가 댈턴을 바
라보며 말했을 것이다. "금융 시스템을 청산해야 하는 경우를 상상할
수 있습니까? 우리가 참여해서 쌓아놓는 거대한 장치가 무너지면 어떻
게 될까요?"

댈턴은 "생각하고 싶지도 않습니다"라고 대답했을 것이다.[15]

리먼 파산하다

2008년 9월 12일 저녁 6시경, 뉴욕 연준 건물에 검고 매끈한 차들이
도착했다. 월스트리트를 선도하는 은행의 대표들이 차에서 내렸고 헨
리 폴슨 재무장관, 티머시 가이트너(Timothy Geithner) 뉴욕 연준 총재, 크
리스토퍼 콕스(Christopher Cox) SEC 위원장 등 미국 정부를 상징하는 사
람들이 맞이했다. 회의 주제는 리먼브러더스로서, 5월에 아인혼이 연
설한 후 계속 상황이 악화되었고, 정부 대표단은 리먼 구제에 공적 자
금을 쓸 수 없다는 분명한 메시지를 전달하려 했다.

회의에 참석한 정치가로서 헨리 폴슨은 이미 납세자들의 돈을 충분
히 큰 위험에 빠뜨렸다고 느꼈다. 그는 베어스턴스 구제, 대형 주택대

출회사인 패니메이와 프레디맥 구제를 위한 정부 지원을 승인했다. 켄터키주 공화당 소속 상원의원 짐 버닝(Jim Bunning)은 폴슨이 "중국 재무장관처럼 행동한다"라고 비판했다.

폴슨이 보기에 리먼의 상황은 선을 그을 기회, 은행가들에게 자기 실수의 결과를 직면해야 한다는 유익한 교훈을 가르칠 기회였다. 물론 리먼이 쓰러지면 시장이 나쁘게 반응하겠지만, 재무장관과 동료들은 위험을 감수할 가치가 있다고 믿었다. 어쨌든 리먼은 한 달 동안 위급한 상태였고 거래처들은 리먼 몰락에 대비했을 것이다. 정부 팀은 리먼의 민간 인수자를 찾으려고 시도하겠지만, 찾지 못하더라도 리먼 몰락이 혼란을 일으키지 않으리라는 데 베팅하면서 한발 물러날 것이다.[16]

폴슨과 동료들이 헤지펀드처럼 시장을 보았다면, 이 운명적인 결정으로 1930년대 이래 최악의 신용경색을 일으키는 일이 없었을 것이다. 폴슨 팀은 1992년 잉글랜드은행이 걸려들었던 것과 같은 덫으로 다가가고 있었다. 정책 입안자들은 자신의 방식으로 다양한 결과의 확률을 따져보았지만 트레이더의 질문, 즉 각 경우의 대가가 무엇이냐고 묻는 데 실패했다.

정책 입안자의 관점에서는 리먼 몰락이 혼란을 일으킬 수도, 일으키지 않을 수도 있었다. 조용하게 넘어갈 확률이 50%라고 생각한다면 위험을 감수하겠다고 선택할 수 있고, 특히 은행들에 책임감을 가르치려면 그래야 했다. 그러나 트레이더의 관점에서는 순진해빠진 계산이었다. 조용히 넘어갈 확률 50%는 사실상 혼란이 확실하다는 뜻이다.

런던과 월스트리트의 헤지펀드들은 사고 실험을 실행할 것이다. 조용한 세상에서는 시장이 평탄할 것이고, 혼란스러운 세상에서는 시장이 폭락할 것이다. 트레이더들이 눈에 띄는 모든 것을 공매도한다면, 첫 번째 경우에는 아무것도 잃지 않지만 두 번째 경우에는 대박을 낼 것이다. 이 비대칭적인 수익 기회를 맞으면 합리적인 헤지펀드 모두 붕괴에 공격적으로 베팅할 것이다. 그리고 이들이 그렇게 베팅하기 때문에 붕괴가 불가피해진다.

폴 튜더 존스는 이 결론을 손쉽게 도출했다. 얼마나 많은 기관이 리먼 몰락 가능성에 대비했는지 자세하게 분석할 필요는 없었다. 존스는 나중에 "리먼이 폭락의 방아쇠가 되리라는 것을 알았다"라고 말했다.[17] 모두가 리먼이 맞물린 거래의 혼란스러운 연결고리 일부라는 것을 이해했다. 모두가 금융 시스템의 눈까지 레버리지가 쌓인 것을 이해했다.

그리고 리먼 붕괴의 상징성은 경외심을 불러올 것이었다. 리먼브러더스는 대공황과 세계대전에서 살아남은 유서 깊은 기관이었다. 리먼이 쓰러진다면 아무것도 안전하지 않다는 비명이 울려 퍼질 것이다. "모든 사람이 '맙소사, 내 아들은 내가 빌려준 돈을 갚을까?'라고 말할 것이다"라고 존스는 외쳤다. "시야가 너무 나빠서 모든 사람이 먼저 쏘고 나중에 물을 것이다. 물음표가 총체적인 금융 패닉과 혼란을 불러올 것이다."[18]

리먼 파산 소식은 일요일 정오쯤 퍼지기 시작했다. 많은 헤지펀드가 악재에 대비해 포트폴리오를 정비했지만 완전히 대비한 것은 아니라는 사실이 금세 분명해졌다. 미국 법에서는 투자은행이 파산해도 헤지펀드 자산은 투자은행 고유계정과 분리되어 안전하지만, 리먼의 런던 법인이 파산하면 영국 법상 자산이 동결된다는 사실을 업계는 뒤늦게 깨달았다.

헤지펀드 변호사들이 햄프턴의 주말 별장에서 사무실로 급히 달려와, 리먼에 맡긴 자산이 영국 법과 미국 법 중 어느 쪽에 적용받는지 알아내려고 서둘렀다. 그들은 외부 변호사들을 전화로 호출해 질문을 퍼부었다. 투자자들은 패닉 상태로 전화를 걸어서 익스포저 규모를 알려달라고 요구했다. 아무에게도 명확한 답변이 없었고 히스테리가 높아질 뿐이었다.

저녁이 되자 다가올 쓰나미의 규모가 드러나기 시작했다. LTCM 파트너로서 자사의 비극적인 몰락을 뚫고 살아남은 에릭 로젠펠드는 리먼 파산 소식을 자동차에서 라디오로 들었다고 술회했다. "믿을 수 없었다. 충격으로 숨이 막힐 지경이었다. 어떻게 이럴 수 있는가?"[19]

월요일에 시장이 열리자 존스는 그만이 감당할 수 있는 극단적인 부침을 경험했다. 한편으로는 트레이딩 계정 포지션을 완벽하게 갖춘 채 다가오는 파도를 보았고 S&P500지수가 그날 폐장까지 4.7% 하락하는 동안 파도에 올라탔다. 다른 한편으로는 그의 전문가 경력에서 최악인 날이었다. 튜더는 그 전주에 리먼브러더스에 남은 자산을 인출하려고 시도했지만, 요청이 하루 늦게 들어가는 바람에 1억 달러가 리먼 런던 법인에 묶였다.[20] 튜더는 전액을 손실로 상각했지만 이는 문제의 가장 작은 부분이었다.

폴슨이 리먼을 잘못 계산한 것처럼 튜더도 터무니없는 방식으로 실수했다. 회사는 신흥시장 신용팀이 신흥시장 기업들에 거대한 대출 포트폴리오를 구축하도록 허용했고, 회사 대표 펀드인 BVI펀드는 자산 상당량을 카자흐스탄 은행, 러시아 은행, 우크라이나 낙농장에 투입했다. 아마란스의 브라이언 헌터처럼 튜더도 당초에는 진짜 트레이딩 기회를 포착했다. 신흥시장 대출은 펀드가 강세 통화에 노출되게 해주었고, 채무 불이행 위험을 보상하는 것 이상의 높은 이자를 제공했으며, 다른 헤지펀드들이 같은 거래로 들어오면서 통화와 대출 시장을 밀어 올리자 튜더의 상사들은 이 전략에 자산을 추가 배분했다.

그러나 리먼이 붕괴하자 신흥시장은 진정한 위험을 드러냈다. 미국의 유명 은행들은 갑자기 자금을 조달할 수 없었고, 카자흐스탄과 러시아의 은행들도 문제에 봉착한 것으로 보였다. 즉시 신흥시장 포트폴리오 내의 대출 가치가 3분의 2 가까이 하락했고, 튜더는 10억 달러 이상을 잃었다.[21]

폴 존스 같은 트레이더에게 최악의 상황은 포지션의 덫에 걸린 것이었다. 존스가 선물 거래에서 투기할 때는 항상 포지션을 뒤집을 수 있다는 것을 알았고, 실제로 손실이 발생하면 빠져나올 '손절매' 기준을 설정하고서 나서야 포지션을 취했다. 그러나 신흥시장 대출은 철저하게 유동성이 없었다. 리먼이 파산을 선언한 후 누구도 어떤 대출을 어떤 가격에도 보유하려 하지 않았기 때문에 매각할 길이 없었다. 존스는 "우리 신흥시장 계정이 완전히 망가질 것이고 내가 할 수 있는 것은 전혀 없었다. 인생 최악의 순간이었다"라고 술회했다.[22]

이 고통과 무기력함 속에서 존스는 규모가 이번과 맞먹는 유일한 재난에 대해 읽었던 것을 다시 생각했다. "나는 늘 생각해왔다. '저런, 1929년 사람들은 어떻게 했기에 전부 잃었을까? 어떻게 그리 멍청할 수 있지? 완전히 바보 아닌가!' 그리고 그날 생각했다. '세상에. 1929년 사람들이 어떻게 상처 입었는지 이제야 알았다. 그들은 단순히 주식을 보유하고 앉아 있었던 것이 아니다. 빠져나올 수 없는 것들을 가지고 있었다.'"[23]

존스가 신흥시장 대출에서 낸 손실은 주식 트레이딩 계정에서 얻은 수익보다 훨씬 컸다. 튜더는 리먼 붕괴 전날 기준으로 연 6~7% 수익을 내고 있었고, 주가가 현저히 하락한 상황에서는 우수한 성과였다. 하지만 연말에는 존스 자신이 주가 폭락을 예견했는데도 불구하고 튜더는 4% 손실을 냈다.[24] 튜더는 자사 펀드에 게이트 조항을 설정해서 투자자 환매를 제한해야 했다. 큰코다친 폴 존스는 튜더의 초점을 좁혀서 자신이 가장 잘 아는 유동성 높은 시장에만 집중하겠다고 약속했다.

분산투자를 하는 알파 공장의 시대가 저물고 있었다.

시타델의 유동성 위기 극복

리먼브러더스 몰락으로 현대 투자은행 모형은 종말을 고했다. 리먼과 경쟁사들은 단기 자금시장에서 수십억 달러를 차입한 다음, 이를 사용해서 급매하기 어려운 자산들을 매입했다. 위기가 닥치자 단기 차입은 순식간에 증발했다. 모두가 투자은행의 신용경색을 예상했고, 당연히 이 공포는 자기충족적이었다. 이 유형의 뱅크런을 막기 위해 상업은행들은 예금자에게 예금보험을 제공하고 연준의 긴급 대출을 확보했다. 그러나 투자은행은 그런 안전망이 없었다. 자신이 천하무적이라고 믿으면서 안전망을 갖춘 것처럼 행동했다.

다음으로 쓰러질 도미노는 1만 7,000명에 가까운 주식 브로커의 '천둥 군단'으로 유명한 투자은행 메릴린치였다. 리먼의 운명이 결정되던 주말, 메릴린치 CEO 존 세인(John Thain)은 뉴욕 연준과 거래처인 뱅크오브아메리카 대표 켄 루이스(Ken Lewis)를 번갈아 만났다. 월요일 새벽 1시까지 진행된 일련의 협상을 통해서 세인은 메릴린치를 헐값에 매각하기로 합의했다. 거의 1년 전에 메릴린치는 뱅크오브아메리카가 제시한 주당 90달러의 인수 제안을 거부했다. 이제 투자은행 모형이 망가지자 메릴린치는 주당 29달러에 기꺼이 거래에 나섰다.

월스트리트에서 가장 오래된 브랜드 중 하나가 메인스트리트 상업은행의 품으로 쓰러졌다. 한 신문이 보도했듯이 월마트(Walmart)가 티파니(Tiffany)를 인수한 격이었다.

이제 베어스턴스와 리먼브러더스, 메릴린치가 사라졌고 투자은행 중 남은 두 곳인 모건스탠리와 골드만삭스도 압력을 받게 되었다. 이들이 단기 자금 의존과 극단적으로 높은 레버리지가 결합되어 뱅크런에 취약하다는 것을 월스트리트 모두가 알았고, 트레이더들이 '임종 종목'이라고 부르는 CNBC 화면 꼭대기에 양사의 주가가 고정적으로 나타나기 시작했다.[25]

거대 보험사인 AIG의 문제가 상황을 악화했다. AIG는 신용부도스와프를 발행해서, 모든 형태의 채권이 채무 불이행에 빠질 위험에 대한 보호 장치를 판매했다. 자본이 충분한 회사의 품에서 야심 차게 트레이딩하면서 트레이더들에게 불사신이라는 의기양양한 생각을 불어넣어야만 감수할 수 있는, 일종의 미친 위험이었다. 리먼 파산 이후 채무 불이행률이 급등하자 AIG의 신용부도스와프는 수십억 달러 손실을 냈다. 9월 16일 화요일, 정부는 이 회사를 구제하기 위해 850억 달러라는 놀라운 금액을 투입해야 했다.

그다음 날 모건스탠리가 AIG 문제에 노출되었다는 소문이 돌자 모건스탠리 주가가 오후 중반까지 42% 하락했다. 헤지펀드들은 또 다른 리먼 유형의 덫에 걸리지 않기 위해서, 모건스탠리에서 자산을 인출하려고 애썼다. 모건스탠리 CEO 존 맥(John Mack)은 공매도 공모 세력들이 자사를 공격한다고 추정하며 분노했다. 베어스턴스와 리먼이 전에 벌였던 싸움의 재현이었다.

거의 같은 시기, 시타델의 켄 그리핀은 시타델이 붕괴할 확률을 계산했다. 그는 모건스탠리와 골드만삭스 같은 회사로 키워내려고 했고 이제 같은 취약점을 가지고 있었다. 레버리지가 10배가 넘어서, 투자은행의 전형적인 레버리지인 30배보다는 훨씬 덜 공격적이지만 일반 헤지펀드의 한 자릿수보다 꽤 높았던 것이다.[26] 그리고 시타델은 5년 만기 채권을 소량 발행했으므로 그 부채에 대한 신용부도스와프시장이 형성되었고 트레이더들이 시타델의 유동성을 걱정할 수 있었다.[27]

그리핀은 즉시 확률분포도를 그렸다. 우선 모건스탠리 생존 확률을 50%로 잡았다. 모건스탠리가 쓰러지면 골드만삭스가 뒤따를 확률은 95%였다. 골드만삭스가 쓰러지면 양사의 강제 매물이 시타델의 자산 가치를 파괴할 테니 시타델이 쓰러질 확률은 거의 100%였다. 이 결과들을 종합하면 시타델의 생존 확률은 55% 정도에 불과했다. 그는 "정말 나쁜 날이었다. 20년 동안 한 일이 내가 영향력을 행사할 수 없는 회사의 생사에 달려 있음을 깨달았다"라고 술회했다.[28]

그러나 시타델은 투자은행들의 취약성을 일부 공유했지만 위기에 대처하는 방식은 달랐다. 리먼이 지난여름 걸었던 길을 따라서 모건스탠리와 골드만삭스는 규제당국에 주식 공매도를 규제해달라고 로비했다. 두 회사가 하기에는 곤란한 요구였다. 모건스탠리와 골드만삭스의 고유계정 트레이더들은 모든 포지션의 양쪽을 기꺼이 취했고, 강력한 프라임브로커 사업을 구축해서 헤지펀드에 자금을 제공하고 공매도를 체결했으므로 두 회사 자체가 공매도자였기 때문이다.

그러나 리먼 이후 광란의 시기에서 모건스탠리도 골드만삭스도 원칙을 고수하지 못했다. 수요일에 주가가 폭락하자 양사는 전화 작업에 나섰고, 그날 저녁 뉴욕주 상원의원 찰스 슈머(Charles Schumer)와 힐러리 클린턴(Hillary Clinton)은 모건스탠리와 골드만삭스를 위해 공매도를 규제해달라고 SEC에 전화했다.

목요일에 SEC 크리스토퍼 콕스 위원장은 은행을 돕는 데 의구심을 표했지만 자신이 혼자라는 것을 알았다. 폴슨 재무장관은 "지금 구제하지 않으면 당신이 고민하는 사이에 사라질 것입니다"라고 주장했다.[29]

오후 1시경, 런던 금융감독청(Financial Services Authority)이 금융주 29개 종목에 대해 30일간 공매도 금지를 공표해서, 주력 회사들을 구제하겠다는 의지를 표명했다. 이 뉴스가 나오자 골드만삭스 트레이딩 플로어

16장 | 리먼브러더스 파산이 헤지펀드에 미친 영향

에서는 트레이더 40여 명이 모여서, 공군의 구조를 받은 보병들처럼 환호했다. 그들은 일어서서 손을 가슴에 얹고 누군가가 스피커에 대고 틀어놓은 미국 국가를 따라 불렀다.[30] 그날 저녁, SEC는 런던보다 한발 더 나아가서 금융주 800종목의 공매도를 금지했다.

규제 덕분에 모건스탠리와 골드만삭스는 한숨 돌렸지만 이 조치는 헤지펀드의 사업성을 정면으로 공격했다. 종목 선정 펀드들은 규정이 달라지는 바람에 수억 달러 손실을 입었다. 타이거 펀드매니저 한 사람은 "체스를 두고 있었는데 하프타임에 럭비로 바뀌었다"라고 불평했다. 그리고 규제에는 인터넷 인큐베이터부터 소매업까지 다양한 기업이 포함되었기 때문에, 금융 시스템을 보호한다는 주장은 과장이었다.[31]

투자은행들은 헤지펀드까지 끌어내리려고 시도했지만 위기를 벗어나지 못하고 즉각 로비를 재개했다. 모건스탠리와 골드만삭스는 호시절에는 연준의 규제 감독이 필요한 예금 수신 업무를 하지 않는다는 사실을 즐겼지만 이제는 재빨리 방향을 틀었다. 연준의 긴급 대출 보장을 원했기 때문에 연준 관할에 넣어달라고 요구한 것이다.

9월 21일 일요일 저녁, 모건스탠리와 골드만삭스는 바라던 것을 얻었다. 연준은 그들도 보호하기로 했고 그들의 취약성이 끝났다.

시타델은 헤지펀드로 분류되어 연준 긴급 대출을 받지 못했다. 도리어 공매도 규제로 비용이 상승해서 정부에 한 방 맞은 상황이었다. 시타델은 거대한 전환사채 포트폴리오를 구축했고 이를 주식 공매도로 헤지하고 있었다. 전환사채에 내재된 옵션이 원래 주식보다 낮게 책정된 점을 노린 것이다. 그러나 공매도 금지 조치 때문에 새로운 전환사채 포지션을 헤지하기가 불가능해졌고 전환사채 수요가 사라져서 시타델은 심각한 손실을 입었다.[32]

주요 펀드들은 9월 한 달에만 20% 하락했고 시타델의 자본이 감소할수록 레버리지 비율이 상승했다. 1990년 창립한 후 직원 1,400명에 운용자산 150억 달러로 성장했는데 이제는 생존이 위태로워졌다.

그리핀은 회사의 선택지를 검토하기 위해 참모들을 소집했다. 전환사채를 매도해서 레버리지를 줄인다면 경쟁사들은 그가 절박하다는 것을 알아차리고 포트폴리오를 쥐어짜기 시작할 것이다. 반면에 아무것도 하지 않는다면 곧 현금이 떨어져서 마진콜에 응하지 못할 것이다.

게다가 그리핀과 팀은 추가 위험에 직면했다. 거래 파트너들이 시타델의 생존을 걱정하기 시작한다면 시타델 파생상품 계약의 추정 가치를 낮추어서, 시타델이 이를 메우다가 현금을 소진하도록 강제할지도 몰랐다. 이것이 바로 프라임브로커들이 애스킨펀드, LTCM, 이후 쓰러진 많은 헤지펀드에 강행한 조치였다.

10월 첫 주, 시타델은 적들에 대한 양면전을 수행했다. 핵심 전략이 아닌 자산들을 매도해서 부실을 명백히 드러내지 않으면서 자본을 조달했다. 다른 회사들과 맺었던 파생상품 계약을 해지했고 때로는 거래소와의 계약으로 교체했다. 거래소는 투자은행과 은행과는 다르게 헤지펀드를 쥐어짜지 않기 때문이었다.[33]

장외 파생상품 계약을 해지할 수 없는 경우에는 시타델의 가장 큰 강점인 첨단 후방 부서로 해결했다. 많은 헤지펀드와 다르게 시타델은 은행에서 매수한 모든 파생상품의 일자별 가격을 추적하는 컴퓨터 인프라, 데이터 피드(feed), 재무 모형을 유지했다. 시타델이 이 자산들의 가치를 더 잘 이해할수록, 상대방이 일자별 가격을 부당하게 매기기가 어려워질 것이다. 이 일종의 배관 기능은 시타델의 자부심이자 기쁨이었다. 과거 후방 부서 없이 해내겠다던, '군더더기 없는 살로몬'을 만들겠다던 LTCM의 약속을 떠올리면서 시타델 직원들은 LTCM이 거꾸로였다고 농담했다. 살로몬은 후방 부서가 진정한 강점이었다. LTCM 파트

16장 | 리먼브러더스 파산이 헤지펀드에 미친 영향

너들은 엉터리였다.

시타델의 컴퓨터 인프라 덕분에 그리핀이 회사를 구할 가능성이 높아졌다. 그러나 그리핀의 가장 큰 장점은 자금 조달 조건에 있었다. 다른 투자은행들은 차입 대부분을 초단기로 조달했지만 시타델의 재무부서는 더 신중했다. 재무 담당자들은 포트폴리오 내의 자산 구성을 분석하고 유형별 매도 소요 기간을 계산한 다음 다양한 대출을 만기일순으로 열거했다. 하룻밤에 매각할 수 있는 자산 한도에서만 하루짜리 자금에 의존하고, 매각하기 어려운 자산은 회수당하지 않을 차입금으로 보호해야 한다는 생각이었다.

헤지펀드에는 이례적으로 시타델이 5년물 채권을 발행한 것은 장기대출에 초점을 맞춘 결과였고, 그리핀 팀은 은행과 협상해서 대출 기간을 최장 1년까지 확보했다. 위기가 발생해도 시타델은 급매에 의한 죽음의 소용돌이에 빠지지 않을 것이다. 최소한 이론상으로는 그랬다.

물론 실무에서는 그렇게 자신하기가 어려웠다. 시타델은 위기 계획을 수립했지만 이런 규모의 위기가 아니었고, 주변 상황에서 자사를 보호할 수단은 전혀 없었다. 자금을 확고하게 묶어두지 못했던 헤지펀드들은 마진콜을 받고 전환사채와 다른 포지션들의 투매를 강제당했고, 이들의 매물로 시타델은 더 큰 손실에 시달렸다.

시타델도 위험하다는 소문이 순식간에 표면화되었다. 시타델이 마진콜을 당했다! 연준이 시타델의 거래처들에 전화해서 익스포저 규모를 묻고 있다! 사실 연준이 월스트리트에 전화한 것은 은행들에 대출을 회수하지 말라고 하기 위해서였는데 이것이 시타델을 구했는지, 아니면 악소문을 부채질했는지는 논란의 여지가 있다. 10월의 어느 날, CNBC는 시타델 센터 밖에 중계차를 세웠다. 새로운 임종이 시작되었다.

10월 24일 금요일, 그리핀의 젊은 참모인 댄 듀프레인(Dan Dufresne)은 아침 통근 기차를 타려고 출발했다. 집을 떠난 지 얼마 안 되어 유럽 은행의 뉴욕 지점에서 걸려온 전화를 받았다. 듀프레인은 시타델 재무 부서장으로서 시타델 포지션에 자금을 댄 모든 은행과 접촉하고 있었다.

"댄, 참고로 말씀드리면 유럽 시장에는 연준이 당신네 시카고 사무실에 가서 자산 청산을 준비하고 있다는 소문이 돌고 있습니다"라고 목소리가 말했다.

듀프레인은 택시를 타기로 했다. 복잡한 통근 기차에서 시타델의 몰락 우려를 논의할 수는 없었다.

"런던에 있는 동료들에게서 들었습니다. 정말 그런가요? 나는 아닐 거라고 확신하지만, 소문이 빨리 퍼지고 있다는 것을 알아야 합니다"라고 목소리가 다시 말했다.

듀프레인은 단지 소문일 뿐이라고 안심시켰다. 그와 10분 정도 통화하고 끊자마자 다른 전화가 걸려왔다. 같은 소문에 대한 것이었다. 시타델 센터의 사무실에 도착할 때까지 세 번째와 네 번째 전화를 받았다. 동료 제럴드 비슨이 일찍 출근해 있었다. 그는 그날 아침 5시부터 유럽 트레이딩 데스크들의 질문에 시달리고 있었다.

듀프레인과 비슨은 금융 기자들이 소문을 듣고서 아는 사람 모두에게 흘리고 있다고 의심했다. 그들이 런던의 모든 은행에 전화했을 것이다. 소문은 시타델이 막을 수 있는 것보다 빨리 퍼지고 있었다.

잠시 후 씨티그룹 자본시장 부문장인 제임스 포레스(James Forese)가 켄 그리핀에게 전화했다. 포레스가 들은 소문에 의하면 그리핀은 구제금융을 얻기 위해 워싱턴 연준을 방문하고 있었다. 시타델 채권의 신용부도스와프는 부실채권 수준으로 거래되고 있었다. 리먼이 파산 전날 겪은 것보다 더 큰 문제를 예고하는 신호였다.

시타델에 전화한 포레스는 잠시 대기했다. 그러고 나서 그리핀이 전화를 받았고 말하기 시작했다.

"당신이 전화한 이유는 세 가지 중 하나이겠지요. 첫째, 내가 살아 있는지 보기 위해서. 둘째, 우리가 돈이 있는지 보기 위해서…"

포레스가 말을 잘랐다. "내가 전화한 것은 당신을 돕기 위해서입니다. 포트폴리오 처분이 필요하고 신중하게 처리할 누군가가 필요하다면 우리가 해줄 수 있습니다."

"우리는 많은 돈을 잃고 있습니다. 그러나 유동성은 풍부합니다"라고 그리핀이 대답했다. 시타델은 장기 자금을 거래처에 묶어두었기에 마진콜에 직면하지 않았다. 보유 자산의 정확한 가치를 추적하는 후방 부서 시스템을 갖추었기에 은행들은 공격적으로 가격을 깎지 못했다. 게다가 시타델은 현금을 확보하기 위해서 자산을 많이 매각했다. 레버리지가 소용돌이치면서 상승하지 못하도록, 베어스턴스나 리먼브러더스보다 훨씬 적극적으로 예방해놓았다.

포레스는 이 정도로 충분할지 의심스러웠다. "당신들은 소문만으로도 죽을 수 있습니다"라고 조심스럽게 말했다.

"압니다. 저는 소문을 없앨 수 없습니다." 그리핀이 인정했다. 소문 때문에 사람들은 시타델이 전환사채 포트폴리오를 투매할 것이라고 생각했다. 투매 공포로 가격이 낮아져서 시타델의 어려움이 더 커졌다. 시타델 경영진은 거래처에서 화급한 전화를 받을 때마다 소문이 사실 무근인 이유를 설명했다. 그러나 그리핀 팀이 아무리 설명해도 소문은 더욱 신경질적으로 강해졌다.

"이야기를 내보낼 좋은 창구가 필요합니다." 포레스가 말했다.

"그런 창구가 무엇인지 모르겠습니다." 그리핀이 대답했다. 가장 바라지 않는 것은 시장 최악의 의구심을 확인하는 것으로 보이는 전화 회의를 소집하는 일이었다. 베어스턴스와 리먼브러더스가 전화 회의를 했고 덕을 톡톡히 보았다.

포레스는 시타델이 5년물 채권을 발행한 것을 기억했다. 시장에 패닉이나 비정상적인 신호를 보내지 않고도 시타델은 회사채 보유자들을 위한 전화 회의를 소집할 수 있을 것이다. 더구나 그런 형식으로 전화 회의를 열면 메시지에 무게가 더 많이 실릴 것이다. 채권자들에게 사실과 다른 정보를 제공하면 규제당국과 문제가 생길 수 있으니 그리핀의 장담에 믿음이 갈 것이다.

"정말 좋은 생각입니다." 그리핀이 동의했다. 그는 전화를 끊고 참모들을 소집했다.[34]

오전 10시 30분경, 그리핀의 참모들이 칠판 앞에 모였다. 누군가가 시타델이 알려야 할 요점 6가지를 적었다. 그리핀은 강력한 COO 제럴드 비슨이 발언 대부분을 하기를 원했다. 다른 메모가 칠판에 추가되었다. "천천히 말할 것."

누군가가 "전화 접속 회선이 얼마나 됩니까?"라고 물었다. 코카콜라(Coca-Cola) 같은 대기업이 분기 전화 회의를 하면 통상 250개 라인을 준비한다. 그러나 시타델의 회사채 보유자는 겨우 몇 명이었다.

"500." 누군가가 조심스럽게 말했다.

"1,000." 비슨이 맞받았다.

전화 회의는 오후 3시 30분으로 예정했지만 제때 시작하지 못했다. 트레이더, 투자자, 금융 기자 등 1,000명 이상이 접속을 시도했다. 리먼 몰락 이후 가장 큰 금융 드라마인 시타델 임종의 정점이 될 것이다. 어떤 월스트리트 트레이딩 플로어에서는 전화 회의를 스피커로 방송했다. 더 많은 회선을 준비하느라 시작이 25분 지연되었다. 간신히 접속한 사람은 귀에 거슬리는 테크노 음악을 들었다.

마침내 비슨이 설명하기 시작했다. 시타델의 대표 펀드 2개에서 35%

16장 | 리먼브러더스 파산이 헤지펀드에 미친 영향

손실이 발생한 것은 사실이다. 그러나 시타델은 현금 고갈과는 거리가 멀다. 자금은 확보되어 있다. 미사용 신용한도가 80억 달러 남아 있다. 우리가 쓰러질 일은 없다. 시타델 법률 고문인 애덤 쿠퍼(Adam Cooper)는 비슨에게 너무 빨리 말하지 말라고 상기시키는 신호를 보냈다.

"이 상황을 탈선이라고 부르는 것은 우리가 과거에 겪었던 엄청난 사태에 비하면 어울리지 않습니다"라고 말하며 비슨은 시타델이 생존할 거라고 강조했다. 그리핀이 최대한의 자신감을 끌어모아 "우리는 새로운 금융의 시기에도 번영할 것입니다"라고 덧붙였다. 12분 만에 전화 회의가 끝났다.

그리핀은 전화를 끊고 직원들의 질문에 답하려고 타운홀 미팅에 갔다. 비슨은 오후 네네 기자들의 전화를 응대하면서 같은 메시지를 반복했다. 시타델은 현금을 조달하려고 공격적으로 움직였다. 신용한도는 모두 확보했다. 정부가 모건스탠리와 골드만삭스를 구제하면서 헤지펀드들을 어렵게 만들었지만 시타델은 쓰러지지 않는다.

다음 날, 시타델 센터 바깥에 있던 CNBC 중계차가 사라졌다. 최소한 당분간은 불길이 잡혔다.[35]

신보다 돈이 많은 사람들

시타델의 손실은 전화 회의 이후에도 계속되었다. 연말에는 대표 펀드 2개가 55% 하락했고 증발한 90억 달러는 LTCM 손실의 2배에 달했다. 그러나 아무도 그렇게 말하지 않았지만, 시타델의 굴욕은 금융시장이 어떻게 운영되어야 하는지 보여주는 모형이었다. 그리핀에게 돈을 맡겨서 수년간 보상받은 투자자들은 거대한 손실을 감수해야 했고, 이는 당연한 일이었다. 그러나 금융 시스템은 황폐해지지 않았고, 납세자들이 시타델에 구명줄을 던질 필요도 없었다.

　이 일화는 시장이 폭락할 때 레버리지를 이용해서 수십억 달러를 운용하는 트레이딩회사를 정부가 반드시 구제할 필요는 없다는 것을 보여주었다. 신중한 유동성 관리가 연준의 안전망을 대신할 수 있다. 전통적인 투자은행들은 단기 차입을 기반으로 레버리지의 성을 쌓았는데 위기가 닥치자 체계 전체가 흔들렸다.

　그러나 그리핀은 헤지펀드의 편집증적 문화를 공유하며 좀더 주의 깊게 레버리지를 활용하고 단기 차입에 덜 의존했기에, 진실의 순간이 다가왔을 때 시타델이 살아남았다. 그래서 골드만삭스를 모방한 건방진 놈이 실제 골드만삭스보다 금융 시스템에서 더 잘 해낼 수 있다는 것을 증명했다. 베어스턴스나 리먼브러더스와는 비교할 수 없이 뛰어나다는 것은 말할 것도 없다.

　시타델의 경험은 헤지펀드업계의 폭넓은 경험을 더 극적으로 만들었다. 헤지펀드들은 리먼이 쓰러지던 9월까지 지뢰밭에서 춤추었지만 이어진 패닉에 휩쓸렸다. 이들의 전략은 공매도에 기반했는데, 정부가 공매도를 금지했다. 이들은 레버리지에 의존해서 포트폴리오를 구성했는데, 투자은행이 자본을 회수하자 레버리지가 말라붙었다. 2008년 말에는 헤지펀드 대다수가 손실을 냈고 1,500개 가까이가 파산했으며, 많은 거인의 평판이 위축되었다.

　그러나 헤지펀드는 역사상 최악의 기간에도 자신의 가치를 증명했다. 헤지펀드업계 전체는 2008년에 19% 하락했지만 S&P500지수는 2배로 하락했다. 그리고 은행, 투자은행, 주택대출회사 등과 다르게 헤지펀드는 납세자와 사회에 비용을 떠넘기지 않았다.

　위기 상황에서는 이 점을 대부분 간과했다. 헤지펀드 버블이 터지는 와중에는 정책의 의미를 생각할 여지가 없었다. 헤지펀드 거인들이 너무 높이 날았던 터라, 이들이 추락하는 모습도 넋을 빼놓을 정도였다. 2008년 상반기로 돌아가면, 하빈저캐피털의 필립 팔콘은 43%를 벌고 뉴욕타임스를 괴롭혔지만, 9월에 리먼이 몰락하고 SEC가 공매도를 금지하자 1주일에 10억 달러 이상을 잃었다.

2007년 2월, 포트리스(Fortress)라는 알파 공장이 환호 속에 상장해서 서류상 자산 107억 달러를 사주에게 창출해주었다. 2008년 12월, 포트리스는 자산이 거의 3분의 1로 감소했고 펀드매니저 20여 명을 해고해야 했다. LTCM의 베테랑인 존 메리웨더와 마이런 숄스는 각각 1999년에 새 헤지펀드를 설립해서 수년간 잘 운용했지만 2008년 말 모두 벼랑 끝에 몰렸다. 칠드런스인베스트먼트펀드의 크리스 혼은 2008년을 42% 손실로 마감했고 지적 기빈까지 잃은 듯 보였다. 그는 "솔직히 말해서 행동주의는 어렵다"라며 자신의 발견에 놀란 것처럼 말했다.[36]

이 반전에 경악한 투자자들은 앞다투어 환매에 나섰다. 헤지펀드가 S&P500지수보다 훨씬 덜 하락했을 수도 있지만, 고객들은 헤지펀드를 운용하는 마법사가 단순히 위험을 관리하는 것이 아니라 제거한다는 듯 어떤 시장 상황에서도 상승하기를 기대했다. 매크로 헤지펀드들은 리먼 파산 이후 기존 수익을 아주 조금 반납했지만 환매 태풍을 면제받지는 못했다. 모든 투자자가 모든 펀드에서 환매하자 매크로 헤지펀드들은 순환매 310억 달러에 맞닥뜨렸다.

이들은 튜더가 사용한 도구, 즉 분기별 환매를 유보하고 게이트 조항을 설정해서 투자자들을 묶어놓는 것으로 대응했다. 때로는 투자자가 포로가 된 것이 행운이었으니, 게이트 조항에 따라 재앙적인 자산 투매를 피하고 운용보수를 면제받았기 때문이다. 그러나 다른 경우들에는 게이트 조항이 분노를 불러왔다. 포트리스펀드는 환매하는 투자자에게 조기 환매 수수료를 부과했고, 이후에는 환매 자체를 불허하고 수수료 반환을 거부한 채 운용보수를 계속 부과했다.

헤지펀드가 커질수록 펀드매니저가 독단적이고 오만한 경향이 있었고, 종종 더 큰 펀드들이 최악의 성과를 냈다. 대형 알파 공장들은 유동성이 고갈되면서 손실을 내는 포지션에 갇혔다. 톰 스타이어의 파랄론은 2008년 초에 360억 달러를 운용했지만 2009년에는 200억 달러로 감소했다. 한편 10년 전의 스타이어와 비슷한 민첩한 부티크들은 종종 타격을 덜 받고 탈출했다. 유능한 재간접펀드인 록크리크캐피털(Rock Creek Capital)이 추산해보니 10억 달러 미만을 운용한 펀드들은 2008년 12% 하락해서 비교적 양호했다. 반면에 자산 규모 10~100억 달러의 펀드들은 16% 하락했고, 100억 달러 이상인 펀드들은 27% 하락했다.

그러나 이 모든 손실에 불구하고 헤지펀드의 신비성은 위기에서 살아남았다. 그들은 은밀하고 매력적이고 선망과 동경의 대상이었고, 현대 자본주의가 선호하는 취미, 즉 부끄러움 없이 돈을 추구하는 마법사로 남았다. 시장의 대혼란에서 2개월이 지난 2008년 11월, 워싱턴 의회는 여론을 형성하려고 청문회를 개최하면서 헤지펀드 5개의 대가*에게 출두하라고 요청했다. 이 억만장자들은 경제를 뒤흔들었다는 질책을 받을 것이다.

그러나 진행 과정에서 예상하지 못한 분위기가 출현했다. 메릴랜드주 민주당 하원의원 엘리야 커밍스(Elijah Cummings)는 연단에서 내려다보면서, 출근길에 만난 이웃의 반응을 이야기했다. 책망도, 고발도, 유감 표명도 아니었다. 경외감이 묻어나는 단순한 질문이었다.

"신보다 돈이 많은 다섯 사람 앞에 서면 기분이 어떨까요?"[37]

---

* 존 폴슨, 제임스 사이먼스, 필립 팔콘, 조지 소로스, 켄 그리핀이다.

결론
헤지펀드 규제의 방향

첫 번째 헤지펀드 붐이 일어나던 1966년, 메릴린치 피어스 페너 앤 드 스미스(Merrill Lynch, Pierce, Fenner & Smith)* 투자은행이 더글러스항공 (Douglas Aircraft)의 전환사채 발행 주관사를 수임했다. 주관사는 일하는 과정에서 더글러스항공이 주당순이익 전망치를 예상보다 4분의 1가량 낮은 3.5달러로 낮춘 것을 알았다. 얼마 후에는 3달러에 미달할 것이라 고 들었다. 그리고 나서 0일 것이라는 안내를 받았다. 폭탄 같은 소식이 었고, 이로써 더글러스 주가가 폭락할 것이었다.

자문사인 메릴린치 직원은 내부자에 해당해서 메릴린치의 브로커 고객에게 정보를 유출하는 행위가 엄격히 금지되었다. 그러나 투자은행에서 자주 발생하듯이 내부 통제에 실패했다.

6월 21일, 더글러스항공의 주가 폭락 재료가 메릴린치의 헤지펀드 고객 담당 브로커인 로런스 지클린(Lawrence Zicklin)에게 들어갔다.[1] 지

---

* 메릴린치는 1914년 출범한 후 여러 차례 합병하면서 이름이 바뀌었고 '메릴린치 피어스 페너 앤드 스미스'는 1958년에 사용한 이름이다.

클린은 AW존스의 부문별 펀드매니저인 뱅크스 애덤스(Banks Adams)와의 직통 선이 있었다. 1년 전에 설치된 이 선은 지클린이 모든 사실을 아는 순간 애덤스에게 말하기를 기대한다는 뜻이었다. AW존스는 메릴린치에 막대한 수수료를 지불했고 대가로 서비스를 기대했다. 지클린은 더글러스항공의 훌륭한 소식을 신성한 예외로 처리하지 않았다. 결국 SEC가 제기한 행정 소송에 따르면 지클린은 애덤스에게 전화했고 애덤스는 즉각 더글러스 공매도 4,000주 주문을 냈다.

다음으로 지클린은 AW존스 출신으로 바턴 빅스와 함께 신규 헤지펀드를 출범한 리처드 래드클리프(Richard Radcliffe)에게 전화했고 더글러스 공매도 900주 주문을 받았다. 뮤추얼펀드 스타로서 앨프리드 존스를 위해 모형 포트폴리오를 운용하던 존 하트웰(John Hartwell)도 같은 전화를 받았다. 그는 즉시 더글러스 1,600주를 팔아치웠다.

다음 날 아침, 〈월스트리트저널〉은 항공산업에 대해 긍정적인 기사를 실었다. 일반적인 투자자가 생각하기에는 더글러스항공에 문제가 없었고 이 회사 주가는 1달러 상승했다.

그런데 그날은 전설적인 브로커인 밥 브림버그(Bob Brimberg)가 정기적으로 오찬을 주최하는 날이었고, 최고의 인맥을 지닌 펀드매니저들이 참석했다. 브림버그는 어마어마한 지성과 어마어마한 체격을 겸비했다. 그는 트럭처럼 넓었고, 파트너들이 책상 옆에 설치한 체중계도 그가 더 넓어지는 것을 막지 못했다. 브림버그의 전형적인 오찬 행사에서 주최자는 손님들에게 미트볼과 콘비프샌드위치, 칵테일을 대접했다. 그런 다음 손님이 무엇을 사고파는지 물었는데, 어떤 펀드매니저도 다시는 초청받지 못할까 봐 두려워서 감히 거짓말을 하지 못했다.[2]

6월 22일에도 브림버그는 평소처럼 손님들에게 정보를 캐냈다. 누군가가 메릴린치와 더글러스를 언급했고, 그날 오후 손님들은 전화기로 뛰어가서 메릴린치 브로커들에게 사실을 확인해달라고 요구했다. 그다음 날 장 마감까지 메릴린치 고객사 13곳이 더글러스 주식 17만 5,800주를 팔아치웠다. 13개 중 6개 사가 헤지펀드여서, 월스트리트 밖 으로는 거의 알려지지 않았던 헤지펀드업계로서는 인상적인 기록이었 다. 이 매도세는 SEC의 감리 대상이 되었고, 몇몇 헤지펀드는 값비싼 벌금을 내고 합의해야만 했다.

이후 반세기가 지났지만 헤지펀드는 여전히 정보를 입수하는 특권을 누려서 말썽을 빚고 있다. 이번 스캔들의 주인공은 스리랑카 출신이며 브림버그와 체격이 비슷한 라즈 라자라트넘(Raj Rajaratnam)으로서 갤리 언그룹(Galleon Group)이라는 헤지펀드를 운용하고 있었다. SEC 준법부 서장의 표현처럼 그는 운용 서장이기보다는 명함첩 영업 거장이었다. 특별한 재주는 없었지만 특별한 자원을 가졌기 때문이다.

2009년 맨해튼 검찰이 제기한 공소장에 의하면, 라자라트넘의 정보 통은 폴리콤(Polycom)이라는 기술회사가 예상외로 좋은 실적을 발표할 것이라고 미리 언질했다. 갤리언은 즉시 정보를 50만 달러 수익으로 바꾸었다. 정보통은 블랙스톤 사모펀드의 힐튼호텔 공개 매수가 임박 했다고 귓속말을 해주었다. 갤리언은 즉시 400만 달러를 벌었다. 정보 통은 구글(Google)의 이익이 실망스러울 것임을 알아냈다. 이번 횡재는 900만 달러에 달했다. 라자라트넘의 명함첩은 인텔(Intel) 고위 직원과 맥킨지(McKinsey) 이사로 확장되었고, 이들은 기밀을 흘려주고 대가를 받을 준비가 되어 있었다. 검찰에 의하면 공모자들은 마약상들처럼 수 시로 휴대전화를 폐기해서 증거를 없애려고 했다. 불법 거래 이후 피고 한 사람은 즉시 휴대전화의 심 카드를 이로 깨물어 파괴했다.

분명히 헤지펀드 매니저는 천사가 아니다. 이들의 역사는 마이클 스 타인하트의 공모성 블록트레이딩부터 데이비드 애스킨의 실재하지 않는 모기지 조기 상환 모형까지 흠집으로 가득하다.

규제당국은 초기부터 헤지펀드의 구조 자체를 우려했다. 더글러스항공 사건 당시 규제당국은, 헤지펀드 후원자에 재계 거물과 상장기업 고위 임원들이 포함되어 있는데 이들이 자기 돈을 관리하는 자들에게 특권적 정보를 흘려준다면 어떻게 될지 조바심을 냈다.

그 의심은 두 세대가 지나서 갤리언 사건으로 증명되었고, 1960년대의 다른 의심이 이제는 적절하지 않다고 추측한다면 순진한 생각이다. 더글러스 사건은 헤지펀드가 브로커에게 창출해주는 막대한 수수료가 악용될 가능성을 내포하고 있으며, 그런 악용이 계속될 가능성이 높다는 것을 보여주었다. 모든 업계에는 범죄자와 사기꾼이 있다. 헤지펀드도 다르지 않다.

그러나 똑같이 분명한 것은 헤지펀드를 완벽함이라는 잣대로 평가해서는 안 된다는 점이다. 헤지펀드업계를 믿어야 하는 것은 성인군자들로 구성되기 때문이 아니라 보수 체계와 문화의 결함이 다른 금융회사들보다 적기 때문이다. 예를 들어 헤지펀드가 경쟁자들보다 사기나 남용을 더 많이 사용한다는 증거는 없다. 2003년 SEC는 그 증거를 찾으려고 조사했지만 발견하지 못했다.

그리고 독자적인 헤지펀드는 주요 은행 내부 펀드매니저보다 불법 정보를 더 적게 얻는다는 주장이 있는데, 은행은 기업 고객과 거래처들에서 오는 수익성 있는 정보 흐름을 공유하기 때문이다. 현대의 거대 금융기관 내에서 민감한 뉴스를 잘못된 사람에게 보내려면, 주식 인수나 합병 자문역과 고유계정 트레이더를 분리하는 장벽만 뚫으면 된다. 그러나 민감한 뉴스를 헤지펀드에 보내려면 건물 밖으로 내보내는 추가 절차를 거쳐야 한다.

사기와 내부자 거래에 해당되는 내용은 헤지펀드에 제기된 다른 혐의들에도 해당된다. 이제 살펴보겠지만 헤지펀드에 대한 혐의는 다른 금융 주체들에 더 잘 적용될지도 모른다. 그러나 헤지펀드 사건의 핵심은 한 문장으로 집약할 수 있다. 금융 시스템 내의 큰 부분들은 대마불사(大馬不死, too big to fail)로 판명되었지만, 헤지펀드들은 일반적으로 작아서 파산해도 문제가 없는 소마가사(小馬可死, small enough to fail)다. 헤지펀드는 파산해도 납세자들에게 비용을 물리지 않는다.

2008년의 폭발과 이어진 규제 논의 이후, 소마가사의 장점은 아무리 강조해도 지나치지 않다. 리먼브러더스와 AIG 같은 거인들이 몰락하며 글로벌 신용경색이 발생해서 1930년대 이후 최악의 불황을 초래했다. 구제금융 비용으로 선진국의 공공 재정이 위기를 맞았고 경제력이 신흥국으로 빠르게 이동했다. 미국 국가 무채는 위기 이선 GDP의 62%에서 2010년 94%로 상승했지만 중국, 인도, 러시아, 브라질의 공공 부채는 크게 변하지 않았다. 한편 유럽에서는 그리스와 아일랜드 등이 부도의 벼랑 끝에 몰렸다.

IMF에 의하면 선진국들이 대마불사 기관들에 제공한 현금 투입, 채무 보증, 기타 지원이 10조 달러에 달해 국민 1인당 1만 3,000달러꼴이었다.[3] 돈 많은 금융가들을 구제하는 데 들어간 비용이 자본주의 시스템의 정당성을 훼손했다. 2009년 12월, 오바마(Barack Obama) 대통령은 자신이 "살찐 고양이 같은 은행가들을 지원하기 위해 출마한 것이 아니다"라고 하소연하듯이 말했다.[4] 그러나 그가 한 일은 은행가 지원이었고, 이 관대한 정책에 대중이 분노한 것은 놀랍지 않다.

더 우려스러운 점은 오바마도, 다른 어떤 지도자도 대마불사 기관들이 대중에게 다시 부담을 지우지 않도록 예방할 방법을 모른다는 것이다. 위기의 가장 나쁜 점은 반복될 가능성이 높다는 것이다.

그 이유를 살펴보기 위해, 정부가 금융 부문을 지원할 때 직면하는 모순된 상황에서 시작해보자. 한편으로는 많은 금융기관이 진정한 대마불사다. 정부가 납세자들의 돈을 보호하기 위해 금융기관 구제를 거부한다면, 리먼 사건 이후처럼 납세자들에게 더 큰 부담을 줄 극한 상황이 열릴 것이다.

다른 한편으로는 정부가 금융가들이 취한 위험의 대금을 치를 때마다 시장 참여자의 위험 비용이 낮아져서 위험을 줄일 동기가 낮아질 것이다. 만일 예금보험 제도가 없다면 예금자는 은행이 파산할 때 손실을 볼 테니, 위험을 취하는 은행에는 예금하기를 거부하거나 보상으로 더 높은 금리를 요구할 것이다. 마찬가지로 만일 정부가 최종 대부자로 활동하면서 은행(과 투자은행)을 지원하지 않는다면, 은행에서 단기 대출을 받는 투자자들은 은행 건전성 모니터링을 강화할 것이다.

논점은 예금보험이나 최종 대출자를 통한 유동성 보험이 필요 없다는 것이 아니다. 대형 기관이 파산하게 두면 비용 부담이 너무 크기 때문이다. 그러나 불편한 진실은 정부 보험이 금융가들로 하여금 더 큰 위험을 취하도록 부추기고, 위험이 커질수록 정부가 보험을 늘리게 된다는 점이다. 악순환이다.

이 순환은 은행의 역사에서 볼 수 있다. 지난 세기 내내 정부들은 최종 대출 범위를 계속 넓히고 조건을 완화하고, 은행 고객에 대한 예금보험을 확대해왔다. 정부가 더 많은 위험을 인수함에 따라 위험 부담이 증가했다. 1900년 이래 미국 은행들은 레버리지를 4배에서 12배로 3배 늘렸고, 단기 차입으로 장기 자산을 매수함으로써 유동성 위험도 늘렸으며, 위험 높은 고유계정 트레이딩에 더 많은 재원을 집중했다.[5]

2007~2009년 위기에서는 정부가 예금보험 대상을 MMF로 확대했고 금융의 모든 부문에 긴급 유동성을 주입했으므로 미래에는 더 큰 무분별을 조장할 가능성이 있다. 간단히 말해서 정부의 조치로 대마불사

기관들의 위험 비용이 감소했고, 그 결과 더 많은 위험을 감수하게 될 것이다. 이 악순환은 정부가 파산할 때까지 진행될 것이다.

이 무서운 전망에 대한 표준 반응이 두 가지 있다. 첫 번째는 정부가 보험사, 투자은행, MMF, 그 외 전부를 구제하지 말아야 한다는 주장이다. 금융가들이 자신의 위험에 대가를 치르게 된다면 이들은 더 신중하게 행동할 것이다. 예를 들어 2008년 초 베어스턴스의 파산 비용을 정부가 중개한 구제금융으로 완화하지 않고 투자자들이 흡수하게 했다면, 투자자들은 몇 달 후 일어난 리먼 파산에서 비용을 흡수할 준비를 더 잘했을 것이다. 그러나 대마불사 문제에 제안된 이 해법에는 모순이 있다. 일부 기관은 성말 대마불사이기 때문에 쓰러지게 둘 수 없다. 더구나 거대 기관과 그곳에 돈을 빌려주는 이들은 거대 기관의 신성불가침을 너무나 잘 안다. 정부는 구제하지 않을 거라고 주장할 수 있지만, 때가 오면 선택의 여지가 없다는 점을 누구나 이해한다.

이 자유방임 해법을 완화한 대안도 설득력이 없다. 규제당국이 초대형 기관은 구제하되 베어스턴스 같은 중간급은 쓰러지게 놓아두는 상황을 상정할 수 있다. 그러나 이것은 우리가 사는 세상이 아니다 규제당국자들은 자기 관할에서 재난이 발생하는것을 원하지 않기 때문에 개입하는 쪽으로 기운다. 인간의 본성이며, 바꿀 방법이 없다.

악순환에 대한 두 번째 표준 대응은 악순환을 끊을 규제를 고안하는 것이다. 은행을 위한 안전망이 위험 감수를 부추기고, 위험 감수는 안전망 확장을 강요한다. 그러나 이 군비 경쟁은 은행들에 자본금 요건을 부과하고, 유동성을 점검하며, 고유계정 트레이딩을 제한하고, 일반적으로 위험 욕구를 억제함으로써 중단할 수 있다.

어느 정도까지는 규제 강화가 희망적이다. 내가 이 책을 마무리하는 시점(2010년)에 선진국 정부들이 이를 시도하려고 준비하고 있었다. 그러나 세상에서 여러 나라의 여러 기관이 여러 규제를 실험했고, 어떤 규제도 완벽하지 않다는 것을 비싸게 배웠다. 예를 들어 2008년에 무너진 기업들은 다양한 기구가 폭넓은 규정을 적용해 감독하고 있었다. 미국의 예금 수신 은행들은 연준, 연방예금보험공사, 소규모 기관 2개의 감독을 받았고 바젤 I 국제자본기준을 준수하라는 요구를 받았지만 실적은 참혹했다.

미국의 투자은행들은 SEC 감독을 받았고 서로 다른 위험 한도를 준수하라는 요구를 받았지만, 둘이 붕괴하고 하나는 붕괴를 피해 팔렸으며 둘은 정부 구제를 받았다. 정부가 지원한 주택금융회사인 패니메이와 프레디맥에는 정부의 감독 전담 부서가 설치되어 있었지만 결국 국유화되었다. 거대 보험사 AIG는 규제망을 뚫고 추락했고, 아마도 SEC가 감독했던 MMF는 정부의 긴급 보증을 받아야 했다.

혼란은 유럽에서도 똑같이 참혹했다. 런던의 FSA는 규제기관의 전형으로 인식되었지만 영국은 일련의 값비싼 재난에 시달렸다. 유럽 대륙에서는 은행이 바젤 II를 적용했지만 결과는 전혀 다르지 않았다.

이렇게 많은 규제기관이 동시에 실패하면, 핵심 기관 일부를 다르게 운영하고 더 좋은 직원을 데려오고 자유방임주의 이념을 쇄신한다고 해서 규제가 작동할 것이라고 자신하기가 어렵다. 도리어 금융 규제가 진정 어렵고 항상 성공하리라고 기대할 수는 없다는 기록이 있다. 다시 말해 이 상황이 놀랍지 않은 이유가 있다. 탄탄한 금융기관을 육성하는 데 필요한 것을 결정하려면 일련의 까다로운 판단이 수반된다.

요구자본의 규모는 자산과 비교해서 책정하면 안 된다. 자산은 위험한 모기지 채권 포트폴리오부터 안전하게 헤지한 국채 계정까지 무엇이든 될 수 있기 때문이다. 대신 요구자본 규모는 위험 가중 자산과 비교해서 책정해야 한다. 그러려면 위험을 정의해야 하고 그 정의에 대한 주장을 준비해야 한다.

더구나 어떤 금융기관의 건전성을 판단할 때 고려할 것은 자본 규모만이 아니다. 신용이 갑자기 사라질 때는 단기 차입이 장기 차입보다 더 취약하니 기관의 자금 조달 구조도 고려해야 한다. 복잡한 모기지 채권이든 카자흐스탄 은행에 대한 대출이든, 빠르게 매도할 수 없는 비유동성 자산은 잘 조직된 거래소에서 거래하는 것보다 위험이 커서, 규제당국이 판단해야 할 다른 차원이 발생한다.

유능한 관료들은 이런 힘든 문제들을 다룰 수 있고 가끔은 잘 해낸다. 규제당국은 항공관제사와 같아서, 만사가 순조로우면 잊히지만 재난이 발생하면 비난받는다. 그러나 한 단계 나아갈 때마다 규제당국의 안전에 대한 열망이 금융기관의 위험 선호와 충돌할 것이다. 대형 금융기관들이 보유한 지능과 정치적 영향력을 감안하면, 이들이 심판 판정에 대한 논란 일부에서 승리할 수밖에 없다. 규제는 필요보다 완화될 것이다.

거대 금융기관들이 파산하도록 놓아둘 수 없다면, 그리고 규제가 필수지만 허술하다면, 정책 입안자들은 세 번째 대안에 더 주의를 기울여야 한다. 금융 위험을 납세자에게 손을 벌리지 않는 기관들로 몰아가기 위해 공동으로 노력해야 한다는 것이다. 이것은 대마불사가 아닌 회사들이 번창하도록 육성함으로써, 정부가 지원해야 하는 금융 시스템의 위험 감수 비중을 줄인다는 뜻이다. 또한 위험을 통제할 유인이 상대적으로 강하고 따라서 규제 부담이 덜한 회사를 선호한다는 뜻이다.

정부는 위험을 잘 관리하는 소마가사를 어떻게 육성할 수 있는가? 이것이 금융의 미래에 대한 핵심 질문이며, 답변 일부는 눈에 잘 띄지 않는 곳에 숨어 있다. 정부는 헤지펀드를 장려해야 한다.

헤지펀드는 금융 시스템 문제 전체에 대한 대답은 분명히 아니다. 헤지펀드는 예금을 수신하지도, 증권을 발행하지도, 소기업에 돈을 빌려주지도 않는다. 그러나 금융 시스템을 위태롭지 않게 하면서 자산을 운용하는 부분에서는 역량을 증명했다. 헤지펀드는 거의 항상 소마가사였다. 2000~2009년에 헤지펀드 총 5,000개가 문을 닫았지만 어떤 건에도 납세자의 비용이 들어가지 않았다. 헤지펀드는 투자은행의 마진콜을 항상 두려워하며 모든 자산을 시가로 평가하기 때문에 일반적으로 위험을 더 잘 모니터링하고, 차질이 발생하면 경쟁자들보다 더 빠르게 파악한다. 헤지펀드가 큰 충격을 받으면 금융 시스템에 2차 효과를 주기 전에 청산해서 문을 닫는 경향이 있다.

따라서 정부는 헤지펀드의 위험 감수를 억제할 것이 아니라, 이들이 성장하고 커져서 대마불사 금융기관에서 고위험 자산 운용을 이전받아 더 많은 위험을 흡수하도록 권장해야 한다. 그리고 더 많은 헤지펀드를 보유하는 것이 목적이니 규제로 헤지펀드에 부담을 지우는 것은 비생산적이다. 헤지펀드업계의 역사가 제시하는 최고 정책 처방은 두 단어로 요약된다. "규제하지 말라."

이 판결에 여러 이의가 있을 수 있고, 첫째는 헤지펀드가 고객을 대하는 방식에 있다. 1960년대 이래 20% 성과보수는 질투와 경고를 불러왔다. 분명 '동전 앞면이 나오면 펀드가 이기고, 뒷면이 나오면 고객이 진다'는 이 형식이 고객의 돈을 거칠게 굴리도록 조장했는가?

최근에는 학자들이 이 비판을 미묘하게 발전시킨 논리를 전개했다. 즉 인센티브 수수료는 헤지펀드들이 파산 위험을 감추고 매끄러운 수익률을 유쾌하게 실현하도록 유도할 수 있다. 헤지펀드는 100달러를 받아서 S&P500지수를 매입한 다음, 예를 들어 시장 폭락에 대한 보험을 원하는 투자자들에게 옵션을 매도해서 5달러를 벌 수 있다. 폭락이 발생하면 헤지펀드는 전액 손실을 낸다. 하지만 5년 또는 10년 이상 폭락이 발생하지 않고 지나갈 확률이 높고, 따라서 헤지펀드 매니저는 매년 S&P500지수를 5%포인트 상회하며 천재라고 칭송받을 것이다.

헤지펀드 규제론자는 이 유형의 사기로 헤지펀드가 성과보수를 받으면 사기꾼이 이를 시도할 수밖에 없다고 주장한다.6 결국 소비자 보호 규정의 혜택을 받아야 할 투자자가 피해를 보게 된다는 것이다. 그리고 옵션을 매도한 헤지펀드가 무너지면 시장이 불안정해질 것이다.

헤지펀드 인센티브에 대한 이 불만들은 타당한 듯 보이지만 대안들을 돌아보기 전까지만 그렇다. 헤지펀드에 투자하는 것은 논란을 일으키지 않는 다른 투자 유형, 예를 들어 투자은행 주식을 매수하는 것보다 안전하다. 지금까지 보았듯이 헤지펀드는 은행보다 더 위험을 통제할 강력한 이유가 존재한다. 대다수는 펀드매니저의 돈을 고객의 돈과 함께 투입한다. 더구나 헤지펀드의 성과보수가 과도한 위험 감수를 초래하는 듯 보이겠지만 은행의 성과보수가 훨씬 더 많다. 근래 투자은행들은 순이익의 50%를 급여와 보너스로 지급했다.

이 비교가 완벽하지는 않겠지만 헤지펀드 수수료를 더 넓은 시각으로 볼 필요가 있다. 투자은행의 보상 체계는 펀드매니저에게 달을 쏘려는 동기를 부여하고, 달을 맞히지 못하면 금융시장의 안정성을 훼손한다. 헤지펀드의 수수료 공식은 설립 이전에 확정되는 반면, 투자은행들은 매년 보너스 수준을 결정할 권한이 있다. 보너스 지급률은 매니저의 발언에 따라 달라질 수 있고, 주주는 의견을 표명할 권리가 없다.

헤지펀드를 뮤추얼펀드와 비교하면 어떠한가? 표면적으로는 헤지펀드가 가증스러울 정도로 비싸다. 뮤추얼펀드는 운용보수 1%가량을 부과하는 반면, 헤지펀드는 운용보수 1~2%에 성과보수 20%를 더해 부과하는 경향이 있다. 그러나 어느 쪽이 바가지를 씌우는지 이해하려면 알파(펀드매니저의 기술에 의한 수익)와 베타(시장지수에 노출된 수익률)를 구분해야만 한다.

S&P500 같은 간단한 지수에 투자하면 10bp만 지급하면 되므로, 운용보수가 1%인 적극 운용 액티브(active) 뮤추얼펀드는 사실상 알파를 제공하는 대가로 90bp를 청구하는 것이다. 안타깝게도 연구를 거듭할수록 액티브 뮤추얼펀드가 시장지수를 능가하지 못한다는 결론이 나왔다.[7] 그들은 90bp를 징구하지만 아무것도 제공하지 않으니, 제공하는 알파의 단가는 무한대다.

액티브 뮤추얼펀드가 바가지 씌우기라고 인정하더라도 헤지펀드는 나을 것 있느냐는 질문이 여전히 나올 수 있다. 이 책에서는 비영리 목적인 중앙은행에 맞서서 트레이딩하기, 가격에 민감하지 않은 강제 매도자에게서 매수하기, 대형 기관이 유동성이 필요할 때 거래 상대방 되기, 모든 유형의 비대칭적 수익 기회 감지하기 등 헤지펀드가 돈을 버는 방법들을 설명했다. 재능 있는 헤지펀드 매니저가 경쟁자들을 속박하는 제도적 장애물이 없고 성과보수로 강력한 동기 부여를 받는다면, 부록에서 논의할 새끼 호랑이들처럼 주식 종목 선정이라는 단순한 전략을 추구해도 인상적인 수익을 거둘 수 있다는 사실이 논리적으로 보인다.

그러나 헤지펀드의 역사는 헤지펀드업계 선구자들에 초점을 맞추다 보니 성공한 펀드들에 편향될 수밖에 없었다. 이들 전략을 시도하는 평균 규모 헤지펀드는 돈을 잃을까? 아니면 알파를 창출하더라도 대부분 성과보수로 인해 잠식될까?

이 합리적인 질문들에 대한 답변은 계속 논란이 될 것이다. 헤지펀드는 부분적으로 특이한 위험을 감수함으로써 수익을 창출하는데, 이 위험은 측정하기 어렵기 때문에 헤지펀드의 위험조정수익률 규모도 정확하게 판단하기 힘들다. 펀드 집단인 재간접펀드들의 수익률은 그들

결론. 헤지펀드 규제의 방향

이 투자하는 개별 헤지펀드가 보고하는 수익률보다 낮고 그 차이가 수수료로 설명 가능한 것보다 커서, 헤지펀드가 보고하는 수익률이 종종 과장된다는 것을 시사한다. 그렇다 해도 헤지펀드 실적의 잠정적인 최저치는 놀랄 만큼 높다.

가장 좋은 증거가 예일대 경영대학원 로저 이봇슨(Roger Ibbotson)과 이봇슨어소시에이츠(Ibbotson Associates)의 펭 첸(Peng Chen)이 쓴 논문에 들어 있다.[8] 저자들은 1995년 1월부터 2006년 4월까지 3,500개 헤지펀드의 성과를 통계로 분석하는 것으로 시작했다. 그런 다음 '생존 편향 (survivorship bias)'을 보정했다. 분석 기간 말에 존재하는 펀드들을 측정한다면 중간에 청산한 펀드가 누락되기 때문에 평균 성과가 과대평가된다. 다음으로 저자들은 '소급 편향(backfill bias)'을 보정한다. 헤지펀드들은 1년 성과를 우수하게 낸 후에야 보고를 시작하는 성향이 있어서, 이런 비전형적 노다지만 포함하면 과도하게 좋아 보이기 때문이다.

이를 보정하니 헤지펀드 평균 수익률은 연 12.7%이고 수수료 공제 후에는 9%이며 결정적으로 9% 수익률에 알파 3%포인트 남짓이 포함된다고 보고했다. 따라서 헤지펀드들은 시장 벤치마크 투자 수익률을 넘어서는 수익을 창출하는 것으로 보인다. 그리고 수수료가 과도하다는 불평에도 불구하고 고객에게 알파를 제공한다.

마지막 비교도 의미 있어 보인다. 헤지펀드는 사모펀드 경쟁자에 비해 얼마나 쓸 만한가? 두 펀드 모두 투자업계에서는 대략 '대체'투자로 표현되고, 투자조합으로 구성되고 레버리지를 사용하고 성과보수를 부과하는 등 공통점이 많다. 사모펀드가 헤지펀드를 시작하고 반대의 경우도 늘어서 둘의 차이가 더 희미해졌다. 그러나 투자자에게 하는 약속이 근본적으로 다르다. 헤지펀드는 시장이 가격을 잘못 매긴 증권이나 통화를 매수하는 것이 목적이며 숫자와 심리의 게임을 한다. 사모펀드는 개별 기업의 실적을 개선하겠다고 약속한다. 새로운 경영자를 임명하고 광고비 예산부터 중간관리자 보너스까지 모든 것을 개편하며 통제하는 데 관여한다. 이들의 주장은 증권 가격이 잘못 매겨졌다는 것이 아니라 현명한 소유주가 경영을 개선할 수 있다는 것이다.

사모펀드가 경영을 개선할 수 있는가? 헤지펀드처럼 사모펀드도 베타와 알파를 구분해야 한다. 사모펀드는 비상장기업 포트폴리오를 보유함으로써 주가지수 익스포저와 유사한 기업 수익 익스포저를 확보하며, 이것이 수익률의 베타다. 목표는 주가지수를 추월하는 알파를 창출함으로써 수수료를 정당화하는 것이다.

그런데 학자들의 판단은 벤처캐피털 사모펀드에는 긍정적인 반면 상장기업을 비공개로 인수하는 바이아웃 펀드에는 모호하다. 영향력 있는 연구 3건이 다양한 방법론을 활용해서 조사해보니 벤처캐피털리스트는 연간 4~5%의 알파를 창출하지만 바이아웃 펀드는 S&P500지수와 거의 다르지 않은 수익을 창출했다고 보고했다.[9] 더구나 사모펀드는 헤지펀드에 비해 명백하게 불리한 점이 있다. 투자자에게 자본을 10년 정도로 길게 맡기라고 요구하는 것이다.

물론 헤지펀드는 다른 투자 수단들의 대용물이 아니다. 일반적으로 저축하는 사람에게는 주가지수를 추종하는 저렴한 뮤추얼펀드가 최선의 대안이다. 그러나 대형 투자자에게는 헤지펀드가 경쟁자 대다수보다 낫다. 헤지펀드는 내부자 거래와 사기 우려가 더 크지 않고 투자자에게 진정한 가치를 제공한다.

작가 프레드 쉐드(Fred Schwed)는 월스트리트에 대한 고전적인 이야기에서 "고객의 요트는 어디에 있는가?"라고 질문했다. 그 답변은 "하버드에 물어라!" "예일에 물어라!"였다. 이들 재단은 1999~2009년에 각각 연 8.9%와 11.8% 수익률을 얻었고, 신용위기 때 손실을 냈는데도 이 정도였다. 헤지펀드는 대학교가 더 많은 과학 장비를 사고 장학금을 제공하게 해주는 주된 이유이고, 열린사회연구소부터 로빈후드까지 자선단체가 기부금을 더 많이 조달하는 원천이다.

그리고 헤지펀드가 현대 사회에서 최상위 소득 계층과 나머지 계층의 격차를 불편하게 늘리는 원인이라면, 대답은 헤지펀드의 트레이딩 억제가 아니다. 바로 누진세다.

만일 헤지펀드가 고객들에게 가치를 제공한다면, 헤지펀드를 규제하는 데 찬성하는 다른 주장은 무엇이 있는가? 오래된 헤지펀드 규제론은 추세 추종 헤지펀드에 집중해서, 이들이 가격을 비논리적인 극단까지 몰아가고 경제를 불안하게 만든다는 혐의를 씌웠다. 이 반대 의견에는 어떤 이점이 있는가?

첫 번째로 말할 것은 헤지펀드 대부분이 가격을 극단값에서 끌어내 합리적 수준으로 보냄으로써 돈을 번다는 것이다. 초단기 매매로 빈번하게 비판받는 통계적 차익거래를 포함해서 차익거래 펀드가 이 활동을 한다. 마찬가지로 줄리언 로버트슨 스타일의 주식 종목 선정자는 저평가 종목을 매수하고 고평가 종목을 공매도함으로써 주가를 최선 추정치를 반영하는 수준으로 이동시키며, 따라서 자본을 가장 생산적으로 사용할 기업에 자본이 배정되도록 기여한다.

마찬가지로 원자재 과잉과 부족이라는 뉴스에 신속하게 대응하는 원자재 트레이더는 가격을 건전하게 조정하라는 신호를 창출하기 때문에, 패닉을 심화하는 것이 아니라 시장을 안정시킨다. 원자재 트레이더가 아프리카 쿠데타 뉴스에 따라 석유 가격을 끌어올리는 것은 전 세계 운전자들에게 지속 불가능한 소비로 가격이 더 급등하기 전에 절약하라고 말하는 것이다.

하지만 시장이 때로는 과잉 반응하고 추세 추종 헤지펀드가 이 문제를 키울 수 있는 것도 사실이다. 석유 공급이 진짜 부족할 때는 운전자들에게 가속 페달을 살살 밟으라고 경고하는 것이 좋은 행동이지만, 트레이더 수백 명이 동참해서 유가를 불필요하게 높인다면 소비자와 기업에 피해를 주고 시장을 파괴적인 조정으로 몰아가게 된다. 예를 들어 2007년에 원유 가격을 배럴당 65달러에서 96달러로 높였는데 신흥시장 수요가 증가하는 데 정당하게 대응한 것이다. 그러나 2008년 상반기에는 유가가 145달러까지 상승해서 펀더멘털로 정당화할 수 있는 수준을 넘어섰다.

같은 방식으로 외환 트레이더도 때로는 합리적인 신호를 보내고 때로는 비합리적인 극단으로 통화를 몰아간다. 소로스와 드러켄밀러의 파운드화 트레이딩은 독일이 통일 이후 고금리를 유지하겠다는 의지를 보여서 파운드화가 환율 페그제를 지속할 수 없었으므로 합리적인 범주에 속한다. 1997년 태국의 평가절하도 무역적자가 누적되어 환율 페그제와 양립할 수 없었으므로 합리적이었다. 그러나 외환시장도 과잉 반응하는 시기가 분명 있었다. 1997년의 인도네시아는 무역적자가 적고 환율이 유연했지만 정치적 불안으로 시장이 패닉에 빠지면서 태국보다 훨씬 큰 평가절하로 고통당했다.

만일 추세 추종이 파괴적이라면 헤지펀드 규제가 이를 억제할 수 있는가? 물론 헤지펀드를 규제하면 추세를 추종하는 투자뿐 아니라 추세를 거스르는 역발상 투자도 제한할 것이고, 그 영향으로 양자가 어떤 균형을 이룰지 증명할 데이터는 존재하지 않는다. 그러나 커머디티부터 폴 튜더 존스까지 추세 추종 헤지펀드의 자랑스러운 전통이 존재함에도 불구하고 헤지펀드를 규제한다면 아마 시장이 과잉 반응하는 경향을 증폭할 것이다. 헤지펀드는 고유의 설계 구조 때문에 다른 유형의 투자자들보다 추세를 거스르는 경향이 있기 때문이다.

　　　　　　　　　결론. 헤지펀드 규제의 방향

헤지펀드는 세 가지 속성을 결합해서 역발상 투자를 할 수 있다. 첫째, 다른 기관투자가들과 달리 매수와 공매도를 자유롭게 할 수 있다. 둘째, 절대 수익률로 평가한다. 반면에 뮤추얼펀드 매니저들은 컨센서스를 반영하는 지수와 대비해서 성과를 측정하기 때문에 통념을 거스르는 것을 조심스러워한다.

셋째, 성과보수를 받는다. 추세에 저항할 만한 확신을 가지려면 연구에 많이 투자해야 하며, 그렇게 할 재원과 인센티브가 성과보수에서 나온다. 존 폴슨은 상당액을 연구비로 투입하고 나서야 모기지업계에 맞서겠다고 확신할 수 있었다. 그는 최고의 주택 가격 통계 데이터베이스를 구매했고, 전문 업체에 데이터 저장을 외주했으며, 수치를 해석하기 위해 애널리스트들을 추가 고용했다.

폴 튜더 존스 같은 자타공인 추세 추종자도 헤지펀드의 역발상 투자 잠재력을 증명한다. 존스는 투자자들이 효율적 시장 가설과는 다르게 정보에 점진적으로 반응한다는 사실을 알기 때문에 추세를 추종한다. 연기금, 보험사, 뮤추얼펀드, 개인 투자자는 시장 국면을 독자적인 시간 척도로 소화하기 때문에 가격이 한 번에 뛰는 것이 아니라 점진적으로 반응한다.

그러나 존스는 시장 모멘텀을 이해하는 바로 그 이유로, 너무 멀리 나간 것을 감지하는 재주가 있었다. 시장이 과도하게 움직이면 이를 반전해서 수익을 내려고 하기 때문에 추세를 악화시키지 않는다. 그래서 1987년 블랙먼데이 전날 시장을 공매도함으로써 월스트리트 추세를 반대하는 베팅을 했다. 1990년 도쿄에서도 같은 행동을 했다. 2008년 여름에는 석유시장이 과열된 것을 알았다. 그는 거품이 꺼지기 몇 주 전에 한 잡지 인터뷰에서 "석유가 거대한 열풍에 휩싸였다. 안 좋게 끝날 것이다"라고 선언했다.[10]

추세가 펀더멘털을 벗어나서 경제를 왜곡하기 시작하면, 가장 유명한 추세 추종 헤지펀드가 추세 파괴자로 바뀔 가능성이 크다.

일반적인 헤지펀드도 마찬가지다. 유럽 외환위기 당시 소로스와 드러켄밀러가 단순히 모든 통화에 대한 추세 추종자의 공격을 주도한 것이 아니다. 오히려 프랑스 프랑화에는 정부가 평가절하 압력을 견뎌낸다는 쪽에 베팅해 돈을 벌었다. 마찬가지로 아시아 외환위기 당시 헤지펀드들은 태국이 무역적자로 환율 페그제가 논리를 잃었기 때문에 밧화 평가절하를 촉진하는 데 도움을 주었다.

인도네시아 루피아화가 미친 듯이 하락한 것은 헤지펀드 때문이 아니라 내국인들이 자본을 해외로 반출하려 했기 때문이다. 소로스 팀은 루피아화 매도에 올라탄 것이 아니라 루피아화를 지지하다가 실패했다. 결국 다른 헤지펀드인 톰 스타이어의 파랄론이 BCA를 인수하는 역발상 투자를 통해 인도네시아 반등을 도왔다.

헤지펀드들이 집단으로 행동한 죄가 없다는 것이 아니다. 분명 그렇게 행동한 때가 있었다. 1993년 마이클 스타인하트는 달아오른 채권시장이 버블로 진입하는 데 동참했다가 다음 해에 호된 대가를 치렀다. 그러나 요점은 헤지펀드가 고유 구조와 인센티브 때문에 다른 유형의 투자자보다 역발상 투자를 할 가능성이 더 높다는 사실이다. 규제에 대한 교훈도 역발상적이다. 추세 추종을 억제하는 가장 좋은 방식은 헤지펀드를 속박하는 것이 아니다. 자기 사업을 하게 해주는 것이다.

요약하면 헤지펀드는 내부자 거래나 사기에 특별히 취약한 것으로는 보이지 않는다. 대마불사 문제에 부분적인 해답을 제공한다. 투자자에게 가치를 제공한다. 그리고 다른 유형의 트레이더들보다 추세에 저항할 가능성이 크다. 이 모든 이유로 규제당국은 헤지펀드를 규제하는 것이 아니라 장려해야 한다.

결론. 헤지펀드 규제의 방향

하지만 아직도 헤지펀드들, 아니면 그중 일부를 규제해야 한다는 설득력 있는 주장이 한 가지 남아 있다. 바로 헤지펀드들이 성장한다는 것이다. 헤지펀드에 유리한 사례는 기업형 부티크의 경우이고, 소마가 사 단계를 넘어서면 당연히 규제받아야 한다. 마찬가지로 헤지펀드가 상장하면 위험 통제에 매우 효과적이라고 판명된 투자조합 구조를 포기하는 것이니 규제할 근거가 강해진다. 2000~2009년에 헤지펀드 약 5,000개가 실패하면서 누구도 납세자의 구제금융을 받지 않았는데도 LTCM 사건은 여전히 경고로 작용한다. LTCM의 장례식에는 공적 자금이 전혀 들어가지 않았다. 그러나 연준은 너무 걱정해서 장의사들을 소집했다.

헤지펀드 규모가 얼마나 커야 규제가 타당한가? 안타깝게도 이 질문에 답변하기는 쉽지 않다. 헤지펀드가 쓰러질 때 시스템에 미치는 영향은 사건 발생 시기에 좌우된다. LTCM이 연준 개입을 촉발한 것은 부분적으로는 당시 러시아 국가 부도로 시장이 공포에 질려 있을 때 발생했기 때문이다. 반대로 아마란스 몰락이 시스템에 영향을 미치지 않은 것은 부분적으로는 월스트리트에 쉬운 돈이 넘쳐날 때 발생했기 때문이다. 어떤 헤지펀드가 몰락하면 정부가 개입할지 여부를 사전에 알 수는 없지만 답변의 기준이 세 가지 있다. 펀드의 자본 규모, 레버리지 규모, 트레이딩하는 시장의 유형이다.

LTCM 사례를 보자. 첫 번째 기준인 자본 규모에서 LTCM은 걱정할 것 없어 보였다. 50억 달러에 살짝 미달하는 자본은 아마란스의 절반 규모였다. 그러나 두 번째 기준인 레버리지 규모에서 경고 신호가 나왔다. LTCM은 레버리지를 25배 사용했기 때문에, 갑자기 폭락한다면 1,200억 달러 상당의 포지션이 시장에 풀릴 것이다. 파생상품 포지션도 1조 2,000억 달러 보유하고 있었다. 마지막으로 LTCM이 트레이딩한 시장의 일부는 너무나 전문적이고 유동성이 없어서, LTCM이 급매하면 시장이 완전히 얼어붙을 수 있었다. 이 요소들이 결합해서 연준의 피터 피셔가 LTCM 장례식에 관여하게 되었다.

교훈은 1998년 기준으로 1,200억 달러 포트폴리오와 거대한 파생상품 계정은 러시아 부도와 펀드의 저유동성 시장 참여라는 추가 상황을 감안할 때 규제당국이 우려하기에 충분히 큰 규모였다는 것이다.

이제 2006~2008년의 사례를 살펴보자. 아마란스 사례에서는 세 가지 기준에 따라 펀드가 파산해도 문제가 발생하지 않으리라는 것을 정확하게 예측했을 것이다. 아마란스는 자본이 90억 달러로 크지만 초대형 헤지펀드는 아니었다. 레버리지는 통상 수준이어서 총포트폴리오는 LTCM보다 작았다. 그리고 재앙적인 천연가스 트레이딩은 거의 모두 선물거래소에서 수행했으니 쉽게 청산할 수 있었다. 요약하면 세 가지 기준 모두 경고 신호가 없었기 때문에 아마란스 몰락이 금융 시스템에 신문 헤드라인 이상의 충격을 주지 않은 것은 놀랍지 않다.

다음 해의 소우드 몰락도 세 가지 기준에 의하면 시스템상 중요하지 않다고 예측되었다. 30억 달러 자본과 일반적인 레버리지는 소마가사에 해당했고, 특히 문제 자산이 비교적 유동성이 양호한 회사채에 집중되어 있었기 때문이다.

이 시기에 가장 눈에 띄는 교훈 두 가지는 2007년 퀀트 지진과 1년 후 시타델의 위기 경험에서 도출된다. 두 사례 모두 앞의 두 기준에서 경고등이 켜졌다. 퀀트 펀드 집단은 최소 1,000억 달러를 운용하던 전략에서 문제를 겪었고, 레버리지를 8배 사용해서 최소 8,000억 달러의 포트폴리오를 운용하고 있었다. 유사하게 시타델은 자본금이 130억 달러였고 레버리지를 11배 사용해서, 파생상품을 제외하고도 1,450억 달러의 포트폴리오를 형성했다. 그러나 총익스포저는 걱정스러울 만큼 컸지만 퀀트 펀드들도 시타델도 시스템상 중요하다고 판명되지는 않았는데, 세 번째 기준을 무난히 통과했기 때문이다.

퀀트 펀드들은 유동성이 최고인 주식시장에서 거래했으므로, 위기가 오자 레버리지를 빠르게 줄일 수 있었다. 시타델은 경쟁사라면 빠져나오기 힘들었을 장외거래 포지션을 대거 보유했다. 그러나 이 저유동성 포지션들을 보유하는 한도에 맞춰, 포트폴리오의 해당 부분을 지원할 중장기 차입금을 확보하려고 애썼다. LTCM도 시도했고 시타델이 훨씬 성공적으로 해냈다. 빠르게 매도할 수 없는 투자와 즉각 회수당하지 않는 차입을 묶음으로써 시타델은 저유동성 시장에 투매하는 죽음의 소용돌이를 피할 수 있었다. 교훈은, 일정 규모를 넘는 포트폴리오는 규제당국의 우려를 불러올 수 있지만, 기업이 유동성을 잘 관리한다고 만족한다면 기업이 사업하도록 맡겨야 한다는 것이다.

이들 경험에서 규제 대책을 단계적으로 하자는 제안이 나온다. 어떤 헤지펀드가 레버리지를 사용해서 총자산을 예를 들어 1,200억 달러 이상 쌓는다면, 파생상품 포지션과 유동성 관리에 대해서 규제당국의 교차 점검을 받아야 한다. 다소 자의적인 기준액이지만 LTCM이 1,200억 달러 포트폴리오를 가지고 말썽을 일으킨 후 시장이 상당히 성장한 것을 감안하면 LTCM 수준으로 기준을 설정해도 적절히 신중해 보인다.

다음으로 헤지펀드 총자산이 예를 들어 2,000억 달러를 넘기면 2단계 감독을 받아야 한다. 레버리지를 심사하고 위험가중 자산을 까다롭게 계산해서, 완충자본이 부족하다고 판단되면 자본을 확충하라고 요구하는 것이다. 다시 말하지만 신중한 기준이다. 2,000억 달러는 베어스턴스같이 작은 투자은행이 2006년 말에 3,500억 달러 자산을 갖추었던 것에 비해 상당히 적기 때문이다.

마지막으로 헤지펀드가 상장하면 위험 관리를 잘한다는 가정이 약화되니, 규제 심사관에게 더 빈번하고 지속적인 감독을 받아야 한다.

이 3단계 감독 체계는 거의 모든 헤지펀드를 감독망 밖으로 내보낼 것이다. 〈기관투자가〉지는 2009년 1월호에서 자본이 100억 달러를 초과하는 헤지펀드가 단 39개라고 보도했다. 나머지 9,000여 개 펀드가 업계 총자본의 절반 정도를 점유하며, 이례적으로 높은 레버리지를 쓰지 않는 한 1,200억 달러 기준점을 넘기지 못할 것이다.

9,000여 개 펀드는 정부에 등록할 필요가 없고, 내부자 거래나 다른 위반 행위가 없는 한 시간을 들여 감독할 필요가 없다. 헤지펀드 대다수는 준법비용 부담 없이 자유롭게 성장하고 번영해서, 현재 대마불사 거인들이 관리하는 위험 일부를 넘겨받을 수 있을 것이다. 한편 금융 시스템에 진정한 위험을 부과하는 소수 헤지펀드는 투자은행과 거의 같으므로 그런 대우를 받아야 한다.

1949년 앨프리드 존스가 헤지펀드를 설립하던 당시에는, 현대 투자 은행으로 성장하는 구식 상업은행들이 글로벌하지 않았고 상장기업도 아니었다. 골드만삭스, 모건스탠리, 리먼브러더스 같은 기업들은 파트너들의 자본을 활용하는 사기업으로 시작해서 현재의 헤지펀드와 매우 비슷했다. 남의 돈이 아니라 자기 돈으로 투기했으므로 위험을 철저히 관리했고 규제를 거의 받지 않았다.

그러나 이후 반세기 동안 투자은행들이 상장하고 전 세계에 지점을 개설했는데, 상장기업이 위험 관리에 우월한 발판이 되기 때문이 아니라 경영자들에게 주어지는 보상이 저항할 수 없을 만큼 매력적이기 때문이었다. 상장한 투자은행의 파트너들은 유동성 낮은 파트너 지분을 유동성 있는 주식과 교환함으로써 즉시 수백만 달러를 챙겼다. 신규 시장으로 확장할 때마다 주주들의 자본을 위험에 걸었고 위험이 수익을 내면 성과보수조로 50%를 받을 기회가 생겨났다. 상장기업 안에서 인

결론. 헤지펀드 규제의 방향

센티브가 굳어지자 투자은행은 더 큰 위험을 떠안았고 결국 대가를 치르게 되었다. 골드만삭스와 모건스탠리가 2008년 말 은행 지주회사로 전환했을 때, 이들은 연준의 지원을 받아야만 상장기업 지위에 따른 결과에서 생존할 수 있다는 현실을 인정했다.

현재 헤지펀드들은 새로운 상업은행, 즉 반세기 전의 골드만삭스와 모건스탠리다. 똑같이 위험에 맹렬하게 집중하고, 똑같이 규제를 적게 받는다. 그러나 오래된 상업은행들을 상장으로 유혹했던 그 논리가 일부 헤지펀드 또한 유혹할 것이다. 이미 몇몇 헤지펀드가 주식을 공모했고 분명 더 많은 곳이 뒤따를 것이다. 이렇게 된다면 헤지펀드는 과거에는 금융 시스템을 위협한다는 누명을 썼지만 이제는 정말로 위협할 것이다.

월스트리트의 바퀴가 돌아간다. 탐욕과 위험은 언제나 곁에 있다.

타이거펀드는 알파를 창출했는가?

줄리언 로버트슨의 타이거펀드는 1980년 5월 창립부터 1998년 8월의 정점까지 수수료 공제 후 연평균 수익률 31.7%를 달성해서 S&P500 지수의 12.7%를 압도했다.[1] 1999~2000년의 폭락을 포함하면 연평균 수익률은 26%이며 여전히 인상적인 수치다. 줄리언 로버트슨이 타이거펀드의 투자 결정을 통제하던 21년 중에서 펀드는 17년간 수익을 냈다. 타이거펀드의 주 사업 분야가 주식 종목 선정이고 이 전략이 초과수익을 낼 수 없다는 학술 연구가 계속 발표되었다는 사실을 감안하면 특히 놀라운 결과다.

로버트슨은 단순히 운이 좋았던 것인가? 확률의 법칙에 의하면 1,000명이 동전을 21번 던질 경우 그중 4명은 앞면이 17번 이상 나와서 로버트슨의 성과를 재현한다. 이는 로버트슨의 성과가 기량을 반영했을 가능성이 1,000분의 996이라는 뜻이다. 그러나 5장에서 묘사한 워런 버핏의 논리에 따르면, 로버트슨의 기록이 우연일 가능성 1,000분의 4를 테스트하는 방법이 있다. 로버트슨 밑에서 일했던 펀드매니저들이 잘한다면 로버트슨에게서 무엇인가를 배웠다는 것을 시사한다. 그렇다면 거의 완전한 신뢰도로 로버트슨의 성과가 기량에 의한 것이라고 볼 수 있다.

이 테스트를 수행하기 위해서, 1987년 이래 헤지펀드의 데이터를 수집하고 있는 헤네시그룹(Hennessee Group)의 도움을 얻었다. 헤지펀드 데이터는 자발적 보고에 의존하므로 완벽하지 않다. 헤네시는 2000년 이전에 로버트슨과 일했던 펀드매니저들이 운용하는 '새끼 호랑이(Tiger cub)' 펀드 36개의 절반에 대한 월별 통계를 보유했다(2000년 이후 로버트슨에게서 자본을 받은 타이거 시드(Tiger Seeds)와는 다르다).*

헤네시의 데이터에는 청산한 펀드 2개가 포함되어 있으므로 생존 편향이 개입되지 않았다. 그리고 새끼 호랑이들은 유동성 낮은 대출이나 장외 거래 파생상품보다는 주식에 투자하는 경향이 있으므로, 펀드 성과는 가격 변동을 신속하고 명확하게 반영해서 조정했을 가능성이 크다. 모든 등락을 포착해서, 헤지펀드가 시가 평가를 자주 하지 않을 때 발생하는 평탄화 편향(smoothing bias)을 최소화했다.

헤네시는 로버트슨의 제자들을 집단으로 분석한 적이 없었지만 부사장 새뮤얼 노벨(Samuel Norvell)이 나를 위해 타이거지수를 구성하는 데 동의했다. 이 부록의 말미에 제시한 분석 결과에서 첫 번째로 놀라운 발견은 타이거지수가 대폭 상승했다는 점이다. 2008년에 20% 가까이 하락했는데도 불구하고 2000~2008년 연 수익률이 11.9%였다. 새끼 호랑이들의 수익률은 이 기간에 연 5.3% 하락한 S&P500지수를 완전히 능가했다. 또한 헤네시의 일반 헤지펀드지수(연 4.8% 상승), 타이거와 같

---

* 새끼 호랑이와 타이거 시드 현황은 여기서 확인할 수 있다.
https://en.wikipedia.org/wiki/List_of_Tiger_Cubs_(finance)

은 주식 매수·공매도 전략을 사용하는 헤지펀드지수(연 4.4% 상승)도 능가했다.

타이거지수의 강세는 로버트슨이 일종의 이점을 후배들에게 전수했음을 시사하며, 이는 로버트슨의 1980~2000년 수익률을 동전 던지기 행운이 아니라 기량으로 설명할 수 있다는 뜻이다.

하지만 논란은 여기에서 끝나지 않는다. 어쩌면 새끼 호랑이들이 추가 위험을 감수함으로써 높은 수익을 달성했을지 모르고, 그렇다면 자랑할 일이 전혀 못 된다. 다행히 노벨상 수상자인 윌리엄 샤프 덕분에 이를 확인할 방법이 생겼다. 새끼 호랑이들의 수익률을 변동성으로 나누자 샤프지수 1.42가 나와서 위험조정수익률이 어떤 벤치마크보다 우수했다. 예를 들어 헤네시의 일반 헤지펀드지수는 샤프지수가 겨우 0.59였다. 비교해보니 새끼 호랑이들이 로버트슨에게서 무엇인가를 배웠다는 결론에 저항하기가 어려워진다.

좀더 저항해보자. 헤지펀드는 자본이 빈약한 보험회사처럼 행동함으로써 샤프지수를 가지고 놀 여지가 있다.[2] 예를 들어 시장의 극단적 변동에 맞서는 것을 보장하는 옵션을 판매할 수 있다. 수개월에서 수년 동안 보험사는 옵션에서 프리미엄을 꾸준히 받아서 시장을 능가하는 수익을 낼 것이다. 그러나 언젠가는 시장이 극단적으로 변동하고 펀드가 파산할 것이다. 이론상으로 부도덕한 헤지펀드 매니저는 수년 내에 극단적인 변동이 발생하지 않을 거라고 계산해서 의도적으로 숨긴 위험을 감수함으로써 부자가 될 수 있다.

그러나 새끼 호랑이의 성과가 이 종류의 전략을 반영했을 확률은 매우 낮다. 우선 옵션 매도는 타이거의 문화에 큰 부분이 아니고, 타이거는 보험 판매에 해당하는 종류의 트레이딩을 전문으로 하지도 않는다. 또한 헤네시 데이터가 집계한 기간에는 자본력이 약한 준보험 판매 편드라면 파산했을(실제로 일부는 파산했다) 2008년 말이 포함되어 있다.[3] 따라서 새끼 호랑이들의 우수한 샤프지수는 교활한 보험 판매의 산물이 아니라 진정한 기량의 증거로 보인다.

재미로 마지막 사고 실험을 해보자. 타이거지수가 워런 버핏의 동전 던지기 대회의 참가자라고 생각해보자. 2000년부터 2008년까지 타이거는 108개월 중 79개월에 수익을 냈고 62개월에는 S&P500지수보다 실적이 우수했다. 운이 좋아서 시장지수를 그렇게 빈번하게 능가할 확률은 겨우 7.43%다. 따라서 동전 던지기 대회는 타이거지수가 진실한 기량, 즉 알파를 보유할 확률이 13분의 12임을 나타낸다.

알파를 정확히 찾아내는 것은 까다로운 게임이고, 데이터가 불완전하면 부정확한 결론이 도출될 수밖에 없다. 그러나 로버트슨과 제자들은 알파 창출이 불가능하다고 일컬어지는 투자 분야에서 활동했는데도 진정한 기량을 보유했다는 증거가 압도적으로 많다.

[표 1-1] 헤네시의 여러 지수 통계(2000~2008)

	타이거 지수	헤지펀드 지수	롱숏펀드 지수	국채 지수	S&P500 지수
연 수익률(%)	11.89	4.78	4.44	7.63	-5.26
연 표준편차(%)	7.42	6.66	7.76	7.83	15.20
샤프지수	1.42	0.59	0.47	0.85	-0.34
타이거의 알파(%, 벤치마크 대비)	N/A	8.95	9.95	6.55	12.79
상관관계(벤치마크 대비)	N/A	0.54	0.46	0.72	0.26
상승 개월 수	79	70	67	75	59
하락 개월 수	29	38	41	33	49
상승 개월 비율(%)	73	65	62	69	55
최대 연속 손실	손실률(%)	-19.85	-20.87	-19.74	-24.48	-46.28
	개월 수	12	13	13	13	25
	고점	2007/12	2007/10	2007/10	2007/10	2000/08
	저점	2008/12	2008/11	2008/11	2008/11	2002/09
투자한 1,000달러의 가치(달러)	2,749	1,523	1,478	1,938	615

[표 1-2] 타이거펀드의 기간별 수익률(2000~2008, 단위: %)

	2000	2001	2002	2003	2004	2005	2006	2007	2008
1월	0.92	-0.50	1.59	-0.08	2.15	1.91	4.17	1.21	-4.81
2월	0.61	4.32	0.90	0.54	1.10	2.01	0.33	0.74	2.81
3월	2.58	2.44	-0.31	0.24	1.15	-0.47	2.56	2.31	-2.70
4월	1.54	-0.18	1.28	1.42	-0.33	-0.63	1.01	1.84	1.89
5월	2.20	2.36	1.43	1.08	-1.30	1.69	-3.45	3.48	2.17
6월	1.97	3.18	-1.19	1.78	-1.11	2.16	-0.49	0.81	-2.15
7월	1.73	0.39	-1.21	1.00	-1.47	1.54	-0.77	2.61	-1.62
8월	2.49	2.73	1.24	1.67	-0.02	-0.58	0.85	-0.35	-1.40
9월	3.38	2.04	0.73	0.40	2.13	2.25	0.06	3.75	-11.51
10월	3.79	0.38	0.40	2.64	1.84	-0.41	2.50	6.86	-2.55
11월	4.51	0.13	-0.79	0.49	1.34	2.77	3.10	0.36	-0.79
12월	3.21	2.26	1.81	0.65	1.59	3.54	0.77	1.91	-0.42
연간	33.00	21.26	5.96	12.46	7.20	16.84	10.92	28.47	-19.85

부록 2

헤지펀드 선구자들의 실적

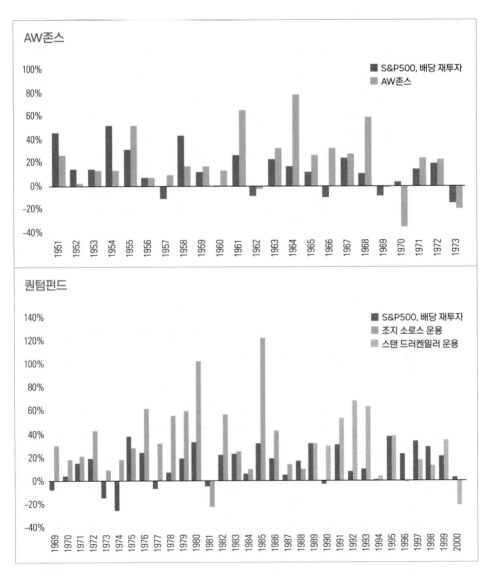

주: 수익률은 수수료 지급 후 기준
　연간 수익률이 보고되지 않은 경우 동일 기간 S&P500지수와 비교하여 환산

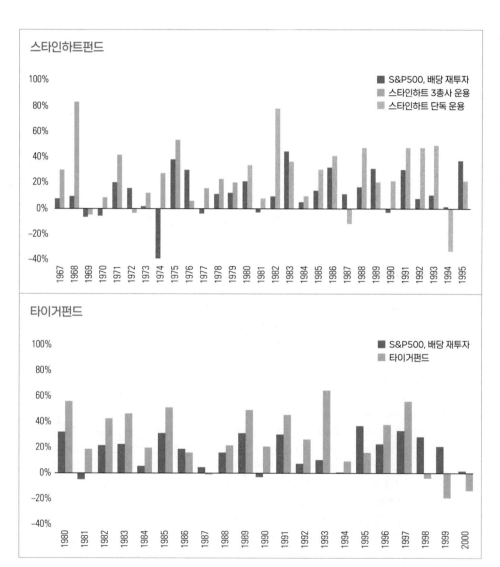

스타인하트펀드

- ■ S&P500, 배당 재투자
- ■ 스타인하트 3총사 운용
- ■ 스타인하트 단독 운용

타이거펀드

- ■ S&P500, 배당 재투자
- ■ 타이거펀드

주: 수익률은 수수료 지급 후 기준
　　연간 수익률이 보고되지 않은 경우 동일 기간 S&P500지수와 비교하여 환산

주석

서문. 알파의 게임

1. Joseph Nocera, "The Quantitative, Data-Based, Risk-Massaging Road to Riches," *New York Times Magazine*, June 5, 2005, p. 44.
2. 2009년 7월 애스니스를 방문했을 때, 커피 테이블 위에 잔뜩 쌓인 슈퍼 히어로들이 원래 자리인 창틀로 돌아가려고 대기하고 있었다. 이를 정확한 순서로 배치하기가 까다로워서 애스니스는 조수에게 맡기지 못했고 직접 하기에는 시간이 없었다.
3. 2007년 블랙스톤이 상장하자 슈워츠먼은 현금 6억 달러 이상과 주식 70억 달러어치를 받았다. 같은 시기의 헤지펀드 공모 또한 창업자들에게 막대한 부를 안겨주었다.
4. Michael Steinhardt, *No Bull: My Life In and Out of Markets* (New York: John Wiley & Sons, 2001), p. 179.
5. 1980년대 커머디티에서 펀드매니저를 발탁·관리했고 1994년 무어캐피털 사장이 된 일레인 크로커(Elaine Crocker)는 이렇게 말했다. "펀드매니저들은 자신이 성공한 이유를 잘 설명하지 못하고, 다음에 똑같이 해도 성공하지 못할 때가 있습니다. 포트폴리오 매니저 수백 명과 일하면서 보니 그들은 자신이 성공한 이유를 설명하기 참 어려워합니다. 이유를 모를 때도 있고요." 캑스턴에서 매크로 트레이더로 오래 일한 로이 레녹스는 이렇게 추가했다. "트레이딩은 직관적일 수 있습니다. 시장의 많은 변수가 잠재의식에서 분석에 영향을 미칩니다. 이것이 옳은 거래임을 갑자기 알게 되죠. 누군가 이유를 물으면 정확하게 이야기하지 못하고 그저 '이게 옳은 거래라는 걸 알아'라고만 말할 것입니다. 최종 판단은 시장의 행동과 여러 기법, 신문이나 블룸버그에서 읽은 내용, 다른 트레이더와 애널리스트 및 정책 입안자와 나눈 대화 등 모든 것이 반영되기 때문입니다. 그런 것들이 한데 모인 것입니다."

6. Jonathan R. Laing. "Trader With a Hot Hand - That's Paul Tudor Jones II." *Barron's*. June 15, 1987.

7. Malcolm Gladwell, *Blink: The Power of Thinking without Thinking* (New York: Penguin Books, 2005), p. 67. 테니스와 트레이딩의 유사점을 알려준 채드 와리아스(Chad Waryas)에게 감사드린다.

8. Andrei Shleifer and Lawrence H. Summers, "The Noise Trader Approach to Finance," *Journal of Economic Perspectives* 4, no.2 (Spring 1990). ps. 19. 2007~2009년 금융위기로 이코노미스트들이 시장의 비효율성을 깨닫게 되었다고 하지만, 이들은 적어도 20년간 시장의 비효율성을 광범위하게 받아들였다.

9. 이런 사례는 많다. 행동경제학의 선두 주자 리처드 세일러는 풀러&세일러(Fuller & Thaler)에 투자 고문으로 참여한다. 롱텀캐피털매니지먼트의 에릭 로젠펠드는 하버드 경영대학원 교수 출신으로, 명성은 노벨상 수상자인 로버트 머턴과 마이런 숄스보다는 덜하지만 훨씬 중요한 역할을 했다. 케네스 프렌치는 디멘셔널펀드(Dimensional Fund Advisors) 이사이고, 존 리유(John Liew)는 시카고대 박사 과정에서 알게 된 클리퍼드 애스니스와 함께 AQR을 설립했다.

10. Gwynne Dyer. "The Money Pit and the Pendulum: For two decades, right-wing economics has held sway in most of the world and helped to create the 'Asian miracle.' The collapse of the once-booming Asian economies could be just the sort of thing that starts a swing back in the other direction." *The Globe and Mail*. January 17, 1998.

11. 이 완충자본에 대한 상세한 설명은 다음 참조. Jeremy C. Stein, "Sophisticated Investors and Market Efficiency."

12. Benn Steil, "Lessons of the Financial Crisis," Council Special Report No. 45 (Council on Foreign Relations, March 2009).

13. 2008년 말 씨티그룹은 총자산이 자기자본의 56배였고, 2007년 말 UBS의 총자산은 자기자본의 53배 이상이었다.

14. 헤지펀드의 자산 시가평가는 완전하지 못해서 자사의 수익률 변동성을 줄이려고 관리한다는 증거가 있다. 그래도 다른 금융기관들, 특히 은행보다는 시가평가에 훨씬 근접한다.

1장. 헤지펀드의 대부 앨프리드 윈즐로 존스

1. Britt Erica Tunick, "Capital Gains: The Firms in Our Sixth Annual Ranking of the World's 100 Biggest Hedge Funds Manage an Altogether Staggering $1 Trillion," *Alpha*, May 2007.

2. Steve Fishman, "Get Richest Quickest: In the Precarious Hedge-Fund Bubble, It's Either Clean Up—Or Flame Out," *New York*, vol.37, no.41, November 22, 2004.

3. Peter Landau, "The Hedge Funds: Wall Street's New Way to Make Money," *New York* 1, no. 29(October 21, 1968): pp. 20-24.

4. Adam Smith, *The Money Game* (New York: Vintage Books, 1976), p. 41.

5.   John Brooks, *The Go-Go Years* (New York: Weybright and Talley, 1973), p. 128.

6.   존스의 어린 시절 이야기는 주로 존스의 아들 앤서니 존스(Anthony Jones)와 데일 버치 (Dale Burch) 인터뷰에서 가져왔다. 국무부 파일과 하버드 연감의 존스 관련 항목에서도 확인할 수 있다.

7.   국무부 기록에 따르면 존스는 1924~1926년 사무원이자 수출 바이어로 일했고, 1926~1928년에는 통계학자이자 분석가로 고용되어 투사 상담 일을 맡았다.

8.   Charles Kindleberger, *The World in Depression* (Berkeley: University of California Press, 1986), p. 132.

9.   국무부 문서에 따르면 이 결혼은 1932년 1월 17일 이루어졌다. 안나의 이전 결혼과 양육 권 분쟁은 존스가 베를린 주재 미국 총영사인 조지 메서스미스(George Messersmith)에 게 보낸 1932년 3월 22일 자 편지에 자세히 설명되었다. 독일 반나치 좌파의 저명한 역 사가인 해럴드 허위츠(Harold Hurwitz)가 이 에피소드를 발견했고 1930년대 존스의 생 애와 관련된 문서와 편지 사본을 제공했다. 레닌주의 조직 리더의 조카 피터 로(Peter Lowe)와 국무부 역사학자 사무실의 마크 호브(Mark Hove)도 몇 가지 사실을 확인해준 것에 감사드린다. 존스 부인은 결혼 이력이 많고 가명을 사용해서 이름이 정확하지 않고 그중에는 한나 쾰러(Hannah Koehler)와 넬리(Nelly)도 있다.

10. 이 조직은 축약해서 'Org'로 불리며 나중에는 'Neu Beginnen'으로 개명했다.

11. 국무부 기밀 문서, February 20, 1933.

12. 메리는 존스를 만났을 때 의학 서적 삽화를 그리고 있었다. "남편을 만났을 때 제가 이 그 림을 그리고 있자 남편은 '나와 결혼할 수 있다면 어떻게 그걸 그릴 수 있어요?'라고 말했 어요. 그래서 우리는 결혼했습니다." 헨리 스트리트 구술역사 프로젝트의 메리 존스 인 터뷰 테이프를 듣게 해준 헨리스트리트재단(Henry Street Settlement)에 감사드린다.

13. 허위츠는 1930년대 중반 존스가 뉴욕의 레닌주의 조직에서 일했고 미국 첩보 활동에도 관여했을 것으로 추측했다. 파리 주재 미 대사관의 기록으로는 존스는 1937~1939년 미 국무부와 연락을 유지했고 '집세'를 받았다. 독일의 지하단체와 연락을 유지하도록 자금 도 지원받았을 것으로 본다. 미 국무부 자료를 보면 1944년 7월에 존스의 군 복무 연기를 검토했는데, 정부와 존스가 10년 이상 공식적 만남 없이도 관계를 유지했음을 암시한다.

14. 존스 부부의 스페인 여행기는 다음 참조. Alfred W. Jones and Mary Carter Jones, "War Relief in Spain: Report to the American Unitarian Association" (American Friends Service Committee and the American Unitarian Association, 1938).

15. Adam Smith, *The Money Managers* 서문 (New York: Institutional Investor Systems, 1969), p. xiii.

16. 1923년 하버드 졸업생을 위한 25회 연감 기고문에서 존스는 독일에서의 경험을 통해 사 회학에 관심이 생겼다고 설명했다. "나는 대공황 중에 여기서도 같은 일이 일어날 수 있 는지 알아보려고 집으로 돌아왔다."

17. Alfred Winslow Jones, *Life, Liberty and Property: A Story of Conflict and a Measurement of Conflicting Rights* (Philadelphia: J.B. Lippincott Company, 1941), p. 23.

18. Alfred Winslow Jones, "The Free Market and the Future," *Fortune* 25, April 1942, pp. 98-99,

126, 128.

19. Smith, *The Money Game*, p. 11. 이 책에서 돈은 추상적 개념인 동시에 감정 표현의 수단이라는 역설을 찾아냈다. 스미스는 1950년대 피델리티를 설립해 지배적인 투자회사로 키워내고 자신만의 방식으로 같은 핵심을 지적한 에드워드 크로스비 존슨(Edward Crosby Johnson II)의 말을 인용했다. "주식시장은 아름다운 여자와 같다. 끝없이 아름답고 끝없이 복잡하고 늘 변화무쌍하며 늘 신비로운 여자. 1924년부터 나는 거기에 몰두했고 빠져들었다. 과학이 아니다. 예술이고 (…) 개인의 직감이다."

20. Alfred Cowles III, and Herbert E. Jones, "Some A Posteriori Probabilities in Stock Market Action." *Econometrica* 5(3) (July 1937): 280-294.

21. 존스는 하버드 25회 연감 기고문에 1948년 초의 관심사를 광범위하게 썼다. 정치적 견해와 정원 가꾸기 찬양 일색이었고 금융은 언급하지 않았다.

22. 존스는 하버드 15회 연감 기고문에는 "아내와 두 아이가 있어서 더 수익성 있는 일이 필요했고 월스트리트로 눈을 돌렸다"라고 썼다.

23. 1961년까지의 수익률 데이터는 존스의 손자인 로버트 버치 4세(Robert Burch IV)가 제공한 미간행 자료("Basic Report to the Partners," May 31, 1961)를 참고했고, 1964년 이후 수익률 데이터는 AW존스 펀드매니저 클라크 드래셔(Clark Drasher)에게 받았다. 1962~1963년 데이터는 대중매체에서 얻었고 특히 다음을 참조했다. Carol J. Loomis, "The Jones Nobody Keeps Up With" *Fortune*, April 1966, pp. 237-247.

24. Loomis, "The Jones Nobody Keeps Up With."

25. 로저 로웬스타인(Roger Lowenstein)은 워런 버핏 전기에서, 1957년 오마하의 미래 현인에게 투자한 이들은 향후 13년간 16배 수익을 올렸다고 썼다. 존스는 같은 기간 15배 미만이었지만 다른 13년간은 17배였다. Roger Lowenstein, *Buffett: The Making of an American Capitalist* (New York: Broadway Books, 2001), p. 118.

26. AW존스에서 펀드매니저로 일했던 리처드 래드클리프, 클라크 드래셔, 뱅크스 애덤스와, 1950년대 말과 1960년대 초에 브로커로서 사무실을 정기 방문했던 리처드 길더(Richard Gilder)의 설명에서 나왔다.

27. 존스가 아이디어를 얻은 곳은 불확실하다. 어쩌면 가치투자의 아버지이자 워런 버핏의 멘토인 벤저민 그레이엄이 운영한 투자조합을 알았을 것이다. 그레이엄의 투자조합은 많은 점에서 헤지펀드와 비슷해서 매수와 공매도를 병행했고 성과보수를 부과했으며 레버리지를 사용했다. 1954년 AW존스에 합류한 리처드 래드클리프에 따르면 로이 뉴버거(Roy Neuberger)라는 전설적인 브로커에게서 영감을 받았을 수 있다. 작가 애덤 스미스의 미공개 프로필을 보면 뉴버거는 대학 졸업장 없이 1920년대에 월가에 입성해 장단기 투자를 균형 있게 유지했다. 1929년 폭락 때 투자자 대부분이 파산한 반면 뉴버거의 포트폴리오는 건재했다. 훗날 뉴버거는 고향의 이웃을 통해 존스를 만났다. 뉴버거는 스미스에게 "그는 진짜 헤지펀드를 시작했고 나는 그의 브로커가 되었습니다"라고 말했다. 그레이엄의 투자조합에 대해서는 다음 참조. Jim Grant, "My Hero, Benjamin Grossbaum" remarks delivered on November 15, 2007, at the Center for Jewish History (http://www.grantspub.com/articles/bengraham/). 뉴버거에 대해서는 다음 참조. Adam Smith,

"Roy Neuberger: Where the Money Is." 2003년 12월 5일 자 미공개 기사로 드릴캐피털 (Drill Capital)의 크레이그 드릴이 배포했고, 나는 이 글에서 많은 조언을 얻었다.

28. Kaplan and Welles, *The Money Managers*, pp. 112-113.

29. "A Basic Report to the Partners."

30. 같은 글. 공매도를 존중할 가치가 없다고 간주하는 방식의 추가 증거는 다음 참조. Martin T. Sosnoff, "Hedge Fund Management: A New Respectability for Short Selling," *Financial Analysts Journal*, July-August 1966, p. 105.

31. 공매도는 상승 종목에만 허용되었다. 게다가 모든 공매도 차익은 강세장의 단기 수익처럼 일반소득으로 과세했고 존스 시대에는 과세율이 90%까지 올랐다. 반면 회사가 6개월 이상 보유한 주식의 투자 수익에는 보통 25%의 낮은 세율이 적용되었다.

32. 리처드 래드클리프는 당시 속도 계산이 다소 조잡했다고 회상했다. "우리는 시장의 과거 5개 고점과 5개 저점을 취해 주식들이 각각 어떤 움직임을 보였는지 조사했습니다. (…) 때로는 정말 좋은 5개 지점을 찾을 수 없어서 대충 하기도 했습니다. (…) 존스를 떠나 내 헤지펀드를 차린 그 공식을 대입해보았는데 전혀 의미가 없었습니다."

33. 알파와 베타를 구분한 존스의 통찰을 처음 알려준 사람은 로버트 버치 4세였다.

34. 데일 버치 인터뷰.

35. 1961년 존스가 제시한 '베이식 리포트(Basic Report)' 표를 살짝 간소화한 것이다.

36. 존스의 혁신이 얼마나 과소평가되었는지 알아보기 위해 피터 번스타인의 《투자 아이디어 에볼루션(Capital Ideas Evolving)》을 살펴보자. "'수익뿐 아니라 위험도 생각해야 한다'는 마코위츠의 명언은 오늘날 익숙하게 들린다. 그러나 1952년만 해도 위험과 보상 추구에 동등한 가중치를 두는 것은 전혀 새로운 것이었다." 존스가 이런 통찰에 기반해 자산을 운용한 것을 번스타인은 몰랐던 것 같다.

37. Mark Rubenstein, *A History of the Theory of Investments* (Hoboken, NJ: John Wiley & Sons 2006), p. 122.

38. 존스는 비밀 성향이 뛰어나서 첫 번째 결혼을 자녀들에게 알리지 않았다. 이 사실은 아들이 호주 사람과 결혼하면서 호주 당국이 가족의 신원조회를 함으로써 드러났다. 더욱이 존스는 10년간 함께 일한 리처드 래드클리프에게도 베를린 체류 시절을 언급하지 않았다. 사업상 비밀 성향에 관해 훗날 헤지펀드를 설립한 브로커는 이렇게 말했다. "존스가 큰돈을 벌고 있다는 사실은 지인들 모두 너무나 잘 알았습니다. 그러나 어떻게 큰돈을 버는지는 아무도 몰랐어요." Kaplan and Welles, *The Money Managers*, pp. 115-116. AW 존스 설립 17년이 지난 1966년 이후에야 존스의 투자 기법이 언론에 소개되었다.

39. 밸런타인을 위해 일했던 세무 변호사 존 태브스(John Tavss)는 이렇게 회상했다. 어느 날 밸런타인의 아내가 남편을 보려고 사무실을 방문했고, 밸런타인은 동료와 이야기하는 동안 잠시 기다리라고 아내에게 말했다. 밸런타인은 복도로 나가 한 시간 동안 동료와 대화한 뒤, 아내가 기다리고 있다는 사실도 잊은 채 집으로 돌아갔다.

40. 1951~1964년 정기소득의 최고 세율은 91%였고 자본소득의 최고 세율은 25%였다. 1965년 정기소득의 최고 세율이 70%로 낮아져서 1968년까지 유지되었다. 밸런타인은 사직하는 파트너에게 수익 미실현 주식을 지급할 수 있다는 사실을 알아냄으로써 헤지

펀드의 법인세 채무를 없애주었다. 또한 타이거펀드 같은 후세대 헤지펀드를 위해 독창적인 세금 설계를 계속 제시했다. 존 태브스는 그가 거의 모든 문제에 해결책을 내놓으며 즉시 다섯 가지 아이디어를 떠올렸다고 회상했고, 크레이그 드릴은 헤지펀드업계에서 이 사실을 알았던 모든 사람이 적게는 10년에서 많게는 30년간 함구했다고 말했다.

41. "파트너가 사직해서 자리가 나면 그는 저녁 식사 자리에서 행복하냐고 묻곤 했습니다. 로펌 데비보이스&플림튼의 설립자가 사망하자 그의 아내인 폴린 플림튼에게 그렇게 물었고, 폴린은 '예, 정말 지독한 결과를 얻고 있어요'라고 대답해서 파트너가 되었습니다." 데일 버치 인터뷰.

42. 1933년 증권법은 '공모를 수반하지 않는 주식 거래'에 세금을 공제했다. 투자조합이 공모로 간주되지 않으려면 파트너 수를 제한해야 했다. 마찬가지로 1940년 투자회사법은 레버리지 사용, 공매도, 높은 운용보수를 제한했고, 공모하지 않은 파트너가 100명 미만인 파트너십에 공제하는 조항도 포함했다. 헤지펀드는 '자본소득 공유 기반의 투자자문사에 대한 보상'을 금지하는 투자자문업법을 저촉하지 않으려고 고심했다. 헤지펀드 매니저들은 법 적용을 피하기 위해 15명 미만에게 자문을 제공한다고 주장했는데, '고객'이 더 많은 파트너가 아니라 투자조합이라는 사실에 근거했다. SEC가 이 주장을 받아들이지 않고 헤지펀드 등록을 강제했다면 헤지펀드는 큰 타격을 입었을 것이다. 앨프리드 존스가 고용한 첫 번째 펀드매니저인 리처드 래드클리프는 항상 규제를 두려워했고 파트너가 100명에 가까워지자 다른 펀드를 설립하고 투사 전략도 분리했다고 회상했다. AW존스 출신 클라크 드래셔도 비슷하게 말했다.

43. Brooks, *The Go-Go Years*, p. 144.

44. Alfred Cowles, "A Revision of Previous Conclusions Regarding Stock Price Behavior," *Econometrica* 28, no. 4 (October 1960).

45. 1965년 무렵, 존스의 차트 신뢰는 차트 전문가들에게도 공격받았다. 1949년 존스는 〈포천〉 기고문에서, 러시아 이민자 니콜라스 몰로도프스키(Nicholas Molodovsky)를 '가장 과학적이고 체험적인 기술 학파'로 꼽으며, 시장 예측을 잘못한 2번을 제외하고는 '그의 예측이 완벽에 가까웠다'고 보고했다. 그러나 1965년 영향력 있는 〈파이낸셜 애널리스트 저널(Financial Analysts Journal)〉 편집자였던 몰로도프스키는 학계의 떠오르는 스타 유진 파마(Eugene Fama)에게 '주식시장 가격의 랜덤워크(Random Walks in Stock Market Prices)'라는 제목으로 논문을 의뢰했다. 파마는 차트 추종을 점성술과 비교했다. 몰로도프스키는 파마의 랜덤워크 이론을 대중화함으로써 존스의 터전을 불태우고 AW존스의 근간을 공격했다. 존스와 몰로도프스키가 친했기에 타격이 컸을 것이다. 몰로도프스키가 리처드 래드클리프를 소개했고 존스는 그를 고용했다. 래드클리프는 1954~1965년 몰로도프스키가 AW존스에 지적인 영향을 끼쳤다고 회고한다.

46. 1968년 AW존스의 COO였던 도널드 우드워드(Donald Woodward)는 성공의 열쇠는 시장 타이밍이 아니라 종목 선정이라고 단호하게 말했다. "시장의 우세한 흐름을 판단하는 것이 우리 강점은 아니었습니다." "Heyday of the Hedge Funds", *Dun's Review*, January 1968, p. 76.

47. 존스의 종목 선정 스타일은 직원 7명과의 인터뷰를 바탕으로 정리했다. 유쾌하면서도

비뚤어진 면을 묘사하는 다음 책도 참조하라. Barton Biggs, *Hedgehogging* (Hoboken, NJ: John Wiley & Sons, 2006), pp. 81-85. 존스를 위해 포트폴리오 모형을 운영했던 저자 빅스는 존스가 성과 게임과 리서치의 경쟁우위 가치를 누구보다 먼저 이해했다고 회상했다(같은 책 83쪽).

48. 위원회에 대한 혐오감은 자선단체로까지 확대되었다. 제2차 세계대전 동안 여러 시민위원회에서 활동했던 메리 존스는 인터뷰에서 이렇게 말했다. "남편은 전쟁 중에 위원회에 나가는 것을 정말 싫어했고 '그 일은 메리에게 시키세요'라고 말하곤 했어요."

49. "당시 이런 식으로 (아이디어 성과를) 측정하는 펀드는 없었습니다. 투자은행은 자사 포트폴리오 모형이 성과를 잘 내는지 확인할 수 있었기 때문에 존스와 일하고 싶어 했습니다. 그들은 성과가 좋으면 수수료를 받았고 우리는 좋은 서비스를 받았습니다. 우리는 그들에게서 최고의 아이디어를 얻었습니다. 그 아이디어가 뮤추얼펀드로 이어져도, 사람들은 어떻게 그런 결정에 이르렀는지 몰랐죠." 래드클리프 인터뷰.

50. Biggs, *Hedgehogging*, p. 83.

51. 1963~1973년 AW존스에서 일한 드래셔는 이렇게 회상했다. "회의 문화가 그다지 좋지 않았습니다. 회의가 시간 낭비라는 데 모두가 동의했죠. 사기 부문이 님들보다 성과가 좋길 바랐기 때문에, 좋은 아이디어가 있어도 알리지 않았습니다. 매년 5월, 한데 모여 펀드매니저 보수 총액에서 누가 얼마를 가져가야 할지 논의했습니다." 1967년 AW존스에서 일하기 시작한 알렉스 포터는 이렇게 회상했다. "서너 명을 고용하면 연말에 그중 한두 명이 떠났고 새 사람이 들어오는 것이 관행이었습니다. 대부분 성과 중심이었죠."

52. Biggs, *Hedgehogging*, p. 84.

53. Kaplan and Welles, *The Money Managers*, p. 113.

54. 위의 책은 러시아와 유고슬라비아의 관계가 만찬의 지배적 주제였다고 적었다. UN에서 존스의 인맥과 관련해서 메리 존스는 자신이 사무총장과 참모 대부분과 대사를 많이 알았다고 회상했다.

55. AW존스를 사직한 첫 번째 매니저는 칼라일 존스(친인척 아님)였다. 그는 전임 상사에 대해 이렇게 말했다. "그는 주식과 채권의 차이를 잘 몰랐던 것 같습니다. (…) 정말 샘이 났어요. 그는 한 시간 동안 낮잠을 잔 다음 책과 신문을 읽었습니다. 책은 투자 책은 아니었을 것입니다. (…) 내가 적절한 보상을 받지 못한다고 느낀 때가 많았어요."

56. 이 이탈자는 리처드 래드클리프였다. Biggs, *Hedgehogging* 참조.

57. 1968년 추정치 자료는 "Heyday of the Hedge Funds"에서 가져왔고, 1969년 수치는 1969년 3월 7일 개최된 미국 실무법연구소(PLI) 투자조합 포럼에서 제시하고 다음 논문에서 인용한 추정치를 사용했다. Joseph P. P. Hildebrandt, "Hedge Fund Operation and Regulation" (unpublished J.D. thesis, Harvard University) April 15, 1969. 사본을 제공해준 역사 수집가 크레이그 드릴에게 감사드린다.

58. "Hedge Funds: Prickly," *Economist*, May 25, 1968, p. 91. 당시 다른 추정치는 이보다 낮다.

59. 존스는 자신의 투자 스타일을 가리키는 대중적 용어(hedge fund)가 문법적으로 틀렸다고 여겼다. 변형된 용어가 사용되던 1960년대 후반, 그는 친구들에게 "원래의 내 표현이자 올바른 표현은 '헤지한 펀드(hedged fund)'야. 명사가 형용사 역할을 하는 '헤지펀드'

라는 표현이 나는 여전히 달갑지 않아"라고 말했다. Brooks, *The Go-Go Years*, p.142.

60. Loomis, "The Jones Nobody Keeps Up With."

61. 알렉스 포터는 이렇게 회상했다. "〈포천〉에서 캐럴 루미스의 기사를 읽고 존스 씨에게 전화를 걸었는데, 그가 아니라 COO이던 돈 우드워드가 받았습니다. 나는 그에게 존스 씨 밑에서 일하고 싶다고 말했죠." 포터는 처음에 모형 포트폴리오를 운영하다가 1967년 부터 1970년대 초까지 AW존스에서 일했다.

62. 해당 파트너는 딘 밀로시스(Dean Milosis)였고, 존스의 개인소득 추정치는 다음 글에서 가져왔다. "Heyday of the Hedge Funds." p. 76.

63. 1969년 헤지펀드 규제에 관한 포괄적인 설명은 힐데브란트의 논문 "Hedge Fund Operation and Regulation"에서 인용했고 다음 기사도 참조했다. Carol Loomis, "Hard Times Come to Hedge Funds," *Fortune*, January 1970.

64. 반면 S&P500 평균 수익률은 1966년 6월 1일까지 1%였고 1967년은 7%, 1968년은 10%로 상승했다. 존스의 펀드는 5월 31일 끝나는 회계연도를 기준으로 운용되었으므로, 6월 1일 끝나는 S&P500 수익률과 비교했다.

65. 클라크 드래셔는 이렇게 회상했다. "나는 변동성을 심각하게 생각하지 않았습니다. 어쩌면 신경도 안 썼습니다. 나는 존스에게 변동성은 진정한 위험 척도가 아니라고 말했습니다. 내가 크게 하고 싶었던 것이 변동성 때문에 제한되는 경우가 많아서 마음에 들지 않았어요. 수학적 헛소리를 많이 했죠. 과학적으로 정확해지려고 시도하면 기분은 좋아질지 몰라도, 선택이 좋았든 나빴든 결국 돈을 벌었습니다. (…) 대부분의 경우 균형을 잃고 상승장에 휩쓸렸습니다. 1960년대는 어떤 종목이든 공매도하기를 싫어했습니다. 그래서 1969년 나쁜 시기가 오자 타격을 입었습니다." 뱅크스 애덤스도 동의했다. "1960년대 들어 시장이 상승세를 타자 이 [변동성] 수치는 아무 쓸모가 없었습니다. 예를 들어 텍사스인스트루먼트(Texas Instruments)는 전혀 변동성 없이 줄곧 상승했습니다. 오히려 전화가 텍사스인스트루먼트보다 변동성이 커서 매년 두세 배 올랐습니다. 앨프리드 존스의 생각은 1940년대와 1950년대에 나온 것입니다.'

66. Bernstein, *Capital Ideas Evolving*, p. 9; Edwin Burk Cox, *Trends in the Distribution of Stock Ownership* (Philadelphia: University of Pennsylvania Press, 1963), pp. xiii, 211.

67. Smith, *The Money Game*, p. 209.

68. 같은 기간 23.4% 하락한 S&P500보다 존스의 손실이 더 컸던 것은 매수 포지션에 레버리지를 사용했기 때문이다.

69. 데일 버치 인터뷰.

2장. 블록트레이더 마이클 스타인하트

1. 이 수치는 SEC의 1971년 3월 '기관투자가 연구보고서(Institutional Investor Study Report)'에서 가져왔다. Wyndham Robertson, "Hedge Fund Miseries," *Fortune*, May 1971, p. 269 참조.

2. 1970년 1월의 헤지펀드 150개는 캐럴 루미스가 공들여 실시한 설문조사 결과다. Loomis, "Hard Times Come to Hedge Funds." 1969년 SEC 연례 보고서는 헤지펀드가 '200개에 육박'한다고 언급했다. 그러나 1장에서 언급했듯이 추정치는 최대 500개에 달한다.

3. 1971년 봄, 오랜 기다림 끝에 SEC가 기관투자가 보고서를 발표해서 성과보수에 대한 의구심을 재차 제기했고 헤지펀드에 연방법 등록을 촉구했다. 이 캠페인은 실패로 돌아갔다. 무엇보다 헤지펀드 거래가 시장을 교란한다는 증거를 찾지 못했기 때문이다. 다음 참조. Wayne E. Green, "SEC Finds No Link of Institutions to Price Swings: Doubts Needs for Curbs," *Wall Street Journal*, March 11, 1971, p. 6.

4. 1968년 1월 기사에서 도널드 우드워드는 존스펀드의 규모가 1억 달러 '이상'이라고 평가했다. 클라크 드래셔가 보관한 기록에는 존스펀드 자산이 1969년 1억 700만 달러, 1973년 3,500만 달러였다. 존스의 손자 로버트 버치는 존스 파트너십이 보관한 내부 기록에 1984년 자산이 2,500만 달러로 줄어들었다고 쓰여 있다고 밝혔다. "The Heyday of the Hedge Funds," *Dun's Review*, January 1968, p. 78.

5. Michael Steinhardt, *No Bull: My Life In and Out of Markets* (New York: John Wiley & Sons, 2001), p. 81.

6. 폴 로스(Paul Roth) 변호사는 이렇게 회상했다. "그들은 회사명에 자기 이름을 넣고 싶어서 지푸라기라도 잡는 심정으로 주문했습니다. 그날 맨해튼 하워드 버코위츠의 아파트에서 나는 '스타인하트, 파인, 버코위츠'가 유대인 식품점 이름 같다고 말했습니다. 그런 이름을 가지고 어떻게 사업을 하겠느냐며 다소 우려를 표했습니다."

7. 제럴드 파인 인터뷰.

8. 회사는 수년간 9월 말에 성과를 보고해서, 여기의 S&P500지수도 9월까지로 설정했다.

9. Robertson, "Hedge Fund Miseries," p. 270.

10. 버코위츠와 파인 인터뷰. 스페이섹(Spacek) 인용문은 다음 책에서 존 보글(John Bogle)의 서문 참조. Adam Smith, *Supermoney* (New York: John Wiley & Sons, 1972), p. xiii.

11. 이 회사의 애널리스트 데이비드 로커(David Rocker)는 이렇게 회상했다. "공매도로 돈을 벌려면 싸움닭이 되어야 했습니다. 정부도 언론도 적대적이었기 때문입니다. 공매도는 반미국적이었습니다. 회사 경영진도 공매도에 반대했습니다. 주가 상승은 길고 완만하게 이루어지는 반면 주가 하락은 급격하고 짧았기 때문입니다. 대부분 사무실에서 공매도가 이루어졌습니다. 당시만 해도 이를 기꺼이 받아들이는 사람은 많지 않았습니다."

12. Steinhardt, *No Bull*, p. 127. 스타인하트는 인터뷰에서 이 점을 자세히 설명한다. "우리는 총잡이이자 현명한 사람들처럼 보였습니다. 공매도 금지 법안이 통과될 거라고들 해서 걱정했습니다. 하지만 [분노에 어떻게 대응했느냐는] 질문에 대한 구체적인 대답을 들으니 내가 그 위치에 설 지혜와 판단력, 용기가 있었다는 것을 알고 매우 기뻤습니다."

13. 스타인하트 인터뷰.

14. 르프레르 이야기는 예외적 사건이 아니었다. 오스카 섀퍼(Oscar Schafer)라는 애널리스트가 입사한 첫날, 스타인하트가 전화해서 무슨 일을 하고 있느냐고 물었다. 섀퍼는 친구의 친구가 커먼웰스오일(Commonwealth Oil)을 좋아해서 한번 살펴볼 수 있을 것 같다고 대답했다. 스타인하트는 즉시 그 주식을 대량 매수했다. 섀퍼는 겁에 질렸다.

15. 스타인하트는 이렇게 회상했다. "아시다시피 토니는 매우 특이했습니다. 자신을 분명하게 표현하는 능력 때문이었죠. 그런 점에서 상처받기도 쉬웠습니다. (…) 그런 연약함 때문에 그가 옳건 그르건 존경했고 그가 용기와 신념을 가졌다고 생각했습니다." 실루포의 신념이 어디서 비롯되었느냐는 물음에 스타인하트는 이렇게 답했다. "그게 수수께끼입니다. 우리처럼 경제학과 금융학 등을 배워서 얻은 지식이 아니라 숱한 삶의 현장에서 얻은 지혜와 지식을 가졌기 때문입니다. 지혜와 판단력은 우리와 다른 것에서 나왔습니다. 콘드라티예프 파동을 이야기하고 강력하게 강조하는 일은 그만이 할 수 있었습니다. 신념과 약간의 순진함을 가지고 말이죠. 그가 아는 것이 지나치게 많았다고 생각하지 않습니다. 그는 자신이 알아야 할 것을 알았습니다. 그가 왜 그렇게 느꼈는지는 분명히 표현한 적이 없기에 나도 모릅니다."

16. 토니 실루포 인터뷰와 다음 참조. Steinhardt, *No Bull*, p. 122.

17. Steinhardt, *No Bull*, p. 128. 스타인하트는 그에게 특히 많은 영향을 받았고 기꺼이 머리를 바칠 각오가 되어 있다고 인터뷰에서 덧붙였다.

18. Steinhardt, *No Bull*, p. 186.

19. 잭 슈웨거(Jack Schwager)와의 인터뷰에서 스타인하트는 동료 투자자의 말을 인용하며 "내가 이 파티에 가져온 것은 28년간의 실수뿐"이라고 인정했다. Jack D. Schwager, *Market Wizards: Interviews with Top Traders* (New York: New York Institute of Finance, 1989), p. 211. 스타인하트가 시장에 대한 느낌을 설명하면 그리 와닿지 않을 수도 있다. 그는 "어떤 아이디어를 들은 뒤 그 아이디어의 지지자와 전혀 다른 결론에 도달할 때가 종종 있습니다"라면서, 생각이 다른 사람의 말을 듣고 깨달음을 얻는 일이 매우 드문 것처럼 썼다. Steinhardt, *No Bull*, p. 187.

20. 같은 책, pp. 189-190.

21. 스타인하트의 동료였던 사람은 스타인하트의 공격성에 좋은 면이 전혀 없어서 결국 떠났다면서, 개에게도 그런 식으로 대하지 않을 거라고 말했다.

22. 하워드 버코위츠는 "우리는 모두 애널리스트였고 관리 프로세스를 철저히 따랐습니다. 방문한 회사를 잘 알았고 무슨 일이 일어나는지 이해했습니다. 그때는 시장이 덜 효율적이었습니다"라고 말했고, 제리 파인은 자사가 100% 리서치 중심이었다고 주장했다.

23. 종목 선정에 기반한 헤지펀드가 성공한 사례로 줄리언 로버트슨의 타이거펀드와 그 후계자들이 있다. 5장과 부록 참조.

24. 1960년대의 드문 자금 공급 연구가(watcher) 중에 살로몬브러더스의 헨리 카우프만(Henry Kaufman)이 있었다. 그는 1960년대에 한 일이 미 전역에서 '소수' 회원을 보유하는 것이었다고 설명한다. 연구가는 주식 투자자가 아니라 채권 투자자에게 자문을 제공하는 경향이 있었다. 센추리캐피털(Century Capital)을 운영한 헤지펀드 매니저 제임스 하펠(James Harpel)도 예외는 아니었다. 하펠은 1970년대 초만 해도 금리 하락의 영향에 주목하는 것이 일반적이지 않았다고 회상했다.

25. 실루포는 순유보금과 차입금 데이터를 관찰했다.

26. 실루포의 동료 6명을 인터뷰해보니 사람들은 그의 의견을 따랐지만 그가 추론한 방법은 수수께끼였다. 예를 들어 오스카 섀퍼는 "토니는 오랫동안 '화요일에 시장이 하락할 것'

이라고 말했고 화요일에 정말 시장이 하락했습니다"라고 말했고, 데이비드 로커는 "그는 자신만의 일을 했고 누구도 알아낼 수 없었습니다"라고 말했다. 마이클 스타인하트는 실루포의 통화 분석에 대해 "날카로웠다고 생각합니다. 문제는 그것이 순전히 운인지 아니면 다른 무언가가 있는지였습니다. 그가 달나라 이야기를 했는지는 모르지만 분명히 그가 옳았습니다. 누군가 깊이 캐물으면 그의 지식이 매우 피상적이며 이 분야에 학식이 없다고 느낄 것입니다"라고 표현했다.

27. SEC 회장 윌리엄 케이시(William J. Casey)가 1971년 10월 7일 개최된 미국 연금 콘퍼런스에서 한 연설 "The Changing Environment for Pension Plans" 참조.

28. 대형 금융기관이 뉴욕증권거래소 총거래량에서 차지한 비중은 1960년 4분의 1에서 1969년 절반을 넘어섰고 1980년대 중반에는 80~90%를 차지했다. Charles J. Ella, "Modern Moneyman: A Hedge Fund Manager Mixes Research, Risks to 'Perform' in Market," *Wall Street Journal*, October 31, 1969, p. 1.

29. 블록트레이딩은 1980년 총거래량의 30%, 1984년 50%에 달했다. 뉴욕증권거래소 데이터는 다음 자료 참조. Randall Smith, "Street Hazard" *Wall Street Journal*, February 20, 1985, p. 1.

30. "나처럼 투자회사를 운영하는 사람이 책상에 앉아 블록트레이딩 주문을 받고 선임 트레이더와 이야기하는 경우는 드물었습니다. 다른 투자회사에서는 대체로 사무직원이 했죠. 당신이 투자회사 고위직이라면 누구와 대화하고 싶을까요? 나일까요, 다른 직원일까요? 나에게 말하고 마음을 열고 나를 당신 편으로 삼고 싶을 겁니다. 내가 그곳에 있어서 더 좋은 콜을 받을 수 있었습니다." 스타인하트 인터뷰와 다음 참조. Schwager, *Market Wizards*, p. 213.

31. 스타인하트 인터뷰.

32. Steinhardt, *No Bull*, p. 97.

33. 스타인하트는 이렇게 회상했다. "[살로몬의] 제이 페리와 거래하면서 기회가 생겼습니다. 그는 때로 테이프에 자기 지문을 찍고 싶어 했습니다. 그 사실을 안다면 그에게 틀린 가격을 제시하겠죠. 30만 주 가격에 0.375포인트를 올려 불렀습니다. 엄청난 돈을 버는 거죠. 내가 잘한 일이 바로 그것이었습니다."

34. 스타인하트 인터뷰.

35. 프랑코 모딜리아니와 머튼 밀러는 1961년 발표한 논문에서, 스타인하트가 활용하지 않았던 조건을 가정에 포함했다. "주식 매수자나 매도자(또는 발행자)의 거래는 당시 지배적인 가격에 상당한 영향을 미칠 만큼 크지 않다." Merton H. Miller and Franco Modigliani, "Dividend Policy, Growth, and the Valuation of Shares," *Journal of Business* 34 (1961), p. 412. 한편 유진 파마는 미체결 매수·매도 주문에 대한 특권적 지식을 갖춘 주식 전문가가 시장 성과를 능가할 수 있음을 인정했다. 그러나 사소해 보이는 이 특권이 블록트레이딩 등장으로 한층 더 중요해졌음을 간파하지는 못했다. 이제 전문가뿐 아니라 스타인하트 같은 블록트레이더도 시장을 움직이는 정보에 접근할 수 있었다. 전문가가 처리하는 소규모 주문보다 이 같은 블록트레이딩이 가격을 움직일 가능성이 더 커서 정보 가치가 더 높아졌다. Eugene F. Fama, "Efficient Capital Markets: A Review of Theory and Empirical

Work", *Journal of Finance* 25 (1970): 409-410.

36. 이 점에 관한 자세한 설명은 다음 참고. Richard Bookstaber, *A Demon of Our Own Design* (New York: John Wiley & Sons, 2007), pp. 183-184.

37. "나는 자본에 비해 막대한 수수료를 창출했습니다. 온갖 일도 의도대로 엄청난 수수료를 창출했는데 거기에는 순환적 이득이 있다고 봅니다. 수수료를 창출하면 좋은 아이디어를 얻고, 그러면 투자은행의 선택을 받으니 남들보다 유동성이 커집니다. 그렇게 되면 새로운 이슈나 리서치에서 더 나은 콜을 받게 되죠." 스타인하트 인터뷰.

38. 1986년 또 다른 특혜 사례를 보자. 골드만삭스 항공 분야 애널리스트 마이클 아멜리노 (Michael Armellino)는 골드만삭스 고객들에게 추천하기 전날 밤 스타인하트의 트레이더에게 사우스웨스트항공(Southwest Airlines Co.) 주식을 추천했다. George Anders, "Investors' Investor: Powerful Trader Relies On Information Net, Timing and a Hot Pace— Michael Steinhardt in Action; One Eye on His Screens, One Ear to Rumor Mills—Fees Alone Cost $22 Million." *Wall Street Journal*, March 3, 1986.

39. 스타인하트가 판매자 신원을 확인한 후 매수 주문을 취소한 사례도 있었다. "매도자가 매수자를 전혀 모를 때가 있습니다. 안 그런 경우도 있을까요? 물론이죠. 한번은 에쿼티펀딩(Equity Funding)을 블록 매수했는데 뭔가 잘못되었음을 바로 알았습니다. 그래서 골드만에 갔더니 그들도 같은 주식을 약간 샀더군요. 매도자를 물어보고 찾아냈더니 뭔가 아는 것 같았습니다. (…) 내부자 거래였죠. 내가 그 거래를 중단할 수 있나요? 매도자를 알면 안 되고, 설령 안다고 해도 그가 뭔가 안다는 증거가 있으면 안 되죠. 그러나 나는 알았습니다. 1980년대 초에는 우리가 골드만삭스의 최대 고객사였습니다. 골드만의 가장 큰 고객이 한낱 헤지펀드였어요. 우리가 얼마나 많은 매출을 올렸을지 상상이 되나요? 그러기 위해서 대형 금융회사의 트레이딩 데스크 직원들과 친밀한 관계를 유지하고 서로를 신뢰해야 했습니다. 그들은 거의 항상 내게 이익이 되는 정보를 제공했고 그것이 그들에게도 이익이 되었습니다. 그것이 우리의 또 다른 수입원이었습니다."

40. 존 라탄지오는 1979년 스타인하트에 입사했다.

41. Cary Reich, "Will Weinstein, Former Head Trader, Oppenheimer & Co." *Institutional Investor*, Vol. 21, iss. 6, June 1987, pp. 38-42. 와인스타인은 인터뷰에서 자신이 살로몬과 골드만삭스의 수석 트레이더들과 공모했다는 사실을 인정했다. 스타인하트와의 대화에서 그가 매수 측의 가장 큰 블록트레이더로서 무리의 일원인 것을 확인했다.

42. "만일 그[브로커]가 뭔가 다가오고 있음을 직감하고 대형 매도자를 안다면 내게 '(어쩌고저쩌고를) 공매도해도 나쁘지 않을 거예요'라고 말했을 것입니다. 왜 내가 어쩌고저쩌고를 공매도하기를 원했을까요? 그에겐 대형 매도자가 있고 어느 시점에 그 종목의 주가를 떨어뜨릴 것이기 때문이죠. 내가 공매도 매수자가 되면 그에게 좋은 일이고, 나도 낮은 가격으로 매수할 테니 분명 좋은 일이었습니다." 스타인하트 인터뷰.

43. 같은 인터뷰.

44. 같은 인터뷰.

45. 이 계산은 특정 해에 플러스 수익률을 달성할 확률을 50%로 가정했다. 뮤추얼펀드에는 틀린 가정인데, 주식시장은 상승하는 해가 하락하는 해보다 더 많으므로 플러스 수익률

이 나올 확률이 이보다 높기 때문이다. 다만 헤지펀드는 매수와 공매도를 병행하고 채권에 막대하게 투자하므로 50% 확률 적용이 대략 타당해 보인다.

46. "Steinhardt Fine Firm Agrees to Court Order in Seaboard Case", *Wall Street Journal*, April 23, 1976, p. 3.

47. 물론 이런 개혁이 내부자 이점을 없애지는 못했다. 스타인하트는 규제당국의 노력에 대해 "정보를 징확히 균일하게 퍼뜨리는 것은 불가능합니다"라고 말했다.

48. Anise C. Wallace, "Pullback at Block Trading Desks", *New York Times*, December 24, 1987, p. D1.

49. Dorfman, "Sabbatical for a Superstar," p. 12.

3장. 폴 새뮤얼슨의 비밀 투자

1. Justin Fox, *The Myth of the Rational Market: A History of Risk, Reward, and Delusion on Wall Street* (New York: HarperCollins, 2009), p. 124.

2. Peter L. Bernstein, *Capital Ideas Evolving* (Hoboken, NJ: John Wiley & Sons, 2007), p. 113.

3. 새뮤얼슨은 이렇게 설명했다. "파마의 랜덤워크 이론과 내 이론은 다릅니다. 내 이론은 종목을 선정하는 쉬운 길은 없다는 것입니다. (…) 효율적 시장 가설에 관한 내 논문들을 읽어보면 도그마가 아님을 알 것입니다. 정보가 널리 퍼지기 전에 일찍 얻는다면 큰 부자가 될 수밖에 없습니다."

4. Bernstein, *Capital Ideas Evolving*, p. 143.

5. 새뮤얼슨은 버핏에게 투자했던 경험을 토대로 이렇게 서술했다. "경험상 높은 수익을 창출할 능력이 있는 '워런 버핏'이 몇몇 있다고 확신했습니다. 정말 근본이 되는 펀더멘털이 무엇인지, 어떤 데이터에 높은 비용을 지불할 가치가 있는지 능숙하게 파악하는 사람들 말이지요. 그런 슈퍼스타는 결코 저렴하게 나오지 않습니다. 당신이 점찍었을 때는 그들의 몸값이 이미 하늘 높은 줄 모르고 치솟았을 겁니다." 다음 글의 새뮤얼슨 서문 참조. Marshall E. Blume and Jeremy J. Siegel, "The Theory of Security Pricing and Market Structure" *Journal of Financial Markets, Institutions and Instruments* 1, no. 3 (1992): pp. 1-2. 새뮤얼슨의 버핏 투자에 관한 더 많은 정보는 Lowenstein, *Buffett*, pp. 308-311 참조.

6. 초기 퀀트회사의 두드러진 사례는 1969년 설립된 프린스턴-뉴포트(Princeton-Newport)다. 프린스턴-뉴포트의 재미있는 이야기는 다음 참조. William Poundstone, *Fortune's Formula: The Untold Story of the Scientific Betting System that Beat the Casinos and Wall Street* (New York: Hill and Wang, 2005).

7. 커머디티에서 설립 초기부터 일하면서 내게 회사의 사업설명서 사본을 제공해준 얀 쿤츠(Jan Kunz)에게 감사드린다.

8. 1964년 쿠트너는 그때까지 발표된 효율적 시장 논문들을 모아 《The Random Character of Stock Market Price(주가의 무작위적 특성)》라는 영향력 있는 책을 출간했다.

9. 아폴로 출신은 모리스 마코비츠(Morris Markovitz)였다.

10. 외국 투자자들에게 판매하는 많은 헤지펀드가 법적으로 해외 법인이었지만 커머디티는 이례적으로 국내 법인이었다.

11. 1999년 5월 프린스턴대 강연에서 웨이마는 이렇게 회상했다. "나는 특히 서구 문헌에 나오는 영웅의 테마와 역할에 주목했습니다. 영웅주의를 사색할 때는 실존적 불안에서 출발하는 것이 도움이 되는데 나는 20대와 30대가 그랬습니다." F. Helmut Weymar, "Orange Juice, Cocoa, Speculation and Entrepreneurship." 강연 원고를 제공해준 헬무트 웨이마에게 감사드린다. 커머디티 직원이었던 사람은 직설적으로 말했다. "헬무트는 기본적으로 세계의 왕이 되고 싶어 했습니다. 그는 미술에 관심이 있었지만 미술계에서 대성공을 거두지 못할 것 같다는 생각에 그만두었습니다. 남보다 우월해지고 싶고 우월한 사람으로 보이고 싶은 욕망 때문이었죠."

12. 웨이마 인터뷰.

13. 웨이마 인터뷰와 강연.

14. Weymar, "Orange Juice, Cocoa, Speculation and Entrepreneurship."

15. 웨이마와 배너슨에 관한 이 설명은 커머디티의 스타트업 시절 직원이던 얀 쿤츠의 이메일과 다음 자서전을 쓴 어윈 로젠블룸(Irwin Rosenblum)에게서 가져왔다. *Up, Down, Up, Down, Up: My Career at Commodities Corporation* (Bloomington: Xlibris, 2003.)

16. 웨이마 인터뷰.

17. Shawn Tully, "Princeton's Rich Commodity Scholars," *Fortune*, February 9, 1981.

18. 커머디티가 살아남은 것은 나비스코가 웨이마의 코코아 예측과 배너슨의 밀 예측을 계속 받고자 했기 때문이다. 나비스코는 나머지 자산에 대한 선순위 채권을 보유해서, 회사를 폐쇄하라는 다른 주주들의 요구를 무시할 수 있었다. 청산한다면 나비스코는 50만 달러를 회수하고 다른 투자자들은 투자 원금 200만 달러 중 40만 달러만 회수했을 것이다. 사실상 전액 손실이 발생하자 다른 주주들은 커머디티가 사업을 유지해도 잃을 것이 거의 없다고 판단했다. 웨이마 인터뷰.

19. 같은 인터뷰.

20. 프랭크 배너슨이 한 말로 모리스 마코비츠 인터뷰에서 확인했다.

21. 웨이마는 이렇게 회상했다. "시장 분석과 데이터 생성도 중요하지만 성공적으로 투기하려면 자금 관리 규정이 훨씬 더 중요합니다. (…) 성공한 투기성 파생상품 트레이더 대부분은 수익을 낼 때보다 손실을 낼 때가 더 많습니다. 이들은 긍정적 거래에서 얻은 수익이 부정적 거래에서 엄격하게 통제한 손실보다 훨씬 크기 때문에 성공할 수 있습니다." Weymar, "Orange Juice, Cocoa, Speculation and Entrepreneurship."

22. 예를 들어 튜더의 관계자는 이렇게 회상했다. "젊은 트레이더들을 키우다가 쫓아낼 위기가 생기면 폴 존스가 사무실로 데려가서 '왜 이런 일이 일어났는지, 어떻게 하면 재발하지 않을지 분석하고 그 결과를 작성해야 한다'고 말하곤 했습니다. 커머디티에서 가져간 것입니다."

23. 웨이마와 어윈 로젠블룸 인터뷰. 로젠블룸은 새로운 위험 통제를 실행했고 자서전에서 설명했다. Tully, "Princeton's Rich Commodity Scholars."

24. 커머디티 수석 매니저로 승진하고 훗날 무어캐피털 회장이 된 일레인 크로커는 인터뷰

에서 회상했다. "정직 명령을 받으면 30일간 포지션을 청산하고 시장을 빠져나와야 했습니다. 이 기간에는 손실을 내기 전까지의 거래 내역을 정리하고 자신의 트레이딩 철학을 어기지 않았는지 점검합니다. 대답은 대부분 '어겼다'입니다. 전체 시스템을 통해 트레이더는 자신에게 맞는 시장 접근법을 개발했고 그 방법을 사용한다면 책임져야 했습니다."

25. 1980년대 중반 MIT 정보 이론가 로버트 패노(Robert Fano)는 주가의 랜덤워크에 의문을 제기하는 논문을 썼다. 그의 동료들은 동료 심사를 받는 학술지에 논문을 실으면 괴짜로 낙인찍힐 수 있다고 경고했다. Poundstone, *Fortune's Formula*, pp. 127-128 참조. 마찬가지로 추세의 존재를 최초로 확인한 논문의 저자 중 스콧 어윈(Scott Irwin)은 그 견해를 공개하기가 정말 어려웠다고 생생하게 회상했다.

26. 웨이마는 "다행히도 탐구심과 열린 마음을 지닌 프랭크는 프린스턴대 경제학도의 편견을 극복했습니다"라고 프린스턴대 강연에서 말했고, 배너도 "학계는 더디게 변화했습니다. 어린아이도 알아볼 정도로 추세가 뚜렷했던 통화가 그랬습니다"라고 썼다.

27. 배너슨은 자신이 자동화된 추세 추종 시스템을 최초로 개발했다고 믿었다. 얼마 후 비슷한 시스템을 개발한 헤이든스톤(Hayden Stone)의 전설적 트레이더 에드 세이코타(Ed Seykota)는 배너슨을 '우호적인 라이벌'로 기억했다. 사실 배너슨의 자동화 시스템은 두 번째 발명품일지도 모른다. 던&하지트의 데니스 던(Dennis Dunn)은 1960년대 후반에 그런 시스템을 만들었다고 기억한다. 앞서 인용한 〈포천〉의 커머디티 프로필에서 TCS가 1971년 이후 발명되었다고 잘못 보도한 점을 주목할 필요가 있다.

28. 웨이마의 감정이 엇갈리면서 회사 사업설명서에는 가격 동향 연구가 대충 언급되었다. 커머디티는 전산화한 추세 추종이 아니라 우수한 펀더멘털 지식을 판매하고자 했다.

29. Morris Markovitz, *Amos Hostetter; A Successful Speculator's Approach to Commodities Trading* (Princeton, NJ: Commodities Corporation, September 1977), p. 36. 1977년 1월 호스테터 사망 후 커머디티가 수행하고 비공개로 발행한 자료로, 사본을 제공해준 헬무트 웨이마에게 감사를 표한다.

30. Tully, "Princeton's Rich Commodity Scholars."

31. 모리스 마코비츠 인터뷰.

32. 호스테터 시스템에 대한 설명은 Markovitz, *Amos Hostetter*와 프로그래밍을 담당했던 모리스 마코비츠 인터뷰도 참고했다.

33. 마코비츠는 호스테터의 동료 중에서 자신만 이 비밀을 안다고 믿었다.

34. 마커스는 박사 출신이 아닌 트레이더로 최초이던 당시를 회상하며 말했다. "논란이 있었죠. 가장 뛰어나고 똑똑한 인재가 있어야 할 자리라고 모두 생각했기 때문입니다. 에이머스가 밀어붙이지 않았다면 나는 채용되지 못했을 것입니다. 채용된 후 상당한 반대에 부딪혔다고 말할 수는 없습니다. 박사학위를 받았어도 성과가 기대에 못 미친 이들이 있었거든요."

35. 마코비츠는 이렇게 회상했다. "마이크는 전용 제트기가 있었습니다. 하와이에서 결혼식을 하고 싶어서 모든 하객을 자기 제트기에 태워서 갔습니다. 사업가이니 신중하고 낭비하지 않겠지만, 자신의 쾌락과 즐거움을 위해서라면 인생은 짧으니 돈을 써야 한다고 생

각했습니다. 그에겐 용돈이나 다름없었으니까요." Schwager, *Market Wizards* 참조.

36. 웨이마는 이 장을 보고는, 마커스는 펀더멘털에 관심이 컸기 때문에 내 주장처럼 펀더멘털 분석에 대한 커머디티의 입장 변화가 극명하지는 않았다고 반박했다. 하지만 웨이마의 초기 트레이딩에서는 펀더멘털이 차트보다 우세했던 반면, 마커스의 트레이딩에서는 반대로 차트가 우세했음은 의심할 여지가 없다. 마커스는 추세 추종자들은 추세에 펀더멘털이 내재하고 펀더멘털이 작용해서 어떤 방향의 추세를 만들어낼 때까지 기다리면 더 많이 벌 수 있다고 말하곤 했다고 회상했다. 이 장 뒷부분에서 펀더멘털 정보가 없을 때 가장 수익성 높은 기회가 존재한다고 코브너가 말한 것도 참고하라. 계량경제 모델을 강조하고 추세를 언급하지 않은 이 회사 사업설명서와는 상당히 대조적이다.

37. "플로어에는 한 시장의 기술적 내부를 많이 안다는 장점이 있었습니다. 누가 매수하고 누가 매도하는지, 주문이 어떻게 체결되는지, 어디서 중단하는지 알았죠. 단점은 해당 시장에 갇힌다는 것입니다. 면화를 거래하고 있는데 대두가 급등하면 기회를 놓칠 수 있습니다. 나중에는 단일 시장의 기술적 이점을 포기하고 복수 시장에서 선택 거래할 기회를 얻는 것이 낫다고 판단했습니다." 마커스 인터뷰.

38. 같은 인터뷰.

39. 커머디티에는 자유주의자가 몇 있었고 마코비츠는 이렇게 회상했다. "반권위주의적이고 자유주의적인 정서가 많았어요. 많은 사람이 입사할 때는 그렇지 않다가 그렇게 변했다고 생각합니다. 시장을 연구하고 분석할수록, 정부가 시장에 개입하면 100번 중 99번은 아무런 이득이 없고 문제만 발생한다는 것을 알수록 변화가 빨라지는 것 같았습니다."

40. Schwager, *Market Wizards*, pp. 19-20. 가격 규제와 목재에 관해서는 다음 참조. Barry Bosworth, "The Inflation Problem during Phase III", *American Economic Review* 64, no. 2, 1974년 5월 전미경제학회(American Economic Association) 86회 연례행사의 논문과 의사록, William Poole, "Wage-Price Controls: Where Do We Go from Here?" *Brookings Papers on Economic Activity* 1973, no. 1 (1973), p. 292.

41. Jeffry A. Frieden, *Global Capitalism: Its Fall and Rise in the Twentieth Century* (New York: W. W. Norton & Co., 2006) p. 364.

42. Xue-Zhong He and Frank H. Westerhoff, "Commodity Markets, Price Limiters, and Speculative Price Dynamics", *Journal of Economic Dynamics & Control* 29(9) (September 2005): 1,578.

43. 한편 투자자들이 금의 안전성을 추구하자 1979년 여름 금값은 온스당 300달러가 넘었고 그해 겨울에는 800달러를 넘어, 브레턴우즈 체제에서 정한 35달러와 거리가 멀었다.

44. 마커스 인터뷰.

45. 마커스는 "버뮤다에 있는 동안 큰 정부의 성장을 둔화하려고 노력했던 것이 기억납니다. 그것이 내 자유주의에 부합했어요"라고 회상했고, 버뮤다 콘퍼런스에서 웨이마와 충돌했던 일도 떠올렸다. 그 후 몇 년간 경비 삭감을 위해 웨이마를 더 강하게 압박했다.

46. 예를 들어 학교 급식을 제공하던 한 회사는 1973년까지만 해도 식품 가격 급등에 대비해 보험에 가입할 필요가 없다고 생각했지만, 투입 비용이 급증하면서 갑자기 손실이 발생

하자 선물시장을 통해 비용을 고정하는 방식으로 보험에 가입했다. Roger W. Gray, "Risk Management in Commodity and Financial Markets", *American Journal of Agricultural Economics* 58, no.2, May, 1976, pp. 280-285. 이 논문은 1973년 이후 원자재시장이 "투기 대비 헤지 수준이 전례 없이 높았다"고도 지적했다.

47. 커머디티는 곡물 도매업자와 함께 이 허점을 찾아냈다.

48. 커머디티 트레이더들은 호스테터의 제자인 모리스 마코비츠가 호스테터의 트레이딩 아이디어를 요약해서 쓴 '백서'를 공부했다. 트레이더인 버턴 로스버그(Burton Rothberg)도 백서와 배너슨의 영향력을 강조했다. "커머디티는 추세가 생각보다 늘 오래간다는 사실을 배웠습니다. 프랭크 배너슨은 이를 수학적으로 많이 연구했고, 단기적으로 추세는 모든 수준에서 지속되는 경향이 있음을 발견했습니다. 특별한 이유가 없는 한 추세를 따라가고 싶다는 것이 이론의 요지였습니다."

49. Richard J. Sweeney, "Beating the Foreign Exchange Market", *Journal of Finance* 41(1) (March 1986), pp. 163-182; Louis P. Lukac, B. Wade Brorsen, and Scott H. Irwin, "A Test of Futures Market Disequilibrium Using Twelve Different Technical Trading Systems", *Applied Economics* 20, no. 5 (May 1988): pp. 623-639; B. Wade Brorsen and Louis P. Lukac, "A Comprehensive Test of Futures Market Disequilibrium", *Financial Review* 25 (4) (November 1990): pp. 593-622. 모멘텀 효과는 다음 논문이 발표되면서 주류로 자리 잡았다. Narasimhan Jegadeesh and Sheridan Titman, "Returns to Buying Winners and Selling Losers: Implications for Stock Market Efficiency" vol. 48, no.1, *Journal of Finance* March 1993, pp. 65-91.

50. 어윈 인터뷰.

51. 카너먼과 트버스키는 호스테터 사망 후 1979년에 이 분야에서 가장 중요한 논문을 발표했다. Daniel Kahneman and Amos Tversky, "Prospect Theory: An Analysis of Decision Under Risk", *Econometrica* 47, no.2 (March 1979), pp. 263-292.

52. 마커스 인터뷰.

53. Philip Weiss, "George Soros's Right-Wing Twin", *New York*, July 24, 2005.

54. 마커스는 이렇게 회상했다. "처음 만났을 때 브루스는 파트타임으로 택시 운전을 하며 트레이딩을 하고 있었습니다. 나는 그의 깊고 넓은 지식에 놀랐습니다. 나는 난해하고 심오한 이야기로 그를 감동시키려고 했지만 그는 대번에 알아들었고 이미 아는 사실이었으며 거기에 대해 술술 이야기했습니다. 파트타임 택시 기사였지만 그는 이미 우리 동료였습니다."

55. Rosenblum, *Up, Down, Up, Down, Up*, p. 98.

56. 마코비츠 인터뷰.

57. Rosenblum, *Up, Down, Up, Down, Up*, p. 98. 폴 새뮤얼슨은 코브너가 커머디티 사장이 될 것이라는 마커스의 예측을 떠올리며 말했다. "내 대답은 '브루스 코브너는 커머디티의 사장이 될 수 없어'였습니다." 로젠블럼도 코브너를 이렇게 기억했다. "그는 야망이 매우 컸고 그 야망을 실현할 기술도 모두 갖추고 있었습니다. 명석하고 언어 구사력이 뛰어났으며 자신감이 넘쳤고 개인적인 매력도 대단했죠. 헬무트는 브루스에게 완전히 넘

어갔고 직원 대부분처럼 브루스에게 아부하기 바빴습니다. 브루스는 마커스와 매우 가까워졌고 마커스는 그를 보살피며 트레이딩에 대해 많은 것을 가르쳐주었습니다." 한편 코브너는 새뮤얼슨에 대해 "그는 항상 유쾌했습니다. 그는 이런 시장에서 돈을 버는 사람들이 있다는 사실에 어리둥절해하더군요"라고 말했다.

58. 코브너는 원자재의 '효율적인' 가격을 추정하려는 웨이마의 노력이 시장의 방향을 판단하려는 마커스의 노력에 비해 영양가가 적다고 생각했다. 코코아나 그 외 원자재들의 적정 가격 추정은 어렵고 트레이딩 고집으로 이어질 수 있기에 위험이 있었다. 코브너는 인터뷰에서 "레버리지를 이용한 펀드 트레이더는 종점보다는 경로에 집중해야 했습니다"라고 말했다.

59. 1980년 코브너가 채용한 로이 레녹스는 이렇게 회상했다. "브루스와 함께 일하게 되었을 때, 업무를 시작하기 전 그의 비서에게 전화해서 책을 몇 권 추천해달라고 부탁했습니다. 그가 보내준 책 중 하나는 차트 판독에 관한 것이었습니다. '맙소사, 경영대학원에서 차트는 효과 없고 시장이 효율적이라고 배웠는데'라고 생각했습니다. 그러나 브루스는 차트는 시장 심리를 있는 그대로 나타내므로 트레이딩에 매우 가치 있고 필수적인 도구라고 말했습니다."

60. Schwager, *Market Wizards*, p. 32.

61. 코브너와 레녹스 인터뷰.

62. 버턴 로스버그는 이렇게 회상했다. "1970년대 말, 1980년대 초에 외부 자금이 유입되었습니다. 헬무트는 외부 자금 관리를 반대했지만 브루스 같은 사람들은 돈을 받기를 원했습니다. 약간의 저항이 있었죠." 마코비츠는 "우리는 외부 자금 거래에 대해 최소 1년, 길게는 2년 동안 논쟁했습니다. 헬무트는 트레이더들이 자기 통제를 벗어나면 떠날까 봐 불안해했습니다"라고 술회했다.

63. 일레인 크로커는 "우리는 폴 튜더 존스를 고용하려고 했지만 그가 원하지 않았습니다. 폴이 헬무트를 만나려고 프린스턴에 왔을 때, 헬무트는 '기억하게, 자네는 언젠가 돈을 잃게 될 걸세'라고 말했죠. 그 후 폴은 감사 편지에, 자신이 저녁 식사비를 내고도 돈을 잃을 거라는 말을 들었다고 썼습니다"라고 말했다.

64. 커머디티는 수년간 이어가다가 1997년 결국 골드만삭스에 인수되었다. 사실 커머디티의 전성기는 1980년대 초에 끝났다. 1981년 트레이딩에서 많은 적자가 났지만 웨이마는 경상비를 1981년 1,500만 달러, 1982년 2,300만 달러, 1983년 2,700만 달러로 지속 불가능할 정도로 늘렸다. Rosenblum, *Up, Down, Up, Down, Up*, pp. 102, 106, 107 참조.

4장. 금융의 연금술사 조지 소로스

1. 이 역사학자는 1974~1984년 런던정경대 학장 랄프 다렌도르프(Ralf Dahrendorf)였다. 런던정경대의 분위기와 소로스의 초기 생애 서술은 다음 책에서 발췌했다. Michael T. Kaufman, *Soros: The Life and Times of a Messianic Billionaire* (New York: Knopf, 2002).

2. 소로스는 50만 달러가 필요하다고 판단했다. 같은 책, p. 83.

3. 소로스는 2년 전인 1967년에 헤지펀드를 설립한 스타인하트, 파인, 버코위츠와도 알고 지냈다. 그러나 가장 큰 롤모델은 앨프리드 존스였다. "더블이글은 AW존스를 모델로 삼았다"라고 소로스는 회상했다. 소로스의 주니어 파트너였던 짐 로저스가 AW존스의 주요 투자은행인 뉴버거&버먼(Neuberger & Berman)에서 일한 경험이 있었기 때문에 소로스는 AW존스를 더욱 잘 알게 되었다. 다음 참조. John Train, *The New Money Masters* (New York: Harper & Row, 1989), p. 17.

4. 소로스는 인터뷰에서 이렇게 말했다. "재귀성의 핵심은 현실에 대한 오해이며, 바로 여기에서 경제 이론의 근본적인 오해가 시작됩니다. 사람들이 자신의 이익을 위해 행동한다는 것은 이론일 뿐, 현실은 자신의 이익이라고 인식하는 것을 위해 행동한다는 것입니다. 그들의 최선의 이익은 그들 자신이 최선의 이익이라고 믿는 것이 아닐 수 있습니다."

5. 소로스의 투자 노트 '모기지 신탁의 사례'는《금융의 연금술》에 재인용되며 투자신탁의 재귀 논리를 다음과 같이 설명한다. 어떤 신탁이 주당 10달러인 주식 10주, 즉 총자본금 100달러에서 시작해 12달러 이익을 얻었다고 가정해보자. 이 높은 수익률을 보고 신규 투자자 5명이 그 신탁을 주당 20달러에 매수해 펀드 자본금이 200달러가 되었다. 신탁이 새 자본을 첫 번째 투자금만큼 효율적으로 사용한다고 가정하면 이제 15명에게 이익 24달러를 분배하게 된다. 주당 이익은 처음 1.20달러에서 신규 자본 투입 후 1.60달러로 상승할 것이다(George Soros, *The Alchemy of Finance*, Hoboken, NJ: John Wiley & Sons 1987, pp. 64-67). 재귀적 사고를 시장에 적용한 또 다른 예로 소로스는 주가를 끌어올리는 방법을 아는 인수 전문 기업들이 승승장구할 것이라는 점을 관찰했다. 주가가 오르면 자기자본의 가치는 더 커지고, 그 커진 가치로 인수 비용을 지불할 수 있게 되고, 기업 인수는 더 큰 수익과 더 강한 주가를 의미하며, 이 순환이 계속될 것이다(같은 책, p. 59).

6. 대통령이 되고 싶어 하는 미국인들에게 둘러싸여 옥스퍼드를 다닌 로저스는 전 세계에 투자해 '취리히의 요정(gnome of Zurich)'이 되기를 원했다. 1980년 소로스를 떠난 후 원자재 전문가이자《월가의 전설 세계를 가다(Investment Biker)》의 저자로 이름을 알리기 시작했다.

7. 소로스 인터뷰. Robert Slater, *Soros: The Unauthorized Biography, the Life, Times and Trading Secrets of the World's Greatest Investor* (New York, McGraw-Hill, 1996), p. 78.

8. 소로스 인터뷰.

9. George Soros, *Soros on Soros: Staying Ahead of the Curve* (New York: John Wiley & Sons, 1995). p. 49. 소로스는 인터뷰에서 이렇게 덧붙였다. "어떤 이야기가 제법 흥미롭다면 추가 조사에서 허점이 드러나더라도 이야기를 사서 돈을 벌 수 있을 것입니다. 추후 허점을 발견해도 게임에서 앞서나간 것이기 때문에 기분 좋습니다. 그래서 '두 발로 뛰어들고 한 발은 나중에 빼라'라고 말하곤 했습니다."

10. Anise Wallace, "The World's Greatest Money Manager," *Institutional Investor*, June 1981, pp. 39-45.

11. Soros, *The Alchemy of Finance*, p. 42.

12. 같은 책, p. 372.

13. 같은 책, pp. 39, 42, 372.

14. 소로스와 로저스의 관계가 틀어진 것이 누구 책임인지는 논란이 있다. 미공인 소로스 전기에서 로버트 슬레이터는 소로스가 사람을 보는 판단력에 문제가 있고 부하 직원의 업적을 인정하지 못한다고 주장했다. 어느 정도 사실인 것은, 이혼과 심리 치료 같은 광범위한 정서적 변화를 겪던 시기에 로저스와 결별했기 때문이다. 하지만 소로스와 로저스가 개설한 더블이글펀드의 자산운용사 대표인 헨리 아널드(Henry Arnhold)는 인터뷰에서 로저스가 훨씬 더 까다롭다고 기억했다. 로저스와 소로스를 모두 만나본 나는 아널드 쪽에 가깝다.

15. 1985년까지 퀀텀펀드의 성과는 다음 참조. Soros, *The Alchemy of Finance*, p. 150.

16. Soros, *Soros on Soros*, pp. 56-57.

17. 환율 오버슈팅(overshooting)을 주장한 영향력 있는 글은 1976년 MIT 루디거 돈부시(Rudiger Dornbusch)의 〈정치경제학 저널(Journal of Political Economy)〉 논문 "Expectations and Exchange Rate Dynamics"이다. 돈부시는 소로스가 강조한 것과 달리 투기꾼들의 추종 추세에 의존하지 않았고, 상품의 고정 가격과 빠르게 조정되는 자본시장이 상호 작용하면서 통화 충격에 대응함으로써 환율이 오버슈팅한다고 설명했다. 그러나 고정 가격 가정은 1980년대까지만 해도 거시경제학에서 소수 견해였다. (Kenneth Rogoff, "Dornbusch's Overshooting Model After Twenty-Five Years" IMF Working Paper No. 02/39. 2001년 11월 30일 제2회 IMF 연례 콘퍼런스 발표) 돈부시가 소수 견해를 대변한 것을 감안하면 소로스는 허수아비를 공격한 것이 아니었다. 반면 다른 헤지펀드 매니저들은 소로스의 견해에 동조했다. 7장에서 설명한 것처럼 드러켄밀러는 베를린 장벽이 무너진 후 통화에 대한 소로스의 견해가 가치 있다고 깨달았다. Jack D. Schwager, *The New Market Wizards: Conversations with America's Top Traders* (New York: HarperCollins, 1992), p. 203.

18. 소로스는 경제학자들이 금리 변동이 통화 안정에 기여하는 정도를 과장하는 경향이 있다고 주장했다. 미국이 무역적자를 내면 투자금 수요가 상대적으로 적다는 의미이니 금리를 인하할 것이고, 투기꾼들은 달러를 빼내 수익이 더 높은 통화로 자금을 이동할 것이고, 그러면 달러가 약화되어 무역적자가 줄어들 거라고 생각했다. 그러나 실제로 투기꾼들은 달러에서 얻는 이자보다 달러의 추세를 더 중요하게 생각했다. 따라서 1984년 11월 미국 금리가 하락하자 달러 가치는 잠시 주춤한 후 급등했다. 시장의 논리는 금리 하락에 반응해서 달러 가치가 떨어지지 않는다면 상승 추세가 견고하다는 뜻이니 달러를 매수할 때라는 것이었다.

19. 이 결론에서 소로스는 경제학계의 견해를 예상했다. 2002년 당시 IMF 수석 이코노미스트인 하버드대 교수 케네스 로고프(Kenneth Rogoff)는 이렇게 말했다. "경험적 문헌에 합의된 결과가 있다면, 환율 페그제를 사용하는 주요 통화들 간의 환율을 체계적으로 설명할 방법이 전혀 없다는 것입니다." Rogoff, "Dornbusch's Overshooting Model."

20. 소로스는 주식시장 약세가 달러 부족의 원인이고 다른 통화들은 거래 상한선 테스트 중이라고 언급해서 탈주가 일어날지도 모른다고 시사했다. Soros, *The Alchemy of Finance*, pp. 155-156.

21. 같은 책, p. 149. 소로스는 일부 위험 관리 규칙을 느슨하게 준수해서, 자본보다 최근 이익

에 더 많은 위험을 감수했다. 이상하게 들릴 수 있다. 자본은 예년 이익을 나타낼 뿐인데 왜 최근 이익보다 더 보호할까? 그러나 이 규칙은 수익률이 좋은 해에는 큰 위험을 감수하도록 장려하고, 수익률이 부진한 시기에는 냉정하게 접근하게 했다. 트레이더의 성과에 추세가 있다면, 소로스의 규칙은 시장 성과와 일치하는 시기에 위험을 감수하도록 장려하는 효과가 있었다. 마찬가지로 커머디티의 위험 관리 시스템은 트레이더가 원금의 일정 비율을 잃으면 통제했다.

22. "33층에 있는 조지의 개인 식당에서 열린 오찬에 누군가를 초대했고, 조지는 무언가를 전달받고는 갑자기 전화기를 들더니 트레이더에게 포지션을 바꾸라고 주문했습니다. 그는 자신을 완전하게 뒤집을 수 있었습니다." 인터뷰한 게리 글래드스타인은 1985년에 소로스펀드에 입사했고 1989년부터 1999년까지 상무로 일했다.

23. 소로스는 이를 악물고 달러 공매도를 유지했다고 고백한다. Soros, *The Alchemy of Finance*, p.163.

24. 일부 비평가는 소로스가 유럽의 은행 소식통에게서 플라자합의에 대한 정보를 입수했는지 궁금해했다. 하지만 발표 이후 소로스가 엔화를 대량 매수하자 플라자합의를 예견하지 못한 것이 드러난다.

25. "그들이 평생 본 것 중 가장 큰 움직임이었을 것입니다. 그래서 그들은 분명히 엔화를 매도해 수익을 취했습니다. 그리고 나는 이 사람과 12년간 함께 일하면서 언성을 높이는 것도, 욕하는 것도 들어본 적이 없습니다. 나와 같은 방에 한 시간 정도만 있어도 그런 일이 일어날 겁니다. 그는 분명히 언성을 높였고, 이 사람들이 엔화를 매도하는 사실에 화가 났으며, 엔화를 팔지 말고 자신의 계좌로 모두 이체하게 했습니다." 인터뷰한 드러켄밀러는 이 이야기를 당시 소로스펀드에서 일하다가 훗날 자신의 펀드에서 일하게 된 트레이더 스티브 오킨(Steve Okin)에게서 들었다. 다음에도 같은 이야기가 나온다. Schwager, *The New Market Wizards*, p. 208.

26. 드러켄밀러는 인터뷰에서 이렇게 이야기했다. "사람들은 자신에게 만족하고 승리했다고 느끼길 원합니다. 하지만 지금은 정말 정말 불리고 싶을 때입니다. 당신은 더 많이 가질 수 있습니다."

27. 이 엔화와 마르크화 누적액은 이전 일지를 작성한 1985년 9월 6일 설정한 기준선을 초과했다. 다만 플라자합의 후 5일 만에 매수가 이루어진 것으로 보인다. Soros, *The Alchemy of Finance*, p.164.

28. 소로스는 정치적 안테나가 자신의 중요한 무기라고 말했다. "시장을 이해하는 것보다 당국의 심리를 이해하는 것이 더 쉬운데, 시장은 익명성이 강하기 때문이죠. (…) 그래서 호황-불황에 대해서는 시장 자체보다 당국의 행동 방식에 맞춰 생각합니다." 게다가 그는 경제 관료뿐 아니라 정치 지도자들도 잘 알았다. 나중에 그와 함께 일했던 리처드 메들리(Richard Medley)는 1985년 11월 워싱턴에서, 플라자합의 참여국들의 최고 정책 결정자들이 참여하는 회담을 주최했다. 메들리는 회담이 정원 초과인데도 브래들리 상원의원이 전화해서 소로스가 참석할 수 있게 해달라고 요청했다고 회상했다. 게리 글래드스타인은 소로스와 유럽의 퀀텀펀드 후원자들의 인맥이 유용했다고 강조했다. "퀀텀펀드 이사회는 주로 유럽의 개인 은행가들이었습니다. 그들은 두터운 연줄이었고, 매우 존경

받았으며, 때때로 조지가 전화해서 생각을 물었습니다."

29. 추가 매수는 9월 27일~12월 6일에 일어났다. Soros, *The Alchemy of Finance*, pp. 164, 177.

30. 같은 책, p. 176. 실제로 그해 10월 소로스의 회사에 합류해 최고행정책임자로 일한 게리 글래드스타인은 회사 포트폴리오의 레버리지에 깜짝 놀랐다.

31. Soros, *The Alchemy of Finance*, p. 309.

32. Soros, *Soros on Soros*, p. 59. 소로스는 1986년 '통제 기간'을 포함한 실험 기간 15개월 동안 퀀텀펀드 수익률이 114%에 달했다고 강조했다.

33. Anatole Kaletsky, "Thursday Book Review: The Alchemy of Finance," *Financial Times*, July 16, 1987, p. 20.

34. 폴 튜더 존스는 소로스가 조합한 다양한 요소가 어떤 계시였다고 회상했다. "조지 소로스는 시장에서 가장 심오한 사상가 중 한 명입니다. 이 책은 매우 복잡한 분석의 산물로서 서로 맞물린 관계를 살펴봅니다. 그는 모든 것을 하나로 엮어냈습니다. 그것은 교육이었습니다." 유명한 공매도자 짐 체이노스(Jim Chanos)도 그 책이 이정표였다고 믿었다. "이 책은 여러 인식의 전체 피드백 고리로 들어가서 시장에서 얼마나 중요한지를 다루었습니다. 최초로 트레이더가 사실이라고 아는 것을 여러분의 사고 프레임에 넣어 토론하고 테스트할 수 있게 했습니다." 훗날 소로스의 회사에서 일하게 된 스콧 베센트(Scott Bessent)는 자신의 반응을 이렇게 회상했다. "나는 당시 스물다섯 살이었는데 누군가 이 책을 읽고 이런 식으로 투자하리라고 믿을 수 없었습니다. 이것과 이것 일부를 보유하고 저것 일부를 공매도할 것입니다. 그의 위험 관리는 그의 머릿속에 있었죠. 어떤 펀드도, 어떤 펀드 관계자도 그에게 돈을 주지 않았을 것입니다."

35. 폴 튜더 존스, 《금융의 연금술》 초판 서문, p. xvi.

36. 1980년대 후반 소로스의 회사에서 일했던 짐 체이노스는 회상했다. "지금까지 들어본 곳 중에서 가장 조용했습니다. 사람들이 점심시간에 그 주 두 번째로 저크치킨을 만들었다며 요리사에게 소리 지른 것이 가장 시끄러웠습니다. (…) 스타인하트는 많이 달랐습니다. 사람들이 비명을 질렀습니다. 마이클은 사람들을 해고했다가 다음 날 다시 고용했습니다. 사람들에게 샌드위치를 집어 던지기도 했죠. 정말 다른 분위기였습니다."

37. John J. Curran, "Are Stocks Too High?" *Fortune*, September 28, 1987, p. 28.

38. James B. Stewart and Daniel Hertzberg, "Before the Fall," *Wall Street Journal*, December 11, 1987, p. 1.

39. 드러켄밀러 인터뷰.

40. 미 하원 조세무역위원회는 일부 이자 비용에 대한 감세를 없애고 '그린메일'에 세금을 매기는 법안을 고려하고 있었다. 그린메일은 기업 사냥꾼의 인수합병을 막기 위해 기업 사냥꾼에게서 시장가보다 높게 주식을 매수하는 것이다. Mark Carlson, "A Brief History of the 1987 Stock Market Crash with a Discussion of the Federal Reserve Response" (Federal Reserve discussion paper, November 2006).

41. Soros, *Soros on Soros*, p. 60. 인터뷰에서 소로스의 생각을 확인했다. "나와보니 시장이 하락했고, 시장을 따라갈 걸 그랬다고 생각했습니다. 따라갔다면 한결 가벼워졌을 것입니다."

42. 드러켄밀러 인터뷰.

43. Schwager, *The New Market Wizards*, p. 199.

44. 드러켄밀러 인터뷰.

45. 월스트리트의 증권 거래인은 시버트파이낸셜(Siebert Financial)의 뮤리얼 시버트(Muriel Siebert)였다. 다음에서 인용. Corey Hajim and Jia Lynn Yang, "Remembering Black Monday," *Fortune*, September 17, 2007, p. 134.

46. 메들리 인터뷰.

47. 드러켄밀러 인터뷰.

48. 드러켄밀러가 말한 그대로 기록했으며 그는 '매우 선명한 기억'이라고 했다.

49. 드러켄밀러의 표현이다.

50. 드러켄밀러가 말한 대화 내용이다.

51. 드러켄밀러는 회상했다. "〈배런즈〉 일요일 아침판을 읽고 소름이 돋았습니다. 포지션을 매도한 사람이 바로 소로스였거든요."

52. 로버트 밀러는 대출 담보로 퀀텀펀드 주식을 보유한 런던의 대출기관이 계약보다 많이 보유했는데도 내놓지 않아서 위기를 촉발할 뻔했다고 말했다. 퀀텀과 브로커의 관계를 관리하는 것이 밀러의 업무였다.

53. 소로스 인터뷰.

54. "A Bad Two Weeks—A Wall Street Star Loses $840 Million," *Barron's*.

55. 1987년 11월 2일.

56. 게리 글래드스타인 인터뷰.

57. Steinhardt, *No Bull*, p. 176.

58. Ivan Fallon, "Quantum Loss," *Times* (London), November 15, 1987.

59. Howard Banks, "Cover Boy," ed. Gretchen Morgenson, *Forbes*, November 30, 1987, p. 12.

60. 1981년 스타인하트는 펀드 가치의 3배 가까이를 금리 하락에 베팅함으로써 채권시장 진출을 선언했고, 이듬해 이 베팅이 적중하면서 78%라는 놀라운 수익률을 기록했다.

61. 원자재시장 출신인 폴 튜더 존스는 소로스의 《금융의 연금술》이 혁명적인 책이라고 묘사했다. "추세 추종의 시기였음을 기억하세요. 기술적 분석이 정점에 달했지만 (…) 사회, 정치, 경제적 사건의 과정을 이해하려는 지적 프레임워크는 눈에 띄게 잊혔습니다." 주식시장 출신인 드러켄밀러는 반대 이유로 그 책에 충격받았다. 소로스가 펀더멘털 분석의 아성을 깨고 기술적 신호에 따라 매매할 태세였기 때문이다. 소로스는 이 책에서 "퀀텀펀드는 주식시장 펀드와 원자재 펀드의 특징을 결합한 것"이라고 썼다.

62. 매크로 투자와 마이크로 투자가 융합되기도 했다. 경제 전반을 관찰하는 헤지펀드 투자자와 특정 종목만 관찰하는 헤지펀드 투자자는 서로의 기법을 차용해 다양한 성공을 거두었다. 예를 들어 튜더 대표인 마크 댈턴(Mark Dalton)은 1980년대 말과 1990년대 초, 튜더와 줄리언 로버트슨의 타이거펀드 사이에 있었던 대화를 회상했다. "우리는 아마 3~4년에 걸쳐 대화했습니다. (…) 둘 다 그 영향을 받았다고 생각합니다. (…) 우리는 상호 보완적인 분석 능력과, 주식 매수·공매도에서 매크로로 이어지는 정보 흐름이 매우 유용할 수 있음을 확실히 보았습니다."

63. Donald MacKenzie, *An Engine, Not a Camera: How Financial Models Shape Markets* (Cam-

bridge, MA: The MIT Press, 2006), p. 206.

64. 같은 책, p. 193.

65. 게다가 후방 부서 시스템 붕괴는 많은 문제를 초래해 시장이 삐걱거리고 공포가 확산되었다. 포트폴리오 보험만이 문제는 아니었다.

66. Soros, *The Alchemy of Finance*, p. 5.

67. MacKenzie, *An Engine, Not a Camera*, p. 114.

68. 같은 책, p. 115.

69. 1970년대 중반, 소형주 성과가 대형주를 능가하는 것으로 나타났고, 이후 연구자들은 이 성과가 1월 첫 2주에 집중된다는 사실을 발견했다. 기업 규모나 변동성이 수익률에 반영될 수 없다는 효율적 시장 이론을 뒤흔드는 결과 같았다. 그러나 소형주 효과와 1월 효과가 알려지자 투기꾼들이 덤벼들어 차익거래가 사라졌다. 이론가들의 예측대로 정보에 밝은 소수 투자자가 가격을 효율적인 수준으로 끌어올렸다. 2002년 연구에서는 확인 이후 소형주 효과가 사라지고 1월 효과는 절반으로 줄어든 것으로 밝혀졌다. G. William Schwert, "Anomalies and Market Efficiency," working paper 9277, *National Bureau of Economic Research*, 2002.

5장. 종목 선정의 대가 줄리언 로버트슨

1. 젠슨과 버핏의 논쟁은 Lowenstein, *Buffett*, pp. 316-318에서 가져왔고, 버핏의 연설은 컬럼비아 경영대학원 잡지 〈Hermes〉에 실린 "The Superinvestors of Graham-and-Doddsville"에서 가져왔다.

2. 버핏은 그레이엄 후계자들이 독립적으로 각자의 기록을 세웠다는 점을 강조했다. 만약 그들이 서로를 모방했다면 비슷한 수익률로는 아무것도 증명할 수 없었을 것이다.

3. 이 장과 책 후반부에 나오는 줄리언 로버트슨의 이야기는 주로 전·현직 직원 12명과 25시간에 걸쳐 대화한 것을 바탕으로 작성했고, 이들 대부분은 신원을 밝히고 싶어 하지 않았다. 또 로버트슨이 1980~2000년 투자자들에게 보낸 방대한 서한도 바탕이 되었다. 이 서한 전문을 제공하고 인터뷰에 응해준 로버트슨에게 감사의 마음을 전한다.

4. 조지 소로스는 트레이더의 외로움과 객관성을 이렇게 회고했다. "자선활동이 수익 추구로 인한 고립에서 구해주었다. (…) 정치, 개인, 비즈니스 등 대부분의 사회적 상황에서는 자신과 타인을 속이는 것이 가능하다. 그러나 금융시장에서는 실제 결과가 환상일 여지는 거의 없다." Soros, *The Alchemy of Finance*, p. 43.

5. 로버트 버치 이메일.

6. 소프 매켄지 인터뷰와 이메일.

7. 로버트슨은 위임하겠다는 태도를 취했지만 허상이었다. 전직 애널리스트 드와이트 앤더슨은 전 동료들이 사적으로 했던 말을 공개했다. "타이거의 전 직원은 애널리스트에 불과했고 줄리언이 유일한 포트폴리오 매니저였습니다." Steven Drobny, *Inside the House of Money*, Hoboken, NJ: John Wiley & Sons, 2006. p. 253.

8. 1970년대 키더피보디에서 로버트슨의 동료였고 타이거 설립 이후 후배 파트너였던 소프 매켄지는 로버트슨이 앨프리드 존스를 언급한 일을 회상했다. "시장이 상승할지 하락할지 몰라도 시장에 나가 매수 또는 공매도 포지션을 취할 주식을 고르면 된다는 앨프리드 존스의 말을 줄리언은 항상 인용했고, 내게 처음 한 말도 그것이었습니다."

9. 줄리언 로버트슨, 1983년 3월 8일 투자자 서한.

10. 예를 들어 로버트슨은 1985년에 S&P500 파생상품을 사들였고 7월 1일 투자자 서한에서 이렇게 설명했다. "은행과 투자자문사 대부분은 이런 '투기적' 옵션을 사용하는 것에 손을 내저을 것입니다. 하지만 현실에서 이보다 더 보수적인 방법이 있을까요?" 비슷한 시기에 버핏은 파생상품을 조롱하고 파생상품 수익에 100% 세금을 부과하라고 제안했다.

11. 로버트슨, 2000년 3월 30일 투자자 서한.

12. 로버트슨, 1995년 2월 17일 로버트 카(Robert A. Karr)에게 보낸 편지.

13. Daniel A. Strachman, *Julian Robertson: A Tiger in a Land of Bulls and Bears*, Hoboken, NJ: John Wiley & Sons, (2004), p. 62.

14. 타이거는 1980~1997년의 18년 중 14년 동안 S&P500지수를 상회하는 수익을 올렸다. 이 기간의 매수와 공매도 포지션 균형은 다양했다. 예를 들어 1987년 말 매수 포지션은 70% 미만이어서 시장지수 상승의 3분의 2 정도만 따라잡을 수 있다는 의미였다. 그러나 이듬해 S&P500지수는 16.6% 상승한 반면 타이거는 21.6% 상승했다. 얼마 후인 1994년 4월, 로버트슨은 투자자들에게 타이거의 매수 포지션 비중이 50%라고 알리면서 지난 몇 년의 평균치라고 덧붙였다. 로버트슨, 1994년 4월 8일 투자자 서한.

15. 작은 기업의 주식은 상대적으로 창업자나 이사들이 소유할 가능성이 높고, 이들은 타이거 같은 매수자에 싸게 매도해 손쉽게 부를 창출할 수 있다. 반면에 주식을 매도하는 내부자는 때때로 매수자에 비해 정보적 우위를 점할 수 있다.

16. Maggie Mahar. *Bull!: A History of the Boom and Bust, 1982-2004*, New York: HarperBusiness, 2004., p. 56.

17. 로버트슨 인터뷰.

18. 로버트슨, 1985년 1월 17일 투자자 서한.

19. Katherine Burton, *Hedge Hunters: Hedge Fund Masters on the Rewards, the Risks, and the Reckoning* (New York: Bloomberg Press, 2007), p. 4.

20. Julie Dalla-Costa, "Tigers ... Together?" *Absolute Return*, July/August 2008, p.29.

21. 전직 타이거 직원이 회상했다. "그는 특별하게도 아주 균형적인 사람이었습니다. 과제를 하지 않았거나 분석에 결함이 있다고 생각하면 매우 공격적이고 대립을 일삼았습니다. 하지만 뛰어난 일을 해냈거나 뛰어난 결과를 만들어냈다고 생각하면 공개적으로 칭찬을 아끼지 않았습니다. 그의 큰 호랑이가 되는 것이죠." 로버트슨은 아이디어를 최고 또는 최악이라고 불렀다.

22. 타이거 졸업생은 말했다. "줄리언은 L자 데스크의 중앙에 앉았습니다. 정말 굉장했어요. 우리는 모두 가까이 있었고 줄리언도 바로 옆에 있었죠. 모두가 서로의 대화를 엿들었습니다. 정보와 아이디어가 끊임없이 흘러나왔죠. 최고 투자자 중 한 명이 바로 옆에 있었던 겁니다. 매일매일 신났습니다." 또 다른 타이거 졸업생이 말했다. "프라이버시라는 개

넘이 없었습니다. 아침 7시에 출근해서 오후 5시에 퇴근했고 그 시간 동안 항상 '온(on)' 상태여야 했습니다. 사적 통화는 금지였어요. 회사, 아이디어, 산업, 뉴스에 관해서 이야기했죠. 줄리언은 시끄러웠어요. 모든 대화를 들을 수 있었습니다."

23. 전직 타이거 직원이 회상했다. "내가 공매도 아이디어를 제시하자 그는 '음, 알다시피 내 친구가 그 주식의 가장 큰 황소야'라고 말했습니다. 우리는 황소-곰 논쟁을 벌였죠. 그는 그 친구에게 전화를 걸었습니다. 나는 내 생각을 말하고 그는 자기 생각을 말했죠. 줄리언이 결정했습니다."

24. 백악관에서 화장실로 옮겨진 사람은 루 리치아델리였다.

25. "폴을 처음 만났을 때는 돈이 많아 보이지 않았습니다. 우리 친구 중에 회계사가 있었습니다. 그가 내 회사에 투자한 것은 우리 모두 야구광이었기 때문이라고 확신합니다." 로버트슨 인터뷰.

26. 파트너에게서 아이디어를 얻는 것을 묻자 로버트슨은 "우리는 정말 권장했고 많이 요청했습니다"라고 대답했다. 전직 타이거 직원은 1986년 타이거가 CEO들과 기타 인맥 있는 사업가들에게서 자금을 받기 위해 퓨마(Puma)라는 신규 펀드를 만들었다고 회상했다. "우리는 그런 사람들을 이 펀드에 넣고 싶었습니다." 1960년대 후반에 문의가 빗발치자 규제당국은 헤지펀드가 부유한 투자자들의 정보에 접근하는 것에 의문을 제기했지만 이 채널을 막는 규정은 공표하지 않았다. 회사 임원진과 이사는 내부 정보를 공개하지 않는 한 헤지펀드와 다른 사람에게 자유롭게 주식을 추천할 수 있다.

27. 타이거 졸업생은 말했다. "대표님이 회의에 참석하면 저는 '대표님이 오면 경영팀은 회사 운영자를 보게 되어 기쁘지만, 최근 이 분야에 대해 이야기한 적이 없잖아. 그가 무엇을 알게 될지 궁금해'라고 생각했습니다. 그리고 그가 아는 것이 불가사의했습니다."

28. 짐 체이노스 인터뷰와 이메일.

29. Julie Rohrer, "The Red-Hot World of Julian Robertson," *Institutional Investor*, May 1986, p.134.

30. 로버트슨은 1985년 투자자 서한에서, 지난 몇 달 동안 손해를 봤음에도 불구하고 복제약 주식이 확실한 승리라고 썼다. "나는 매우 확신해서, 정신적으로는 과거의 손실로 미래의 수익을 거의 확보하고 있습니다."

31. 2007년 11월 14일 존 그리핀이 아이멘토(iMentor)를 대표해서 헤지펀드 여성 직원 100명에게 행한 연설.

32. Strachman, *Julian Robertson*, p. 200.

33. 타이거의 베테랑은 타이거와 전통적 펀드의 매니저가 다른 점을 이렇게 정리했다. "우리와 그들이 있었습니다. 뮤추얼펀드인 그들은 바보 같은 돈, 지수화된 돈, 신경 쓰지 않는 돈을 운용했습니다. 우리는 우리가 하는 일이 너무 다르다고 생각했습니다. 우리는 성과에 따라 보수를 받았고 공매도와 매수를 오갔죠. 레버리지를 사용했고 수익도 있었습니다. 매년 30~40% 수익률을 낼 수 있다고 생각하며 투자에 임했습니다. 우리는 그렇게 할 것입니다."

34. 로버트슨, 1991년 2월 4일 투자자 서한.

35. "존과 나는 전 세계 테니스코트를 누비며 치열하게 경쟁했습니다." 로버트슨 인터뷰.

36. 로버트슨, 1991년 2월 4일 투자자 서한.

37. Gary Weiss, "The World's Best Money Manager—What You Can Learn from Julian Robertson," *BusinessWeek Assets*, November/December 1990.

38. 로버트슨, 1991년 2월 4일 투자자 서한.

39. 존 그리핀과 줄리언 로버트슨이 회상한 대화 내용이다.

40. 로버트슨, 1994년 11월 10일 투자자 서한.

41. 로버트슨은 잡지 인터뷰에서 소로스에 대해 "1981년에는 우리가 그를 죽도록 이겼고, 1982년에는 그가 우리를 이겼고, 1983년에는 우리가 그를 죽도록 이겼고, 1984년에는 우리가 다시 그를 죽도록 이겼고, 1985년에는 그가 엄청난 한 해를 보냈습니다"라고 말했다. 놀랍게도 로버트슨은 모두 외우고 있었다(Rohrer, "The Red-Hot World of Julian Robertson," p. 134). 1996년 로버트슨은 소로스가 분데스방크 총재 한스 티트마이어와 약속을 바로 잡을 수 있었지만 자신은 청중을 만나기 위해 애써야 했다며 한탄했다 (Gary Weiss, "Fall of the Wizard," *BusinessWeek*, April 1, 1996). 로버트슨을 아는 헤지펀드 매니저는 이렇게 말했다. "줄리언은 항상 소로스가 되고 싶다는 열등감이 있었습니다. 모건스탠리 대 골드만삭스 같았죠. 그는 소시처럼 되기 위해서 매크로맨(Macro Man)이 되어 뛰어나냈을 깃입니다."

42. 타이거가 재정적으로 의미 있는 포지션을 취할 종목을 찾기가 어려웠기 때문에 애널리스트 일부는 좌절하고 회사를 떠났다. 예를 들어 타이거 원자재 애널리스트 출신인 드와이트 앤더슨은 토로했다. "내가 투자할 수 있는 주식의 세계가 약 20개 종목으로 축소되었습니다."(Drobny, *Inside the House of Money*, pp. 251-252) 시장이 더 깊어지고 유동성이 커지면서 매수·공매도 주식형 펀드의 관리 가능 한도가 높아졌지만, 새끼 호랑이 대부분이 펀드 성장을 통제하려고 노력했다는 점은 주목할 만하다.

43. "일본은 여전히 매수와 공매도 양쪽의 비옥한 사냥터입니다. 실물 분석이 부족하고 펀더멘털 밸류에이션을 무시하는 시장 심리 때문에 기회가 있습니다." 줄리언 로버트슨, 1992년 9월 9일 투자자 서한.

44. 팀 쉴트(Tim Schilt), 1995년 8월 21일 타이거 직원에게 보낸 내부 메모.

45. 플라자합의 다음 날 로버트슨은 달러 관련 베팅으로 830만 달러를 벌어들여서 하루 수익 중 최고를 기록했지만, 소로스가 월요일에 챙긴 3,000만 달러에 비하면 여전히 적었다. Rohrer, "The Red-Hot World of Julian Robertson", p. 134.

46. 로버트슨은 파트너들에게 이렇게 썼다. "드러켄밀러, 존스, 소로스의 거시경제 이해는 나와는 다른 리그에 있습니다."(1991년 4월 5일 투자자 서한) 드와이트 앤더슨은 재치 있게 이렇게 말했다. "주식에서 줄리언은 경험이 많았기에 훌륭한 성과를 거둘 수 있었지만, 원자재와 매크로에서는 40년 경험이 없어서 애널리스트에게 더 많이 의존했습니다."(Drobny, *Inside the House of Money*, p. 250.)

47. 1993년 말, 타이거의 제약주 애널리스트였던 아닐드 스나이더가 스스로 목숨을 끊었다. 이후 3년 동안 경력자들의 이탈이 이어졌다.

48. 이 일화는 목격자 3명과 대화해서 재구성했다.

6장. 로큰롤 카우보이 폴 튜더 존스

1. 1984년 트레몬트파트너스(Tremont Partners)의 산드라 만스케(Sandra Manske)가 실시한 설문조사에서는 헤지펀드가 단 68개뿐이었으므로, 1973~1987년에는 헤지펀드가 100개 미만이었다고 추정된다. 1990년과 1992년 수치는 헤지펀드리서치(Hedge Fund Research)에서 나왔다.

2. 〈포브스〉에 실린 표에는 자산이 10억 달러 이상인 헤지펀드가 10개로 나온다. 빅3와 커머디티 3총사가 있고 나머지 4개 사는 레온 레비(Leon Levy)와 잭 내시(Jack Nash)의 오디세이파트너스(Odyssey Partners), 레온 쿠퍼먼(Leon Cooperman)의 오메가파트너스(Omega Partners), 필립 헴플먼(Philip Hempleman)의 어즐리파트너스(Ardsley Partners), 존 헨리의 존 W. 헨리(John W. Henry)다. Dyan Machan and Riva Atlas, "George Soros, meet A. W. Jones," *Forbes*, January 17, 1994 참조.

3. Douglas Bauer, "Prince of the Pit," *New York Times*, April 25, 1976.

4. 이 이야기는 루이스 베이컨의 무어캐피털에서 일했던 존 포터에게서 들었다. Drobny, *Inside the House of Money*, p. 145 참조. 마찬가지로 1987년 〈배런즈〉 인터뷰에서 존스는 이렇게 말했다. "뉴스는 시장에서 과대평가되고 있습니다. (…) 선물시장은 뉴스를 무색하게 할 정도로 새로운 발전에 매우 빨리 반응합니다. 기억할 것은 주가가 뉴스를 만드는 것이지, 뉴스가 주가를 만드는 것이 아니라는 사실입니다." Jonathan R. Laing. "Trader with a Hot Hand—That's Paul Tudor Jones II." *Barron's*. June 15, 1987 참조.

5. 존스의 오랜 동료는 말했다. "폴은 30년간 사람들의 반응을 평가하면서 한 해도 손실 없이 돈을 벌었다고 말합니다. 그는 어떤 정보가 있으면 그에 대한 사람들의 반응을 평가합니다. 두려움, 희망 등등. 그게 비즈니스의 전부입니다." 다른 동료는 말했다. "존스는 시장에 대한 감각이 풍부했습니다. 가격을 보고 사람들과 대화하면서 가격이 어떻게 움직일지, 얼마나 많은 사람이 같은 포지션일지 알아냅니다. 예를 들어 많은 사람이 같은 포지션을 보유하는 경우, 상황이 반전되면 매우 빠르게 악화될 수 있습니다."

6. 전직 피트 트레이더는 존스의 테크닉을 이렇게 묘사했다. "한 트레이더가 2,000계약을 매수할 것을 알았다고 가정해봅시다. 그는 개인이고 투기하고 있습니다. 시장이 급락하기 시작하면 그는 빠져나가려고 할 겁니다. 당신이 그의 위험 심리를 이해하기 때문입니다. 따라서 당신에게 대량 주문이 들어오면 피트에서 조용히 기다린 다음, 피트 한가운데로 걸어 나가서 대량으로 매도할 준비가 되었다고 최대한 크게 소리치기 시작합니다. 영화관에서 '불이야' 소리치는 것처럼요. 당신이 패닉을 시작하는 겁니다. 시장을 하락시키고, 모두가 매도하기 시작하고, 매도세가 최고조가 되면 처음에 매도한 것 이상을 매수해서 주문을 완료하십시오."

7. Scott McMurray, "Quotron Man: Paul Tudor Jones II Swaggers and Profits Through Futures Pits," *Wall Street Journal*, May 10, 1988. Stephen Taub, David Carey, Amy Barrett, Richard J. Coletti, and Jackie Gold, "The Wall Street 100," *Financial World*, July 10, 1990, p. 56.

8. *Trader: The Documentary*, 1987, Glyn/Net Inc.

9. 존스가 자신의 성공 원인을 제대로 파악하지 못한 사례 중 하나에서, 존스에게 투자한

커머디티는 그가 가장 잘 안다고 생각했던 면화시장에서 돈을 잃는 경향이 있다고 분석했다. 존스는 이 분석을 인정하기 어려워했다.

10. 1987년 〈배런즈〉에 보도된 글은 이렇다. "그리고 1년 전 4월, 존스의 연구 책임자인 27세 피터 보리시는 1920년대 강세장과 1982년 이후 강세장의 일일 기록을 추적했다. 그는 시작 시기를 다소 조정해서 엉터리로 측정했다고 인정한다. 월요일 아침 책임자로서 1925년 2월에 발생한 1920년대 경기 침체 카운트다운과, 1982년 10월에 발생한 시장 상황이 특히 잘 맞는 것을 보았다. 보리시는 '1921년 경기 침체와 1979년 카터 금융위기라는 심각한 정서적 저점이 발생하고 4년 후 똑같이 두 사건이 시작되었기 때문에 완전히 엉터리는 아니'라고 설명한다." Jonathan R. Laing, "Trader with a Hot Hand—That's Paul Tudor Jones II," *Barron's*, June 15, 1987.

11. 같은 글에서 〈배런즈〉는 보리시가 1988년 2월 대폭락을 예측했다고 보도했고, 1986년 〈트레이더〉 다큐멘터리에서도 보리시는 1988년 3월 대폭락을 예측했다. 폭락 여파에 대한 존스의 예측은 훨씬 더 빗나갔다. 〈트레이더〉에서 그는 경제 회복에 6~8년이 걸릴 거라고 예측했다.

12. Schwager, *Market Wizards*, p. 130.

13. 1987년 〈배런즈〉 인터뷰에서 존스는 말했다. "프레히터는 놀라운 성과를 올린 덕분에 시장의 강자가 되었고, 그래서 우리는 그를 퇴출하기로 했습니다. 같은 이유로 그는 역대 최고의 자리에 오래 머물 것입니다."

14. 이 인용문은 〈트레이더〉에서 가져왔다. 존스는 이런 말도 했다. "나는 내가 최고의 시장 기회주의자라고 생각합니다. 다시 말해 시장 아이디어를 개발하고 나면 그 아이디어가 반복적으로 틀렸다고 입증될 때까지, 혹은 관점을 바꿀 때까지 매우 낮은 위험에서 계속 따릅니다." Schwager, *Market Wizards*, p. 129. 엘리엇 파동에 대한 논리를 구체적으로 설명하면 이렇다. "투자 매니저가 저기 앉아서 시장이 어떤 방향으로 갈지 결정한다는 개념 자체가 문제입니다. 그는 이 게임에서 승리하는 데 필요한 경쟁심이 없기 때문에, 나는 그런 사람이 내 돈을 운용하는 것을 원치 않습니다."

15. 존스는 시장을 위한 대본 작성법을 자세히 설명하면서 이렇게 말했다. "내 마음을 공매도 포지션에 맞춘 다음 내가 다양한 사건에 감정적으로 어떻게 반응할지, 무엇에 밀려날지 봅니다. 거기서 공매도자가 항복할 테니 그날의 고점일 것입니다. 눈을 감고서 내가 매수한다고 상상합니다. 좋아, 내가 어느 지점에서 긴장하지? 어디에서 '맙소사, 나가야 하나?'라고 말하게 될까? 이것이 내가 예상하는 그날의 저점입니다. 매수와 매도의 멋진 진입점을 결정하는 데 중요한 준비입니다. 아시다시피 모든 등락은 이러한 감정적 극단이 타격을 입는 상황에서 나옵니다. 실행은 게임의 절반입니다."

16. 전직 타이거 직원은 이렇게 회상했다. "폴 튜더 존스는 트레이더입니다. 1987년에 우리 모두 시장 위험을 매우 잘 알았어요. 폭락하자 존스는 많은 돈을 벌었습니다. 그는 1987년 여름 타이거의 조찬 모임에서 모멘텀과 기술, 트레이딩을 이야기했습니다. 줄리언의 마음속 지도에는 이를 위한 공간이 없었습니다. 우리는 일본과 미국이 과대평가되어 있다고 말했고, 폴은 기술적으로는 가을이 오는 듯 보인다고 말했습니다. 그는 튜더의 공매도 전용 계정을 우리에게 맡길 수도 있다고 말했지만 우리는 그냥 넘겼습니다. 그러나

기원이 매우 다른 위험에 대해 같은 느낌을 공유했습니다."

17. 1990년대에 존스 밑에서 일했던 수실 와드와니는 트레이더로서의 유연성을 강조했다. "폴과 아침에 이야기하고 나면 그가 무언가를 매수할 것입니다. 다음 날, 시장이 하락해서 그가 돈을 잃었을까 봐 두렵겠지만, 말을 걸어보면 그가 마음을 바꾸어 공매도로 갔다는 사실을 발견할 것입니다. 엄청난 유연성입니다. 이 게임은 어떤 관점에 얽매이지 않고 고정되지 않는 것이 매우 중요합니다."(Drobny, *Inside the House of Money*, p. 171.) 마찬가지로 루이스 베이컨은 원자재 트레이더와 주식 트레이더의 구분을 강조했고 투자자 서한에 이렇게 썼다. "선물 배경의 트레이더들은 시장 행동에 더 '민감한' 반면, 가치투자에 기반한 주식 트레이더들은 시장에 덜 반응하고 회사나 상황의 생존 가능성 평가에 훨씬 더 집중하도록 훈련받았습니다."(Riva Atlas. "Macro, Macro Man," *Institutional Investor*, vol. 34, no. 7, July 2000, pp. 44-56.)

18. 1987년 폭락을 존스는 이렇게 설명했다. "1987년 폭락 당시 엄청난 파생상품 사고가 기다리고 있었습니다. 당시 시장에는 주식이 하락하기 시작하면 이들 파생상품을 만든 사람들이 어쩔 수 없이 매도해서 더 많은 매도세를 만들어낸다는 의미의 포트폴리오 보험이 있었기 때문입니다. 따라서 시장이 하락하기 시작하면 매도가 폭포처럼 쏟아질 상황임을 알았습니다."

19. 루이스 베이컨 인터뷰.

20. Schwager, *Market Wizards*, p. 134.

21. 1987년에 약 40% 수익률을 올린 루이스 베이컨은 존스와 같은 방식으로 채권시장을 매수함으로써 수익 대부분을 올렸다. 브루스 코브너는 1987년 폭락 이후 주식 공매도보다 채권 포지션에서 더 많은 돈을 벌었다고 회상했다.

22. 존스는 1990년 5월 〈배런즈〉와 일본 거래를 논의하면서 이렇게 말했다. "저평가 여부를 판단하는 것은 싸움의 일부일 뿐입니다. 중요한 것은 시장이 나에게 유리하게 움직이려는 정확한 순간에 포지션에 진입할 타이밍을 잡는 것입니다. 시장은 한 번에 몇 달 또는 몇 년 동안 저평가 상태를 유지할 수 있습니다. 이런 포지션에서 자원을 낭비하고 싶지 않을 것입니다. 사실 머리에 총을 들이대고 펀더멘털 분석과 기술적 분석 중 하나를 선택하라고 하면 나는 매번 기술적 분석을 택할 것입니다." Jonathan R. Laing. "Past the Peak—Super Trader Paul Tudor Jones Bearish on Most Markets." *Barron's*. May 7, 1990.

23. 존스는 1990년 2월과 5월 〈배런즈〉 인터뷰에서 일본에 대한 관점을 광범위하게 설명했다. 이는 1985년 플라자합의 거래 당시 소로스의 '실시간 실험'에 가까운 내용을 담았다. 다음 기사들 참조. Laing, "Past the Peak", "Barron's Roundtable 1990: Bargains and Bubbles—Part I—Baron, Lynch, Jones, and Rogers Pinpoint Plenty of Both." *Barron's*. February 5, 1990.

24. 2000년 인터뷰에서 존스는 다른 플레이어의 포지션을 이해하는 것이 중요하다고 강조했다. "트레이딩 관점에서 성공하는 비결은 정보와 지식에 대한 끊임없는 갈증을 해소하는 것입니다. 모든 매수자와 매도자의 동기를 완전히 이해하고 어떤 일이 일어날지 꽤 질 파악할 수 있는 특정 상황이 있다고 생각하기 때문입니다. 그리고 가능한 한 모든 정보를 찾기 위해 엄청난 양의 노력과 헌신이 필요합니다."

25. 1990년 1월 일본의 단기 금리는 7.25%였고 장기 채권 수익률은 훨씬 높았다.

26. 1990년 2월 〈배런즈〉 라운드테이블 인터뷰에서 존스는 닛케이지수가 약 36,500까지 하락한 후 반등할 것이라고 정확히 예측했는데, 그 지점에서 지난 11월 닛케이가 상승 랠리의 마지막 단계를 돌파했기 때문이다. 존스는 또한 반등이 약하면 시장이 다시 하락할 것이라고 말했다. 정확한 예측이었다.

27. 1990년 5월, 존스는 〈배런즈〉 인터뷰에서 기괴할 정도로 정확하게 말했다. "일본은 아직 하향세여서 갈 길이 멉니다. 그러나 늦여름이 되어야 슬라이드가 재개될 것 같습니다. (…) 저는 지금 일본을 가볍게 매수하고 있습니다." 존스는 또한 이번 하락이 일본 경제에 심각한 결과를 가져올 것이라고 예측했다. 도쿄 시장의 주식은 가치가 4조 달러로서 일본 GDP 160%에 해당했다. 닛케이지수가 20% 하락하면 일본 GDP 35%에 상당하는 8,000억 달러가 사라진다. 존스는 부가 이렇게 많이 소멸되면 '엄청난 경제 위축'을 촉발할 것이라고 예측했다. 물론 일본 경제는 10년의 대부분 침체된 상태였다. Laing, "Past the Peak."

28. 존스는 시장의 펀더멘털과 무관하게 연말이 되면 면화 농부들의 헤지 매도 압력이 다가오던 때를 기억했다. "농부들은 조금만 기다리면 가격이 어떻게든 개선될 것이라는 희망에 매달렸습니다. 물론 이 희망은 내부분 좌설되었지만 우리는 이 현상에서 활용할 점을 얻었습니다." Laing, "Trader with a Hot Hand."

29. 존스는 뉴올리언스에서 견습생으로 활동하던 시절, 면화 트레이더 일라이 툴리스(Eli Tullis)에게서 가시성의 가치를 배운 것으로 보인다. 존스는 툴리스에 대해 이렇게 말했다. "모두가 항상 그의 포지션을 알았습니다. 그는 태그하기 매우 쉬웠습니다. 일라이의 태도는 '젠장, 정면으로 맞설 거야' 식이었죠." Schwager, *Market Wizards*, p. 121.

30. *Trader: The Documentary*.

31. 이 표현은 랭의 기사 "Trader with a Hot Hand"에서 가져왔다.

32. Schwager, *Market Wizards*, p. 129.

33. 1988년 〈월스트리트저널〉의 프로필은 존스의 트레이딩 스타일을 잘 보여준다. "레프코(Refco)의 선물 애널리스트 찰스 크리스텐슨(Charles Christensen)이 미국에서 가장 활발한 선물시장인 시카고상품거래소의 국채 선물 피트에서 2월 25일 일어난 일을 말했다. 그날 늦은 시각, 선물이 고점에 가까워지고 있었는데 튜터 트레이더가 갑자기 채권 피트 가장자리에 나타나더니 양팔을 머리 위로 치켜들고는 액면가 9,500만 달러에 달하는 1,000계약을 한꺼번에 매도하는 미친 몸짓을 보였다. 대형 증권사도 그렇게 많은 채권을 한꺼번에 매도하는 경우는 거의 없다. 현지 트레이더들이 서로 바라보며 '누가 매수합니까?'라고 물었다고 크리스텐슨은 말했다. '아무도 없습니다'라는 대답이 돌아왔고, 모두 그보다 먼저 팔려고 했다. 그러나 많은 사람이 그러지 못하고 가격을 더 낮췄고, 존스의 트레이더가 분명 그 계약을 싸게 다시 사들였다. 예상 수익은 300만 달러였다. 크리스텐슨은 경이롭다고, 그 사람은 정말 훌륭한 심리 트레이더라고 감탄했다. '그는 시장이 언제 지쳐서 움직일 수 있는지 정확히 알고 있습니다.'" McMurray, "Quotron Man."

34. 엘킨스/맥셰리(Elkins/McSherry) 대표였던 제임스 엘킨스 인터뷰.

7장. 퀀텀펀드의 흰 수요일

1. 드러켄밀러는 "그곳에 갔을 때 1년 안에 해고되리라고 예상했지만, 일종의 대학원 교육을 받을 수 있을 거라고 생각해서 크게 신경 쓰지 않았습니다"라고 회상했다.

2. 드러켄밀러 인터뷰. 게리 글래드스타인은 드러켄밀러의 합류를 이렇게 회상했다. "조지는 그가 슈퍼스타가 될 거라고 생각했지만 아무도 확신하지 못했습니다. 이전에도 조지가 매우 열광한 사람이 많았습니다."

3. 드러켄밀러는 "나는 경영대학원을 다닌 적도 없고 공인재무분석사(CFA)도 아니기 때문에 펀더멘털 분석을 충분히 배우지 못했습니다. 필요에 따라서, 그리고 첫 번째 상사이자 멘토가 기술적 분석을 사용했기 때문에 차트에 상당히 의존해야 했습니다"라고 술회했다.

4. Schwager, *The New Market Wizards*, p. 193.

5. 드러켄밀러는 회상했다. "나는 그곳에서 S&P 트레이더로 시작했습니다. 조지는 내가 그곳에 오기 전에 채권과 통화와 다른 모든 것을 거래했던 것을 몰랐어요. 당시에도 그는 모든 사람에게 후임자가 온다고 떠들고 다녔는데, 다른 사람들에게는 듣기 좋은 말이 아니었을 것입니다. 처음 3~6개월 동안은 내 역할이 명확하게 정해지지 않았어요. 그만둘 뻔했어요. (…) 피츠버그 회사를 여전히 가지고 있었고, 어느 날 피츠버그에 다녀와 보니 조지가 내 채권 포지션을 팔아치웠다는 사실을 알았죠. 이해해주셔야 하는 게, 나는 경력 내내 포트폴리오를 담당했어요. 뮤추얼펀드 2,200개 중 1위를 가지고 있었고 기본적으로 운이 좋은 시기가 이어졌습니다. 아무도 그렇게 한 적이 없었고요. 그 사실을 알았을 때 나는 전화로 화를 냈어요. 그는 솔직하게 인정하고 사과했습니다. 내가 무례했지만 이유가 있었죠."

6. 소로스가 회상한 대화 내용이다. 드러켄밀러는 당시 심정을 확인했고 여기에 쓰인 대화 내용의 마지막 줄을 덧붙였다. "그는 트레이딩 상사가 아니었고, 나도 트레이딩 상사가 아니었고, 끔찍했습니다. 내가 그의 트레이딩을 망치고 있다고 믿었고, 그도 내 트레이딩을 망치고 있다고 믿었습니다. 주방에 요리사가 두 명 있을 수는 없죠."

7. 1992년 9월 뱅커스트러스트에서 소로스펀드로 옮긴 로버트 존슨은 이렇게 회상했다. "그는 1960년대 중반의 밥 딜런(Bob Dylan)처럼 연이어 히트 앨범을 만들어냈습니다."

8. 부록에 제시한 차트를 포함해서 이 책 여기저기에 있는 퀀텀의 성과 데이터는 투자자가 분배금을 재투자할 때 얻는 수익률이다. 실제로는 퀀텀이 관리할 수 있는 자금보다 많은 자금을 보유했기 때문에, 모든 투자자의 재투자가 허용되지는 않았다. 퀀텀의 전체 성과 데이터를 제공해준 전직 소로스펀드 COO이자 상무인 게리 글래드스타인과, 소로스펀드 대변인 마이클 바숑(Michael Vachon)에게 감사를 표한다.

9. 소로스는 1989년 당시 드러켄밀러의 권위에 대해 "그가 실제로 회사를 운영했고, 우리 관계가 충분히 좋아서 서로 의논할 수 있었고, 나는 의견을 표현할 수는 있었지만 그가 자기 일을 하는 것을 막지는 못했습니다"라고 설명했다. 그리고 "의견 차이가 있으면 그의 의견이 우세했습니다. 나는 그에게 조언할 권리가 있었기 때문에 축구 선수나 테니스 선수처럼 코치 역할을 했습니다"라고 부연했다. 마찬가지로 드러켄밀러는 "그가 내 포

지션에 의문을 제기하고 내가 포지션을 줄이기를 원하는 경우가 많았지만 나는 거의 듣지 않았습니다. 그가 나를 시험한 것일지도 모릅니다"라고 회상했다.

10. 드러켄밀러는 "소로스의 홍보가 마음에 들지 않았지만 목적이 고귀하다고 생각해서 참았습니다. 그는 자선활동을 위한 플랫폼이 필요했습니다. 나는 그가 자아를 위해 하는 일이라고 생각하지 않았어요. 그는 각국 정상들을 만나기 위해 노력했고, 플랫폼이 필요했고, 플랫폼을 분명히 제공받았습니다. 그래서 나는 배경에 있고 그가 홍보하는 것이 좋겠다고 생각했습니다"라고 말했다.

11. 드러켄밀러는 이렇게 회상했다. "나는 주택이 소매업을 이끌고 소매업이 자본 지출을 이끈다는 사실을 알기 때문에 말 그대로 바텀업(bottom up)과 기업의 일화적 정보를 통해 경제를 파악합니다. 현장 이야기를 들으면서요. 기업과 기업 경영자들과 대화하면 경제에 대한 추가 관점을 얻을 수 있습니다. (…) 나는 소로스에서 많은 것을 배웠지만 생각과는 달라서 엔화나 주식시장이 등락하는 이유를 배우지 않았습니다. 소로스의 큰 선물은 레버리지를 사용하는 방법, 위험·보상과 확신 정도에 기반해서 돈을 거는 방법이었습니다. 엔화나 유로화에 대한 그의 견해는 무작위보다는 낫지만 그리 많지는 않았습니다. 그럼에도 불구하고 자신의 확신에 베팅하는 방법을 알기 때문에 여전히 위대한 자산 관리자 중 한 명입니다."

12. 《금융의 연금술》에 대해 드러켄밀러는 "1장은 기본적으로 안 읽혔습니다. 통화 장은 흥미로웠고 실제로 꽤 유용했습니다. (…) 엄청난 규모의 예산 적자는 금리를 올리고 자본을 빨아들이기 때문에 실제로 통화 강세를 가져올 수 있습니다. 당시에는 매우 독특한 생각이었고 이후 15~20년 동안 어느 정도 통념이 되었습니다"라고 말했다.

13. 드러켄밀러는 이렇게 회상했다. "첫 2~3일 후에 독일 마르크화가 급락한 사실을 모두 잊고 있습니다. 모두들 마르크화가 이 끔찍한 동독 돈에 오염될 거라고 생각했습니다. 나는 다르게 보았습니다."

14. 드러켄밀러는 훗날 "그 상황은 낮처럼 선명하게 보였습니다"라고 말했다. 20억 달러 베팅은 퀀텀 자본금의 거의 100%에 해당했다. 1985년 플라자합의 당시 소로스가 걸었던 금액보다 훨씬 크지만 퀀텀 자산 비율로는 그보다 작았다. Schwager, *The New Market Wizards*, p. 203.

15. 드러켄밀러는 회상했다. "환율 페그제였다면 독일 마르크화가 파운드화에 대해 비명을 질렀을 상황입니다. 두 통화가 연동되고 모든 압력이 쌓이고 쌓여 폭발적인 상황을 만들었습니다. 지금 생각해보니 8월에 번 것은 15억 달러 정도입니다. 일종의 연으로서 6개월 동안 띄웠습니다. 즉각적인 촉매는 보이지 않았지만 잠재적인 떨림이 있다는 것을 알았습니다. 때로는 당신이 그 일을 하게 됩니다. 언젠가는 효과가 있을 거라고 생각하지만 지켜보고 싶다고도 생각해서 포지션을 맡는 것이죠." 드러켄밀러는 이 베팅의 비대칭성을 너무 확신했기 때문에, 15억 달러가 크다고 생각하지 않았다. "15억 달러, 함부로 이야기하고 싶지 않지만 나에게는 지적 포지션을 맡는 것과 같았습니다. (…) 우리가 15% 잃을 상황이라면 매우 큰 손실이었을 것입니다. 그러나 그런 일이 일어날 거라고는 상상할 수 없었습니다."

16. Craig R. Whitney, "Bundesbank Chief is at Eye of Currency Storm," *New York Times*, Octo-

ber 8, 1992.

17. 소로스는 나중에 "메시지를 받았습니다"라고 말했다(Soros, *Soros on Soros*, p. 81). 슐레징 거를 만난 날짜와 장소는 밝히지 않고 '권위 있는 모임에서' 슐레징거의 연설을 간단하게 언급했을 뿐이다. 그러나 소로스가 참석한 연설은 9월 8일 바젤 연설이었을 가능성이 높다. 드러켄밀러는 소로스가 이탈리아가 리라화를 평가절하한 주말 직전인 이 무렵에 자신에게 전화해서 리라화 평가절하 가능성 정보를 주었다고 확인했다.

18. 소로스의 직감은 옳았다. 당시 영국 재무부 장관 노먼 라몬트는 회고록에서, 잉글랜드은 행 부총재 에디 조지와 그의 반대편에 있던 분데스방크의 한스 티트마이어가 나눈 대화를 회상했다. 티트마이어는 많은 독일인이 단일 화폐 계획 중단을 환영할 것이라고 지적했다. Norman Lamont, *In Office* (London: Little, Brown, 1999), p. 227.

19. "리라화 아이디어는 내가 아니라 그에게서 나왔고, 파운드화 아이디어는 그가 아니라 나에게서 나왔다고 확신합니다." 드러켄밀러 인터뷰.

20. 존슨은 다음과 같이 회상했다. "두 사람의 에너지가 느껴졌습니다. 사람들에게 무언가를 말할 때 나오는 재미있는 보디랭귀지가 있고, 그들의 시선이 서로를 향하기 시작합니다. 서로 바라보며 '우와, 그래'라고 말하는 것처럼 본능적이었어요."

21. 스콧 베선트는 퀀텀이 파운드화 거래 위험을 그해의 투자 수익으로 제한하고 싶어 했다고 회상했다. 따라서 퀀텀은 파운드화가 환율 체계 허용 밴드의 반대편으로 움직일 경우의 손실 가능 금액을 계산하고 그에 따라 노출되는 자본을 제한했다(Drobny, *Inside the House of Money*, p. 275). 하지만 존슨과 드러켄밀러는 다르게 기억했다. 드러켄밀러는 "[파운드화의 밴드 반대편 이동이] 가능하다고 생각하지 않았습니다. 경제가 너무 후퇴해서 그런 일이 일어날 수 없다고 강하게 느꼈습니다. 이론적으로는 그럴 수도 있었겠죠. 솔직히 말하면 고려조차 하지 않았습니다."

22. 로버트 존슨이 회상한 대화다.

23. "숨을 크게 들이마시는 것 같았어요. 마이클 조던이 덩크슛을 할 때 보이는 것처럼요. 그의 눈이 커지는 것을 보았습니다. 정말 매혹적이었어요. 나는 우리가 이 일을 해낼 거라고 확신하며 그곳을 걸어 나왔어요. 은행과 거래처의 다른 사람들도 우리를 모방할 거라는 걸 알았죠." 존슨 인터뷰.

24. 예를 들어 연준이 제공한 데이터에 따르면, 전 세계 시장에서 하루에 거래되는 통화가 1986년에는 580억 달러였지만 1992년에는 1,670억 달러로 3배 가까이 증가했다. 여기에는 현물 거래, 선도 거래, 스왑 거래가 포함되며 참여 딜러의 이중 보고를 조정했다. 흥미롭게도 1986년 이전에는 외환시장 규모가 워낙 미미해서 연준이 데이터를 수집하지 않았다. http://www.newyorkfed.org/markets/triennial/fx_survey.pdf 참조.

25. 개입은 1992년 8월 21일에 이루어졌다. 유럽 거래일이 끝날 무렵 달러 가치는 개입 전 수준에서 거의 움직이지 않았고, 4일 후 달러는 마르크화 대비 사상 최저치를 기록했다. 당시 뉴스는 당국의 실패가 불가피하다고 여기지 않았고, 시장의 힘이 정부 개입을 물리치고 승리한 것은 1개월 후 파운드화가 붕괴하고 나서야 완전히 이해되었다. 예를 들어 8월 개입에 대한 로이터 기사는 독일 지로젠트랄-도이치 코뮈널뱅크의 트레이더 클라우스 웨일란드의 말을 인용했다. "오늘 개입으로 중앙은행이 신뢰도를 일부 회복했다."

〈이코노미스트〉와 〈파이낸셜타임스〉의 논평가들은 중앙은행이 실패하는 바람에 개입 효과에 의구심이 제기되었지만 이 의구심이 글로벌 금융의 새로운 요인이라고 제시했다. 〈파이낸셜타임스〉의 렉스 칼럼은 "어제의 조치는 국제적으로 조율된 환율 정책의 신뢰성에 의문을 제기한다"라고 지적했고, 〈이코노미스트〉는 "환율 개입은 국내 통화정책에 영향을 미칠 때만 효과가 있고 그 자체로는 효과가 없다는 교훈을 강화했다"라고 보도했다. 영국 재무장관 노먼 라몬트는 뒤늦은 감이 있지만 8월의 실패가 달라진 세상의 징조라고 단정적으로 묘사했다(Lamont, *In Office*, p. 222).

26. 이탈리아는 이전에도 리라화 평가절하를 단행했고 가장 최근 단행한 것은 1987년이었다. 그러나 이전에는 규모가 작았고 이탈리아 정부가 수출을 늘리기 위해 시작했다. 예를 들어 1985년 이탈리아의 거대 에너지회사 ENI에 의도적으로 리라화를 절하하라고 지시했다고 알려졌는데, 유럽 파트너들이 평가절하를 받아들이게 하기 위해서였다. 반대로 1992년에는 분데스방크의 지원을 받아 평가절하에 맞서 끝까지 싸웠다.

27. 이전 기준들과 비교하면 분데스방크의 개입은 엄청난 규모였다. 연준 개입 중에서 가장 큰 규모는 1989년에 발생했지만 12억 5,000만 달러를 매도하는 데 그쳤다.

28. Lamont, *In Office*, pp. 220-226에서 인용했다.

29. 같은 책, p. 231.

30. 소로스는 이렇게 회상했다. "노먼 라몬트가 평가절하 직전에 파운드화를 방어하기 위해 150억 달러쯤 빌리겠다고 말했을 때, 우리가 팔고 싶은 금액과 비슷해서 즐거웠습니다." Anatole Kaletsky, "How Mr. Soros Made a Billion by Betting Against the Pound," *Times* (London), October 26, 1992.

31. Will Hutton, "Inside the ERM Crisis: Black Wednesday Massacre," *Guardian*, December 1, 1992, p. 15.

32. "나는 다음 날 ERM 탈퇴는 물론이고 앞으로 일어날 일의 규모를 전혀 예측하지 못했다. 상상조차 못 했다." Lamont, *In Office*, p. 245.

33. "기본적으로 독일 중앙은행이 영국을 망가뜨렸습니다. (…) 무슨 일이 벌어지는지 너무 분명했습니다." 드러켄밀러 인터뷰.

34. 급소를 노리라는 소로스의 조언에 대해 드러켄밀러는 인터뷰에서 "우리가 이야기했던 천재성으로 돌아갑니다. 나는 모든 화려한 분석을 할 수 있습니다. 개념이 있고 경제학을 할 수 있고 타이밍도 맞힐 수 있지만 규모 면에서 간단한 구절 (…) '글쎄, 당신이 그렇게 좋다면…'이라고 그가 비꼬지 않았다면 수익이 배가되었을 것입니다"라고 말했다. 소로스펀드의 주식 전문가인 게리 마놀로비치는 이렇게 말했다. "리라화 평가절하 이후 누가 이제 모든 것이 안정되지 않았느냐고 슐레징거에게 물었습니다. 슐레징거는 '아니요, 다른 나라들은 평가절하 기회를 놓쳤습니다'라고 답했습니다. 이 말에 소로스는 미쳐버렸습니다. 그는 공매도 포지션을 취할 신용을 찾아 전 세계를 샅샅이 뒤졌습니다."

35. 소로스는 "기본적으로 '지금 그들이 항복하니 가서 급소를 노려'라고 말했습니다. 그리고 그가 갔고 나도 갔습니다. 평소에는 전화를 별로 하지 않지만 거래 상대방을 찾기 위해 전화를 걸었습니다"라고 술회했다.

36. 드러켄밀러는 회상했다. "우리는 정말 이 일을 따라 에너자이저 토끼처럼 가고 또 가고

계속 갔습니다. (…) 그래서 머리가 있다면 누구나 딜러에게 '도대체 무슨 일이 벌어지고 있어요?'라고 물어봤을 것입니다. 그리고 사람들이 말합니다. 퀀텀이에요."

37. 소로스는 이렇게 회상했다. "파운드화를 매도하기 위해 추가 포지션을 취할 의향이 있는 모든 사람에게 전화한 기억이 납니다. (…) 한도가 제한되었기 때문에 거래 상대방을 찾을 수 없었습니다."

38. 루이스 베이컨은 회상했다. "이전에는 조지와 대화한 적이 한 번도 없었습니다. 그와 대화하는 것은 반신반인(半神半人)이 저 높은 곳에서 내려와 말을 거는 것과 같았습니다."

39. 베선트 인터뷰.

40. 스콧 베선트는 "우리는 은행을 벽에 밀어붙일 수 있었습니다. 그들은 우리에게서 파운드화를 무제한 매수해야 했을 겁니다"라고 말했다.

41. David M. Smick, *The World Is Curved* (New York: Portfolio, 2008), pp. 183-184.

42. Lamont, *In Office*, p. 249.

43. 장관은 케네스 클라크였다. Philip Johnston, "Ministers Caught in a Maelstrom as the Pound Plunged Through the Floor," *Daily Telegraph*, September 13, 2002.

44. 소로스 인터뷰와 베선트 이메일.

45. 270억 달러에는 다른 중앙은행들의 파운드화 매입 41억 달러 상당이 포함되고, 환율 메커니즘 규정에 따라 잉글랜드은행이 상환해야 했다. Lamont, *In Office*, p. 259.

46. 파운드화 하락 규모는 선택 기간에 따라 다르다. 1993년 3월 최저점에서 파운드화는 16% 하락해 영국 납세자들에게 40억 달러 이상의 손실을 입혔다. 그러나 즉각적인 하락은 14%였고 12월까지 그 수준에서 오르내렸다.

47. 소로스펀드의 파운드화 매도 규모는 다양하게 추정된다. 드러켄밀러는 퀀텀을 대표해서 약 75억 달러 매도했다고 회상했는데, 소로스가 자기 부계정에서 매도한 금액을 제외했을 것이다. 거래 한 달 후 진행된 인터뷰에서 소로스는 총매도액을 100억 달러로 추산했다. 한편 소로스 출신 2명은 훨씬 더 많이 제시했다. Kaletsky, "How Mr. Soros Made a Billion."

48. 뉴스 보도에 따르면 씨티코프, JP모간, 케미컬은행, 뱅커스트러스트, 체이스맨해튼, 퍼스트시카고, 뱅크아메리카 등이었다. 은행이 훨씬 더 많은 자본을 관리했는데도 파운드화 거래에서 헤지펀드의 수익이 훨씬 큰 점은 주목할 만하다. 또한 헤지펀드가 통화 거래를 선도했고, 은행은 거래를 실행하고 나서 자체 장부에 복사했다. 유럽 환율 메커니즘 붕괴 후 작성된 IMF의 자본시장 보고서는 '헤지펀드가 유럽통화동맹의 환율 재조정 가능성에 유리한 포지션을 취하기로 결정하자 다른 기관 펀드매니저들은 자기 포지션을 재검토하는 신호로 삼았다. (…) 따라서 헤지펀드의 자본 규모는 100억 달러 미만이지만 외환시장에 대한 잠재적 영향력은 더 컸다'라고 지적했다. 은행 대비 소로스의 수익 규모를 감안하면 IMF가 크게 과소평가한 것이다.

49. 10월 말 소로스의 파운드화 포지션 수익은 9억 5,000만 달러였다. 그러나 소로스는 파운드화가 더 하락할 거라고 정확히 예상했기 때문에 최종 수익은 더 컸을 것이다. 소로스펀드가 100억 달러 포지션을 청산하면서 올린 평균 수익률이 14%라면 합리적인 추정 수익은 14억 달러다. Kaletsky, "How Mr. Soros Made a Billion."

50. Stephen Taub, Nanette Byrnes, and David Carey, "The $650 Million Man," *Financial World* 162, no. 14 (July 6, 1993): pp. 38-61.

51. 스웨덴 트레이드는 로버트 존슨이 구상했고, 스웨덴 트레이드의 비밀에 대해 드러켄밀러는 "당시에는 최소한 입 다무는 법을 배웠습니다"라고 회상했다.

52. David Israelson, "France Tries to Halt Speculation on Franc," *Toronto Star*, September 23, 1992.

53. Larry Elliott, Mark Milner, Ruth Kelly and David Gow, "After Black Wednesday: The Currency Puzzle Remains Unsolved," *Guardian*, September 17, 1993, p. 17.

54. 로버트 존슨은 "내가 뱅커스트러스트를 떠나 소로스에 합류한 것은 뱅커스트러스트가 은행 라이선스를 가져야 하는 상황에서 정부 조직을 위협하는 일을 할 용기가 있는지 몰랐기 때문입니다. 조지는 그럴 것임을 알았죠"라고 인터뷰에서 말했다.

55. 소로스는 "트리셰에게 그가 공격받을 수 있다고 경고했고, 나는 돕고 싶으니 어떤 포지션도 취하지 않겠다고 말했습니다"라고 회상했다. 다른 곳에서도 소로스는 "프랑스 프랑화가 공격받을 때, 내가 참여하면 프랑화를 무너뜨릴 수 있다고 믿었습니다. 그래서 다소 어리석은 행동을 했습니다. 건설적인 제안을 하기 위해 프랑화 투기를 자제하겠다고 결정한 것입니다. 그래서 두 배로 불행한 결과가 나왔습니다. 수익성 있는 기회를 잃었고, 프랑화 투기보다 내 말로 프랑스 당국을 더 짜증 나게 했습니다. 투기꾼은 조용히 투기해야 한다는 교훈을 얻었습니다."(Soros, *Soros on Soros*, pp. 85-86) 이 구절에서 소로스의 이중적인 성격을 짐작할 수 있지만 신중하게 받아들여야 한다. 우선 퀀텀은 프랑화에 베팅하지 않음으로써 돈을 벌었다. 그리고 소로스는 9장에서 설명하는 것처럼 신흥시장 위기 동안 침묵하며 투기하는 데 실패했다.

56. "나는 인생에서 많은 이유와 싸우지만 통화 투기를 특별히 옹호하고 싶지는 않다." Soros, *Soros on Soros*, p. 83.

57. Karetsky, "How Mr. Soros Made a Billion."

8장. 허리케인 그린스펀과 레버리지의 충격

1. 부록 II에 실은 과거 데이터를 제공해준 마이클 스타인하트와 트리시아 피츠제럴드에게 감사를 표한다.

2. 그림자 은행은 이후 기업과 주택 구매자에게 대출을 제공한 반면, 스타인하트의 초기 버전은 국채시장에 초점을 맞췄다.

3. 스타인하트는 주요 브로커인 골드만삭스가 '기꺼이' 레버리지를 제공했다고 회상했다.

4. 스타인하트는 미국 국채 레버리지가 매우 높았고, 유럽 채권 레버리지는 20배에 가까웠으며, 펀드 전체 레버리지는 10배 미만이었다. Steinhardt, *No Bull*, p. 224.

5. 골드만삭스자산운용 사장이었던 레온 쿠퍼먼, 살로몬 주식 거래 책임자인 스탠리 숍콘(Stanley Shopkorn)이었다. 1993년 존 메리웨더는 살로몬을 떠나 롱텀캐피털매니지먼트를 위해 12억 달러를 조성했다.

6. 내슈빌에 있는 국제자문그룹(International Advisory Group)에서 3,000개 헤지펀드를 추산했고 심지어 역외 펀드는 제외한 결과다. Gary Weiss. "Fall Guys?" *Business Week*, April 25, 1994.

7. Dyan Machan and Riva Atlas, "George Soros, Meet A.W. Jones," *Forbes*, January 17, 1994, pp. 42-44.

8. Laurie P. Cohen and Michael Siconolfi, "The Cruelest Month: Before May's Squeeze, One in April Wounded Investors in Treasurys," *Wall Street Journal*, October 7, 1991.

9. Laurence Zuckerman, "$76 Million to Settle Treasury Note Charges," *New York Times*, December 17, 1994.

10. Michael Siconolfi, "Salomon, Two Funds Set to Settle Claims." *Wall Street Journal*, March 31, 1994.

11. Bob Woodward, *Maestro* (New York: Simon & Schuster, 2000), p. 116.

12. 월스트리트의 잠재적 반발을 우려한 그린스펀은 1994년 1월 31일 의회 증언을 기회 삼아 주식 투자자들에게 경고했다. "실제로 단기 금리가 비정상적으로 낮다"라며 금리 인상 임박을 예고한 것이다. 그는 당시 증언에서 자기 메시지가 이례적으로 노골적이었다고 자서전에서 회고했다. "냄비를 두드리는 것 같았다." Alan Greenspan, *The Age of Turbulence: Adventures in a New World* (New York: Penguin Press, 2007), p. 154 참조. 당시 연준 수석 이코노미스트였던 빈센트 라인하트(Vincent Reinhart)는 그린스펀이 주식시장의 반응을 효과적으로 예측한 것이 그가 채권시장에서 경험한 것과 놀랍게 일치했다고 회상했다.

13. 1994년 2월 3~4일 연방공개시장위원회 속기록.

14. 2월 8일 10년 만기 채권 수익률은 5.98%여서 월초보다 24bp 상승했다.

15. 1993년 퀀텀은 엔/달러 환율을 이용해서 큰 수익을 올렸고 환율과 무역 협상의 연관성에 매우 민감했다. 1994년 1월 드러켄밀러의 엔화 공매도는 무려 250억 달러에 달해서, 이 거래에 대한 자신감뿐 아니라 2년 전 파운드화 쿠데타 이후 퀀텀의 빠른 성장을 보여주었다. 이 거래는 2월에 실패했지만 드러켄밀러는 운 좋게도 1994년 1월에 대규모 유럽 채권 포트폴리오를 매도했고 구리 거래에 성공한 덕분에 1994년의 격동을 손실 없이 헤쳐나갔다. David Wessel, Laura Jereski, and Randall Smith, "Stormy Spring," *Wall Street Journal*, May 20, 1994.

16. 2월 11일에서 2월 15일까지 10년 만기 국채 수익률은 5.88%에서 6.20%로 상승했다.

17. 일본 데이터는 블룸버그제너릭스(Bloomberg Generics)의 시계열 국채 발행 데이터를 사용했다. 이탈리아와 스페인은 시계열 데이터가 없어서 미국 외교협회 지구경제연구센터의 폴 스와츠(Paul Swartz)가 만기 채권 발행을 분석한 결과를 사용했다.

18. "Where It Hurts: Bets on Foreign Debt Go Bad and Punish Big Players in U.S.—Bankers Trust and Others Feel Pain From Europe and 'Emerging Markets'—Steinhardt Takes a Big Hit," *Wall Street Journal*, March 3, 1994.

19. Randall Smith, Tom Herman, and Earl C. Gottschalk Jr., "Mean Street," *Wall Street Journal*, April 7, 1994.

20. Steinhardt, *No Bull*, p. 224. 여러 뉴스는 스타인하트의 유럽 레버리지가 bp당 700만 달러 이하라고 보았지만, 스타인하트의 자서전에 나온 추정치가 가장 권위 있다고 간주했다.

21. 스타인하트는 "우리는 돈을 잃었고 나는 숨을 쉴 수 없었습니다. 상황이 벌어지고 우리는 포지션이 있는데 우리가 어디 있는지, 왜 거기 있는지 이해할 능력이 없는 듯했어요. 어제나 작년의 게임을 하는 것 같았습니다"라고 회상했다.

22. "마이클이 매우 혼란스러워했던 기억이 납니다. 그냥 팔고 싶어요. 그냥 나가고 싶어요. 다 끝났으니 그냥 팔아버려요. 그리고 그는 실행하고 팔 수 없었습니다." 존 라탄지오 인터뷰.

23. "Where It Hurts."

24. Steinhardt, *No Bull*, pp. 225, 227. 스타인하트는 자세히 설명했다. "겸허하게 인정하건대 내 가장 큰 문제는 내가 무슨 말을 하고 있는지 몰랐다는 것입니다. 나는 증권의 이름, 프랑스 10년물의 이름, 그들이 부르는 이름을 몰랐습니다. (…) 누가 시장과 다른 모든 것을 만들었는지도 몰랐습니다. (…) 프랑스 국채와 독일 국채, 영국 국채와 미국 국채가 상당히 다를 수 있다는 사실도 몰랐습니다. (…) 정말 몰랐어요. 그리고 그때 죽었죠. (…) 내가 멍청하고 건방진 건가."

25. 애스킨은 한 잡지에서 "매니저 대부분은 조기 상환 위험에도, 이 시장에 내재된 구조적 위험에도 우리만큼 익숙하지 않습니다. 우리는 이를 이해하고 측정하고 헤지할 수 있습니다"라고 말했다.

26. Saul Hansel, "Markets in Turmoil: Investors Undone: How $600 Million Evaporated," *New York Times*, April 5, 1994. 애스킨의 마케팅 성공은 드렉셀에서 조기 상환 위험 분야의 최고 전문가로 꼽혔던 것을 감안하면 놀랍지 않다.

27. 파산 관리인은 나중에 애스킨이 자기 포트폴리오가 부정적인지, 시장 중립적인지, 긍정적인지(실제로는 긍정적인 것으로 판명됨)를 결정하는 데 필요한 분석 모델이 부족하다는 사실을 알게 되었다. 요컨대 애스킨은 그의 주장처럼 '정교한' 투자자가 아니었다.

28. 파산 관리인은 애스킨의 컴퓨터에서 독점 조기 상환 모델의 증거를 발견하지 못했고, 회사 직원들도 그 존재를 확인할 수 없었다.

29. 관리인 해리슨 골딘이 뉴욕 남부지방법원 파산 판사 스튜어트 번스타인에게 제출한 최종 보고서.

30. 애스킨은 이 낮은 가격을 수락하려고 했지만 거래가 불가능했다. 다른 브로커들이 담보로 보유했고, 브로커들은 상계 거래를 통해 상품의 위험을 헤지했다. 상계가 너무 복잡해서 풀지 못했기 때문에 브로커들은 담보 반환을 거부했다.

31. Woodward, *Maestro*, p. 126.

32. *The Late Edition*, CNN, April 3, 1994.

33. Al Ehrbar, "The Great Bond Market Massacre," *Fortune*, October 17, 1994.

34. 그린스펀은 "예상보다 훨씬 더 큰 충격을 받았습니다"라고 직설적으로 말했다. 1994년 2월 28일, 연방공개시장위원회 콘퍼런스 콜.

35. 전 연준 이코노미스트 빈센트 라인하트는 블라인더가 노란 멜빵들에게 항의한 것을 회상했다.

36. 금융시장에 대한 대통령 워킹그룹, "An Assessment of Developments with Potential Implications for Market Price Dynamics and Systemic Risk," September 27, 1994.

37. Lynn Stevens Hume, "Gonzalez Derivatives Legislation, Hedge Fund Hearing Due in April," *Bond Buyer*, March 28, 1994.

38. 이 논문은 휘트퍼스트증권의 돈 헤이즈(Don R. Hays)가 작성했고 1994년 4월 5일에 배포되었다.

39. Brett D. Fromson, "Hearings on 'Hedge Funds' Planned," *Washington Post*, March 25, 1994, p. G7.

40. 로버트 존슨 인터뷰.

41. "헤지펀드." 미국 하원의 은행, 금융 및 도시 문제 위원회 청문회, 1994년 4월 13일, 제103차 의회, 두 번째 세션.

42. 스타인하트는 회상했다. "정말 비참했습니다. 2분기에 그랬고 3분기에 들어가서도 정말 비참했어요. 심지어 채권을 많이 팔아치웠는데도 빠져나오지 못했고, 성공적으로 공격할 물량을 쌓을 수도 없었습니다. 무언가를 시작하는 족족 작동하지 않았습니다."

43. 스타인하트의 직원은 그 전해를 이렇게 회상했다. "그는 자신을 지적으로 헤지했습니다. 어떤 종목에 대해 의견을 제시하고 거래를 시작하면, 그가 들어와서 '유명한 것을 고르라'고 말했고, 지금까지 들어본 것 중 가장 멍청한 아이디어라고 생각하며, 왜 이 일을 하는지 모르겠군'이라고 말할 겁니다. 그러고는 '그러나 난 아무것도 모르니 마음대로 하게'라고 말할 겁니다. 그리고 떠나는 거죠. 이제 일이 잘못되면 그가 '내가 안 좋은 생각이라고 했잖아'라고 말할 수 있으니 말린 겁니다. 일이 잘되면 '왜 더 키우지 않았어? 원하는 건 뭐든 할 수 있다고 했잖아'라고 말하겠죠. 그는 일관되게 이렇게 했을 겁니다."

44. 당시 뉴스는 1995년 수익을 5억 달러로 추정했다. Stephanie Strom, "Top Manager to Close Shop on Hedge Funds," *New York Times*, October 12, 1995, p. D1. 참조. 그러나 스타인하트의 기록에 따르면 자산 27억 달러의 수익률이 26.8%(수수료 공제 전)여서 수익은 7억 달러가 조금 넘었다.

45. 일부 논평가는 1994년 스타인하트의 달러 손실이 커서 경력 나머지 기간의 수익을 압도할 정도라고 주장하는데, 초기 수익이 백분율로는 인상적이지만 자산이 상대적으로 작았기 때문이다. 이 주장은 스타인하트의 내부 기록을 검토한 결과 입증되지 않았다.

46. Stephen Taub, "The Hedge Rows of Wall Street," *Financial World*, September 13, 1994, p. 38.

47. Riva Atlas and Dyan Machan. "To be or not to be: Nothing personal, mind you, but Alan Greenspan pushed Michael Steinhardt -- and a lot of other hedge fund operators into a corner. Many of them will not survive. Will Steinhardt?" *Forbes*, September 26, 1994.

48. 1995년 6월 투자자 서한에서 코브너는 해외 펀드 2개 중 하나인 8억 달러 규모의 GAM 펀드와 4억 5,000만 달러 규모의 미국 펀드를 청산한 후 캑스턴 운용 자산 18억 달러 중 13억 달러를 반환하겠다고 발표했다. 이 발표에 대한 언론 보도에 따르면 코브너는 "통화, 채권, 원자재 시장의 유동성 감소로 실적에 타격을 입었다"고 말했다. 루이스 베이컨의 무어캐피털도 이 무렵 투자금 환매에 시달렸고 고위 간부와의 불화로 실적 부진

이 더 악화되었다. 소로스는 고객들에게 "우리 규모가 우리를 방해하는 것을 발견했습니다"라고 썼다. 이후 연구 결과 규모와 투자 수익률이 반비례한다는 상관관계가 발견되었고, 투자자에게 자본을 돌려준 펀드는 이후 몇 년 동안 수익률이 거의 확실하게 상승했다. 예를 들어 2009년 소프트웨어회사 퍼트랙파이낸셜솔루션즈(PerTrac Financial Solutions)는 1996년부터 2008년까지 1억 달러 미만을 운용하는 헤지펀드의 연 수익률이 13%인 반면, 5억 달러 이상을 운용하는 헤지펀드는 10%에 그쳤다고 보고했다. 마찬가지로 16장에 보고된 록크리크캐피털의 데이터는 규모가 장애물이라는 견해를 뒷받침한다.

49. 리퍼블릭뉴욕증권이 130개 헤지펀드를 표본으로 해서 실시한 설문조사다.
50. 5년 성과 데이터는 내슈빌 컨설팅회사인 인터내셔널어드바이저리그룹이 제공했다. 한편 예일 경영대학원의 논문에 따르면 1989~1995년 역외 헤지펀드의 연 수익률은 13.3%로 벤치마크인 S&P500지수의 16.5%에 비해 약간 낮았다. 그러나 헤지펀드의 연 수익률 표준편차는 9.1%여서 S&P500의 16.3%에 비해 훨씬 덜 위험한 것으로 나타났다. 한편 S&P500지수 변동은 헤지펀드 수익률 변동의 36%만 설명했다. Stephen J. Brown, William N. Goetzmann, and Robert G. Ibbotson, "Off-Shore Hedge Funds: Survival and Performance 1989-1995" (Yale School of Management working paper no. F-52B), January 2, 1998 참조. 다른 데이터를 이용해서 겹치는 기간(1989~1998년)을 살펴본 다른 논문은 헤지펀드 변동성이 낮다는 것을 확인했다. 모든 헤지펀드에서 동일 비중과 가치가중 포트폴리오가 기록한 월 수익률의 연 표준편차는 각각 5.75%와 8.94%여서 S&P500의 표준편차 13.2%보다 훨씬 낮았다.

9장. 소로스 대 소로스

1. Andrew Meier, "Cursed Cornucopia," *Time*, December 29, 1997; Paul Klebnikov "A Company Built on Bones," *Forbes*, November 6, 1995; Michael R. Gordon, "Siberia Tests Russia's Ability to Profit from Privatization," *New York Times*, December, 9, 1997; Robert G. Kaiser, "Norilsk, Stalin's Siberian Hell, Thrives in Spite of Hideous Legacy," *Washington Post*, August 29, 2001. 참조.
2. 폴 튜더 존스는 "헬리콥터 탑승을 생각할 때마다 성호를 긋습니다"라고 회상했다.
3. 소프 매켄지 인터뷰.
4. 드와이트 앤더슨 인터뷰.
5. 1993년 키더피보디 이코노미스트였던 아르투로 포르제칸스키(Arturo Porzecanski)는 은행 고객들에게 페루 국채 매입의 장점을 설득하려고 노력했던 것을 떠올렸다. 페루의 부도 기록을 제쳐두고 포르제칸스키의 주장에 동의할 준비가 된 것은 헤지펀드뿐이다.
6. 1990년대 후반부터 2000년대 중반까지 경제학자들은 이 국경 간 자본 이동의 이점을 과소평가했고, 경험적인 테스트 결과 한 국가의 자본시장 개방성과 성장률은 상관관계가 거의 없는 것으로 나타났다. 하지만 스탠퍼드대학 피터 헨리(Peter Henry)는 2007년

논문을 발표해서 이 비관적인 합의에 구멍을 뚫었다. 헨리는 자본계정 개방도와 성장률의 관계를 위한 데이터를 검색하면서 경제학자들이 잘못된 테스트를 설정했다고 주장했다. 외국 자본이 유입되면 차입 비용이 일시적으로 낮아져 몇 년 동안 신규 벤처 수십 개에 자금을 조달할 거라고 기대하지만, 경제가 이 이점을 누리고 나면 원래의 성장률로 돌아갈 가능성이 높았다. 다시 말해 외국 자본에 개방하면, 경제가 원래의 성장률로 돌아가더라도 더 높은 기반에서 성장하기 때문에 가계소득 수준이 영구히 증가하리라고 기대해야 한다. 그러나 성장이 영구히 빨라지리라고 기대해서는 안 된다. 물론 헨리는 일시적인 성장 효과가 강력하다는 사실을 발견했다. 전형적인 신흥 경제국의 주식시장을 외국 자본에 개방한 후 3년 동안 제조업 부문의 실질임금은 7배나 증가했다. 주식시장을 개방하지 않은 국가들과 대조해보니 이들 국가에서는 임금 가속화가 발생하지 않았다. Peter Blair Henry, "Capital Account Liberalization: Theory, Evidence and Specula-tion," *Journal of Economic Literature* 45 (December 2007), pp. 887-935 참조. 제조업 임금의 7배 증가에 대해서는 Peter Blair Henry and Diego Sasson, "Capital Account Liberaliza-tion, Real Wages and Productivity" (working paper, March 2008)과 Ross Levine, Norman Loayza and Thorsten Beck, "Financial Intermediation and Growth: Causality and Causes," *Journal of Monetary Economics* 46, no. 1 (2000) 참조. 후자는 평균적인 개발도상국에서 민간 신용 규모가 2배로 증가하면 연간 경제 성장률이 2%포인트 상승하며, 이는 대출 기회가 충분하지 않았을 때보다 35년 후 경제 규모가 2배로 커진다는 의미다.

7. 이 데이터를 제공한 전 소로스펀드 COO 게리 글래드스타인에게 감사를 전한다.
8. 아르미니오 프라가 인터뷰.
9. 같은 인터뷰.
10. 같은 인터뷰.
11. 이 논문은 연방준비제도의 그라시엘라 카민스키(Graciela Kaminsky)와 국제통화기금의 카르멘 라인하트(Carmen Reinhart)가 작성했다.
12. 프라가 인터뷰.
13. 회의에 참석했던 사람은 "정말 폭탄 같은 발언이었습니다. 소로스의 세 사람에게 그렇게 말하는 것은 한심할 정도로 무식한 짓입니다"라고 회상했다.
14. 로드니 존스 인터뷰. 소로스 팀이 최초 포지션을 설정한 것이 1월 말인가 2월 초인가는 출처마다 다르지만, 위기 상황을 실시간으로 기록하고 이 지역에만 집중했던 존스는 1월 마지막 열흘 동안 거래가 이루어졌다고 확신했다.
15. 이후 태국 은행이 발표한 데이터에 따르면, 선물환시장을 포함한 전체 외환보유고는 2월에 44억 달러 감소했다. 1월 변동에 대한 선물환 데이터는 보고되지 않았지만, 소로스 펀드의 20억 달러 매도가 이 기간 태국 외환보유고 감소의 상당 부분을 주도한 것으로 보인다.
16. 드러켄밀러는 "공매도했을 때 비용이 전혀 들지 않았습니다. 첫 번째 영국 파운드화처럼 0.5퍼센트 정도였죠"라고 말했다.
17. 2월 12일 소로스의 홍콩 주재 이코노미스트 로드니 존스는 드러켄밀러와 소로스에게 태국이 심각하게 취약하다고 적은 메모를 보냈다. 태국 중앙은행의 외환보유고는 360억

달러에 불과했다. 게다가 민간 부문은 패닉 상태로 돈을 인출하려는 외국인들에게 850억 달러를 빚지고 있었다. 드러켄밀러가 밧화를 단호하게 공격했다면 빠르게 평가절하를 강제할 수 있었다는 뜻이다.

18. 소로스가 드러켄밀러에게 "급소를 노려라"라고 촉구했던 1992년의 속임수를 반복하기에는 태국에 주의를 충분히 기울이지 않았다는 점도 문제다. 소로스와 드러켄밀러에게 파운드화 거래 자문을 제공했던 이코노미스트 로버트 존슨은 1997년 1월 말 다보스에서 소로스를 만났다. 소로스는 태국 무역에 관심을 가질 가치가 있는지 확신하지 못하는 듯했다.

19. 로드니 존스 인터뷰.

20. "내가 운영하는 퀀텀펀드는 1997년 1월에 태국 밧화를 공매도함으로써 이 통화가 고평가되었을 수 있다는 신호를 보냈다. 당국이 대응했다면 조정이 더 빨리 되고 덜 고통스러웠을 것이다. 하지만 당국은 방관했고 그 결과 재앙이 닥쳤다." George Soros, *The Crisis of Global Capitalism* (New York: PublicAffairs, 1998), pp. 142-143.

21. 드러켄밀러와 폴 존스의 접촉 범위는 두 펀드에서 일했던 사람들에게 확인했다. 타이거의 포지션 규모는 이 기간 타이거의 매크로 트레이딩을 실행한 댄 모어헤드가 떠올렸다. 반면에 타이거의 매크로 애널리스트였던 롭 시트론(Rob Citrone)은 포지션 규모가 50억 달러 정도로 상당히 컸다고 생각했다. 하지만 타이거의 운영 방식상 애널리스트보다 트레이더가 실제 포지션을 알 가능성이 더 높다.

22. 외환보유고를 면밀하게 추적한 로드니 존스는 5월 14일에 65억 달러가 유출되었다고 추정한 반면, 또 다른 주의 깊은 관찰자 폴 블루스타인(Paul Blustein)은 100억 달러로 추정했다. 태국 중앙은행 데이터에 따르면 5월 한 달간 외환보유고 총손실액은 183억 달러에 달했다. Paul Blustein, *The Chastening* (PublicAffairs, 2001), p. 71.

23. 로드니 존스는 다음과 같이 회상했다. "소로스는 미친 반응을 두려워했고 어떻게 될지 몰라서 더 크게 가지 않았습니다. 그래서 1992년 밧화 공매도는 파운드화 공매도만큼 공격적으로 규모를 키우지 못했습니다. 개발도상국을 상대하고 있었고 반응 함수를 이해하기가 훨씬 더 어려웠기 때문입니다." 데이비드 코위츠는 2월에 정부 대응책을 걱정했다고 회상했다. "그들이 우리에게 총을 쏘고 상황을 강화하고 있었기 때문에 우리는 많은 돈을 잃는 것처럼 보였습니다. 스트레스가 심해서 포기할 수도 있었지만 스탠 드러켄밀러가 두 배로 힘을 보탰어요.. 유명한 거래였습니다."

24. 댄 모어헤드는 2007년 6월 3일 타이거 동료들에게 보낸 메모에서 이 금액을 계산했다.

25. Barry Porter, "BOT Out to Make Soros Pay for Attack; BOT and Soros Do Battle," *South China Morning Post*, June 24, 1997, p. 1.

26. 로드니 존스의 계산은 크게 틀리지 않았다. 태국 은행이 나중에 발표한 자료에 따르면 5월 외환보유고는 183억 달러 감소해서, 존스가 추정한 210억 달러보다 약간 적었다. 총외환보유고에서 차지하는 비율로 보면 5월의 감소 폭은 존스가 생각했던 것보다 훨씬 컸다. 선물환 판매액을 제외한 월말 총외환보유고가 53억 달러에 불과했기 때문이다.

27. 로버트슨의 통화 트레이더였던 모어헤드의 계좌는 태국에 깊이 관여했던 다른 헤지펀드의 다른 통화 트레이더의 기억과 일치했다. 반면에 타이거의 매크로 애널리스트인 롭

시트론은 그 에피소드를 기억하지 못한다고 말했지만 로버트슨은 애널리스트에게 자신의 행동을 항상 알리지는 않았다. 어쨌든 타이거의 문서에는 태국 평가절하가 있었던 1997년 7월에 펀드가 13.1%나 상승했다고 기록되어 있다. 분기 말 투자자 서한에서 로버트슨은 7~9월에 올린 수익률 29.3%가 주로 주식과 아시아 통화 거래 수익이라는 두 가지 요인에 영향을 받았다고 보고했다.

28. 로드니 존스의 중앙은행 외환보유고 데이터에 따르면 타이거가 매도한 10억 달러는 페그제가 붕괴되기 전 마지막 날 외환보유액 감소의 3분의 2를 차지했을 것이며, 이는 타이거가 1992년 파운드화 평가절하에서 퀀텀과 비슷한 역할을 했다는 것을 의미한다.

29. 소로스 팀은 1997년 6월에 5억 달러, 8월과 9월에 약 25억 달러, 연말에 5억 달러의 밧화 포지션을 매도했다. 이 포지션은 1월 20~24일(20억 달러)과 5월 14~15일(15억 달러)경에 생성되었다. 폴 스와츠는 6개월 선물시장의 평균 환율을 사용하면 소로스가 밧화 거래로 약 7억 5,000만 달러를 벌어들였다고 계산했다. 댄 모어헤드는 타이거의 수익이 10억 달러가 넘는다고 추산했지만 롭 시트론은 다르게 기억했다.

30. 데이비드 코위츠는 "그는 나쁜 사람이 되는 것을 좋아하지 않았습니다. 위대한 정치가로 기억되기를 원했습니다. 한심한 제3세계 국가를 파괴했다고 비난받는 것은 그것에 도움이 되지 않았습니다"라고 말했다.

31. 9월 21일 홍콩에서 한 연설에서 소로스는 인도네시아 통화시장이 과열되었고 인도네시아 정부가 개혁에 일관되게 접근해서 확신이 생겼기 때문에 퀀텀이 루피아화를 매수했다고 밝혔다. Thomas Wagner, "Rubin Sees Promise in Southeast Asia, But Markets Fall Again," *Associated Press*, September 22, 1997; AFX News, "Soros Says Mahathir 'Menace' to His Own country," September 22, 1997. 참조.

32. 코위츠 인터뷰.

33. 프라가는 루피아화 거래를 이렇게 회상했다. "'큰 투기꾼들이 작은 시장에 들어가서 수익을 위해 시장을 조작할 수 있다'는 말을 종종 들었지만 우리가 그런 식으로 본 적은 없었습니다. 우리에게는 항상 매우 위험한 일이었습니다. 펀더멘털을 잘못 판단하고 투자했다가 낭패를 보면 보통 비싼 대가를 치르고 빠져나옵니다."

34. 1997년 당시 드러켄밀러와 프라가는 소규모 아시아 통화 거래로 2~3억 달러를 벌었기 때문에, 태국과 인도네시아가 서로를 거의 상계했는데도 수익을 냈다. 거래들 중 가장 중요한 것은 말레이시아 링깃화 공매도 포지션이었다. 드러켄밀러는 이 공매도 포지션의 가치가 15억 달러에 달했지만 링깃화 하락 초기에 수익을 실현해서 수익을 제한하는 동시에 말레이시아가 소로스펀드의 적의를 과장되게 수사한 것을 거짓으로 만들었다고 회고했다.

35. 로드니 존스가 드러켄밀러, 프라가, 코위츠에게 보낸 메모.

36. Blustein, *The Chastening*, p. 4.

37. 로드니 존스는 "11월에 내가 한국에 다녀온 후 아르미니오가 스탠 피셔[IMF의 2인자]에게 전화를 걸었습니다. 스탠은 IMF 직원들이 그곳에 다녀왔고 문제가 있다고 생각하지 않는다고 말했습니다"라고 설명했다. 반면에 연준의 에드윈 트루먼(Edwin Truman)은 존스 방한 직후 스탠 피셔와 함께 서울에 있었다고 회상했다. 이 무렵 피셔는 한국이 곧

경에 처한 것을 알았기 때문에, 퀀텀 팀이 원화 공매도를 꺼리는 데 그가 영향을 주었을 가능성은 낮았다.

38. 로버트 존슨은 다음과 같이 회상했다. "조지의 목적은 수년간 생산이었고 이후 분배로 옮겨졌습니다. 그는 직관적으로 투기꾼이었지만 마음은 모두 자선활동에 묶여 있었습니다." 로드니 존스도 "마하티르가 정신적 피해를 입혔습니다. 소로스는 더는 나쁜 투기꾼이 되고 싶어 하지 않습니다"라고 말했다.

39. 로버트 존슨은 "조지는 트로이 목마라는 비난을 받았습니다. 사람들은 동유럽 자선활동이 금전적 이득을 위한 트로이 목마라고 말했습니다. 그는 그 점에 매우 민감했습니다. 대통령이 한국으로 초청한 후에 그가 한국을 부도 처리한다면 영구적인 흠집이 되었을 것입니다. 그는 마하티르와 논쟁한 후 오랫동안 말레이시아에 가지 않았습니다. 그가 공식 자격으로 어딘가에 나타나면, 자리를 잡고 있는 사람들을 위해 공간 일부를 비워두기 시작했습니다"라고 말했다.

40. Kevin Sullivan, "Soros Buoys Korean Stocks; Market Climbs After Financier Calls Crisis Fixable," *Washington Post*, January 6, 1998, p. D01.

41. 1월 5일부터 1월 15일까지 코스피지수는 396에서 506으로 상승했다.

42. Sullivan, "Soros Buoys Korean Stocks."

43. Michael T. Kaufman, *Soros: The Life and Times of a Messianic Billionaire* New York(Knopf, 2002), p. 230.

44. 당시 소로스가 취한 스비아즈인베스트 지분의 재무적 논리에 대해 당시 소로스펀드 상무이던 게리 글래드스타인은 "끔찍한 투자였습니다. 우리는 그 투자에 대한 적격 실사를 제대로 하지 않았습니다. 조지는 직감으로 투자하고 당시 직감이 좋았기 때문에 포지션을 취하기로 결정했습니다"라고 말했다.

45. 소로스는 러시아에 대한 비밀 대출을 돌아보며 '다소 의심스러운 작전'이라고 말했다.

46. Soros, *Soros on Soros*, p. 143.

47. 소로스는 회상했다. "사실상 정부가 강도 자본주의에서 합법적 자본주의로 전환하고 있다는 데 베팅했기 때문에 참여했습니다. (⋯) 나는 경제를 합법적인 자본주의로 전환하는 데 도움이 되는 정치적 고려와 수익을 창출하는 재정적 고려라는 두 가지 사항을 결합했습니다. 분명 잘 결합되지는 않았습니다." 마찬가지로 로버트 존슨은 "그는 자신이 러시아 투자의 등불이 되면 다른 사람들이 뒤따를 것이고 자본이 유입되어 사회를 변화시키고 G7에 통합될 것이라고 생각했습니다. 조지의 박애주의적인 면이 투기적인 면을 방해하기 시작했습니다"라고 말했다.

48. 1998년 7월 7일 줄리언 로버트슨은 투자자들에게 "수익률이 102%에 달하기 때문에, 러시아 국채를 소유하는 위험을 감수하고도 충분한 보수를 받고 있습니다"라고 썼다.

49. 앤더슨 인터뷰.

50. 8월 7일 시작된 소로스의 행동은 일기에 쓰여 있고 다음 책에서 재인용했다. Soros, *The Crisis of Global Capitalism*, pp. 156-167.

51. 소로스는 이렇게 설명했다. "래리 서머스에게 전화를 걸어 '그들이 평가절하를 하고 당신이 브리지론을 해주면 상황을 정리할 수 있을 것'이라고 말했습니다. 그러자 래리는

'우리가 들어가야 한다고 주장하는 사람은 당신뿐이고, 다른 사람들은 모두 플러그를 뽑고 나가라고 합니다'라고 말했습니다. 내가 〈파이낸셜타임스〉에 내 계획을 공개적으로 옹호하는 기사를 쓴 시기입니다. 그러고 나서 붕괴를 유발했다고 비난받았습니다.'

52. 글래드스타인은 "조지는 러시아가 붕괴할 것이라고 말하며 돌아다녔습니다. 그사이 우리는 러시아에서 팔 수 없는 엄청난 포지션을 확보했습니다. 러시아 주식, 채권 등 러시아에 노출된 모든 자산을 보유하고 있었습니다"라며 놀라워했다.

53. 소로스의 러시아 모험에서 가장 큰 피해를 입은 드러켄밀러는 이렇게 회상했다. "비록 그의 거래였지만 내 포지션이 되었습니다. 그는 항상 자선활동과 정치가정신을 자금 관리보다 우선시했습니다. 그래서 1998년은 소로스펀드가 듀케인[드러켄밀러가 운영하는 헤지펀드]와 크게 분리된 첫해였습니다. 듀케인의 수익률은 50%였고 퀀텀은 12% 상승하는 데 그쳤습니다. 엄청난 충격이었습니다."

54. Soros, *The Crisis of Global Capitalism*, p. 168.

10장. LTCM의 곤경

1. 비교하면 LTCM보다 훨씬 더 큰 모건스탠리는 1996년 수익이 10억 달러에 불과했다. LTCM 선임 창립 파트너인 에릭 로젠펠드가 2009년 4월 22일 하버드 경영대학원에서 한 연설.

2. LTCM 수석 변호사인 제임스 리커즈 인터뷰.

3. Donald MacKenzie, *An Engine, Not a Camera: How Financial Models Shape Markets*, Cambridge, MA: The MIT Press, 2006. pp. 215-216.

4. 다른 월스트리트 하우스들도 이 시기에 퀀트를 고용했다. 예를 들어 옵션 가격 결정 공식의 세 번째 발명가인 피셔 블랙(Fischer Black)은 1984년 골드만삭스로 옮겼다. 그러나 블랙을 비롯한 퀀트 대부분은 트레이딩 플로어에서 배제되었다. 살로몬의 차이점은 메리웨더가 로젠펠드와 다른 퀀트들을 트레이딩의 핵심으로 끌어들였다는 점이다.

5. 로저 로웬스타인은 코츠에 대해 "키가 크고 호감이 가고 잘생겼으며 고객과 잘 어울릴 수밖에 없는 사람이었다. 물론 대학 시절에는 장난꾸러기였지만 농구팀에서 포워드로 뛰었고 마음속에는 트레이딩에 대한 열정이 있었다"라고 썼다. (Roger Lowenstein, *When Genius Failed: The Rise and Fall of Long-Term Capital Management*, New York: Random House, 2000. p. 11.) 코츠와 차익거래 그룹을 나란히 배치한 것은 다음 기사에 빚졌다. Michael Lewis, "How the Eggheads Cracked," *New York Times*, January 24, 1999.

6. Lowenstein, *When Genius Failed*, pp. 20, 21n.

7. LTCM 직원이 만든 문구다. Kevin Muehring, "John Meriwether by the numbers," *Institutional Investor*, November 1, 1996 참조.

8. 많은 헤지펀드처럼 롱텀도 자사가 헤지펀드라고 인정하는 것을 좋아하지 않았다. 리커즈는 이메일에서 "우리는 스스로를 단순한 '헤지펀드'로 생각하는 것에서 벗어나 새로운 종류의 '금융공학회사'로 생각하기 시작했습니다"라고 말했다. 로버트 머턴도 LTCM을,

자신과 다른 파트너들이 비웃던 '헤지펀드'가 아니라 은행처럼 시장에 자본을 공급하는 최첨단 금융 중개회사로 생각했다. (Lowenstein, *When Genius Failed*, p. 30)

9. 이탈리아에 대한 내용은 청산 당시 회사의 여러 입장을 설명하는 LTCM 내부 문서 '포트폴리오 개요'에서 일부 발췌했고 로젠펠드와의 논의, 리커즈의 이메일, 기타 출처에서 발췌했다.

10. 외국인 투자자가 현지 은행에서 돈을 빌려 국채를 매수하고 은행이 그 채권을 담보로 보유하면, 이탈리아 세법상 은행이 채권 소유자로 간주되어 세금 문제가 해결되고 외국인은 이탈리아 정부로부터 높은 이자를 받았다. 이 채권에 대한 외국인의 수입은 고정금리인 반면 상쇄 리라 대출 지불액은 변동금리이기 때문에 금리가 상승하면 거래 손실이 발생했다. 이 불일치는 국제 스왑시장을 통해 변동 결제를 고정 결제로 전환해서 해결했다. 마지막 난관은 이탈리아 정부가 채무 불이행을 선언할 위험이지만, 신용 디폴트 스왑 시장이 성장하면서 이를 헤지할 기회가 생겼다.

11. Lowenstein, *When Genius Failed*, p. 77.

12. 이탈리아 정부가 발행한 7년 만기 변동금리 채권을 '테소로 신용증서(Certificati di Credito del Tesoro, CCT)'라고 부른다. CCT는 개인에게는 판매되지 않았고, 개인은 부오니 오르디나리 넬 테소로(BOT)라는 단기 국채를 매입했다. LTCM은 CCT를 매수하고 BOT를 공매도해서 가치 수렴에 베팅했다. LTCM '포트폴리오 개요' 참조.

13. 같은 문서.

14. Andre Perold, "Long-Term Capital Management, L.P. (A)" (Harvard Business School case study 9-200-007, November 5, 1999)

15. Lowenstein, *When Genius Failed*, p. 90.

16. 같은 책, p. 84

17. 위험 관리에 대한 내용은 에릭 로젠펠드가 쓴 다음 책의 초안에서 발췌했다. *Encyclopedia of Quantitative Finance* (Hoboken, NJ: John Wiley & Sons, 2010).

18. LTCM은 포지션의 표준편차, 즉 68% 사례에서 발생한 변동 폭을 구한 다음 2.58을 곱해 99% 사례에서 발생할 변동 폭을 계산했다. 따라서 표준편차가 6bp인 포지션은 99%, 즉 100일 중 99일 동안 15bp 이상 하락하지 않는다.

19. 로젠펠드, 하버드 경영대학원 연설. Perold, "Long-Term Capital Management" 참조.

20. 예를 들어 중국은행 파티 당시 LTCM의 레버리지는 약 19배로 다른 헤지펀드들보다 매우 높았다. 그러나 회사 계산에 따르면 VaR은 7억 2,000만 달러여서 자본금 67억 달러가 흡수하기에 충분했다.

21. 많은 헤지펀드가 1일물 REPO로 자금을 조달해 저렴하게 차입했다. LTCM은 6~12개월 동안 자금을 묶어두기 위해 더 많은 비용을 기꺼이 지불했다. 또한 3년 대출과 스탠바이 신용도 확보했다.

22. 이들 방식으로 자본 확보에 최선을 다한 후 LTCM은 브로커가 대출 조건을 변경하는 시나리오를 게임으로 만들어 잔여 유동성 위험을 계산했다. 예를 들어 브로커가 이탈리아 국채 매입에 필요한 자금 100%를 빌려주는 대신 포지션 가치의 5%에 해당하는 '증거금' 또는 자본금을 요구하는 것이다. 이러한 충격을 견디기 위해 LTCM은 비상 자본금을 확

보했다. 따라서 1997년 9월에는 브로커의 증거금 요건을 충족하기 위해 운전자본을 17억 달러 미만으로 사용한 동시에 총운전자본은 76억 달러에 달했다.

23. 로젠펠드는 "모두가 우리를 따라잡기 시작했다. 우리는 거래를 시작하러 갔지만, 우리가 움직이기 시작하면 기회는 사라질 것이었다"라고 관찰했다. Lewis, "How the Eggheads Cracked."

24. 사실 LTCM의 로열더치셸 거래가 정말 무리했는지는 불분명하다. 주식 차익거래는 채권 차익거래와 달라서, 채권은 만기 시점에 반드시 가격이 수렴하지만 주식에는 그런 강제 이벤트가 없다. 로열더치페트롤리엄과 셸트랜스포트의 격차는 수년 동안 존재했고 앞으로도 그럴 수 있다. LTCM은 공격적인 트레이딩 데스크조차도 터무니없다고 여긴 23억 달러라는 막대한 포지션에 베팅했다. 골드만삭스 독점 트레이딩 데스크의 베팅은 LTCM의 10분의 1이었다. 그러나 LTCM은 경쟁사보다 저렴하게 자금을 조달했기 때문에 그렇게 큰 베팅을 할 수 있었다. 따라서 두 주식이 수렴하기를 바라는 것이 아니라 배당 수익률 격차로 인한 '캐리'를 포착하기 위해 보유했다. 매매 근거가 다른 트레이딩 데스크와 달랐기 때문에 거래 규모가 더 컸다. 후견지명의 이점이 있고 LTCM의 위험 관리 오류를 인정하면서도 에릭 로젠펠드는 로열더치셸 거래가 건전하다고 생각했다. LTCM 입장에 대한 비판적 견해는 다음 책 참조. Lowenstein, *When Genius Failed*, p. 100.

25. Lowenstein, *When Genius Failed*, p. 126.

26. 로젠펠드는 인터뷰에서, LTCM 파트너들이 1994~96년보다 수익 기회가 적다는 사실을 고려해서 거래 규모를 줄여야 하는지 토론했다고 설명했다. 그들은 자신이 결정할 일이 아니라고 결론 내렸다. 투자자들은 LTCM이 위험에 재량권을 행사하는 것이 아니라 명시된 위험을 일정하게 감수하기를 기대하기 때문이다. 위험을 줄이고 싶었다면 LTCM에서 환매했을 것이다.

27. 로젠펠드, 하버드 경영대학원 연설.

28. 로젠펠드 인터뷰.

29. LTCM은 1997년에 국채를 매수하고 스프레드 확대에 베팅해 스왑 스프레드로 수익을 올렸다. 1998년에는 국채를 공매도하고 스프레드 축소에 베팅했다.

30. 로젠펠드, 하버드 경영대학원 연설.

31. 로젠펠드 인터뷰. 마찬가지로 리커즈도 회상했다. "가족과 함께 노스캐롤라이나에서 휴가를 보내고 있었고 금요일이었습니다. 짐 매켄티가 전화해서 '짐, 일요일에 파트너 회의가 있어요. 당신이 여기 와야 할 것 같아요'라고 했습니다. 그래서 우리는 차를 타고 집으로 향했습니다. 골프를 좋아하는 그룹이었습니다. 일요일 회의는 평범하지 않았죠. 그후 7주 동안 거의 쉬지 않고 일했습니다."

32. 퀀텀 상무인 게리 글래드스타인은 "메리웨더가 수수료 할인과 지분 일정 비율을 제공하는 매력적인 거래를 제안했습니다"라고 회상했다. 드러켄밀러는 "우리는 우리만의 연못에서 벗어났고, 무엇을 하는지 정말 몰라서 그 일을 하지 않았습니다"라고 회상했다.

33. Lowenstein, *When Genius Failed*, p. 153.

34. 리커즈는 "[갑자기 자본을 조성해야 할 때] 모두가 우리를 본다는 것을 깨닫습니다. 투자 의사가 없을 수도 있지만 그들에게는 정보입니다. 우리는 절박하기 때문에 '무엇을

알고 싶어요?'라고 묻게 됩니다. 우리는 4년간 수준 높은 운영 보안을 유지했지만 갑자기 가슴을 열어 보이고 있습니다"라고 회상했다.

35. 게리 글래드스타인은 이 시기를 다음과 같이 회상했다. "우리 주거래 은행은 클라인워트 벤슨(Kleinwort Benson)이었습니다. 클라인워트는 드레스너에 인수되었습니다. 드레스너 CEO는 유럽에서 자사가 헤지펀드에 노출되지 않았다고 말했습니다. 그리고 나서 클라인워트가 소로스펀드 자금 대부분을 소낙하니 헤지펀드 노출이 크다는 사실을 알았습니다. 그래서 그는 즉시 클라인워트가 계좌를 폐쇄해야 한다고 말했습니다."

36. 로젠펠드 인터뷰.

37. 모방자가 많았다. 1998년 1월 출범한 컨버전스자산운용은 LTCM에서 배제된 투자자들에게서 1개월 만에 7억 달러를 모았고, 그해 여름에는 런던 스왑 거래량의 4분의 1을 LTCM 유형 펀드가 차지했다. 헤지펀드 매니저이자 훗날 TV 스타가 된 제임스 크레이머는 "LTCM 직원들이 승자라고 판단했으니 거래하라는 말을 얼마나 들었는지 믿을 수 없습니다"라고 회상했다. MacKenzie, *An Engine, Not a Camera*, p. 228.

38. LTCM 파트너였던 리처드 리히(Richard Leahy)의 말이다.

39. 로젠펠드, 하버드 경영대학원 연설.

40. Lowenstein, *When Genius Failed*, pp. 156-157.

41. 리커즈는 "전 세계가 알았습니다. 이제 우리에게 반대해서 거래할 수 있지만, 전에 거래 반대편에 있었다면 마음에 들지 않았을 겁니다. 이제 '그래, 이 사람들은 죽을 거야. 이들이 가진 것을 파악해서 반대 매매를 하자'와 같았습니다"라고 말했다.

42. MacKenzie, *An Engine, Not a Camera*, p. 234

43. 메리웨더는 이렇게 관찰했다. "빅터[하가니]가 말한 방식이 마음에 듭니다. 허리케인 보험에 더 많이 가입했다고 해서 허리케인이 닥칠 가능성이 높아지거나 낮아지지 않습니다. 금융시장은 다릅니다. 금융 보험 가입자가 많아질수록 재난 발생 가능성이 높아지는데, 보험 판매 사실을 아는 사람들이 재난을 일으킬 수 있기 때문입니다. 따라서 다른 사람들이 무엇을 하는지 모니터링해야 합니다."

44. "골드만삭스와 계약하자 몇 가지 일이 일어났습니다. 나는 변호사이니 '비밀 유지 계약서에 서명해주세요'라고 했죠. 그들은 '안 됩니다. 절박한 상황이니 돕겠지만 아무것도 서명하지 않습니다'라고 하더군요. 전형적인 골드만입니다. 그래서 알겠다고 했죠. 나는 영향력이 많지 않았어요. 그래서 그들이 들어와서 말 그대로 우리 눈앞에서 우리 포지션을 다운로드해서 본사로 가져갔습니다." 리커즈 인터뷰.

45. Lowenstein, *When Genius Failed*, pp. 174-175.

46. 피터 피셔 인터뷰.

47. 피셔는 이렇게 생각했다고 인터뷰에서 회상했다. "드렉셀번햄처럼 되지는 않을 것이다. 우리는 무엇을 담보로 할지 결정하려고 시도하며 지휘센터에 머무르지 않을 것이고, 실제로 자산이 있으니 문제를 해결할 수 있다. 이것은 헤지펀드이며 여기에는 자산이 없다. 따라서 채무 불이행이 발생하면 모든 위험은 청산 의무가 있는 브로커 17곳에 전가된다. 그들의 변호사는 트레이딩 데스크에 '의무 때문에 최대한 빨리 청산하겠습니다. 이 포지션에 그냥 앉아 있을 수 없어요'라고 말할 것이다." Lowenstein, *When Genius Failed*,

pp. 188-189.

48. 메릴린치와 JP모간 같은 은행들의 주가는 여름 동안 절반 가까이 하락했다.

49. 이후 의회 증언에서 뉴욕 연준 수장인 윌리엄 맥도너와 그린스펀은 이미 시장이 과열되었으므로 연준이 LTCM을 구출하려는 의지가 높아졌다고 강조했다. 그다음에 일어난 헤지펀드 아마란스의 붕괴에 비추어 보면 중요한 점이다. 2006년 아마란스는 헤지펀드가 금융 시스템을 불안정하게 하지 않고도 폭락할 수 있다는 증거로 보였다. 그러나 세계는 1998년이나 2008년에는 불가능한 방식으로 2006년의 충격을 흡수할 수 있었다. 따라서 헤지펀드들 또는 그중 일부가 시스템 위험을 유발하는지 여부를 단정할 수 없다. 결론에서 주장한 것처럼 답은 시장 상황에 달려 있다.

50. "모든 앵커가 빌 클린턴의 모니카 르윈스키 증언 영상이 뉴욕 시간으로 9시에 방영될 예정이기 때문이라고 말했습니다. 그 주일을 보내면서 데이브 코만스키[메릴린치의 상사]와 제가 정말 웃긴 일이라고 생각했던 기억이 생생합니다." 피셔 인터뷰.

51. 로젠펠드, 하버드 경영대학원 연설.

52. 수요일에 빌 맥도너가 돌아와 회의를 주관했지만 피셔는 뒷자리에 앉아 있었다.

53. 리커즈 인터뷰.

54. 앨런 그린스펀, "대형 헤지펀드인 롱텀캐피털매니지먼트의 민간 부문 리파이낸싱." 미국 하원 은행 및 금융 서비스 위원회 증언, 미국 하원 제105차 회의, 세션 2, 1998년 10월 1일.

55. "2007년 8월, 위험 관리 구조에 금이 갔습니다. 모든 정교한 수학과 컴퓨터 기술은 본질적으로 하나의 중심 전제에 기반했습니다. 금융기관 소유주와 관리자들이 계몽된 이기심으로 자사의 자본과 위험 포지션을 적극 관리함으로써 부실을 완충하는 장치를 충분히 유지하도록 유도하리라는 것입니다. 이 전제는 수 세대 동안 논쟁의 여지가 없어 보였지만 2007년 여름에 실패했습니다." Alan Greenspan, "We Need a Better Cushion Against Risk," *Financial Times*, March 27, 2009, p. 9.

56. 그린스펀, 1998년 10월 1일 청문회.

57. 피터 피셔는 "당시에는 '그러니 레버리지를 규제해야 합니다'고 말하기가 꺼려졌습니다. 내 생각에는 절반은 성공해서 '레버리지가 문제지만 어떻게 규제하겠습니까'라고 말했죠. 10년 동안 레버리지가 문제였고 이제 막 규제하기 시작했습니다. 우리는 방법을 찾았고 정책 변화까지 10년 걸렸습니다"라고 말했다. 마찬가지로 LTCM 실패 당시 연준 수석 이코노미스트였던 빈센트 라인하트는 "놀랍게도 1998년 이후 레버리지가 억제된 것이 아니라 오히려 가속도가 붙었습니다. 논리적 교훈과는 정반대의 결과입니다"라고 답변했다.

11장. 닷컴 버블의 갈림길

1. Tom Wolfe, *The Right Stuff*, New York: Picador, 1979, p. 9.
2. 줄리언 로버트슨, 투자자 서한, 1998년 10월 2일. 원문에서 강조.

3. 엔화 손실에 대한 설명은 주로 타이거 통화 트레이더인 댄 모어헤드와의 인터뷰에 근거했다. 로버트슨은 1998년 11월 4일 투자자 서한에 "일반적으로 1억 달러 단위로 호가되고 매수·매도 스프레드가 5bp인 달러/엔 거래 시장이 10월 초에는 5,000만 달러 단위와 50bp 스프레드로 무너졌습니다. 스프레드가 얇아지면서 48시간 동안 가격이 17%나 오르내리는 등 변동성이 전례 없는 수준에 도달했습니다"라고 썼다.

4. 1999년 7월 투자자들에게 배포된 타이거의 분기 보고서에 따르면 1999년 1월 1일 타이거의 총레버리지는 5배가 약간 넘었다. 선물 사용을 감안하고 주식과 매크로 포지션을 포함했다.

5. 로버트슨, 투자자 서한, 1998년 11월 4일.

6. 전직 타이거 애널리스트는 타이거의 막대한 엔화 공매도 규모를 설명하면서 "규모를 가감하려면 줄리언과 싸워야 했습니다. 줄리언은 어떤 아이디어가 마음에 들면 때로는 계속 가져갔거든요. 위험 제한, 규모 제한, 포지션 제한 등은 전혀 없었죠. 그러니 더 커지지 않게 하려면 매우 불쾌한 과정을 거치고 그의 화를 참아내고 맞서 싸울 배짱이 필요했습니다. 그리고 그 시기에 타이기의 직원 구성이 변하면서 그와 싸우고 맞서려는 사람이 줄었습니다. (…) 줄리언은 '이 아이디어 좋습니다. 더 키웁시다'라고 말했죠. 그리고 애널리스트는 '예, 예, 예'라고 대답합니다. 그래서 그들은 줄리언이 시장이 되고 있다는 사실을 알리지 않고 점점 더 커지도록 내버려 두었습니다."

7. 타이거의 항공사 애널리스트 마이클 더친(Michael Derchin)은 로버트슨이 "소로스가 매크로 쪽에서 돈을 많이 버는 것을 보고 매력을 느낀 듯합니다. 그래서 매우 큰 매크로 베팅을 몇 건 했다가 낭패를 당했습니다"라고 말했다.

8. 이 딜레마에 대한 훌륭한 학술적 처방은 다음 참조. Markus K. Brunnermeier and Stefan Nagel, "Hedge Funds and the Technology Bubble," *Journal of Finance* 59, no. 5 (October 2004).

9. John Cassidy, *Dot.con: The Greatest Story Ever Sold*, New York: HarperCollins, 2002, pp. 3-8.

10. 로버트슨, 투자자 서한, 1998년 8월 7일.

11. 타이거의 US항공 점유율은 20% 수준에서 변동했다. SEC 제출 자료에 따르면 1998년 6월 타이거의 지분은 정확히 20%였다. 1999년 3월 5일, 블룸버그는 타이거가 US항공 지분을 약 19% 소유했다고 보도했다. 타이거의 1999년 마지막 분기 SEC 13F 서류에 따르면 1999년 말에는 약 22%를 소유했다.

12. 타이거 항공사 애널리스트였던 마이클 더친 인터뷰.

13. 로버트슨, 투자자 서한, 1999년 4월 7일.

14. "타이거의 실적 부진에 가장 큰 영향을 미친 것은 지난 10개월 동안 310억 달러 상당의 증권을 사고팔았다는 점입니다. 이렇게 매수분을 매도하고 공매도분을 매수하는 것은 주로 규모 축소에 맞춰 레버리지를 줄이기 위해 이루어졌습니다. 이들 포지션을 청산하는 데 비용이 많이 들었습니다. (…) 타이거는 장기 투자로 성공했습니다. 분기별 환매는 장기 투자와 양립할 수 없습니다." 로버트슨, 투자자 서한, 1999년 8월 6일.

15. Richard A. Oppel Jr., "A Tiger Fights to Reclaim His Old Roar," *New York Times*, December 19, 1999.

16. 타이거의 곤경을 지켜본 저명한 헤지펀드 매니저들은 비밀 유지가 안정성에 필수라는 교훈을 얻었다. 예를 들어 무어캐피털의 루이스 베이컨은 2000년 4월 런던에서 이 교훈을 바탕으로 연설했다. Alexander Ineichen, "The Myth of Hedge Funds," *Journal of Global Financial Markets* 2, no. 4(Winter 2001), pp. 34-46.

17. 드러켄밀러 인터뷰.

18. 드러켄밀러는 인터뷰에서 이렇게 말했다. "퀀텀에 입사한 날부터 그때까지 크게 하락한 적이 없었습니다. 모두가 증발하던 1994년에도 나는 4% 상승했습니다. 긴장감을 느낀 적이 없었어요. (···) 어쨌든 1999년 5월 한 달 동안 나는 18% 하락했는데 시장은 급격히 상승했습니다. 본질적으로 하락한 적이 없는 매우 자랑스러운 사람을 이야기하고 있고 나는 죽어가고 있습니다. 분명히 신문에 난 사실입니다."

19. 로버트슨이 버블 투자를 거부한 것은 절대적이지 않았다. 그는 1999년 3월 기술주 투자를 위해 2억 달러의 하위 포트폴리오를 만들었고, 1999년 말에는 하위 포트폴리오가 62% 상승했다고 주장했다. 그러나 너무 작아서 타이거의 전망에 영향을 미치지 못했다. 타이거가 투자자들에게 보고한 바에 따르면 1999년 9월 30일 기준 기술·통신업계의 총 노출도(매수-공매도)는 타이거 자본의 7%였다. 대조적으로 운송업계 노출도는 자본의 9%에 달했다. Oppel, "A Tiger Fights" 참조.

20. Jane Martinson, "Cyber Stars Corraled at the Ranch," *Guardian*, July 10, 1999, p. 27. 워런 버핏의 버크셔 해서웨이는 1999년 19.9% 하락해서 1990년 이후 최초로 손실을 냈다.

21. 소로스펀드의 베테랑 상무 게리 글래드스타인은 드러켄밀러의 선밸리 방문이 전환점이 되었다고 회고했다. 마찬가지로 카슨 레빗은 "스탠이 선밸리에 가서 신경제라는 종교를 갖게 되었습니다"라고 회상했다.

22. 드러켄밀러 인터뷰.

23. 레빗 인터뷰. 로버트슨은 타이거가 SK텔레콤을 매도해서 여름의 주가 하락을 가져왔나고 확신했다. 로버트슨, 투자자 서한, 1999년 9월 10일 참조.

24. David Einhorn, *Fooling Some of the People All of the Time: A Long Short Story* (Hoboken, NJ: John Wiley & Sons, 2008), pp. 33-34.

25. Cassidy, *Dot.con*, pp. 95-96.

26. Michael Lewis, *The New New Thing: A Silicon Valley Story*, New York: W. W. Norton & Company, Inc, 1999, p. 165.

27. Einhorn, *Fooling Some of the People All of the Time*, p. 37. 아인혼의 다른 공매도 포지션들은 1999년에 큰 수익을 내서 헤지펀드가 버블을 꺾는 데 성공한, 드문 사례가 되었다.

28. 드러켄밀러의 생각에는 연준의 양적 완화 기조가 반영되어 있다.

29. 이 시기 헤지펀드들을 학계에서 연구해보니 헤지펀드 포트폴리오의 기술주 비중이 높았고 특히 1999년 3분기가 그랬다. 헤지펀드 주식 포트폴리오의 기술주 비중은 16%에서 3개월 만에 29%로 증가했는데, 9월 말 기술 섹터가 미국 전체 주식에서 차지한 비중은 겨우 17%였다. Brunnermeier and Nagel, "Hedge Funds and the Technology Bubble" 참조.

30. 존 그리핀 인터뷰.

31. Oppel, "A Tiger Fights."

32. 로버트슨, 투자자 서한, 1999년 12월 8일.

33. 로버트슨, 투자자 서한, 2000년 1월 7일.

34. 로버트슨, 투자자 서한, 2000년 3월 30일.

35. 드러켄밀러 인터뷰. 퀀텀의 지난 몇 주를 자세하게 재구성하는 과정에서 셀레라지노 믹스가 방아쇠 역할을 했다고 시사하면서, 드러켄밀러가 트레이더에게 한 말을 인용했다. "시장이 미쳤습니다. 나는 몇 달 만에 40달러에서 250달러로 오른 주식을 소유한 적이 절대 없습니다." Gregory Zuckerman, "Hedged Out: How the Soros Funds Lost Game of Chicken Against Tech Stocks," *Wall Street Journal*, May 22, 2000 참조.

36. 드러켄밀러 인터뷰.

37. 같은 인터뷰.

38. Zuckerman, "How the Soros Funds Lost."

39. 드러켄밀러 인터뷰.

40. 드러켄밀러의 기분을 회고하며 소로스는 "그는 충성심을 느꼈기 때문에 갈등했습니다. 약혼한 상태였어요. 그리고 한편으로는 과하다고 느꼈습니다. 그는 실제로 마무리하고 떠날 수 없었기 때문에 부주의로 인해 펀드를 날릴 상황을 만들었고 그 후에야 떠날 수 있었습니다. 비싼 방법이었지요..."라고 말했다.

41. Drobny, *Inside the House of Money*, p. 28.

12장. 예일재단과 이벤트드리븐 헤지펀드

1. 케이터링회사 글로리어스푸드의 매니저인 션 드리스콜 인터뷰.

2. Lowenstein, *When Genius Failed*, pp. 103-104. Chrystia Freeland, "I Love Competition... I Love Winning," *Financial Times*, October 10, 2009.

3. Marcia Vickers, "The Money Game," *Fortune*, October 3, 2005.

4. 스타이어는 5년간 매일 똑같은 체크무늬 넥타이를 매고 출근했는데, 비서가 얼룩투성이인 넥타이를 빼앗아 거래 트로피인 양 진열장에 넣은 후에야 그만두었다. Loch Adamson, "Steyer Power." *Alpha*, January 2005.

5. 로버트 루빈은 스타이어가 "무엇을 살 수 있는지에 관심이 없습니다"라고 단호하게 말했다. 스타이어와 그의 아내는 2004년 설립된 커뮤니티은행 원캘리포니아(One California)를 지원하기 위해 재산 일부를 사용했다. Francine Brevetti, "New Bank Welcomes Clients That Others Shun," *Inside Bay Area*, October 4, 2007 참조.

6. 파트너는 모건스탠리와 스탠퍼드에서 스타이어를 알고 지낸 케이티 홀(Katie Hall)이었다.

7. 스타이어는 이렇게 회상했다. "붕괴 후 6개월 동안 밤에 제대로 자지 못했습니다. 잠들었다가 깨어서 누워 있곤 했어요. 붕괴 후 아내와 저는 새벽 3시에 출근해서 그냥 걸어 다녔습니다. 시장도 열리지 않았죠. 그냥 복도에서 서성거리며 시장이 열리기를 기다렸어요. (⋯) 아내는 멋진 사람입니다. 그녀는 제가 창문을 열지도 모른다고 생각한 것 같아요."

스타이어의 동료인 케이티 홀은 "톰은 매우, 매우, 매우, 매우 집중하는 사람이고 잠들 수 없으면 출근합니다"라고 말했다. 마찬가지로 메리디 무어(Meridee Moore)는 회상했다. "가끔 톰을 만나서 말을 걸려고 하면 그는 전화기를 들었습니다. 가끔 회의실에 들어가서 톰에게 전화를 걸었는데 그편이 톰의 주의를 끌기 쉬웠거든요. 톰은 항상 전화를 받았어요. 저는 그게 차익거래라고 생각해요. 만약 누군가가 거래가 곧 깨질 거라며 건 전화라면 어떻게 될까요?"

8. 메리디 무어는 합병 차익거래와 부실채권 투자의 접근 방식이 비슷하다고 강조했다. 기업이 파산하면 부실채권은 종종 주식으로 전환되고 여기에서 나오는 보상이 합병 시 거래 프리미엄에서 오는 보상과 비슷해서, 두 경우 모두 정해진 기간에 수익을 기대할 수 있다.

9. 메리디 무어는 1990년대 초의 부실채권 투자를 회상했다. "구매자는 정말 세 명이었고, 모든 규제당국이 은행에 부채를 매각하라고 압력을 가하고 있었죠. 그래서 수요와 공급의 불균형이 엄청났습니다."

10. 스타이어는 드렉셀 파산 이후 '드렉셀이 한 모든 일은 사기이고, 그들이 소유한 것은 가치가 없으며, 이 기업들은 모두 농담이다'라는 통념이 생겼다고 회상했다. "모두가 그렇게 알았지만 사실이 아니었습니다. 따라서 절대적으로 받아들여지는 거짓말에 반대로 거래할 수 있다면, 즉 우리가 한 것처럼 한다면 엄청난 돈을 벌 수 있습니다."

11. 데이비드 스웬슨은 다음 책에서 이벤트드리븐 펀드가 시스템상 우위를 보이는 이유를 설명했다. David Swensen, *Pioneering Portfolio Management: An Unconventional Approach to Institutional Investment*, New York: Free Press, 2009, p. 183.

12. Swensen, *Pioneering Portfolio Management*, p. 252. 메리디 무어는 스타이어에게 동기를 부여한 것을 설명했다. "매일 다른 것을 연구합니다. 원하는 것은 무엇이든 시작합니다. 결과를 예측합니다. 그리고 그 예측이 맞다면 이보다 더 큰 보람이 없죠. 최고의 도전입니다. 이것이 계속 일하게 하는 원동력입니다. 돈이 아니라요."

13. 스타이어는 또한 직원들이 파랄론에 저축하기를 원했다. 그러지 않으면 다른 곳에서 개인 포트폴리오를 관리하는 데 귀중한 에너지를 소비할 것이고, 스타이어는 그런 산만함을 참을 수 없었기 때문이다.

14. 스웬슨은 스타이어와 진지하게 협상하기 시작했을 때, 표준 성과보수를 더 조정하자고 요구했다. 예일대는 기준보다 약간 높은 보수를 선호했지만 파랄론 수익률이 국채의 무위험 수익률을 초과해야만 적용할 것이다. 스타이어는 이 모델의 순수성을 알았다. 그러나 파랄론 방식이 스웬슨 방식보다 더 많은 수익을 올릴 것이라고 경고했고 이는 사실로 드러났다.

15. 스타이어 인터뷰.

16. 예일대 기금 웹사이트는 '절대 수익률'에 대한 첫 번째 배분이 1990년 7월에 이루어졌다고 보고했다. 1995년 할당에 대한 데이터는 다음 문서 참조. Josh Lerner, "Yale University Investments Office: August 2006"(Harvard Business School case study 9-807-073, May 8, 2007)

17. Lerner, "Yale University Investments Office."

18. 헤지펀드리서치에 따르면 이벤트드리븐 펀드의 자산은 2000년에 710억 달러로 업계 전체의 14%를 차지했다. 2005년에는 2,130억 달러로 19%, 2007년에는 4,360억 달러로 23%를 차지했다.

19. 예를 들어 파랄론의 법률 고문인 마크 웨얼리(Mark Wehrly)는 자기자본 100달러당 약 25달러를 차입한다고 보고했다.

20. Robert Howard and Andre F. Perold, "Farallon Capital Management: Risk Arbitrage"(Harvard Business School case study 9-299-020, November 17, 1999). 하버드 경영대학원의 연구에 따르면 1990~1997년 기간에 파랄론 펀드 2개의 샤프지수는 1.38과 1.75였고, 같은 기간 S&P500의 샤프지수는 0.50이었다.

21. 파랄론의 알파가타스 투자를 주도한 엔리케 보일리니(Enrique Boilini)는 비슷한 섬유 회사인 가빅(Gabic)이 외국 헤지펀드의 관심을 끌지 못해 공장이 폐쇄되고 모든 근로자가 일자리를 잃었다고 회상했다. 파랄론은 알파가타스를 회생시키기 위해 또 다른 미국 투자자인 텍사스퍼시픽그룹과 협업했다.

22. Mark Landler, "Year of Living Dangerously for a Tycoon in Indonesia," *New York Times*, May 16, 1999.

23. Dorinda Elliott, "The Fall of Uncle Liem," *Newsweek*, June 15, 1998.

24. Shoeb Kagda, "Stanchart, M'sian Plantations Among Shortlisted to Buy BCA," *Business Times(Singapore)*, November 29, 2001.

25. 앤드류 스포크스 인터뷰.

26. 메리디 무어는 스포크스를 이렇게 회상했다. "그는 우리 샌프란시스코 사무실에 8개월 동안 머물렀습니다. 여기 여성들은 그에게 완전히 빠져들었죠. 그는 이 도시에서 가장 바람직한 총각이었습니다."

27. 2002년 2월, 캘퍼스(CalPERS)는 인도네시아에서 철수한다고 발표했다. Craig Karmin and Sarah McBride, "Calpers Pulls Out of 4 Countries, Dealing Blow to Southeast Asia," *Wall Street Journal*, February 22, 2002.

28. 스포크스 인터뷰.

29. 좀 더 자세히 설명하면, 국채는 변동 금리를 지불했기 때문에 BCA 소유주는 은행 예금 금리 변동을 헤지한 셈이었다.

30. 인도네시아 중앙은행 웹사이트에서 2002년, 2003년, 2004년 3월 31일로 끝나는 연도의 데이터를 가져왔다.

31. 2002년 4월 인도네시아가 파리클럽의 서방 공여국들과 함께 부채 부담을 줄이기 위해 노력하는 동안, IMF 미국 집행이사 랜들 쿠알레스(Randal Quarles)를 포함한 많은 사람이 인도네시아에 새로운 IMF 지원을 제공할 가치가 있다는 증거로 BCA 거래를 언급했다. 앤드류 스포크스는 이렇게 회상했다. "우리가 스스로의 촉매였습니다. 그 거래가 전체 시장을 뒤바꾸었기 때문에 이벤트드리븐이었고 우리 자신이 이벤트였습니다."

32. Deborah Frazier, "Underground Water Plan Has a Friend in an Old Foe," *Rocky Mountain News*, October 4, 1996.

33. 게리 보이스 인터뷰.

34. 스타이어 인터뷰.

35. 마크 웨얼리는 "우리는 모든 선거구를 우리에게 불리하게 양극화했습니다. 그래서 정치를 잘못 이해했습니다. 우리 과학이 옳다고 생각했지만 세상은 준비가 되지 않았고, 그들에게 좋은 생각이라고 설득하는 데 실패했습니다. 그래서 후퇴했습니다"라고 말했다.

36. "예일대 총장 리처드 레빈은 속았고 학교도 파랄론에 속았다고 생각합니다." Joe Light, "Ranch Deal Prompts Donation, Reevaluation," *Yale Herald*, February 1, 2002.

37. 투명성 요정 역할을 맡은 안드레아 존슨은 "분명히 바보 같았지만 사진을 찍기 위해 이런 일을 했습니다"라고 회상했다.

38. 파랄론의 홍보 고문인 스티브 브루스는 도롱뇽을 보호하기 위한 노력을 강조했다. "그들은 환경공학회사를 고용해서 도롱뇽이 어디서 알을 부화하는지, 어디로 이동하는지, 어떻게 바다에 닿는지, 어떤 종류의 살충제를 사용해야 하는지, 번식 시설을 망치지 않고 어떻게 코스를 유지할 수 있는지 등 도롱뇽 연구를 수행했습니다. 그래서 비평가들이 이 문제를 제기했을 때는 도롱뇽으로 위장한 붉은 청어였습니다."

39. "Farallon Founder Hits Back at Critics," *Financial News(Daily)*, March 28, 2004.

40. 안드레아 존슨은 회상했다. "데이비드 스웬슨이 정말 화냈던 기억이 납니다. 분명히 그는 우리 캠페인에 크게 마음을 상했습니다. 당시 많은 찬사를 받았고 이후로도 재단 투자금을 놀랍게 운용해서 더 많은 찬사를 받았기 때문에 그에게는 개인적인 일이었습니다. 그리고 더 중요한 것은 비영리기관의 돈을 운용하고 있고 기준이 있다는 재단 당국의 자부심이라고 생각합니다. 그가 아무 데나 투자하는 것 같지는 않다고 느꼈습니다."

41. 안드레아 존슨이 스웬슨과 학생들의 언쟁을 회상해서 뉴스 사진과 기사에 담았다. Tom Sullivan, "Yale Defends Record Privacy," *Yale Daily News*, April 5, 2004

42. 메리디 무어는 "현장에 나가서 감자 농부들이 어떻게 할지 알아내야 합니다. 우리는 현장에 오래 있지 않았습니다. 예상보다 훨씬 더 중요한 일이었습니다"라고 술회했고, 파랄론 법률 고문인 마크 웨얼리는 "때로는 잘못된 파트너를 만나게 되는데 우리가 그랬고 대가를 치렀습니다"라고 말했다.

43. 스웬슨 자신도 유동성이 낮은 시장이 더 좋은 기회를 제공한다고 주장했다. "유동성이 아니라 성공이 중요하다. 유동성이 낮은 비상장주 투자가 성공하면 투자자들이 핫한 기업공개 주식을 사려고 몰려들면서 유동성이 뒤따른다. 공개 시장에서는 한때 유동성이 부족했던 주식이 호실적을 내면 월스트리트가 성과를 인식하면서 유동성이 증가한다. 반대로 유동성이 풍부한 상장주 투자가 실패하면 투자자의 관심이 줄면서 유동성 부족이 뒤따른다. 포트폴리오 매니저는 유동성 부족이 아니라 실패를 두려워해야 한다." Swensen, *Pioneering Portfolio Management*, p. 89.

13장. 암호 해독가 제임스 사이먼스

1. 상당한 수수료를 공제한 수치다. 메달리온은 고객에게 운용보수 1~2%와 성과보수 20%가 아니라 운용보수 5%를 부과했다. 1980년부터 1996년까지 르네상스와 그 전신에서

파트너로 일한 수학자 샌더 스트라우스(Sandor Straus)는 1988년에 기술 비용을 충당하기 위해 5% 수수료를 선택했다고 회상했다. 게다가 메달리온펀드는 수년에 걸쳐 성과보수를 20%에서 44%로 올렸다,

2. 얼윈 벌리캠프 인터뷰.

3. 샌더 스트라우스는 메달리온의 성공에 가장 중요하게 공헌한 인물로 헨리 로퍼를 꼽는데, 특히 1989년부터 수행한 작업 덕분이다. 로퍼는 1983~1985년에 단기 패턴에 대한 획기적인 연구를 수행했고 잠시 학계로 돌아갔다가 1989년 메달리온에 다시 참여했다. 공개 계정 일부에는 로퍼가 1990년대에 참여했다고 잘못 기재되어 있다.

4. 르네상스 출신인 로버트 프레이(Robert Frey)는 이 회사의 패턴 인식이 평균회귀도, 추세 추종도 아니라고 설명했다. 시장은 충격에 반응해서 다양한 방식으로 움직인다. "전기 회로나 물리적 시스템을 생각해보면, 어떤 입력을 넣으면 초기 출력은 음의 상관관계가 될 수 있고 그러고 나서 양의 상관관계가 될 수도 있습니다. 이는 시스템과 어떻게 공명하느냐에 달려 있습니다."

5. 스트라우스 인터뷰.

6. 르네상스의 최고재무책임자인 마크 실버(Mark Silber) 인터뷰.

7. DE쇼 집행위원회 위원인 에릭 웹식 인터뷰.

8. Richard Bookstaber, *A Demon of Our Own Design: Markets, Hedge Funds, and the Perils of Financial Innovation* (Hoboken, NJ: John Wiley & Sons, 2007), p.187.

9. 같은 책, p. 189.

10. DE쇼 상무인 트레이 벡(Trey Beck)은 "모건스탠리에는 IBM 메인프레임이 길게 늘어서 있었습니다. 우리는 시작했을 때 선 워크스테이션 한 대가 있었습니다. 다른 사람들이 우리와 같은 거래를 하리라고 기대하지 않아서 나사(NASA) 기술이 필요하지 않았습니다"라고 말했다.

11. Michael Peltz, "Computational Finance with David Shaw," *Institutional Investor* 28, no. 3(March 1994): pp. 92-94.

12. 세계 각지에서 경제학자들의 이상화된 모형을 다른 버전으로 만들어냈다. DE쇼 트레이 벡은 신흥 시장의 예를 들었다. 같은 정부가 발행한 같은 채권 2종이 다른 수준에서 거래되면 차익거래에 관심이 있는 경제학자가 수렴에 베팅하도록 유혹할 수 있다. 그러나 이 차이는 경제학자의 모형에서 누락된 요인 때문일 수 있다. 더 비싼 채권은 인맥이 넓은 올리가르히가 실질적으로 소유하고, 정부는 그를 소외시키고 싶지 않으니 결과적으로 채권 부도 위험이 훨씬 낮을 것이다.

13. 웹식 인터뷰.

14. 트레이 벡 인터뷰.

15. 와드와니는 "많은 학자 출신 이코노미스트처럼 나도 가치에 관심이 많았습니다. 훌륭한 트레이더를 관찰하면서 배운 핵심은, 가치가 중기적으로 중요한 요소이지만 전술적 트레이딩은 가치 외에도 훨씬 더 많은 것을 고려한다는 것입니다. 평균적으로 가치의 방향성을 유지하되, 다른 모든 것에도 주의를 기울여야 합니다"라고 말했다. Drobny, *Inside the House of Money*, p. 174.

16. 와드와니는 "이 사람들이 말하는 입력 변수를 이미 사용하는 경우가 종종 있었지만, 아마 통계 모형에서는 이들보다 더 순진한 방식으로 사용했을 겁니다"라고 회상했다.

17. 튜더에서 와드와니와 함께 일했던 마흐무드 프라단(Mahmood Pradhan)은 이렇게 설명했다. "특정 변수가 특정 자산 가격을 설명하는 경우도 있고, 다른 변수가 가격을 결정하는 경우도 있습니다. 따라서 모형이 작동할 때와 작동하지 않을 때를 이해해야 합니다. 예를 들어 때로는 경상수지 적자가 환율에 큰 영향을 미칩니다. 그러나 다른 경우에는 모형에는 없는 새로운 선입견 때문에 매우 큰 경상수지 적자를 기꺼이 감내할 수도 있습니다. 국부펀드가 등장할 수도 있습니다. 아니면 아시아인들이 더 많은 자본을 보유할 수도 있습니다. 아니면 당신이 포착하지 못한 다른 일이 일어나고 있을 수도 있습니다."

18. 튜더 사장인 마크 댈턴 인터뷰.

19. DE쇼의 에릭 웹식은 "우리 직원들은 평균적으로 조금 더 젊고, 학교를 갓 졸업했고, 많은 사람이 박사학위를 막 받았고, 나처럼 박사학위도 없는 사람이 있었습니다"라고 확언했다. 월스트리트 출신을 채용하지 않는다는 르네상스 규칙의 예외 중 하나는 모건스탠리 출신의 수학자 로버트 프레이였다.

20. 와드와니 인터뷰.

21. 다음 논문 참조. Peter F. Brown, Stephen A. Della Pietra, Vincent J. Della Pietra, and Robert L. Mercer, "The Mathematics of Statistical Machine Translation: Parameter Estimation," Computational Linguistics 19, no. 2(1993). 아래에 설명했듯이 델라 피에트라 형제는 브라운과 머서를 따라 IBM에서 르네상스로 옮겼다.

22. 1949년으로 돌아가면 암호 해독가들은 자기 기술을 번역에 어떻게 적용할지 고민했지만 컴퓨터 성능이 부족했다. 통계적 번역을 하려면 컴퓨터가 의미 있는 패턴을 추출할 데이터를 충분히 확보하기 위해 방대한 문자 쌍을 입력해야 했다. 1990년경에는 잘 갖춰진 워크스테이션에서 통계적 번역을 할 수 있었다.

23. 머서는 2년 동안 IDA에서 영국 수학자 닉 패터슨과 함께 일했고 패터슨은 이후 사이먼스에게 갔다. 사이먼스와 바움의 인연은 브라운과 머서가 합류하도록 설득하는 데도 도움이 되었다. 피터 브라운은 이렇게 회상했다. "밥과 제가 짐 사이먼스에게 연락을 받았을 때는 그에 대해 들어본 적이 없었습니다. 하지만 그가 레니 바움과 함께 일한 적이 있다는 말을 듣고 진지하게 제안을 받아들이기 시작했습니다."

24. 브라운-머서 작업의 반응은 다음 참조. Andy Way and Mary Hearne, "Statistical Machine Translation," 2009.

25. Pius Ten Hacken, "Has There Been a Revolution in Machine Translation?" *Machine Translation* 16, no. 1 (March 2001): pp. 1-19 참조. 이 출처는 언어학자 인용문을 피터 브라운의 것으로 잘못 기재했다.

26. IBM 프로그램의 초기 버전에는 언어적 규칙이 전혀 포함되지 않았고, 이후 버전에는 일부 사용했지만 기존 번역 프로그램보다는 역할이 작았다.

27. 웹식 인터뷰.

28. 1950년대를 선도한 기술자 존 메이지(John Magee)는 경제 지식으로 판단이 흐려지지 않도록 신문을 2주 늦게 읽었다.

29. 머서는 인터뷰에서 이렇게 설명했다. "우리는 모든 신호를 고려할 것입니다. 하지만 누군가 직관적이지 않은 이론을 제시하면 특히 신중하게 검토할 것입니다." 통계적 증거를 바탕으로 트레이딩하려는 의지는 초기에 메달리온 성공에 기여한 사람들도 마찬가지였다. 예를 들어 얼윈 벌리캠프는 다음과 같이 회상했다. "우리 대부분은 메달리온에서 통계를 살펴봤습니다. 하지만 펀더멘털을 살펴보려는 시도는 큰 도움이 되지 않는다는 것을 알게 되었습니다." 브라운과 머서에 이어 논문 공동 저자인 스티븐과 빈센트 델라 피에트라 형제가 르네상스에 합류한 후, 통계적 기계번역의 경험을 금융 데이터를 포함한 다른 유형의 데이터에서 질서를 찾는 것과 관련해 제시한 점도 흥미롭다. Adam L. Berger, Stephen A. Della Pietra, and Vincent J. Della Pietra, "A Maximum Entropy Approach to Natural Language Processing," *Computational Linguistics* 22, no. 1 (March 1996): pp. 39-71 참조.

30. 신조어를 허용할 경우 잠재된 언어적 혼란을 관리하기 위해서 검토를 거쳐야 했다.

31. 러시아 직원은 파벨 볼프바인(Pavel Volfbeyn)과 알렉산더 벨로폴스키(Alexander Belopolsky)이고 이적한 회사는 밀레니엄(Millenium)이었다. 그들은 변호사를 통해 새로운 시스템이 르네상스의 독접적 비밀에 기반하지 않았다고 주장했다. Thomas Maier, "Long Island's Richest Man from Math to Money," *Newsday*, July 5, 2006, p. A04 참조.

32. 실버 인터뷰.

33. 로버트 프레이는 이렇게 설명했다. "그 연구원들은 온실 속 화초와 같았습니다. 그들은 거기에 앉아 있습니다. 데이터를 필요로 하면 데이터가 제공되죠. 데이터가 사용 가능하고 깨끗하게 준비된 상태인지 확인하기 위해 어떤 과정을 거쳐야 하는지 전혀 모릅니다. 버튼 하나만 누르면 데이터 수십 테라바이트를 사용할 수 있습니다. 말하자면 온실을 떠나 차갑고 잔인한 세상으로 나간다면, 이런 시뮬레이션을 생성하고 이 모든 작업을 수행할 수 있다고 해도 과거 데이터에 접근하지 못한다는 사실을 금세 발견할 것입니다. 누군가를 불러서 트레이딩을 실행하는 방법도 모를 것입니다. 만약 저에게 '로버트 당신은 경업 금지 계약이 없으니 르네상스를 재창조하면 좋겠어요'라고 한다면, 실제로 트레이딩 가능 시점까지 4~5년은 걸릴 것이라고 대답하겠습니다." 그러나 메달리온 이탈자들이 이미 리서치와 트레이딩 인프라를 갖춘 경쟁 헤지펀드에 합류하면 5년 안에 메달리온에 피해를 줄 수 있었다.

34. 60억 달러는 2007년 수치이며 다음 자료에서 가져왔다. Richard Teitelbaum, "Simons at Renaissance Cracks Code, Doubling Assets," Bloomberg.com, November 27, 2007.

14장. 위기의 예감, 멀티전략펀드

1. Hal Lux, "Boy Wonder," *Institutional Investor*, January 2001.

2. 2005~2007년의 3년 동안 시타델 투자자의 비용 지급률은 평균 9% 미만이었다. 여기에는 중개 수수료, 법률 수수료, 세금 및 감사 수수료, 시타델 컴퓨터 인프라 구축비 등이 포함되었고, 트레이딩 사업의 수익이 외부 투자자가 아니라 시타델로 전액 유입되는 것

을 부분적으로 지원했다. 한편 다른 헤지펀드들도 보수를 인상할 수 있다는 사실을 알았다. 2002년 11월, 브루스 코브너의 캑스턴은 보수를 운용보수 3%에 성과보수 30%를 더한 금액으로 인상한다고 발표하면서 트레이딩 인재 유치 경쟁이 치열해졌기 때문이라고 말했다. "Caxton to Hike Fees, Merge Funds," *Private Asset Management*, November 24, 2002.

3. Marcia Vickers, "Ken the Conqueror," *Fortune*, April 16, 2007, p. 80.

4. Gregory Zuckerman, "Shake-Out Roils Hedge Fund World," *Wall Street Journal*, June 17, 2008.

5. 한 아마란스 베테랑은 "일반적으로 아마란스에서는 트레이더가 돈을 벌면 '잘했어. 방금 회사에 10억 달러를 벌어주었으니 가져가서 전환사채 담당자에게 주겠네'라고 말하지 않고 계속 운용하도록 맡겨두었습니다. 그렇게 해야 동기가 부여되기 때문입니다"라고 회상했다.

6. 아마란스의 고위 임원은 술회했다. "2003년, 2004년, 2005년에 멀티전략 차익거래 수익률이 점점 낮아졌습니다. 비즈니스는 포화 상태였고 트레이드는 붐볐습니다."

7. 아마란스 베테랑은 헌터를 이렇게 회상했다. "그는 믿을 수 없이 똑똑했습니다. 정말 믿을 수 없이 똑똑했습니다. '좋아요, 이 일이 일어날 것 같고, 이를 활용하기 위해 다양한 수단을 사용할 방법은 이것입니다'라고 탁월하게 분석했습니다. 그리고 매우 흥미로운 작은 시장 움직임, 하위 시장 움직임, 진행 중인 상황과 그로부터 수익을 창출하는 방법을 찾아냈습니다. 또한 소위 비대칭 위험 프로필을 구성하는 방법도 알았습니다. 사람들은 그가 이런 주장을 할 수 있고 실제로 구현해서 엄청난 수익을 냈기 때문에 엄청나게 존경했습니다."

8. 한 신문은 "마우니스 씨는 헌터 씨가 도이체방크에서 일한 경력을 회사가 알았지만 광범위한 조사를 통해 '우리를 불편하게 하는 것은 아무것도 발견하지 못했다'고 말했다"라고 보도했습니다. Ann Davis, "Private Money: The New Financial Order—Blue Flameout: How Giant Bets on Natural Gas Sank Brash Hedge-Fund Trader," *Wall Street Journal*, September 19, 2006.

9. 내부자에 따르면 2005년 헌터의 보상금은 현금 7,500만 달러와 이연 보상금 5,000만 달러로 구성되었다.

10. 아마란스 베테랑은 마우니스가 헌터에 대해 "그가 천재라고 생각하지 않아요?"라고 말했다고 회상했다. 다른 아마란스 베테랑은 마우니스를 이렇게 설명했다. "나는 그가 '브라이언의 장부는 프리미엄이 없는 전환사채 장부와 같다'라고 말했어야 한다고 생각합니다. 개념적으로는 커 보였지만 실제로는 그렇게 위험하지 않습니다. 그래서 지나고 나니 모두가 '젠장, 미쳤어요? 규모 좀 봐요!'라고 말하죠. 하지만 위험 담당자들은 그것이 개념적으로는 매우 매우 크지만 위험 관점에서는 매우 작다고 닉을 설득해야 했을 것입니다. 닉이 그렇게 키웠으니까요. 전환사채 포트폴리오가 그렇게 구성될 수 있었던 이유입니다."

11. 아마란스의 고위 임원은 술회했다. "닉은 우리 모두가 그렇듯이 짐 사이먼스가 메달리온 펀드로 돈을 생산하는 능력을 항상 질투하고 부러워했습니다. 우리는 통계적 차익거래

시스템을 구축하고 통계적 차익거래 인력을 고용하는 데 많은 돈을 썼습니다. 사이먼스와 같은 세계에 들어가지도 못했지만 닉은 성배를 찾아서 계속 노력했고 또 노력했습니다. 닉은 자신이 하는 일에 진정으로 특별한 사람들이 있다고 믿었습니다. 그리고 브라이언 힌디가 정말 특별하다고 생각했습니다."

12. 아마란스의 입장에 대한 세부 사항과 그 밖의 많은 내용은 미국 국토 안보 및 정부 업무 위원회에 제출한 상원 소위원회 보고서에서 발췌했다. U.S. Senate Permanent Subcommittee on Investigations, "Excessive Speculation in the Natural Gas Market," June 25, 2007. 이 보고서는 완벽하지 않고 아마란스 실패로 헤지펀드 규제를 강화해야 한다는 결론을 내리지만, 이 실패는 시장이 불량 트레이더를 징계한 사례로 보는 것이 더 낫다. 또한 보고서는 순노출도가 더 중요하고 천연가스 선물이 장외에서 거래된다는 점을 설명하지 않고 다양한 선물 계약의 총노출도를 축적함으로써 아마란스가 전체 시장에서 차지한 비중을 알 수 없게 만들었다. 그럼에도 불구하고 상원 조사관들은 아마란스의 천연가스 거래에 대해 귀중한 데이터와 증언을 방대하게 수집했다. 상원 보고서로 판단한 결과 "1월/11월 가격 스프레드가 2월 중순 1.40달러에서 4월 말 2.20달러로 50% 이상 상승한 주요 원인이 아마란스의 대규모 거래였다". 또 이 보고서는 "5월 모든 거래일에서 아마란스는 2006년 11월 계약 미결제약정의 최소 55%를 차지했다. (…) 간단히 말해서 아마란스는 자신이 만든 시장에 비해 너무 컸다"라고 언급했다. 뉴욕상품거래소가 가스 선물시장의 전부가 아님을 감안하더라도 아마란스의 뉴욕상품거래소 점유율은 충격적이다.

13. 당시 블랙스톤은 환매를 비밀에 부쳤다. 블랙스톤 관계자는 이 사실이 알려지면 다른 투자자들이 아마란스에 돈을 요구함으로써 자금이 동결되어 자사의 자금이 갇힐 수도 있다고 설명했다.

14. 아마란스가 특정 가스 포지션에서 빠져나오기 위해 모건스탠리에 거액의 수수료를 지불한 것은 아마란스가 시장에서 너무 커졌다는 증거다. 포지션을 쉽게 청산할 수 있었다면 그렇게 했을 것이다. 모건스탠리 증거가 중요한 것은 아마란스 대변인들이 과도한 규모가 아니라 8월 말 뉴욕상업거래소의 약탈적 거래부터 9월 골드만삭스 거래에 대한 JP모간의 반대 등 음모로 인해 무너졌다고 종종 주장했기 때문이다.

15. 아마란스가 광범위하게 노출된 것은 월간 보고서에서 수익률과 수익 창출 방법을 설명해서 잘 알려져 있었다. 헤지펀드의 투명성은 보통 장점으로 간주되지만 위험도 있다.

16. U.S. Senate Permanent Subcommittee on Investigations, "Excessive Speculation in the Natural Gas Market."

17. 아마란스의 전직 트레이더는 "그들은 브라이언에게 나가라고 조언했습니다. 그는 명령을 받아야 했습니다"라고 말했고, 다른 아마란스 관계자는 "브라이언 헌터가 포지션을 줄이려고 노력하지 않았다고 믿고 싶지 않습니다. 그가 노력하고 있다고 들었지만 유동성이 충분하지 않았기 때문입니다"라고 언급했다. 그러나 또 다른 아마란스 베테랑은 천연가스 노출을 빠르게 축소할 방법을 두고 사내에서 광범위하게 논쟁했다고 설명하며, 급격한 철수를 위해 높은 가격을 지불하는 것은 현명하지 않다는 결론에 도달했다고 말했다. 아마란스가 어떤 대가를 치르더라도 빨리 빠져나오겠다고 선택했다면 살아남을 수 있었을지는 분명하지 않다. 헌터가 4월 이후 공격적으로 포지션을 정리했다면 아마

란스가 문을 닫을 정도로 큰 손실을 입혔을지도 모른다.

18. 이 시기를 돌아보던 트레이더는 헌터를 '악당이자 위협적인 인물'로 묘사했다. 마찬가지로 상원 보고서에서도 이 효과에 대한 트레이더들의 말을 다수 인용했다. 예를 들어 한 사람은 "아마란스가 마더록을 죽인 것을 시장 참가자 모두가 압니다"라고 말했다. 아마란스는 부인했다.

19. 아마란스 베테랑은 "그 남자가 사랑에 빠졌다고 했잖아요. 어쩌면 이것이 요지입니다. 어쩌면 사랑의 또 다른 표현이고요. (…) 그는 이 남자가 잘못할 수 없다고 생각한다고 말했죠. [〈월스트리트저널〉에] 그렇게 말했을 때, 나는 그가 그렇게 믿었다고 확신합니다."

20. 아마란스 관계자는 헌터의 여름/겨울 포지션 중 일부는 다른 포지션을 헤지하기 위해 설계되었지만, 9월에 상쇄 추정 포지션들이 동시에 안 좋게 돌아가자 아마란스가 경쟁 트레이더들의 표적이 된 것이 밝혀졌다고 회고했다.

21. 이 대화는 찰스 윙클러와 켄 그리핀 인터뷰와, 2007년 11월 13일 아마란스가 뉴욕주 대법원에 JP모간을 상대로 제기한 고소장에서 발췌했다.

22. 대형 은행 다수가 여러 컴퓨터 시스템을 운영하기 때문에 아마란스의 데이터를 모든 관련 부서에 동기화하기 어려웠을 것이다.

23. 블랙스톤그룹 부회장 J. 토밀슨 힐(J. Tomilson Hill)은 "1998년에 시타델이 LTCM을 인수할 만큼 규모가 컸다면 거래 성사 확률이 훨씬 더 높았을 것"이라고 말했다.

24. 이 설명은 켄 그리핀과 시타델 직원들, 아마란스의 칼 워치터(Karl Wachter)와 찰스 윙클러 인터뷰를 바탕으로 작성했다.

25. 레버리지를 이용한 트레이딩 성장을 규제하는 대책 중 하나는 스왑 같은 장외 파생상품을 거래소에 상장하는 것이다. 일반적으로 합리적인 대책이지만, 헌터의 가스 노출 대부분이 거래소에서 이루어졌고 거래소 당국이 헌터의 과도한 거래를 효과적으로 제한하지 못했다는 점을 유의해야 한다. 대조적으로 시장의 규율은 잔인할 만큼 효과적이었다.

15장. 서브프라임 금융위기

1. John Gittelsohn, "High Roller of Home Loans," *Orange County Register*, May 20, 2007.

2. Mark Pittman, "Bass Shorted 'God I Hope You're Wrong' Wall Street," *Bloomberg*, December 19, 2007.

3. 마이클 리트 인터뷰. 국제결제은행(BIS) 보고서는 "The Recent Behavior of Financial Market Volatility"(BIS paper 29, August 2006)이다. 프런트포인트 포트폴리오 매니저인 스티브 아이즈먼에 대한 설명은 Michael Lewis, "The End," *Portfolio*, December 2008 참조. 리트에게는 이 경고가 분명하지 않았지만, 실제로 BIS는 금융위기 위험을 경고한 금융기관 소수 중 하나였다는 점을 유의해야 한다.

4. 2006년 12월부터 2007년 10월 중순까지 배스의 모기지 전용 펀드는 463% 상승했다. 프런트포인트는 멀티전략 펀드를 운용했기 때문에 모기지 베팅이 희석되었다. 그럼에도 불구하고 2007년에 저변동성 멀티전략 펀드는 23%, 중변동성 버전은 44% 상승했다.

5. 이어지는 폴슨의 서브프라임 거래에 대한 설명은 존 폴슨과 파올로 펠레그리니와의 대화와 폴슨앤드컴퍼니 보고서를 바탕으로 재구성했다. Paulson and Company, "Paulson Credit Opportunities, 2007 Year End Report."

6. 펠레그리니 인터뷰.

7. 폴슨과 펠레그리니는 곧 자신들의 실수를 깨달았다. 연구해보니 제한된 서류에 근거한 모기지 대출 연장이 2001년 27%에서 2005년 41%로 증가한 데다가 재조달이 대출 품질 저하 문제를 은폐하고 있었기 때문이다. 1998~2006년에는 서브프라임 모기지 절반 이상이 5년 이내에 재조달을 받았다.

8. 존 폴슨이 기억한 대화 내용이다.

9. 폴슨의 계획은 펀드에 1달러를 투자할 때마다 서브프라임 모기지 12달러에 대한 보험에 가입하는 것이었고, 펀드 6억 달러는 모기지 72억 달러에 대한 보험에 해당했다. 이 보험의 비용은 모기지 가치의 약 1%이므로 펀드 가치의 12%였다. 그러나 폴슨은 펀드에 있는 여유 현금으로 이자 5%를 벌었으니 베팅 순비용은 펀드 자신의 7%였다.

10. 헤지펀드리서치에 따르면 2008년에 자산 담보 헤지펀드는 3% 손실을 내서, 헤지펀드를 둘러싼 대학살을 감안하면 존경스러운 수치다. 나머지 헤지펀드들은 2008년을 힘들게 보냈지만 서브프라임 모기지 하락 때문은 아니었다.

11. 이 어리석음을 가장 극명하게 보여주는 사례로 UBS는 AAA등급 모기지 채권은 반드시 상환된다고 믿고 500억 달러 상당을 빨아들였고, 이 결정으로 2007년에만 125억 달러 손실을 냈다.

12. Paul Muolo and Matthew Padilla, *Chain of Blame: How Wall Street Caused the Mortgage and Credit Crisis* (Hoboken, NJ: John Wiley & Sons, 2008. 다른 기사에서는 오닐이 모기지 증권화 분야에서 메릴린치의 순위를 높이려고 결심한 것이 확인된다. Bradley Keoun and Jody Shenn, "Merrill Loaded for Bear in Mortgage Market That Humiliated HSBC," *Bloomberg*, February 12, 2007.

13. William D. Cohan, *House of Cards: A Tale of Hubris and Wretched Excess on Wall Street* (New York: Doubleday, 2009), p. 281.

14. "베어스턴스의 흉내 낼 수 없는 위험 관리 명성을 이용하려던 투자자들은 연방법이 요구하는 분쟁 보고 프로세스 관리를 과로한 하급 직원에게 떠맡긴, 매우 복잡한 헤지펀드 투자 프로그램에 참여하게 되었다." 매사추세츠 주정부가 베어스턴스에 제기한 행정 소송, Cohan, *House of Cards*, p. 302에서 인용.

15. 다른 은행들의 헤지펀드 자회사들도 부진했다. UBS의 딜런리드캐피털(Dillon Read Capital Management)과 스코틀랜드왕립은행의 그리니치캐피털은 서브프라임 증권 손실로 2007년에 모두 문을 닫았다. 베어스턴스와 마찬가지로 UBS도 부실 펀드에 자본을 투입하고 손실을 재무제표에 반영한 후 정부의 구제금융을 받아야 하는 상황에 처했다. 2007년 UBS의 손실액 190억 달러 중 딜런리드의 손실액이 30억 달러에 달했다. 한편 스코틀랜드왕립은행은 그리니치의 손실을 재무제표에 반영해야 해서 결국 영국 정부의 품에 안기게 되었다.

16. 이 수치는 폴슨앤드컴퍼니의 2007년 연말 보고서에서 가져왔고, 누적 수치는 2006년

수익률 20%와 2007년 수익률 590%를 조합해서 산출했다.

17. 이 이야기와 이어지는 소우드 거래는 시타델의 켄 그리핀, 제럴드 비슨, 애덤 쿠퍼와의 인터뷰를 바탕으로 재구성했다.

18. 헤이먼캐피털의 카일 배스는 2007년 7월 31일 투자자 서한에서 이렇게 썼다. "이 특별한 상황에서 정말 주목할 만한 점은 300억 달러 규모의 하버드 기금을 운용했던 제프 라슨이 이 회사의 대표 매니저라는 사실입니다. 소우드는 '동급 최고의' 펀드로 유명했습니다." Jenny Strasburg and Katherine Burton, "Sowood Funds Lose More Than 50% as Debt Markets Fall (Update 4)," *Bloomberg*, July 31, 2007. 참조.

19. Gregory Zuckerman and Craig Karmin, "Sowood's Short, Hot Summer," *Wall Street Journal*, October 27, 2007.

20. 일부 언론은 라슨과 그리핀이 7월 27일 금요일에 대화했다고 보도했다. 그러나 그리핀, 쿠퍼, 비슨은 중요한 전화 통화는 일요일에 했다고 회상했다.

21. 제프 라슨, 소우드 투자자 서한, 2007년 7월 30일.

22. Cohan, *House of Cards*, p. 381.

23. Jim Cramer, "Street Signs", CNBC, August 3, 2007.

24. 퀀트회사는 주식 모멘텀과 모멘텀 반전을 모두 믿을 수 있다. 두 가지 효과 모두 존재할 수 있지만 시간지평이 다르다.

25. 예를 들어 뉴멕시코에 본사를 둔 소규모 퀀트 헤지펀드인 블랙메사(Black Mesa)는 투자자 서한을 통해, 청산 패턴이 2007년 7월 25일 시작해서 금요일까지 지속되었다고 보고했다. "손실은 일반적인 시장 위험에 기인하지 않았습니다. 당사 고유의 요인, 다시 말해 당사가 의도적으로 노출한 위험에 기인했습니다."

26. 퀀트업계의 많은 사람은 디레버리징 폭풍이 브루스 코브너의 캑스턴에서 시작되었다고 의심하지만 사실이 아니다. 코브너가 8월 5일 일요일 저녁 포트폴리오 매니저들을 소집해 위험을 줄이라고 지시한 것은 사실이다. 그러나 이 회의에는 캑스턴의 통계적 차익거래 투입 자금을 관리하던 애런 소스닉(Aaron Sosnick)은 포함되지 않았다. 오히려 소스닉은 지난 며칠 동안 레버리지를 크게 줄였기 때문에, 퀀트 지진이 시작된 8월 6일 월요일에는 공격적으로 매도하지 않았다.

27. 2007년 여름 퀀트 주식 헤지펀드의 레버리지는 6~8배로 보인다. 공매도 포지션에서 3~4배, 매수 포지션에서 같은 정도를 사용해서 종종 '3 대 4'로 불렸고 총 레버리지는 6~8배가 되었다.

28. Clifford Asness, "The August of Our Discontent: Questions and Answers about the Crash and Subsequent Rebound of Quantitative Stock Selection Strategies," working paper, September 21, 2007.

29. 위 논문에서 클리퍼드 애스니스는 이렇게 설명했다. "대체로 퀀트투자 대부분은 난해한 수학과 컴퓨터 알고리즘이 아니라 상식과 규율에 관한 것이다. (…) 컴퓨터는 우리가 데이터를 처리하고 다양하고 절제된 접근 방식을 유지하도록 돕는다. (…) 시시각각 변하는 인간의 감정에 휘둘리지 않고 폭넓게 접근하는 좋은 투자에 관한 것이다. 우리 전략은 '블랙박스'가 아니다." 짐 사이먼스는 2007년 8월 9일 투자자들에게 보낸 이메일에서

"우리는 훌륭한 예측 신호를 가지고 있다고 믿지만, 이 중 일부는 의심할 여지 없이 여러 매수·공매도 헤지펀드가 공유하고 있습니다"라고 썼다.

30. 시러스리서치(Cirrus Research)의 리서치 디렉터인 사티아 프라드휴먼(Satya Pradhuman)은 대형 퀀트펀드가 지분 5% 이상을 보유한 기업이 시가총액 20~100억 달러는 148개 사, 시가총액 2억 5,000만~20억 달러는 473개 사라고 확인했다. Justin Lahart, "How the 'Quant' Playbook Failed," ##Wall Street Journal$, August 24, 2007.

31. 8월 8일, 블랙메사는 투자자 서한에서 "시장 중립적 영역에서 동료들이 대형 자산배분가와 대화해보니, 시장 중립적 펀드 다수가 8월 현재까지 5~15% 손실을 입은 것으로 파악됩니다"라고 보고했다.

32. Scott Patterson, "A Hedge-Fund King Is Forced to Regroup," *Wall Street Journal*, May 26, 2009.

33. Asness, "The August of Our Discontent."

34. 애스니스는 이렇게 말했다. "우리 인생 대부분은 자동화된 퀀트 트레이딩에 관한 것입니다. 하지만 이런 규모의 화재가 발생하면, 지능이 높고 월스트리트 인맥이 좋은 것이 정말 중요합니다." 마찬가지로 런던에서 시스템 펀드를 운용하던 수실 와드와니는 "금요일 아침이 기억납니다. (…) 누군가 구제금융을 받으러 오느냐 아니면 구제금융을 제공하느냐의 문제였습니다"라고 회상했다.

35. 투자은행 산하 헤지펀드가 잘못 운영된 사례가 또 있다. 베어스턴스 사건처럼 모은행이 헤지펀드를 구제하자, 해당 펀드의 매니저들이 부유한 모기업이 없는 독립 펀드의 매니저들보다 덜 경계했을지도 모른다는 것이 밝혀졌다. JP모간의 애널리스트 스티븐 와튼(Steven Wahrton)은 골드만삭스가 자본 재구성을 발표하기 위해 마련한 콘퍼런스콜에서 이 문제를 제기했다. "투자은행이 자사 자산 관리 부서가 운용하는 문제 있는 헤지펀드에 대응할 때 도덕적 해이가 나타나는 것을 느낍니까?" 당연히 골드만삭스는 자본 재구성 30억 달러 중 20억 달러만 제공하고 나머지는 외부에서 조달했다고 지적하며 비교를 거부했다. Goldman Sachs conference call, final transcript, *Thomson StreetEvents*, August 13, 2007.

36. Amir E. Khandani and Andrew W. Lo, "What Happened to the Quants in August 2007?" working paper, November 4, 2007; Richard Bookstaber, *A Demon of Our Own Design*(Hoboken, NJ: JohnWiley & Sons, 2007) 참조.

37. 퀀트 지진 이후 클리퍼드 애스니스는 "나는 이전에 '우리 세계에 새로운 위험 요소가 있다'고 말한 적이 있다. 그러나 '우리 세상에는 새로운 위험 요소가 있으며 그것은 바로 우리'라고 말했더라면 더 정확했을 것이다"라고 썼다. Asness, "The August of Our Discontent" 참조.

38. Cliff Asness and Adam Berger, "We're Not Dead Yet," *Alpha*, November 2008.

39. "한 공간에 사람이 많으면 수익률이 하락한다는 사실을 증명하기는 어렵습니다. 로가 하는 것처럼 성과를 보고 결론을 내릴 수 있습니다. 한 공간에 자산이 증가하면 수익률이 하락한다는 결론은 합리적으로 들립니다. 하지만 실제로 포트폴리오를 구성해서 '이 포트폴리오를 갖고 싶지만 시장이 저를 외면해서 가질 수 없습니다'라며 입증할 수는 없습

니다. 탈레스에서는 같은 모형을 하나는 2~3일 단위로 트레이딩하고 하나는 5일 단위로 트레이딩하는 등 약간 변형할 수 있습니다. 두 모형은 거의 같지만 서로 간섭하지 않습니다. 우리 특정 모형이 쇼나 캑스턴이나 시타델의 간섭을 받을 가능성은 낮아 보입니다." 마렉 플러드진스키 인터뷰.

40. Asness, "The August of Our Discontent."
41. 마이크 멘델슨 인터뷰.

16장. 리먼브러더스 파산이 헤지펀드에 미친 영향

1. 2008년 키니코스는 60% 이상 상승했지만 시장 성과와 비교하면 초과수익을 30% 이상 낸 2007년이 더 좋았다. 키니코스는 시장 벤치마크 대비 수익률로 성과보수를 받는다.

2. 이 말과 체이노스와 슈워츠의 통화 내용은 게리 와이스가 보도했고 내가 체이노스와 인터뷰해서 확인했다. Gary Weiss, "The Man Who Made Too Much," *Portfolio*, February 2009 참조. 와이스는 또한 슈워츠가 하루 전인 수요일에 통화했다며 통화 시기와 세부 사항에 이의를 제기했다고 보도했다. 그러나 체이노스는 번스타인을 만나러 가는 길에 전화를 받았다고 기억했고, 번스타인은 만찬이 목요일이었고 체이노스가 그때 전화 통화를 이야기했다고 확인했다.

3. Bryan Burrough, "Bringing Down Bear Stearns," *Vanity Fair*, August 2008; Andrew Ross Sorkin, *Too Big to Fail: The Inside Story of How Wall Street and Washington Fought to Save the Financial System—and Themselves*, New York: Viking, 2009, p. 15.

4. 2009년 9월 21일 인터뷰에서 SEC 대변인은 베어스턴스가 몰락한 지 18개월이 지났지만 이를 무너뜨리려는 음모를 꾸민 혐의로 기소된 사람은 아무도 없다고 확인했다.

5. 베어스턴스를 끌어내리려는 음모가 있었다는 증거는 없지만, 베어스턴스가 높은 레버리지와 단기 자금 의존도를 결합하면서 실수해서 운명을 결정했다는 증거는 많다. 베어스턴스에 대한 신뢰 상실은 이 은행이 막대한 모기지 포지션을 보유했다는 사실과, 비슷한 포지션을 보유한 다른 기관들이 큰 손실을 보고했다는 사실 때문으로 보인다. 2월 14일 UBS는 부유한 차입자에 대한 'Alt-A' 대출을 포함한 모기지 장부의 가치를 상각했다. 그러자 60억 달러 규모의 Alt-A 모기지 포트폴리오를 보유하고 이를 담보로 자금을 조달하던 베어스턴스가 심각한 영향을 받았다. 3월 10일 무디스는 베어스턴스가 인수한 모기지 채권의 신용등급을 강등하고 추가 강등을 암시했다. 이 모든 것을 감안하면 공매도 음모 때문에 베어스턴스가 무너졌다는 생각은 너무 단순해 보인다. 게다가 JP모간이 베어스턴스를 인수할 때 모기지 장부를 분석해보니 잠재 손실이 인식된 손실을 크게 초과한 것으로 나타났다. 그래서 베어스턴스 인수를 거부하다시피 하다가 결국 3월 14일 금요일 베어스턴스 종가(주당 54달러)보다 훨씬 낮은 가격에 인수하게 되었다. 다시 말하지만 공매도는 충분한 이유가 있다는 것이 요점이다. 가슴 뛰게 하는 이미지는 2008년 7월 1일 딜브레이커 블로그에 올라온 베스 레빈의 재미있는 게시물에서 가져왔다.

6. Hugo Lindgren, "The Confidence Man," *New York*, June 15, 2008.

7. 리먼브러더스 전직 임원 2명과의 인터뷰. Sorkin, *Too Big to Fail*, pp. 79, 100.

8. 가치투자자 휘트니 틸슨(Whitney Tilson)은 이메일에서, 아인혼이 리먼이 사실을 직시하게 만들었다고 인정했다. "손실은 손실일 뿐, 아인혼이 손실을 초래한 것은 분명 아닙니다. 하지만 그의 질문 덕분에 리먼은 자산을 매각하고 디레버리징을 하고 자본을 확충하고 있으며, 따라서 세계 금융 시스템을 붕괴시키고 핵심을 흔드는 대신 다른 날을 맞이할 가능성이 높아지고 있습니다." 앤드루 로스 소킨(Andrew Ross Sorkin)은 자신의 뉴욕타임스 딜북 블로그에서 더 직설적으로 표현했다. "월요일에 데이비드 아인혼보다 더 합리적으로 주장한 사람은 거의 없었다." Hugo Lindgren, "The Confidence Man," *New York*, June 15, 2008.

9. Chrystia Freeland, "The Profit of Doom," *Financial Times*, January 31, 2009(weekend supplement)

10. 도이체뵈르제 CEO 베르너 자이페르트(Werner Seifert)는 자신의 책에서 이 위협을 회상하며 입장을 밝혔다. Werner Seifert, *Invasion of the Locusts: Intrigues, Power Struggles, and Market Manipulation* (Ullstein Taschenbuchvlg, 2007).

11. Michael J de la Merced, "A Hedge Fund Struggle for CSX Is Left in Limbo," *New York Times*, June 26, 2008.

12. Gillian Tett, *Fool's Gold: How the Bold Dream of a Small Tribe at J.P. Morgan Was Corrupted by Wall Street Greed and Unleashed a Catastrophe* (New York: Free Press), 2009, pp. 160-162.

13. 폴 튜더 존스, 튜더 내부 이메일, 2008년 6월 28일.

14. "하나는 주간이고 하나는 일간인데도 차트 패턴과 배경이 너무 비슷하다고 생각했습니다. 거대한 신용 거품 2개가 다양한 자산시장, 부동산과 주식시장 거품에 대한 엄청난 과잉 투자와 동반해서 동시에 발생했습니다." 폴 튜더 존스 인터뷰.

15. 같은 인터뷰.

16. 사후에 정책 입안자들은 리먼을 다르게 처리할 법적 권한이 없었기 때문에 파산시켰다고 주장했다. 그러나 이들은 다른 사례들에서 법적 권한의 한계를 성공적으로 확장한 바 있고 이후 AIG에 대해, 그다음에는 연준의 긴급 대출 전권을 부여받아 골드만삭스와 모건스탠리에 대해 공격적으로 행동했다. 또한 정책 입안자들은 연준이 담보 부족으로 리먼에 대출할 수 없었다고 주장했지만, 리먼이 파산한 후 영국 은행 바클리스에 매각될 때까지 3일 동안 연준이 리먼의 브로커-딜러 부문에 1,600억 달러를 대출해서 버티게 했다는 사실로 약화되었다. 정부가 리먼 파산 결과를 미리 짐작했다면 리먼을 구할 합법적인 방법을 찾았을 가능성이 압도적으로 높다.

17. 존스 인터뷰.

18. 존스는 인터뷰에서 이렇게 추가했다. "트레이딩 관점에서 두려움은 탐욕보다 훨씬 더 강한 감정이어서 가격은 상승보다 하락이 두 배나 빠릅니다. 이는 자연의 법칙이기도 합니다. 나무가 자라는 데는 정말 오래 걸리지만 불타는 것은 순식간이잖아요. 무언가를 쌓아 올리는 것보다 파괴하는 것이 훨씬 쉽습니다. 따라서 트레이딩 관점에서는 공매도 쪽이 언제나 아름다운데, 돈을 받을 때 수직으로 고통 없이 움직이는 경우가 많기 때문입니다."

19. 에릭 로젠펠드 인터뷰. 루이스 베이컨은 로젠펠드의 말을 인용하며 이렇게 말했다. "처음에 리먼 안에서 내 헤지펀드를 키웠고, 리먼 본사가 내 회사에서 30보 거리에 있었기 때문에 물리적으로도 가장 가까운 거래처 중 하나였습니다. 리먼 파산을 지켜보면서 느낀 재정적 공포는 내 사무실에서 불타는 세계무역센터가 무너지는 것을 보는 공포와 맞먹었습니다. (참고로 나는 시어슨리먼 타워 2의 102층에서 2년간 일했습니다.) 초기 희생자들과 내 안전이 식은땀 나도록 두려웠을 뿐 아니라, 미국의 보호 체계 전체가 무너졌고 장기적 몰락이 불가피하다는 것을 순간 깨달았기 때문입니다."

20. 존스는 리먼에 묶인 1억 달러를 설명했다. "사실 전주 수요일에 빠져나오려고 했습니다. 그들이 금요일에 송금하기로 되어 있었죠. 그러나 그러지 않아서 우리가 하루 늦었습니다."

21. 튜더의 정확한 손실 규모는 알려지지 않았지만 다른 회사 트레이더들은 신흥시장 대출이 3분의 2 이상 하락했다고 추정했고, 포트폴리오에 레버리지를 사용한 것을 감안하면 튜더의 20억 달러는 그보다 더 많이 하락했을 것이다. 한편 폴 존스는 인터뷰에서 "나는 지난 8년 동안 우리 매니저가 탁월한 방식으로 위험을 관리해온 것과 관련된 꼬리 위험을 놓쳤습니다. 또 미국 주식시장과의 상관관계가 100%인, 전에는 없었던 특성이 갑자기 나타난 것도 놓쳤습니다"라고 설명했다.

22. 존스는 인터뷰에서 이렇게 덧붙였다. "비교적 단기간에 유동성을 확보할 수 있다고 자부하는 사람이 있는데도 우리 펀드 40%가 유동성이 완전히 사라진 전략에 노출되어 있구나 생각했습니다."

23. 존스는 "대공황을 겪은 할아버지가 들려주신 속담이 생각납니다. '당신은 내일 아침에 수표를 쓸 수 있는 만큼만 부유하다.' 할아버지 말씀을 이해하지 못했습니다. 그때는 정말 어려서 10대였거든요. 작년 10월에 전 세계가 폭락하는 것을 보았을 때, 그리고 우리 BVI펀드에 포함된, 탈출할 수 없는 다양한 비유동성 투자를 보았을 때에야 이해했습니다. 나는 '맙소사, 그 말이 어디서 나왔고 무슨 뜻인지 이제 정확히 알겠네'라고 생각했습니다. 그리고 다시는 이를 위반하지 않을 것입니다"라고 덧붙였다.

24. 존스 인터뷰. 매크로 트레이딩에서 수익이 나지 않았다면 연말 손실은 훨씬 더 컸을 것이다.

25. James B. Stewart, "Eight Days: The Battle to Save the American Financial System," *New Yorker*, September 21, 2009, p. 74.

26. 2006년 시타델은 채권 발행 서류에서 레버리지가 13배라고 보고했고, 관계자에 따르면 2008년 중반에는 11배로 떨어졌다.

27. 시타델 재무 담당자인 대니얼 듀프레인은 "시장이 우리를 표적으로 삼은 것은 헤지펀드로서는 유일하게 2006년에 채권을 발행해서 우리 이름으로 신용 파생상품시장을 활성화했기 때문입니다"라고 말했다.

28. 켄 그리핀 인터뷰.

29. Stewart, "Eight Days," p. 78.

30. Sorkin, *Too Big to Fail*, p. 438.

31. Steve Galbraith, "A September to Remember(Even if we would like to Forget)," Maverick

Capital Management, letter to investors, October 9, 2008.

32. 전환사채 포트폴리오는 공매도가 금지되기 전에도 손실을 냈다. 리먼 실패로 전환사채 약 20억 달러 규모가 급매로 나와서 시타델 보유 자산을 타격했고, 공매도 금지로 타격이 추가되었다.

33. 켄 그리핀은 다음과 같이 회상했다. "우리는 모든 에너지 파생상품을 들고 나와서 '여러분, 우리는 당신들과 상대하고 싶지 않습니다. 대신 청산소를 상대하고 싶으니 우리가 가진 모든 장외 포지션을 청산 포지션으로 이전합시다. 양측의 노출을 줄입시다'라고 제안했습니다."

34. 제임스 포레스가 회상한 대화다. Marcia Vickers and Roddy Boyd, "Citadel Under Siege," *Fortune*, December 9, 2008 참조.

35. 시타델의 켄 그리핀, 제럴드 비슨, 애덤 쿠퍼, 댄 듀프레인, 케이티 스프링과의 인터뷰를 바탕으로 작성했다.

36. Loch Adamson, "Rethinking Chris Hohn," *Alpha*, October 2008.

37. "Hedge Funds and the Financial Market." 하원 감독및정부개혁위원회 청문회, 패널 II, 110차 회의, 세션 2, 2008년 11월 13일.

결론. 헤지펀드 규제의 방향

1. 더글러스항공 사건에 대한 설명은 주로 미국외교관계위원회의 채드 와리아스가 SEC 아카이브에서 조사한 내용을 바탕으로 작성했다.

2. 브림버그는 애덤 스미스의 책《머니 게임》에 '스카스데일 팻'으로 등장한다. 뱅크스 애덤스 인터뷰.

3. "The State of Public Finances Cross-Country," IMF Staff Position Note, November 3, 2009. 특히 표 3과 4 참조. GDP 대비 부채비율에 대한 수치도 이 간행물에서 가져왔다.

4. Anna Fifield, "Obama in tough talk to 'fat cat' bankers," *The Financial Times*, December 15, 2009, p.2.

5. Piergiorgio Alessandri and Andrew Haldane "Banking on the State," paper based on a presentation to the Federal Reserve Bank of Chicago, November 2009.

6. Dean P. Foster and H. Peyton Young, "Hedge Fund Wizards", The Berkeley Electronic Press, January 2008.

7. 예를 들어 다음 참조. Russ Wermers, "Mutual Fund Performance: An Empirical Decomposition into Stock-Picking Talent, Style, Transactions Costs, and Expenses," *Journal of Finance* 55, no.4, August 2000.

8. Roger G. Ibbotson, Peng Chen, and Kevin Zhu, "The A, B, Cs of Hedge Funds: Alphas, Betas, and Costs"(Yale working paper, 2010).

9. 사모펀드의 이런 수익률에 대한 세 가지 연구는 다음과 같다. Steven N. Kaplan and Antoinette Schoar, "Private Equity Performance: Returns, Persistence, and Capital Flows,"

Journal of Finance 60, no. 4 (August 2005); Jones, Charles, and Matthew Rhodes-Kropf, "The Price of Diversifyable Risk in Venture Capital and Private Equity," (working paper, Columbia University, 2003); Alexander Ljungqvist and Matthew Richardson, "The Cash Flow, Return, and Risk Characteristics of Private Equity" (NYU Stern Working Paper Series, 2003). 존스와 로즈-크롭은 바이아웃 펀드의 연간 알파를 0.72%로 추정했지만 캐플런과 쇼어는 더 낮았고, 융크비스트와 리처드슨은 바이아웃 펀드의 수익률이 더 높았던 1980년대에 조성된 펀드에 초점을 맞추었기 때문에 알파가 더 높다.
10. 폴 튜더 존스 2세 인터뷰, Stephen Taub, "Alpha Hall of Fame," *Alpha*, June 2008, p. 66.

부록 1. 타이거펀드가 알파를 창출했는가?

1. S&P500 수익률은 배당 제외이며, 배당을 포함하면 약 15%로 올라갈 수 있지만 큰 차이는 없다.
2. 이 문구와 부록의 많은 계산은 폴 스와츠 덕분이다.
3. 새끼 호랑이의 지수는 2008년 마지막 4개월 동안 14.8% 하락했다. 같은 기간 29.6% 하락한 시장지수보다는 훨씬 덜 끔찍하다.

대가들의 성공과 실패에서 배우는 교훈

약 8년 전 《새로운 시장의 마법사들(New Market Wizards)》이라는 책을 번역했다. 일반 뮤추얼펀드부터 헤지펀드까지 다양한 투자 분야 거장들의 스토리가 담겨 있는 책이다. 수십 년간 두 자릿수 연복리 수익률을 거둔 투자 대가들의 스토리에 감흥을 받아 시간 가는 줄 모르고 번역했던 기억이 생생하다.

이번에 감수한 책 《헤지펀드 열전》은 투자 영역이 다소 어려울 수 있는 헤지펀드로 한정되어 있지만 스토리를 흥미진진하게 풀어서, 투자에 대한 이해가 깊지 않아도 쉽게 술술 읽힌다. 조금 생소한 용어는 인터넷에서 검색해보면 무리 없이 완독할 수 있으리라 생각한다.

일반적인 개인 투자자는 헤지펀드라고 하면 레버리지나 공매도 같은 단어들을 먼저 떠올릴지 모른다. 다시 말해 전통적인 투자 방법과는 다르게 공격적이고 특별한 수단을 활용한다고 생각하기 쉽다. 하지만 사실은 그렇지 않고 아주 포괄적이다. 투자 대상이 전 세계의 주식, 채권, 원자재, 외환 등으로 다양하고, 레버리지와 공매도를 활용할 때도 있고 활용하지 않을 때도 많으며, 투자 방향도 상향식(bottom-up)과 하향식(top-down)을 가리지 않는다.

독특하게도 헤지펀드 대가들은 버블과 패닉 상황에서 투자 기회를 매우 적극적으로 찾아다닌다. 코로나 팬데믹 이후 글로벌 공급망 붕괴,

유가 급등, 미국과 중국 간 갈등, 우크라이나 전쟁 등이 발생했다. 그에 따라 전 세계적으로 고금리가 지속되고 주식시장이 조정받아 투자 심리가 많이 위축되어 있다. 그렇지만 헤지펀드는 하락장이든 상승장이든 고금리든 저금리든 상황에 구애받지 않고 투자 기회를 노리고 수익을 창출하기도 한다. 바로 이 점이 헤지펀드의 매력이다.

어느 분야에서나 그렇듯이 투자에 성공하려면 철저한 분석은 기본이다. 정량분석이든 정성분석이든 깊이 있는 연구나 분석 없이는 지속적으로 고수익을 거둘 수 없다. 더불어 중요한 성공 포인트는 감정을 다스리는 능력이다. 버크셔 해서웨이를 이끄는 투자의 현인 워런 버핏이 투자에는 IQ보다는 성격이 더 중요하다고 강조했듯이, 이성이 감정을 지배해야 돈을 번다는 사실도 다시 확인된다. 감정을 제대로 제어하지 못해 큰돈을 잃은 사례도 소개되어 있다.

이 책에 나오는 헤지펀드 대가들의 스토리를 보면서 위험 관리의 중요성을 다시 깨달았다. 위험 관리 기법으로 가장 많이 드는 것은 바로 분산투자다. 주식에 투자하는 경우, 특징이 서로 다른 종목 20개 이상으로 분산하면 개별 종목 고유의 위험을 없앨 수 있다는 것이 정설이다. 아울러 특징이 서로 다른 자산에도 분산해야 한다고 배웠다. 대표적으로 주식과 채권으로 투자 자금을 분산해야 위험을 최소화하고 수익을 극대화할 수 있다. 최근 몇 년에는 주식과 채권이 음의 상관관계가 아니라 양의 상관관계를 보이는 사례가 잦았지만 이는 아주 드물게 나타나는 현상이다.

단기 매매를 많이 하는 헤지펀드 세계에서는 위와 같은 위험 관리 기법 못지않게 중요한 것이 바로 손절(stop-loss)이다. 당초 기대한 방향과 반대로 움직여서 손실 금액이 점점 더 커지면 일정한 선에서 미련 없이 포지션을 청산하고 빠져나오는 결단력이 필요하다. 이는 위에서 강조한, 감정을 지배해야 한다는 말과 일맥상통한다. 인간은 손실을 확정하는 행위를 꺼리는 본성이 있기 때문에, 이를 적절히 통제하지 못하면 손실이 눈덩이처럼 불어나 결국 파산할 수도 있다.

투자에서 간과하기 쉬운 부분 중 하나는 바로 '자기 과신'이다. 투자 수익을 내면 내 능력이 뛰어나서 성공했다고 착각하기 쉽다. 최근 계속 수익을 내면 과신이 더욱더 강해진다. 하지만 정말 내가 잘하고 뛰어나기 때문인지, 아니면 시장이 도와주었기 때문인지를 냉철하게 돌아봐야 한다.

이 책에 소개된 LTCM이 파산한 것은 바로 자신들이 만든 시스템을 맹신했기 때문이다. 세상에는 흰 백조만 있는 것이 아니고 아주 드물지만 검은 백조(black swan)도 있을 수 있으니, 지나친 자기 확신에 기반해 소위 '몰빵'을 하면 안 된다. 아주 극히 낮은 확률로 나타날 수 있는 위험을 전문 용어로 '꼬리 위험(tail risk)'이라고 한다.

헤지펀드업계에서 이 꼬리 위험에 대비하는 일반적이고도 간단한 방법 하나는 바로 포지션 한도가 일정 선을 넘지 않도록 관리하는 것이다. 쉽게 설명하면 특정 포지션에서 대규모 손실이 발생하더라도 이 손실이 투자 자산 전체에서 큰 비중을 차지하지 않도록 규모와 포지션을 적절히 관리해야 한다. 어렵지 않지만 단기간에 큰 수익을 얻으려는 '과욕' 때문에 이를 간과하고 결국 단기간에 큰 손실을 내는 사람을 주변에서 종종 본다.

변화하는 환경과 진화하는 헤지펀드

이 책의 원서는 2010년에 출간되었다. 출간 전부터 지금까지 헤지펀드가 나아온 상황과 앞으로의 전망을 짚어보고자 한다.

2000년부터 2010년까지 헤지펀드 산업은 연평균 20.3%씩 성장하며 큰 활황세를 보였다. 하지만 2010년 이후 2020년까지는 부진을 면치 못해서 연 8.4% 성장하는 데 그쳤다. 여러 이유가 있겠지만 몇 개를 찾자면 다음과 같다.

첫째, 투자자의 니즈가 달라졌다. 다시 말해 ETF(상장지수펀드)처럼 편리하고 보수가 저렴한 상품이 인기를 끌면서 헤지펀드의 매력이 줄어들었다. 둘째, 각국 금융당국의 규제가 강해졌다. 헤지펀드는 블랙박스처럼 투자 관련 내용을 비밀로 하는 것이 관례이고, 비유동성 자산에 투자하는 경우가 많은 데다가 자금을 자유롭게 인출하지 못하는 것도 일반적이었다. 하지만 각국의 규제 강도가 올라가면서 투자 지침 등이 뮤추얼펀드처럼 투명해지는 사례가 나타났다. 즉 헤지펀드의 장점 중 하나인 운용 재량이 제한을 받았다.

셋째, 운용 성과가 상대적으로 부진했다. 그전까지는 약세장에서도 비교적 양호한 성과를 내왔지만 이벤트드리븐과 주식 종목 선정 부문에서 만족스러운 성과를 보이지 못했다. 인수합병 전략 등 다른 부문은 성과가 상대적으로 좋았다. 마지막으로 이 기간에 성장주가 강세를 보인 것도 헤지펀드의 상대적 매력을 떨어뜨렸다.

그렇다면 2020년 코로나 팬데믹 발생 이후 3년 남짓 지난 지금, 헤지펀드는 앞으로 어떤 방향으로 나아갈 것인가?

이를 살피려면 최근 경제 상황을 되짚을 필요가 있다. 현재 높아진 유가, 글로벌 공급망 붕괴, 이에 따른 높은 인플레이션과 고금리가 지속되고 있다. 더불어 장기 국채 금리가 오르고 주식시장이 조정을 받으면서 대표적인 전통 자산인 채권과 주식이 모두 손실을 내고 있다. 차입을 통한 레버리지 투자가 일반적인 헤지펀드 산업 관점에서는 고금리가 큰 역풍이자 걸림돌일 수밖에 없다. 그러나 글로벌 매크로 헤지펀드 전략이 조금씩 성과를 내며 전통 자산을 헤지할 분산투자 수단으로 다시 부상하는 중이다.

아울러 투자업게에 인공지능(AI)이 도입되면서 헤지펀드 산업에도 영향을 미칠 것으로 예상된다. 선도적인 헤지펀드회사 일부는 머신러닝(machine learning) 기법을 도입해 운용 전략에 접목하기 시작했다. 가상화폐 투자에도 발을 들여놓는 추세다. 런던에 기반을 둔 대표적 글로벌 헤지펀드회사 MAN그룹(MAN Group)은 가상화폐에 초점을 둔 헤지펀드 출시를 검토하고 있다고 알려졌다. 마지막으로 ESG(친환경, 사회책임, 지배구조) 분야를 헤지펀드 전략에 접목하는 노력도 이어질 것으로 본다. 이미 투자업계에서 ESG를 배제하고는 기관 자금을 끌어들이기가 어렵기 때문이다.

결론적으로 2010년 이후 헤지펀드 산업은 여러 이유로 더디게 성장하는 것이 사실이다. 하지만 주식, 채권 같은 전통 자산과의 상관관계가 낮은 투자 수단으로서 환경 변화에 적응하고 진화하면서 꾸준히 발전해나갈 수 있으리라 기대한다.

이 책은 적어도 두 번 읽은 다음 손이 잘 닿는 곳에 꽂아두고, 투자 성과가 만족스럽지 않을 때 다시 읽으면서 스스로를 돌아보는 지침서로 활용하기를 권한다. 처음 읽을 때는 부담 없이 편안하고 재미있게 훑어보고, 다시 읽을 때는 내가 위에서 언급한 부분들을 떠올리면서 투자 대가들의 성공과 실패 스토리를 살펴보면 좋겠다.

거센 비바람이 몰아치는 투자의 바다를 항해하는 투자자에게 모쪼록 이 책이 나침반이 될 수 있기를 바란다.

오인석
KB국민은행 WM고객그룹 수석전문위원
《새로운 시장의 마법사들》 역자

헤지펀드 열전

초판 1쇄 | 2023년 12월 10일
     2쇄 | 2023년 12월 20일

지은이 | 세바스찬 말라비
옮긴이 | 김규진, 김지욱
감수 | 오인석

펴낸곳 | 에프엔미디어
펴낸이 | 김기호
편집 | 양은희, 오경희
기획관리 | 문성조
마케팅 | 박종욱, 이제령
디자인 | 채홍디자인

신고 | 2016년 1월 26일 제2018-000082호
주소 | 서울시 용산구 한강대로 295, 503호
전화 | 02-322-9792
팩스 | 0303-3445-3030
이메일 | fnmedia@fnmedia.co.kr
홈페이지 | http://www.fnmedia.co.kr

ISBN | 979-11-88754-89-2 (03320)
값 | 30,000원